JN411900

[제13판]

보험·해상·항공운송법

최 준 선

三 英 社

Insurance Law
&
Maritime Commercial Law
&
Air Transportation Law

by

JUNESUN CHOI
Professor Emeritus at the Law School
of Sungkyunkwan University

13th Edition

SAM YOUNG SA
SEOUL, KOREA
2026

제13판 서 문

제13판에서는 그동안 법률 개정이 없었으므로 2025년 12월 말까지의 주요 대법원 판례를 전수 조사하여 본문에 반영하였다. 2008년 해상법이 개정되었고, 2011년에는 제6편 항공운송법이 제정되었다. 해상법의 개정으로 조문의 순서가 모두 바뀌었고, 선박의 담보부분을 해상기업편에서 서술하게 되었으며, 종래 운송계약과 항해용선계약을 함께 설명하던 것을 개품운송계약과 항해용선계약으로 나누어 설명하였다. 다른 교과서에는 '개품운송계약'을 '운송계약'으로 표현하고 있으나 본서에서는 조문의 체제에 따라 이를 '개품운송계약'으로 표시하여 항해용선계약과 대비되게 하였다.

상법 제6편 항공운송편은 필자가 법무부 상법 항공운송법 제정위원회 위원장으로 활동하였고 그 위원회의 노력이 결실을 본 법률이다. 필자는 해상운송편의 개정에도 위원으로 참여한 바 있고, 상법 복합운송법제정위원회 위원장으로 활동하였다. 2014년에는 보험편 및 항공운송편이 크게 바뀌었다.

본서는 본래 2005년 필자의 교직생활 21년을 기념하기 위하여 출간한 것이다. 21년의 기간은 결코 짧은 시간이 아니로되, 돌이켜보니 뚜렷하게 남긴 아무 것도 없다. 퇴장하기 전에 반드시 무언가 남겨야 할 것은 아니지만, 아쉬움이 남는 것은 어쩔 수 없어, 그동안의 생각을 정리하기로 하였던 것이다.

恩師이신 李範燦 교수님의 화갑기념논문 봉정식 때 松泉 鄭夏建 先生께서 쓰신 귀중한 揮毫를 선물로 받았다. 勤能補拙. 근면성실하면 拙劣함을 보완할 수 있다는 뜻이리라. 自他가 공히 인정하는 바보인 필자에게 참으로 的確하게 들어맞는 교훈인지라 서재에 걸어두고 매일 吟味하여 보건만, 조금도 나아짐이 없이 年輪만 쌓인다.

필자가 대학에서 수업을 받을 때 徐燉珏 교수님의 저서 商法槪論을 가지고 공부하였다. 당시에 유명한 자습서는 徐燉珏 교수님과 필자의 恩師이신 李範燦 교수님이 共著하신 商法例解였다. 상법예해는 당시 사법시험 준비생의 必讀書였는데, 이 책을 보지 않고는 합격 자체가 불가능하였던 반면, 이 책만 숙지하였다면 상법에서의 高得點은 보장되었다는 이야기가 전해진다. 지금은 아쉽게도 절판되었다.

다음, 필자가 처음 강단에 섰을 때 교재로 사용한 것은 李範燦 교수님의 商法講義라는 책이다. 이 책은 국민서관에서 출판되었는데, 530쪽의 분량에 상법 전체를 수록하고 있다. 李範燦 교수님께서는 아둔한 소생에게 商法講義를 보완하되, 共著

로 하면 어떻겠는가하는 고마운 제안을 해 주셨고, 학문적으로 일천하였던 필자가 감히 그 뜻을 받들어서 商法講義는 商法槪論이라는 책으로 재편되었다. 그 후 商法槪論을 계속 보완해 가면서 이를 '商法' 上과 下 두 권으로 분리하는 작업을 수행하였다. 따라서 현재 商法槪論, 商法(上), 商法(下)가 李範燦 교수님과 필자의 공저로 남아 있다.

이와 같이 은사님들의 상법 저서를 일별해 본 것은 本書의 학문적 전통을 밝히려는 데 있다. 本書의 始原은 徐燉珏 교수님의 商法講義, 徐燉珏·李範燦 공저 商法例解, 李範燦 저 商法講義, 李範燦·崔埈璿 공저 商法槪論, 李範燦·崔埈璿 공저 商法(上), (下)로 이어져 온 商法시리즈의 종착점이다. 徐燉珏 교수님은 그 후 鄭完溶 교수님과 공저로 商法講義(上), (下)를 집필하셨으며, 李範燦 교수님도 두 제자인 任忠熙, 金知煥 博士들과 공저로 2000년에 會社法을 집필하셨다. 이와 같이 徐燉珏 교수님을 시작으로 이어져 온 상법 교과서들은 여러 갈래로 分枝되었으므로, 본서만이 商法시리즈의 종착점이라 할 수 없을 지도 모른다. 그럼에도 불구하고, 필자로서는 이 저서의 기원은 저 멀리 徐燉珏 교수님으로부터 李範燦 교수님을 거쳐 필자에 이르기까지 면면히 이어온 전통의 일부라는 데 대하여 무한한 영광과 자부심을 느끼면서 徐燉珏·李範燦 두 스승님께 존경과 감사를 드린다. 한편 본서로 말미암아 존경하는 두분 스승님의 명성에 陋가 되지 않을지 걱정이 앞선다.

徐燉珏 교수님으로부터 시작된 originality를 이어받은 이 책은 위에서 언급한 책들의 문맥을 유지하려 애썼다. 徐燉珏 교수님과 李範燦 교수님의 문체의 특징은 간결, 명료하다는 것이다. 眞理는 單純하고, 單純한 것은 아름답다. "아름다움이 곧 敵을 이기는 힘이다."[1] 또 Pulitzer는 "짧게 써라. 그러면 읽힐 것이다. 명료하게 써라. 그러면 이해될 것이다. 그림같이 써라. 그러면 기억 속에 머물 것이다"라고 했다. 필자도 이를 좇으려 애 써 보았지만, 근본이 不敏하여 그저 흉내만 내었을 따름이다. 한편으로 방대한 상법교과서로 인하여 학생들이 공부에 엄청난 부담을 느끼는 것도 사실이다. 따라서 본서에서는 필수적으로 알아야 할 것들만 정리하였다.

무릇 인생의 근본적인 문제로서 쉽고 빠르게 해결할 수 있는 사안은 아무 것도 없다. 그러므로 이 책은 회사법상의 모든 문제에 대한 해답을 주지는 못한다. 그 대신 보험, 해상, 항공법의 이론(theories)을 소개함으로써, 이 이론이 도구가

1) "성곽의 꽃"이라고 불리는 수원화성. 고도의 수학과 과학이 결집되었으면서도 미적으로는 도형 반복의 아름다움이 돋보인다. 조선시대 正祖가 수원화성을 축조하면서 지나치게 아름다움을 강조하자 신하들이 물었다. "군사들이 싸움을 할 城인데 튼튼하게 만들어 적을 이기면 그만이지, 왜 그처럼 모양을 내라 하십니까?" 그러자 정조가 말했다. "아름다움이 곧 적을 이기는 힘이니라." : http://www.hd-gd.net/frame2.html

되어 많은 문제를 해결할 수 있게 될 것이다. 그만큼 이론은 중요한 것이다. 그리고 좋은 이론은 깊은 사고의 결과이므로 쉽게 변하지 않는다. 특정 기업이나 개인에게만 적용되는 예외의 경우란 없다. 보편·타당한 진술이 바로 좋은 이론이므로, 그것을 발견할 수 있도록 해 주는 것이 이 책의 목적이다.

본서를 집필함에 있어 많은 제자들의 도움을 받았다. 초판을 집필함에 도움을 준 금융감독원의 吳弘周 수석조사역과 文炳模 과장, 梁鎭泰 선임검사역, 성균관대학교 법학과 대학원에 재학 중이던 李相雨 군, 석사과정에 재학 중이던 金暎住 군과 尹玟燮 군 등의 노고가 컸다. 제2판을 준비하면서 보험법 판례를 up-date하는데 많은 노력을 기울여 완벽을 기해준 석사과정의 林玟奎 군과 金敏鏡 양, 해상법 부분의 판례를 보완해 준 박사과정의 金暎住 군에게 특별한 감사를 드린다. 제3판에서는 박사과정의 李世英 양, 석사과정의 李秉揆 군 및 李叙沇 양이 신구조문을 대조하는 등의 수고를 하였기 감사를 표한다. 제6판에서는 이창재 박사가 교과서 전부를 읽고 내용을 수정하고 판례를 상세하게 up-date하였으며, 항공운송편 부분 집필에 대하여도 귀중한 조언을 주었으므로 감사를 표한다. 제8판에서도 운송법 분야가 특성화되어 있는 미국 Tulane Law School에서 LLM 과정을 마치고 귀국한 이창재 박사가 운송법 부분의 교정에 참여하여 주었기, 고마운 마음을 전한다. 제9판에서는 2014년 개정보험법 중 '보험대리상'과 '보험중개사' 부분의 내용이 불분명하여 동국대학교 김선정 교수님께 자문을 구하여 정확성을 기하였다. 수고하여 주신 김교수님께 감사드린다. 그리고 보험부분은 한종규 박사가, 해상편 부분은 이창제 박사가 교정에 참여하였으므로 감사의 마음을 전한다. 제10판에서는 금융감독원의 손인수 과장이 개정된 보험업법의 규정을 일일이 검색하여 교정하는 큰 수고를 하였다. 이창기 박사도 강의하면서 발견한 오류를 지적해 주었다. 제13판에서는 조선대학교의 이창재 교수가 항공운송법 관련 판례를 조사하여 보완해 주었기에 감사를 표한다. 아울러 본서의 출간을 허락해 주신 삼영사의 고성익 사장님께 깊이 감사드린다.

2026. 2. 20.
저자 씀

목차

Contents

제1편 보 험 법

제1장 서 론

제2장 보험계약

제3장 손해보험

제4장 인보험

제2편 해 상 법

제1장 서 론

제2장 해상기업

제2절 선　장　386

제3장 운 송

제4장 용 선

제5장 운송증서

제6장 해상위험

제3편 항공운송법

제1장 서 론

제2장 통 칙

제3장 여객운송

제4장 물건운송

제5장 운송증서

제6장 지상 제3자에 대한 책임

약 어 표

1. 인용법령 약어

개질 ………………………… 개항질서법
공증 ………………………… 공증인법
구독상 ……………………… 구독일상법
국사 ………………………… 국제사법
95상부 ……………………… 1995년 개정상법부칙
금융 ………………………… 금융기관에 대한 림시조치법
대령 ………………………… 대통령령
독규 ………………………… 독점규제 및 공정거래에 관한 법률
독보 ………………………… 독일보험계약법
독상 ………………………… 독일상법
민 …………………………… 민법
민소 ………………………… 민사소송법
민집 ………………………… 민사집행법
보업 ………………………… 보험업법
보업시 ……………………… 보험업법시행령
불민 ………………………… 프랑스민법
불보 ………………………… 프랑스보험계약법
불상 ………………………… 프랑스상법
비송 ………………………… 비송사건절차법
사직 ………………………… 사법경찰관리의 직무를 수행할 자와 그 직무범위에 관한 법률
상등규 ……………………… 상업등기처리규칙
상시 ………………………… 상법시행법
상시규 ……………………… 상법의 일부규정의 시행에 관한 규정
서보 ………………………… 스위스보험계약법
서채 ………………………… 스위스채무법
선 …………………………… 선박법
선등 ………………………… 선박등기법
선보 ………………………… 선원보험법
선시 ………………………… 선박법시행령
선안 ………………………… 선박안전법
선안시 ……………………… 선박안전법시행령

선원 ……………………………… 선원법
선적측 …………………………… 선박적량측정법
영해보 …………………………… 영국해상보험법
은행 ……………………………… 은행법
의민 ……………………………… 의용민법
의상 ……………………………… 의용상법
인세 ……………………………… 인지세법
일상 ……………………………… 일본상법
우 ………………………………… 우편법
자배법 …………………………… 자동차손해배상보장법
조문만 표시 ……………………… 상법
파 ………………………………… 파산법
포상 ……………………………… 포르투갈 상법
형 ………………………………… 형법

2. 주요참고문헌 약어

강위두 · 임재호(하) ……… 강위두 · 임재호 저 상법강의(하), 2004
김성태(보) …………………… 김성태 저 보험법강론, 2001
김정호(하) …………………… 김정호 저 상법강의(하), 2005
박원선(하) …………………… 박원선 저 새상법(하), 1962
서돈각 · 정완용(하) ……… 서돈각 · 정완용 공저 제사전정 상법강의(하), 1996
손주찬(하) …………………… 손주찬 저 상법(하), 2005
양승규(보) …………………… 양승규 저 보험법, 2004
이기수(보 · 해) …………… 이기수 저 보험법 · 해상법, 1996
정동윤(하) …………………… 정동윤 저 상법(하), 제4판 2011
정무동(하) …………………… 정무동 저 전정판 상법강의(하), 1984
정찬형(하) …………………… 정찬형 저 상법강의(하), 제14판 2012
채이식(Ⅳ) …………………… 채이식 저 상법Ⅳ, 2001
최기원(하) …………………… 최기원 저 상법학신론(하), 제15판 2008

제 1 편

보 험 법

한국 최초의 보험회사

세계 최초의 근대적 생명보험회사는 1762년 영국의 에퀴타블 생명보험회사이다. 에퀴타블이라는 사람이 자기가 일하던 직장이 불타는 것을 보고 안타까워 이 보험회사를 만들었다고 한다.

우리나라에 처음 보험이 들어온 것은 1876년 강화도조약 이후 서방세력과 무역을 하면서부터로 알려져 있다. 특히 일제강점기 초 우리나라에는 40여개에 이르는 보험사들이 영업을 하고 있었다고 하는데, 당시 보험사들은 모두 일본회사의 지점들로서 우리나라의 보험회사라고 할 수 없다.

우리나라 최초의 생명보험회사는 1921년 당시 한성은행 전무였던 한상룡씨가 주축이 되어 세운 '조선생명보험회사'로서, 본점을 한국에 둔 최초의 민간보험회사였다. 그러나 이 회사는 해방 후 영업이 정지되었다. 조선생명보험이 영업이 정지된 후 1946년에 '대한생명'이 설립되어 현재까지 존속하고 있다. 대한생명은 우리나라에서 역사가 가장 긴 보험회사이다.

최초의 손해보험회사는 1922년 10월 조선식산은행 주도로 세워진 '조선화재해상보험회사'이다. 이 회사는 1950년 '동양화재해상보험'으로 사명을 바꾸어 오늘날까지 존속하고 있다. 이에 대하여 1895년 정부의 관제 개편이 있었는데 그때 농상아문과 공무아문의 역할을 대신한 '농상동부'에서 관허 1호로 허가한 '대조선보험회사'를 우리나라 최초의 보험회사로 보아야 한다는 주장이 있다. 그리고 '대조선보험회사'가 1897년 발행한 '우(우)보상보험증권'을 우리나라 최초의 보험증권으로 보아야 한다고 한다. 소보험은 소를 보험가입 대상으로 한 보험으로, 이완용의 형이자 농상대신인 이윤용이 이 사업을 시작하였다. 그러나 당시 사무원들이 소 한마리에 엽전 한냥 씩을 강제로 징수해 말썽을 빚었다. 당시 보험 미가입 소는 매매조차 하지 못하도록 하였으므로 원성이 높았다. 결국 100일만에 제도가 폐기되었다.

한편 교육보험은 우리나라가 개발한 보험상품이다. 교육보험은 대한교육보험과 지금의 교보생명에 의해 세계 최초로 개발되었다.

(이투데이 안경주 기자 2010. 10. 20.).

제 1 장
서 론

제 1 절 보험제도

Ⅰ. 보험제도의 의의

사유재산제도와 자기책임적 개인주의를 기조로 하는 사회에서는 각 경제주체가 자기책임하에 가계 및 경제생활을 유지·운영·발전시켜 나가야 함이 원칙이다. 그러나 각 경제주체는 스스로의 노력에도 불구하고 항상 우연하고 예측불가능한 사고로 인하여 경제생활의 균형이 깨뜨려지고, 그 원활한 운영과 발전이 저해될 위험을 안고 있다. 이 경우 사회 내지 공공단체가 이를 구제하는 사회보장제도가 있으나, 그 사회보장제도는 특례적인 것이기 때문에 아무리 완벽을 기한다고 하더라도 충분한 구제에는 한계가 있게 마련이다. 또한 저축도 경제생활에 있어서의 위험에 대비하기 위한 수단이 될 수 있으나, 이것도 발생의 유무와 발생시기의 예측이 불가능한 사고에 대비하는 방법으로서는 불충분하고 비경제적이다. 여기서 개인의 책임하에 다수의 동일한 위험에 놓인 사람들이 위험에 대비하기 위한 수단으로서 사고발생의 경우 원상회복에 필요한 금액을 마련할 수 있는 제도를 안출하였으니, 이것이 바로 보험제도이다.

1. 보험의 의의

보험(Versicherung, insurance, assurance)이란 동질적인 우발적 사고의 발생으로 인한 경제적 수요의 충족을 위하여 그 위험(Gefahr, risk)하에 있는 다수인이 일정률의 금액

(보험료)을 미리 갹출하여 공동준비재산(보험기금)을 만들어 놓고, 위험(보험사고)이 발생한 경우에 그 재산으로부터 재산적 급여(보험금)를 받는 제도이다. 따라서 보험제도는 그 목적의 소극성과 그 조직의 기술성에서 특질을 찾아볼 수 있다.

2. 보험목적의 소극성

인간생활에 있어서 자연적 · 인위적 · 사회적 요인으로 인한 우발적 사고의 발생은 불가피한 것이다. 그 위험에 대한 대비책으로는 적극적인 사고의 예방책과 진압책이 있고, 소극적인 전보책이 있다. 보험은 우발적인 사고의 발생을 적극적으로 미연에 방지하려는 것은 아니고, 소극적으로 사고발생으로 말미암아 생길 손해의 보상 기타의 급여를 받는 것을 목적으로 함으로써 경제생활의 불안을 제거 또는 경감하는 사후적 · 소극적인 위험대책이다.

3. 보험조직의 기술성

보험은 기술적으로 조직화된 제도란 점에서 그 합리성을 찾을 수 있으며, 다른 유사제도와 구별된다.

1) 보험단체의 조직

보험은 동질적인 우발적 사고발생의 위험하에 있는 다수인이 협력하여 보험단체(공동위험단체 : Gefahrgemeinschaft)를 조직함으로써 비로소 그 기능을 발휘할 수 있다. 즉, 다수인으로부터 갹출된 소액의 금액이 막대한 공동준비재산을 이룩할 때에만 개개인이 감당할 수 없는 불의의 경제적 수요를 충족시켜 줄 수 있게 된다.

◖ 대법원 1966. 10. 21. 66다1458
보험단체는 공동의 위험단체이다

☞ 보험계약관계는 동일한 위험 밑에 있는 다수인이 단체를 구성하여 그 중의 한 사람에게 위험이 발생한 경우에 그 손실을 그 구성원이 공동하여 충족시킨다는 이른바 위험단체적 성질을 가지는 것이고, 따라서 보험계약관계는 위험충족의 관계에 있어서는 서로 관련성을 가진다는 전제에서 그 법률적 성격을 관찰하여야 할 것이다.

2) 대수의 법칙의 응용

보험사고는 개별적으로 보면 극히 우연히 발생한다. 그러나 이를 장기적 · 대량적으로 관찰하면 일정기간 동안 일정한 수의 보험사고의 발생은 필연에 가깝다. 보험제도의 합리적 운영은 이와 같은 대수(大數)의 법칙(Gesetz der groβen Zahl, law of large numbers)을 응용함으로써 실현된다. 즉, 대수의 법칙에 의하여 우발적 사고발생의 개연율(위험률)을 측정할 수 있고, 이 위험의 확률을 기초로 하여 사고발생시에 지급되는 보험금과 미리 갹출되는 보험료가 총액에 있어 일치하도록 대가적 관계(급여·반대급여균등의 원칙)가 이루어짐으로써 보험제도를 합리적·지속적으로 운영할 수 있게 된다.

대수의 법칙과 연상작용

동전을 던지면 앞면이 나올 확률과 뒷면이 나올 확률은 이론상 각각 50%이다. 그런데 실제로 10번을 던져 앞면이 7번 나왔기에 동전던지기의 확률은 70%라고 발표한다면 그것은 섣부른 결론이다. 천 번쯤 던지면 거의 이론적 확률에 가깝게 되고, 만 번을 던지면 더욱 더 이론적 확률에 가까워진다. 이것이 큰 수의 법칙이다.

1898년 미국과 스페인의 전쟁에서 미 해군은 천 명당 9명이 사망하였기 때문에 전쟁에서 사망률은 0.9%밖에 되지 않았는데, 당시 뉴욕시의 사망률은 천 명당 16명으로 무려 1.6%였다. 이를 근거로 해군은 청년의 입대를 장려하였다. 다만 뉴욕시의 사망률에서는 노인과 갓난아이, 환자, 각종 사고로 인한 사망자 등이 포함된 것이었으므로 높을 수밖에 없었다.

미국 존스홉킨스 대학에서는 남녀공학 반대론자들의 반대를 무릅쓰고 여학생을 입학시키기 시작하였다. 몇 년 후 남녀공학 반대론자 중 한 사람이 "입학한 여학생의 33.3%가 교직원과 결혼하였다"는 놀라운 사실을 보고하여 충격을 주었다. 당시 세 명의 여학생이 입학하였는데, 그 중 한 명이 교수와 결혼하였던 것이다.

통계를 좋아하고 믿는 사람들이 많다. 통계의 수치가 70%라고 말한다면 조작의 가능성을 염두에 둔다. 그러나 69.83%라는 소수를 쓰면 의심하는 사람은 많지 않다.

Ⅱ. 보험과 유사개념의 구별

1. 저　축

저축은 경제생활의 불안에 대응하는 방법이기는 하나, 특정된 우발적 사고에 대비하여 위험단체의 조직을 통하여 하는 것이 아니라, 개인적·임의적으로 저축금을 적립하고 사용할 수 있다는 점에서 사회적·강제적 성격을 띤 보험과 구별된다.

2. 자가보험

자가보험(self-insurance)이란 특정 기업이 자기 소유의 재산에 사고가 발생할 것을 대비하여 각 사업년도마다 일정액의 금액을 적립하는 제도인데, 이것은 그 적립금을 대수의 법칙에 따라 산출한다는 점에서는 보험과 비슷하나, 다수인에 의한 보험단체를 조직하지 않는다는 점에서 다르다. 이 밖에 자가보험이라는 말은 일부보험의 경우에 피보험자 자신이 책임을 부담하는 부분을 가리키는 경우도 있다.

3. 도박 · 복표

도박이나 복표는 다수인으로부터 금액을 갹출하고, 장래의 우발적 사건에 따라서 금액이나 재물이 수수된다는 점에서는 사행계약(射倖契約)으로서 보험과 비슷하나, 우발적 사고로 인한 경제적 수요의 충족을 목적으로 하는 것이 아니라, 적극적인 경제적 이익을 도모하는 데 목적이 있는 점에서 본질적으로 다르다.[1] 도박은 피보험이익을 가지지 아니하나, 보험계약은 보험목적에 관하여 반드시 피보험이익을 가져야 한다. 나아가 도박은 우발적 사정이 반드시 금전적인 이득을 가져다 주지 아니하지만, 보험계약에서는 우발적 사고의 발생으로 피보험자에게 반드시 금전적 이익을 가져다 주는 점, 도박은 선량한 사회질서에 반하여 허용되지 않는 데 비하여 보험계약은 오히려 장려되고 있는 점에서 차이가 있다.

4. 금전무진

금전무진(金錢無盡)이란 다수인이 모여서 일정한 금액을 갹출하고 그 총액에서 추첨 또는 입찰에 의하여 금전의 급여를 받는 일종의 상호금융제도인데, 추첨 또는 입찰에 우연성은 있으나, 그것은 가입자의 경제적 불안이 원인이 아니며, 또 급여 · 반대급여균등의 원칙이 가입자 전체에 관하여 적용되는 것이 아니라 각 가입자에게 개별적으로 적용된다는 점에서 보험과 다르다.

5. 공 제

공제(共濟)는 같은 직장, 직업 또는 지역에 속하는 사람들이 조합을 만들어 조합

1) 최기원(하) 580면.

원 또는 그 가족 등의 길흉사가 있을 때 공제금을 지급함으로써 상호구제를 목석으로 하는 제도이다. 이것은 단체성과 우연성은 있으나 가입대상자에 제한이 있는 점에서 보험과 다르다. 그러나 오늘날 농업협동조합, 수산업협동조합 등에서 영위하는 생명공제, 화재공제, 어선공제, 가축공제, 자동차공제 등의 실체는 일종의 보험이므로 이를 유사보험 또는 조합보험(cooperative insurance)이라 할 수 있다. 따라서 이러한 유사보험 중에는 실질적으로 보험제도로 보아야 할 것들도 있으므로, 상법은 보험편의 규정은 "그 성실에 반하지 아니히는 범위에서 공제에 준용한다."고 규정하고 있다(제664조).

◖ 대법원 1990. 6. 26. 89도2537
상조회의 상조사업은 보험사업에 해당한다.

☞ 보험사업을 규제하는 보험업법의 정신에 비추어 볼 때 보험사업의 범위는 그 사업의 명칭이나 법률적 구성형식에 구애됨이 없이 그의 실체 내지 경제적 성질을 실질적으로 고찰하여 해석하여야 할 것인 바, 피고인이 운영한 이 사건 상조사업은 실질적인 면에서 고찰할 때 동질적인 경제상의 위험에 놓여있는 다수의 회원이 사망이라는 우연한 사고가 발생한 경우의 재산상의 수요를 충족시키기 위하여 가입회비, 상조비라는 명목으로 일정한 금액을 출연하고 사고가 발생할 때 상조부의금의 명목으로 일정한 금액을 지급한다는 점에서 그 사업명칭이나 출연 또는 지급금의 명칭에 불구하고 보험사업을 영위한 것이라고 하여야 할 것이다. 동지: 대법원 1989. 1. 31. 87도2172; 동 1993. 3. 9. 92도3417.

◖ 대법원 2001. 4. 10. 99다67413
공제제도는 유사보험의 일종이다

☞ 공제제도는 실제로 보험사업과 같은 기능을 하고 있는 유사보험의 일종이므로 특별한 사정이 없는 한 보험계약에 관한 상법의 규정을 준용할 수 있다고 본다. 동지: 대법원 2012. 9. 27. 2010다101776.

6. 보 증

보증은 제 3 자가 채권자에 대하여 주채무자의 채무이행을 담보하는 일종의 채권담보제도로서 보증채무(민 제428조), 신원보증(신보법 제2조), 매도인의 하자담보책임(민 제580조) 등이 이에 속한다. 그러나 보증은 주채무에 종속하는 부종성을 갖고 있고 보증인과 피보증인 사이의 개별적인 관계에서 이루어지며, 일반적으로 무상으로 제공되는 점 등에서 보험과 구별된다. 그러나 채무가 이행되어야 할 위험 자체를 보험에 붙일 수도 있는데, 이를 위하여 마련된 신종보험으로서 보증보험이 있다. 보증보험계약의 보험자는 보험계약자가 피보험자에게 계약상의 채무불이행 또는 법령상의 의무불이행으로 입힌 손해를 보상할 책임이 있다(제726조의 5).

Ⅲ. 보험의 순기능과 역기능

1. 서 언

보험은 위험에 대비하고자 하는 인간의 이성이 만들어 낸 가장 훌륭한 제도 중의 하나이므로 그 경제적·사회적 기능은 매우 크다. 반면에 보험제도는 악용할 위험도 매우 크기 때문에 그 역기능도 있다.

2. 보험의 순기능

1) 생활의 안정추구

보험제도의 가장 주요한 목적은 보험자가 보험가입자의 보험사고로 인한 경제적인 불안을 제거한다는 데 있다. 보험에 가입함으로써 사고의 위험으로부터 보호받게 되고, 따라서 가입자는 그 개인의 경제생활이나 기업경영의 안정을 추구할 수 있게 된다. 그러므로 보험은 보험가입자의 합리적인 생활설계나 기업경영을 가능하게 하며, 나아가서는 사회보장적인 기능도 하게 된다.

2) 자금의 공급

보험자는 다수의 보험계약자로부터 보험료를 받아서 축적된 자금을 관리한다. 특히 생명보험과 같은 장기보험에 있어서는 보험료는 은행예금처럼 임의로 환수되는 것이 아니므로 책임준비금을 제외하고는 장기의 투자기금으로서 이용될 수 있다. 이와 같이 축적된 보험료는 주식투자 등 산업자금으로 이용되거나 일반대출에 의하여 기업 등에 자금을 공급하게 됨으로써 국민경제의 발전에도 크게 이바지한다.

3) 신용수단으로서의 기능

보험은 신용수단으로서의 기능도 갖는다. 예컨대, 국제무역에 있어서 해상적하보험증권은 필수적인 서류의 하나로 인식되고 있다. 보험증권이 첨부된 선하증권과

하환어음은 운송중인 화물의 매매 또는 은행으로부터의 어음할인 등을 용이하게 해준다. 또 저당보험에 의하여 은행 등 금융기관으로부터 건물을 담보로 융자를 받는 경우나 채무자의 채무이행을 담보하는 보증보험은 보험이 신용수단으로 이용되는 좋은 예이다.

4) 손해의 방지기능

보험은 소극적인 위험에 대한 대비책일 뿐만 아니라 적극적으로 손해의 방시에도 기여한다. 예컨대, 화재보험이나 자동차종합보험의 경우 보험사고가 발생하면 그 사고의 원인, 상황 및 진행과정을 조사하고 손해액을 산정한다. 이와 같은 보험사고 자체에 대한 조사·분석을 통하여 다른 보험가입자들에게 사고예방을 위한 대책을 권고·홍보하게 된다. 나아가 보험자가 사고예방을 위한 시설투자나 연구활동을 지원함으로써 손해방지에 기여하기도 한다. 화재예방과 소화시설에 대한 안전점검 등을 그 임무로 하는 한국화재보험협회는 그 전형적인 예이다.

5) 위험분산의 국제화

보험의 기능 중 중요한 하나는 위험분산기능이다. 보험이 담보하고 있는 위험이 큰 경우에는 이를 하나의 보험자가 감당하기는 어렵기 때문에 재보험을 통하여 그 위험을 국내외에 분산시킬 필요가 있다. 특히 국제재보험시장을 통한 위험의 국제적 분산이 널리 이루어지게 된다.

3. 보험의 역기능

1) 보험은 인간의 경제생활을 위협하는 각종의 위험에 대비하기 위한 제도이지만 보험계약자 등이 보험금을 노려 고의로 보험사고를 일으키는 경우가 더러 있다. 이와 같이 보험계약자 등이 보험금을 받기 위하여 고의로 보험사고를 일으키는 위험을 도덕적 위험(moral risk, moral hazard)이라 한다. 가령 생명보험에서 보험금을 노리고 피보험자를 살해하거나 화재보험에서 보험의 목적에 방화를 하는 경우, 선박보험의 피보험자가 고의로 선박을 침몰시켜 해난사고로 가장하는 것들이 그것이다.

2) 보험금을 노린 살인사건이나 상해사고 등은 보험제도를 악용한 반사회적인 현상으로서 보험제도의 한 가지 역기능이다. 보험법은 이와 같은 역기능을 막기 위하여 고지의무(제651조) 등 제도적인 장치를 두고 있다. 한편 보험자로서도 보험의 인수

에서부터 보험계약자의 역선택(adverse selection)을 방지하고 보험사고의 처리과정에서 도덕적 위험을 저지른 사실을 적발하기 위한 노력을 게을리하여서는 안된다.

◖ 대법원 1982. 7. 13. 82도874
고의로 사고를 유발시켜 보험금을 수령하면 사기죄가 된다

☞ 선박소유자인 피보험자가 고의로 선박을 침몰시킨 후 풍랑으로 침몰된 것처럼 허위의 보고서를 작성하여 이를 진실로 믿은 보험자로부터 보험금을 지급받아 편취한 것은 사기죄에 해당한다.

〈사 례〉

제주해양경찰서는 1995년 4월 25일 보험금을 타내기 위하여 선박을 고의로 침몰시킨 혐의(선박매몰)로 충무선적 근해 27톤급 유자망 어선 성창호 선원 박성춘씨 등 두 명을 구속하고 선주 오정식씨를 수배했다. 해경은 또 성창호를 사고지점까지 예인해 준 남제주군 표선선적 8톤급 연승어선 금아호 선장 박금철씨도 같은 혐의로 구속했다. 선원 박씨 등은 지난 4월 22일 오후 11시쯤 성창호를 제주도 북제주군 우도 남동쪽 7마일 해상까지 예인한 뒤 성창호 기관실의 밸브를 고의로 열어 배를 침몰시킨 혐의이다(중앙일보 1995. 4. 26. 19면).

Ⅳ. 보험의 종류

상법은 인보험을 사람에 관한 보험으로 보아, 생명보험과 상해보험으로 나누었고, 손해보험을 재화에 관한 보험으로 보아, 화재보험 · 운송보험 · 해상보험 · 책임보험 · 자동차보험에 관한 규정을 두고 있다. 그러나 이것은 논리적인 분류방법은 아니며, 분류기준에 따라 다음과 같이 구분할 수 있다.

1. 공보험 · 사보험

1) 공보험(öffentliche Versicherung)이란 국가 기타의 공법인이 공동경제적 목적으로 운영하는 보험을 말한다. 사보험(Privatversicherung)이란 개인 또는 사법인이 경영하는 보험을 말하며, 기본적으로 영리성을 띠고 있다.[1)]

---

1) 엄밀한 의미에서 공보험은 공영보험과 구분된다. 공보험은 '국가 기타 공공단체가 공동경제적 목적으로 운영하는 보험'이고, 공영보험은 '국가 기타 공공단체가 경영하는 보험'이다. 전자는 강제보험이나, 후자는 강제보험이 아닌 점(예컨대, 한국수출보험공사에서 운영하는 수출보험이나 우체국에서 운영하는 우체국보험)에서 차이가 있다. 그러나 양자는 국가 기타 공공단체가 경영한다는 점에서 공보험적 성질을 가지고 있다.

2) 공보험은 사회정책적인 입장에서 실시하고 있는 사회보험과, 산업의 보호육성을 목적으로 하는 경제정책보험으로 나뉘는데, 산업재해보상보험, 국민건강보험, 군인보험, 선원보험, 국민연금보험, 고용보험 등이 전자에 속하고, 수출보험은 후자에 속한다. 이러한 공보험은 행정법상의 법률관계로서 상법이 적용될 여지는 적으며 국가의 재정적 원조가 따르고 그 가입이 강제된다. 그러나 강제보험으로서 사회보험의 성격을 띠고 있는 자동차손해배상책임보험은 사법인인 손해보험회사에 의하여 운영되고, 임의보험으로서 사보험에 속하는 우체국보험은 국가가 영위하므로, 이러한 구별이 반드시 철저한 것은 아니다.

3) 사보험은 다시 영리보험과 상호보험으로 나눌 수 있다.

2. 영리보험 · 상호보험

1) 영리보험(business insurance ; handelsgewerbliche Versicherung)이란 보험업자가 보험자로 되어 영리를 목적으로 제3자와 보험계약을 체결하는 보험을 말하고, 상호보험(mutual insurance ; Gemeinseitigkeitsversicherung)이란 보험의 가입을 원하는 다수인이 직접 보험단체(상호회사)를 조직하여 가입자 상호간의 이익을 도모하는 보험을 말한다. 상호보험은 "사원의, 사원에 의한, 사원을 위한" 회사자치제도의 형태이다.[1)] 현재 우리나라에서는 상호보험회사 형태는 존재하지 않으나, 외국의 경우 생명보험 분야에서 상호보험회사형태가 큰 비중을 차지한다.[2)]

2) 영리보험에 있어서는 각 보험계약자가 보험자를 매개로 하여 보험단체를 구성하기는 하지만 각 계약자 상호간에는 아무런 법률적 관계가 없으나, 상호보험에 있어서는 회사의 사원이 동시에 보험계약자로 되어 사원관계와 보험관계가 병존하고, 사원이 퇴사하면 보험관계가 소멸한다. 그러나 영리보험과 상호보험은 법적 구성 외에는 같기 때문에 상법은 상호보험에도 영리보험에 관한 규정을 준용하도록 하고 있다(제664조).

3) 영리보험이든 상호보험이든 보험업을 영위하고자 하는 자는 금융위원회로부터 보험업의 허가를 받아야 한다(보업 제4조부터 제7조까지).

---

1) 김성태(보) 46면.
2) 김성태(보) 49면.

상호보험관계의 법률적 성질에 관한 학설

상호보험의 경우에는 보험가입 자체를 위하여 상호회사를 조직하게 되므로 상호회사의 목적은 그 사원에 대한 위험의 담보이다. 따라서 상호회사의 사원이 되면 바로 보험계약까지 체결하게 되는 결과가 된다. 이와 같은 법률관계를 법이론적으로 여하히 설명할 것인가에 관하여 다음과 같이 학설이 갈린다.

(i) 중첩설 : 상호회사와 보험계약자 사이에 보험계약이 체결되는 동시에 입사계약이 체결된다는 학설.

(ii) 결합설 : 보험입사계약이라는 특수행위에 의하여 보험관계와 사단관계가 병립하여 발생한다는 학설.

(iii) 사단설 : 보험관계를 내용으로 하는 사단관계라고 하는 학설.

이 중 중첩설과 결합설은 하나의 상호보험관계를 중첩적 · 병립적으로 파악하는 단점이 있다. 상호보험에서는 보험계약자는 반드시 사원이 되고 또 회사는 보험을 위하여서만 존재하므로 사원자격과 보험관계는 상호조건이 되어 있다. 따라서 양자는 불가분의 일체를 이루고 있다고 보아야 하며, 법률적인 견지에서는 사단관계가 본질적인 것이라고 볼 수밖에 없다. 이러한 의미에서 사단설이 정당하다고 본다.[1]

3. 물보험 · 인보험

물(건)보험(Sachversicherung)이란 물건에 관하여 발생하는 사고에 대한 보험을 말하며, 인보험(Personenversicherung)이란 사람에 관하여 발생하는 사고에 대한 보험을 말한다. 물보험에는 유체물에 관한 보험은 물론, 화재보험 · 선박보험 · 자동차보험 · 도난보험 · 운송보험 등이 있고, 인보험에는 생명보험 외에도 상해보험 · 질병보험 · 교육보험 등이 있다. 그러나 보험을 물보험과 인보험으로 분류하더라도 모든 보험이 반드시 어느 한 쪽에 속하는 것은 아니다. 예컨대, 책임보험이나 재보험의 보험사고는 직접 사람이나 물건에 관하여 발생한 것이 아니라, 법적 책임 또는 계약에서 정한 사고를 보험사고로 하므로 이들은 어느 범주에도 속하지 않는다.

4. 손해보험 · 생명보험

1) 손해보험(Schadenversicherung)이란 보험자가 보험사고로 인하여 생길 피보험자의 재산상의 손해를 보상할 목적으로 하는 보험(부정액보험)을 말하며, 생명보험이란 사람의 생존 · 사망에 관하여 일정한 금액의 지급 기타의 급여를 할 것을 목적으로 하는 보험(정액보험 : Summenversicherung)을 말한다. 손해보험에는 화재보험 · 운송보험 · 해상보험 · 책임보험 · 자동차보험 · 보증보험 등이 있고, 생명보험에도 사망보험 ·

---

1) 서돈각 · 정완용(하) 339면.

생존보험 · 양로보험 등이 있다.

2) 그러나 이 분류법도 완전한 것은 아니다. 예컨대, 상해보험 · 질병보험 등은 사람의 생사에 관하여 일정금액을 지급하는 것이 아니어서 생명보험이 아니지만, 직접 계산할 수 있는 손해의 보상을 목적으로 하는 것도 아니므로 손해보험도 아니다.

5. 정액보험 · 부정액보험

보험사고가 발생하였을 때 보험자가 계약에서 정하여진 일정액을 지급하는 경우를 정액보험(定額保險)이라 하는데, 생명보험이 그 예이다. 이에 대하여 계약에서 정하여진 최고한도액의 범위 내에서 실손해액을 측정하여 보험금을 결정 · 지급하는 경우를 부정액보험(不定額保險)이라 하는데, 손해보험이 그 예이다.

6. 육상보험 · 해상보험 · 항공보험

육상보험(inland insurance ; Landversicherung)이란 육상에서의 각종 위험을 보험사고로 하는 보험을 말하며, 생명보험 · 화재보험 · 운송보험 · 자동차보험 등을 총칭한다. 해상보험(marine insurance ; Seeversicherung)이란 해상사고에 대한 보험을 말하며, 선박보험 · 적하보험 등이 있다. 여기서 해상이라는 것은 호천 · 항만 등의 내수는 포함하지 않는다(제125조). 항공보험(air insurance ; Luftversicherung)이란 공중에서의 각종 위험에 대한 보험을 말하는 것으로서, 기체보험 · 여객배상책임보험 · 화물배상책임보험 · 제3자배상책임보험 · 수색구조보험 등이 있다.

7. 개별보험 · 단체보험 · 집합보험 · 총괄보험

개별보험(Einzelversicherung)이란 개개의 자연인이나 물건을 보험의 목적으로 하는 보험을 말하고, 단체보험(Gruppenversicherung)이란 사람의 집단(다수인)에 관한 보험을 말한다(제735조의 3). 집합보험(Sachinbegriffversicherung)이란 물체의 집단을 보험의 목적으로 하는 보험을 말하며(제686조), 집합된 물건이 수시로 교체되는 것이 예정된 경우를 총괄보험(제687조)이라 한다.

8. 원보험 · 재보험

어떤 보험자가 인수한 보험계약상의 책임의 전부 또는 일부를 다른 보험자가 인수하는 경우에 제1의 보험을 원보험(原保險, 元受保險)(original insurance ; Hauptoder Erstversicherung)이라 하고, 제2의 보험을 재보험(reinsurance ; Rückversicherung)이라 한다. 재보험은 경제적으로는 원보험의 보험자가 인수하는 위험을 재보험의 보험자에게 전가함으로써 위험분산의 기능을 하는 것이지만, 법률상으로는 그것은 독립된 별개의 보험이다. 원보험이 손해보험이든 인보험이든, 재보험은 언제나 손해보험(책임보험)이다.

9. 기업보험 · 가계보험

기업보험은 주로 기업자가 그의 기업경영활동에 따르는 위험에 대비하기 위하여 이용하는 보험으로서 해상보험 · 항공보험 · 재보험 등이 대체로 이에 속한다. 가계보험은 주로 가계의 안정을 위하여 이용하는 보험으로서 생명보험, 주택의 화재보험 등이 이에 속한다.

10. 강제보험 · 임의보험

1) 법률에 의하여 보험가입이 강제되는 것이 강제보험이고, 그렇지 않은 것이 임의보험이다. 강제보험의 경우 보험자도 특별한 사유가 없는 한 그 계약체결을 거절하지 못한다. 강제보험의 예로서는 산업재해보상보험(산업재해보상보험법 제1조 · 제5조), 원자력손해배상책임보험(원자력손해배상법 제5조 · 제7조), 자동차손해배상책임보험(자보법 제5조 · 제21조), 신체손해배상특약부 화재보험(화재로 인한 재해보상과 보험가입에 관한 법률 제5조), 고압가스사업자의 손해배상책임보험(고압가스안전관리법 제25조), 항공보험(항공운송사업진흥법 제7조) 등이 있다.

2) 이 밖에 국민건강보험(국민건강보험법 제5조)과 선원보험(선보법 제17조)도 일종의 강제보험이다.

11. 변액보험

변액보험이란 보험금이 자산운용의 성과에 따라 변동하는 보험계약을 말한다(보험업법 제108조 제1항 제3호). 위의 정의에서 보듯이 변액보험은 투자상품이고 일종의 간접투자에 속한다. 그러므로 이것은 자본시장법에 규정되어야 할 것이나,[1] 우리나라에서는 정부가 보험업자에게 변액보험을 판매하도록 허가함에 따라 보험업법에 규정하게 되었다.

상법상의 분류

(ⅰ) 상법은 제4편에서 보험을 크게 손해보험(제2장)과 인보험(제3장)으로 나누어 규정한다. 손해보험은 다시 화재보험(제2절), 운송보험(제3절), 해상보험(제4절), 책임보험(제5절), 자동차보험(제6절) 및 보증보험(제7절)로 나누어 규정하고, 인보험도 생명보험(제2절)과 상해보험(제3절), 질병보험(제4절)으로 분류하였다. 이들 중 손해보험은 물보험이고, 인보험은 정액보험이 원칙이나, 상해보험은 정액보험일 수도 있고 손해보험일 수도 있다. 상해보험의 이러한 특성 때문에 우리나라를 비롯한 대부분의 나라에서 인보험회사는 물론 손해보험회사에게도 상해보험의 판매를 허용하고 있다(보업 제4조 제3항 · 부칙 제11조).

(ⅱ) 한편 제4편 제1장 통칙에 보험편의 규정은 "그 성질에 반하지 아니하는 범위에서 상호보험, 공제, 그 밖에 이에 준하는 계약에 준용한다."고 규정하고 있다(제664조).

보험업법상의 분류

종전의 보험업법에서는 보험사업을 인보험사업과 손해보험사업으로 구분하였으나, 2003. 5. 29. 보험업법이 전면개정되면서 보험사업은 보험업으로, 보험사업자는 보험회사로 용어를 변경하는 한편, 보험업에 대한 정의를 신설하고, 이를 생명보험업, 손해보험업, 제3보험업으로 구분하였다(보업 제2조 제1호부터 제4호까지). 생명보험업의 보험종목은 생명보험 · 연금보험(퇴직보험 포함)이며, 손해보험업의 보험종목은 화재보험 · 해상보험(항공 · 운송보험 포함) · 자동차보험 · 보증보험 · 재보험 등으로 구분된다. 상해보험 · 질병보험 · 간병보험은 제3보험업의 보험종목으로 규정하고 있다(보업 제4조 제1항 각호). 종전 인보험사업과 손해보험사업의 겸영대상이었던 상해보험 등을 제3보험업이라는 별도의 영역으로 신설한 것이 큰 변화라고 할 수 있다. 이 외에 변액보험을 인정한다(보업 제108조 제1항 제3호). 이러한 보험업법상의 분류는 정책적 필요에 의한 것으로 학술상의 분류와는 차이가 있다.

---

1) 대법원 2013. 6. 13. 2010다34159.

제2절 보험법의 본질

Ⅰ. 보험법의 의의

1) 형식적 의의의 보험법(Versicherungsrecht, droit d'assurance, law of insurance)이란 상법전 제4편 보험편을 말하나, 실질적 의의의 보험법이란 보험기업에 특유한 사법 법규의 전체라고 할 수 있다.

2) 광의의 보험법이란 보험에 관한 일체의 법규를 말하고, 이는 보험계약에 관한 법규(보험기업활동법)뿐만 아니라 보험사업의 주체 · 운영 · 감독에 관한 법규(보험기업조직법)도 포함한다. 협의의 보험법이란 영리보험에 관한 '보험계약법'만을 말하며, 상법의 보험에 관한 규정은 대부분 보험계약법이다.

Ⅱ. 보험법의 성격

1. 보험법의 지위

보험은 기본적 상행위의 하나이므로(제46조 제17호) 영리보험에 관한 한 이를 상법 제2편 상행위편에 규정하여야 할 것이다. 그러나 보험제도의 기술성 · 단체성 · 사회성(공공성)에 비추어 다른 종류의 상행위와 구별하여 별편으로 특수한 규제를 하고 있다.

2. 보험법의 특성

보험법은 상행위법과 비교하여 여러 가지 특수성이 있는데, 그것은 보험제도의 특수성에 기인하는 것이다.

1) 윤리성 · 선의성

보험계약은 일종의 사행계약이므로 이것이 투기 또는 도박으로 악용되는 등 도덕적 위험이 생길 여지가 많다. 따라서 건전한 보험을 보호하기 위하여서는 각 보험계약

당사자에게 고도의 선의 및 윤리성을 요구하게 된다. 상법에서는 구체적으로 고지의무위반으로 인한 계약해지(제651조), 고의로 인한 보험사고에 대한 보험자의 면책(제659조), 사기로 인한 초과보험의 무효(제669조 제4항) 등으로 표현되고 있다.

2) 단체성

보험계약은 개별적으로 보면 보험자와 보험계약자 사이의 사법상의 채권계약일 뿐, 보험계약자간에는 아무런 법적 관계가 없다. 그러나 보험단체의 전체적 구조 속에서 보면, 보험은 동질적인 위험에 놓여 있는 다수인이 그 위험을 분배하고 평균화함으로써 위험에 대비하는 제도이므로, 보험계약법도 단체법적인 성격을 갖게 된다. 여기서 보험자는 각 보험계약자를 평등하게 대우하여야 한다는 원칙(보험계약자 평등의 원칙 : 보업 제98조 · 제129조 제3호 참조)이 나오는 것이며, 보험단체 전체를 보호하기 위하여 고지의무제도(제651조)와 위험변경증가에 따른 조치(제652조~제653조) 등이 규정되게 된다.

3) 사회성 · 공공성

개별적으로 수집된 보험료는 자본을 축적하며, 보험자(보험사업자)는[1] 이를 관리하는 것이므로 보험사업은 국민경제적으로도 매우 중요한 구실을 한다. 따라서 보험계약은 개인적 이해관계의 조정뿐 아니라 공공의 이익과도 밀접한 관련을 가지는 것이니, 보험사업은 사회성 · 공공성을 띤다고 할 수 있다. 그러므로 보험회사는 비록 사기업이라고 하더라도 준공기업의 성질을 갖는다. 또한 일반적으로 보험가입자는 경제적으로 약자인 지위에 있으며 일반대중은 보험에 관한 전문적인 지식이 희박할 뿐만 아니라 보험관계는 복잡하고, 대량적 처리가 요구되어 보험계약은 부합계약화하고 있으므로 특별히 보험계약자의 보호가 요청된다.[2] 이에 보험업법은 보험업의 허가를 받아야만 이를 영위할 수 있도록 하고(보업 제4조부터 제7조까지), 보통보험약관에 대하여도 행정적 감독을 한다(보업 제5조 제3호 · 제127조부터 제128조의 2까지). 이외에도 보험자의 보험증권교부의무(제640조) 및 책임보험에 있어서의 제3 자의 직접청구권 인정(제724조 제2항) 등도 이를 반영한 규정이라 할 수 있다.

---

1) 우리가 통상 말하는 '보험회사'는 보험업법의 규정에 의하여 금융위원회의 허가를 받아 보험업을 영위하는 자를 말하고(보업 제2조 제6호), 상법에서는 이를 '보험자'라고 한다(제638조의 2 제1항 등).
2) 최기원(하) 589면.

4) 상대적 강행법성

(1) 보험계약법은 사법에 속하기는 하지만 그 기술성·단체성·사회성 등으로 인하여 사적 자치를 그대로 인정할 수 없다. 따라서 보험업법에서는 보험업 영위를 위한 허가제도를 규정함(보업 제5조부터 제7조까지)과 동시에 보험업 허가를 받은 보험회사가 아닌 자와 보험계약을 체결하거나 이를 중개 또는 대리하지 못하도록 하고 있다(보업 제3조·제209조 제3항). 또 상법에서도 보험계약자 등의 불이익으로 상법의 규정을 변경하는 내용의 특약을 금하는(제663조) 이른바 '보험계약자 등의 불이익변경금지의 원칙'을 밝혀 보험계약법의 상대적 강행법성(또는 편면적·반면적 강행규정성)을 선언하였다. 이는 경제적으로 약자의 지위에 있는 일반 보험계약자를 보호하기 위한 것이다.

(2) 그러나 기업보험에 속하는 재보험과 해상보험, 기타 이와 유사한 보험의 경우에는 이러한 강행성이 배제된다(제663조 단서). 이들 경우에는 보험계약자가 보험자보다 경제적으로 특히 약한 지위에 있다고 할 수 없어 법의 후견적 배려는 필요하지 아니하고, 오히려 당사자의 자치에 맡겨 특약에 의한 개별적인 이익조정을 꾀할 수 있기 때문이다. 또한 해상보험의 경우에는 보험실무상 영국법 준거조항을 둔 영문보험약관이 이용되고 있는 실정이므로, 불이익변경금지의 원칙을 일률적으로 적용하여 규제하는 것이 반드시 옳다고도 할 수 없다.[1)]

보험계약법의 상대적 강행법성에 관한 판례

1. 약관의 규정이 유효하다는 판결

◖ 대법원 1980. 11. 25. 80다1109
상해보험에서 외과적 수술면책의 특약은 무효가 아니다

☞ 상해보험약관에 외과적 수술 기타의 의료처치의 경우는 보험금 지급의 책임을 지지 아니한다는 취지의 특약조항은 상해보험의 성질상 당연한 경우를 규정한 데 지나지 아니하므로 위 특약조항을 가리켜 상법 제663조의 불이익변경금지규정을 위반한 것이라 할 수 없다.

---

1) 대법원 1996. 12. 20. 96다23818: 수산업협동조합중앙회가 실시하는 비영리 어선공제사업의 경우, 그 어선공제는 해상보험에 유사한 것으로서 소형어선으로 연안어업 또는 근해어업에 종사하는 다수의 영세어민들을 주된 가입대상자로 하고 있어서 공제계약 당사자들의 계약교섭능력이 대등한 기업보험적인 성격을 지니고 있다고 보기 어렵고 오히려 공제가입자들의 경제력이 미약하여 공제계약 체결에 있어서 공제가입자들의 이익보호를 위한 법적 배려가 여전히 요구된다 할 것이므로, 상법 제663조 단서의 입법취지에 비추어 그 어선공제에는 불이익변경금지의 원칙이 적용되어야 한다.

◖ 대법원 1992. 1. 21. 90 다카 20654
자가운전자동차종합보험에서 무면허운전 면책조항은 무효가 아니다

☞ 상법 제659조 제2항(현행상법 제732조의 2)은 사망 또는 상해를 보험사고로 한 보험계약, 즉 인보험계약에만 적용되는 규정으로서, 피보험자가 보험기간 중의 교통사고로 인하여 제3자에게 손해를 배상할 책임을 지는 경우에 보험자가 이를 보상할 책임을 지는 책임보험계약에는 적용되지 않는 것임이 위 조항의 문리상 명백하므로, 자가운전자동차종합보험과 같은 책임보험계약에 있어서의 약관 소정의 "자동차의 운전자가 무면허운전을 하였을 때에 생긴 사고로 인한 손해에 대하여는 보상하지 아니한다."는 무면허운전면책조항이 상법 제659조 제2항 및 제663조에 위반되어 무효라 할 수 없다. … 상법 제659조 제2항과 제1항의 규정 취지는, 보험사고를 직접 유발한 자, 즉 손해발생원인에 전적인 책임이 있는 자를 보험의 보호 대상에서 제외하려는 데에 있으므로, 보험약관에서 손해발생원인에 대한 책임조건을 위 규정들보다 경감하는 내용으로 면책사유를 규정하는 것은 상법 제663조의 불이익변경금지에 저촉되겠지만, 위 무면허운전면책조항은 사고발생의 원인이 무면허운전에 있음을 이유로 한 것이 아니라 사고발생시에 무면허운전 중이었다는 법규위반상황을 중시하여 이를 보험자의 보상 대상에서 제외하는 사유로 정한 것이므로 위 상법의 규정들이 적용된다고 보기 어렵다. 동지: 대법원 1990. 6. 26. 89다카28287; 동 1991. 2. 26. 90다카26270; 동 1991. 12. 24. 90다카23899.

◖ 대법원 1984. 1. 17. 83다카1940
장기화재보통보험약관에서 피보험자의 친족·고용인이 일으킨 보험사고에 대하여도 보험자는 면책된다는 규정은 무효가 아니다

☞ 장기화재보통보험약관 제4조 제2항의 면책조항은 피보험자와 밀접한 생활관계를 가진 친족이나 고용인이 피보험자를 위하여 보험사고를 일으킨 때에는 피보험자가 이를 교사 또는 공모하거나 감독상 과실이 큰 경우가 허다하므로 일단 그 보험사고발생에 피보험자의 고의 또는 중과실이 개재된 것으로 추정하여 보험자를 면책하고자 하는 취지에 불과하고, 피보험자가 보험사고 발생에 자신의 고의 또는 중과실이 개재되지 아니하였음을 증명하여 위 추정을 번복한 때에는 위 면책조항의 적용은 당연히 배제될 것이므로 위 면책조항은 상법 제663조의 강행규정(상법 제659조의 규정보다 보험계약자 등에게 불이익한 특약의 금지규정)에 저촉되지 아니한다.

◖ 대법원 1991. 8. 9. 91다1158
구상법 제679조의 적용을 배제한 자동차종합보험약관의 규정은 무효가 아니다

☞ 자동차종합보험 보통약관의 규정이 자동차보험계약에 있어 원칙적으로 구상법 제679조(보험목적의 양도시 보험계약상의 권리도 동시에 양도한 것으로 추정한다.)의 적용을 배제하고 있더라도 이는 위 계약에 있어 보험의 목적인 자동차를 교체하는 경우가 자주 생기고, 또 그 경우 보험계약자는 무사고 등을 이유로 보험료의 할인혜택을 받기 위하여 자동차를 교체하는 형태로 보험계약을 유용할 필요성도 있고, 한편 보험자로서도 예측위험률의 변화 등 보험계약의 기초에 중대한 변경을 초래할 가능성이 있는 피보험자의 교체에 대하여 중요한 이해관계가 있어 보험계약관계의 유지나 변경 등의 결정

에 관한 기회를 부여받아야 할 필요성도 있다는 점 등을 고려한 것이므로, 위 약관의 규정이 상법 제663조의 보험계약자 등의 불이익변경금지조항에 위배된다거나, 약관의 규제에 관한 법률 제6조에 정한 신의칙에 반한 불공정한 약관으로서 무효라고 할 수는 없다.

◖ 대법원 1991. 5. 14. 90다카25314
해상보험에서 영국법 준거법조항은 유효하다

☞ 보험증권 아래에서 야기되는 일체의 책임문제는 외국의 법률 및 관습에 의하여야 한다는 외국법 준거약관은 동 약관에 의하여 외국법이 적용되는 결과 우리 상법 보험편의 통칙의 규정보다 보험계약자에게 불리하게 된다고 하여 상법 제663조에 따라 곧 무효로 되는 것이 아니고 동 약관이 보험자의 면책을 기도하여 본래 적용되어야 할 공서법의 적용을 면하는 것을 목적으로 하거나 합리적인 범위를 초과하여 보험계약자에게 불리하게 된다고 판단되는 것에 한하여 무효로 된다.

◖ 대법원 1996. 3. 8. 95다28779
해상보험에서 영국법 준거법조항은 유효하므로 고지의무위반여부도 영국법에 따라 판단하여야 한다

☞ 해상보험증권 아래에서 야기되는 일체의 책임문제는 영국의 법률 및 관습에 의하여야 한다는 영국법준거약관은 오랜 기간 동안에 걸쳐 해상보험업계의 중심이 되어 온 영국의 법률과 관습에 따라 당사자간의 거래관계를 명확하게 하려는 것으로서 우리나라의 공익규정 또는 공서양속에 반하는 것이라거나 보험계약자의 이익을 부당하게 침해하는 것이라고 볼 수 없어 유효하므로, 영국법준거약관이 적용되는 선박보험계약에 있어서 고지의무위반을 이유로 한 보험계약의 해지에 관하여는 영국 해상보험법 제18조, 제17조가 적용되고 같은 법 소정의 고지의무위반을 이유로 한 보험계약의 해지는 우리 상법 제651조 소정의 그것과는 그 요건과 효과를 달리하고 있어 이에 대하여 상법 제655조의 인과관계에 관한 규정은 적용될 여지가 없다. 동지: 대법원 1996. 10. 11. 94다60332; 동 2005. 3. 25. 2004다22711 · 22728(영국 협회선박기간보험약관이 적용되는 선박보험계약에서 피보험자가 영국 해상보험법상의 고지의무 내지 최대선의의 의무를 위반하였다면 보험자는 보험계약을 취소할 수 있다).

◖ 대법원 2003. 8. 22. 2002다31315
영업용자동차보험 보통약관 제54조의 규정은 무효로 볼 수 없다

☞ 보험계약의 피보험차량이 교체됨으로써 보험계약 내용의 변경을 초래한 경우 보험자에게 보험계약의 유지나 변경 등의 결정에 관한 기회를 부여할 필요가 있고, 따라서 보험자에게 피보험차량의 대체 사실을 알려 보험자의 승인을 얻은 때로부터 대체된 자동차에 보험계약이 승계된 것으로 본다는 약관 규정이 보험계약자나 피보험자에게 부당하게 불리하다고 할 수 없어 이를 무효로 볼 수 없다.

◖ 대법원 2000. 11. 14. 99다52336
기업보험계약의 체결에 있어서 상법 제663조 소정의 '보험계약자 등의 불이익변경 금지원칙'의 적용은 배제된다

☞ 상법 제663조 소정의 보험계약자 등의 불이익변경 금지원칙은 보험계약자와 보험자가 서로 대등한 경제적 지위에서 계약조건을 정하는 이른바 기업보험에 있어서의 보험계약의 체결에 있어서는 그 적용이 배제된다. 동지: 대법원 2006. 6. 30. 2005다21531; 동 2005. 8. 25. 2004다18903.

◖ 대법원 2003. 2. 11. 2002다64872
개인용 자동차보험 특별약관의 규정은 유효(한정 유효)하다

☞ 보험계약자 또는 피보험자가 주소변경을 통보하지 아니하는 한 보험증권에 기재된 보험계약자 또는 피보험자의 주소를 보험회사의 의사표시를 수령할 지정장소로 본다는 개인용 자동차보험 특별약관의 규정은 보험회사가 과실 없이 보험계약자 또는 피보험자의 주소 등 소재를 알지 못한 경우에 한하여 적용된다. 동지: 대법원 2000. 10. 10. 99다35379.

이 밖에도 상법 제663조에 위배되지 아니한다는 판결로서 대법원 1993. 12. 21. 91다36420; 동 1993. 4. 13. 92다8552; 동 1996. 5. 31. 96다10454; 동 2000. 10. 6. 2000다32130; 동 2000. 9. 29. 2000다19021 등 참조.

2. 약관의 규정이 무효라는 판결

◖ 대법원 1990. 5. 25. 89다카17591
장기복지상해보험약관에서 무면허운전 면책조항은 무효이다

☞ 무면허운전의 경우는 면허있는 자의 운전이나 운전을 하지 아니하는 자의 경우에 비하여 보험사고 발생의 가능성이 많음을 부인할 수 없는 일이나 그 정도의 사고발생 가능성에 관한 개인차는 보험에 있어서 구성원간의 위험의 동질성을 해칠 정도는 아니라 할 것이고, 또한 무면허운전이 고의적인 범죄행위이긴 하나 그 고의는 특별한 사정이 없는 한 무면허운전 자체에 관한 것이고 직접적으로 사망이나 상해에 관한 것이 아니어서 그 정도가 결코 그로 인한 손해보상을 가지고 보험계약에 있어서의 당사자의 선의성, 윤리성에 반한다고 할 수 없을 것이므로 장기복지상해보험계약의 보통약관 중 피보험자의 무면허운전으로 인한 상해를 보상하지 아니하는 손해로 정한 규정은 보험사고가 전체적으로 보아 고의로 평가되는 행위로 인한 경우뿐만 아니라 과실(중과실 포함)로 평가되는 행위로 인한 경우까지 포함하는 취지라면 상법 제659조 제2항 및 제663조의 규정에 비추어 볼 때 과실로 평가되는 행위로 인한 사고에 관한 한 무효이다. 동지: 대법원 1990. 5. 25. 89다카17591; 동 1996. 4. 26. 96다4909; 동 1998. 3. 27. 97다48753; 동 1998. 3. 27. 97다27039; 동 1998. 4. 28. 98다4330; 동 2010. 3. 25. 2009다38438 · 2009다38445.

◖ 대법원 1992. 11. 24. 92다23629
실효약관은 무효이다

☞ 분납보험료가 소정의 시기에 납입되지 아니하였음을 이유로 구상법 제650조(현행 상법 제650조 제2항) 소정의 최고 및 해지절차를 거치지 아니하고 막바로 보험계약이 해지되거나 실효됨을 규정하고 보험자의 보험금지급책임을 면하도록 규정한 보험약관은 구상법 제650조, 제663조의 규정에 위배되어 무효이다. … 분납보험료 연체기간 중 발생한 보험사고에 대하여 보험계약은 존속하나 보험금 지급책임이 면책된다는 보험약관은 보험가입자에게는 보험계약의 해지와 실질적으로 동일한 효과가 있으므로 실질적으로 상법 제650조의 규정에 위배되는 결과를 초래하여 상법 제663조에 의하여 보험가입자에게 불이익한 범위 안에서는 무효이다.[1] 동지: 대법원 1995. 10. 13. 94다19280 · 19297; 동 1995. 11. 16. 94다56852(전원합의체판결); 동 1997. 7. 25. 97다18479; 동 2002. 7. 26. 2000다25002.

이 밖에도 약관의 규정이 상법 제663조에 위반되어 무효라는 판결로서 대법원 2000. 11. 24. 99다42643(생명보험계약에서 피보험자의 직업이나 직종에 관한 사항에 대하여 고지의무 위반이 있는 경우에 자동적으로 실제 직업이나 직종에 따라 가능하였던 가입한도나 보상비율 범위 이내로 지급하여야 할 보험금을 감축한다는 취지의 약정은 무효이다); 동 2010. 12. 23. 2010다45753(보험약관상의 갱신특약은 무효이다) 등 참조. 이와 반대의 판결로서, 대법원 2003. 6. 10. 2002다63312: 피보험자의 직업이나 직종에 따라 보험금 가입한도에 차등이 있는 생명보험계약에서 피보험자가 직업이나 직종을 변경하는 경우에 그 사실을 통지하도록 하면서 그 통지의무를 해태한 경우에 직업 또는 직종이 변경되기 전에 적용된 보험요율의 직업 또는 직종이 변경된 후에 적용해야 할 보험요율에 대한 비율에 따라 보험금을 삭감하여 지급하는 것은 실질적으로 약정된 보험금 중에서 삭감한 부분에 관하여 보험계약을 해지하는 것이라 할 것이므로 그 해지에 관하여는 상법 제653조에서 규정하고 있는 해지기간 등에 관한 규정이 여전히 적용되어야 한다(약관의 유효를 전제로 한 판결임). 동지: 대법원 2025. 4. 24. 2024다313941.

보험법의 기술성 문제

통설에 의하면 보험제도는 위험단체를 기초로 대수의 법칙에 따라 그 위험을 효율적으로 분산시키는 기술적인 제도이므로 보험법의 특성의 하나로 보험법의 기술성을 든다. 그러나 이러한 의미의 기술성은 보험업의 특성일 뿐 보험계약법의 특성은 아니다. 보험계약법은 보험자와 보험계약자 및 보험관계자 상호간의 권리 · 의무를 정한 것이고, 이는 이익형량의 원칙 아래 정하여지는 것이지, 권리 · 의무를 정하는 방법 내지 권리 · 의무의 내용이 다른 법에 비하여 특히 기술적인 것은 아니라고 본다.

---

1) 이 판결에 대하여 반대하는 취지의 평석으로 김성태, 법률신문, 제2222호(1993. 6. 7.) 15면이 있고, 이 판결에 대하여 찬성하는 평석으로, 최준선, 판례월보. 1994. 8. 23-31면이 있다.

Ⅲ. 보험법의 역사

1. 보험유사제도의 태동

1) 문화인류학적으로 볼 때 보험제도와 유사한 제도는 인류의 보편적인 것으로서 이미 원시사회에서 부터 찾아볼 수 있다. 즉, 생존을 위한 위험이 컸던 원시사회에서 잉여생산물을 타인에게 대여하여 주고 자기의 생산물이 없는 때에 그 타인으로부터 잉여물의 급여를 받는 상호부조적인 경제제도가 흔히 있어온 것이다.[1] 때로는 극심한 한발로 이러한 상호부조성이 깨어지면 원시사회 자체가 해산되었다고 한다. 뿐만 아니라 친족관계나 혼인관계도 자원의 배분과 밀접하게 관련되어 있어서 원시사회에서 보험의 기능을 담당하고 있었다. 그러나 이와 같은 보험과 유사한 제도는 현대의 보험제도와는 직접적인 관련이 없다.[2] 왜냐하면 당시 보험과 유사한 이들 제도는 위험이 큰 환경에서의 생존 자체를 위한 생래적인 것이었던 반면에, 오늘날의 보험제도는 우연히 발생된 손해를 전보하고자 하는 고도의 기술적인 제도이기 때문이다.

2) 또한 ① 고대의 장례비조합(collegia tenuiorum), 가족협동체나 촌락협동체와 같은 혈연협동체 내지 지역협동체 및 중세 봉건시대의 길드(guild)제도, 또는 ② 중세 지중해 연안의 모험대차계약에서 전화(轉化)한 위험인수사업 등이 보험제도의 기원이라고도 한다. 그러나 ①은 주로 도덕적 · 종교적 · 정치적 의미를 가진 단체로서 그 사업의 일부로서 오늘날 보험과 유사한 기능을 수행하였던 것은 틀림 없으나, 이는 보험 그 자체를 목적으로 하는 제도가 아니기 때문에 오늘날의 보험과의 역사적 관련은 없다고 하겠다. 한편 보험제도와 유사한 제도에 관한 기록으로서 최초의 것은 B.C. 2250년 경 바빌론의 함무라비 법전에서 찾을 수 있다. 당시의 대상(隊商)의 규약 중에, 대상의 1원이 여행 중 강도를 만나거나 기타 불의의 사고로 손해를 입은 경우 공동으로 이를 분담한다는 것이 있었다.[3] 그러나 이것도 오늘날의 보험제도와는 관련이 없는 보험과 유사한 제도일 뿐이다.

---

1) Ponser, *The Economics of Justice*, P. 152ff.
2) 양승규(보) 21면; Manes, Alfred, *Versicherungswesen*, B. I., 1930, S. 31, 33.
3) 양승규(보) 21면.

2. 해상보험제도의 발달과 그 규제

1) 영리보험제도의 기원은 고대 그리스·로마시대, 특히 중세 지중해 연안의 상업도시에서 널리 이용된 위 ②의 해상모험대차제도라고 보는 것이 일반적이다.[1] 해상모험대차제도란 해상무역업자가 항해를 함에 있어 선박·적하를 담보로 금융업자로 부터 자금을 빌리되, 난파나 해적의 습격 등으로 항해를 무사히 종료하지 못하면 원금과 이자의 상환을 면제받고 무사히 항해를 마친 때에만 이의 상환을 하기로 하는 계약이다.[2] 이로써 무역업자는 자금조달의 편의와 해상위험의 전가를 도모할 수 있었다. 이때 자본을 대여하는 자의 위험이 큰 만큼 이자율도 상당히 고액이었고, 이것이 당시의 교회법상의 이자금지규정에 저촉되었으므로 해상모험대차제도는 부득이 그 형식에 있어서 변모를 가져오게 되었으니, 즉 선박·적하가 상실할 것을 조건으로 이를 매매하기로 하는 매매계약으로 발전하였다.

2) 원시적 형태의 해상보험은 14세기 후반경 이탈리아의 상업도시에서 성립하여 점차 유럽 전역에 퍼졌다고 보는 것이 일반적이다. 그런데 원시적 해상보험은 주로 개인인 상업자본가가 해상기업에 대한 투기행위를 목적으로 행하여졌다고 한다. 따라서 합리적인 위험의 분배나 보험금의 산정은 불가능하였고 도박적 요소가 강하였으므로 점차 각 상업도시는 조례로써 이를 규제하게 되었다고 한다. 1369년 이탈리아의 제노아시의 조례, 1393년 이탈리아의 피렌체시의 조례 중 해상보험에 관한 조례 등이 그것이다.

3) 최초의 보험법은 1435년 스페인의 바르셀로나 조례이다. 법전으로서는 스페인의 카를로스 1세의 법전(1535년)이 최초의 것이다. 아무튼 이들 초기의 보험관계법령은 원시적 해상보험이 도박 내지 투기행위로 악용되는 것을 방지하기 위한 것이 주요 목적이었으므로, 그 내용은 공법적 요소가 강하였고 체계성도 없었다.

4) 1681년 프랑스 루이 14세의 해사조례 중에 해상보험에 관한 통일적 규정이 마련된 이래 1807년 프랑스 상법전이 이를 계수하였고, 이것이 라틴계 각국 보험법의 모법이 되었다. 17세기 후반부터 18세기 중엽에 걸쳐 보험사업은 종래의 개인기업 형태에서 탈피하여 조합형태로 되고 다시 주식회사의 형태로 발전하였으며, 보험인수시장의 형성, 해사자료의 완비, 통계자료의 수집 등 점차 해상보험의 근대화가 실현되었다.

5) 1731년에는 독일 최초의 해상보험법인 "함부르크 보험 및 해손조례"가 제정되

1) 大森忠夫, 보험법, 1957, 19면.
2) 大森忠夫, 상게서, 19면.

어 이것이 1746년 덴마크 보험조례, 1750년의 스웨덴 보험조례, 1766년의 프로이센 보험조례에 영향을 미쳤다.

3. 화재보험 및 생명보험의 발달

1) 화재보험은 17세기 후반부터 18세기 초까지의 게르만사회에서 그 기원을 찾는 학설이 유력하다. 이 학설에 의하면 중세 독일 북부지역에서의 길드에서 화재 기타 재해에 대하여 상호구제사업이 발달하였고, 1591년에는 독일 함부르크의 양조업자들이 화재조합과 다른 여러 조합을 설립하였으며, 1676년에는 이들 조합을 통합하여 함부르크 총화재금고를 설립하였으니, 이것이 화재보험사업의 효시라고 한다. 그 후 1718년에는 이를 모범으로 한 공립강제화재보험소가 성립하였다고 한다. 그러나 이와 같은 조합이나 공립화재보험소는 화재로 인한 상호구제 그 자체를 목적으로 하였던 것이 아니라 봉건시대의 직업인 상호간의 복리증진과 자위를 목적으로 하거나 또는 화재로 인한 납세자의 감소를 방지하기 위한 목적으로 설치된 제도로서 이것이 근대 화재보험제도와의 연혁적 관계를 구함에는 의문의 여지가 있다. 오히려 1666년 런던 대화재 이후 1667년 런던의 치과의사이자 건축업자였던 Nicholas Barbond가 화재손해전보인수업을 시작하였고, 1680년 이 사업을 회사조직으로 변경하여 The Fire Office를 설립한 것을 화재보험의 기원으로 보는 학설이 유력하다.

2) 18세기에 와서는 생명보험도 발달하게 되었는데, 이는 해상보험의 목적물로서 상품인 노예의 사망을 보험사고로 하였던 것이 후에는 육상에서의 생명보험으로, 나아가 자유인의 생명보험으로 발전하였다. 처음에는 생명보험은 그 도덕적 위험으로 말미암아 각국이 이를 금지하는 경향이 강하였고, 이것이 그 발달을 저해하는 요인이 되었으나, 17세기 말부터 생사에 관한 통계적 연구가 활발하게 진행됨에 따라 생명보험사업도 순조롭게 발전하였다. 생명보험의 기원은 1706년 영국의 John Hartley가 Amicable Society를 설립한 것을 현대적 보험의 기원으로 본다.

4. 현대보험법령의 제정

1) 이상과 같이 해상보험 이외의 보험제도도 점차 발달함에 따라 보험에 관한 법령도 이들 보험을 포함하게 되었다. 즉, 1794년 프로이센 보통국법은 전술한 함부르크 보험 및 해손조례를 기초로 해상보험에 관한 규정을 육상보험에 까지 미치도록 하

여 보험사법으로 구성하게 되었다. 19세기에 이르러 1807년 프랑스 상법전의 제정으로 1865년 이탈리아 상법전, 1871년 독일 구상법전, 1897년 독일 신상법전 등 통일상법전이 제정되었으나, 이들 상법전에는 해상보험에 관하여만 규정하고 육상보험에 관한 종합적인 규정은 없었다(다만 1882년 이탈리아 상법전은 육상보험에 관한 규정을 포함하였다.). 그러나 1826년 네덜란드 상법전, 1829년 스페인 상법전 등은 육상보험에 관한 규정을 약간씩 두기도 하였고, 19세기 후반에 제정된 상법전은 거의가 육·해상보험을 동시에 규정하기에 이르렀다.

2) 20세기에 와서 비로소 상법과 분리하여 보험제도의 특수성을 고려한 특별법이 각국에서 제정되었다. 1908년의 스위스 및 독일 보험계약법, 1917년의 오스트리아, 1927년의 스웨덴, 1930년의 노르웨이·덴마크, 1930년의 프랑스의 각 보험계약법이 그것이다. 이탈리아에서도 1942년 신민법전의 제정과 함께 구상법을 폐지하고, 구상법전 중 육상보험에 관한 부분은 민법 채권편에 규정하였고, 해상보험에 관하여는 항행법전에 별도로 규정하였다. 이는 당시 보험사업의 본격적인 발달로 보험계약자의 이익보호가 절실하였다는 사회상을 반영한다. 따라서 이들 법률의 특징은 계약에 의하여 변경할 수 없는 절대적 강행규정 또는 보험계약자 쪽에 불이익하게 변경할 수 없는 편면적 강행규정을 다수 두어 보험계약자의 이익을 보호하고 있다.

3) 우리나라에서는 고려 광종(光宗) 때 제위보(濟危寶) 및 조선시대의 향약(鄕約) 등이 상부상조의 정신을 반영하고 있었으나 오늘날의 보험과는 관련성이 희박하다. 근대적인 보험제도는 1921년에 설립된 조선생명보험주식회사이다. 1962년 신상법을 제정할 때 그 제4편에 보험계약에 관한 규정을 두었고, 1991년에 대폭적인 개정 후 오늘에 이르고 있다.

각국의 보험법[1]

(1) **독 일** : 독일은 신상법(1897년) 제4편 해상편 제10장에 해상보험에 관한 규정을 두었다. 육상보험에 관하여는 1908년 보험계약법이 제정되었는데 이것이 수차례 개정되어 오늘에 이르고 있다.

(2) **스위스** : 스위스는 1908년 보험계약법을 제정하였고, 1883년에는 사보험감독법을 제정하였다.

(3) **프랑스** : 프랑스는 우선 민법전에 사행계약의 일종으로서 보험계약에 관한 규정(동법 제1964조)을 두었다. 이 외에 상법전(1807) 제2편 해상 제9장에도 해상보험에 관한 규정을 두었었고, 1930년에는 보험계약법이 제정되었다. 1976년에는 양자를 합하여 보험법전이 제정되었는데, 이 법전은 1981년에 개정된 바 있다.

(4) **영국·미국** : 영국에서는 1906년 해상보험법이 제정되었다. 미국에서는 연방

1) 법무부, 보험·해상관계자료집, 법무자료 제58집, 1985 참조.

차원의 보험법은 없고, 각 주별로 보험계약법과 보험감독에 관한 법을 포함하는 보험법전을 두고 있다.

Ⅳ. 보험법의 법원

1. 보험계약법의 법원

보험계약법의 법원으로는 제정법과 관습법을 들 수 있다. 상법 제46조는 보험을 기본적 상행위로 하고 있으며(제17호), 보험계약은 '상사'에 속한다. 따라서 이것에 관하여는 먼저 상법규정을 적용하고, 상법에 규정이 없는 것에 관하여는 상관습법을 적용하며, 상관습법도 없는 사항에 관하여는 민법을 적용한다(제1조). 상법 이외에 상사특별법이 있으면 이를 적용하고, 또 강행법규나 공서양속 또는 보험계약의 본질에 반하지 않는 한, 당사자 사이의 특약이 우선적으로 법률관계를 결정하게 된다.

2. 제정법

1) 우리 상법은 1962년 1월 20일 법률 제1,000호로 제정, 공포되어 1963년 1월 1일부터 시행된 이래 1984년 제1차 개정이 있었으나, 제4편 보험편에 대한 개정은 없었다. 보험편은 제5편 해상편과 함께 1991년 12월 31일 제2차 상법개정시에 대폭 개정되어 1993년 1월 1일부터 시행되고 있다. 상법의 보험계약에 관한 규정은 영리보험에 관한 것이며, 상호보험, 공제, 그 밖에 이에 준하는 계약에 관하여는 그 성질이 상반되지 않는 한도에서 상법규정이 준용된다(제664조).

2) 상법 이외의 특별법으로서 보험계약법의 법원으로 볼 수 있는 것에는 보험업법을 비롯하여 자동차손해배상보장법, 화재로 인한 재해보상과 보험가입에 관한 법률, 산업재해보상보험법, 원자력손해배상법, 국민건강보험법, 선원보험법, 수출보험법, 우체국예금·보험에 관한 법률, 군인보험법 등의 법률과 이들 법률에 대한 시행령·시행규칙 등이 있다. 이밖에 보험약관의 규범성 인정여부, 효력, 규제 등과 관련하여 보험약관도 보험계약법의 법원으로 볼 수 있는지 문제이다.

3. 관습법

보험에 관한 관습법도 인정할 수 있다. 일본에서는 재보험자의 대위권(일상 제662조)

과 관련하여, 원보험자가 자기의 명의로 권리를 행사하고 회수한 금액을 재보험자에게 교부하여야 한다는 상관습법이 있다고 한다.[1] 이와 유사하게 우리나라에서도 원보험자가 청구권대위를 행사하여 제3자로부터 회수된 금액을 재보험자에게 교부하는 상관습이 있다고 한다.[2]

4. 보험약관

1) 보험약관의 의의

보통보험약관(insurance policy, allgemeine Versicherungsbedingungen)이란 보험자가 동종·다수의 보험계약을 체결하기 위하여 미리 작성한 보험계약의 내용이 될 정형적인 계약조항을 말하는 것으로서 보통거래약관의 일종이다. 보험약관은 ① 보험계약의 일반적·표준적인 계약조항으로 구성된 기본적인 약관인 보통보험약관, ② 보통보험약관에다 사정에 따라 다시 상세한 특약을 보충시킨 특별보통보험약관(이를 부가약관이라고도 한다.), ③ 보험계약 체결시에 당사자가 계약내용을 보통보험약관에 의하지 않고 구체적인 사정에 따라 별도로 정한 특별계약조항으로 구성되는 특별보험약관의 세 가지가 있다. 특별보험약관은 그 자체가 당사자간의 합의를 바탕으로 한 계약내용이므로 구속력이 있는 것은 당연하고, 보통보험약관이나 특별보통보험약관도 당사자 사이에 다른 약정이 없는 한 계약당사자를 구속한다.[3]

보험사업자는 고객이 약관의 내용을 쉽게 알 수 있도록 한글 및 표준화·체계화된 용어를 사용하고, 보험약관의 중요한 내용을 부호·문자·색채 등으로 명확하게 표시하여 이를 작성하여야 한다(약규 제3조 제1항).

2) 보통보험약관의 존재이유

보험약관의 존재이유는 다음 세 가지로 요약할 수 있다.

(1) 보통보험약관은 다른 보통거래약관과 마찬가지로 대량의 거래를 합리적으로

---

1) 日大判 40. 2. 21. 民集 19. 4. 273면.

2) 서울민사지방법원 1981. 12. 26. 80가합5524.

3) 대법원 2014. 6. 12. 2013다214864: 계약의 일방 당사자가 약관을 마련하여 두었다가 어느 한 상대방에게 이를 제시하여 계약을 체결하는 경우에도 그 상대방과 사이에 특정 조항에 관하여 개별적인 교섭(또는 흥정)을 거침으로써 상대방이 자신의 이익을 조정할 기회를 가졌다면, 그 특정 조항은 약관의 규제에 관한 법률의 규율대상이 아닌 개별약정이 된다고 보아야 한다. 이처럼 약관 조항이 당사자 사이의 합의에 의하여 개별약정으로 되었다는 사실은 이를 주장하는 사업자 측에서 증명하여야 한다.

처리하기 위한 수단으로 이용된다. 보험계약은 성질상 다수의 보험계약자를 상대로 동일한 내용의 계약을 체결하게 되므로 각 계약을 개별적으로 처리하기는 어려운 면이 있다. 정형적인 거래가 대량적으로 이루어지는 보험계약에서는 계약의 체결·내용 및 효과도 정형화할 필요가 있다. 이와 같은 기술적 요청에 부응하기 위하여 고안된 것이 보통보험약관이다.

(2) 보험약관을 사용함으로써 보험단체의 각 구성원인 보험계약자를 동일하게 취급하는 평등성의 효과도 갖게 된다.

(3) 정형화된 보험약관에 대한 감독관청의 감독을 통해 보험에 관한 전문적인 지식이나 자력이 부족한 보험가입자를 보호할 수 있다.

3) 보험약관의 구속력

보험약관은 보험자가 일방적으로 작성하여 감독관청에 신고(보업 제127조)한 후 계약자에게 제시하는 것으로서, 보험계약자가 보험계약 체결시에 그 약관의 내용을 잘 알지 못할 뿐만 아니라 그 약관의 조항에 따른다는 의사표시를 하지 아니하고도 그에 의하여 보험계약이 체결되고, 그 약관에 당사자가 구속받게 된다. 이와 같이 보험약관이 당사자를 구속하는 근거가 무엇이냐에 관하여는 학설이 나뉜다.

(1) 의사설

(ⅰ) 의사설(채택합의설)은 보험약관의 법원성을 부인하는 입장으로서, 전통적인 법률행위이론에 따라 약관에 의한 계약도 보통의 계약과 마찬가지로 당사자가 약관의 각 조항을 알고 스스로의 의사에 따라 약관의 내용을 계약내용으로 포함시키기로 합의하였기 때문에 구속력이 있다고 한다. 즉, 의사설의 법적 근거로는 약관규제법 제3조를 들고 있다. 즉, 약관규제법 제3조는 사업자에게 약관의 교부·설명의무를 규정하는데, 사업자가 이 의무를 위반하여 계약을 체결한 때에는 당해 약관을 계약의 내용으로 주장할 수 없도록 하고 있다.[1]

그러나 당사자의 의사가 불명확하거나 부존재하였던 경우에도, 심지어는 약관 자체의 존재마저 알지 못한 계약당사자에게도 약관이 시행되고 있는 실정에서, 이 학설에 의하면 약관의 존재·내용을 상대방이 알고 있었다는 것, 그리고 그 의사에 기하여 약관을 보험계약의 내용으로 포함시키기로 하였다는 것을 증명하기가 어려워서 약관의 구속력을 인정할 수 없게 된다는 난점이 있다.

---

1) 최기원(하) 592면; 이기수(보·해) 25면; 김정호(하) 397면.

(ii) 의사추정설은 보험계약자의 의사가 불명확·부존재한 경우에는 반증이 없는 한 약관에 따를 의사가 있었던 것으로 추정할 수 있다고 한다.[1] 그러나 의사추정이론은 일반법률이론으로는 근거가 미약한 것이며, 반증이 있는 경우 추정이 깨뜨려져 법적 안정성을 해치는 난점이 있다.

(2) 규범설

(i) 규범설은 보험약관의 법원성을 인정하는 입장으로서 보험약관 자체가 법률과 같은 규범이라고 하는데, 약관이 어떠한 규범이냐에 관하여 자치법이라는 견해와 상관습법이라는 견해로 나뉜다.

(ii) 자치법설은 보험약관을 보험거래권 내의 자치법으로 본다. 그러나 보험약관은 사법인(사인)인 보험자가 일방적으로 작성하는 것으로서 거래권 내의 합의가 있다고 보기 어렵고, 현대국가에서 사인에게 법규제정권이 있다는 것을 인정할 수 없다.

(iii) 상관습법설은 보험약관의 내용이 상관습법이라고 하는 견해와 '보험계약은 약관에 의한다'는 사실이 상관습법이라고 하는 견해로 다시 나뉜다. 전설은 상관습이 형성될 시간적 여유를 갖지 못한 신종보험의 경우에도 약관이 사용되는 점을 설명할 수 없고, 또 보험자가 일방적으로 제정한 것을 상관습이라고 하기도 어렵기 때문에 부당하다.

(iv) 결국 '보험계약은 약관에 의하여 체결된다' 또는 '보험계약은 약관에 의하여 처리된다'는 관습 또는 상관습(백지상관습 또는 백지상관습법)은 이미 형성되어 있다고 해도 좋을 것이다. 이렇게 보면 보험계약에 있어서는 약관이 사용된다는 사실, 즉 보험약관의 채택에 관하여만 상관습이 인정될 뿐이므로 약관의 내용을 이루는 각 조항이 당연히 구속력이 있는 것은 아니다. 약관의 각 조항 중 당사자간에 다툼이 있는 것은 사법적 심사를 통하여 그 타당성이 인정될 경우에만 그 효력이 인정된다고 하겠다.

(3) 판 례

보험약관의 구속력과 관계된 판례의 추이를 본다.

(i) 먼저, 보험약관의 구속력의 근거에 관하여는 대법원은 의사설을 확고하게 지지하고 있다.

---

1) 손주찬(하) 486면; 정동윤(하) 468-469면.

보험약관의 구속력과 관계된 판례의 추이

◖ 대법원 1985. 11. 26, 84다카2543
의사설을 취한 판결

☞ 보통보험약관이 계약당사자에게 대하여 구속력을 갖는 것은 그 자체가 법규범 또는 법규범적 성질을 가진 약관이기 때문이 아니라 보험계약당사자 사이에서 계약내용에 포함시키기로 합의하였기 때문이라고 볼 것인 바, 일반적으로 당사자 사이에서 보통보험약관을 계약내용에 포함시킨 보험계약서가 작성된 경우에는 계약자가 그 보험약관의 내용을 알지 못하는 경우에도 그 약관의 구속력을 배제할 수 없는 것이 원칙이나, 다만 당사자 사이에서 명시적으로 약관에 관하여 달리 약정한 경우에는 위 약관의 구속력은 배제된다. 동지: 대법원 1992. 7. 28. 91다5624; 동 2004. 11. 11. 2003다30807.

◖ 대법원 1986. 10. 14. 84다카122
보험약관의 내용을 알지 못한 경우에도 구속력이 있다

☞ 보통보험약관을 포함한 이른바 일반거래약관이 계약의 내용으로 되어 계약당사자에게 구속력을 갖게 되는 근거는 그 자체가 법규범 또는 법규범적 성질을 갖기 때문은 아니며 계약당사자가 이를 계약의 내용으로 하기로 하는 명시적 또는 묵시적 합의를 하였기 때문이라고 볼 것이다. … 보험계약자가 약관내용을 자세히 살펴보지 아니하거나 보험업자의 설명을 듣지 아니하여 알지 못한 경우는 물론이고, 어떠한 사정으로든 보험약관의 내용을 알지 못한 경우에도 그 약관의 구속력은 배제할 수 없는 것이 원칙이다. 동지: 대법원 1989. 11. 14. 88다카29177; 동 1991. 9. 10. 91다20432; 동 1993. 3. 9. 92다38928; 동 1996. 10. 11. 96다19307.

(ii) 다음으로, 대법원은 보험설계사가 보험계약자에게 약관의 내용과 다른 내용으로 보험계약을 설명하고 이에 따라 보험계약이 체결되었다면 그 설명된 내용이 보통보험약관의 내용보다도 우선한다고 하였다. 즉, 약관상의 문언보다도 보험설계사의 구두 또는 서면으로 한 설명이 우선한다고 하는 것이니, 여기서 보험약관의 법규범성은 완전히 무시되고 있음을 알 수 있다.

◖ 대법원 1989. 3. 28. 88다4645
구두 또는 서면으로 한 설명이 보험약관보다 우선한다

☞ 〈사　실〉
원고 X는 피고 Y화재해상보험주식회사와 1987. 6. 17. 자신의 승용차에 대하여 대인 및 대물 배상책임, 자손 및 차량손해를 담보하는 자동차종합보험계약을 체결하였다. 1987. 7. 26. 9시 30분경 원고는 경부고속도로상에서 자동차운전 중 교통사고를 일으켜 안면부 다발성 열창(裂創) 등의 상해를 입고 그 치료비로서 3,771,950원을 지출하였고, 이에 따라 원고는 300만원의 자손보험금의 지급을 피고에게 청구하였다. 이에 대하여 피고회사는 이 사건에 적용되는 보험약관 별표 2의 부상구분 및 급별보험가입금액표에 따라 자손보험의 보험금은 피보험자의 상해를 14등급으로 나누어 차등지급하게끔 되어 있고, 원고가 가입한 자손보험금액은 300만원이므로 1급상해라면 300만원 전액이 지급되겠으나 8급에 해당하는 원고의 상해에 대하여는 지급보험금이 90만원에 지나지 않는다고 주장하였다.

이 점에 관하여 원고는 피고회사의 대리점을 경영하는 소외 A가 1987. 6. 5. 원고를 방문하여 보험가입을 권유하면서, 자손사고로 인한 부상의 경우에는 금 300만원의 한도 내에서 치료비 전액이 보험금으로 지급된다고 설명하였으며, 또 그를 믿고 보험계약을 체결한 것이므로 피고는 300만원 전액을 지급할 책임이 있다고 주장하여 소송을 제기한 것이다.

이 사건의 제1심법원인 서울지법남부지원(1988. 4. 9. 87가소21529)은 피고는 보험약관의 정함에 따라 원고에게 90만원의 보험금을 지급할 책임이 있다고 판시하였고, 항소법원인 서울민사지법(1988. 9. 21. 88나15347)은 원고의 주장대로 300만원의 보험금을 지급하라고 판시하여, 피고가 상고하기에 이른 것이다.

〈판결요지〉

보통보험약관이 계약당사자에 대하여 구속력을 갖는 것은 그 자체가 법규범 또는 법규범적 성질을 가진 약관이기 때문이 아니라 당사자가 계약내용에 포함시키기로 합의하였기 때문인 바, 일반적으로 보통보험약관을 계약내용에 포함시킨 보험계약서가 작성되면 약관의 구속력은 계약자가 그 약관의 내용을 알지 못하더라도 배제할 수 없으나 당사자가 명시적으로 약관의 내용과 달리 약정한 경우에는 배제된다고 보아야 하므로 보험회사를 대리한 보험대리상 내지 보험외판원이 보험계약자에게 보통보험약관과 다른 내용으로 보험계약을 설명하고 이에 따라 계약이 체결되었으면 그때 설명된 내용이 보험계약의 내용이 되고 그와 배치되는 약관의 적용은 배제된다.

(iii) 위의 각 판례를 종합하여 보건대 결론적으로 대법원은 ① 보통보험약관이 계약당사자에게 대하여 구속력을 갖는 것은 그 자체가 법규범 또는 법규범적 성질을 가진 약관이기 때문이 아니라 보험계약당사자 사이에서 계약내용에 포함시키기로 합의하였기 때문이고, ② 보험약관의 내용을 알지 못한 경우에도 그 약관의 구속력은 인정되며, ③ 보험설계사의 서면으로 한 설명은 물론 구두로 한 설명도 개별약정 우선의 원칙에 따라 약관상의 문언보다 우선한다고 한다. 이는 보험약관의 계약에의 편입에 관하여 이른바 의사설을 채택한 것이다.

(4) 사 견

생각건대 의사설은 위 ①과 관련하여 현실과의 괴리를 설명하지 못한다. 약관의 내용을, 심지어는 약관의 존재를 알지 못하였으면서도 계약당사자 사이에 약관을 계약내용에 포함시키기로 합의하였다는 것은 지나친 의제이거나 모순이다. 약관의 존재도 몰랐는데, 언제 어디서 어떤 방법으로 이를 계약내용으로 채택하기로 합의하였던 것인가를 설명하기 곤란하다. 따라서 보험약관의 채택에 관한 한 백지상관습법설에 의하여 약관이 계약내용으로 채택되었다고 보는 것이 자연스럽다.[1] 다만 약관의 내용을 이루는 각 조항의 당부는 사법적 심사를 통하여 개별적으로 그 타당성과 효력여부를 판단하여야 할 것이다.

4) 신고하지 않은 보험약관의 사법상의 효력

보험업법에서 규정하는 신고절차(보업 제127조)를 거치지 않은 약관을 사용한 보험자가 보험업법상의 제재 및 과태료의 처분을 받게 되지만(보업 제134조 · 제209조 제2항 제32호), 당해 약관의 사법상의 효력에는 영향이 없다고 보는 것이 타당하다.

5) 보험약관의 변경과 소급적용

(1) 보험자는 사정의 변경(예컨대, 금리인하 · 위험률 변경)이 있는 경우에 금융위원회에 신고하여 그 약관의 내용을 변경할 수 있고(보업 제127조 제2항), 금융위원회는 ① 보험회사의 업무 및 자산상황 그 밖의 사정의 변경으로 인하여 공익 또는 보험계약자의 보호와 보험회사의 건전한 경영을 크게 해할 우려가 있거나, ② 보험회사의 기초서류에 법령을 위반하거나 보험계약자에게 불리한 내용이 있다고 인정되는 경우에는 청문을 거쳐 기초서류의 변경 또는 그 사용의 정지를 명할 수 있다. 다만, 대통령령이 정하는 경미한 사항에 관하여 기초서류의 변경을 명하는 경우에는 청문을 거치지 아니할 수 있다(보업 제131조 제2항). 계속보험계약에서 약관의 내용을 보험계약자에게 불리하게 변경하였다면 보험자는 새로운 보험계약을 체결할 때 그와 같은 약관변경 사실 및 내용을 보험계약자에게 고지하여야 할 신의칙상의 의무가 있고, 이러한 고지없이 체결된 보험계약은 과거와 마찬가지로 종전의 약관에 따라 체결된 것으로 보아야 할 것이다.

◖ 대법원 1986. 10. 14. 84다카122
약관변경사실 및 내용의 고지없이 체결된 보험계약은 종전약관에 따라 체결된 것으로 보아야 한다

☞ 동일한 보험계약당사자가 일정한 기간마다 주기적으로 동종계약을 반복 체결하는 계속적 거래관계에 있어서 종전계약의 내용이 된 보험약관을 도중에 가입자에게 불리하게 변경하였다면 보험자로서는 새로운 보험계약 체결시 그와 같은 약관변경사실 및 내용을 가입자인 상대방에게 고지하여야 할 신의칙상의 의무가 있다고 봄이 상당하고, 이러한 고지없이 체결된 보험계약은 과거와 마찬가지로 종전약관에 따라 체결된 것으로 봄이 타당하다.

---

1) 강위두 · 임재호(하) 531면.

◖ 대법원 1985. 11. 26. 84다카2543
구두에 의하여 종전약관과 동일함을 설명한 경우에는 종전약관에 따르기로 약정한 것으로 볼 수 있다

☞ 6개월이라는 단기간의 보험기간을 정한 보험계약을 체결한 후 그 보험기간 만료시마다 보험계약을 갱신하여 체결해 오는 계속적 계약관계에 있어서, 그 중간에 보통보험약관의 내용이 개정된 경우에 보험업자의 대리점 직원이 보험계약자에게 개정된 약관내용을 단순히 알리지 않는 것에 그친 것이 아니라 나아가 적극적으로 그 개정이 명칭의 변경에 불과하고 그 약관내용에도 변경이 없음을 강조하기 때문에 보험계약자도 기왕에 가입한 구약관과 같은 내용의 보험계약을 갱신하여 체결할 의사를 표시함으로써 계약이 성립한 것이라면 이는 당사자 사이에 명시적으로 구약관에 따르기로 약정한 경우와 같이 보는 것이 타당하다.

(2) 변경된 약관은 소급효가 없는 것이 원칙이나,[1] 금융위원회의 명령에 의하여 보험약관을 변경하는 경우에 보험계약자 · 피보험자 또는 보험금을 취득할 자의 이익을 보호하기 위하여 특히 필요하다고 인정하는 경우에는 이미 체결된 보험계약에 대하여도 장래에 향하여 그 변경의 효력이 미치게 할 수 있다(보업 제131조 제3항). 금융위원회는 변경명령을 받은 기초서류로 인하여 보험계약자 · 피보험자 또는 보험금을 취득할 자가 부당한 불이익을 받는 것이 명백하다고 인정되는 경우에는 이미 체결된 보험계약에 의하여 납입된 보험료의 일부를 환급하거나 보험금을 증액하도록 할 수 있다(보업 제131조 제4항). 보험회사가 위의 명령을 받은 때에는 그 변경의 요지를 공고하여야 한다(보업 제131조 제5항).

6) 보험약관의 교부 · 설명의무

(1) 보험약관의 교부 · 설명의무의 내용

(가) 상법상 보험약관의 교부·설명의무

보험계약을 체결함에 있어 계약자가 약관의 존재 내지는 약관의 내용을 알지 못하고 보험설계사의 권유에 따라 보험계약을 체결하는 일이 흔히 있고, 경우에 따라서는 이것이 보험사고의 발생 후 보험금지급과 관련하여 분쟁의 소지가 되기도 한다. 따라서 상법은 보험자의 약관의 교부 · 설명의무를 정하여, 보험자는 보험계약을 체결할 때에 보험계약자에게 보험약관을 교부하고 그 약관의 중요한 내용을 설명하도록 하고 있는데(제638조의 3 제1항), 이때 설명한 내용은 약관상의 문언보다도 우선하여 효력이 있다. 약관조항 중에서 무엇이 중요한 내용에 해당하는지에 관하여는 일률적

---

1) 서울민사지방법원 1982. 12. 8. 82가합5565.

으로 말할 수 없으며, 구체적인 사건에서 개별적 사정을 고려하여 판단하여야 한다.[1]

설명의무 관계 조문

① 상법 제638조의 3(보험약관의 교부 · 설명의무) 제1항
② 약관규제법 제3조(약관의 작성 및 설명의무 등)
③ 보험업법 제95조의 2(설명의무) 제1항, 동 시행령 제42조의 2 제1항(설명의무의 중요 사항 등)/보험업법 제97조(보험계약의 체결 또는 모집에 관한 금지행위) 제1항 제1호(보험계약자나 피보험자에게 보험상품의 내용을 사실과 다르게 알리거나 그 내용의 중요한 사항을 알리지 아니하는 행위)/보험업법 제95조의3(적합성의 원칙)
④ 자본시장법 제46조(적합성 원칙 등)/자본시장법 제46조의2(적정성의 원칙)/자본시장법 제47조(설명의무)

(나) 보험업법상 보험약관의 설명의무

보험업법도 보험회사 또는 보험의 모집에 종사하는 자는 일반보험계약자에게[2] 보험계약 체결을 권유하는 경우 보험료, 보장범위, 보험금 지급제한 사유 등 보험계약의 중요 사항을 일반보험계약자가 이해할 수 있도록 설명하도록 함으로써 보험약관의 설명의무를 강제하고 있다(보업 제95조의 2).

(다) 약관규제법상 약관의 작성·설명의무

약관규제법도 사업자의 약관의 작성 · 설명의무를 정하고, 특히 고객이 요구할 때에는 약관의 사본을 교부하도록 하였다(약규 제3조 제2항 · 제3항). 이를 위반한 때에는 당해 약관을 계약의 내용으로 주장할 수 없다(약규 제3조 제4항). 보험약관도 약관이므로 당연히 약관규제법의 적용을 받지만 특히 보험약관에 관하여는 상법에 규정이 있으므로, 상법에 규정이 있는 부분은 일반약관에 관한 법규인 약관규제법의 특별법의 지위에 있기 때문에 약관규제법보다 우선하여 적용된다(약규 제30조 제2항).

◖ 대법원 1989. 3. 28. 88다4645
보험계약체결시 설명된 내용이 보험계약의 내용이 되고 그와 배치되는 약관의 적용은 배제된다

☞ 보험회사를 대리한 보험대리상 내지 보험외판원이 보험계약자에게 보통보험약관과 다른 내용으로 보험계약을 설명하고 이에 따라 계약이 체결되었으면 그때 설명된 내용이 보험계약의 내용이 되고 그와 배치되는 약관의 적용은 배제된다.

---

1) 대법원 2025. 3. 13. 2023다250746.
2) 일반보험계약자란 금융기관, 주권상장법인 등 전문보험계약자가 아닌 보험계약자를 말한다(보업 제2조 제20호).

◖ 대법원 1999. 3. 9. 98다43342 · 43359
보험약관의 교부 · 설명의무에 위반하여 보험계약을 체결한 경우, 그 약관의 내용을 보험계약의 내용으로 주장할 수 없다

☞ [1] 보험자가 보험약관의 교부 · 설명의무에 위반하여 보험계약을 체결한 경우, 그 약관의 내용을 보험계약의 내용으로 주장할 수 없다.

[2] 보험계약자가 보험약관의 내용을 충분히 잘 알고 있는 경우, 보험자에게 그 약관 내용을 설명할 의무가 없다.

[3] 보험계약의 청약을 유인하는 안내문에 보험약관의 내용이 추상적 · 개괄적으로만 소개되어 있는 경우, 그 안내문의 송부만으로 약관에 대한 보험자의 설명의무를 다한 것으로 볼 수 없다.

[4] 보험계약자가 상법 제638조의 3 제2항에 정한 기간 내에 계약취소권을 행사하지 아니한 경우, 보험계약자가 보험자의 설명의무 위반의 법률효과를 주장할 수 없거나 보험자의 설명의무 위반의 하자가 치유되지 아니한다.

[5] 통신판매 방식으로 체결된 상해보험계약에서 보험자가 보험약관의 개요를 소개한 안내문과 청약서를 보험계약자에게 우송한 것만으로는 보험자의 면책약관에 대한 설명의무를 다한 것으로 볼 수 없다.

◖ 대법원 1998. 6. 23. 98다14191
보험약관의 교부 · 설명의무에 위반하여 보험계약을 체결한 때에는 그 약관의 내용을 보험계약의 내용으로 주장할 수 없다

☞ 보험자 및 보험계약의 체결 또는 모집에 종사하는 자는 보험계약의 체결에 있어서 보험계약자 또는 피보험자에게 보험약관에 기재되어 있는 보험상품의 내용, 보험요율의 체계 및 보험청약서상 기재사항의 변동 등 보험계약의 중요한 내용에 대하여 구체적이고 상세한 교부 · 설명의무를 지고 있다고 할 것이어서 보험자가 이러한 보험약관의 교부 · 설명의무에 위반하여 보험계약을 체결한 때에는 그 약관의 내용을 보험계약의 내용으로 주장할 수 없다. 동지: 대법원 1994. 10. 14. 94다17970(보험계약 승계의 경우에도 같다); 동 1996. 6. 25. 96다12009; 동 1998. 4. 10. 97다47255; 동 1999. 4. 27. 98다54830 · 54847; 동 1999. 5. 11. 98다59842; 동 2000. 5. 30. 99다66236; 동 2001. 9. 18. 2001다14917 · 14924; 동 2005. 10. 28. 2005다38713 · 38720; 동 2010. 9. 9. 2009다105383(영국 해상보험법이 적용되는 워런티(warranty) 약관 조항을 충분히 설명하지 않는 경우 그 워런티 약관 조항 전체가 보험계약에 편입되는 것으로 볼 수는 없다); 동 2015. 11. 17. 2014다81542(이와 같은 설명의무 위반으로 보험약관의 전부 또는 일부의 조항이 보험계약의 내용으로 되지 못하는 경우 보험계약은 나머지 부분만으로 유효하게 존속하고, 다만 유효한 부분만으로는 보험계약의 목적 달성이 불가능하거나 그 유효한 부분이 한쪽 당사자에게 부당하게 불리한 경우에는 그 보험계약은 전부 무효가 된다(약관규제법 제16조)); 동 2025. 10. 16. 2022다225897.

◖ 대법원 2000. 4. 25. 99다68027
계약자가 그 보험약관의 내용을 알지 못하는 경우에도 그 약관의 구속력을 배제할 수 없는 것이 원칙이나, 보험업자의 설명을 요하는 경우에는 위 약관의 구속력은 배제된다

☞ 보통보험약관이 계약당사자에 대하여 구속력을 가지는 것은 그 자체가 법규범 또는 법규범적 성질을 가진 약관이기 때문이 아니라 보험계약 당사자 사이에서 계약내용에 포함시키기로 합의하였기 때문이라고 볼 것인 바, 일반적으로 당사자 사이에서 보통보험약관을 계약내용에 포함시킨 보험계약서가 작성된 경우에는 계약자가 그 보험약관의 내용을 알지 못하는 경우에는 그 약관의 구속력을 배제할 수 없는 것이 원칙이나, 다만 당사자 사이에서 명시적으로 약관에 관하여 달리 약정한 경우에는 위 약관의 구속력은 배제된다 할 것이고, 약관의 내용이 일반적으로 예상되는 방법으로 명시되어 있지 않다든가 또는 중요한 내용이어서 특히 보험업자의 설명을 요하는 경우에는 위 약관의 구속력은 배제된다.

◖ 대법원 1999. 5. 11. 98다59842
교부·설명의무를 위반한 경우 보험자의 면책을 주장할 수 없다

☞ 업무용자동차보험계약체결시 보험자가 유상운송면책약관에 관한 교부·설명의무를 위반한 경우, 피보험자의 유상운송 중 발생한 사고에 대하여 면책을 주장할 수 없다.

(2) 상법과 약관규제법과의 관계

문제는 제638조의 3 제2항과 약관규제법 제3조 제4항과의 조화문제이다. 상법 제638조의 3 제1항은 "보험자는 보험계약을 체결할 때에 보험계약자에게 보험약관을 교부하고 그 약관의 중요한 내용을 설명하여야 한다."고 규정하고, 동 제2항은 "보험자가 제1항을 위반한 경우 보험계약자는 보험계약이 성립한 날부터 3개월 이내에 그 계약을 취소할 수 있다."고 규정한다. 그리고 약관규제법 제3조 제4항은 "사업자가 (약관의 작성 및 설명의무에 관한) 제2항 및 제3항을 위반하여 계약을 체결한 경우에는 해당 약관을 계약의 내용으로 주장할 수 없다"고 규정한다. 이 양 조문의 관계에 관하여는 학설이 갈린다.

(ⅰ) 상법적용설은 약관설명의무에 관한 한 상법 제638조의 3 제2항이 약관규제법 제3조 제4항의 특별규정이기 때문에 전자가 우선하여 적용됨으로써 후자는 그 적용이 없다고 한다(특칙설).[1] 따라서 보험자가 약관설명의무를 위반하였더라도 "보험계약자가 3개월 이내에 그 계약을 취소하지 아니하였으면 더 이상 보험약관의 설명의무위반 문제를 거론할 수 없는 것"이라고 한다. 그러나 설명과 고지 간에 아무런 관계가 없어서 고지의무 위반은 의연히 다툴 수 있으므로 보험자는 상법 제651

1) 강위두·임재호(하) 536면; 김정호(하) 423면.

조(고지의무 위반으로 인한 계약해지)에 따라 보험계약을 해지할 수 있다고 한다.

(ⅱ) 중첩적용설은 약관규제법 제3조 제4항의 규정은 보험약관에 대하여도 당연히 적용되며, 상법 제638조의3의 규정은 보험계약자에게 취소권을 하나 더 인정해 주는 규정으로 해석하여야 한다고 한다(취소권추가인정설).

(ⅲ) 판례는 보험계약자의 취소권은 보험계약자에게 주어진 권리일 뿐 의무가 아니라고 하면서 중첩적용설을 취하고 있다.[1)]

(ⅳ) 생각건대 중첩적용설이 옳다고 본다. 특칙설은 상법 제638조의3의 규정을 보험단체를 위한 규정이라고 보고, 3개월 이내에 취소하지 않으면 보험단체를 위하여 보험계약자에게 더 이상 취소권이 인정될 수 없고, 그 계약은 유효하되, 고지의무위반은 별개의 문제라고 한다. 이 견해에 의하면 3개월 이내에 취소하지 아니하면 보험자가 아무리 설명의무를 위반하였어도 상관없다고 하게 된다. 이러한 해석은 보험계약자 등을 보호하려는 규정이 오히려 벌칙을 수반하는 "3개월 이내에 보험약관 재확인 의무"를 부담시키는 가혹한 조항이 되고 만다. 이러한 해석은 보험계약자를 보호하기 위하여 본조를 신설한 입법취지에 반한다. 설명과 고지 간에 아무런 관련이 없다는 것도 납득하기 어렵다.

(3) 적용범위

보험약관의 교부・설명의무는 원칙적으로 모든 보험계약을 체결할 때 적용된다. 따라서 새로운 계약을 체결할 때는 물론, 계약을 갱신하는 경우에도 종래와 차이가 있는 중요한 부분에 대하여는 적용된다고 본다.[2)] 그러나 보험목적이 양도된 경우(제679조)에는 보험자는 양수인에 대하여 이러한 의무를 지지 않는다.[3)]

(4) 설명사항

설명하여야 할 사항은 약관의 중요한 내용이다. 중요한 내용은 보험의 종류에 따라 다르겠지만 보통 보험요율의 체계(보험료), 보험상품의 내용(보험금), 보험기간, 보험사고, 고지의무, 위험변경증가통지의무, 보험청약서상의 기재사항의 변동, 보험계약의 해지사유 및 보험자의 면책사유 등 계약의 체결과 유지에 중대한 영향을 미치는 사항인데, 이와 같이 보험자의 설명의무는 보험계약자의 고지의무보다도 범위가 넓다. 구체적인 것은 보험계약의 종류에 따라 달라진다. 그러나 보험계약을 갱신하

1) 대법원 1998. 11. 27. 98다32564: 상법 제638조의3 제2항이 약관의 규제에 관한 법률 제3조 제3항의 적용을 배제하는 특별규정으로 볼 수 없다.
2) 계약을 갱신하는 경우에는 적용되지 않는다는 견해: 최기원(하) 635면.
3) 최기원(하) 635면.

면서 종래의 약관의 조항과 차이가 없거나, 보험계약자가 보험약관의 내용을 잘 알고 있는 경우 및 보험약관에 정하여진 사항이 거래상 일반적·공통적인 것으로서 보험계약자가 별도의 설명이 없이도 충분히 예상할 수 있는 사항이거나, 법령에 정하여진 것을 되풀이·부연하는 데 불과한 경우에는 보험자에게 설명의무가 없다고 보아야 한다. 이 경우 보험계약자 또는 그 대리인이 약관내용을 충분히 알고 있다는 점은 보험자측에서 증명하여야 한다.

◖ 대법원 1994. 10. 25. 93다39942
약관의 중요한 내용에 해당하지 아니하여 설명의무가 없다고 한 사례

☞ 약관 면책조항의 배우자에 사실혼 관계의 배우자가 포함된다는 점은 설명의무에 해당하는 '약관의 중요한 내용'에 해당하지 않는다. 동지: 1995. 12. 12. 95다11344; 동 2005. 10. 7. 2005다28808: 보험사고의 내용이나 범위를 정한 보험약관이라고 하더라도 이에 대한 설명의무의 이행 여부가 보험계약의 체결 여부에 영향을 미치지 않는 경우, 위 보험약관의 내용을 설명의무의 대상이 되는 보험계약의 중요한 내용으로 볼 수 없다.

◖ 대법원 1993. 4. 13. 92다45261·45278
설명의무를 이행한 것으로 본 사례

☞ 폭발손실에 대한 면책약관이 포함된 기존 화재보험계약을 해지하고 새로 영문으로 된 보험계약서식에 따른 보험계약을 체결하면서 해석상 차이가 없는 면책약관에 관하여 특별히 설명하여 주지 않았다 하더라도 약관의 규제에 관한 법률 제3조 제2항 소정의 "설명"을 하지 아니한 것이라고 할 수 없다.

◖ 대법원 1998. 4. 14. 97다39308
보험계약자나 그 대리인이 약관의 내용을 충분히 잘 알고 있는 경우 보험자는 약관의 내용을 따로이 설명할 필요가 없다

☞ 보험계약자나 그 대리인이 약관의 내용을 충분히 잘 알고 있는 경우에는 그 약관이 바로 계약 내용이 되어 당사자에 대하여 구속력을 갖는다고 할 것이므로, 보험자로서는 보험계약자 또는 그 대리인에게 약관의 내용을 따로이 설명할 필요가 없다고 보는 것이 상당하다. 동지: 대법원 1998. 11. 27. 98다32564; 동 1999. 3. 9. 98다43342·43359; 동 2001. 7. 27. 99다55533(약관의 내용을 따로이 설명할 필요가 없는 사항이라는 것의 증명책임은 보험자측에게 있다); 동 2003. 4. 25. 2003다12373; 동 2003. 5. 30. 2003다15556; 동 2003. 8. 22. 2003다27054; 동 2004. 4. 27. 2003다7302; 동 2004. 11. 25. 2004다28245; 동 2005. 8. 25. 2004다18903.

◖ 대법원 2000. 7. 4. 98다62909·62916
일반적이고 공통된 것이거나 법령에 의하여 정하여진 것을 되풀이하거나 부연하는 정도에 불과한 사항이어서 보험자에게 설명의무가 없다고 본 사례

☞ 보험약관에 정하여진 사항이라고 하더라도 거래상 일반적이고 공통된 것이어서 보험계약자가 별도의 설명 없이도 충분히 예상할 수 있었던 사항이거나 이미 법령에 의하여 정하여진 것을 되풀이하거나 부연하는 정도에 불과한 사항이라면 그러한 사항에 대하여서까지 보험자에게 설명의무가 인정된다고 할 수 없다. 동지: 대법원 1990. 4. 24. 89다카24070; 동 1994. 10. 25. 93다39942; 동 1998. 11. 27. 98다32564; 동 2001. 7. 27. 99다55533; 동 2003. 5. 30. 2003다15556('계약자 또는 피보험자가 손해의 통지 또는 보험금청구에 관한 서류에 고의로 사실과 다른 것을 기재하였거나 그 서류 또는 증거를 위조하거나 변조한 경우'를 보험금청구권의 상실사유로 정한 보험약관은 설명의무의 대상이 아니다); 동 2003. 12. 11. 2001다33253; 동 2004. 4. 27. 2003다7302; 동 2007. 2. 22. 2006다72093; 동 2007. 4. 27. 2006다87453; 동 2011. 3. 24. 2010다96454.

◖ 대법원 2005. 12. 9. 2004다26164 · 26171
보험약관 면책조항이 '거래상 일반적이고 공통된 것이어서 보험계약자가 별도의 설명없이 충분히 예상할 수 있었던 사항'에 해당하지 아니하여 설명의무가 있다고 한 사례

☞ 보험자의 책임은 당사자 간에 다른 약정이 없으면 최초의 보험료의 지급을 받은 때로부터 개시한다고 규정하고 있는 상법의 일반 조항과 다른 내용으로 보험자의 책임개시시기를 정한 경우, 그 약관 내용은 보험자가 구체적이고 상세한 설명의무를 지는 보험계약의 중요한 내용이라 할 것이고, 그 약관의 내용이 거래상 일반적이고 공통된 것이어서 보험계약자가 별도의 설명 없이도 충분히 예상할 수 있었던 내용이라 할 수 없다. 동지: 대법원 2013. 6. 28. 2012다107051(특정 질병 등을 치료하기 위한 외과적 수술 등의 과정에서 의료과실이 개입되어 발생한 손해를 보상하지 않는다는 것은 일반인이 쉽게 예상하기 어려우므로 보험자의 설명의무가 면제된다고 볼 수 없다.).

◖ 서울고법 2010. 3. 31. 2009나97606
보험 계약 체결 당시 보험설계사가 설명의무 및 적합성 원칙[1] 등 고객보호의무를 위반한 경우 보험회사와 보험설계사는 불법행위로 인한 손해배상책임을 진다.

☞ 보험자의 임직원 또는 보험설계사가 계약자에게 보험상품의 가입을 권유할 때에는 당해 보험상품의 특성과 주요내용을 명확히 설명함으로써 계약자가 그 정보를 바탕으로 합리적인 판단을 할 수 있도록 계약자를 보호하여야 할 주의의무가 있고, 이러한 주의의무를 위반한 결과 계약자에게 손해가 발생한 때에는 불법행위로 인한 손해배상책임이 성립한다. 동지: 대법원 2014. 10. 27. 2012다22242: 보험회사 또는 보험모집종사자가 보험계약을 체결하거나 모집하면서 보험계약의 중요사항에 관한 설명의무를 위반한 경우, 손해배상책임을 부담하여야 한다.

---

1) 적합성의 원칙(자본시장법 제46조)은 전문투자자가 아닌 일반투자자의 경우, 투자목적 · 재산상황 및 투자경험 등에 비추어 그 일반투자자에게 적합하지 아니하다고 인정되는 투자권유를 하여서는 아니 된다는 원칙이다. 이는 증권투자 또는 투자신탁의 영역에서 인정되어 온 것이지만 변액보험 등에도 적용된다.

(5) 교부·설명시기

교부 · 설명시기는 "보험계약을 체결할 때"이다. 구체적으로는 청약자가 청약서에 소정의 사항을 기재하고 보험자에게 교부하기 전에 보험자가 보험계약자에게 보험약관을 교부하고 중요한 내용을 설명하여야 한다.

(6) 설명의 상대방

설명의무의 상대방은 반드시 보험계약자 본인에 국한되는 것이 아니라 그 대리인에게 보험약관을 설명하면 충분하다.[1] 그러나 보험금 양수인에 대한 설명은 보험계약자에 대한 설명과 동일시되지 아니한다.[2]

(7) 의무위반의 효과

(i) 계약의 취소 : 보험자가 약관의 교부 · 설명의무를 위반한 때에는 보험계약자는 보험계약이 성립한 날로부터 3개월 이내에 그 계약을 취소할 수 있다(제638조의3 제1항 · 제2항). 생명보험 등의 표준약관에서도 약관의 교부 · 명시의무 위반에 따른 계약취소기간을 3개월로 정하고 있다. 이는 약관의 내용을 알 기회를 갖지 못한 보험계약자를 보호하기 위한 것이다. 3개월의 기간은 제척기간이다.

보험회사 또는 보험모집종사자가 설명의무를 위반하는 바람에 고객이 보험계약의 중요사항을 제대로 이해하지 못한 채 착오에 빠져 보험계약을 체결하였고, 착오가 없었다면 보험계약을 체결하지 않았거나 적어도 동일한 내용으로 보험계약을 체결하지 않았을 것임이 명백한 경우, 착오를 이유로 보험계약을 취소할 수 있다.[3] 이때는 민법 제109조 제1항의 착오에 의한 취소로서 3개월의 제척기간도 적용되지 않는다.

(ii) 계약내용의 주장배제 : 만약 보험계약자가 3개월 이내에 보험계약을 취소하지 않았다고 하더라도 보험자의 설명의무 위반의 법률효과가 소멸되지는 아니하고, 보험자의 설명의무 위반의 하자가 치유되지도 아니한다. 따라서 보험계약자는 보험자의 설명의무 위반의 법률효과를 계속 주장할 수 있다.

◖ 대법원 1996. 4. 12. 96다4893
보험계약 성립일로부터 3개월 이내에 계약을 취소하지 못한 때에도 보험자의 설명의무 위반의 법률효과를 주장할 수 있다

☞ 상법 제638조의3 제2항에 의하여 보험자가 약관의 교부 및 설명의무를 위반한 때에 보험계약자가 보험계약 성립일로부터 3개월 이내에 행사할 수 있는 취소권은 보험계약

---

1) 대법원 2001. 7. 27. 2001다23973.
2) 대법원 2001. 6. 15. 99다72453.
3) 대법원 2018. 4. 12. 2017다229536.

자에게 주어진 권리일 뿐 의무가 아님이 그 법문상 명백하므로, 보험계약자가 보험계약을 취소하지 않았다고 하더라도 보험자의 설명의무 위반의 법률효과가 소멸되어 이로써 보험계약자가 보험자의 설명의무 위반의 법률효과를 주장할 수 없다거나 보험자의 설명의무 위반의 하자가 치유되는 것은 아니다. 동지: 대법원 1999. 3. 9. 98다43342; 동 1998. 6. 23. 98다14191.

(8) 보험약관의 교부·설명의무와 고지의무와의 관계

우리 대법원은 보험자가 보험약관의 교부·설명의무를 다하지 아니한 경우에는 보험계약자측에서 고지의무를 위반하였다고 하더라도 이를 이유로 보험계약을 해지할 수는 없다고 한다(상세한 것은 고지의무부분 참조). 반대로 보험약관의 교부·설명의무를 다하였다면 고지의무위반을 이유로 보험계약을 해지할 수 있다.[1)]

7) 보험약관의 해석

(1) 보험약관의 형식은 일반적으로 법조문과 같은 형식으로 되어 있으므로 보험약관의 해석은 법률의 일반해석원칙에 따라 객관적·합목적적으로 해석하되, 보험계약의 특성(단체성·기술성)을 고려하여 신의성실의 원칙에 따라 공정하게 해석하여야 한다(공정성의 원칙). 보통보험약관의 내용과 모순되는 개별적 특약이 있는 때에는 이것이 우선함은 물론이고(개별약정우선의 원칙),[2)] 면책규정이나 기타 예외규정은 가능한 한 엄격하게 해석하여야 한다(엄격 또는 축소해석의 원칙). 약관의 내용이 애매한 경우에는 작성자, 즉 보험자에게 엄격하고 불리하게, 보험계약자에게 유리하게 해석하는 것이 타당할 것이다(약규 제5조 제2항)[불명확성의 원칙(Unklarheitenregel) 또는 작성자불이익의 원칙(contra proferentem)].[3)]

◖ 대법원 1991. 9. 10. 91다20432
당사자가 명시적으로 약관의 내용과 달리 약정한 경우에는 달리한 약정이 우선한다

☞ 보통보험약관이 계약당사자에 대하여 구속력을 갖는 것은 그 자체가 법규범 또는 법규범적 성질을 가진 약관이기 때문이 아니라 보험계약 당사자 사이에서 계약내용에 포함시키기로 합의하였기 때문이라고 볼 것이며, 일반적으로 당사자 사이에서 보통보험약관을 계약내용에 포함시킨 보험계약서가 작성된 경우에는 계약자가 그 보험약관의 내용을 알지 못하는 경우에도 그 약관의 구속력을 배제할 수 없는 것이 원칙이나, 당사자 사

---

1) 대법원 1997. 3. 14. 96다53314.
2) 약관규제법 제4조는 "약관에서 정하고 있는 사항에 관하여 사업자와 고객이 약관의 내용과 다르게 합의한 사항이 있을 때에는 당해 합의 사항은 약관에 우선한다"고 규정하고 있다.
3) 양승규(보) 73면; 최기원(하) 602면.

이에서 명시적으로 약관의 내용과 달리 약정한 경우에는 위 약관의 구속력은 배제된다. 동지: 대법원 1985. 11. 26. 84다카2543; 동 1989. 3. 28. 88다4645; 동 1998. 10. 13. 97다3163; 동 2017. 9. 26. 2015다245145.

◖ 대법원 1996. 6. 25. 96다12009
작성자불이익의 원칙을 인정한 판례

☞ 보통거래약관의 내용은 개개 계약체결자의 의사나 구체적인 사정을 고려함이 없이 평균적 고객의 이해가능성을 기준으로 하되 보험단체 전체의 이해관계를 고려하여 객관적, 획일적으로 해석하여야 하고, 고객 보호의 측면에서 약관내용이 명백하지 못하거나 의심스러운 때에는 약관작성자에게 불리하게 제한해석하여야 한다. 동지: 대법원 1994. 10. 25. 93다39942; 동 1998. 10. 23. 98다20752; 동 2005. 10. 28. 2005다35226; 동 2007. 2. 22. 2006다72093; 동 2007. 6. 14. 2005다9326; 동 2016. 10. 27. 2013다90891; 동 2010. 9. 9. 2007다5120(작성자 불이익의 원칙이 적용될 여지가 없다고 본 사례); 동 대법원 2018. 7. 24. 2017다256828(보험약관이 규정하는 '암'은 객관적으로 다의적으로 해석되어 약관 조항의 뜻이 명백하지 아니한 경우 작성자 불이익의 원칙이 적용된다); 동 2023. 7. 13. 2021다2837426.

◖ 대법원 1995. 5. 26. 94다36704
객관적·획일적 해석의 원칙을 인정한 판례

☞ 보통거래약관 및 보험제도의 특성에 비추어 볼 때 약관의 해석은 일반법률행위와는 달리 개개 계약 당사자가 기도한 목적이나 의사를 기준으로 하지 않고 평균적 고객의 이해가능성을 기준으로 하되 보험단체 전체의 이해관계를 고려하여 객관적·획일적으로 해석하여야 하므로 가족운전자 한정운전 특별약관 소정의 배우자에 부첩관계의 일방에서 본 타방은 포함되지 아니한다고 해석함이 상당하다. 동지: 대법원 2010. 11. 25. 2010다45777; 동 2014. 9. 4. 2013다66966(기명피보험자의 사위나 며느리는 기명피보험자의 자녀와 법률상 혼인관계에 있는 사람을 의미하고, 기명피보험자의 자녀와 사실혼 관계에 있는 사람은 위 특별약관에서 정한 가족의 범위에 포함되지 않는다고까지 약관을 명시·설명할 의무는 없다); 동 2018. 10. 25. 2014다232784; 동 2020. 10. 15. 2020다234538, 234545(진단검사의학의 전문의사 자격증을 가진 자의 의미를 엄격하게 해석한 사례); 동 2021. 10. 14. 2018다279217(보험약관상 '장해'의 의미를 엄격하게 해석한 사례); 동 2023. 6. 15. 2021다206691; 동 2023. 10. 12. 2020다232709(본소), 2020다232716(반소); 동 2025. 3. 13. 2023다250746; 동 2025. 4. 3. 2023다245058; 동 2025. 10. 16. 2022다225897; 동 2024. 10. 31. 2023다240916.

(2) 한편 실무에서는 보험약관에 사용된 문언의 내용을 이른바 '용어풀이'난을 통하여 한정하는 경우가 더러 있다. 보험자가 약관의 본문의 조항으로써가 아닌 용어풀이라는 편법을 이용하여 면책하려는 의도가 있을 경우에는 이를 악용할 소지가 있다. 따라서 용어풀이난에서의 용어풀이도 본문과 결합하여 전체로서 해석하여야 하고, 만약 그 내용이 본문의 의미를 임의로 제한하거나 본문과 모순되는 내용을 규

정하면 이는 무효이다.

◖ 대법원 1990. 5. 25. 89다카8290
약관의 용어풀이난의 용어풀이도 본문의 내용과 합치되게 해석하여야 한다

☞ 약관의 용어풀이난도 본문과 결합하여 전체로서 약관의 내용을 구성하는 것이므로 그것은 본문에서 사용된 용어 중 그 의미가 불명확한 것을 명확하게 한다든지 그 풀이에 혼란이 없도록 하는 데 그쳐야 할 것이고 본문의 의미를 임의로 제한하거나 본문과 모순되는 내용을 규정할 수는 없는 것인 바, 자동차종합보험 보통보험약관 중 "식물인간 등의 경우에는 자동차 종합보험 대인배상보험금지급기준에 의하여 산출한 금액을 법률상의 손해배상액으로 본다"는 용어풀이규정은 결국 식물인간의 경우 법률상의 손해배상액을 제한하겠다는 취지이므로 이는 법에 의하여 손해배상책임이 인정되는 금액을 제한없이 보험금으로 지급하겠다는 취지의 약관 본문의 규정에 반하거나 모순되어 효력이 없다고 할 것이다.

8) 보험약관에 대한 규제

보험약관은 보험자가 일방적으로 작성하여 시행하는 것인 반면 보험계약자는 보험계약상의 법적・기술적 지식을 갖지 못하는 경우가 많아서 계약자를 보호할 필요가 있다. 따라서 입법・행정・사법 세 가지 측면에서 규제가 가하여진다.

(1) 입법적 규제

(i) 상법상의 규제로서, 제663조의 보험계약자 등의 불이익변경금지의 원칙에 따른 보험계약법의 상대적 강행법규성의 인정을 들 수 있다. 즉, 보험편의 규정은 당사자간의 특약으로 보험계약자 또는 피보험자나 보험수익자의 불이익으로 변경하지 못하며, 이를 위반한 약관은 무효이다.[1] 다만 재보험 및 해상보험 기타 이와 유사한 보험의 경우에는 예외로 한다.[2] 나아가 앞에서 설명한 바와 같이 상법은 보험자의 약관의 교부 및 설명의무를 정하여, 보험자는 보험계약을 체결할 때에 보험계약자에게 보험약관을 교부하고 그 약관의 중요한 내용을 설명하여야 하며, 이를 위반한 때에는 보험계약자는 보험계약이 성립한 날로부터 3개월 이내에 그 계약을 취소할 수 있도록 하였다(제638조의 3 제1항・제2항). 약관규제법 제3조에도 이와 유사한 규정을 두어 사업자의 약관의 작성・설명의무를 정하고, 특히 고객이 요구할 때에는 그 약관의 사본을 교부하도록 하였으나, 상법은 보험계약자의 요구가 없더라도 보험자는 당연히 약관을 교부하도록 하였다.

---

1) 대법원 1992. 11. 24. 92다23629.
2) 연안 또는 근해어업에 종사하는 영세민을 주된 가입대상으로 하는 어선공제는 기업보험에 해당하지 않는다: 대법원 1996. 12. 20. 96다23818.

(ii) 보험업법상의 규제로서 보험회사가 보험약관을 작성 또는 변경하려는 경우 미리 금융위원회에 신고하여야 한다(보업 제127조). 또한 보험회사 또는 보험의 모집에 종사하는 자에 대하여 보험계약의 중요 사항에 대한 설명의무를 부여하고(보업 제95조의 2), 보험계약의 체결 또는 모집에 종사하는 자가 보험계약자 또는 피보험자에 대하여 보험계약의 내용을 사실과 다르게 알리거나 그 내용의 중요한 사항을 알리지 아니하는 행위를 금지하고 있다(보업 제97조 제1항 제1호). 또한 보험업법시행령은 보험약관의 작성·변성 원칙을 규정하고 있다(보업시령 별표7).

(iii) 약관규제법상의 규제로서, 보통보험약관도 보통거래약관의 일종이므로 약관규제법에 의한 전면적 통제를 받는 것은 당연하다. 그 주요 내용은 약관의 작성·설명의무(약규 제3조), 개별약정우선의 원칙(약규 제4조), 약관의 해석(약규 제5조), 약관조항의 무효(약규 제6조)[1) 등 약관의 계약편입과 약관의 해석에 대하여 통제를 가함과 동시에 포괄적인 행정지도적 규제를 하여(약규 제17조 이하) 그 내용의 공정성을 확보하고자 한다.

(2) 행정적 규제

행정적 규제란 보험약관의 작성·변경·사용에 있어 정부의 감독을 받게 하는 것이다. 즉, 보험회사가 보험약관을 작성 또는 변경하려는 경우 미리 금융위원회에 신고하여 그 내용을 확인받게 되며(보업 제127조·제128조), 금융위원회는 필요한 경우 보험약관의 변경 또는 그 사용의 정지를 명할 수 있다(보업 제131조 제2항).

(3) 사법적 규제

사법적 규제란 보험약관의 해석·적용에 있어 사법적 판단에 의한 규제를 말한다. 즉, 약관의 구체적 내용의 유효성이나 해석상의 의문점에 대한 사법적 판단을 통하여 궁극적으로는 보험계약자 등의 이익을 보호할 수 있게 된다.

(4) 공정거래위원회에 의한 규제

공정거래위원회는 행정관청의 인가를 받은 보험약관이 약관규제법 제6조부터 제14조까지를 위반한 사실이 있다고 인정될 때에는 해당 행정관청에 그 사실을 통보하고 그 시정에 필요한 조치를 요청할 수 있다(약규 제18조). 2003. 5. 29. 보험업법이 전면 개정되면서 보험약관의 변경은 '인가'사항이 아닌 '신고'사항으로 바뀌었으나 이 경우에도 동 조항은 적용된다고 할 것이다.

---

1) 고객에 대하여 부당하게 불리한 조항으로서 '신의성실의 원칙을 위반하여 공정성을 잃은 약관조항' 인 경우 그 약관 조항은 무효로 될 수 있다: 대법원 2014. 6. 12. 2013다214864; 동 2017. 4. 13. 2016다274904; 동 2024. 10. 8. 2023다298892.

(5) 기타의 규제

한국소비자원, 소비자단체, 보험계약자 등이 보험약관의 내용이 약관규제법에 위반되는 등 소비자에게 불리하게 규정되어 있다고 생각될 경우, 공정거래위원회에 그 심사를 청구할 수 있다(약규 제19조).

제 2 장
보 험 계 약

제 1 절 보험계약의 본질

Ⅰ. 보험계약의 의의

보험계약의 본질이 무엇인가에 관한 학설, 이른바 '보험학설'은 '어음이론'과 아울러 개념법학의 쌍벽을[1] 이룬다고 할 정도로 보험계약의 개념구성은 어렵고, 따라서 학설이 구구하게 나누어지고 있다. 그 근본 원인은 연혁적으로 보험제도가 해상보험제도에서 비롯하여 각종의 손해보험으로 발전하여 왔으나, 20세기에 와서는 생명보험까지도 나타나게 되어 손해보험계약과 생명보험계약을 통일적으로 설명하기 어렵게 된 데 있다. 나아가 오늘날에는 손해보험과 생명보험 양자의 성질을 동시에 가지는 보험의 종류가 등장하여 문제를 더욱 어렵게 만들고 있다. 모든 종류의 보험계약을 포괄하는 통일적 정의를 억지로 내리는 경우에는 '색채가 없고 내용이 없는' 추상적 정의가 되고 말기 때문에, 각종 보험계약의 특질을 밝히고 구체적 사안의 해결을 위하여 타당한 결론을 이끌어내는 노력을 할 수밖에 없다고 하는 '개념정립무용론'도 나오고 있다.[2] 그러나 보험계약의 의의를 정하는 것은 '보험에 관계있는 규정의 적용 내지 유추적용의 범위를 결정하기 위하여도'[3] 필요하다.

1) 박원선(하) 49면.
2) 박원선(하) 53면; 石井照九, 상법(Ⅱ), 1954, 269면; 小町谷操三・田邊康平, 보험법강의, 1971, 17면.
3) 서돈각・정완용(하) 353면; 이기수(보・해) 46면.

1. 보험계약에 관한 학설

1) 1원론

1원론은 손해보험과 인보험을 통일적으로 설명하려는 학설인데, 이 가운데서 중요한 것을 들면 다음과 같다.

(1) 손해보상계약설

(i) 손해보상계약설(손해전보설)은 보험계약을 '보험자가 보험계약자로부터 대가를 징수하고 보험사고로 인하여 보험계약자 또는 피보험자에게 생기는 손해를 보상할 것을 인수하는 계약'이라고 한다. 이 학설은 손해보험제도만이 있었던 사보험제도 발달의 초기에 지배적이었다.

그러나 생명보험(정액보험)제도가 발달함에 따라 손해보상의 개념만으로 양자를 설명하기가 어렵게 되자, ① '손해' 개념을 확장하여 생명보험에 있어서도 보험사고로 인하여 '일반적 · 추상적 손해'가 발생한다고 하거나, '정신적 손해'가 발생한다고 하여 1원적인 설명을 시도하거나, ② 생명보험을 소비대차계약이라고 하여 그 보험성을 부정함으로써 보험계약의 손해보상계약성을 고수하려는 학설이 나오기도 하였다.

(ii) 이 견해에 대한 비판으로는, 손해보상계약설은 정액보험인 생명보험의 발달에 따라 '손해' 개념만으로 그 특수성을 해명할 수는 없다는 것이다. 그러므로 '손해' 개념을 확장하는 견해도 무리한 의제이거나 지나치게 기교적이라는 비난을 면할 수 없다.

(2) 수요충족설

(i) 수요충족설은 보험계약을 '보험자가 보험계약자로부터 보험료를 징수하고, 우연한 사고의 발생으로 인하여 상대방 또는 제3자에게 생긴 경제적 수요를 충족시킬 것을 인수하는 계약'이라고 한다.

(ii) 수요충족설은 수요충족이란 개념이 손해전보라는 개념보다는 넓은 개념이나, 생명보험계약에서 경제적 수요가 없는 경우에도 보험금이 지급되는 것을 설명할 수 없다.

(3) 기술설

(i) 기술설은 보험계약을 '보험자가 우연한 사고의 발생의 개연율에 따라 산출된 보험료를 받고 그 사고의 발생시에 일정한 금액을 상대방에게 지급할 것을 약정하는 계약'이라고 한다.[1)]

---

1) 채이식(Ⅳ) 17~18면.

(ⅱ) 기술설은 보험계약의 내용을 무시한 형식적 정의라든가, 보험제도의 경제학상의 의의의 설명은 될지 몰라도 보험계약의 법률학상의 정의로는 불충분하다는 비판을 받는다.

(4) 금액급여설(재산급여설)

(ⅰ) 금액급여설은 보험계약을 '보험자가 대가를 받고 계약에 정한 사고발생을 조건으로 일정한 금액(재산)을 지급할 것을 약속하는 계약'이라고 한다.[1]

(ⅱ) 금액급여설은 내용이 없는 추상적인 정의가 되므로, 도박과 같은 유사개념과의 구별이 어렵게 된다는 난점이 있다.

(5) 위험부담설

(ⅰ) 위험부담설은 보험계약은 보험자가 위험을 부담(보험에 의한 보호)할 의무를 지고, 이에 대하여 보험계약자는 보험료지급의무를 지는 채권법적인 쌍무계약이라고 한다.[2]

(ⅱ) 위험부담설은 위험부담을 법률적 의무의 이행으로 보는 것은 다소 무리이고, 보험계약을 쌍무계약으로 보는 점에서 최초의 보험료를 받기 전에도 보험계약은 성립한다는 상법 제656조의 편무계약적인 보험계약을 설명하지 못한다는 비판을 받는다.[3]

2) 2원론

(1) 2원론은 손해보험과 인보험을 1원적으로 설명하는 것을 포기하고 2원적(선택적)인 정의로서 만족하려는 학설이다. 이 학설에 의하면, 보험계약이란 '보험자가 보험료를 징수하고, 우연한 사고가 발생한 경우에 이로 인하여 상대방 또는 제3자에게 발생한 손해를 보상하거나, 혹은 약정한 금액을 상대방 또는 제3자에게 지급할 것을 인수하는 계약'으로서, 전자를 손해보험계약, 후자를 생명보험계약이라고 한다(통일불능설 : 2원설).[4]

(2) 2원설은 보험계약의 의의를 2원적으로 설명하는데, 선택적인 정의란 정의로서 불완전한 것임은 의문의 여지가 없다.

---

1) 서돈각 · 정완용(하) 353면; 최기원(하) 612면.
2) Hans Möller, Versicherungsvertragsrecht, 3. Aufl., 1977, S. 18.
3) 손주찬(하) 483면.
4) 강위두 · 임재호(하) 539면.

2. 보험계약에 관한 입법례

보험계약의 개념정립에 관한 각국의 입법태도를 보면, 세 가지로 분류할 수 있다. 즉, ① 보험계약법에서는 전혀 보험계약에 관한 개념규정을 두지 않는 경우(예컨대, 프랑스 보험계약법, 스위스 보험계약법), ② 2원론에 따라 손해보험과 인보험을 구별하여 규정하는 경우(예컨대, 의용상법, 일본상법, 독일 보험계약법), ③ 손해보험과 인보험에 관한 통일적인 정의규정을 두는 경우(예컨대, 중국 보험법)가 있는데, 우리 상법은 ③의 경우를 취하고 있다.

3. 보험계약에 관한 상법상의 정의

1) 상법 제638조는 "보험계약은 당사자 일방이 약정한 보험료를 지급하고 재산 또는 생명이나 신체에 불확정한 사고가 발생할 경우에 상대방이 일정한 보험금이나 그 밖의 급여를 지급할 것을 약정함으로써 효력이 생긴다."고 하여 보험계약법의 모두에서 손해보험과 생명보험 양자를 통일적으로 정의하고 있다. 여기서 '일정한 보험금'이라 함은 손해보험에 있어서는 손해보상액을 말하고, 생명보험에서는 약정보험금을 말한다. 또 '그 밖의 급여'란 현물급여 또는 치료 등과 같은 현금 이외의 급여를 말한다. 법문은 손해보험에 관한 통칙규정인 상법 제665조(손해보험자의 책임)에서는 '재산상의 손해를 보상할 책임'이라는 표현을 쓰고 있고, 인보험에 관한 통칙규정인 제727조(인보험자의 책임) 및 상해보험에 관한 제737조(상해보험자의 책임)에서는 '보험금액 기타의 급여를 할 책임'이라는 표현을 쓰고 있다. 따라서 법문으로만 보면 '기타의 급여'를 인보험에서만 가능한 것처럼 보이지만, 이와 같은 법문상의 차이에도 불구하고 '그 밖의 급여'는 모든 종류의 보험에서 가능하다고 본다.

2) 이상과 같이 우리 상법은 보험계약과 관련하여 이른바 '금액급여설'에 따른 추상적인 정의를 내려놓고, 다만 '그 밖의 급여'를 포함시킴으로써 금액급여설의 결함을 보충하고 있다. 그러나 모든 정의를 다 포함하는 완벽한 정의를 내리기는 현실적으로 불가능한 만큼 이와 같은 다소 추상적인 정의로 만족할 수밖에 없지 않을까 한다.

Ⅱ. 보험계약의 성질

1. 낙성 · 불요식계약성

보험계약은 당사자의 의사표시가 합치함으로써 성립하므로(제638조), 요물계약도 요식계약도 아니다. 상법 제656조가 "보험자의 책임은 당사자간에 다른 약정이 없으면 최초의 보험료의 지급을 받은 때로부터 개시한다."고 한 것은 실무계의 약관을 성문화한 것으로서 보험자의 책임개시시기를 정한 것이지, 보험계약의 효력발생의 전제로서 보험료의 지급을 요한다는 뜻은 아니다. 실무계에서는 보험계약을 체결할 때 정형화된 보험계약청약서가 이용되고, 또 보험자는 보험증권의 작성 · 교부의무가 있으나(제640조), 이러한 것은 거래상의 편의를 위한 것이다.[1)]

◖ 대법원 1988. 2. 9. 86다카2933
보험계약은 의사합치에 의하여 성립되는 낙성계약이다

☞ 보험계약은 당사자 사이의 의사합치에 의하여 성립되는 낙성계약으로서 별도의 서면을 요하지 아니하므로 보험계약을 체결할 때 작성교부되는 보험증권이나 보험계약의 내용을 변경하는 경우에 작성교부되는 배서증권은 하나의 증거증권에 불과한 것이어서 보험계약의 내용 따위는 위의 증거증권만이 아니라 계약체결의 전후 경위, 보험료의 부담자 등에 관한 약정, 위 증권을 교부받은 당사자 등을 종합하여 인정할 수 있다. 동지: 대법원 1992. 10. 27. 92다32852; 동 1997. 9. 5. 95다47398; 동 2003. 4. 25. 2002다64520.

2. 유상 · 쌍무계약성

1) 보험계약은 보험자가 보험사고가 발생하였을 때에 어떤 급여(손해보상 또는 일정금액의 지급)를 하고, 이에 대하여 보험계약자가 일정한 보수(보험료)를 지급하는 계약이므로 유상계약이다. 그리고 보험자의 급여의무는 보험사고의 발생에 달려 있으므로 불확정적이기는 하나 보험계약자의 급여의무와 대가관계에서 법률상의 구속상태에 있으므로 쌍무계약이며, 계약성립시에 계약의 효과가 완전히 발생하고 있으므로 조건부계약도 아니다. 유상성은 양 당사자의 계약상의 출연이 대가관계에 있는 것을 가리키고, 쌍무성은 양 당사자가 서로 의무를 부담하는 관계에 있는 것을 말한다.

2) 그런데 보험자의 보험금지급은 보험사고의 발생을 조건으로 하기 때문에 보험

---

1) 대법원 1996. 7. 30. 95다1019; 동 1976. 6. 22. 75다605.

기간 동안 보험사고가 발생하지 아니하게 되면 보험계약자는 보험료만 지급하고 보험금은 받지 못하게 된다. 이 경우에도 보험계약은 쌍무계약이라는 명제가 타당한가 하는 의문이 생길 수 있다. 즉, 이 경우에 보험계약자의 보험료지급채무에 대하여 보험자의 채무는 그 법적 성질이 무엇인지가 문제이다.

3) 이와 관련하여 금액급여설과 위험부담설로 학설이 나뉘고 있다. 독일의 통설인 금액급여설(Geldleistungstheorie)은 보험자는 보험사고의 발생을 조건으로 금전의 지급을 주채무로 약속한 것이라고 한다.[1] 이에 대하여 위험부담설(Gefahrtragungstheorie)은 보험자는 이 경우 위험의 부담·담보를 약속한 것이라 한다.[2] 금액급여설에 의하면 보험사고가 발생하지 아니하여 보험금을 지급하지 아니한 경우에는 보험계약이 유상계약이 아닌 것으로 되고, 보험사고가 발생하여 보험금을 지급한 경우에는 유상계약으로 되어, 보험계약이 보험사고의 발생·불발생에 따라 성질을 달리하는 결과가 되어 부당하다. 위험부담설 역시 위험부담을 법률적 의무의 이행으로 보는 것도 다소 궁색한 설명이다.

4) 생각건대, 각 보험계약자와 보험자간의 구체적 대가관계를 살펴보면 보험사고가 발생하지 않은 경우에는 저축성을 지닌 생명보험 등 예외적인 경우를 제외하고 보험계약자는 보험료만 지급하고 아무런 급부를 받지 못하는 예가 대부분인 것이 사실이다. 이 경우에는 보험계약의 쌍무계약성에 대한 설명이 궁색하다. 그러나 보험단체 전체의 입장에서 보면 설명이 가능해진다. 보험단체 전체는 보험료의 지급에 대하여 보험금액으로써 보상된다. 보험계약은 위험공동체인 보험단체를 떠나서는 생각할 수 없다. 각 보험계약자는 아무런 급여를 받지 못하는 수도 있지만 보험단체에 속하는 누구인가가 보험급여를 받게 된다. 이와 같이 보험단체 전체의 입장에서 볼 때 보험계약은 역시 쌍무계약이라 할 수 있다.[3]

3. 영업성

1) 보험의 인수는 영업으로 하여야 한다. 영업적으로 체결하는 보험계약은 기본적 상행위(영업적 상행위)(제46조 제17호)가 된다. 따라서 보험자는 당연상인이 되고(제4조), 보험계약 체결에 대하여는 상행위편 통칙(제2편 제1장)의 규정이 적용된다.

2) 그러나 보험제도의 기술성·사회성·단체성 등으로 말미암아 보험계약의 무제한적 상행위성은 인정되지 아니한다. 따라서 계약자유의 원칙이 그대로 적용되지

1) Prölss-Martin, *Versicherungsvertragsgesetz*, 24. Aufl., 1988, S. 37.

2) Bruck-Möller, *Kommentar zum VVG.*, Bd. I., 1961, S. 110; 강위두·임재호(하) 543면.

3) 대법원 2000. 10. 10. 99다35379(보험계약은 쌍무, 유상, 사행계약이다).

아니하고 상대적 강행법성의 제약을 받으며(제663조), 보험자(보험회사)의 자격에도 제한이 있고(보업 제4조 · 제6조), 금융위원회의 허가를 받아야 한다(보업 제5조). 무자격자와의 보험계약 체결은 금지되어 있으며(보업 제3조), 위반시 과태료의 처벌을 받게 된다(보업 제209조 제3항 제1호).

3) 한편 상호보험, 공제, 그 밖에 이에 준하는 계약은 상행위는 아니지만 보험계약관계는 실질적으로 영리보험과 같으므로 그 성질에 반하지 않는 한 영리보험에 관한 상법의 규정이 이에 준용된다(제664조).

4. 사행계약성

1) 보험계약은 '우연한' 보험사고의 발생으로 인하여 보험금액의 지급 또는 그 액수가 정하여지므로, 이른바 사행계약이다. 사행계약이란 실정계약(實定契約)에 대립하는 개념으로서, '계약당사자가 이행하여야 할 급여의무 또는 그 급여내용이 계약성립 당초부터 우연한 사정에 의존하는 계약'인데(불민 제1104조 · 제1964조, 이민 제1102조), 사행계약이라는 전형계약을 인정하지 않는 우리 법제하에서는 논할 실익이 없다는 견해,[1] 및 보험집단 전체로는 수지가 상등하게 되어 사행계약으로 볼 수 없다는 견해도[2] 있다. 그러나 사행계약이란 용어를 쓰든 안 쓰든 보험계약이 불확정한 사고에 관한 것임을 부정할 수는 없다. 따라서 우리 보험법은 사행계약으로 인한 많은 특수한 규정을 두고 있다. 예컨대, 제651조(고지의무위반으로 인한 계약해지), 제652조(위험변경증가의 통지와 계약해지), 제653조(보험계약자 등의 고의나 중과실로 인한 위험증가와 계약해지), 제659조(보험자의 면책사유), 제668조(피보험이익의 요구), 제669조(초과보험), 제672조(중복보험), 제680조(손해방지의무), 제731조(타인의 생명보험), 제732조(15세 미만자 등에 대한 계약의 금지), 제733조(보험수익자의 지정 또는 변경의 권리) 등이 그것이다.

2) 보험사고의 불확정성은 사고의 발생여부(예컨대, 자동차 사고), 발생시기(예컨대, 사망), 발생형태(예컨대, 질병 · 상해) 중 어느 하나가 불확정되면 되고, 주관적으로 불확정한 것인 한 객관적으로 확정되어 있어도 보험계약의 성립에 지장이 없다(제644조 단서). 보험사고가 이미 발생한 경우에는 그 보험계약은 무효이지만(제644조 본문), 보험사고가 시간의 경과에 따라 필연적으로 발생할 것이 예견되는 경우라고 하더라도 보험계약체결 당시 이미 보험사고가 발생하지 않은 이상 그 보험계약은 무효로 볼

---

1) 서돈각 · 정완용(하) 356면.
2) 양승규(보) 87면.

수는 없다.[1] 보험계약 당시에 보험사고가 발생할 수 없는 것인 때에는 보험계약의 당사자 쌍방과 피보험자가 이를 알지 못한 경우가 아닌 한 그 보험계약은 무효로 된다.[2] 따라서 당사자 쌍방과 피보험자 중 어느 한 사람이라도 보험사고의 발생 또는 불발생을 안 때에는 계약은 무효가 된다.[3]

5. 부합계약성

보험계약은 보험자가 미리 정한 표준적 계약조항, 즉 보통보험약관에 따라서 체결하는 것이 보통이므로 부합계약에 속한다. 법은 공중을 보호하기 위하여, 보통보험약관을 주무관청인 금융위원회에 미리 신고하고 그 내용의 확인을 받은 후 사용하도록 하고 있다(보업 제127조 · 제128조).

6. 계속계약성

보험자의 보험금지급채무와 보험계약자의 보험료지급채무는 보험기간 중 계속 존속하는 것이므로, 보험계약은 계속적 계약(Dauervertrag)이다. 따라서 보험료를 보험기간 전체에 걸쳐 분할납입하는 경우는 물론, 보험료납입기간을 보험기간보다 단축하여 이미 보험료를 납입완료한 경우에도 보험계약자는 보험기간중 통지의무(제652조) 등 일정한 보험계약상의 의무를 진다. 또 보험계약의 해지는 할 수 있어도(제649조 이하), 해제를 인정하지 않는다. 다만 보험계약자가 계약성립 후 2개월이 경과하도록 제1회 보험료를 지급하지 아니하면 그 계약은 해제된 것으로 본다(제650조 제1항).

7. 선의계약성

보험계약은 선의계약이다. 이에 대하여 '보험의 도박화를 방지하기 위하여 당사자의 상대방에 대한 선의를 확보하는 것이 요구되는 계약'이라는 의미에서 '최대선의의 계약'(utmost good faith)이라고 한다면, 그러한 '선의'(bona fidel; good faith), 즉

---

1) 대법원 2010. 12. 9. 2010다66835. 이에 반하여 서울중앙법원 2004. 9. 1. 2003가합45330(유아기부터 자폐증세가 있어 전반적 발달지연 진단을 받은 사례) 및 서울중앙법원 2008. 11. 4. 2008가단142314(보험계약 체결 이전에 진행성 근이영양증 추정진단을 받은 사안)에서는 보험계약의 선의성과 윤리성에 반하고 보험집단구성원 사이의 위험의 동질성에 반한다는 이유로 이들 보험계약은 무효라고 판시하였다.

2) 대법원 2010. 4. 15. 2009다81623.

3) 대법원 2004. 8. 20. 2002다20889.

'신의성실의 원칙'(민 제2조)은 오늘날에는 모든 법분야에 타당한 기본원칙이라고 하여 보험계약의 선의성을 부정하는 견해도 있다.[1] 그러나 보험계약에 있어서는 다른 보통의 계약과는 달리 보험계약자나 피보험자가 자신에게 불리한 사실까지 보험자에게 알려야 하는 고지의무까지도 부담하고 있고, 보험계약의 단체성·계속성 및 사행성에 비추어 일반적인 계약에서 요구되는 것 이상의 신의성실이 요구되는 것을 부인할 수 없다고 본다.[2] 선의계약성을 구체화시킨 보험법상의 규정으로는, 제651조(고지의무위반으로 인한 계약해지), 제652조(위험변경증가의 통지와 계약해지), 제653조(보험계약자 등의 고의나 중과실로 인한 위험증가와 계약해지), 제659조(보험자의 면책사유), 제669조(초과보험), 제672조(중복보험), 제680조(손해방지의무) 등이 있다.

◖ 대법원 2000. 2. 11. 99다49064
당초부터 오로지 보험사고를 가장하여 보험금을 취득할 목적으로 생명보험계약을 체결한 경우, 그 계약은 사회질서에 위배되는 법률행위로서 무효이다

☞ [1] 생명보험계약은 사람의 생명에 관한 우연한 사고에 대하여 금전을 지급하기로 약정하는 것이어서 금전을 취득할 목적으로 고의로 피보험자를 살해하는 등의 도덕적 위험의 우려가 있으므로, 그 계약 체결에 관하여 신의성실의 원칙에 기한 선의(이른바 선의계약성)가 강하게 요청되는 바, 당초부터 오로지 보험사고를 가장하여 보험금을 취득할 목적으로 생명보험계약을 체결한 경우에는 사람의 생명을 수단으로 이득을 취하고자 하는 불법적인 행위를 유발할 위험성이 크고, 이러한 목적으로 체결된 생명보험계약에 의하여 보험금을 지급하게 하는 것은 보험계약을 악용하여 부정한 이득을 얻고자 하는 사행심을 조장함으로써 사회적 상당성을 일탈하게 되므로, 이와 같은 생명보험계약은 사회질서에 위배되는 법률행위로서 무효이다.

[2] 피보험자를 살해하여 보험금을 편취할 목적으로 체결한 생명보험계약은 사회질서에 위배되는 행위로서 무효이고, 따라서 피보험자를 살해하여 보험금을 편취할 목적으로 피보험자의 공동상속인 중 1인이 상속인을 보험수익자로 하여 생명보험계약을 체결한 후 피보험자를 살해한 경우, 다른 공동상속인은 자신이 고의로 보험사고를 일으키지 않았다고 하더라도 보험자에 대하여 보험금을 청구할 수 없다.

◖ 대법원 2005. 7. 28. 2005다23858
보험계약이 보험금의 부정취득을 목적으로 체결된 경우 그 계약은 선량한 풍속 기타 사회질서에 반하여 무효이다

☞ 보험계약자의 직업 및 재산상태, 다수의 보험계약의 체결 경위, 보험계약의 규모, 보험계약 체결 후의 정황 등 제반 사정상 보험계약체결이 순수하게 생명, 신체 등에 대한 우연한 위험에 대비하기 위한 것이라고 보기는 어렵고, 오히려 보험사고를 가장하거나 혹은 그 정도를 실제보다 과장하여 보험금을 부당하게 취득할 목적으로 체결하였음을

1) 서돈각·정완용(하) 356면; 손주찬(하) 499면.
2) 최기원(하) 614면; 양승규(보) 87면; 이기수(보·해) 56면; 채이식(Ⅳ) 23면.

추인할 수 있으므로, 보험계약이 민법 제103조 소정의 선량한 풍속 기타 사회질서에 반하여 무효라고 보아야 할 것이다.

※ 선량한 풍속 기타 사회질서에 반하여 무효라고 본 판결: 대법원 2000. 2. 11. 99다49064(총 4계좌의 보험계약 체결, 피보험자 살해); 동 2005. 7. 28. 2005다23858(총 97건, 부모 등 친족과 지인의 보험계약을 합하면 총 156건의 보험계약 가입, 보험금 허위청구, 위조된 치료확인서로 보험금 편취, 부는 징역 4년, 모는 집행유예 2년 6월 확정); 동 2009. 5. 28. 2009다12115(처의 사망을 보험사고로 하는 8개의 보험 가입, 제3자에게 처 살해 교사. 살인교사미수죄 유죄판결 확정); 동 2014. 4. 30. 2013다69170(보험계약자가 다수의 보험회사와 10건의 보험계약을 체결한 후 입원치료 등을 이유로 보험자로부터 보험금을 지급받은 경우); 동 2017. 4. 7. 2014다234827(사실혼관계에 있는 부부가 약 6년간 각각 12건씩 유사한 보험에 중복 가입한 경우); 동 2018. 9. 13. 2016다255125(각 보험계약과 보장내용 및 성질이 유사한 보험계약 47건을 체결한 경우); 동 2020.3.12. 2019다290129(보험금을 부정취득할 목적으로 보험계약을 체결한 경우, 이와 같은 보험계약은 민법 제103조의 선량한 풍속 기타 사회질서에 반하여 무효이다); 동 2020. 10. 29. 2019다267020(보험계약 존속 중 당사자 일방의 부당한 행위 등으로 신뢰관계가 파괴되어 계약의 존속을 기대할 수 없는 중대한 사유가 있는 경우, 상대방이 보험계약을 해지할 수 있다). 동 2022. 4. 14. 2019다286441.

※ 선량한 풍속 기타 사회질서에 반하지 않는다고 본 판결: 대법원 2001. 11. 27. 99다33311(총 39개의 보험 및 공제에 가입); 동 2004. 6. 11. 2003다18494(총 25건의 보험에 가입); 동 2019. 7. 25. 2016다224350(총 7건의 보험에 가입).

8. 독립계약성

보험계약은 민법상의 전형계약에 속하지 않는 무명계약으로서 독립계약성을 갖는다. 따라서, 영업과 관계없이 개별적으로 체결하거나, 혹은 영업을 위하여(부수하여) 체결하는 계약은 내용이 보험의 성격을 띠더라도(예컨대, 운송인이 고율의 운임을 받고 위험을 인수하는 것) 보험계약이 될 수 없다. 보험계약의 독립성은 법률상 그러하다는 것이고, 경제적 · 실질적으로는 다른 계약과 결합 또는 부수하여 성립할 수 있다.

제 2 절 보험계약의 요소

보험계약은 보험제도의 성질과 관련하여 여러 가지 요소를 지니지만, 그것은 보험계약의 종류에 따라 약간의 차이가 있다.[1] 여기서는 먼저 보험계약의 공통적인

1) 예컨대, 피보험이익은 손해보험계약의 중심요소이며, 보험가액은 물건보험에서만 인정되는 관념이다.

요소로서 보험계약의 당사자와 계약관계자, 보험사고, 보험의 목적, 보험료와 보험금액, 보험기간과 보험료기간 등에 관하여 살펴보고, 그 밖의 것은 인보험과 손해보험에 관하여 별도로 살펴보기로 한다.

Ⅰ. 보험계약관계자

1. 계약당사자

보험계약의 당사자는 보험자와 보험계약자이다.

1) 보험자

(1) 보험자(insurer, underwriter, Versicherer)란 보험사고가 발생한 경우에 보험금의 지급 기타의 급여를 할 의무를 부담하는 자를 말한다. 보험자는 일정한 금액(영위하는 보험종목의 범위에 따라 50억원 내지 300억원) 이상의 자본금 또는 기금을 가진 주식회사나 상호회사에 한하되, 금융위원회의 허가를 얻어야 한다(보업 제4조 제1항 · 제9조 제1항). 또 외국보험회사도 30억원 이상의 영업기금을 가지고 금융위원회의 허가를 받아 국내지점을 설치하여 보험업을 영위할 수 있다(보업 제4조 제6항 · 제9조 제3항). 허가를 받지 아니하고 보험업을 영위하는 경우에는 5년 이하의 징역 또는 3천만원 이하의 벌금에 처하고(보업 제200조 제1호), 허가받은 보험자가 아닌 자와 보험계약을 제결한 자로 1천만원 이하의 과태료의 처벌을 받는다(보업 제3조 · 제209조 제3항 제1호).

(2) 보통 보험계약은 1인의 보험자와 체결되는 것이지만, 수인의 보험자가 공동으로 하나의 보험을 인수하는 공동보험계약(Mitversicherungsvertrag)이 있다. 이 경우 수인의 보험자는 연대하여 보험금을 지급할 채무를 부담하나(제57조), 인수비율에 따라 보험금 부담비율도 미리 정하여 두는 경우가 대부분이다.

2) 보험계약자

보험계약자(insured, assured, Versicherungsnehmer)란 보험자와 보험계약을 체결하고 보험료지급의무를 부담하는 자를 말한다. 보험계약자는 자기 자신을 위하여 계약을 체결하지만, 타인을 위하여 보험계약을 체결할 수도 있는데, 이 때에도 보험계약의 당사자로 된다. 보험계약자의 자격에는 제한이 없고 자연인이든 법인이든, 상인이든 비상인이든, 능력자이든 무능력자이든, 또 1인이든 수인이든 상관없다. 15세미만자,

심신상실자 또는 심신박약자의 사망을 보험사고로 한 보험계약은 무효로 하므로 이들은 보험계약자가 될 수 없으나, 의사능력이 있는 심신박약자도 직접 생명보험계약을 체결하거나 단체보험에 가입하는 경우에는 보험계약자가 될 수 있다(제732조). 대리인으로 하여금 보험계약을 체결하도록 할 수도 있는데, 대리인이 안 사유는 본인이 안 것과 동일한 것으로 한다(제646조).

2. 계약관계자

보험계약의 당사자는 아니나, 보험계약에 관계되는 자로는 피보험자, 보험수익자, 보험자의 보조자가 있다.

1) 피보험자

(1) 피보험자(insured, assured, Versicherte)는 손해보험과 인보험에 따라 의미가 다르게 해석되고 있다. 법문에서는 이 두 용어를 혼용하고 있기 때문에 주의해야 한다.

(2) 손해보험에 있어서 피보험자는 피보험이익의 주체로서 보험사고의 발생으로 생긴 재산상의 손해보상을 보험자에게 직접 청구할 수 있는 사람이다. 보험계약자와 피보험자가 같은 경우를 자기를 위한 손해보험, 다른 경우를 타인을 위한 손해보험이라 한다. 손해보험에서 피보험자의 자격에는 제한이 없다.

(3) 인보험에 있어 피보험자는 보험의 목적으로서 생명 또는 신체에 관하여 보험에 붙여진 사람인데, 자연인에 한한다. 피보험자는 수인이어도 상관이 없으나(단체보험), 생명보험의 피보험자의 자격에는 제한이 있다. 즉, 타인의 사망을 보험사고로 하는 타인의 생명보험에 있어서는 피보험자의 동의를 얻어야 하나(제731조), 15세 미만인 자, 심신상실자 또는 심신박약자의 사망을 보험사고로 하는 보험계약은 무효로 하므로(제732조 본문) 이들은 피보험자가 될 수 없다.[1] 다만, 의사능력이 있는 심신박약자도 직접 생명보험계약을 체결하거나 단체보험에 가입하는 경우에는 피보험자가 될 수 있다(제732조 단서). 피보험자는 보험계약자와 별도의 지위이며, 동일인이 양자를 겸할 수도 있고 서로 다를 수도 있다.

(4) 피보험자는 보험계약의 당사자가 아니어서 계약당사자로서의 권리・의무는 갖지 못하지만(예컨대, 제649조의 해지권 등), 동의권(제731조), 고지의무(제651조), 위험변경・증가의 통지의무(제652조) 등의 권리・의무는 갖는다.

---

1) 대법원 2013. 4. 26. 2011다9068: 15세 미만자 등의 사망을 보험사고로 한 보험계약은 무효라고 정한 상법 제732조는 효력규정이다.

2) 보험수익자

(1) 보험수익자(beneficiary, Begünstiger, Bezugberechtiger)는 생명보험 등의 인보험계약에서 보험금 지급청구권을 갖는 사람으로서 인원수나 자격에는 제한이 없다. 손해보험에서는 보험금지급청구권을 갖는 자가 바로 피보험자이므로 보험수익자라는 용어를 사용하지 않는다. 보험계약자가 동시에 보험수익자가 될 수도 있는데, 이를 '자기를 위한 인보험'이라 한다. 보험계약자와 보험수익자가 서로 다른 경우를 '타인을 위한 인보험'이라고 하는데, 이 때에는 보험계약자가 보험수익자의 지정・변경권을 갖는다(제733조). 특히 타인의 생명보험인 경우에는 피보험자의 동의를 얻어서 그 지정・변경권을 행사할 수 있다(제734조 제2항). 상속인도 보험수익자가 될 수 있다.[1)]

(2) 보험계약의 당사자가 아니지만 보험수익자는 보험금청구권이 있고(제639조 제2항), 선의이고 중과실이 없는 경우 보험계약의 무효로 인한 보험료반환청구권을 가진다(제648조). 또한 보험계약자가 파산한 경우에 제2차적인 보험료지급의무(제639조 제3항), 고의・중과실로 인한 위험증가의 통지의무(제653조) 및 피보험자의 사망에 관한 통지의무(제657조)를 지고, 보험사고가 보험수익자의 고의・중과실로 생긴 때에는 보험자는 책임을 면한다(제659조).

3) 보험자의 보조자

보험자의 보조자(Hilfspersonen)로서는 보험대리점・보험중개사・보험설계사 및 보험의 등이 있다.

(1) 보험대리상

(ⅰ) 보험대리상(insurance agent, Versicherungsagent)이란 일정한 보험회사를 위하여 그 영업부류에 속하는 보험계약의 체결을 대리하거나(체약보험대리상) 중개하는 것(중개보험대리상)을 영업으로 하는 독립된 상인(제87조)으로서 보험대리점이라고도 한다. 보험업법 제2조 제10호는 '보험대리점'에 관하여 "보험회사를 위하여 보험계약의 체결을 대리하는 자(법인이 아닌 사단과 재단을 포함한다)로서 제87조에 따라 등록된 자를 말한다."라고 정의하고 있다. 보험대리상은 일정한 자격을 갖춘 자연인 또는 법인으로서 금융위원회에 등록하여야 한다(보업 제87조, 보업시 제30조).

---

1) 대법원 2017. 12. 22. 2015다236820, 236837: 사망보험금이 지급되는 상해보험에서 보험계약자가 보험수익자를 단지 피보험자의 '법정상속인'이라고만 지정한 경우, 보험수익자인 상속인이 여러 명인 때에는 각 상속인은 특별한 사정이 없는 한 자신의 상속분에 상응하는 범위 내에서 보험자에 대하여 보험금을 청구할 수 있다.

(ii) 상법은 보험대리상은 보험계약자로부터 보험료를 수령할 수 있는 권한, 보험자가 작성한 보험증권을 보험계약자에게 교부할 수 있는 권한, 보험계약자로부터 청약, 고지, 통지, 해지, 취소 등 보험계약에 관한 의사표시를 수령할 수 있는 권한, 보험계약자에게 보험계약의 체결, 변경, 해지 등 보험계약에 관한 의사표시를 할 수 있는 권한을 갖는다(제646조의 2 제1항 제1호부터 제4호까지)고 규정하고 있다. 이것은 체약보험대리상을 규정한 것이다. 그런데 상법 제646조의 2 제2항은 "보험자는 보험대리상의 권한 중 일부를 제한할 수 있다. 다만, 보험자는 그러한 권한 제한을 이유로 선의의 보험계약자에게 대항하지 못한다."고 규정하고 있다. 문제는 우리나라 보험거래실무상 보험계약체결에 아무런 제한이 없는 체약보험대리상은 존재하지 않는다는 것이다.[1] 보험자가 대리상에게 무한정의 보험계약체결권을 줄 수는 없기 때문이다. 이와 같이 현실적으로는 체약보험대리상이 존재하지 않는데도 우리 상법은 체약보험대리상의 존재를 상정하고 법률을 구성하고 있다. 다만, 실제로 보험대리상이 보험계약을 체결한 경우에는 상법 제646조의 2 제2항에 따라 선의의 보험계약자가 보호를 받도록 하는 구조인 것이다.

(iii) 중개보험대리상은 보험계약의 체결에 관한 대리권이 없고, 고지수령권·보험료수령권 등도 없다. 또 그가 안 것을 보험자가 안 것으로 볼 수도 없다. 그런데 현실적으로는 체약보험대리상은 존재하지 않고 전부 중개보험대리상만이 존재한다. 즉, 보험업법에 따라 등록하는 보험대리점은 모두 실제로는 중개대리상이다. 그럼에도 상법은 중개보험대리상에 관하여는 달리 규정하는 바가 없다.

(iv) 피보험자나 보험수익자가 보험료를 지급하거나 보험계약에 관한 의사표시를 할 의무가 있는 경우에는 제646조의 2 제1항과 제2항의 규정은 그 피보험자나 보험수익자에게도 적용된다(제646조의 2 제4항). 그 밖에 보험대리상이 안 사유는 보험자가 안 것과 같은 효력이 있다(제90조, 제646조).

(2) 보험중개사

(i) 보험중개사(insurance broker, Versicherungsmakler)는 보험자의 사용인이나 대리인이 아니면서 보험자와 보험계약자 사이의 보험계약의 체결을 중개하는 것을 영업으로 하는 독립된 상인이다. 보험업법상 보험중개사란, "독립적으로 보험계약의 체결을 중개하는 자(법인이 아닌 사단과 재단을 포함한다)로서 제89조에 따라 등록된 자를 말한다."(보업 제2조 제11호). 과거에는 보험중개인이라고 하였었다. 보험중개사는 보험계약의 체결을 중개하는 점에서는 중개보험대리상과 같으나, 특정한 보험자의

---

1) 김선정, "2014년 보험법개정에 대한 관견", 경영법률 제24집 제4호, 2014. 7, 116면.

위임을 받아 그 보험자를 위하여 중개하는 것이 아닌 점에서 중개보험대리상과 다르다. 보험중개사는 고객의 부탁을 받아 중개하지만 중개수수료는 보험자에게서만 받는다는 점에서 상법상 중개인(제100조 제2항)과 다르다. 보험중개사는 일정한 자격을 갖추어 금융위원회에 등록하여 영업을 할 수 있다(보업 제89조).

(ii) 보험중개사는 보험계약 체결권이 없고, 고지수령권 및 보험료수령권 등도 없다. 보험중개상의 경우에는 그가 안 것을 보험자가 안 것으로 볼 수도 없다.

(3) 보험설계사

(i) 보험설계사(insurance salesman)는 보험자에게 종속되어 보험자를 위하여 보험계약의 체결을 중개하는 자로서 보험모집인 또는 보험외판원이라고도 한다. 보험업법 제2조 제9호는 "보험설계사란 보험회사 · 보험대리점 또는 보험중개사에 소속되어 보험계약의 체결을 중개하는 자[법인이 아닌 사단(사단)과 재단을 포함한다]로서 제84조에 따라 등록된 자를 말한다."고 규정하고 있다. 그러므로 보험설계사는 일정한 자격요건을 갖추어 금융위원회에 등록하여야 한다(보업 제84조). 보험설계사는 보험회사 등에게 종속되어 보험모집에 임하고 있는 점에서, 독립된 지위에서 보험모집을 하고 있는 보험대리점(보업 제2조 제10호)이나 독립적으로 특정하지 아니한 보험자와 보험계약자 사이의 보험계약의 체결을 중개하는 보험중개사(보업 제2조 제11호)와는 다르다. 보험설계사는 근로자가 아니다.[1]

(ii) 보험설계사는 보험계약 체결권과 고지수령권이 없으며,[2] 보험료수령권도 없으나, 제1회 보험료의 수령권은 있다고 본다.[3] 다만, ① 보험자가 작성한 영수증을 보험계약자에게 교부하는 경우에만 보험계약자로부터 보험료를 수령할 수 있는 권한과, ② 보험자가 작성한 보험증권을 보험계약자에게 교부할 수 있는 권한이 있다(제646조의 2 제3항). 그리고 피보험자나 보험수익자가 보험료를 지급하거나 보험계약에 관한 의사표시를 할 의무가 있는 경우에는 위 제3항의 규정은 그 피보험자나 보험수익자에게도 적용된다(제646조의 2 제4항).

현실적으로는 보험설계사가 보험가입을 권유하면 보험계약자가 이에 응하여 보험계약의 청약을 하면서 동시에 질문표의 작성 등 고지의무를 이행하고 제1회 보험료를 지급하면 보험설계사가 가수증(假收證)을 교부하는 것이 상례이다. 이 때문에 보험계약자는 고지의무를 다하였다고 믿는 것이 보통이다. 그런데 보험설계사는 고지수령권과 보험계약체결권이 없어서 특히 고지의무위반과 관련하여 그가 수령한 고지사항을

1) 대법원 2000. 1. 28. 98두9219.
2) 대법원 1979. 10. 30. 79다1234; 동 1998. 11. 27. 98다32564.
3) 대법원 1989. 11. 28. 88다카33367.

보험자에게 전달하지 아니하면 고지의무를 이행하지 아니한 것으로 되고, 이것이 많은 분쟁을 야기하고 있는 실정이다. 이에 보험설계사에게 고지수령권을 주어야 한다는 주장도 있다.[1] 그러나 그렇게 하였을 경우 보험설계사가 보험계약 실적을 높일 목적으로 불량위험을 무리하게 인수할 가능성도 매우 높다. 따라서 보험설계사에게 고지수령권 및 보험계약체결권 등 대리권을 주는 문제는 신중한 검토를 요한다.[2]

(iii) 보험회사는 그 임원 · 직원 · 보험설계사 또는 보험대리상이 모집을 함에 있어서 보험계약자에게 가한 손해를 배상할 책임을 진다(보업 제102조 제1항 본문). 다만, 보험회사가 보험설계사 또는 보험대리상에 모집을 위탁함에 있어서 상당한 주의를 하였고 또한 이들이 모집을 하면서 보험계약자에게 손해를 입히는 것을 막기 위하여 노력한 경우에는 그러하지 아니하다(보업 제102조 제1항 단서). 그러나 보험회사가 보험업법 제102조에 의하여 손해배상책임을 부담할 경우에도 보험계약자에게 과실이 있는 때에는 법원은 손해배상의 책임 및 그 금액을 정함에 있어 마땅히 이를 참작하여야 할 것이다.

◖ 대법원 1994. 11. 22. 94다19617
구보험업법 제158조(개정법 제102조)가 사용자의 배상책임에 관한 민법 제756조에 우선하여 적용된다는 판결

☞ 보험사업자의 직원이 보험모집을 함에 있어서 보험계약자에게 손해를 가한 경우에 있어서 그 직원의 소속 보험사업자의 배상책임을 규정하고 있는 보험업법 제158조(2003. 5. 29. 개정 보험업법 제102조)는 사용자의 배상책임에 관한 일반규정인 민법 제756조에 우선하여 적용되어야 한다. … 보험사업자가 보험업법 제158조에 의하여 손해배상책임을 부담할 경우에도 보험계약자에게 과실이 있는 때에는 법원은 손해배상의 책임 및 그 금액을 정함에 있어 마땅히 이를 참작하여야 할 것이다. 동지: 대법원 2024. 12. 12. 2022다200317(본소), 2022다200324(반소); 동 2024. 12. 12. 2022다200317, 200324.

◖ 대법원 2001. 11. 9. 2001다55499
보험설계사의 잘못에 대해 보험회사의 손해배상책임을 인정한 사례

☞ 보험회사의 보험모집인은 보험전문가로서 타인의 사망을 보험사고로 하는 보험계약에는 피보험자의 서면에 의한 동의를 얻어야 하는 사실을 보험계약자에게 설명하고 그 서면동의를 받아 보험계약을 체결하도록 조치를 취할 주의의무가 있음에도 불구하고, 보험계약 체결시 위 사실을 모르고 보험계약자에게 설명하여 주지 않아 보험계약자로 하여금 피보험자 동의란에 피보험자의 서명을 대신하게 하여, 보험계약이 피보험자의 서면동의를 얻지 못하였다는 이유로 무효가 되어 보험계약자가 보험금을 받지 못하게 되는 손해를 입게 되었다면, 보험회사는 보험사업자로서 보험업법(2003. 5. 29. 개정 전의

---

1) 정호열, "고지의무위반의 효과," 법조 제33권 11 · 12호, 60면.
2) 동지: 양승규(보) 97면.

보험업법) 제158조 제1항에 의하여 보험모집인이 보험모집을 하면서 보험계약자에게 가한 손해를 배상할 책임이 있다. 동지: 대법원 1995. 7. 14. 94다19600; 동 1998. 6. 23. 98다14191; 동 1998. 11. 27. 98다23690; 동 1999. 4. 27. 98다54830 · 54847; 동 2001. 11. 9. 2001다55499 · 55505(보험설계사가 설명의무를 이행하지 않은 경우); 동 1994. 11. 22. 94다19617(보험업법 제158조가 사용자의 배상책임에 관한 민법 제756조에 우선하여 적용된다); 동 2013. 8. 22. 2012다91590(단체보험계약에서 보험모집인이 부담하는 주의의무의 내용 및 보험모집인이 보험계약의 유효요건에 관하여 충분히 설명하지 아니한 경우). 반대로 보험회사에 대한 보험설계사의 행위로 인한 보험업법 제158조 제1항이 손해배상책임을 부인한 판결: 대법원 2002. 4. 26. 2000다11065 · 11072.

◖ 대법원 2000. 2. 25. 99다60443 · 60450
보험설계사에게 한 피보험자 변경에 관한 통지도 보험자에 대한 통지로서 유효하다고 한 사례

☞ 보험모집인에게 피보험자 변경에 관한 통지를 한 경우 통지의 효력은 보험자에 대하여 유효하다(보험모집인도 위와 같은 통지를 수령할 권한이 있다고 할 것이므로 보험모집인이 그 통지를 받음으로써 원고에 대하여 통지의 효력이 발생하는 것으로서 그 후 원고가 이를 전달받았는지 여부는 내부절차에 불과하다고 할 것이다).

(4) 보험의

보험의(medical examiner, Untersuchungsarzt)는 생명보험계약에서 보험자가 위험의 인수 여부를 결정하도록 하기 위하여 피보험자의 신체검사를 맡아 위험측정자료를 수집, 의학적인 소견을 보험자에게 제공하여 주는 의사로서 진사의(診査醫)라고도 한다. 보험의는 보험자의 고용 또는 위임에 의하여 피보험자의 신체검사 등의 방법으로 그 건강상태를 조사하여 그 자료(검사서 또는 診査書)를 보험자에게 제공하여 주는 보조자로서 고지수령권을 가진다. 그러므로 보험의의 고의 · 중과실은 보험자의 고의 · 중과실과 같은 효력이 있는 것으로 인정될 경우가 많을 것이다. 그러나 보험의는 보험자의 의료적 보조기관이지만, 보험영업에 관한 대리권이 주어져 있지 아니하므로 상업사용인이 아니고 보험계약체결권도 없다. 보험의가 중대한 과실로 인하여 고지의무사항을 알지 못한 경우, 보험의의 부지는 보험자의 그것으로 보고, 보험자는 계약을 해지할 수 없다고 본다(통설)(제651조 단서).

◖ 대법원 1976. 6. 22. 75다605
진사의는 보험계약의 체결권이 없다

☞ 이른바 진사의는 생명보험에 있어서의 위험측정재료를 보험자에게 제공하는 보험자의 보조자라고 하겠으므로 그에게 보험계약의 체결권이 있다고 볼 수 없어 진사의가 판정을 내린 시점을 보험계약의 성립시기로 볼 수 없다.

Ⅱ. 보험사고

1. 보험사고의 의의

보험사고(risk covered, the event insured against, die versicherte Gefahr, Versicherungsfall)란 보험자의 급여의무를 구체화시키는 우연한 사고를 말한다. 물건의 파손·도난, 자동차사고, 화재, 선박의 충돌, 사람의 사망·상해·생존 등이 그것이다. 보험법은 "불확정한 사고"(제638조), "보험사고"(제665조) 등으로 표현한다. 상법에서 "위험"이라고 하면 보험사고발생의 가능성을 의미한다(제647조, 제652조, 제653조).

2. 보험사고의 요건

1) 불확정성(우연성)

(1) 보험사고의 종류와 범위는 계약체결 당시에 확정되어야 하지만(보험계약의 한정성), 그 발생·시기·태양은 불확정적이어야 한다. 다만 사망보험에 있어서는 그 사고의 발생시기만이 불확정한 것이다. 상법 제644조는 "보험계약 당시에 보험사고가 이미 발생하였거나 또는 발생할 수 없는 것인 때에는 그 계약은 무효로 한다."라고 규정하여 보험사고발생의 불확정성이 보험계약의 전제가 되고 있음을 나타내고 있다.[1]

◖ 대법원 2012. 9. 13. 2010다92407
사고를 일으킬 의도로써 공제계약을 체결하고 실제로 사고를 일으켰다고 하더라도 공제계약을 무효라고 볼 수 없다

☞ 중개업자가 장래 공제사고를 일으킬 의도로 한국공인중개사협회와 공제계약을 체결하고 나아가 실제로 공제사고를 일으킨 경우, 그러한 사정만으로 공제계약의 성립 요건인 우연성이 결여되었다고 보거나 공제계약을 무효라고 볼 수 없다(중개업자가 체결하는 공제계약은 실제로는 중개인의 중개행위에 따라 부동산을 거래하는 거래당사자가 피해를 입을 경우에 대비하는 보증의 성격을 갖기 때문이다). 동지: 대법원 2012. 8. 17. 2010다93035.

---

1) 대법원 1998. 8. 21. 97다50091: 암 진단의 확정 및 그와 같이 확진이 된 암을 직접적인 원인으로 한 사망을 보험사고의 하나로 하는 보험계약에서 보험약관상 피보험자가 보험계약전에 암 진단이 확정되어 있는 경우에는 보험계약을 무효로 한다는 조항의 취지는 보험계약 전체를 무효로 하는 것이다.

(2) 그러나 보험사고의 불확정성은 반드시 객관적임을 요하지 아니하고, 계약당사자들이 모두 계약 당시에 이미 보험사고가 발생하였거나 발생할 수 없는 것임을 주관적으로 알지 못한 때에는 보험계약의 성립에는 아무런 영향이 없다(제644조 단서 참조). 왜냐하면 당사자 쌍방과 피보험자가 주관적으로 보험사고의 발생을 알지 못하고 있는 한 객관적으로 보험사고가 확정되어 있다고 하더라도 그 사실을 악용할 염려가 없고, 소급보험 등의 경우에는 실제로 이와 같은 보험계약의 유효성을 인정할 필요도 있기 때문이다(이에 대하여 대법원은 손해보험의 보험사고의 불확정성은 객관적이어야 한다는 입장을 취한다[1]). 따라서 보험자는 그 계약 성립 전의 사고에 대하여도 책임을 진다. 그러나 상법 제644조 단서에 의하여 보험계약이 유효하다고 하더라도 보험계약에서 정한 책임개시시기 이전에 보험사고가 발생한 경우에는 보험자에게 보험금지급의무가 없다.[2]

(3) 그러나 계약당사자가 이미 보험사고가 발생한 것을 알고 보험계약을 체결한 때에는 그 보험계약은 무효이고(제644조),[3] 이 경우 보험자는 보험계약자에게 보험료를 반환할 의무가 없다(제648조).

(4) 판례는 사고의 우연성에 관해서는 보험금 청구자에게 그 증명책임이 있고 보험사고와 손해와의 사이의 인과관계에 대해서도 보험금청구자에게 그 증명책임이 있다고 하였으나,[4] 사고발생의 우연성은 추정되며, 보험자의 면책사유로서의 "보험계약자나 피보험자의 고의 또는 중대한 과실로 발생한 손해"에 해당하는 사실에 관하여는 보험자가 증명하여야 한다고 본 판례도 있다.[5]

2) 가능성

보험사고는 발생가능성이 있는 것이어야 한다. 따라서 발생불능의 사고, 예컨대

---

1) 대법원 2001. 7. 24. 2000다20878: 동산종합보험에 의하여 보상되는 '우연한 사고로 입은 손해'라 함은 보험계약의 성립 당시 그 발생 여부나 발생시기 또는 발생방법 등이 객관적으로 확정되지 아니한 사고로 인한 손해를 의미하는데, 리스물건이 리스이용자 측의 처분행위에 의하여 없어진 것이라 할지라도, 보험계약 성립 당시에는 사고의 발생 여부나 그 시기와 방법 등이 객관적으로 확정되어 있지 아니하였으므로, 위 사고는 '우연한 사고'에 해당한다. 이 밖에 상법 제644조의 보험사고의 객관적 확정에 해당하지 않는다고 본 사례: 대법원 2000. 6. 9. 98다54397; 동 2001. 5. 29. 2000다3897.

2) 대법원 2004. 8. 20. 2002다20889.

3) 대법원 2002. 6. 28. 2001다59064: 보험계약자와 보험자의 합의에 의하여 상법 제644조의 규정에 반하여 체결된 보험계약의 효력은 무효이다.

4) 대법원 2003. 11. 28. 2003다35215・35222; 동 2001. 11. 9. 2001다55499・55505; 동 2001. 8. 21. 2001다27579; 동 2023. 4. 27. 2022다303216.

5) 대법원 2009. 12. 10. 2009다56603・56610.

이미 발생하였거나 물리적으로 발생이 절대로 불가능한 사고에 대한 보험계약은 무효이다(제644조 본문). 예컨대, 이미 멸실한 가옥에 대한 화재를 보험사고로 하는 화재보험계약이나, 이미 폐차된 자동차에 대한 자동차종합보험은 무효이다. 그러나 계약 성립 당시에는 발생이 가능하였으나 그 후에 불가능하게 되었다면 계약의 효력에는 영향이 없고, 보험계약의 당사자와 피보험자가 주관적으로 보험사고가 발생할 수 없는 것임을 알지 못한 경우에는 그 보험계약은 유효이다(제644조 단서).

3) 적법성

보험사고의 기초가 되는 사실은 적법한 것이어야 한다. 예컨대, 밀수품 운송에 있어서의 위험같은 것은 보험사고가 될 수 없다.

3. 보험사고의 한정성

보험사고는 일정한 목적에 대하여 일정한 기간 내에 일어나는 일정한 사고이어야 한다. 즉, 보험사고는 보험계약에서 정해진 보험의 목적에 관하여 보험기간 중에 생긴 것이어야 하고, 그 사고의 범위는 특정되어 있어야 한다.[1] 모든 물건에 대하여, 모든 위험(사고)을 담보하는 보험계약은 아직 없다. 보험은 일정한 범위의 물건 또는 사람, 그리고 일정한 범위의 사고(예컨대 화재, 사망, 도난 등)에 대하여서만 담보한다. 다만 자동차종합보험에서와 같이 여러 가지 위험을 포괄적으로 담보하는 경우는 있다. 따라서 예컨대, 화재보험의 경우 홍수로 보험의 목적이 멸실되었다 하더라도 그것은 보험사고가 아니며,[2] 상해보험의 경우 피보험자가 질병의 치료를 위하여 수술을 받다가 사망한 경우에는 상해사망이 될 수 없다. 보험사고의 종류와 범위는 개별 보험계약에서 구체적으로 결정되어야 한다. 또한 보험사고가 법정 또는 약정 면책 사유에 해당하는 때에는 보험자는 책임을 면한다(제659조, 제660조, 제692조, 제706조 등).

Ⅲ. 보험의 목적

1) 보험의 목적(versicherte Sache)이란 보험사고발생의 객체가 되는 경제상의 재산

---

1) 대법원 2008. 11. 13. 2007다19624: 보험사고를 확정함에는 보험증권, 보험약관 및 보험계약을 체결하게 된 경위와 과정, 인·허가보증보험에서는 보험가입을 강제한 법령의 내용이나 입법취지도 참작하여야 한다; 동 2023. 10. 12. 2020다232709(본소), 2020다232716(반소).

2) 양승규(보) 101면.

또는 자연인을 말한다. 즉, 보험사고가 발생할 대상을 말하는 것이며, 손해보험에서의 보험계약의 목적(피보험이익)과는 구별되는 개념이다.

2) 보험의 목적은 손해보험에 있어서 물건보험의 경우에는 경제적 이익이 있는 재화, 즉 건물, 운송물, 선박, 기계 등이 이에 속하나, 재산보험에 있어서는 채권 또는 피보험자의 책임 등이 보험의 목적이 될 수 있다. 보험의 목적이 물건인 경우에 단일물일 수도 있고, 집합물일 수도 있다. 집합물인 경우에도 그것이 처음부터 확정되어 있는 특정보험(제686조)과 수시로 바뀌는 것이 예정된 총괄보험(제687조)도 있다.

3) 인보험에 있어서는 보험의 목적은 사람의 생명·신체이므로 자연인에 한하고, 특히 사망보험에 있어서는 15세 미만자, 심신상실자(心神喪失者) 또는 심신박약자는 피보험자로 할 수 없다(제732조 본문). 다만, 의사능력이 있는 심신박약자도 직접 생명보험계약을 체결하거나 단체보험에 가입하는 경우에는 피보험자가 될 수 있다(제732조 단서). 인보험의 경우에도 피보험자가 하나인 개인보험과 단체의 구성원이 피보험자로 되는 단체보험이 있다.

Ⅳ. 보험료와 보험금액

1. 보험료

1) 보험료(premiums, Prämien)는 보험계약에서 보험자가 보험금지급책임을 지는 대가로서 보험계약자가 지급하는 금액이다. 보험계약자가 지급하게 되는 보험료는 대수의 법칙에 따라 사고발생개연율에 의하여 산출되는 순보험료와 보험계약의 체결비용, 인건비, 그 밖의 비용으로서 부가하는 부가보험료로 구성되는데, 양자를 합산한 것이 영업보험료이다.

2) 보험료의 종류에는 보험자의 책임개시 여부에 따라 최초보험료와 계속보험료로 나눈다. 최초보험료는 그 지급으로 인하여 보험자의 책임이 개시되는 보험료이며, 계속보험료는 일단 시작된 보험자의 책임을 계속 이어지게 하는 보험료이다. 최초보험료가 지급되지 않으면 보험자의 책임은 개시되지 않으나 당사자간 다른 약정이 있으면 최초보험료의 지급 전에도 보험자의 책임이 개시될 수 있다(제656조).

한편, 보험료의 종류는 납입주기에 따라 일시급보험료와 분할급보험료로 구분하기도 한다. 일시급보험료는 보험계약 체결시에 전 보험기간에 대한 보험료를 한꺼번에 전액 지급하는 보험료를 말하며, 분할급보험료는 연보험료, 6개월보험료, 3개월보험료, 월보험료 등이 있는데 주로 장기계약인 생명보험 등에서 보험계약자의 보험료 부담을 덜어주기 위하여 보험료를 나누어 낼 수 있도록 한 것이다. 보험료를 분할지급하는 경우 제1회 보험료가 최초보험료가 되며, 제2회 이후의 보험료는 계속보험료가 된다.

보험료와 관련하여서는 보험료불가분의 원칙, 보험료의 감액(제647조) 또는 반환청구권(제648조) 등이 문제되나, 이에 관하여는 후술한다.

3) 보험료의 산출은 대수의 법칙에 따라 위험단체 내에서 보험사고의 발생률에 따라 보험료 총액과 보험금 총액이 균형을 유지하도록 하여야 한다. 즉, 각 보험계약에 있어 각 보험계약자가 지급할 보험료의 총액이 보험사고발생시에 지급할 보험금의 총액과 균형이 유지되도록 하여야 한다. 이를 '수지상등의 원칙' 또는 '급여·반대급여 균형의 원칙'이라고 한다.

보험회사가 취급하려는 보험상품에 관한 보험료 및 책임준비금산출방법서를 작성 또는 변경하려는 경우 미리 금융위원회에 신고하여야 하고(보업 제127조), 보험자는 금융위원회의 인가를 받아 보험요율산출기관을[1] 설립할 수 있다(보업 제176조).

2. 보험금액과 보험금

1) 보험금액(sum insured, Versicherungssumme)이란 보험사고가 발생하였을 때에 보험자가 피보험자 또는 보험수익자에게 지급하여야 할 금액을 말한다. 손해보험에서 보험자가 지는 책임의 최고한도액을 말하는 것이 보통이나, 현실적으로 보험사고가 발생하여 보험자가 현실로 지급하는 보상액을 말하기도 한다. 이에 대하여 보험금이란 보험금액의 범위 내에서 사고발생시에 현실적으로 지급되는 금전을 말한다. 상법은 보험금액이라는 표현과 보험금이라는 표현을 혼용하여 사용하고 있어 혼란스러우나, 실무에서는 사고발생시에 실제 지급되는 보상액을 보험금이라 하여 보험금액과 구분하고 있다. 생명보험과 같은 정액보험에 있어서는 계약에서 보험사고발생시에 보험자가 지급하기로 정한 금액으로서, 보험금액과 보험금이 일치한다. 보험금 지급의무는 보험사고의 발생을 전제로 하므로, 보험기간 중에 그 사고의 발생이 없는 때에는 보험금의 지급이 없이 계약은 종료한다(그러나 약관에서는 이 경우에 보험료의 전부나 일부를 반환할 것을 정하는 경우가 있다).[2]

---

1) 현재 설립되어 있는 보험요율 산출기관은 '사단법인 보험개발원'이다.
2) 최기원(하) 612면.

◖ 대법원 2001. 7. 10. 2001다16449 판결
보험계약의 체결에 있어서 보험약관상의 이율에 의한 보험금을 초과하는 이익을 지급하기로 한 초과이자 지급약정은 무효이고, 그 약정에 따라 지급하는 금전은 보험금이 아니라 사례금이다

☞보험계약 중 보험약관상의 이율에 의한 보험금을 초과하는 이익을 지급하기로 한 초과이자 지급약정은 그 범위 내에서 보험업법 위반으로 무효이므로 그 약정에 따라 지급하는 돈은 보험금이 아니고, 이는 다만 금액이 크고 기간이 긴 보험에 가입하여 준 데 대한 보답의 의미로 지급하는 사례금이라고 할 수 있다.

2) 보험금은 보험사고의 발생을 조건으로 현금으로 지급하는 것이 원칙이나, 현물급여 또는 그밖의 급여(의료행위) 등의 방법으로 할 수도 있고, 일시에 금액을 지급하는 것이 보통이지만, 분할지급도 가능하다(제727조 제2항).

3) 보험자의 보험금액 지급의무는 보험기간 내의 보험사고 발생을 조건으로하여 발생하는 것이므로, 보험사고가 발생하지 아니하고 보험기간이 경과하면 보험자는 보험금액을 지급함이 없이 보험계약이 종료된다. 다만 저축성과 보장성이 있는 인보험계약의 경우에는 보험자가 일정한 금액의 급여를 하도록 할 수 있다.

V. 보험기간과 보험료기간

1. 보험기간

1) 보험기간의 의의

(1) 보험기간(Versicherungsdauer, policy period)이란 보험자의 책임이 시작되어 끝날 때까지의 기간으로서, 이를 책임기간 또는 위험기간이라고도 한다. 이 보험기간은 보험계약이 성립하여 존속하는 기간인 보험계약기간과 반드시 일치하는 것은 아니고, 보험계약에 의하여 보험기간을 달리 정할 수도 있다. 보험기간은 다른 약정이 없는 한 최초의 보험료를 받은 때로부터(제656조) 그 종료일까지이다.

(2) 실무에서는 보험자의 책임기간을 명백히 하고 당사자 사이의 분쟁을 예방하기 위하여 보험기간의 시기와 종기를 명문으로 확정해 두는 경우가 있다. 예컨대, 자동차종합보험의 경우는 제1회 보험료를 낸 날의 익일 오전 영시부터 보험계약이 끝나는 날 밤 12시까지, 화재보험의 경우는 첫날 오후 4시부터 마지막 날 오후 4시까지, 항해보험의 경우에는 화물 또는 저하(底荷)의 선적에 착수한 때로부터 도착지

에서 양육을 종료한 때까지(제699조, 제700조 참조) 등이다. 보험기간 내의 보험사고가 아님에도 불구하고 보험자의 책임이 인정되는 예외적인 경우로는 전술한 소급보험이 있다.

(3) 보험기간 전 또는 후에 생긴 보험사고에 대하여는 보험자는 책임이 없다. 그러나 보험기간 내에 생긴 보험사고에 대하여는 그 기간의 경과 후에 손해가 발생하더라도 보험자가 책임을 져야 한다.[1] 또 보험자는 보험기간 내에 보험사고가 수회 발생하더라도 원칙적으로 이를 모두 보상하여야 한다. 따라서 보험사고의 발생으로 보험자가 보험금액을 지급한 때에도 보험금액이 감액되지 아니하는 보험의 경우 보험계약자는 사고발생 후 보험계약을 해지할 수 있다(제649조 제2항).

〈사 례〉

서울민사지방법원 합의15부는 1994년 8월 25일 한국자동차보험이 이모씨를 상대로 낸 채무부존재확인청구소송에서 "이씨가 사고를 낸 시각이 보험계약 효력이 발생하는 시각에서 1분쯤 지난 때로 인정된다."며 원고의 청구를 기각, 이씨는 '1분 차이'로 1억원의 보험금을 받게 되었다. 재판부는 "이씨의 승용차를 뒤따라 가다 사고를 목격한 홍모씨가 '사고지점에서 450m 못미친 횡단보도에서 신호대기 중 자정을 알리는 라디오 시보를 들었다'고 한 진술이 인정되어 사고발생시점은 0시 1분께로 추정된다."고 밝혔다. 보험회사측은 1993년 6월 12일 하오 '13일 0시'에 효력이 발생하는 보험계약을 체결한 뒤 이날 자정께 경기도 고양시에서 박모씨를 치어 숨지게 하는 사고를 내 유가족이 이씨와 보험회사를 상대로 1억원의 손해배상청구소송을 내자 "사고발생시각은 늦어도 12일 하오 11시 50분께여서 보험금을 줄 수 없다."며 채무부존재확인청구소송을 냈었다: 한국일보 1994. 8. 26. 30면.

대법원 1997. 4. 11. 96다32263
보험기간경과 후의 보험사고에 대하여는 보험자에게 보험금지급의무가 없다

☞ 이행보증보험계약은 주계약에서 정한 채무의 이행기일이 보험기간 안에 있는 채무를 이행하지 아니함으로써 발생한 피보험자가 입은 손해를 보상하기로 한 보험계약이므로, 피보험자가 보험계약 당시의 준공기한이 도래하기 전에 미리 준공기한을 연기하여 준 나머지 보험계약자가 연기되기 전의 이행기일에 채무불이행을 한 바가 없게 되었고, 피보험자와 보험계약자 사이에 주계약상의 준공기한을 연기하였다 하더라도 보험회사와 보험계약자 사이의 보험계약상의 보험기간도 당연히 변경된다고 할 수 없으므로, 이와 같이 연기된 이행기일이 보험기간 이후임이 분명한 이상 비록 연기된 이행기일에 이행이 없었다고 하더라도 이는 보험사고가 약정 보험기간 이후에 발생한 것으로서 보험계약에서 정한 보험금지급사유에 해당하지 아니한다. 동지: 대법원 2001. 2. 13. 2000다5961.

---

1) 대법원 2002. 11. 8. 2000다19281: 보험기간 내에 생긴 보험사고에 대하여는 피보험자가 보험기간이 지나도록 보험금 청구를 하지 아니하였다고 하여 보험금청구권이 소멸되지 않는다.

2) 소급보험

(1) 소급보험(Rückwärtsversicherung)이란 보험계약의 성립 전의 어느 시기부터 보험기간이 시작되는 것으로 정한 보험을 말한다(제643조). 가령 해상적하보험계약에서 이미 선박이 출항한 후 화물의 선적시부터 보험자의 책임이 개시되는 것으로 하거나, 보험자가 보험계약자의 청약에 대해서 승낙하면서 그 청약시로부터 보험기간이 시작되는 것으로 하는 것이 그것이다.

(2) 소급보험(제643조)의 경우, 주관적으로 보험사고가 불확정한 경우, 즉 이미 보험사고가 발생하였음에도 당사자 쌍방과 피보험자가 이를 알지 못하고 체결하였다면 그 보험계약도 유효하다(제644조 단서). 그리고 당사자 간에 다른 약정이 없으면 최초의 보험료를 받은 때로부터 보험자의 책임이 발생한다. 따라서 소급보험계약이 체결되었다고 하더라도 최초의 보험료를 지급하지 않으면 보험자의 소급책임은 발생하지 않는다. 만일 계약당사자가 이미 보험사고가 발생한 것을 알고 소급보험계약을 체결한 경우 그 계약은 무효이고(제644조 본문), 보험계약자는 보험자로부터 보험료를 반환받을 수 없다(제648조).

2. 보험료기간

보험료기간(Versicherungsperiode)이란 보험료를 산출하는 기초가 되는 단위기간을 말한다. 실무에서는 대체로 1년을 단위로 하여 보험요율을 정하는 것이 일반적인데, 이 기간이 보험료기간이 된다. 보험계약에 따라서는 보험기간과 보험료기간이 일치하는 경우와 일치하지 않는 경우가 있다. 가령 1년을 보험기간으로 하는 화재보험에 있어서는 보험료기간과 보험기간이 일치하나, 운송보험에 있어서는 보험기간이 보험료기간보다 짧을 수 있고, 또 장기보험계약에 있어서는 보험기간이 몇 개의 보험료기간으로 나뉘어지기도 한다. 한편, 보험계약자가 보험료를 납입할 의무가 있는 기간으로서 보험계약의 조건으로 정해지는 보험료납입기간이 있는데 보험료기간과는 다른 개념으로 구별하여야 한다. 보험료납입기간을 보험기간과 동일하게 정할 경우에는 전기(全期)납입이 되고(예컨대, 20년 만기 보험의 보험료를 20년 동안 납입하는 경우), 보험기간보다 짧게 정하는 경우에는 단기납입(예컨대, 20년 만기 보험의 보험료를 10년 동안 납입하는 경우)이 된다.

3. 보험료불가분의 원칙

1) 보험료불가분의 원칙(Prinzip der Unteilbarkeit der Prämien)이라 함은 보험료기간의 보험료는 관념상 하나로 보아야 한다는 원칙이다. 즉, 보험료불가분의 원칙은 한 보험료기간의 보험료를 하나의 단위로 한다. 예컨대, 보험기간 중 계약이 실효되거나 해지됨으로써 보험자가 보험료기간의 일부에 대하여만 위험을 부담하였다 하더라도 그 보험료의 전액을 취득할 수 있다. 상법상 초과보험의 경우 "보험료의 감액은 장래에 대해서만 효력이 있다."(제669조 제1항 단서)든가, 보험료체납의 경우 "보험료의 지급을 받지 아니한 잔액이 있으면 그 지급기일이 도래하지 아니한 때라도 보상할 금액에서 이를 공제할 수 있다."(제677조)는 규정은 보험료불가분의 원칙을 반영한 것이라 할 수 있다. 그러나 이 원칙은 보험기술상 인정되는 것이므로 보험계약법상 절대적인 것은 아니다.

2) 보험료불가분의 원칙은 다음과 같은 비판을 받는다. 즉, 보험료기간의 세분화가 불가능하다는 전제에서 출발한 것이지만, 보험료기간도 통계적 개념이므로 그 자체가 고정불변인 개념은 아니고, 현재의 단위인 연단위를 더 세분화하는 것도 가능하다. 또한 수리 및 경험상 위험발생의 개연율은 기간이 짧으면 그만큼 감소하므로 기간의 장단을 무시하고 획일적으로 1년분의 보험료를 요구하는 것은 불공평하다. 그리고 보험료불가분의 원칙은 해상보험에서 통계불비로 위험률이 높아 과다한 책임부담에 대처하는 수단으로 등장한 것이지만, 육상보험 특히 가계성보험의 경우에는 통계가 상세하고 년 미만의 단위에서도 정비되어 있으므로 이를 확대적용하는 것은 불합리하다는 것이다.[1)]

3) 상법상 보험사고발생 전에 보험계약을 임의로 해지하는 경우 미경과보험료의 반환을 명문으로 인정하고 있고(제649조 제3항), 실무에서도 보험료의 분할지급이 허용될 뿐 아니라, 보험계약이 해지된 경우에도 단기요율을 적용하거나 일할계산으로 보험료를 환급하는 경우가 많다.

---

1) 김성태, 상법사례연구(최기원 외), 646면; 최기원(하) 630면.

제 3 절 보험계약의 체결

Ⅰ. 보험계약의 성립

1. 보험계약의 청약

1) 보험계약은 불요식의 낙성계약으로서 청약과 승낙에 의하여 성립한다(제638조·제51조·제52조, 민 제527조~제531조). 일반적으로 보험대리상 또는 보험모집인(보험설계사)에 의한 보험가입의 권유행위, 즉 청약의 유인행위가 있으면 이에 따라 보험계약자가 청약을 하고 보험자가 그 청약에 의하여 승낙을 한다. 청약과 승낙의 효력은 계약의 일반원칙에 따른다(민 제527조부터 제535조까지). 실제로는 보험가입희망자가 보험설계사 등의 권유에 따라 보험(가입)청약서에 보험료를 첨부하거나, 첨부하지 아니하고 이를 모집인에게 교부하면, 보험자(보험회사)가 보험의 목적을 검사하거나(손해보험의 경우), 피보험자의 신체를 진사 또는 진사하지 아니하고(생명보험의 경우) 보험료영수증 또는 보험증권을 교부하는 것이 보통이다(그러나 보험계약청약서·보험증권 등의 교부가 계약의 성립요건은 아니다).

2) 계약의 성립에 관하여는 민법의 일반원칙에 의하므로, 보험계약의 청약은 원칙적으로 청약자가 임의로 철회할 수 없다(민 제527조). 다만, 실무상으로 생명보험표준약관(제2조) 등에서는 청약을 한 날 또는 제1회 보험료를 납입한 날로부터 15일 이내에 청약을 철회할 수 있는 청약철회(cooling off)제도를 두고 있다.

2. 보험계약의 승낙

1) 보험계약의 성립시기

보험계약은 보험계약자의 청약에 대하여 보험자가 승낙의 통지를 발송한 때에 성립한다(민 제531조). 승낙의 방법에는 청약의 경우와 같이 제한이 없다. 다만 대화자간에는 보험자가 즉시 승낙하여야 하고(제51조), 격지자간에는 보험자가 상당한 기간 내에 승낙의 통지를 발송하여야 한다(제52조 제1항).

◖ 대법원 1991. 11. 8. 91다29170
보험자가 승낙을 거절한 경우 보험계약은 성립되지 아니한다

☞ 보험회사가 보험모집인을 통하여 위험보장배수 10배인 '태양보험' 가입청약을 받고 제1회 보험료를 납부받은 직후 피보험자가 오토바이 운전 중 교통사고로 사망하는 보험사고가 발생하였으나 피보험자가 오토바이 사용자인 위험직종으로서 그 약관에 정한 적격 피보험체가 아님을 사유로 보험회사가 그 승낙을 거절함으로써 위 보험계약은 성립되지 아니하였다.

2) 승낙여부의 통지의무와 승낙의제

(1) 실무에서는 보험자의 보험인수 여부에 대한 결정과정이 복잡하여 승낙을 하기까지 시간이 많이 소요되고, 승낙의 시점도 명확하지 아니한 경우가 많다. 또 민법에 의하면 보험자가 청약에 대하여 상당한 기간 내에 승낙의 통지를 발송하지 않으면 청약은 구속력을 잃게 되고 보험계약은 성립되지 않는다(민 제529조). 개정전 상법하의 판례를 보면 생명보험계약의 청약 후 제1회 보험료를 지급하고 보험료 가수증(假收證)을 교부받았음은 물론이고 보험의로부터 신체검사까지 마친 후 2주 이상이 경과하였는데도 보험자가 그 보험계약의 청약에 대하여 승낙을 하지 않고 있던 중 보험사고가 발생하였던 사건이 있다. 이 사건에서 보험계약자측에서는 보험의로부터 신체검사를 받은 시점에서 생명보험계약이 체결되었다고 주장하였으나 법원은 계약의 성립에 관한 종래의 전통적 이론을 적용하여 보험자의 승낙의 의사표시가 없었던 한 계약의 성립을 부인하고, 따라서 보험자의 책임도 부인하였다.

◖ 대법원 1976. 6. 22. 75다605
보험자의 승낙이 없었으므로 보험계약이 성립되지 아니하였다고 본 사례

☞ 피고회사의 신종생활보장보험약관 제3조의 규정에 의하여 보면 보험계약의 청약과 이에 대한 승낙의 의사표시가 합치되어야 비로소 그 성립이 있게 됨이 인정될 수 있으며 계약일반이론에 의하여도 그와 같이 보아야 하는 데 이론이 있을 수 없다. 그리고 이른바 진사의는 생명보험에 있어서의 위험측정재료를 보험자에게 제공하는 보험자의 보조자라고 하겠으므로 그에게 보험계약의 체결권이 있다고 볼 수 없어 진사의가 판정을 내린 시점을 보험계약의 성립시기로 볼 수 없다.

(2) 이와 같은 문제점을 해결하기 위한 방법의 하나로 상법 제53조가 정한 바 "상인이 상시거래관계가 있는 자로부터 그 영업부류에 속한 계약의 청약을 받은 때에는 지체없이 낙부의 통지를 발송하여야 한다. 이를 해태한 때에는 승낙한 것으로 본다."는 규정을 원용할 수도 있을 것이다. 그러나 상법 제53조에 의하면 승낙자는

청약에 대한 낙부통지의무를 부담하지만, 이것은 상시거래관계가 있는 경우에만 적용된다. 그러므로 보험계약자가 제1회 보험료의 전부 또는 일부를 납부하고 상당한 기간이 경과한 후에 보험사고가 발생한 경우, 보험자는 승낙이 없었음을 이유로 보험금지급을 거절하는 때가 있을 수 있다.

(3) 따라서 1991년의 개정상법은 보험자가 보험계약자로부터 보험계약의 청약과 함께 보험료상당액의 전부 또는 일부의 지급을 받은 때에는 다른 약정이 없으면 30일 내에 그 상대방에 대하여 낙부의 통지를 발송하여야 하고, 이 기간 내에 낙부의 통지를 해태한 때에는 승낙한 것으로 본다고 정하였다(제638조의 2 제1항·제2항).[1] 그러나 인보험계약의 피보험자가 신체검사를 받아야 하는 경우에는 그 기간은 신체검사를 받은 날로부터 기산한다(제638조의 2 제1항 단서).

3. 적격피보험체의 보호

1) 보험자가 승낙하면 유효한 보험계약이 성립하지만 보험자의 책임은 원칙적으로(계약성립 후) 최초의 보험료를 지급받은 때로부터 개시된다(제656조). 그러나 현실적으로 보험계약의 청약과 함께 보험료의 전부 또는 일부를 지급하는 경우가 많고, 이 경우에는 보험자가 청약일로부터 승낙일까지는 위험을 인수함이 없이 보험료만 받게 되는 결과가 된다. 이에 상법은 보험자가 보험계약자로부터 "보험계약의 청약과 함께 보험료상당액의 전부 또는 일부를 받은 경우"에 그 청약을 승낙하기 전에 보험계약에서 정한 보험사고가 생긴 때에는 그 "청약을 거절할 사유가 없는 한" 보험자는 보험계약상의 책임을 진다고 규정하여(제638조의 2 제3항), 승낙전 사고에 대한 보험자의 소급책임을 규정하고 있다. 이것은 종래 보험약관에서 적격피보험체의 보호를 위하여 인정되던 것을 1991년의 개정상법에서 입법화한 것이다. 다만 인보험계약의 피보험자가 신체검사를 받아야 하는 경우(유진사보험)에 그 검사를 받지 아니한 때에는 그러하지 아니하다(제638조의 2 제3항 단서).

2) 승낙전 사고에 대한 보험자의 소급책임은 "보험계약의 청약과 함께 보험료상당액의 전부 또는 일부를 받았어야" 하고, 그 "청약을 거절할 사유가 없어야" 하며, 인보험으로서 유진사보험의 경우는 신체검사를 받았어야 한다. 따라서 보험계약자가 보험계약의 청약시에 보험료 상당액을 지급하지 아니하였거나, 청약을 거절할

---

1) 대법원 2012. 8. 23. 2010다78135·78142; 대전지방법원 1993. 4. 16. 92가합1029: 보험자가 승낙하기 전의 보험사고라도 피보험자가 제1회 보험료를 납입한 경우라면 보험자에게 생명보험금지급의무가 발생한다고 본 사례.

사유가 있었던 경우[1] 및 인보험에서 보험료 상당액을 지급하였다고 하더라도 피보험자가 신체검사를 받지 아니한 경우에는 보험계약 청약 후 30일이 경과하였다고 하더라도 보험자가 책임을 지지 않는다.

청약을 거절할 사유란 보험계약의 청약이 이루어진 바로 그 종류의 보험에 관하여 해당 보험회사가 마련하고 있는 객관적인 보험인수기준에 의하면 인수할 수 없는 위험상태 또는 사정이 있는 것으로서 통상 피보험자가 보험약관에서 정한 적격 피보험체가 아닌 경우를 말하고, 이러한 청약을 거절할 사유의 존재에 대한 증명책임은 보험자에게 있다.[2]

◖ 대법원 2008. 11. 27. 2008다40847
승낙 전 보험사고와 고지의무위반여부 및 보험계약의 효력 여하

☞ 이른바 승낙 전 보험사고에 대하여 보험계약의 청약을 거절할 사유가 없어서 보험자의 보험계약상의 책임이 인정되면, 그 사고발생사실을 보험자에게 고지하지 아니하였다는 사정은 청약을 거절할 사유가 될 수 없고, 보험계약 당시 보험사고가 이미 발생하였다는 이유로 상법 제644조에 의하여 보험계약이 무효로 된다고 볼 수도 없다.

Ⅱ. 보험증권

1. 보험증권의 의의

보험증권(insurance policy, Versicherungsschein)이란 보험계약의 성립과 그 내용을 증명하기 위하여 보험자가 발행하는 증권을 말한다(제640조). 보험계약은 요식계약이 아니고 낙성계약이므로 보험증권의 발행은 계약당사자의 편의를 위한 것이지 계약의 성립요건도 아니고, 또 보험자만이 기명날인 또는 서명하는 것이므로 계약서도 아니다.[3]

2. 보험증권의 작성 · 교부

1) 보험자는 보험계약이 성립한 때에는 지체없이 보험증권을 작성 · 교부하여야 하며, 다만 보험계약자가 보험료의 전부 또는 최초 보험료를 지급하지 아니한 때에

---

1) 대법원 1991. 11. 8. 91다29170.
2) 대법원 2008. 11. 27. 2008다40847.
3) 양승규(보) 131면.

는 보험증권의 교부를 거절할 수 있다(제640조 제1항).

2) 보험계약의 당사자는 보험증권의 교부가 있는 날로부터 일정한 기간 내에 한하여 그 증권내용의 정부(正否)에 관한 이의를 할 수 있음을 약정할 수 있다(이의약관). 이 기간은 1월을 내리지 못한다(제641조).

3) 기존의 보험계약을 연장하거나 변경한 경우에는 보험자는 보험증권에 그 사실을 기재함으로써 보험증권의 교부에 갈음할 수 있다(제640조 제2항).

4) 보험증권은 보험금청구권자(손해보험의 경우 피보험자, 인보험의 경우 보험수익자)를 증권상에 기재하는 기명식으로 발행하는 것이 보통이나, 예컨대 운송보험증권·해상보험증권과 같이 지시식 또는 무기명식으로 발행할 수도 있다.

3. 보험증권의 법적 성질

보험증권은 요식증권·증거증권·면책증권·제시증권·상환증권이다.

1) 요식증권성

보험증권의 기재사항은 법정되어 있으나, 어음·수표와 같은 엄격한 요식증권은 아니다. 따라서 법정사항의 기재를 누락하거나 그 밖의 사항을 추가하여 기재하더라도 증권의 효력에는 영향이 없다. 보험증권의 기재사항은 모든 보험증권에 공통되는 필요적 기재사항(제666조, 제728조)과 화재보험증권(제685조)·운송보험증권(제690조)·해상보험증권(제695조)·자동차보험증권(제726조의 3)과 인보험증권(제728조, 제738조)에 각각 특별한 기재사항이 있다. 또 보험증권에는 인지(印紙)를 첨부하여야 하는데(인지세법 제3조 제1항 제12호·제14호 다목), 이를 위반하여도 보험증권의 사법상의 효력에는 영향이 없다.

2) 증거증권성

(1) 보험증권은 증거증권이기 때문에 보험계약의 성립과 그 내용에 관하여 사실상의 추정력을 가진다. 그러나 한편 보험증권은 증거증권에 불과하므로 보험증권의 기재내용과 보험계약의 내용이 서로 다른 때에는 당사자는 그 사실을 증명하여 주장할 수 있다. 나아가 보험계약의 내용은 반드시 그 보험증권만에 의하여 결정되는 것이 아니므로 보험계약체결에 있어서의 당사자의 의사와 계약체결의 전후 경위 등을 종합하여 그 내용을 파악하여야 한다.

◖ 대법원 1996. 7. 30. 95다1019
보험계약의 내용은 당사자의 의사와 계약체결의 전후 경위 등을 종합하여 파악하여야 한다

☞ 보험계약은 당사자 사이의 의사합치에 의하여 성립되는 낙성계약으로서 별도의 서면을 요하지 아니하므로 보험계약을 체결할 때 작성·교부되는 보험증권이나 보험계약의 내용을 변경하는 경우에 작성·교부되는 배서증권은 하나의 증거증권에 불과한 것이어서 보험계약의 성립 여부라든가 보험계약의 당사자, 보험계약의 내용 따위는 그 증거증권만이 아니라 계약체결의 전후 경위, 보험료의 부담자 등에 관한 약정, 그 증권을 교부받은 당사자 등을 종합하여 인정할 수 있다. 동지: 대법원 1988. 2. 9. 86다카2933; 동 1992. 10. 27. 92다32852; 동 2003. 4. 25. 2002다64520.

(2) 또한 보험증권은 증거증권이기 때문에 보험계약의 당사자는 보험증권의 교부가 있는 날로부터 1월을 내리지 않는 기간 내에 한하여 그 증권내용의 정부에 관한 이의를 제기할 수 있음을 약정할 수 있다(제641조). 이를 이의약관(Widerspruchsklausel)이라고 한다.

(3) 이 이의약관은 명시적으로 정하여져 있는 경우에만 효력이 있고, 그러한 약정이 없으면 민법의 일반원칙에 따라 이의를 제기할 수 있다. 이의약관이 있으면 보험계약당사자는 약관에서 정한 기간 내에만 증권상의 기재내용에 대한 정정을 청구할 수 있고, 그 기간이 지나면 그 기재내용은 확정적인 효력을 가진다. 그러나 명백한 착오는 이의기간이 지나도 이를 다툴 수 있다고 본다.[1]

3) 면책증권성

보험자가 보험사고의 발생으로 보험급여를 함에 있어 보험증권을 제시한 자에게 보험금을 지급하면 악의 또는 중과실이 없는 한 그 보험증권을 제시한 자가 무권이자라 하더라도 책임을 면한다.

4) 상환증권성

보험증권은 상환증권이므로 보험자가 보험금을 지급할 때에는 보험증권과 상환하여 이를 하는 것이 원칙이다. 그러나 보험증권과 상환하지 아니하더라도 보험금을 지급할 수 있으므로 보험증권은 엄격한 상환증권은 아니다. 증권을 제출할 수 없을 때에는 다른 방법으로 권이자임을 증명하여 보험금을 청구할 수 있다.

---

1) 양승규(보) 133면.

5) 유가증권성의 여부

보험증권의 유가증권성, 특히 지시식 또는 무기명식 보험증권의 유가증권성 여부에 관하여는 학설이 나뉘고 있다.

(1) 부정설

① 보험금지급청구권은 증권 이외에도 보험료의 지급 등 여러 가지의 의무의 이행과 견련(牽連)이 되어 있다는 점, ② 손해보험에서 보험의 목적을 도외시한 증권의 점유이전만으로는 권리가 이전되지 않는 점(제679조 참조), ③ 유가증권법정주의에 비추어 상법상 아무런 근거규정이 없는 보험증권은 유가증권이라 할 수 없다는 점, ④ 재발행을 위하여 공시최고에 의한 제권판결이 필요 없는 점 등에서, 지시식 또는 무기명식 보험증권의 유가증권성을 인정할 수 없다고 한다.[1]

(2) 긍정설

① 거래의 안전확보를 위하여 필요하다는 것, ② 권리의 행사에 증권의 점유를 필요로 한다는 것, ③ 민법상 금전채권은 원칙적으로 지시식 혹은 무기명식으로 될 수 있는데 보험금청구권에 한하여 이를 부인할 뚜렷한 이유가 없다는 것 등을 이유로 유가증권성을 인정한다.

(3) 사 견 (일부긍정설)

유가증권이란 재산적 가치가 있는 사권을 표창하는 증권으로서 권리의 행사를 위하여 증권의 소지를 필요로 하는 것을 말한다.[2] 보험증권은 보험금청구권을 표창하므로 재산적 가치가 있는 사권을 표창하는 증권임에 틀림 없다. 다음으로 보험금청구권의 행사를 위하여 증권의 소지가 필요한 것인가가 문제되는데, 운송보험 또는 해상적하보험 등과 같은 손해보험에 있어서는 지시식 또는 무기명식으로 발행된 경우 이것이 긍정되므로 유가증권성을 인정할 수 있다고 본다. 이들 손해보험에 있어서는 보험의 목적이 운송증권에 의하여 거래의 대상이 되고, 보험에 의하여 그 목적물의 경제적 가치가 보완되어, 보험의 목적물의 양도에 수반하여 보험에 의한 손해보상청구권도 동시에 이전될 것이 요청되므로, 그것이 지시식 또는 무기명식으로 발행된 경우에 한하여 유가증권성을 인정하여야 할 것이다. 다만 보험금청구권의 양도에 있어서 피보험자의 동의를 얻어야 하는 인보험이나(제731조 제2항), 보험계약의 성질상 손해보상청구권만의 전전유통이 불가능한 화재보험 등의 일반 손해보험에

1) 정동윤(하) 528면.
2) 최준선, 어음·수표법, 2005, 4면.

있어서는 성질상 유가증권성을 인정할 수 없다고 본다(통설).[1]

(4) 불완전한 유가증권

보험증권의 유가증권성을 인정하더라도 보험증권상의 권리의 발생은 장래의 우연한 사고에 의하여 정하여지므로 보험증권은 불완전한 유가증권이다. 그리고 보험계약에 의거한 각종 항변(예컨대, 고지의무위반 · 보험료의 불지급 등)은 보험증권의 배서 또는 교부에 의하여 절단되지 않는다고 본다. 왜냐하면 보험증권이 운송증권 등과 함께 배서 · 교부되는 경우, 권리이전적 효력, 자격수여적 효력 및 면책적 효력은 인정되지만, 보험증권은 문언증권도 무인증권도 아니기 때문에 보험자는 보험계약에 기한 항변으로써 그 소지인에게 대항할 수 있다고 풀이되기 때문이다.

4. 보험증권의 멸실 · 훼손과 재교부

보험증권을 멸실 또는 현저하게 훼손한 때에는 보험계약자는 보험자에 대하여 증권의 재교부를 청구할 수 있다. 그 증권작성의 비용은 보험계약자의 부담으로 한다(제640조 제2항). 지시식 또는 무기명식으로 발행되어 유가증권성이 인정되는 보험증권의 경우에는 공시최고절차(민소 제496조 이하)를 거쳐야 한다고 본다.

Ⅲ. 고지의무

1. 고지의무의 의의 · 성질

1) 고지의무란 보험계약자 또는 피보험자가 보험계약체결 당시에 보험자에 대하여 중요한 사항을 고지하고, 또 중요한 사항에 관하여 부실고지를 하지 아니할 의무를 말한다. 이것은 계약체결 당시의 의무이기 때문에 계약체결 후의 위험증가의 통지의무(제652조)나 손해발생의 통지의무(제657조)와는 구별되며, 생명보험표준약관 등에서는 '계약전 알릴 의무'라고 하고 있다.

2) 고지의무는 보험계약의 효과로서 인정하는 진정한 의무가 아니라, 보험계약의 (효력발생에 필요한) 전제조건이다. 즉, 보험자가 그 의무의 이행을 강제하거나 그 불

1) 손주찬(하) 539면; 양승규(보) 136면; 이기수(보 · 해) 81면; 채이식(Ⅳ) 76면; 강위두 · 임재호(하) 568면; 김정호(하) 397면.

이행에 대하여 손해배상을 청구할 수 있는 것이 아니라, 보험자의 해지권 행사로 인한 불이익을 면하기 위하여 보험계약자 또는 피보험자가 부담하는 일종의 구속이므로, 이른바 간접의무(자기의무)에 지나지 않는다.[1)]

2. 고지의무제도의 근거

고지의무제도의 근거에 대하여는 사행설 · 선의설 · 담보의무설 · 합의설 · 묵시계약설 등 여러 학설이 대립하고 있으나, '보험제도의 기술적 구조의 특수성에 의거하여 법이 특별히 인정한 독자적 제도'라고 하는 위험측정설 내지 기술설이 정당하다고 생각한다.[2)] 이 학설에 의하면,

> "보험제도의 합리적인 운영을 위하여는 보험사고 발생의 개연율의 통계적 계산을 기초로 하여, 다수계약에 있어서의 위험의 종합평균화에 의하여 지급할 보험금의 총액과 받을 보험료의 총액과의 사이에 평형을 유지할 필요가 있다. 따라서 보험자는 각 계약에 관하여 그 위험율을 측정하여 이를 인수할 것이냐, 그 보험료를 얼마로 할 것이냐를 결정하여야 한다. 이른바 '위험의 선택'의 자료가 될 사실은 본래는 위험을 인수하는 보험자가 스스로 자기의 책임하에 조사하여야 할 것이지만, 실제로 보험자가 그 전부를 적극적으로 조사하기는 곤란하다. 그리하여 법은 가입자로 하여금 이를 고지하도록 한 것이니, 위험의 선택의 자료가 되는 사실에 관하여 정확한 고지를 하지 않은 경우에 계약의 해지를 당하게 한 것은 불량의 위험을 배세하기 위한 것이다."

라고 한다.[3)] 대법원의 판례도 이러한 기술설의 입장을 취하고 있다. 이에 대하여 선의설과 기술설 두 가지를 근거로 설명하는 견해도 있다.[4)]

3. 고지의무의 내용

1) 고지당사자

(1) 고지의무자는 보험계약자와 피보험자이다(제651조). 여기서 보험계약자에는 그 대리인(제646조 참조)을 포함하며, 보험계약자와 피보험자가 서로 다른 보험계약의

1) 이에 대하여 법적 의무라는 견해: 강위두 · 임재호(하) 557면.
2) 최기원(하) 641면; 서돈각 · 정완용(하) 372면; 손주찬(하) 519면; 박원선(하) 80면.
3) 大森忠夫, 보험법, 1956, 118~119면.
4) 양승규(보) 117면; 이기수(보 · 해) 78면; 정찬형(하) 554~555면.

경우, 즉 타인의 생명·신체에 관한 인보험에 있어서의 피보험자와 타인을 위한 손해보험에 있어서의 피보험자도 보험계약자와 함께 고지의무자가 된다. 다만 타인을 위한 손해보험계약에서 보험계약자가 그 타인인 피보험자에게 보험계약체결 사실을 알리지 아니한 경우에는 그 피보험자는 고지의무를 부담하지 않는다고 본다(타인을 위한 손해보험계약의 경우 상법 제639조 제1항 단서와 관련하여서는 후술한다: 제6절 타인을 위한 보험계약 참조).

대리인이 고지할 때에는 본인이 알고 있는 사실뿐만 아니라 대리인 자신이 알고 있는 사항도 고지하여야 한다. 보험중개사가 보험계약자로부터 위임을 받아 보험계약을 체결하는 경우에는 보험중개사도 보험자에게 중요한 사항을 고지하여야 한다.[1)] 고지의무 위반여부는 대리인을 기준으로 판단한다(제646조). 보험수익자는 고지의무가 없다(통설).

보험계약자가 수인이 있는 경우 각자가 고지의무를 부담하지만, 동일한 사항에 관하여는 1인이 고지하면 된다.

(2) 고지의 상대방, 즉 고지수령자는 보험자 또는 고지를 받을 대리권을 가진 자(보험대리점, 보험의 등)이다. 보험의는 체약대리권은 없으나 고지수령권을 가진다.[2)] 그러나 보험중개사(보험중개인) 및 보험설계사(보험모집인)는 고지수령권이 없다. 문제는 현행법상 보험설계사에게는 고지수령권이 없다는 점이다. 보험설계사는 보험계약의 체결을 권유하는 사실행위를 할 뿐 계약체결권이 없기 때문이다.

◖ 대법원 1979. 10. 30. 79다1234
보험모집인에게 고지한 것은 고지로서의 효력이 없다

☞ 보험가입청약서에 기왕병력을 기재하지 아니하고 보험모집인에게 이를 말한 것으로는 보험회사에 대하여 고지하였다고 볼 수 없다. 동지: 대법원 1998. 11. 27. 98다32564(보험모집인은 위험변경증가의 통지를 수령할 권한(제652조 참조)이 없다).

◖ 대법원 1996. 4. 26. 95다54679
보험모집인이 고지사실을 중개하지 아니한 경우

☞ 보험모집인은 타인의 보험계약의 중개를 함에 있어 보험회사에 대하여 그 위촉계약의 취지에 따라 성실하게 중개행위를 할 의무가 있는데도, 보험모집인이 자신의 외삼촌과 보험회사 간의 보험계약을 중개함에 있어 가입자의 폐결핵 감염사실을 알고 있음에도 이를 보험회사에 고지하지 아니하여 보험회사가 그 보험을 인수함으로써 결과적으로 손해를 입게 된 경우, 그 모집인은 채무불이행으로 인하여 보험회사가 입은 손해에 대

1) 양승규(보) 118면.
2) 대법원 2001. 1. 5. 2000다40353.

하여 60%의 손해배상책임이 있다.

2) 고지의 시기 · 방법

(1) 고지는 계약의 청약시가 아니라 계약성립시까지 하여야 한다. 따라서 고지의무 위반 여부는 보험계약성립시를 기준으로 하여 판단하여야 한다.[1] 계약성립시란 구체적으로 보험계약자의 보험계약의 청약에 대하여 보험자가 승낙한 때를 말한다. 따라서 보험계약 청약시에 없었던 사실이 청약 후 승낙 전에 발생된 경우 또는 청약시에는 알지 못하였던 사실이 승낙 전에 발견된 경우에도 그 사실을 고지하여야 하고, 일단 고지한 사실도 보험자가 승낙하기 전까지는 이를 변경 또는 추가할 수 있다. 그러나 계약성립 후의 변경이나 추가로써는 고지의무의 위반이 치유될 수 없다. 그리고 계약성립 후에 생긴 사실은 고지사항이 아니라 위험변경 · 증가에 관한 통지사항이 된다(第652조).

(2) 고지의 방법에는 제한이 없으므로, 서면이든 구두이든, 명시적이든 묵시적이든 상관이 없다. 그러나 거래계에서는 후술하는 바와 같이 질문표(questionaire, Fragebogen)가 널리 이용되고 있다.

3) 고지사항

(1) 중요한 사항

(i) 고지의무의 대상이 되는 사항은 '중요한 사항'(material facts)이다(第651조). 중요한 사항이란 보험자가 사고발생의 위험율을 측정하여 보험의 인수 여부 및 보험료액을 결정함에 있어서 합리적 판단에 영향을 미칠 만한 사실이니, 바꾸어 말하면 보험자가 그 사실을 알고 있다면 계약을 체결하지 않기나 적어도 같은 조건으로는 계약을 체결하지 않을 것이라고 생각되는 사실을 말한다.[2]

(ii) 고지하여야 할 사항이 보험계약자 등이 실제로 알고 있는 사항에 한정된다고 본다.[3] 이에 대하여 보험계약자 등이 마땅히 알았어야 할 사항까지도 포함한다고 보는 견해도 있으나,[4] 고지의무제도는 의무자에게 사실의 탐지의무까지 지우는 것은 아니라 할 것이므로 사실을 알지 못한데 과실이 있다고 하더라도 알지 못한 사

1) 대법원 2012. 8. 23. 2010다78135 · 78142.

2) 대법원 1997. 9. 5. 95다25268; 동 2010. 10. 28. 2009다59688 · 59695; 동 2011. 4. 14. 2009다103349 · 103356; 동 2011. 11. 10. 2009다80309.

3) 최기원(하) 643면; 정동윤(하) 515면; 대법원 1996. 12. 23. 96다27971.

4) 서돈각 · 정완용(하) 375면; 채이식(Ⅳ) 56면.

실은 고지의무의 대상이 된다고 할 수 없다고 본다(후술). 그러나 보험자가 계약체결 당시에 알고 있는 사항이나 중대한 과실로 알지 못한 사항은 고지할 필요가 없다(제651조 단서).[1)]

(2) 중요성의 판단예

(i) 중요한 사실이냐 아니냐는 보험기술상 객관적 기준에 따라 결정할 것이지, 당사자의 주관적 판단에 따라 결정할 것은 아니다.

(ii) 구체적 판단에 있어서 문제되는 것은 대체로 다음과 같은 것이다. 즉, 손해보험에 있어서는 보험목적의 물리적 성상(性狀)·구조·재질·사용목적·사용장소 등이고, 인보험에 있어서는 피보험자의 현재 또는 기왕의 중요한 병증(예컨대, 피보험자의 연령·암·결핵·뇌일혈·고혈압·신장염 등 기왕증과 현재의 건강상태. 그러나 연성하감(軟性下疳)·위장병·유산·편도선염 등은 중요한 사실이 아니라고 한다.)·피보험자의 환경(예컨대, 존속친의 유전적 질병의 유무·사망연령·사인, 배우자의 폐결핵 등)·피보험자가 다른 보험회사로부터 청약을 거절당한 사실, 피보험자의 신분·직업·피보험자의 부모의 생존여부 등이다. 중요한 사항인지 여부에 관하여 다툼이 있는 경우에는 보험자가 중요한 사항임을 증명하여야 한다.[2)]

중요성에 대한 판단례

◖ 대법원 2019. 4. 23. 선고 2018다281241
보험계약체결 2일 후 폐결핵 사망의 경우 고지의무위반이 인정된 사례

☞ 보험계약자인 원고와 피보험자인 망인은 이 사건 보험계약 체결 당시 정확한 병명을 알지는 못하였다고 하더라도 망인이 질병에 걸려 신체에 심각한 이상이 생긴 사실을 인식하고 있었던 것으로 보이고, 망인이 사망에 이른 경과에 비추어 볼 때 망인의 위와 같은 증상은 생명의 위험 측정에 영향을 주는 것으로서 상법 제651조에서 정한 '중요한 사항'에 해당할 뿐만 아니라 원고와 망인은 이 사건 보험계약 체결 당시 이러한 사정을 고지하여야 한다는 것을 충분히 알고 있었거나 적어도 현저한 부주의로 인하여 이를 알지 못하였다고 봄이 상당하다.

◖ 대법원 2001. 2. 13. 99다13737
상법 제651조 소정의 고지의무의 대상이 되는 '중요한 사항'의 의미와 판단기준

☞ 보험계약자나 피보험자가 보험계약 당시에 보험자에게 고지할 의무를 지는 상법 제651조에서 정한 '중요한 사항'이란, 보험자가 보험사고의 발생과 그로 인한 책임부담의

---

1) 대법원 2000. 1. 5. 2000다40353.
2) 손주찬(하) 523면; 정동윤(하) 501면.

개연율을 측정하여 보험계약의 체결 여부 또는 보험료나 특별한 면책조항의 부가와 같은 보험계약의 내용을 결정하기 위한 표준이 되는 사항으로서, 객관적으로 보험자가 그 사실을 안다면 그 계약을 체결하지 않든가 적어도 동일한 조건으로는 계약을 체결하지 않으리라고 생각되는 사항을 말하고, 어떠한 사실이 이에 해당하는가는 보험의 종류에 따라 달라질 수밖에 없는 사실인정의 문제로서 보험의 기술에 비추어 객관적으로 관찰하여 판단되어야 한다. … 보증보험에서는 고지의무의 대상이 되는 중요한 사항으로서 주계약상의 거래조건, 금액, 기간, 보험계약자의 신용이나 자력 등에 관한 사항을 들 수 있을 것이며, 보증인이 누구인가는 보험사고 발생의 가능성 등과는 관계없이 보험사고가 이미 발생한 후에 보험자가 구상권을 행사하기 위한 대비를 해 두기 위한 것이므로, 보증인에 관한 사항은 일반적으로는 고지의무의 대상이 되지 않는다. 동지: 대법원 2001. 11. 27. 99다33311; 동 2003. 11. 13. 2001다49623(중복보험계약의 체결사실은 상법 제651조 소정의 고지의무의 대상이 되는 '중요한 사항'이 아니다); 동 2004. 6. 11. 2003다18494.

◖ 대법원 1987. 6. 9. 86다카216
공사도급계약에 대한 이행보증보험계약의 경우

☞ 공사도급계약에 대한 이행보증보험계약을 체결하는 경우에 공사금액과 공사기간 등은 일반적으로 그 이행보증의 대상이 되는 도급공사의 내용을 특정하고 보험사고의 발생 여부를 판정하는 기준으로서 고지의무의 대상이 되는 중요사항에 해당한다. 동지: 대법원 2002. 7. 26. 2001다36450(보증보험계약에 있어 공사계약 체결일이나 실제 착공일, 공사기간도 공사대금 등과 함께 고지해야 할 중요한 사항이다).

◖ 대법원 1991. 5. 14. 90다카25314
적하보험계약의 경우

☞ 영국법 준거약관의 적하보험계약을 체결함에 있어 화물을 적재하고 출항한 선박으로부터 사고의 발생이 예상되는 전문을 수령한 사실을 감춘 경우, 위 전문 수령사실은 영국해상보험법 제18조 제2항 소정의 고지의무의 대상에 해당하므로 보험자가 같은 법 제17조, 제18조에 의해 고지의무 위반을 이유로 위 보험계약을 해지한 것은 적법하고, 거기에 우리 상법 제651조 소정의 제소기간이나 상법 제655조의 인과관계에 관한 규정은 적용될 여지가 없다. 참조: 대법원 2001. 5. 15. 99다26221(영국 해상보험법 및 관습에 의할 경우 고지의무 불이행과 보험계약 체결 사이에 인과관계가 있는 것만을 중요한 사항으로 보아 고지의무의 대상으로 하고 있는 것은 아니다).

◖ 대법원 1999. 11. 26. 99다37474
고지의무 위반에 해당한다고 본 사례

☞ 암치료 종료 후 5년이 지나 검사를 실시한 결과 의사로부터 암 재발의 가능성을 고지받고 확진을 위한 재검사 요구를 받은 상태에서 5년 내 암을 앓거나 치료받은 적이 없다고 신고하면서 생명공제계약을 체결한 경우, 암치료 종료 후 정기적인 검진을 위하여 병원에 다니던 동안 피공제자의 상태는 비록 통상적인 의미에서 암질병을 앓고 있는 것은 아니라고 할지라도 공제약관상 기재된 암질환에 준하는 것이거나, 또는 이러한 피공제자

의 병력 내지 자각증세, 의사의 암 재발 가능성 고지사실 등은 공제계약 청약서상의 질문사항에 포함되어 있지 않다고 하더라도 피공제자의 생명위험 측정상 중요한 사실로서 고지할 중요 사항에 포함되므로 이를 고지하지 아니한 것은 고지의무 위반에 해당한다.

(3) 질문표의 관용(慣用)

(i) 중요성의 판단이 쉬운 일이 아니므로, 실무계에서는 질문표를 사용하는 것이 보통이다. 질문표란 보험자가 보험청약서에 질문난을 두고 고지할 사항을 게기하여 보험계약자로 하여금 이에 대한 해답을 기입하도록 한 것이다. 질문표는 전문적 지식을 가진 보험자가 작성한 것이므로, 보험자가 서면으로 질문한 사항은 중요한 사항으로 추정한다(제651조의 2, 독보 제18조 참조). 따라서 질문표에 기재된 사항에 대하여 응답을 하지 않거나 허위의 내용을 기재한 때에는 그것이 중요한 사항이 아님을 증명하지 못하는 한 고지의무 위반이 된다.[1]

대법원 1969. 2. 18. 68다2082
질문표에 기재된 질문사항은 중요한 사항으로 추정된다

☞ 보험회사의 질문표에 기재된 질문사항은 다른 특별한 사정이 없는 한 그 보험계약에 있어서의 중요한 사항에 해당한다고 추정할 것이므로 그 질문표에 사실과 다른 기재를 하였다면 이는 고지의무위반이 된다. 동지: 대법원 1993. 4. 13. 92다52085 · 52092; 동 1997. 3. 14. 96다53314; 동 2004. 6. 11. 2003다18494(보험자가 서면으로 질문한 사항은 보험계약에 있어서 중요한 사항에 해당하는 것으로 추정되고(제651조의 2), 여기의 서면에는 보험청약서도 포함될 수 있으므로, 보험청약서에 일정한 사항에 관하여 답변을 구하는 취지가 포함되어 있다면 그 사항은 상법 제651조에서 말하는 '중요한 사항'으로 추정된다).

(ii) 반대로 질문표에 기재되지 않은 사항의 불고지는 '악의의 묵비'가 아닌 한 고지의무의 위반이 되지 않는다고 해석한다.[2] 다만 질문표에 기재되지 않은 사항이더라도 보험계약자가 알고 있고 또 그것이 사고발생에 영향을 줄 수 있다고 인식하고 있는 경우에는 고지의무가 있다고 본다. 이 경우 그 사항이 중요한 사항이며, 보험계약자가 악의라는 사실은 보험자가 주장 · 증명하여야 한다.

---

1) 대법원 2012. 8. 23. 2010다78135 · 78142.

2) 대법원 1996. 12. 23. 96다27971.

4. 고지의무의 위반

1) 위반의 요건

고지의무의 위반이 되려면 계약의 성립시에 다음과 같은 객관적·주관적 요건이 갖추어져야 한다(제651조 본문). 고지의무위반사실은 보험자가 증명하여야 한다.[1]

(1) 객관적 요건

중요한 사실(고지사항)에 관한 고지의무자의 불고지 또는 부실고지가 고지의무위반의 객관적 요건이다. 불고지란 중요한 사실을 알고 있으면서 묵비한 것을 말하며, 부실고지란 사실과 달리 진술한 것(虛陳)을 말한다. 질문표의 질문에 사실과 다르게 기재하면 부실고지가 된다.[2]

(2) 주관적 요건

(i) 고지의무위반이 되려면, 고지사항의 불고지 또는 부실고지가 고지의무자의 고의 또는 중과실로 인하여야 한다. 고의란 '해의'가 아니라 고지사항에 대한 '지'(知)를 의미한다. 따라서 고의로 인한 위반이란 ① 어떤 사실의 존재뿐만 아니라, ② 그 사실의 중요성과, ③ 고지하여야 한다는 당위성(고지사항 해당성)에 관한 인식을 하면서도, 고의로 묵비하거나 허위진술한 것을 말한다. 중과실로 인한 위반이란 조금만 주의하였더라면 ① 어떤 사실의 존재, ② 그 사실의 중요성 및 ③ 고지의 당위성에 관하여 알았을 것인데 부주의로 묵비 또는 허위진술한 것을 말한다.

(ii) 중과실로 인한 위반에 있어서 상기 ① 중요사실(고지사항)의 존재를 알지 못한 경우도 중과실에 해당되느냐에 대하여는 두 가지 견해가 있다. 소극설에 의하면 중과실로 인한 고지의무위반이란 ② 당해사실의 중요성과 ③ 고지의 당위성에 대한 부지의 경우만 해당하며, 중요사실의 존재를 알지 못한 경우는 포함되지 않는다. 이 견해에 의하면, 중과실로 인한 '사실의 부지'의 경우도 고지의무위반이 된다면, 보험계약자에게 알고 있는 사실에 관한 고지의무뿐만 아니라 사실의 탐지의무까지 부담시키는 가혹한 결과가 된다는 것이다. 이것은 본래 보험자가 스스로 조사하여야 할 사항임에도 불구하고, 법이 특별히 고지의무자에게 협조하도록 명한 고지의무제도의 취지에 어긋날 뿐만 아니라, 고지의무 자체도 점차 소극적 의무로 변화하여 실무계에서 질문표를 관용하는 것과 관련하여 볼 때도 부당하다고 생각한다. 따라서 업

1) 양승규(보) 123면. 대법원 2004. 6. 11. 2003다18494.
2) 대법원 1992. 10. 23. 92다28259.

무상 당연히 알 수 있는 사실에 대하여 중대한 과실로 이를 알지 못한 경우를 제외하고는 고지사항의 존재를 중대한 과실로 인하여 알지 못하고 고지하지 아니한 경우에는 고지의무위반이 되지 않는다고 본다.[1]

(iii) 이에 대하여 적극설은, 고지의무자의 중과실로 인하여 중요사실의 존재를 알지 못하여 고지하지 못한 경우에도 고지의무위반이 된다고 한다. 이 견해는 새로운 사실의 존재를 탐지하는 부담까지 요구하는 것은 아니며, 예컨대, 피보험자의 기왕증의 유무를 중과실로 고지하지 않은 경우를 말하는 것이라 한다.[2]

(iv) 판례는 소극설의 입장을 보이고 있다.

◖ 대법원 1996. 12. 23. 96다27971
보험계약에 있어 고지의무 위반의 성립요건으로서의 '중대한 과실'의 의미

☞ 보험계약에 있어 고지의무 위반이 성립하기 위하여는 고지의무자에게 고의 또는 중대한 과실이 있어야 하고, 여기서 말하는 중대한 과실이란 고지하여야 할 사실(의 존재 : 필자 보충)은 알고 있었지만 현저한 부주의로 인하여 그 사실의 중요성의 판단을 잘못하거나 그 사실이 고지하여야 할 중요한 사실이라는 것을 알지 못하는 것을 말한다. 동지: 대법원 2011. 4. 14. 2009다103349 · 103356; 동 2012. 11. 29. 2010다38663 · 38670. 대법원 2013. 6. 13. 2011다54631 · 4648: 중대한 과실이란 현저한 부주의로 중요한 사항의 존재를 몰랐거나 중요성 판단을 잘못하여 그 사실이 고지하여야 할 중요한 사항임을 알지 못한 것을 의미하고, 그와 같은 과실이 있는지는 보험계약의 내용, 고지하여야 할 사실의 중요도, 보험계약의 체결에 이르게 된 경위, 보험자와 피보험자 사이의 관계 등 제반 사정을 참작하여 사회통념에 비추어 개별적 · 구체적으로 판단하여야 하고, 그에 관한 증명책임은 고지의무 위반을 이유로 보험계약을 해지하고자 하는 보험자에게 있다. … 피보험자와 보험계약자가 다른 경우, 피보험자 본인이 아니면 정확하게 알 수 없는 개인적 신상이나 신체상태 등에 관한 사항에 대하여 보험계약자가 피보험자에게 적극적으로 확인하여 고지하는 등의 조치를 취하지 않은 것만으로 중대한 과실이 있다고 할 것은 아니다.

◖ 대법원 2012. 11. 15. 2010도6910
고지의무를 위반하여 생명보험계약을 체결한 경우 보험금 편취를 위한 고의의 기망행위를 인정하기 위한 요건

☞ 보험계약자가 상법상 고지의무를 위반하여 보험자와 생명보험계약을 체결한다고 하더라도 그 보험금은 보험계약의 체결만으로 지급되는 것이 아니라 우연한 사고가 발생하여야만 지급되는 것이므로, 상법상 고지의무를 위반하여 보험계약을 체결하였다는 사정만으로 보험계약자에게 미필적으로나마 보험금 편취를 위한 고의의 기망행위가 있었다고 단정할 수 없다.

---

1) 양승규(보) 122면; 정동윤(하) 517~518면.
2) 서돈각 · 정완용(하) 375면; 손주찬(하) 527~528면; 최기원(하) 645면; 채이식(Ⅳ) 56면.

※ 사기죄의 요건인 기망에는 재산상의 거래관계에서 서로 지켜야 할 신의와 성실의 의무를 저버리는 모든 적극적 또는 소극적 행위가 포함되고, 고지의무와 관련하여 소극적 행위로서의 부작위에 의한 기망은 법률상 고지의무 있는 자가 일정한 사실에 관하여 상대방이 착오에 빠져 있음을 알면서도 이를 고지하지 아니하는 것을 말한다. 대법원 2017. 4. 26. 2017도1405; 동 1998. 12. 8. 98도3263 참조.

(3) 증명책임

고지의무위반사실은 증명책임의 일반원칙에 따라 이를 주장하는 자, 즉 보험자가 이를 증명하여야 한다.[1]

2) 위반의 효과

고지의무의 위반이 있는 경우에는 보험사고의 발생 전후를 불문하고 보험자는 일정한 기간 내에 계약을 해지할 수 있다(제651조 본문)(계약이 당연히 무효가 되는 것은 아니다. 또한 고지의무를 위반하였다고 해서 곧바로 형법상의 사기죄가 성립하는 것도 아니다.).[2]

◖ 대법원 1993. 4. 13. 92다52085 · 52092
고지의무위반으로 보험자의 계약해지권을 인정한 사례

☞ 보험청약시 보험회사의 요구에 의하여 보험계약자가 작성하는 질문표에 기재된 질문사항은 다른 특별한 사정이 없는 한 보험계약에 있어서의 중요한 사항에 해당된다고 추정할 수 있을 뿐 아니라 자동차보험계약에서 유상운송에 이용되는 자동차의 보험료는 기본보험요율의 120% 내지 130%인 특별요율에 의하여 산정하도록 되어 있으므로, 보험계약자가 보험계약체결 당시 자동차를 유상운송에 계속적으로 이용할 것임을 알면서도 보험청약서의 유상운송 및 공동사용형태난에 "유상운송 및 공동사용하지 않음"이라고 사실과 다르게 기재하였다면 보험자는 고지의무위반을 이유로 보험계약을 해지할 수 있다.

◖ 대법원 2010. 7. 22. 2010다25353
고지의무를 위반한 경우 고지의무를 위반한 사실과 보험사고의 발생 사이의 인과관계를 불문하고 고지의무위반을 이유로 계약을 해지할 수 있다

☞ 보험자는 고지의무를 위반한 사실과 보험사고의 발생 사이의 인과관계를 불문하고 상법 제651조에 의하여 고지의무위반을 이유로 계약을 해지할 수 있다. 그러나 보험금액청구권에 관해서는 보험사고 발생 후에 고지의무위반을 이유로 보험계약을 해지한 때에는 고지의무에 위반한 사실과 보험사고 발생 사이의 인과관계에 따라 보험금액 지급책임이 달라진다고 할 것이고, 그 범위 내에서 계약해지의 효력이 제한될 수 있다(고혈압 진단 및 투약사실의 고지의무를 위반한 피보험자에게 백혈병 발생의 보험사고가 발생하

---

1) 대법원 2013. 6. 13. 2011다54631 · 4648.
2) 대법원 2012. 11. 15. 2010도6910.

자 보험자가 백혈병으로 인한 보험금을 지급한 후, 위 고지의무 위반을 이유로 보험계약을 해지한 것은 적법하다).

◖ 대법원 1999. 4. 23. 99다8599
집합물건의 일부에 대한 고지의무위반의 효과

☞ 수개의 집합물건에 대하여 하나의 화재보험계약을 체결하였는데, 보험계약자가 일부 물건에 대한 고지의무를 위반한 경우, 보험자는 계약 전체를 해지할 수는 없다.

◖ 대법원 2005. 3. 25. 2004다22711 · 22728
영국 해상보험법상의 고지의무 내지 최대선의의 의무를 위반한 경우 보험자가 보험계약을 취소할 수 있다

☞ 영국 협회선박기간보험약관(Institute Time Clauses - Hulls, 1983)이 적용되는 선박보험계약에서 피보험자가 영국 해상보험법상의 고지의무 내지 최대선의의 의무를 위반하였음을 이유로 보험자가 보험계약을 취소할 수 있으며, 또한 영국 협회선박기간보험약관이 적용되는 선박보험계약의 피보험자가 사고발생 이후 사기적인 방법으로 보험금을 청구하는 경우, 보험자가 영국 해상보험법 제17조에 규정된 '최대선의의 의무' 위반을 이유로 보험계약을 취소할 수 있다.

◖ 대법원 2019. 4. 3. 2014도2754
보험사기의 기수 시기

☞ 상법상 고지의무를 위반하여 보험계약을 체결하였다는 사정만으로 보험계약자에게 미필적으로나마 보험금 편취를 위한 고의의 기망행위가 있었다고 단정하여서는 아니 되고, 보험계약을 체결하고 위 보험사고가 발생하였다는 이유로 보험회사에 보험금을 청구하여 보험금을 지급받았을 때 비로소 사기죄는 기수에 이른다.

(1) 해지권의 행사

(가) 해지권의 성질 및 행사방법

해지권은 형성권이므로[1] 보험자가 일방적으로 하면 된다.[2] 통지의 상대방은 보험계약자 또는 그 대리인이다. 보험계약자가 사망한 때에는 그 상속인에게 하여야 한다. 그러나 보험계약자가 아닌 피보험자나 보험수익자에게 한 해지의 의사표시는 효력이 없다. 해지권의 행사는 상대방의 불이익을 가져오게 하는 것이므로 조건을 붙이지 못하며, 고지의무위반이 되는 구체적인 사실을 명시하여야 한다. 계약해지는

1) 대법원 2000. 1. 28. 99다50712.
2) 부산지방법원 2007. 3. 23. 2006가단113723: 피보험차량의 실제 소유 · 사용 · 관리자인 보험계약자가 보험료를 적게 낼 목적으로 위 차량을 실제 사용 · 관리하지 않는 사람을 피보험자로 하여 자동차종합보험계약을 체결한 경우, 이는 피보험자에 관한 사항의 허위고지에 해당하므로 상법 제651조에 따른 보험자의 해지통지로 보험계약이 적법하게 해지되었다.

그 의사표시가 상대방에게 도달한 때에 생긴다(민 제111조 제1항 · 제543조 제1항).

◖ 대법원 1989. 2. 14. 87다카2973
보험수익자에게 한 해지의 의사표시는 효력이 없다

☞ 생명보험계약에 있어서 고지의무위반을 이유로 한 해지의 경우에는 계약의 상대방 당사자인 보험계약자나 그의 상속인(또는 그들의 대리인)에 대하여 해지의 의사표시를 하여야 하고, 타인을 위한 보험에 있어서도 보험금 수익자에게 해지의 의사표시를 하는 것은 특별한 사정(보험약관상의 별도기재 등)이 없는 한 그 효력이 없다. 동지: 대법원 2002. 11. 8. 2000다19281; 동 2025. 4. 24. 2024다313941.

(나) 해지권의 행사시기

해지권은 계약의 성립과 동시에 발생하므로 보험사고의 발생 전후를 불문하고 행사할 수 있다.

(다) 해지권의 행사효과

(i) 보험사고가 발생하기 전에 보험자가 보험계약을 해지한 때에는 계약은 그 통지가 도달한 때부터(민 제111조) 장래에 대하여 그 효력을 잃는다(민 제550조). 그리고 해지하기까지 이미 받은 보험료는 보험계약자에게 반환할 필요가 없다.

(ii) 보험사고가 발생한 후에 계약을 해지한 때에는 특칙을 두어 지나간 보험료 기간에 대한 보험료를 반환할 필요는 없어도, 보험자의 책임은 소급하여 소멸하므로 보험금을 지급할 책임도 없고 이미 지급한 보험금이 있다면 그 반환청구를 할 수 있게 하였다(제655조 본문). 그 취지는 악성위험을 선택하게 한 보험계약자에 대한 일종의 제재를 가하는 동시에 계약소멸에 의하여 보험자에게 손실을 주지 않으려는 데 있다. 그러나 생명보험의 경우에는 보험수익자를 위한 적립금을 보험계약자에게 지급하여야 한다(제736조). 이는 생명보험이 보장성과 저축성의 기능을 겸하고 있기 때문에 인정된 예외이다. 상법 제655조 본문에서 규정하고 있는 해지권행사의 효력은 일반적인 계약해지의 효과와 모순된다. 왜냐하면 계약의 해지라는 면에서는 불소급효가 원칙임에도 보험료에 대하여는 이를 그대로 적용하는 반면, 보험금의 지급에 있어서는 소급효를 인정하고 있기 때문이다. 그러나 고지의무위반은 원래 보험계약 성립에 관한 문제이므로 보험자가 계약의 효력을 부인하려면 해지가 아닌 해제가 이론적으로 타당하며, 보험료에 관하여 불소급효를 적용하는 것은 맞지 않다고 할 수 있다.[1] 이러한 문제점을 고려하여 실무에서는 고지의무위반에 따른 보험계약의 해지시에 일반적으로 기납입보험료를 반환하고 있다.

---

1) 손주찬(하) 531면.

(2) 해지권의 배제

다음 경우에는 보험자는 계약을 해지할 수 없다.

(가) 보험자의 악의 또는 중과실

보험자가 계약체결 당시 고지의무위반의 사실을 알았거나 중대한 과실로 인하여 알지 못한 때에는 보험자는 계약을 해지할 수 없다(제651조 단서). 왜냐하면 악의(이때는 묵시적인 해지의 포기라고도 볼 수 있다.) 또는 중과실이 있는 보험자를 보호하기 위하여 보험계약자의 이익을 희생시키는 것은 형평의 이염에 어긋나기 때문이다. 보험대리점, 보험의 등 고지수령권이 있는 자의 악의·중과실의 경우에도 같다.[1] 보험자의 고의·중과실은 이를 주장하는 보험계약자측이 이를 증명하여야 한다.[2]

대법원 2001. 1. 5. 2000다40353
보험자에게 소속된 보험의의 검진이 보험자의 보조자로서의 자격으로 행해진 것이 아니라면 그 의사가 보험자에게 소속된 의사라는 사유만으로 검진 과정에서 알게 된 보험계약자 등의 질병을 보험자도 알고 있다고 할 수 없다

☞ 보험계약 당시에 보험계약자 또는 피보험자가 고의 또는 중대한 과실로 인하여 중요한 사항을 고지하지 아니하거나 부실의 고지를 하였다고 하더라도 보험자가 계약 당시에 그 사실을 알았거나 중대한 과실로 인하여 알지 못한 때에는 그 고지의무 위반을 들어 계약을 해지할 수 없다고 할 것인 바, 여기에서 말하는 보험자의 악의나 중대한 과실에는 보험자의 그것뿐만 아니라 이른바 보험자의 보험의를 비롯하여 널리 보험자를 위하여 고지를 수령할 수 있는 지위에 있는 자의 악의나 중과실도 당연히 포함된다고 할 것이나, 보험자에게 소속된 의사가 보험계약자 등을 검진하였다고 하더라도 그 검진이 위험측정자료를 보험자에게 제공하는 보험자의 보조자로서의 자격으로 행해진 것이 아니라면 그 의사가 보험자에게 소속된 의사라는 사유만으로 그 의사가 검진 과정에서 알게 된 보험계약자 등의 질병을 보험자도 알고 있으리라고 보거나 그것을 알지 못한 것이 보험자의 중대한 과실에 의한 것이라고 할 수는 없다고 할 것이며, 이와 같이 해석하는 것이 환자에 대한 비밀의 누설이나 기록의 공개를 원칙적으로 금지하고 있는 의료법의 취지에도 부합한다.

(나) 제척기간의 경과

보험자가 고지의무위반의 사실을 안 날로부터 1월, 계약을 체결한 날로부터 3년이 경과하면 계약을 해지할 수 없다(제651조 본문). 여기서 보험자란 보험계약체결권이 있

---

1) 보험자측의 중과실 여부에 관한 판례를 보면, 생명보험에서 피보험자의 건강진단을 실시하지 않은 것은 보험자의 중과실이 될 수 없다고 하며(서울민사지방법원 1982. 10. 12. 82가단3246), 보험회사가 보험의에게 위임한 진단절차범위 속에 조직검사 등의 정밀검사가 포함되어 있지 않는 한 보험계약자가 고지하지 않은 편도암을 발견하지 못한 것은 보험의에게 중대한 과실이 없다고 한다(춘천지방법원 1979. 9. 18. 78가합33. 동지: 서울고등법원 1975. 12. 17. 73나950).

2) 서울고등법원 1980. 2. 22. 79나2937.

는 보험자 또는 그 대리인을 말하고, 보험계약체결권이 없는 보험설계사 등이 안 것은 포함되지 않는다. 이 1개월 또는 3년의 기간은 시효기간이 아니라 제척기간이다(이 기간을 불가쟁기간(incontestable period)이라고도 하며, 이를 정하는 약관을 '불가항쟁약관'이라 한다.). 해지의 의사표시는 이 기간 내에 보험계약자 등에게 도달되어야 한다(민 제111조).

◖ 대법원 1986. 11. 25. 85다카2578
제척기간경과 후의 해지통지는 효력이 없다

☞ 보험계약자가 보험계약체결 당시에 고의 또는 중대한 과실로 선박의 감항능력의 결함에 관하여 고지하지 아니하였다 하더라도 보험자가 상법 제651조 소정의 해지권행사기간 도과 후에 한 해지통고는 효력이 없다.

◖ 대법원 1996. 3. 8. 95다28779
영국법상 해지권의 제척기간인 '상당한 기간 내'는 우리 법의 제척기간과 반드시 동일한 것은 아니다

☞ 영국 법원의 판례에 의하면 피보험자의 고지의무 위반사실을 안 보험자가 기간의 제한없이 무한정하게 고지의무위반을 원인으로 보험계약을 취소할 수 있는 것이 아니라 그 사실을 안 날로부터 보험계약 취소 여부를 결정하는 데 필요한 상당한 기간 내에 취소권을 행사하여야 하고, 보험자가 취소권을 행사하지 않을 의사임이 명백할 정도로 오랜 시간이 흐른 경우나 보험자가 취소권을 늦게 행사함으로써 피보험자에게 손해가 발생한 경우 또는 제3자의 권리관계가 개입하게 된 경우라면 보험자가 보험계약을 추인하였다고 볼 수 있다는 것일 뿐이므로, 그 상당한 기간을 일률적으로 우리 상법 제651조 소정의 제척기간에 상응하는 1개월 내라고 단정할 수는 없다.

(다) 인과관계의 결여

(ⅰ) 의 의: 보험자가 보험계약자 등의 고지의무위반을 이유로 계약을 해지한 경우에는 보험금을 지급할 책임이 없으나(제655조 본문), 보험사고가 발생한 후에 보험자가 보험계약자 등의 고지의무위반 사실을 알게 된 경우 고지의무위반과 보험사고 사이에 상당한 인과관계가 없다는 것을 보험계약자 측에서 증명한 때에는 보험자는 보험금을 지급하여야 한다(제655조 단서). 그 이유는 "보험자는 고지의무위반으로 인하여 결국 아무런 불이익도 받은 것이 없으므로, 보험계약자에게도 불이익을 주어서는 아니된다는 데 있다." 고 할 것이다.[1] 그러나 이에 대하여는,

"① 고지의무제도가 보험자로 하여금 위험에 대한 정확한 평가를 내리고 불량위험을 배제시키기 위한 것이라면 보험사고발생의 원인을 사후적으로 문제

1) 박원선(하) 88면. 인과관계가 없다고 한 사례: 대법원 1992. 10. 23. 92다28259; 동 1994. 2. 25. 93다52082; 동 2001. 1. 5. 2000다40353. 인과관계가 존재한다고 한 사례: 대법원 1997. 10. 28. 97다33089.

삼는 것은 모순이고, ② 보험계약자가 사전에 올바로 고지하였더라면 계약이 맺어지지 아니한 경우와 균형이 맞지 아니하며, ③ 보험자가 보험계약 당시에 고지의무위반의 대상이 된 사항에 대하여 진실을 알았더라면 보험자는 적어도 동일한 계약내용으로는 보험계약을 맺지 않았을 것이고, 여기에 보험자에게 계약해지권을 인정하는 기초가 있다 할 것이므로, 고지의무위반사항과 보험사고가 인과관계가 없다는 이유로 보험자의 책임을 인정하는 것은 논리적으로 일관한 것이라 할 수는 없다. 이 때문에 입법론으로는 상법 제655조 단서를 삭제하거나, 아니면 해석론으로서 그 예외규정을 엄격하게 풀이하도록 하여야 한다."

는 비판이 가해지고 있다.[1]

(ii) 증명책임: 여기서 해석론으로서 상법 제655조 단서규정을 엄격하게 해석한다는 것은 현실적으로는 증명책임문제로 나타난다. 판례는 인과관계 부존재의 사실은 이를 주장하는 고지의무자가 증명하여야 한다고 한다. 즉, 판례는 고지의무자에게 '인과관계의 부존재' 사실을 증명할 것을 요구하고,[2] 이를 증명하지 못하면 인과관계가 존재하는 것으로 보아 사실상 상법 제655조 단서 규정의 적용을 봉쇄하고 있다. 그러나 증명책임은 본래 사실관계가 불분명할 때에 증명을 하여야 할 부담을 특히 그 주장을 하는 자에게 책임지우는 것인데, 인과관계의 부존재 사실을 증명하기는 매우 어려우므로 제출된 증거에 대한 법원의 세심한 관찰이 필요하다.[3]

(라) 인과관계의 결여와 보험계약의 해지

고지의무 위반과 보험사고의 발생 간에 인과관계가 없음이 증명된 경우의 효과에 관하여는 견해가 나뉜다. 상법 제655조는 "보험사고가 발생한 후라도 보험자가 제650조, 제651조, 제652조 및 제653조에 따라 계약을 해지하였을 때에는 보험금을 지급할 책임이 없고 이미 지급한 보험금의 반환을 청구할 수 있다"라고 규정하였다. 이어서, "다만, 고지의무를 위반한 사실 또는 위험이 현저하게 변경되거나 증가된 사실이 보험사고발생에 영향을 미치지 아니하였음이 증명된 경우에는 보험금을 지급할 책임이 있다"고 규정한다. 즉, 고지의무 위반과 보험사고의 발생 간에 인과관계가 없는 경우 보험자는 보험계약을 해지할 수 있다는 것은 변함이 없으며, 다만 보험금을 지급할 책임은 부담하여야 한다.

---

1) 양승규(보) 126면.
2) 대법원 1992. 10. 23. 92다28259; 동 1969. 2. 18. 68다2082; 동 1993. 4. 13. 92다52085 · 52092; 동 1994. 2. 25. 93다52082; 동 1997. 9. 5. 95다25268; ; 동 2014. 3. 13. 2013다91405, 91412; 동 2025. 1. 9. 2024다272941; 동 1997. 10. 28. 97다33089(증명책임의 소재에 관하여 당사자 간의 특약이 있으면 그 특약에 따라야 한다) 등 다수.
3) 최준선, "고지의무와 인과관계", 판례월보 1995. 2. 16~23면 참조.

◖ 서울중앙지방법원 2004. 10. 28. 2004나21069
고지의무위반과 보험사고와의 사이에 인과관계가 없는 경우 보험계약을 해지할 수 있다

☞ 상법 제651조는 고지의무 위반으로 인한 해지권 발생을 보험사고 발생과는 무관하게 인정하고 있다고 할 것이고, 상법 제655조는 보험사고 발생 후에 보험계약을 해지할 경우 해지의 효력과 관련하여 보험금 지급의무의 존부만을 규정하고 있다고 볼 것이므로 인과관계가 존재하지 아니하는 경우에도 해지권은 발생하고 다만 보험금 지급의무만을 부담한다고 해석함이 타당하다.

(마) 보험약관의 교부·설명의무위반

판례에 의하면 보험자가 약관의 중요한 내용에 대한 설명의무를 위반하여 보험계약을 체결한 때에는 그 약관의 내용을 보험계약의 내용으로 주장할 수 없다.

(3) 해지권의 포기

해지권은 보험자의 이익을 위하여 인정된 것이므로 이를 포기할 수 있다. 포기의 의사표시는 명시적이든 묵시적이든(예컨대, 보험자가 고지의무위반을 알면서 보험증권을 교부하든가, 보험금을 지급하는 경우) 상관없다.

3) 약관설명의무위반과 고지의무위반의 관계

상법 제651조는 보험계약자 등이 "중요한 사항"을 고지하게 되어 있고(보험계약자 등의 고지의무), 상법 제638조의 3 제2항은 보험자가 보험약관의 "중요한 내용"을 설명하도록 하면서 "보험자가 제1항(교부 · 설명의무)을 위반한 경우 보험계약자는 보험계약이 성립한 날부터 3개월 이내에 그 계약을 취소할 수 있다."고 규정하고 있다(보험약관의 교부 · 설명의무). 양자의 관계에 관하여 판례는, 보험계약자나 그 대리인이 설명받지 아니한 사항에 대하여 고지의무를 위반하였다고 하더라도 이를 이유로 보험계약을 해지할 수 없다고 한다. 반대로 보험약관의 교부 · 설명의무를 다하였다면 고지의무위반을 이유로 보험계약을 해지할 수 있다.[1)]

◖ 대법원 1996. 3. 8. 95다53546
보험약관의 설명의무 위반시 고지의무위반을 이유로 보험계약을 해지할 수는 없다

☞ 보험자 및 보험계약의 체결 또는 모집에 종사하는 자는 보험계약의 체결에 있어서 보험계약자 또는 피보험자에게 보험약관에 기재되어 있는 보험상품의 내용, 보험요율의

---

1) 대법원 1997. 3. 14. 96다53314.

체계 및 보험청약서상 기재사항의 변동사항 등 보험계약의 중요한 내용에 대하여 구체적이고 상세한 설명의무를 지고 있어서, 보험자가 이러한 보험약관의 설명의무에 위반하여 보험계약을 체결한 때에는 그 약관의 내용을 보험계약의 내용으로 주장할 수 없으므로, 보험계약자나 그 대리인이 그 약관에 규정된 고지의무(설명받지 아니한 사항에 관한 고지의무-저자 주)를 위반하였다 하더라도 이를 이유로 보험계약을 해지할 수는 없다. 동지: 대법원 1992. 3. 10. 91다31883; 동 1996. 3. 8. 95다53546; 동 1996. 4. 12. 96다4893; 동 1997. 9. 9. 95다45873; 동 1997. 9. 26. 97다4494[1]; 동 1998. 11. 27. 98다32564 등 다수.

4) 고지의무위반과 착오 · 사기

보험계약자의 고지의무위반이 있는 경우에 보험자의 착오(민 제109조)가 있거나 보험계약자의 사기(민 제110조)가 있으면, 보험자는 상법상의 해지권 외에 민법상의 취소권도 행사할 수 있느냐에 관하여는 학설이 대립되고 있다. 만약에 상법만이 적용된다고 하면 보험계약의 해지는 소급효가 없고, 제척기간이 경과한 후에는 보험계약을 해지할 수도 없으나, 민법도 적용될 수 있다고 한다면 보험계약이 취소되어 그 계약은 소급하여 무효가 되고, 보험자는 상법상의 제척기간이 경과한 후에도 보험계약을 취소 또는 무효로 할 수 있게 된다.

(1) 상법단독적용설

상법이 해지권을 인정하는 것은 고지의무위반이 있는 경우에 보험계약이 그 체결당시에 소급하여 무효로 되는 것을 피하려는 것이므로 민법의 적용을 배제하여야 하고, 상법의 규정에 따라 해결하는 것이 타당하다고 한다.[2] 보험계약자에게 유리한 해석이다.

(2) 중복적용설

상법의 고지의무와 민법의 착오 · 사기는 그 근거 · 요건 · 효과에 있어 서로 다른 것이므로 민 · 상법이 다 같이 적용되어야 한다는 것이다(판례).[3] 보험자에게 유리한 해석이다.

(3) 절충설

보험자에게 착오가 있는 경우에는(보험계약자에게 해의가 없으므로) 상법의 특칙에

---

1) 본 판례에 대한 평석: 최준선, "설명의무위반과 고지의무위반의 관계", 법률신문, 1998. 3. 9, 14면 참조.
2) 서돈각 · 정완용(하) 379면; 정찬형(하) 568면.
3) 채이식(Ⅳ) 60면.

따라 해지권만을 행사하나, 보험계약자의 사기가 있는 경우에는 해의 있는 보험계약자를 보호할 필요가 없으므로 보험자는 해지권뿐만 아니라 불가쟁기간이 경과한 후에도 민법상의 취소권을 행사할 수 있다고 본다.[1] 만일 사기에 관하여 민법의 규정이 적용되지 않는다고 한다면 사기행위를 한 자가 상법에 의하여 더욱 두터운 보호를 받는다는 불합리가 생긴다고 한다.

(4) 사 견

상법의 고지의무와 민법의 착오 · 사기는 그 근거 · 요건 · 효과에 있어 서로 다른 것이므로 민 · 상법이 다 같이 적용된다고 보는 중복적용설이 옳다고 본다. 다만 입법론으로는 사기로 인한 경우에는 그 계약 자체를 무효로 하여야 할 것이다. 그렇게 하여야만 사기에 의한 초과보험을 무효로 하는 상법 제669조 제4항 및 제672조 제3항과도 균형이 맞는다. 현재는 보통보험약관에 사기에 의한 보험계약은 무효로 한다고 규정하고 있고, 보험자가 사기를 이유로 보험계약을 취소하는 때에도 보험자는 사기의 사실을 안 때까지의 보험료를 청구할 수 있다고 규정하여 보험약관에 의하여 해결하고 있다.

◖ 대법원 2002. 7. 26. 2001다36450
공사도급계약에 관한 이행보증보험계약체결에 있어서 공사의 실제 착공일에 관한 보험자의 착오가 있다면 민법에 따라 보험계약을 취소할 수 있다

☞ 공사도급계약과 관련하여 체결되는 이행(계약)보증보험계약이나 지급계약보증보험에 있어 그 보험사고에 해당하는 수급인의 채무불이행이 있는지 여부는 그 보험계약의 대상으로 약정된 도급공사의 공사금액, 공사내용 및 공사기간과 지급된 선급금 등을 기준으로 판정하여야 하므로, 이러한 보증보험계약에 있어 공사계약 체결일이나 실제 착공일, 공사기간도 공사대금 등과 함께 그 계약상 중요한 사항으로서 수급인 측에서 이를 허위로 고지함으로 말미암아 보험자가 그 실제 공사의 진행상황을 알지 못한 채 보증보험계약을 체결한 경우에는 이는 법률행위의 중요한 부분에 관한 착오로 인한 것으로서 민법의 일반원칙에 따라 보험자가 그 보험계약을 취소할 수 있다.

◖ 대법원 1991. 12. 27. 91다1165
사기에 의한 보험계약의 경우 민법에 따라 이를 취소할 수 있다

☞ 보험계약을 체결함에 있어 중요한 사항에 관하여 보험계약자의 고지의무위반이 사기에 해당하는 경우에는 보험자는 상법의 규정에 의하여 계약을 해지할 수 있음은 물론 민법의 일반원칙에 따라 그 보험계약을 취소할 수 있다. 동지: 대법원 1998. 6. 12. 97다

---

1) 양승규(보) 129면; 최기원(하) 650~651면; 손주찬(하) 534면; 강위두 · 임재호(하) 564면; 김정호(하) 430면.

53380; 동 2002. 11. 8. 2000다19281: 보험자의 보험계약자의 기망을 이유로 한 보험계약 취소의 효력은 피보험자에게도 미친다.

◖서울고등법원 1984. 8. 24. 83나3776
사기행위로 인하여 체결된 보험계약은 약관에 따라 무효이다

☞ 피보험자가 보험계약 당시 당뇨병, 폐결핵(중증), 고혈압 등의 환자였음에도 불구하고 이를 숨기기 위하여 다른 건강한 사람으로 하여금 피보험자를 가장하여 진단을 받도록 하여 허위의 진단서를 받고 이것으로써 보험회사를 기망하여 체결한 보험계약은 사기행위로 인하여 체결된 것으로서 약관에 따라 무효라 할 것이고, 또 보험회사의 영업소장이 피보험자의 건강상태를 알고서 고지의무의 대상인 이른바 중요한 사항을 숨기고 나아가서 제3자로 하여금 대리진사를 하게 하는 등의 방법으로 보험회사를 기망하여 계약을 체결하게 된 경우에는 그것이 그의 권한 내의 행위로 보인다고 할지라도 그 계약체결의 목적이 보험회사를 위한 것이라기 보다는 오로지 그 자신의 근무성적에 관련된 보험계약고를 채우고 보험수익자에게는 부당한 이익을 주기 위한 권한을 남용한 행위라 할 것이고, 보험계약자도 또한 이러한 권한남용행위를 알고 있었으니 보험회사는 이 보험계약에 따른 책임이 없다고 보는 것이 상당하다.

제4절 보험계약의 효과

보험계약의 효과는 손해보험과 인보험에 있어서 차이가 있으므로, 여기서는 양자에 공통된 것만 설명한다.

Ⅰ. 보험자의 의무

1. 보험증권교부의무

보험자는 보험계약이 성립한 때에는 지체없이 보험증권을 작성하여 보험계약자에게 교부하여야 한다(제640조 제1항 본문). 다만 보험계약자가 보험료의 전부 또는 최초의 보험료를 지급하지 아니한 때에는 그러하지 아니하다(제640조 제1항 단서). 기존의 보험계약을 연장하거나 변경한 경우에는 보험자는 보험증권에 그 사실을 기재함으로써 보험증권의 교부에 갈음할 수 있다(제640조 제2항).

2. 보험금지급의무

1) 보험금지급책임의 발생요건

(1) 보험사고의 발생

보험자는 보험사고가 발생하면 다른 약정이 없으면 보험사고발생의 통지를 받은 후 지체없이 지급할 보험금액을 정하고 그 금액을 정한 날로부터 10일 내에(제658조) 피보험자 또는 보험수익자에게 보험금을 지급하여야 한다(제638조). 타인을 위한 손해보험계약의 경우에는 보험계약자가 타인에게 손해를 배상한 때에는 그 타인의 권리를 해하지 않는 범위 내에서 보험자에게 보험금의 지급을 청구할 수 있다(제639조 제2항).

(2) 보험계약자의 보험료지급

보험자의 보험금지급책임은 당사자간에 다른 약정이 없는 한 "최초의 보험료의 지급을 받은 때로부터 개시한다."(제656조). 보험계약자의 보험료지급이 없는 이상 보험자는 보험사고가 발생하여도 보험금지급의무가 발생하지 아니한다. 다만 예외적으로 보험자와 보험계약자간에 보험기간이 개시된 후에 보험료를 받기로 다른 약정을 한 경우에는 보험료지급 전에 발생한 보험사고에 대하여 보험자는 보험료를 받지 않았음에도 불구하고 보험금지급의무를 부담하여야 한다.

◖ 대법원 1974. 12. 10. 73다1591
보험료지급이 없으면 보험금지급의무도 없다

☞ 상법 제656조의 규정에 의하면 보험계약자의 보험료지급이 없는 이상 보험자는 보험사고가 발생하여도 보험금지급의무가 발생할 수 없다.

◖ 대법원 1991. 12. 10. 90다10315
보험회사의 보험료 대납약정의 경우 이미 보험료를 지급한 것으로 본다

☞ 보험회사 대리점이 평소 거래가 있는 자로부터 그 구입한 차량에 관한 자동차보험계약의 청약을 받으면서 그를 위하여 그 보험료를 대납하기로 전화상으로 약정하였고, 그 다음날 실제 보험료를 지급받으면서는 그 전날 이미 보험료를 납입받은 것으로 하여 보험약관에 따라 보험기간이 그 전날 24시부터 이미 시작된 것으로 기재된 보험료영수증을 교부한 경우 위 약정일에 보험계약이 체결되어 보험회사가 보험료를 영수한 것으로 보아야 할 것이다.

2) 보험자의 승낙전 사고의 경우

보험계약자의 보험계약 청약에 대하여 보험자가 승낙하고, 최초의 보험료를 지급받으면 보험자의 책임이 개시된다. 그러나 보험계약의 청약과 함께 보험료의 전부 또는 일부를 지급한 경우에는 보험자의 승낙일까지는 위험을 인수함이 없이 보험료만 받게 되는 결과가 된다. 따라서 상법은 종래 보험약관에서 인정되던 것을 1991년의 개정상법에서 입법화하여 "보험자가 보험계약자로부터 보험계약의 청약과 함께 보험료상당액의 전부 또는 일부를 받은 경우에 그 청약을 승낙하기 전에 보험계약에서 정한 보험사고가 생긴 때에는 그 청약을 거절할 사유가 없는 한 보험자는 보험계약상의 책임을 진다."고 규정하고 있다(제638조의 2 제3항). 다만 인보험계약의 피보험자가 신체검사를 받아야 하는 경우(유진사보험)에 그 검사를 받지 아니한 때에는 건강에 이상이 없었다고 하더라도 그러하지 아니하다(제638조의 2 제3항 단서).

3) 지급의 방법과 시기

(1) 보험금의 지급방법은 금전으로 지급하는 것이 원칙이나, 당사자 간의 약정이 있으면 현물 또는 그 밖의 급여(예컨대 치료행위)로 할 수 있다(제638조). 또한 일시지급 외에 연금형식으로 분할지급도 가능하다.

(2) 보험자는 보험금액의 지급에 관하여 약정기간이 있는 경우에는 그 기간 내에, 약정기간이 없는 경우에는 피보험자로부터 사고발생의 통지(제657조 제1항)를 받은 후 지체없이 지급할 보험금액을 정하고, 그 정하여진 날부터 10일 내에 피보험자 또는 보험수익자에게 보험금액을 지급하여야 한다(제658조). 상법은 '지급할 보험금액을 정하여야 할 기간'을 '지체없이'라고만 정하고 있으므로 이 기간이 길어지면 10일의 기간이 무의미해질 수 있다.

4) 보험금지급장소

보험금은 원칙적으로 채권자인 보험수익자 또는 피보험자의 주소 또는 영업소에서 지급하여야 한다(민 제467조 제2항). 그러나 실제에 있어서는 보험자의 영업소에서 이를 지급하는 것이 일반적이다.

5) 보험금지급책임의 소멸시효

보험금지급의무는 3년의 시효로 인하여 소멸한다(제662조). 이 시효기간은, (ⅰ) 보험금의 지급에 관하여 약정기간이 있는 경우에는 그 기간이 종료한 때부터, (ⅱ) 그러한 기간이 없는 경우에는 보험사고가 발생한 날로부터 기산하여야 하나, 보험사고발생통지를 한 때에는 보험금액을 정한 후 보험금지급 유예기간(10일)이 경과한 다음날로부터 기산한다. (iii) 객관적으로 보아 보험사고가 발생한 사실을 확인할 수 없는 사정이 있는 경우에는 보험금액청구권자가 보험사고의 발생을 알았거나 알 수 있었던 때로부터 보험금청구권의 소멸시효가 진행한다고 해석하여야 한다. 재판에 의하여 보험금지급청구권이 확정되는 경우에는 확정판결이 있는 때로부터 기산한다.

◖ 대법원 1998. 5. 12. 97다54222
보험금액청구권의 소멸시효는 보험사고가 발생한 때로부터 진행한다고 해석함이 상당하다

☞ 상법 제662조는 보험금청구권은 3년간 행사하지 아니하면 소멸시효가 완성한다는 취지를 규정하고 있을 뿐 보험금액청구권의 소멸시효 기산점에 관하여는 아무 것도 규정하지 않고 있으므로, "소멸시효는 권리를 행사할 수 있는 때로부터 진행한다."고 규정한 민법 제166조 제1항에 따를 수밖에 없고, 특별한 사정이 없는 한 원칙적으로 보험금액청구권의 소멸시효는 보험사고가 발생한 때로부터 진행한다고 해석함이 상당하다. 동지: 대법원 1998. 2. 13. 96다19666; 동 2004. 12. 24. 2003다5573・5580.

◖ 대법원 1999. 2. 23. 98다60613
보험사고의 발생을 알았거나 알 수 있었던 사정이 없는 한 보험금청구권의 소멸시효는 원칙적으로 보험사고가 발생한 때로부터 진행한다

☞ 보험사고가 발생한 것인지의 여부가 객관적으로 분명하지 아니하여 보험금청구권자가 과실 없이 보험사고의 발생을 알 수 없었던 특별한 사정이 있는 경우에는 그가 보험사고의 발생을 알았거나 알 수 있었을 때로부터 보험금청구권의 소멸시효가 진행하지만, 그러한 사정이 없는 한 보험금청구권의 소멸시효는 원칙적으로 보험사고가 발생한 때로부터 진행한다. 동지: 대법원 2005. 12. 23. 2005다59383・59390: 보험약관 또는 상법 제658조에서 보험금 지급유예기간을 정하고 있더라도 보험금청구권의 소멸시효는 보험사고가 발생한 때로부터 진행하고, 위 지급유예기간이 경과한 다음날부터 진행한다고 볼 수는 없다.

◖ 대법원 1993. 7. 13. 92다39822
보험사고의 발생을 알았거나 알 수 있었던 때로부터 보험금청구권의 소멸시효가 진행한다

☞ 특별한 다른 사정이 없는 한 원칙적으로 보험금액청구권의 소멸시효는 보험사고가 발생한 때로부터 진행한다고 해석하는 것이 상당하지만, 보험사고가 발생한 것인지의 여부가 객관적으로 분명하지 아니하여 보험금액청구권자가 과실없이 보험사고의 발생을 알 수 없었던 경우에도 보험사고가 발생한 때로부터 보험금액청구권자의 소멸시효가 진행한다고 해석하는 것은, 보험금액청구권자에게 너무 가혹하여 사회정의와 형평의 이념에 반할 뿐만 아니라 소멸시효제도의 존재이유에 부합된다고 볼 수도 없으므로, 이와

같이 객관적으로 보아 보험사고가 발생한 사실을 확인할 수 없는 사정이 있는 경우에는 보험금액청구권자가 보험사고의 발생을 알았거나 알 수 있었던 때로부터 보험금청구권의 소멸시효가 진행한다고 해석하는 것이 타당하다. 동지: 대법원 2001. 4. 27. 2000다31168; 동 2008. 11. 13. 2007다19624; 동 2013. 9. 26. 2013다34693; 동 2021. 1. 14. 2018다209713.

◖ 대법원 2000. 3. 23. 99다66878
무보험자동차에 의한 사고로 인한 보험금청구권 역시 상법 제662조에 의한 보험금액의 청구권에 다름 아니어서 이를 2년간 행사하지 아니하면 소멸시효가 완성된다

☞ 보험금청구권 등의 소멸시효기간에 관하여 규정한 상법 제662조는 달리 특별한 규정이 없는 한 모든 손해보험과 인보험에 적용되는 규정이고, 무보험자동차에 의한 상해담보특약에 의한 보험이 실질적으로 피보험자가 무보험자동차에 의한 사고로 사망 또는 상해의 손해를 입게 됨으로써 전보되지 못하는 실손해를 보상하는 것이라고 하더라도 그 보험금청구권은 상법 제662조에 의한 보험금액의 청구권에 다름 아니어서 이를 2년간 행사하지 아니하면 소멸시효가 완성된다고 할 것이고, 보험금청구권은 보험사고의 발생으로 인하여 구체적으로 확정되어 그 때부터 그 권리를 행사할 수 있게 되는 것이므로 그 소멸시효는 달리 특별한 사정이 없는 한 민법 제166조 제1항의 규정에 의하여 보험사고가 발생한 때로부터 진행한다(대법원 1997. 11. 11. 97다36521; 동 1998. 5. 12. 97다54222; 동 2008. 11. 13. 2007다19624; 동 2013. 9. 26. 2013다34693; 동 2021. 1. 14. 2018다209713).

6) 보험자의 면책사유

법은 보험자를 보호하기 위하여, 또는 형평의 이념 등의 이유로 보험자가 보험금액지급책임을 지지 않는 경우(면책사유)를 인정하고 있다. 보험자의 면책사유는 보험계약자에게 중요한 사항이므로 그가 잘 알고 있는 경우가 아니면 보험자는 그에게 이를 설명하여야 한다.

보험자의 면책사유는 법정면책사유와 약정면책사유로 크게 분류할 수 있고, 법정면책사유는 다시 모든 보험에 공통되는 '일반적 면책사유'와 각종 보험에서 특별히 인정되는 '특수적 면책사유'(손해보험에서만 인정되는데, 손해보험 전반에 관한 것과 운송보험 · 해상보험 특유의 것이 있다.)로 분류할 수 있다.

(1) 일반적 면책사유

(가) 보험사고의 유발

(i) 의 의: 보험사고가 보험계약자 또는 피보험자나 보험수익자의 고의 또는 중대한 과실로 인하여 생긴 때에는 보험자는 보험금액을 지급할 책임이 없다(제659조). 다만, 사망보험에서는 보험계약자 또는 피보험자나 보험수익자의 중과실로 인하여 보험

사고가 발생한 경우에도 보험자는 보험금지급책임을 면하지 못한다(제732조의 2 제1항). 또한 둘 이상의 보험수익자 중 일부가 고의로 피보험자를 사망하게 한 경우 보험자는 다른 보험수익자에 대한 보험금 지급 책임을 면하지 못한다(제732조의 2 제2항).

보험계약자, 피보험자, 보험수익자의 고의 · 중과실에 대한 증명책임은 보험자에게 있다.

(ii) 입법취지 : 보험사고를 유발한 자가 보험자에게 책임을 전가시키는 것은 신의성실의 원칙에 어긋나고 공익에 반하는(반사회성) 것으로 허용할 수 없고, 보험사고의 우연성이 결여되어 보험사고로서의 성질을 잃었으며, 이를 방치하면 보험사기나 보험의 도박화에 악용되어 도덕적 위험을 야기하게 되기 때문이다. 고의에 의하여 보험사고를 유발하고 보험자로부터 보험금을 지급받아 편취하면 형법상 사기죄에 해당한다.

◖ 대법원 1982. 7. 13. 82도874
고의에 의한 보험사고의 유발과 형법상의 사기죄의 성립

☞ 피보험자가 고의로 사고를 일으키고 보험자로부터 보험금을 지급받아 편취하면 사기죄에 해당한다.

◖ 서울고등법원 1988. 12. 6. 88나25712
고의에 의한 보험사고의 유발과 보험자의 면책

☞ 피보험자가 순간적으로 구타당한 데 대한 앙갚음을 할 생각으로 자동차를 급히 전진시켜 우측 범퍼와 후사경으로 피해자의 다리 부위를 충격하여 넘어지게 함으로써 피해자가 그 충격으로 인한 두개골 골절상으로 사망한 경우에는 이는 미필적 고의로 생긴 사고로서 보험약관에 정하여진 고의에 포함된다고 할 것이고, 원인행위에 대한 고의가 있었던 이상 사망이라는 결과가 초래된 경우에도 고의로 일으킨 사고라고 해석하여 보험자는 그로 인한 보험금지급의무를 면한다고 할 것이다.

◖ 대법원 2004. 8. 20. 2003다26075
교통사고의 피해자가 종교상의 이유로 수혈을 거부하여 사망한 사건에서 수혈거부가 사망의 유일한 원인이 아니었음을 이유로 보험자의 책임을 인정한 사례

☞ 보험사고의 발생에 기여한 복수의 원인이 존재하는 경우, 그 중 하나가 피보험자 등의 고의행위임을 주장하여 보험자가 면책되기 위하여는 그 행위가 단순히 공동원인의 하나였다는 점을 증명하는 것으로는 부족하고 피보험자 등의 고의행위가 보험사고 발생의 유일하거나 결정적인 원인이었음을 증명하여야 할 것이다.

(iii) 다만 인보험에서는 보험계약자 또는 피보험자나 보험수익자의 중과실로 인하여 보험사고가 생긴 경우에도 보험자는 보험금액의 지급책임을 면하지 못하도록

한 것은 피보험자의 사망이 보험계약자 등의 고의로 인한 경우에도 고의가 아닌 중과실에 의한 사망이라고 주장한다면 이를 증명하기 곤란하다는 문제가 있다.

입법례에 따라서는 일정한 기간(예컨대, 2년 정도)이 경과한 후에는 고의의 경우에도 면책사유에서 제외한다.[1] 예컨대, 생명보험표준약관에서는 보장개시일(부활계약의 경우 부활청약일)로부터 2년이 경과된 후에는 피보험자가 자살하더라도 보험금을 지급하며(제16조 제1항 제1호),[2] 고지의무위반의 경우에도 보장개시일로부터 2년(진단계약의 경우 질병에 대하여는 1년)이 경과하면 계약을 해지하거나 보장을 제한할 수 없다(제22조 제1항 제2호)고 규정하고 있다.

◖ 대법원 2001. 11. 27. 99다33311
다수의 생명보험계약이 체결되고 그 보험료나 보험금이 다액이며 발생경위가 석연치 않은 교통사고로 사망한 사정만으로는 보험금의 부정취득을 노린 반사회질서적인 것이라고 단정하기 어렵다

☞ 이 사건 보험계약은 그 계약기간이 장기간(3년 내지 20년)이며 보험사고가 발생하지 아니한 경우에도 계약기간 내지 상당기간이 경과하면 보험수익자가 상당한 금액을 지급받기로 하는 내용의 저축적 성격을 가진 보험계약도 다수 있음을 알 수 있는 바, 이러한 사정에 비추어 볼 때, 이 사건 보험계약의 숫자가 많고 보험료와 보험금이 다액(多額)이며 이 사건 교통사고의 발생경위에 석연치 않은 점이 있다는 사유만으로 이 사건 보험계약 체결의 동기가 자살에 의하여 보험금의 부정취득을 노린 반사회질서적인 것이었다고 단정하기 어렵다. 따라서 이 사건 보험계약의 체결은 반사회질서적인 행위라고 보기는 어렵고, 또한 위와 같은 사유만으로 이 사건 보험계약 체결이 신의칙에 위배된다고 보기도 어렵다. 동지: 대법원 2002. 3. 29. 2001다49234(피보험자가 달리는 기차에 부딪쳐서 사망하였으나 '피보험자가 고의로 자신을 해친 경우'에 해당한다고 할 수 없다).

(ⅳ) 고의·중과실의 의의: 여기서 말하는 고의란 보험사고의 발생을 인식하면서 감히 그것을 행하는 것으로서, 미필적 고의도 포함한다. 중과실이란 거의 고의에 가까운 현저히 주의를 결여한 상태를 말한다.

◖ 대법원 2017. 3. 30. 2014다68891
'중대한 과실'의 의미

☞ 상법 제659조 제1항에 보험자의 면책사유로 규정된 '보험사고가 보험계약자 또는 피보험자나 보험수익자의 고의 또는 중대한 과실로 인하여 생긴 경우'에서 중대한 과실이란 통상인에게 요구되는 정도의 상당한 주의를 하지 아니하더라도 약간의 주의를 한다면 손쉽게 위법, 유해한 결과를 예견할 수 있는데도 불구하고 만연히 이를 간과함과

1) 프랑스보 L. 132-7.
2) 대법원 2016. 5. 12. 2015다243347.

같은 거의 고의에 가까운 현저한 주의를 결여한 상태를 의미한다고 할 것이다. 동지: 대법원 2008. 6. 12. 2007다83700 등.

◖ 대법원 2001. 4. 24. 2001다10199
피보험자가 사고당시 심신미약의 상태라면 피보험자의 고의로 인한 손해라 할 수 없다

☞ '피보험자의 고의에 의한 손해'에 해당한다고 하려면 그 피보험자가 책임능력에 장애가 없는 상태에서 고의행위를 하여 손해가 발생된 경우이어야 한다. 이러한 점에서 볼 때, 피보험자가 사고 당시 심신미약의 상태에 있었던 경우, 사고로 인한 손해가 '피보험자의 고의로 인한 손해'에 해당하지 아니하여 보험자가 면책되지 아니한다.

이 밖에 피보험자에게 고의가 없다고 한 사례: 대법원 1997. 9. 30. 97다24276; 동 2003. 10. 23. 2002다26320; 동 1998. 4. 28. 97다11898(보험계약자나 피보험자 또는 이들의 법정대리인에게 단순히 고용된 자의 고의 또는 중대한 과실로 생긴 손해는 보험계약자, 피보험자(법인인 경우에는 그 이사 또는 법인의 업무를 집행하는 그 밖의 기관) 또는 이들의 법정대리인의 고의 또는 중대한 과실로 생긴 손해라 할 수 없다).

◖ 대법원 1991. 3. 8. 90다16771
고의는 미필적 고의도 포함하나, 보험계약자에게 고의가 없다고 한 사례

☞ 전국화물자동차운송사업조합연합회 공제조합의 통합공제약관은 "조합원 또는 자동차에 관계되는 피용자의 고의로 인한 손해"에 대하여는 보상하지 아니한다고 규정하고 있는 바, 자동차사고로 인한 손해배상책임을 전보하는 것을 내용으로 하는 위 공제조합의 공제계약은 일종의 책임보험과 같은 성질의 것으로서 책임보험은 피보험자의 법적 책임부담을 보험사고로 하는 손해보험이고, 보험사고의 대상인 법적 책임은 불법행위책임이므로 이 경우에 어떠한 것이 보험사고인가는 기본적으로는 불법행위의 법리에 따라 정하여야 할 것인데, 불법행위 법리에 있어서는 미필적 고의도 고의의 한 태양으로 보므로 특별한 사정이 없는 한 위 공제약관상의 고의에는 미필적 고의를 포함하는 것으로 해석할 것이다. … 공제가입차량의 운전사가 여고 2년생인 피해자를 태우고 차량을 운행하던 중 피해자가 위 운전사가 자기를 감금 내지 강제추행하려는 의도를 알아채고 하차하여 줄 것을 요구하였으나 동인이 이에 불응하고 그대로 질주하자 다급한 나머지 우측 출입문을 열고 뛰어 내리다가 길바닥에 떨어져 뇌출혈 등으로 사망하였다면 피해자의 추락에 의한 사망에 관하여 위 운전사에게 고의가 있었다고 단정할 수 없다.

◖ 대법원 1996. 4. 26. 96다4909
보험계약자에게 미필적 고의가 없어서 보험자가 면책되지 아니한다고 한 사례

☞ 차량의 절취・무면허・음주상태의 운전 중 사고라고 하더라도 고의는 차량의 절취・무면허・음주 자체에 관한 것이고 사망이나 상해에 관한 것이 아니어서 미필적 고의에 의한 사고가 아니라 과실로 인한 사고로 보는 것이 타당하여 보험자가 면책되지 아니한다. 참조: 대법원 2001. 3. 9. 2000다67020(피보험자에게 미필적 고의가 있어서 보험자의 책임을 인정한 사례).

◖ 대법원 2007. 10. 26. 2006다39898
자동차보험의 면책약관에 정한 '보험계약자 등의 고의로 인한 손해'에 해당하지 아니한다고 한 사례

☞ 음주단속 중이던 경찰관이 단속을 피해 도주하는 자동차에 매달려 가다가 떨어지면서 지하철공사장의 철제 H빔에 부딪혀 뇌손상으로 식물인간 상태에 이른 경우, 운전자로서는 위 경찰관이 달리던 차에서 떨어지면서 어느 정도의 상해를 입으리라는 것은 인식·용인하였다고 할 것이나 나아가 철제 H빔에 부딪혀 식물인간 상태에 이르리라고는 예견·인식하고 용인하였다고 볼 수 없으므로, 위 사고로 인한 손해가 보험계약자 등의 고의로 인한 것이라 할 수 없어 자동차보험의 면책약관이 적용되지 않는다. 동지: 대법원 2020. 7. 23. 2018다276799(자동차 보닛 위에서 장난 중 사고의 경우).

◖ 광주고등법원 1991. 4. 2. 90나5244. 90나5251
피보험자측의 중대한 과실로 인하여 보험자가 면책된다고 한 사례

☞ 건물 내의 습기를 제거하기 위하여 부득이 석유난로에 불을 피워 놓았으면 그 건물 내에는 쉽게 불붙을 수 있는 자개장농 등 목재로 된 가구류 및 가구류 운반시 흠집발생을 방지하기 위하여 사용할 목적으로 장농 위에 놓아 둔 종이뭉치 등이 있어 쉽게 불이 옮겨붙을 가능성이 있으므로 이로 인하여 화재가 발생하지 않도록 난로의 불을 완전히 소화한 다음 귀가하거나 다른 사람에게 이를 소화하도록 하였어야 함에도 아무런 조치도 취하지 아니한 과실로 화재가 발생한 것은 피보험자의 중대한 과실로서 보험자의 면책사유에 해당한다 할 것이다.

◖ 대법원 1994. 8. 26. 94다4073
자동차대여업자가 무면허운전자에 대하여 위조된 운전면허증의 복사본을 제시받고 그 원본이나 주민등록증을 확인하지 아니한 것이 중과실에 해당하여 보험자가 면책된다고 한 사례

☞ 자동차대여업자의 직원으로서는 운전면허 없는 운전자가 위조된 운전면허증의 복사본을 제시하였기 때문에 그를 운전면허를 받은 사람으로 오인하였고 … 자동차운전자가 자동차대여업자로부터 자동차를 대여받음에 있어 도로교통법 제77조에 의하여 운전하는 때에 반드시 지녀야 할 운전면허증이나 이에 갈음하는 증명서가 아닌 운전면허증 사본을 제시한다는 것은 극히 이례적인 일이라고 할 것이므로 자동차대여업자로서는 조금만 주의를 기울여 그 원본이나 주민등록증의 제시를 요구하는 등의 방법으로 확인하였더라면 쉽게 그 진위를 가려볼 수 있었을 것인데도 이를 태만히 한 것은 중대한 과실에 속한다.

(v) 제3자에 의한 보험사고의 유발: 보험계약자 또는 피보험자나 보험수익자가 아닌 자의 고의·중과실로 보험사고가 발생한 경우에 보험자는 면책되지 않는 것이 당연하다.

(vi) 한편 피보험자의 친족이나 고용인의 고의·중과실의 경우에도 보험자는 면책된다는 주장이 있다. 독일에서는 이를 대표자책임이론(Repräsentantenhaftungstheorie)

이라 한다. 우리 보험법에서는 아직 적극적으로 이러한 주장을 수용하지 아니한다. 우리나라에서도 이러한 이론을 지지하는 학설도 있고,[1] 보험약관에 이에 관한 규정이 있는 경우에만 이를 인정하자는 견해도 있다.[2] 판례는 요건불충족으로 이를 인정하지 아니하는 것이 있으나, 만약 요건이 충족된다면 인정할 수 있다는 취지로 읽힌다. 피보험자와 밀접한 생활관계를 가진 친족이나 고용인이 피보험자를 위하여 보험사고를 일으킨 때나, 보험계약자 등의 공모·교사·방조 등 보험사고 발생에 대하여 책임있는 사유가 있는 경우에는 보험자는 책임을 면한다고 본다.[3]

대법원 1998. 4. 28. 97다11898
피보험자의 친족이나 고용인의 보험사고유발에 대한 보험자의 면책규정은 유효하다

☞ 동산종합보험보통약관 소정의 "보험계약자, 피보험자(법인인 경우에는 그 이사 또는 법인의 업무를 집행하는 그 밖의 기관) 또는 이들의 법정대리인의 고의 또는 중대한 과실로 생긴 손해"라는 면책조항이 적용되기 위하여는 "보험계약자, 피보험자(법인인 경우에는 그 이사 또는 법인의 업무를 집행하는 그 밖의 기관) 또는 이들의 법정대리인"의 고의 또는 중대한 과실로 생긴 손해에 한하여 면책되는 것이지, 위 "보험계약자나 피보험자 또는 이들의 법정대리인에게 단순히 고용된 자"의 고의 또는 중대한 과실로 생긴 손해는 여기에 해당하지 않는 것으로 보아야 한다. 동지: 대법원 2000. 6. 23. 2000다9116.

대법원 1984. 1. 17. 83다카1940
피보험자의 친족이나 고용인의 보험사고유발에 대한 보험자의 면책규정은 유효하다

☞ 장기화재보통보험약관 제4조 제2항의 면책조항은 피보험자와 밀접한 생활관계를 가진 친족이나 고용인이 피보험자를 위하여 보험사고를 일으킨 때에는 피보험자가 이를 교사 또는 공모하거나 감독상 과실이 큰 경우가 허다하므로 일단 그 보험사고 발생에 피보험자의 고의 또는 중과실이 개재된 것으로 추정하여 보험자를 면책하고자 하는 취지에 불과하고, 피보험자가 보험사고 발생에 자신의 고의 또는 중과실이 개재되지 아니하였음을 증명하여 위 추정을 번복한 때에는 위 면책조항의 적용은 당연히 배제될 것이므로 위 면책조항은 상법 제663조의 강행규정에 저촉되지 아니한다. … 위 보통약관 제4조 제2항의 면책조항에 열거된 친족 또는 고용인이라 함은 그들의 행위가 피보험자의 고의 또는 중대한 과실에 기인한 것이라고 추정케 할만큼 피보험자와 밀접한 생활관계를 가진 자에 국한된다고 보아야 할 것이므로 위 면책조항에서 "세대를 같이하는 친족 또는 고용인"이라고 규정한 것은 위와 같은 밀접한 생활관계를 표시한 것으로서 고용인도 세대를 같이 하는 자임을 요한다고 해석함이 타당하다.

1) 최기원(하) 659면; 김정호(하) 440면.
2) 손주찬(하) 546면.
3) 양승규(보) 144면.

(vii) 특약의 가능성 : 보험계약의 당사자가 제659조에 반하는 특약을 하는 경우, 즉 보험계약자측의 고의 · 중과실이 있는 경우에도 보험금을 지급한다는 특약은 유효인가 문제이다. 보험계약자측의 중과실의 경우에는 보험자가 보험금을 지급한다는 특약은 유효하다고 생각되나, 보험계약자측의 고의의 경우에도 보험자가 보험금을 지급한다는 특약은 무효라고 본다.

(나) 전쟁 기타의 변란

보험사고가 전쟁 기타의 변란으로 인하여 생긴 때에는 당사자간에 특약이 없는 한 보험자는 보험금액의 지급책임을 면한다(제660조). 여기서 전쟁이라 함은 선전포고 유무는 묻지 않고 군사력에 의한 행위를 말한다. 전투훈련 중의 사고는 전쟁으로 풀이된다. 그리고 변란은 내란, 폭동 또는 소요와 같이 통상의 경찰력으로는 통제할 수 없는 상태를 말한다. 전쟁위험에 대하여 면책하도록 한 것은 전쟁은 평상시에는 예상할 수 없는 것으로, 통상적 사정에 의한 '평균적 위험'을 기초로 산정한 보험료로는 그 막대한 손해를 전보할 수 없기 때문이다. 그러나 특약으로 전쟁위험(war risk)을 인수하는 것은 상관없다.

(다) 보험자의 계약해지

보험계약자 또는 피보험자의 의무[예컨대, 보험료지급의무(제650조), 고지의무(제651조), 위험변경 · 증가의 통지의무(제652조)]의 위반 또는 고의나 중과실로 인한 위험의 변경 · 증가(제653조)를 이유로 보험자가 계약을 해지한 때(이때에는 보험자가 그 사실을 안 날로부터 1월 내에 보험료의 증액을 청구할 수도 있다.)에는 보험자는 보험금 지급책임이 없고, 이미 지급한 보험금의 반환도 청구할 수 있다(제655조 본문). 다만 생명보험에 있어서는 보험수익자를 위하여 적립한 금액을 보험계약자에게 지급하여야 한다(제736조 본문). 그러나 고지의무의 위반사실이나 위험의 현저한 변경 · 증가사항이 보험사고의 발생에 영향을 미치지 않았음이 증명된 때에는 보험자는 보험금을 지급할 책임이 있다(제655조 단서). 보험자의 이러한 면책사유는 형평의 이염에 비추어 당연한 조치이다.

(2) 특수한 면책사유

(가) 목적물 자체의 위험

손해보험의 목적인 물건 자체의 성질 · 하자 또는 자연소모로 인한 손해(예컨대, 과실의 부패, 포장불충분으로 인한 운송물의 파손, 장기간의 사용으로 인한 기계의 노후화)는 보험자가 이를 보상할 책임이 없다(제678조)(이것은 손해보험의 일반적 면책사유로 규정되어 있으나 책임보험과 같은 재산보험에는 해당되지 않는다.). 목적물 자체가 위험을 지니고 있는 것은 이미 객관적으로 위험의 발생이 확정되어 있는 것이므로(불확정성의 결여),

보험사고로 취급할 수 없기 때문에 이를 면책사유로 한 것이다.

(나) 송하인·수하인의 보험사고 유발

육상운송보험에 있어서 보험사고가 송하인 또는 수하인의 고의 또는 중과실로 인하여 발생한 때에는 보험자는 그 손해의 보상책임을 지지 아니한다(제692조). 송하인 또는 수하인은 운송보조자로서 운송계약상 일정한 권리·의무를 가지므로(제139조~제141조) 보험계약자 또는 피보험자의 경우(제659조)와 같이 보험자의 면책을 인정한 것이다.

(다) 해상보험 특유의 사유

해상보험자는 항해에 관한 사고로 인하여 생길 손해를 보상할 책임을 지는데(제693조), 해상운송의 특수성에 비추어 보험자의 면책범위도 넓히고 있다. 즉, 선박보험·운임보험에 있어서는 감항능력의 흠결로 인한 손해(제706조 제1호), 적하보험에 있어서는 용선자·송하인 또는 수하인의 고의 또는 중과실로 인한 손해(제706조 제2호), 도선료·입항료·등대료·검역료 기타의 선박 또는 적하에 관한 항해 중의 통상비용(제706조 제3호)(이른바 '소해손'로서 운임에서 지급될 당연한 비용이기 때문이다.)에 대하여는 책임을 지지 아니하고, 항해변경(제701조)·이로(제701조의 2)·발항 또는 항해의 지연(제702조)·선박변경(제703조) 후의 사고에 대하여도 책임을 지지 아니한다. 또 보험자의 동의없이 선박을 양도한 때(제703조의 2 제1호), 선박의 선급을 변경한 때(제703조의 2 제2호), 선박을 새로운 관리로 옮긴 때에는 보험계약이 종료하므로 그 후의 사고에 대하여는 보험자는 책임을 지지 않는다.

(라) 약관상의 면책사유

(ⅰ) 약관에 의해서 계약을 체결하는 보험계약의 실제에 있어서는 약관 속에 면책조항을 규정하는 일이 많다. 이 면책조항은 보험제도의 본질에 반하지 아니하고 공서양속(민 제103조) 또는 신의칙(민 제2조 제1항)에 반하지 않고, 상법 제663조의 불이익변경금지의 원칙에 반하지 않는 한 유효하다고 본다.

(ⅱ) 면책사유의 예를 들면, 피보험자와 특별관계에 있는 자의 사고유발, 법령위반행위 기타 지진·분화·폭동·정치적 모략 등이며, 이러한 사고로 인한 손해에 대해서는 보험자는 책임을 면한다.[1]

---

1) 피보험자가 복수로 존재하는 경우에는 그 피보험이익도 피보험자마다 개별로 독립하여 존재하는 것이니만큼 각각의 피보험자마다 손해배상책임의 발생요건 및 면책약관의 적용 여부 등을 개별적으로 가려 그 보상책임의 유무를 결정하여야 한다.: 대법원 2010. 12. 9. 2010다70773.

◖ 대법원 1991. 7. 12. 91다6351
피보험자의 법령위반으로 인한 보험자의 면책

☞ 약관에 "선장 또는 어선을 지휘 감독하는 자의 법령위반으로 인하여 발생한 사고에 대하여는 공제금의 전부 또는 일부를 지급하지 아니한다."고 규정되어 있는 경우, 이는 선장 또는 어선을 지휘 감독하는 자가 법령에 위반하여 사고발생의 위험을 현저하게 증가 또는 변경시키는 행위를 함으로 인하여 해상사고가 난 경우에 공제자가 면책됨을 규정한 것으로 풀이된다. … 근해 채낚기 어업용으로 면허된 사고 선박이 일시적으로 서해안에서 어획물을 냉동, 운반하다가 원래 용도인 오징어 채낚기 조업을 준비하기 위하여 방파제와 계류시설을 갖춘 항구에 정박하고 있던 선박에 선장이나 기관장이 없는 상태에서 폭풍우로 인한 해난을 피하다가 파손된 경우 위 약관이 규정한 면책요건에 해당되지 않는다.

◖ 대법원 1991. 11. 26. 91다18682
약관이 정한 폭동 또는 소요에 해당하지 아니한다고 한 사례

☞ 자동차종합보험보통약관 제10조 제1항 제2호에서 전쟁, 혁명, 내란, 사변, 폭동, 소요 기타 이들과 유사한 사태를 보험자의 면책사유로 규정한 취지는 위와 같은 사태하에서는 보험사고 발생의 빈도나 그 손해정도를 통계적으로 예측하는 것이 거의 불가능하여 타당한 보험료를 산정하기 어려울 뿐 아니라 사고발생시에는 사고의 대형화와 손해액의 누적적인 증대로 보험자의 인수능력을 초과할 우려가 있다는 데에 있는 바, 본래 보험제도 자체가 쉽게 예측하기 어려운 장래의 우연적, 돌발적 사고로 인한 손해를 담보하기 위한 것이므로 위와 같은 사고발생의 예측곤란과 피해극대화를 이유로 한 면책사유의 요건은 이를 엄격하게 해석하여야 할 것이고, 따라서 위 조항에 열거된 면책사유 중 '소요'는 폭동에는 이르지 아니하나 한 지방에서의 공공의 평화 내지 평온을 해할 정도로 다수의 군중이 집합하여 폭행, 협박 또는 손괴 등 폭력을 행사하는 상태를 말하는 것으로 보아야 할 것이다. … 프로야구 경기장에서 연고팀(Lotte)이 역전패당한 것에 불만을 품은 1,000여명의 관중들이 상대팀(OB) 선수들을 태우고 떠나려는 버스 앞을 가로막고 빈 병 등을 던지는 소동 중 위 버스에 의해 야기된 교통사고에 있어 위 폭력사태가 그 일어나게 된 경위와 장소 및 사고발생 당시에 있어서의 폭력행사의 정도 등에 비추어 위 '가'항의 소요에 해당하는 것으로는 보기 어렵다.

◖ 대법원 1994. 11. 22. 93다55975
약관 소정의 소요에 해당하지 않는다고 한 사례

☞ 화재보험보통약관에서 '지진, 분화, 해일, 전쟁, 외국의 무력행사, 혁명, 내란, 사변, 폭동, 소요, 기타 이들과 유사한 사태'를 보험자의 면책사유로 규정하고 있다면, 이러한 규정의 취지는 위와 같은 사태하에서는 보험사고 발생의 빈도나 그 손해정도를 통계적으로 예측하는 것이 거의 불가능하여 타당한 보험료를 산정하기 어려울 뿐만 아니라 사고발생시에는 사고의 대형화와 손해액의 누적적인 증대로 보험자의 인수능력을 초과할 우려가 있다는 데에 있는 바, 본래 보험제도 자체가 쉽게 예측하기 어려운 장래의 우연적, 돌발적 사고로 인한 손해를 담보하기 위한 것이므로 위와 같은 사고발생의 예측 곤란과 피해 극대화를 이유로 한 면책사유의 요건은 이를 엄격하게 해석하여야 할 것이고, 따라서 위 조항에 열거된 면책사유 중 소요는 폭동에는 이르지 아니하나 한 지방에

서의 공공의 평화 내지 평온을 해할 정도로 다수의 군중이 집합하여 폭행, 협박 또는 손괴 등 폭력을 행사하는 상태를 말하는 것으로 보아야 할 것이다. … 화재 당시 대학생들이 단순히 범민족대회 참가를 봉쇄하려는 경찰의 저지선을 뚫기 위하여 화염병을 투척하기에 이르렀고, 그 폭력행사의 정도도 경찰에 대하여서만 화염병을 투척하였을 뿐이고 인근의 다른 상가나 행인에 대하여는 아무런 폭행이나 협박 또는 손괴 등을 하지 아니하였으며, 그 시위장소 또한 지하철역에서 대학교 정문에 이르는 도로에 한정되었고 다른 지역으로는 확산되지 아니하였음이 분명하다면, 위의 보험약관상 면책사유요건의 엄격해석의 원칙을 참작하여 그 대학생들의 폭력사태는 발생경위와 장소 및 당시에 있어서의 폭력행사의 정도 등에 비추어 한 지방의 평화 내지 평온을 해할 정도의 소요 기타 유사한 상태에 해당하는 것으로 보기 어렵다.

(iii) 면책약관 중에서 자동차보험, 특히 무면허운전자의 사고에 대한 보험자의 면책에 관한 판례와 산업재해보상보험약관에서 자동차보험에서 보상되는 경우에는 면책된다는 규정에 관한 판례가[1] 가장 많다(후술하는 자동차보험부분 참조).

(iv) 약관상 피보험자 등이 서류를 위조하거나 증거를 조작하는 경우에는 보험금청구권을 상실한다는 내용의 약관조항은 유효하다고 본다.[2]

3. 보험료반환의무

1) 의 의

보험자는 보험계약이 취소, 무효 또는 해지된 경우 보험계약자에게 일정한 범위 내에서 보험료를 반환하여야 하다. 보험료의 반환은 보험자가 기왕에 받은 보험료 전액이 아니라 일정액을 공제한 후 잔액만을 반환한다.

2) 보험계약이 취소된 경우

보험자가 보험약관의 교부·설명의무를 이행하지 아니하여 보험계약자가 보험계약 성립 후 3개월 이내에 그 계약을 취소한 때에는(제638조의 3) 명문의 규정은 없으나 보험자는 보험계약자에게 보험료를 반환하여야 한다고 본다. 왜냐하면 보험자의 의무위반을 이유로 보험계약자가 그 계약을 취소하였기 때문이다.[3]

---

1) 이에 관하여는 대법원 2005. 3. 17. 2003다2802(전원합의체) 판결로서, "산업재해보상보험법에 의한 보상범위를 넘어서는 손해가 발생한 경우에도 보상하지 아니한다는 면책조항은 무효이다"는 판례를 유의하여야 한다(후술하는 자동차보험부분 참조).

2) 대법원 2007. 12. 27. 2006다29105.

3) 양승규(보) 148면.

3) 보험계약이 무효인 경우

보험계약의 전부 또는 일부가 무효인 경우, 보험계약자와 피보험자(인보험의 경우 보험수익자)가 선의이며, 중대한 과실이 없는 때에는 보험자는 보험료의 전부 또는 일부를 반환하여야 한다(제648조). 예컨대, 화재보험의 목적인 건물이 도시계획으로 철거된 경우나 홍수로 유실된 경우 등이 이에 속한다. 위험개시 후에 보험계약이 무효인 경우도 같다. 악의·중과실이 있는 보험계약자에 대하여는 반환의무가 없는데, 이는 악의·중과실이 있는 보험계약자 등을 제재하기 위한 것이다. 제648조에 반하여 보험자의 보험료반환의무를 면제하는 특약은 제663조에 반하여 무효라고 본다.

4) 보험사고발생 전에 보험계약이 해지된 경우

보험계약자가 보험사고가 발생하기 전에 계약을 해지한 때에는 미경과보험료의 납입이 있으면 보험계약자는 그 반환을 청구할 수 있다(제649조 제3항). 미경과보험료란 보험료불가분의 원칙상 보험계약이 해지될 시점에서 볼 때 이미 지나간 보험기간은 물론 해지당시의 보험기간까지를 제외한 남은 보험기간에 해당하는 보험료를 말한다. 그러나 실무에서는 일반적으로 해지당시의 보험기간을 포함하여 남은 기간에 대하여 일할로 계산한 보험료를 지급한다. 그러나 전술한 바와 같이 생명보험의 경우에는 보험자는 보험계약이 해지되거나 보험금액 지급책임이 면제된 경우 미경과보험료와 함께 보험적립금(장래에 발생할 보험금·환급금의 지급에 충당하기 위하여 적립한 금액으로 '보험료적립금'이라고도 한다)도 반환하여야 한다(제736조).

그 밖에 보험계약자의 위험변경증가의 통지의무(제652조 제2항)의 해태로 보험자가 계약을 해지한 경우, 보험자는 미경과기간에 대한 보험료를 반환하여야 한다.[1]

5) 소멸시효

보험자의 보험료 또는 적립금의 반환의무는 3년의 시효로 소멸한다(제662조). 무효인 보험계약에 따라 납부한 보험료에 대한 반환청구권은 특별한 사정이 없는 한 보험료를 납부한 때에 발생하여 행사할 수 있으므로, 위 보험료반환청구권의 소멸시효는 특별한 사정이 없는 한 각 보험료를 납부한 때부터 진행한다.[2]

---

1) 대법원 2008. 1. 31. 2005다57806.
2) 대법원 2011. 3. 24. 2010다92612.

4. 이익배당의무

보험자가 보험약관으로 그 이익의 일부를 보험계약자에게 배당할 것을 정한 경우에는 그 약관에 따라 이익배당의무를 부담하고, 이 경우에는 그 지급을 위하여 준비금을 적립하여야 한다.

Ⅱ. 보험계약자 · 피보험자 · 보험수익자의 의무

1. 보험료지급의무

1) 의 의

보험계약자는 보험자에게 보험료를 지급하여야 한다(제638조). 보험료의 지급은 보험자의 책임의 전제이므로, 보험계약이 성립되었다고 하더라도 제1회 보험료의 지급이 없으면 다른 약정이 없는 한 보험자는 보험계약상의 책임을 지지 아니한다(제656조).

2) 보험료지급의무자와 수령권자

보험료지급의무자는 보험계약의 당사자인 보험계약자이다(제638조). 다만 타인을 위한 보험계약에서 보험계약자의 파산 또는 보험료의 지급지체가 있는 경우에는 피보험자 또는 보험수익자가 보험료를 지급하여야 한다(제639조 제3항 단서). 다만 타인이 그 권리를 포기한 때에는 보험료지급의무가 없다.

한편 보험료 수령권자는 보험자 또는 그 대리인이나, 보험모집인도 보험료수령권이 있다.

◖ 대법원 1987. 12. 8. 87다카1793 · 1794
보험자의 대리인은 보험료수령권이 있다

☞ 보험자의 대리인이 보험계약자와의 사이에 보험계약을 체결하고 보험계약자로부터 제 1 회 보험료를 받으면서 2, 3회분 보험료에 해당하는 약속어음을 함께 교부하였다면 그 대리인이 그 약속어음을 횡령하였다 하더라도 그 변제수령의 효과는 보험자에게 미친다 할 것이다.

3) 보험료감액 · 반환청구권

(1) 보험료의 액은 계약체결시에 당사자의 합의에 의하여 정해지면 변경될 수 없

는 것이지만, 보험계약의 당사자의 특별한 위험을 예기하여 보험료의 액을 정한 경우에 보험기간 중 그 예기한 위험이 소멸한 때에는 보험계약자는 그 후의 보험료의 감액을 청구할 수 있다(제647조). 이 보험료감액청구권은 일종의 형성권이고, 종래의 보험료가 특별한 위험을 예기하여 고율로 책정되었다는 것과 그 특별위험의 소멸에 관한 증명책임은 보험계약자에게 있다.[1] 초과보험의 경우 보험료의 감액에 관하여는 특칙이 있다(제669조 : 후술).

(2) 보험계약자, 피보험자 또는 보험수익자 등이 선의이고 중과실이 없는 경우 보험계약의 무효로 인한 보험료반환청구권을 가진다(제648조 : 전술).

4) 보험료의 증액청구

보험기간 중 사고발생의 위험이 현저하게 변경 또는 증가된 사실을 보험계약자 또는 피보험자가 보험자에게 통지한 때에는 보험자는 1월 내에 보험료의 증액을 청구하거나 계약을 해지할 수 있다(제652조 제2항)(후술). 또한 보험기간 중에 보험계약자, 피보험자 또는 보험수익자의 고의 또는 중대한 과실로 인하여 사고발생의 위험이 현저하게 변경 또는 증가된 때에도 보험자는 그 사실을 안 날부터 1월 내에 보험료의 증액을 청구할 수 있다(제653조)(후술).

5) 보험료지급시기와 방법

(1) 지급시기와 장소

보험계약자는 보험계약이 성립한 후 지체없이 보험료의 전부 또는 제1회 보험료를 지급하여야 한다(제650조 제1항). 계속보험의 경우 계속보험료는 약정한 시기에 지급하여야 한다(제650조 제2항). 보험료지급의무는 2년의 시효로 인하여 소멸한다(제662조). 지급장소에 관한 약정이 없으면 민법상의 일반원칙에 따라 지참채무의 지급장소로서 채권자인 보험자의 영업소가 지급장소가 된다(민 제467조 제2항 단서).

(2) 지급방법

(ⅰ) 보험료지급방법은 일시지급방법과 분할지급방법이 있고, 어느 방법을 택하느냐는 보험계약에서 정한다. 손해보험의 경우에는 보험료의 지급을 받지 아니한 잔액이 있으면 그 지급기일이 도래하지 아니한 때라도 보상할 금액에서 이를 공제할 수 있다(제677조).

---

1) 최기원(하) 668면.

(ⅱ) 흔히 보험대리상이 보험계약의 체결을 촉진하기 위하여 보험료의 대납약정을 하는 경우가 있는데, 그것으로 보험료를 지급한 효과가 있다고 보아야 한다.

◖ 대법원 1995. 5. 26. 94다60615
보험대리상이 보험료의 대납약정을 하였다면 그것으로 보험료를 지급한 효과가 있다

☞ 보험회사를 대리하여 보험료를 수령할 권한이 부여되어 있는 보험대리상이 보험계약자에 대하여 보험료의 대납약정을 하였다면 그것으로 곧바로 보험계약자가 보험회사에 대하여 보험료를 지급한 것과 동일한 법적 효과가 발생하는 것이고, 실제로 보험대리상이 보험회사에 대납을 하여야만 그 효과가 발생하는 것은 아니다.

(3) 어음이나 수표로 보험료를 지급할 경우

이 경우 보험료지급의 시점을 정확히 언제로 보아야 할지 문제이다. 왜냐하면 보험료 지급시에 따라 보험자의 책임개시나 책임계속 여부가 좌우되기 때문이다. 이에 관하여는 견해가 나뉜다.

(가) 어음·수표법의 법리에 따르는 학설

(ⅰ) 어음 · 수표는 '지급을 위하여', '기존채무의 담보를 위하여' 또는 '지급에 갈음하여' 수수된다. 일반적으로 (자기앞수표를 제외하고) 당사자간의 특약이 없는 한 지급에 갈음하여 또는 지급의 담보를 위하여 어음 · 수표가 수수되었다고 해석할 수는 없으므로 '지급을 위하여' 수수되었다고 추정한다. 기존채무의 지급을 위하여 어음이 수수되었다고 보는 경우에는 기존채무와 어음채무는 병존하고, 어느 한 채무를 이행함으로써 양자가 함께 소멸한다. 이와 같은 어음 · 수표법의 일반 법리에 따라 당사자의 의사가 불분명한 때에는 어음 · 수표의 교부는 기존채무인 보험료의 '지급을 위하여' 교부된 것이므로, 이것만으로는 보험료의 지급이 있다고 볼 수 없고, 어음 · 수표의 지급이 있는 때 비로소 보험료의 지급이 있다고 보게 된다. 선일자수표의 경우도 지급이 된 때에 보험료지급의 효력이 생기고 지급의 유예를 인정하지 않는다고 한다.[1]

(ⅱ) 그러나 이 학설에 의하면 어음 · 수표의 경우 보험자가 언제 지급제시를 하느냐에 따라 보험료 지급일자가 달라지고, 보험자의 책임개시의 시기도 달라진다(제656조 참조). 따라서 예컨대 어음 · 수표의 지급제시 전에 보험사고가 발생하면 피보험자는 보험금을 받지 못하는 결과가 되어 부당하다.[2]

1) OLG Köln, JW 1930, 3649.
2) 최기원(하) 669면.

(나) 해제조건부 대물변제설

이 학설은 어음·수표로 보험료를 지급받은 경우 그 어음·수표가 후에 지급거절되는 것을 해제조건으로 하여 어음·수표를 교부받은 때에 보험료의 대물변제가 있는 것으로 해석한다. 어음·수표는 보험료의 현금지급에 갈음하여 교부된 것으로 보므로 그 결제를 기다리지 않고 어음·수표를 교부받은 날로부터 보험자의 책임이 개시되고, 후에 그것이 부도되면 소급하여 보험료지급의 효력이 상실된다고 한다. 따라서 어음·수표를 교부한 후 결제되기 전에 보험사고가 발생하더라도 보험계약자가 어음·수표를 결제하면 보험자는 보험금을 지급하여야 한다. 선일자수표의 경우에도 이를 교부한 날에 보험료지급의 효력이 생긴다고 한다.[1)]

(다) 유 예 설

이 학설은 어음이나 수표를 교부한 경우 어음·수표의 부도를 해제조건으로 하여 보험료지급을 유예한 것으로 본다. 나중에 어음·수표가 지급된 때에는 어음·수표를 교부한 때 개시된 보험자의 책임이 계속 이어지게 된다는 것이다.[2)]

(라) 사 견

(ⅰ) 해제조건부 대물변제설과 유예설은 모두 어음이나 수표의 교부시부터 보험자의 책임이 개시된다고 본다. 다만 양설의 차이는 전자는 어음·수표의 교부로써 이미 보험료를 지급한 것으로 보는 데 비하여, 후자는 어음·수표의 교부가 있더라도 아직 보험료를 지급한 것으로 보지 아니한다는 데 있다. 생각건대 어음·수표의 지급이 있을 때까지 보험료의 지급이 유예된 것으로 본다는 유예설이 타당하다. 어음·수표가 부도된 경우 실제로는 보험료가 지급된 것이 아니기 때문에, 이미 보험료가 대물변제에 의하여 지급된 것으로 보는 해제조건부 대물변제설보다 유예설에 의하는 것이 미납된 보험료의 공제, 부도시까지의 보험료 납부의무의 존속 등 실무적 처리에 편리하다.[3)]

(ⅱ) 한편 선일자수표로 보험료를 받은 경우에는 선일자수표가 발행·교부된 날에 보험료의 지급이 있다고 보아야 할 것인지, 아니면 수표상의 발행일에 보험료의 지급이 있다고 보아야 할지 의문이다. 선일자수표도 유효한 것으로 인정되는 것이

---

1) 강위두·임재호(하) 574면; 강위두, 법률신문, 1978호, 15면. 한편 어음과 수표를 구분하여 어음의 경우는 신용증권성에 따라 지급기일까지 보험료의 지급을 유예한 것으로 보나, 수표로 보험료를 지급받은 경우에는 수표의 지급증권성에 따라 수표금이 지급된 때가 아니라 수표를 교부받은 때에 보험료를 지급받은 것으로 해석하는 견해도 있다(양승규(보) 153면; 손주찬(하) 540면; 채이식(Ⅳ) 87면(이를 수령시설이라 한다).

2) 최기원(하) 670면; 정동윤(하) 540~541면; 김정호(하) 459면.

3) 최기원(하) 670~671면.

통설의 입장이고, 수표상의 발행일 이전에도 지급제시가 있으면 지급하여야 한다는 점(수 제28조 제2항)에서 선일자수표를 일반 수표와 달리 취급할 이유가 없을 것이다. 따라서 선일자수표를 교부한 때 보험료를 지급한 것으로 보아야 한다. 이에 대하여 대법원 1989. 11. 28. 선고, 88다카33367 판결은[1] 선일자수표로써 보험료를 지급하고, 수표상의 발행일이 도래하기 전에 보험사고가 발생하였던 사건에서, 선일자수표가 발행·교부된 날을 보험료 수령일로 보아서는 안된다고 한다. 그러나 언제 지급한 것으로 보아야 하는지에 대하여 판례는 명백하게 밝히지 아니하고 있다. 수표상의 발행일을 지급일로 보는 것은 실제와 맞지 않는다. 지급제시일에 지급한 날로 보게 되면 보험자의 임의에 따라 책임개시기간이 결정되어 불합리하다. 그리고 제시기간 만료일을 지급된 날로 보는 것도 실제와 다르다. 수표를 반드시 제시기간 만료일에 지급제시하는 것도 아니기 때문이다.

◖ 대법원 1989. 11. 28. 88다카33367
선일자수표가 발행·교부된 날을 보험료 수령일로 보아서는 안된다

☞ 〈사 실〉

A수산주식회사 대표이사 X는 Y교육보험주식회사에게 1986. 7. 26. 해상에서 조업 중인 선원 34명을 피보험자로 하는 단체대형보장보험계약을 청약하는 동시에 1986. 8. 10. 발행일의 선일자수표로 제1회 보험료 294,600원을 지급하고 Y교육보험주식회사 보험모집인 B로부터 가수증을 받았다. X는 1986. 7. 28. 04 : 00경 피보험자인 선원 C가 조업 중 바다에 떨어져 사망하는 사고가 발생하여 Y에게 보험금 1,500만원의 지급을 청구하였다. 단체대형보장보험약관은 보험자가 제1회 보험료를 받은 후 보험청약에 대하여 승낙이 있기 전에 보험사고가 발생한 때에는 제1회 보험료를 받은 때에 소급하여 보험자의 보험금지급책임이 생긴다고 규정하고 있었다.

〈판결요지〉

선일자수표는 대부분의 경우 당해 발행일자 이후의 제시기간 내의 제시에 따라 결제되는 것이라고 보아야 하므로 선일자수표가 발행·교부된 날에 액면금의 지급효과가 발생된다고 볼 수 없으니, 보험약관상 보험자가 제1회 보험료를 받은 후 보험청약에 대한 승낙이 있기 전에 보험사고가 발생한 때에는 제1회 보험료를 받은 때에 소급하여 그 때부터 보험자의 보험금지급책임이 생긴다고 되어 있는 경우에 있어서 보험모집인이 청약의 의사표시를 한 보험계약자로부터 제1회 보험료로서 선일자수표를 발행받고 보험료 가수증을 해주었더라도 그가 선일자수표를 받은 날을 보험자의 책임발생시점이 되는 제1회 보험료의 수령일로 보아서는 안된다.

(iii) 위의 판결은 일반거래관계에서 선일자수표는 발행일의 도래 전에는 제시하지 않는다는 특약이 있는 것으로 본 것이다. 그러나 이와 같은 해석은 선일자수표는

1) 본 판결에 찬성하는 취지의 평석으로서 안동섭, 판례월보 제254호 431면 이하 참조. 한편 반대하는 취지의 평석으로서 최기원, 법률신문, 1992호, 11면 참조.

수표상 기재된 발행일 전이라도 지급제시되면 지급하여야 한다는 선일자수표의 법리(수 제28조 참조)와도 맞지 아니하고, 보험거래의 관행과도 합치하지 아니한다. 선일자수표도 유효한 것으로 인정되는 것이 통설의 입장이고, 수표상의 발행일 이전에도 지급제시가 있으면 지급하여야 한다는 점(수 제28조 제2항)에서 선일자수표를 일반수표와 달리 취급할 이유가 없을 것이다. 따라서 선일자수표를 교부한 때 보험료를 지급한 것으로 보아야 한다.

6) 보험료지급의무해태의 효과

(1) 보험계약자가 계약체결 후 지체없이 보험료의 전부 또는 제1회 보험료를 지급하지 아니하는 경우에는 보험자가 이를 소구할 수도 있으나, 이 경우 다른 약정이 없는 한 계약성립 후 2월이 경과하면 그 계약은 해제된 것으로 본다(제650조 제1항). 또 계속보험료가 약정한 시기에 지급되지 아니한 때에는 보험자는 상당한 기간을 정하여 보험계약자에게 최고하고 그 기간 내에 지급되지 아니한 때에는 그 계약을 해지할 수 있다(제650조 제2항).[1] 보험료의 지급이 보험자측의 귀책사유로 인하여 지연된 경우에는 보험자가 보험계약을 해지할 수 없다. 계속보험료 지급의 연체를 이유로 보험계약을 해지한 경우에도 연체 이전에 발생한 보험사고에 대하여 지급한 보험금의 반환을 구할 수 없다.[2]

◖ 대법원 1991. 7. 9. 91다12875
보험료의 지급이 보험자측의 귀책사유로 인하여 지연된 경우에는 보험자가 보험계약을 해지할 수 없다

☞ 보험회사가 보험요율을 타사에 비하여 높게 잘못 책정함으로써 다툼이 있어 보험계약자가 그 보험료를 납입기일 내에 납입하지 아니하였고 그 후 보험회사의 영업부장이 시정된 보험료를 납입받으면서 그 영수증에 보험의 유효기간을 소급하여 기재하여 주었다면 보험회사는 위 계약실효 후에 발생한 사고에 대하여 보험금지급의무가 있다.

(2) 그리고 타인을 위한 보험의 경우에는 그 타인에게도 상당한 기간을 정하여 보험료의 지급을 최고한 후가 아니면 그 계약을 해제 또는 해지하지 못한다(제650조 제3항).[3] 여기서 '계약의 해제'를 규정하고 있는데, 보험계약자가 최초보험료를 지급하지 아니하는 경우 보험자가 2개월을 기다린 후 다시 그 타인에게 상당한 기간을

---

1) 그러나 보험자가 계속보험료 불지급을 이유로 보험계약을 해지한 경우, 계속보험료 지급의 연체 이전에 발생한 보험사고에 대하여 지급한 보험금의 반환을 구할 수는 없다: 대법원 2001. 4. 10. 99다67413.

2) 대법원 2001. 4. 10. 99다67413.

3) 대법원 2003. 2. 11. 2002다64872.

정하여 최고한 연후에 보험계약을 해제할 수 있다는 것으로 해석된다. 이와 같이 제650조 제3항은 타인을 위한 보험의 경우 특히 보험계약자측에게 유리하면서 보험자에게 불리하게 규정한 것으로서 입법론으로는 '해제'부분을 삭제하는 것이 타당하다고 본다(후술).

(3) 보험계약이 해지되면 보험계약은 장래에 한하여 그 효력을 잃는다. 그러므로 기왕에 담보된 기간에 대한 보험자의 보험료청구권은 존속한다. 보험사고가 발생한 후에도 보험료의 불지급으로 보험자가 계약을 해지한 때에는 보험금을 지급할 책임이 없고, 이미 지급한 보험금의 반환을 청구할 수 있다(제655조).

7) 실효약관의 효력

(1) 실효약관의 의의

보험계약자가 보험료의 지급기일로부터 유예해 준 일정한 기간 안에 계속보험료를 지급하지 아니한 때에는 그 보험계약은 당연히 효력을 잃는다고 정한 보험약관의 조항을 실효약관이라 한다. 예컨대, 보험약관에서 제 2 회 이후의 보험료에 관하여 그 납입기일로부터 일정한 기간(보통 2주일 내지 1개월)이 경과할 때까지 보험료의 지급이 없으면 보험계약은 실효된다고 정한 경우, 이 약관조항이 상법 제663조의 보험계약자 등의 불이익변경금지에 위반되어 무효가 아닌가가 문제이다(이와 유사한 약관으로서 계속보험료를 미지급하고 있는 기간 동안에 발생한 보험사고에 대하여는 보험자는 보험금지급책임을 면한다고 정한 경우도 같다.).

(2) 효 력

실효약관을 유효라고 보는 학설도 있다.[1] 그러나 상법 제650조 제2항은 계속보험료가 약정한 시기에 지급되지 아니한 때에는 보험자는 ① 상당한 기간을 정하여, ② 최고하고, ③ 계약을 해지할 수 있다고 정하고 있으므로, 위 3단계의 해지절차 중 하나라도 결한 약관은 상법 제663조에 위배되어 무효이다.[2] 후술하는 바와 같이 판례는 과거에는 실효약관을 유효로 본 적도 있으나, 현재는 이를 무효로 보면서 다만 해지예고부최고는 유효로 보고 있다.

(i) 먼저 실효약관 중에 보험료지급 유예기간이 전혀 설정되어 있지 않은 것은 위 3단계의 절차를 모두 결한 것으로서 무효임은 당연하다.

---

1) 양승규(보) 159면; 서돈각 · 정완용(하) 387면; 강위두 · 임재호(하) 577면(유예기간이 상당하기만 하면 유효라 한다).

2) 동지: 이기수(보 · 해) 106면; 채이식(Ⅳ) 85면; 김정호(하) 455면.

(ii) 2주일 또는 1개월 등의 상당한 기간을 정한 실효약관도 ② 최고[1] 및 ③ 보험계약해지절차를 취하지 않은 경우에는 무효이다. 판례는 후술하는 바와 같이 종래 유효설을 취하였으나, 근래에는 대법원 전원합의체 판결을 통하여 무효설을 취하는 것으로 정리하였다.

◖ 대법원 1987. 6. 23. 86다카2995
실효약관을 유효라고 본 판결

☞ 구상법 제650조(현행상법 제650조 제2항)는 보험료미납을 원인으로 하여 보험자의 일방적인 의사표시로서 보험계약을 해지하는 경우에 있어 그 해지의 요건에 관한 규정으로서 보험자의 의사표시를 기다릴 필요없이 보험료납입유예기간의 경과로 인하여 보험계약이 당연히 실효되는 것으로 약정한 경우에는 그 적용의 여지가 없다. … 보험계약의 약관상 보험계약자가 보험료납입유예기간 경과시까지 보험료를 납입하지 아니하여 보험계약이 실효된 후에도 보험계약자가 미납보험료를 납입한 때에는 보험계약은 유효하게 계속되나 그 경우 보험계약이 실효된 때로부터 미납보험료를 영수한 날의 오후 6시까지 생긴 사고에 대하여는 보상하지 아니하기로 약정하였다면, 보험자가 납입유예기간 경과 후에 보험계약자로부터 미납보험료를 영수하면서 아무런 이의가 없었다 하더라도 그로 인하여 납입유예기간 경과 후 미납보험료 영수전에 발생한 사고에 대하여는 보험자는 보험금을 지급할 책임이 없다.

◖ 대법원 1992. 11. 27. 92다16218
실효약관을 유효라고 본 판결

☞ 〈사　실〉

한국선원을 외국국적선에 송출하는 선원관리회사인 원고가 피고 보험자와 1989. 2. 18.부터 1990. 2. 18.까지 선원근로자재해보상보험계약을 체결하고 보험료는 4회 분납하기로 하였다. 원고가 송출한 선원이 파카스탄국 카라치항 인근 공해상에서 조업하던 파키스탄 국적의 선박 넵튠 1호 원양어선에서 근무하던 중 1989. 11. 25. 05 : 30경 갑판에서 실족·추락하여 사망하였다. 제 4 회 분납보험료 납입기일은 1989. 11. 18.인데 원고는 그 지급을 지체하고 있었다.

〈판결요지〉

구상법 제650조(현행 상법 제650조 제2항)는 보험료미납을 원인으로 하여 보험자의 일방적인 의사표시로서 보험계약을 해지하는 경우 해지의 요건에 관한 규정으로서, 보험자의 의사표시를 기다릴 필요없이 분납보험료의 연체기간동안에 한하여 보험자의 '선원근로자재해보상보험계약'의 보험금지급의무를 면책시키기로 하는 내용의 보험료분납특별약관조항("보험료 분납기일까지 당해 분납보험료를 납입하지 아니하는 경우에는 당해 분납보험료 납입기일로부터 당해 분납보험료를 받을 때까지 생긴 재해에 대하여는 이를

---

1) 상당한 기간 내의 최고와 관련하여 내용증명우편이나 등기우편과는 달리, 보통우편의 방법으로 발송되었다는 사실만으로는 그 우편물이 상당기간 내에 도달하였다고 추정할 수 없고 송달의 효력을 주장하는 측에서 증거에 의하여 도달사실을 증명하여야 한다: 대법원 2002. 7. 26. 2000다25002.

보상하는 책임을 지지아니합니다.")에는 적용의 여지가 없다. 동지: 대법원 1977. 9. 13. 77다329; 동 1993. 7. 13. 92다46820.

◖ 대법원 1991. 7. 9. 91다12875
실효약관의 유효를 전제로 계약실효 후에 발생한 사고에 대하여도 보험금지급 의무가 있다고 본 사례

☞ 자동차종합보험계약상의 특별약관에 보험계약자가 분할납입할 보험료를 제때에 납입하지 아니하면 일단 계약이 실효되고 그 후 계약의 부활을 청구하고 미납된 보험료를 납입하면 계약은 유효하게 계속되나 실효 후 미납보험료 영수일까지 사이에 생긴 사고에 대하여는 보상하지 아니하기로 되어 있는 경우에도, 보험회사가 보험요율을 타사에 비하여 높게 잘못 책정함으로써 다툼이 있어 보험계약자가 그 보험료를 납입기일 내에 납입하지 아니하였고 그 후 보험회사의 영업부장이 시정된 보험료를 납입받으면서 그 영수증에 보험의 유효기간을 소급하여 기재하여 주었다면 보험회사는 위 계약실효 후에 발생한 사고에 대하여 보험금지급의무가 있다.

◖ 대법원 1992. 11. 24. 92다23629
실효약관을 무효라고 본 판결

☞ 〈사　실〉

본 사건 선박의 선주인 원고는 1989. 6. 피고 수산업협동조합중앙회와 이 사건 선박의 고용선원이 공제기간 중에 발생한 직무상의 사고로 재해를 입게 되는 경우 선원법상 원고가 부담하여야 할 보상책임으로 인한 손해를 보상하여 주는 내용의 보험계약인 이른바 선원특수공제계약을 체결하고, 원고는 공제료를 4회 분납하기로 하였다. 피고는 제4회 뷰납보험료의 납기인 1990. 3. 20. 이전인 1990. 2. 28.경 원고에게 납입예고를 하였고, 납기일까지도 납입이 없자 같은 해 3. 31. 다시 납입최고를 하였다. 이 사건 선박이 1990. 4. 12. 오전 조업 중 기상이 악화되어 같은 날 14 : 00 조업을 중단하고 부산항으로 귀항중이라는 최후의 교신이 있은 후 행방불명되었고, 같은 달 21. 및 23. 이 선박에 타고 있었던 선원의 시체가 발견되었다. 원고는 이 사건 선박의 연락이 두절되자 제4회 분납공제료의 미납으로 피고로부터 공제금을 지급받지 못하게 될 것을 우려한 나머지 같은 해 4. 13. 09 : 30경 미납된 공제료를 납부하고, 피고의 직원은 이를 4. 12.자로 소급하여 납입한 것으로 위계처리하였다. 원고가 피고에게 공제금지급을 청구하자 피고는 공제약관 제5조의 면책조항에 의거하여 공제금지급책임이 없다고 다투었다. 문제된 공제약관은 그 제5조 제1항에서 공제료는 피고 또는 피고가 지정하는 사무소에서 전액을 일시에 납입하여야 하고, 다만 피고가 따로 정하는 바에 따라 수회로 나누어 납입할 수 있다고 정한 다음, 동조 제3항에서, 제1항 단서에 의거 공제료를 분할하여 납입하는 경우 그 약정 납입기일까지 해당 분할공제료를 납입하지 아니하였을 때에는 피고는 그 미납입기간 중 발생한 손해에 대하여는 보상책임을 지지 아니한다고 되어 있었다.

〈판결요지〉

분납보험료가 소정의 시기에 납입되지 아니하였음을 이유로 구상법 제650조(현행 상법 제650조 제2항) 소정의 최고 및 해지절차를 거치지 아니하고 막바로 보험계약이 해지되거나 실효됨을 규정하고 보험자의 보험금지급책임을 면하도록 규정한 보험약관은 구상법 제650조, 제663조의 규정에 위배되어 무효이다. … 분납보험료 연체기간 중 발생한 보험사고에 대하여 보험계약은 존속하나 보험금지급책임이 면책된다는 보험약관은 보험가입자에게는 보험계약의 해지와 실질적으로 동일한 효과가 있으므로 실질적으로 상법 제650조의 규정에 위배되는 결과를 초래하여 상법 제663조에 의하여 보험가입자에게 불이익한 범위 안에서는 무효이다.[1] 동지: 대법원 1995. 10. 13. 94다19280 · 19297; 동 1995. 11. 16. 94다56852(전원합의체판결); 동 1996. 12. 10. 96다37848; 동 1996. 12. 20. 96다23818(분납공제료의 경우); 동 1997. 7. 25. 97다18479; 동 2000. 4. 11. 99다53223; 동 2001. 6. 29. 2000다64953; 동 2002. 7. 26. 2000다25002.

(iii) 그러나 보험료지급을 최고하면서 상당한 기간을 별도로 정하고, 그 기간 내에 보험료를 지급하지 아니하면 별도의 해지의 통지없이 바로 계약이 해지된다는 뜻을 통지하는 이른바 해지예고부최고는 유효로 보아야 할 것이다(아래의 판례 참조). 상법 제650조 제2항의 취지가 상당한 기간을 정하여 보험료의 지급을 최고한다는 데 있고, 해지통지에 의미가 있는 것이 아니기 때문이다.

◖ 대법원 2003. 4. 11. 2002다69419
상당한 기간을 정한 해지예고부 납입최고는 유효하다

☞ 〈사 실〉

본 사건의 피고 김이철(Y)은 경기도 고양시에서 가죽소파 등의 가구를 판매하는 "서광가구"를 운영하면서, 원고 동부화재해상보험 주식회사(X)와 1999. 2. 5. 사업안전종합보험계약을 체결하고, 보험료는 매월 11일에 지급하기로 약정하였다. Y는 2001. 2월 분까지의 보험료를 납입하였으나, 그 후의 보험료를 납입하지 않자, X는 2001. 4. 21. 피고에게 도달된 안내장에서 2001. 5. 1.까지 미납 보험료의 납입을 최고하면서 불이행시 그 다음날에 이 사건 보험계약이 자동해지됨을 안내하였다. 그럼에도 불구하고 Y는 계속 보험료를 지급하지 아니하던 중 2001. 7. 14.부터 그 다음날까지 내린 집중호우로 서광가구에 진열되어 있던 가구와 피혁이 침수되어 47,253,440원 상당의 손해를 입었다. 이에 Y가 손해액 상당의 보험김의 지급을 청구하자, X는 이 사건 보험계약 당시의 약관(이하"이 사건 약관"이라 한다) 제14조 제1항에서 "제2회부터의 보험료는 납입일이 속하는 달의 다음달 말일까지 납입유예기간을 둡니다. 그러나 보험료를 내지 아니하고 납입유예기간이 지나면 그 다음날부터 계약은 효력을 상실합니다."라고 규정하고 있는 점을 들어 이 사건 보험계약이 2001. 5. 2.자로 실효되었음을 주장하면서 Y를 상대로 채무부존재확인의 소를 제기하였다.

〈판결요지〉

이 사건 약관 제14조 제1항의 규정은 상법 제650조 제2항 및 같은 법 제663조에 위배되어 무효라고 할 것이나, 한편, 위의 상법 규정의 취지가 보험자가 보험계약자에게 보험료 미납사실을 알려주어 이를 납부할 기회를 줌으로써 불측의 손해를 방지하고자 하는 것임에 비추어, 보험자가 보험계약을 해지하기 위해서는 반드시 최고와 해지의 의사

1) 이 판결에 대하여 반대하는 취지의 평석으로 김성태, 법률신문, 제2222호 (1993. 6. 7.) 15면이 있고, 이 판결에 대하여 찬성하는 평석으로, 최준선, 판례월보. 1994. 8. 23-31면이 있다.

표시를 별도로 하여야 한다고 볼 것은 아니고, 보험료의 납입을 최고하면서 보험료가 납입되지 않고 납입유예기간을 경과하면 별도의 의사표시 없이 보험계약이 해지된다는 취지의 통지(해지예고부 납입최고) 역시 그것이 상당한 기간을 정한 최고이고 그 최고기간의 종기가 이 사건 약관이 정한 납입유예기간의 종기보다 앞선 것이 아니라면, 최고기간 내의 불이행을 정지조건으로 하는 해지의 의사표시로서 특별히 계약자에게 불이익을 주지 않으므로 유효하다.

8) 연체보험료의 지급과 보험계약의 부활

계속보험료의 불지급으로 보험계약이 해지된 경우에도 해지환급금이 지급되지 아니한 경우에는 보험계약자는 일정한 기간(은혜기간) 내에 연체보험료에 약정이자를 붙여 보험자에게 지급하고 그 계약의 부활을 청구할 수 있다(제650조의 2 제1문). 해지환급금을 지급할 필요가 없는 경우에도 같다. 부활계약의 경우에도 보험계약의 성립에 관한 상법 제638조의 2의 규정을 준용한다(제650조의 2 제2문).

9) 소멸시효

보험료청구권은 2년간 행사하지 아니하면 시효로 소멸한다(제662조). 소멸시효의 기산점은 최초보험료의 경우는 보험계약이 성립한 날이고, 제 2 회 이후의 보험료는 각 지급기일의 다음 날이다(제650조 참조). 보험료의 지급확보를 위하여 수표가 수수된 경우, 수표금채권에 대한 소송상의 청구는 보험료채권의 소멸시효의 중단의 효력이 있다.

◖ 대법원 1961. 11. 9. 4293민상748
수표금채권에 대한 소송상의 청구는 보험료채권의 소멸시효중단의 효력이 있다

☞ 보험료의 지급확보를 위하여 수표가 수수되었을 경우에 수표금채권에 대한 소송상의 청구는 보험료채권의 소멸시효의 중단의 효력이 있다고 해석함이 정당하다.

2. 통지의무

1) 사고발생의 통지

(1) 의　의

보험계약자 또는 피보험자(손해보험의 경우)나 보험수익자(생명보험의 경우)가 보험사고의 발생을 안 때에는 지체없이 보험자에게 그 통지를 발송하여야 한다(제657조). 이는 보험자가 사고의 원인을 신속히 조사하고 손해의 종류・범위 등을 확정하여 사후 대책을 강구하기 위한 것이다. 다만 보험자가 이미 보험사고의 발생을 안 때에

는 보험계약자는 통지를 할 필요가 없다.

(2) 사고발생 통지의무의 법적 성질

이 통지의무의 법적 성질에 관하여는 보험자의 책임을 묻기 위한 전제조건이라는 학설과 보험계약상의 진정한 의무라는 학설도 있다.[1)] 사고발생의 통지가 없었기 때문에 발생·증가한 비용 등 손해에 대하여는 보험자가 손해배상을 청구할 수 있고(제657조 제2항) 그 지급할 보험금에서 이를 공제할 수 있다는 점에서, 통지의무는 보험계약자 등에게 그 의무이행을 강제할 수는 없어도 보험금청구를 위한 전제조건인 동시에 보험자에 대한 진정한 의무라 본다(통설).[2)] 약관상 서면통지를 하지 않는 경우 피보험자가 보험금을 지급받을 수 없는 불이익을 입게 하는 내용인 경우 보험자가 구체적이고 상세한 명시·설명의무를 부담하고, 보험자가 이를 이행하지 아니한 경우 보험금 지급책임을 면할 수 없다.[3)]

(3) 사고발생통지의 시기와 방법

보험사고의 발생을 안 때에는 지체없이 보험자에게 그 통지를 발송하여야 한다(제657조 제1항). 통지의 방법은 제한이 없으므로 구두 또는 서면으로 할 수 있고, 전자식 통지도 상관없다.

(4) 사고발생통지의 의무자와 상대방

통지의무자는 보험계약자 또는 손해보험의 피보험자 및 인보험의 보험수익자이다. 통지의 상대방은 보험자 또는 그 대리인이다.

(5) 사고발생통지의무의 부존재

보험자가 보험사고의 발생을 알고 있는 경우에는 통지의무가 없다고 본다. 알게 된 경위는 묻지 않으므로 신문이나 방송보도를 통하여 알게 되었더라도 상관없다.

(6) 사고발생통지 해태의 효과

보험사고발생의 통지가 있을 때까지는 보험자는 보험금액을 지급하지 아니하여도 이행지체로 되지 아니하고 또 통지를 해태함으로써 손해가 증가된 때에는 보험자는 그 증가된 손해를 보상할 책임이 없다(제657조 제2항). 다만 보험자가 사고의 발생을 안 때에는 예외이다.

---

1) 손주찬(하) 559면; 강위두·임재호(하) 581면.
2) 양승규(보) 167면; 최기원(하) 674면; 정찬형(하) 598면; 이에 대하여 보험자의 급부의무를 발생시키는 전제요건이라는 견해: 김정호(하) 461면.
3) 대법원 2020. 9. 3. 2017다245804; 동 2021. 8. 26. 2020다291449.

2) 위험의 변경 · 증가통지의무

(1) 위험의 변경·증가통지의무의 의의

우리 보험법은 보험기간 중에 위험이 현저하게 변경 · 증가된 경우에 보험계약자 등에게 통지의무를 지우고 보험자는 통지를 받은 때에 보험료의 증액을 요구하거나 계약을 해지할 수 있다고 규정한다. 즉, 보험기간 중에 보험계약자 또는 피보험자가 사고발생의 위험이 현저하게 변경 또는 증가된 사실을 안 때에는 지체없이 보험자에게 통지하여야 한다(제652조 제1항). 이것은 보험사고의 발생에 관한 개연율에 의하여 보험료가 결정되는데 보험료 산출의 기초가 된 위험상태가 현저하게 변경 · 증가된 경우에는 종래의 변경 전을 기준으로 하여 체결한 보험계약을 유지할 수가 없을 뿐만 아니라, 보험단체의 유지를 위태롭게 할 우려가 있기 때문에 정하여진 규정이다. 이로써 보험자는 현저하게 변경 또는 증가된 위험에 대하여 보험자가 사고예방조치나 재보험에 가입하는 등으로 대처할 수 있게 된다. 이와 같이 이 제도의 입법취지가 보험자로 하여금 현저하게 변경 또는 증가된 위험에 대처할 수 있도록 하는 데 있기 때문에 보험자가 이미 위험의 현저한 변경 또는 증가사실을 알았을 때에는 통지할 필요가 없다고 보아야 한다.[1)]

◖ 대법원 1998. 11. 27. 98다32564
위험의 변경 · 증가통지의무를 인정한 사례

☞ 자동차보험의 체결 후 피보험자동차의 구조가 현저히 변경된 경우, 상법 제652조 제1항 소정의 통지의무의 대상이 된다. … 보험계약자가 보험계약 체결 당시 보험모집인에게 장차 피보험차량에 크레인을 장착할 예정임을 알려주었으나 그 후 크레인 장착을 완료한 사실을 보험자에게 통지하지 않았고 보험모집인 역시 위 구조변경 후 그 사실을 통지해야 한다는 약관내용을 설명하지 않은 사안에서, 보험자가 상법 제652조 제1항에 의하여 보험계약자의 통지의무 위반을 이유로 위 보험계약을 해지할 수 있다.

(2) 위험의 변경·증가통지의무의 근거

위험의 변경 · 증가통지의무는 계약 전 고지의무제도와 마찬가지로 보험제도의 기술적 성질에서 불가피하게 요구되는 의무이다. 즉, 보험의 목적을 지배 · 관리하고 있는 보험계약자 또는 피보험자가 주위환경의 변화 등 상황을 가장 잘 알 수 있기 때문에 이들에게 지워지는 의무이다.

이 통지의무의 근거를 일반계약법의 원리인 사정변경의 원칙에서 찾을 수도 있다. 사정변경의 원칙이란 계약성립 당시에 존재한 환경 또는 그 행위를 하게 된 기

1) 최기원(하) 674~675면; 양승규(보) 162면; 독일 보험계약법 제25조 제2항 단서 참조.

초가 되는 사정이 계약체결 후 현저하게 변경되어 당초에 정하였던 행위의 효과 내지 계약의 내용을 그대로 유지하는 것이 공평의 원리에 반하는 부당한 결과를 가져오는 경우에는 당사자가 그 법률행위의 효과를 변경하거나 또는 폐기할 수 있다는 원칙을 말한다. 보험계약상 현저한 위험의 변경·증가는 일반계약법상의 사정변경에 해당한다고 할 수 있으므로 상법 제652조는 이러한 원칙을 반영한 것이고 구체화한 것이라고 할 수 있다.[1)]

(3) 위험의 변경·증가 통지의무의 법적 성질

통지의무의 법적 성질은 고지의무와 마찬가지로 보험계약자가 계약의 해지라는 불이익한 결과를 피하기 위한 전제조건으로서 간접의무 또는 자기의무라는 견해가 통설이다.[2)]

(4) 위험의 변경·증가통지의무의 요건

(i) 현저한 위험의 변경·증가가 보험기간 중에 발생한 것이어야 한다. 즉, 고지의무가 있는 중요한 사항은 계약의 청약을 한 때로부터 계약이 체결된 때까지의 중요한 사항을 고지하여야 하는 데 비해서 위험의 변경·증가는 계약이 체결된 때로부터 계약이 종료할 때까지 사이에 생긴 것이어야 한다.

이에 대하여 독일 보험계약법 제29조 a를 근거로[3)] 계약성립 전에 이미 존재하였던 위험의 변경·증가 사실을 계약성립 후에 비로소 알게 된 경우에도 통지하여야 한다는 견해가 있다.[4)] 또한 우리 보험법에서도 청약 후에는 고지의무가 문제되기 때문에 독일과는 달리 '보험기간 중'을 '보험계약체결 후'로 변경하는 것이 타당하다는 주장도 있다.[5)] 필자의 견해로는 독일 보험계약법과 같이 '보험기간 중'을 '보험계약 청약 후'로 바꾸면 좋지 않을까 한다. 보통 보험계약을 청약한 시점에서 고지의무도 이행하는 것이므로 청약 후 승낙시까지의 기간은 공백으로 남기 때문이다.

(ii) 위험한 사실의 발생에 의하여 위험이 변경·증가되었어야 한다. 위험의 변경·증가는 새로운 위험한 사실의 발생에 의한 것이거나 기존의 사실에 위험이 변경·

1) Bruck-Möller, *Versicherungsvertragsgesetz*, 8. Aufl., 1961, §23 Anm. 4.
2) 최기원(하) 675면; 양승규(보) 161면; 서돈각·정완용(하) 391면; 이기수(보·해) 108면; 정찬형(하) 596면. 이에 대하여 진정한 의무라는 견해 : 강위두·임재호(하) 578면.
3) Hans-Leo Weyers, *Versicherungsvertragsrecht*, 1986, Rn. 537; 독일 보험계약법 제29조 a : 보험계약을 청약한(Antrag stellt) 때로부터 인수할 때까지의 사이에 생긴 위험의 증가로서 보험자가 그 청약을 인수(Annahme des Angebots)할 때에 알지 못한 것에 대하여도 제23조부터 제26조까지를 적용한다.
4) 양승규(보) 162면; 채이식(Ⅳ) 92면.
5) 노일석, "보험계약에 있어서 위험의 변경·증가", 상사법연구 제5집, 1987, 20면.

증가된 경우를 말한다. 어떠한 경우이든 새로운 위험상태가 발생하고 있어야 한다. 그러므로 보험계약 체결시부터 존재하는 위험이 보험기간동안 지속되는 경우와 보험계약 성립시부터 예견된 위험상태가 계속된 경우는 위험의 변경·증가라고 할 수 없다.

한편 상법 제652조에서는 '위험이 현저하게 변경 또는 증가된' 경우에 통지를 하여야 한다고 규정하였으나, 여기서 '변경'(Gefahrwechsel oder Gefahrän- derung)이란 무의미한 것이 아닌가 의문이다. 위험의 변경은 위험의 '증가' 또는 '감소'를 의미하는데, '증가'의 경우는 '변경 또는 증가'에 이미 규정되어 있으므로 중복된다.[1] 따라서 변경이란 '감소'의 경우에만 의미가 있을 수 있는데,[2] 감소의 경우에는 보험자에게 특히 이에 관하여 통지의무를 부과할 필요가 없다. 위험의 감소는 보험자에게 유리하기 때문이다. 상법 제652조의 입법취지가 보험자로 하여금 현저하게 변경 또는 증가된 위험에 대처할 수 있도록 하는 데 있기 때문에 위험이 감소된 경우에는 보험자가 특별히 대처할 필요도 없다. 그러므로 본조의 조문상 "위험이 현저하게 증가된 경우에"라고 규정하였어야만 정확한 것이 아닌가 의문이다. 따라서 입법론으로서 '변경'이라는 문구는 삭제할 필요가 있다. 위험의 증가라는 개념 속에는 변경도 포함되는 것으로 해석하여야 하고 입법론으로서도 위험의 현저한 증가만 규정하면 충분하다고도 한다.[3] 입법례를 보더라도 우리나라와 일본은 위험의 변경·증가를 규정하고 있고, 독일, 프랑스, 스위스, 이탈리아 등 다른 입법례는 거의가 '증가'만을 규정하고 있다.

생각건대, '변경'이라는 문구는 그다지 의미는 없으나 무해한 규정이다. 위험의 변경이 의미가 있는 경우는 위험종류를 변경한 경우, 새로운 보험계약을 체결하는 대신 이를 보험자와 협의하여 변경된 위험에 대하여 보험료를 추가로 지급(증액)하고 담보할 경우에 편리하다. 이 점에서 필자의 견해로는 위험의 '변경'이라는 문언은 그대로 두어도 무방하다고 본다.

해상보험의 경우에는 항해변경의 효과에 관한 상법 제701조와 선박변경의 효과에 관한 상법 제703조에서 항해변경이나 선박변경은 위험의 변경이라 할 수 있다. 이에 관하여는 각각 특별규정이 마련되어 있어서 보험자가 책임을 지지 아니하는 것으로 되어 있으므로 상법 제652조가 적용될 여지가 없다.

(iii) 위험이 현저하게 변경·증가하였어야 한다. 위험의 현저한 변경·증가의

---

1) 손주찬(하) 557면.
2) 상법은 위험이 감소된 경우에 관하여는 아무런 규정이 없다. 즉, 보험계약자는 특별위험이 소멸한 경우에는 보험료감액을 청구할 수 있으나(제647조), 그 밖의 경우에는 보험료감액을 청구할 수 있는지의 여부에 관하여 정함이 없다.
3) 노일석, 상게논문, 20면.

의미에 관하여는 상법에 아무런 규정이 없다. 현저한 위험의 변경·증가가 있었는가의 여부는 객관적으로 판단하여야 하는데,[1] 위험의 현저한 변경·증가란 그 정도의 위험이 계약체결 당시에 존재하였다고 하면 보험자가 계약을 체결하지 아니하였거나 적어도 동일한 조건으로는 그 계약을 체결하지 아니하였으리라고 생각되는 정도의 위험의 변경·증가를 말한다.[2] 요컨대, 보험료 증가의 요인이 있을 때를 말한다.[3] 또는 사고의 발생, 손해의 확대가능성을 더 크게 만드는 상황의 변화를 말한다.[4] 그러나 피보험이익이 가지는 가치나 범위의 증가는 위험증가가 아니다.[5] 이 정도에 이르지 아니한 위험의 변경·증가는 마땅히 예상될 수 있는 위험으로서 이러한 경우에는 보험자의 보호를 기할 필요가 없다. 양당사자가 계약체결시에 예상하였던 것보다 보험사고의 발생가능성이 훨씬 증가한 것, 즉 보험사고가 훨씬 쉽게 발생할 가능성이 있는 것을 의미하기 때문이다.[6] 그러나 이에 대하여 위험의 현저한 변경·증가 사실을 이처럼 확대해석하여서는 곤란하므로 이보다 범위를 좁게 잡아 '일반적으로 보험자가 예상할 수 없는 돌발적 사건이 발생'한 경우에 한한다고 해석하는 소수설이 있다.[7]

위험의 현저한 변경 또는 증가에 관한 사례

(1) 대법원 1996. 7. 26. 95다52505: 위험의 변경 또는 증가 여부는 구체적인 여러 사정을 종합하여 인정·판단하여야 한다.

(2) 대법원 2003. 11. 13. 2001다49630: 손해보험계약에 있어서 보험계약자가 중복보험계약을 체결한 것이 통지의무 대상이 되는 '사고 발생의 위험이 현저하게 변경 또는 증가된 때'에 해당되지 않는다.

(3) 대법원 2004. 6. 11. 2003다18494: 상해보험계약 체결 후 다른 상해보험에 다수 가입하였다는 사정만으로 사고발생의 위험이 현저하게 변경 또는 증가된 경우에 해당한다고 할 수 없다. 동지: 대법원 2001. 11. 27. 99다33311(생명보험계약의 경우).

(4) 대법원 1996. 7. 26. 95다52505: 화재보험보통약관상 위험이라고 함은 보험사고 발생의 가능성을 가리키는 것이고, '위험의 현저한 변경 또는 증가'라 함은 그 정도의 위험이 계약체결 당시에 존재하였다고 한다면 보험자가 계약을 체결하지 아니하였거나 또

---

1) 대법원 2000. 7. 4. 98다62909·62916: 화재보험계약을 체결하고 난 뒤 피보험 건물의 구조와 용도에 상당한 변경을 가져오는 증·개축공사를 시행하였다면 이는 상법 제652조 제1항의 통지의무의 대상이 되므로, 이를 해태한 경우에는 계약의 해지사유가 된다.

2) 손주찬(하) 557면; 양승규(보) 161면; 대법원 1997. 9. 5. 95다25268; 동 2014. 7. 24. 2012다62318.

3) Prölss/Martin, *a.a.O.*, §23 Anm. 2) A. d); BGH 79, 156; VersR 87, 921.

4) Prölss/Martin, *a.a.O.*, §23 Anm. 2) A.

5) 각종 보험에 있어서 위험증가(Gefahrerhöhung)의 실례에 관하여는 Prölss/Martin, *a.a.O.*, §23 Anm. 2) C 참조.

6) Weyers, *a.a.O.*, Rn. 538.

7) 채이식(IV) 92면.

는 적어도 동일한 조건으로는 그 계약을 체결하지 아니하였으리라고 생각되는 정도의 위험의 변경 또는 증가를 말하므로, 화재보험의 목적물의 양도로 인하여 이러한 정도의 위험의 변경 또는 증가가 있었는지 여부는 보험목적물의 사용·수익방법의 변경 등 양도 전후의 구체적인 여러 사정을 종합하여 인정·판단하여야 할 것이지(이에 관한 증명책임은 그 존재사실을 들어 보험계약의 해지를 주장하는 자가 부담한다.), 화재보험의 목적물의 양도로 인하여 소유자가 바뀌었다고 하여 당연히 위험의 현저한 변경 또는 증가가 있었다고 볼 수는 없다. … 화재보험의 목적물이 양도되었으나 그 소유자만 변경되었을 뿐 보험요율의 결정요소인 영위직종과 영위작업, 건물구조 및 작업공정이 양도 전후에 동일한 경우, 보험목적물의 양도로 인하여 위험의 현저한 증가 또는 변경이 있었다고 볼 수 없으므로 그 통지의무 위반을 이유로 보험계약을 해지할 수는 없다.

(5) 대법원 1999. 1. 26. 98다48682: 피보험자가 서적도매상에서 일당을 받고 다른 차량과 함께 가끔 피보험자동차를 이용하여 서적을 배달하는 것이 업무용자동차종합보험 보통약관상의 면책사유인 '유상운송제공행위'나 통지의무의 대상인 '현저한 위험의 변경·증가'에 해당하지 않는다.

(6) 위험의 변경증가가 있다고 본 경우로서 대법원 2000. 7. 4. 98다62909·62916; 동 1997. 9. 5. 95다25268; 동 1992. 7. 10. 92다13301·13318; 동 1998. 11. 27. 98다32564; 동 2014. 7. 24. 2012다62318(오토바이 운전) 등이 있다.

위험의 현저한 증가의 정의에 관한 입법례

(1) 프랑스보험법전 L. 113-4와 이탈리아 민법 제1898조는 "계약체결시에 그러한 사정이 존재하였더라면 보험자가 계약을 체결하지 않았거나 보다 고액의 보험료로만 계약을 체결하였으리라고 인정되는 때"를 위험의 현저한 증가라고 한다.

(2) 스위스보험계약법 제28조 제2항은 "위험의 증가가 계약체결 당시 그 범위를 확정한 위험의 측정에 관하여 중요한 사실의 변경으로 되는 때에는 그 위험의 증가는 현저한 것으로 본다."고 정하고 있다.

(3) 독일 보험계약법에서는 위험의 변경·증가의 개념에 관하여 아무런 규정을 두고 있지 않다. 다만 판례는 "위험의 증가란 위험의 변경이 일반적으로나 당해 보험분야의 경영관계에서 지배하는 견해에 따르면 보험자에게 보험계약을 해지하거나 고율의 보험료의 수령에 의하여서만 보험계약을 계속할 수 있다고 판단되는 경우"라고 한다.[1]

(ⅳ) 위험의 현저한 변경·증가가 보험계약자 등의 과실에 의하였는가는 묻지 않으나, 새로운 위험상태가 발생하여 그 상태가 어느 정도 계속되어 정착되어야 하고, 1회에 한하는 위험증가행위는 이에 포함되지 않는다. 따라서 예컨대 자가용 승용차를 단 1회 대리운전시킨 경우나, 내근하던 직원이 하루 외근을 하는 경우 등은 위험의 변경·증가로 보지 않는다. 독일에서의 소수설은 일시적인 위험증가도 독일 보험계약법 제23조의 적용대상이 된다고 하나, 다수설은 새로운 위험상태가 어느

1) RG 161, 23, 26; BGH VersR 83, 284.

정도 계속되어야 동조의 적용이 있다고 한다.[1]

(v) 새로운 위험상태가 발생한 이상 그 기간의 장단은 문제가 되지 않는다. 따라서 단기간 위험이 증가되었다가 곧 다시 정상상태로 회복될 가능성이 있다고 하더라도 계속되고 있는 위험인 한 통지하여야 한다. 다만 일시적인 위험이 이미 소멸하여 원상으로 회복된 때에는 통지할 필요가 없다고 본다.[2]

(vi) 위험의 변경·증가가 보험계약자 또는 피보험자의 행위로 말미암은 것이 아니어야 한다.[3] 즉, 보험계약자가 통지하여야 할 보험사고 발생의 위험이 현저하게 변경 또는 증가되었다는 사실은 객관적인 위험의 변경·증가를 의미한다. 여기서 객관적인 위험의 증가란 보험계약자 또는 피보험자가 임의로 일으킨 것이거나 허용한 것이 아닌 것으로서 자연적인 사건으로 생긴 것이거나 보험계약자 또는 피보험자가 개입할 수 없는 제3자의 행위로 인한 것이어야 한다.[4]

(vii) 보험계약자 또는 피보험자가 위험의 현저한 증가를 알았어야 한다. 보험계약자 또는 피보험자가 어떠한 상태의 발생을 알았다고 하더라도 그 성질상 위험의 증가인 것으로 판단하지 못한 때에는 통지의무가 없다고 본다. 즉, '사고발생의 위험이 현저하게 변경 또는 증가된 사실을 안 때'란 특정한 상태의 변경이 있음을 아는 것만으로는 부족하고 그 상태의 변경이 사고발생 위험의 현저한 변경·증가에 해당된다는 것까지 안 때를 의미한다.[5]

보험계약자 또는 피보험자는 위험의 변경·증가 사실을 적극적으로 탐지하여야 할 의무는 없다고 본다.[6] 고지의무의 경우에도 중요사실을 적극적으로 탐지하여 고지하여야 할 의무는 없으므로 이러한 견해가 정당하다고 생각한다.

한편 전술한 바와 같이 위험의 변경·증가 사실을 보험자가 이미 알고 있는 때에는 보험계약자 또는 피보험자는 그것을 통지할 의무가 없다고 본다.

그리고 위험증가를 사전에 예측할 수 있었는지(vorhersehbar)의 여부는 문제되지 않는다. 예측할 수 없었던 위험의 증가는 물론, 예측할 수 있었던 위험의 증가가 있더라도 통지하여야 한다.[7]

(viii) 위험증가의 사실이 존재하는 데 대한 증명책임은 보험자에게 있다. 따라서

1) Prölss/Martin, *a.a.O.*, §23 Anm. 2) A. c).
2) 양승규(보) 162면.
3) 양승규(보) 162면.
4) 양승규(보) 162면.
5) 대법원 2014. 7. 24. 2012다62318.
6) 양승규(보) 162면.
7) Prölss/Martin, *a.a.O.*, §23 Anm. 2) A. e).

당사자간의 합의로써도 증명책임을 보험계약자에게 부담시킬 수는 없다고 본다(제663조).[1]

(ix) 동일 보험자와 피보험자 사이에 여러 보험계약이 체결되어 있을 때, 한 계약에 대한 위험변경·증가 통지는 다른 계약에도 효력을 미친다. 예컨대 상해보험 가입시 직업을 '경찰관'으로 고지하였으나, 추후 운전자보험에 가입하면서 '화물차 운전기사'로 고지하였다면 그 효과는 상해보험에도 미쳐 위험변경·증가 통지의무를 이행한 것으로 된다.[2]

(5) 통지의 상대방·시기 및 방법

(i) 통지의 상대방: 보험계약자 또는 피보험자는 위험이 증가된 사실을 안 때에는 지체없이 보험자에게 통지를 하여야 한다. 통지의 상대방은 보험자이다. 보험모집인은 통지수령권이 없다는 것이 판례의 태도이다.

◖ 대법원 2006. 6. 30. 2006다19672·19689
보험모집인이 통지의무의 대상인 '보험사고발생의 위험이 현저하게 변경 또는 증가된 사실'을 알게 된 경우, 이로써 곧 보험자가 위와 같은 사실을 알았다고 볼 수 없다

☞ 구 보험업법(2003. 5. 29. 법률 제6891호로 전문 개정되기 전의 것)상의 보험모집인은 특정 보험자를 위하여 보험계약의 체결을 중개하는 자일 뿐 보험자를 대리하여 보험계약을 체결할 권한이 없고 보험계약자 또는 피보험자가 보험자에 대하여 하는 고지나 통지를 수령할 권한도 없으므로, 보험모집인이 통지의무의 대상인 '보험사고발생의 위험이 현저하게 변경 또는 증가된 사실'을 알았다고 하더라도 이로써 곧 보험자가 위와 같은 사실을 알았다고 볼 수는 없다.

(ii) 통지의 시기 : 위험이 증가된 사실을 안 때에는 지체없이 통지하여야 한다. 여기서 지체없이(unverzüglich)란 귀책사유 있는 지연없이(ohne schuldhaftes Zögern) 통지하여야 한다는 뜻이다.[3] 통지는 위험을 증가케 하는 일정한 사태가 발생하였다는 것을 알 수 있도록 하면 되고, 그러한 사태가 보험계약자 등의 고의 또는 중대한 과실에 의하여 발생한 것이라든가 하는 것은 상세히 설명할 필요가 없다.

(iii) 통지의 방법 : 통지의 방법은 제한이 없으므로 구두 또는 서면으로 할 수 있으나, 약관에 의하여 서면으로 통지하도록 하는 것이 관례이다.[4] 그러나 특약에

---

1) 노일석, 전게논문, 21면.
2) 대법원 2024. 11. 28. 2022다238633; 동 2011. 12. 8. 2009다20451.
3) Bruck-Möller, *a.a.O.*, §23 Anm. 31.
4) 화재보험표준약관 제11조 제1항 참조.

의하여 서면으로 통지하도록 되어 있는 경우 구두의 통지는 아무런 효과가 없는지 의문이다. 판례는 이 경우 구두의 통지는 효력이 없다고 하고 있으나, 구두로 통지하였더라도 보험자가 일단 현저한 위험의 증가를 알았다고 보아야 할 경우에는 통지의 효력을 인정하여야 할 것이 아닌가라고 생각된다(독일 보험계약법 제25조 제2항 제2문 참조).

◖ 대법원 1992. 7. 10. 92다13301 · 13318
특약에 의하여 서면으로 통지하도록 되어 있는 경우 구두의 통지는 효과가 없다

☞ 화재보험계약에서 따르기로 한 영국 화재보험위원회의 해외용 F.O.C (F) 약관 제8조 (a)항의 취지가, 보험자로서는 보험계약체결 당시의 보험사고 발생의 가능성을 기준으로 보험료 및 보험금액을 산정하여 보험계약을 체결하므로 보험사고 발생의 가능성이 증가한 경우에는 보험료를 조정할 필요성이 있고, 그러한 사정은 보험계약자(피보험자)의 지배영역 내에서 발생한다는 점에 비추어 보험계약자가 보험자에게 그러한 사정을 고지하여 보험자로부터 승인을 받거나 보험료를 다시 조정하도록 하는 데 있으며, 그 제20조의 취지가 약관상의 모든 통지에 관하여 서면주의를 채택함으로써 당사자 사이의 분쟁을 예방하기 위한 것임에 비추어, 보험계약자인 회사의 근로자들이 폐업신고에 항의하면서 위 화재보험의 목적인 공장건물을 상당기간 점거하여 외부인의 출입을 차단하고 농성하는 행위는 위 약관 제8조 (a)항에서 말하는 보험목적물 또는 이를 수용하는 건물에 대한 점유의 성질을 변경하거나 또는 그에 준하는 사정에 해당한다고 할 것인데 보험계약자가 보험자에게 위와 같은 사실을 서면으로 고지하여 보험증권상의 배서방법에 의한 승인을 받지 아니하였으므로 위 보험계약은 그 효력을 상실하였다[이 사건에서 구두(전화)에 의한 통지는 있었다].

(6) 통지의 효과

보험자가 위험변경증가의 통지를 받은 때에는 1월 내에 보험료의 증액을 청구하거나 계약을 해지할 수 있다(제650조 제2항).[1]

(7) 통지해태의 효과

(ⅰ) 통지의무를 해태한 때에는 보험자는 그 사실을 안 날로부터 1월 내에 한하여 계약을 해지할 수 있다(제652조 제1항 제2문). 이 경우에 1월의 기간은 제척기간이고, 보험사고발생 전후를 묻지 않고 해지권을 행사할 수 있다.[2] 이 기간이 경과하면 해지권을 행사할 수 없고, 또한 보험료의 증액도 청구할 수 없다.

(ⅱ) 보험자가 1월의 기간 내에 보험계약을 해지한 때에는 보험계약은 그때부터 장래에 향하여 효력을 상실한다. 그러나 보험금의 청구에 관한 한 소급효가 있어서 해지 이전에 보험사고가 발생하였더라도 보험자는 보험금을 지급할 책임이 없고,

---

1) 대법원 2010. 3. 25. 2009다91965 · 91972.
2) 양승규(보) 163면.

이미 보험금을 지급하였다면 그 반환을 청구할 수 있다. 그러나 보험계약자는 보험계약이 해지된 때에도 위험이 증가한 때가 속한 보험료기간에 대한 보험료지급책임을 면할 수 없다. 다만 보험계약자 등이 그 위험변경·증가의 사실과 보험사고의 발생 사이에 인과관계가 없음을 증명한 때에는 보험금지급을 청구할 수 있고 이미 지급받은 보험금의 반환을 거절할 수 있다(제655조 단서). 또한 보험계약을 체결할 당시 통지의무를 정한 약관 조항에 관하여 명시·설명의무를 다하지 못했다면 통지의무 위반을 이유로 보험계약을 해지할 수 없다.[1] 그러나 보험계약자 또는 피보험자가 위험변경증가 통지의무를 해태하였다면, 보험자는 그 약관의 내용을 보험계약의 내용으로 주장할 수 없을 뿐이고, 법률, 즉 상법 제652조 제1항 후단에 따라 보험계약을 해지할 수는 있다.[2]

(8) 고지의무와의 관계

보험계약상 고지의무와 통지의무는 서로 다르다. 예컨대 보험계약 체결시 고지의무를 위반하였지만 고지의무 위반에 따른 해지권 행사 기간(상법상 제척기간)이 지나면 보험자는 고지위반을 구성하는 그 사유로 위험변경증가통지의무 위반을 이유로 보험계약을 해지할 수 없다.

◖ 대법원 2024. 6. 27. 2024다219766
고지의무는 위반하였으나 위험변경증가의 통지의무는 위반하지 아니하였다고 본 사례

☞ 건설현장 일용직 근로자가 상해보험계약을 체결하면서 고지의무를 위반하여 '사무직'으로 고지하였으나, 보험자는 고지의무 위반을 이유로 계약을 해지한 바 없다. 그 후 근로자의 사망으로 보험자는 상법 제652조 제1항의 통지의무를 위반하였다고 주장하였으나, 법원은 보험기간 중에 실제 직업이 변경되지는 않았음을 이유로 통지의무 위반을 인정하지 않았다.

3) 기타의 통지의무

책임보험에서는 피보험자의 배상청구사실통지의무(제722조)·변제 등의 통지의무(제723조)에 관한 특별규정이 있다(제655조 단서).

---

1) 대법원 2014. 7. 24. 2013다217108; 동 2021. 8. 26. 2020다291449; 동 2025. 10. 16. 2022다225897.
2) 대법원 2025. 8. 14. 2024다289680.

3. 위험변경 · 증가금지의무

1) 위험의 변경 · 증가금지의무의 의의

(1) 보험기간 중에 보험계약자, 피보험자 또는 보험수익자는 고의나 중과실에 의하여 사고발생의 위험을 현저하게 변경 또는 증가시켜서는 안된다. 이를 위험의 변경 · 증가금지의무(Pflicht des Änderungs-und Erhöhungsvervotes)라 한다. 이 의무는 예컨대 주거용으로 화재보험에 붙인 가옥의 내부를 개조하여 공장이나 상점으로 사용하는 경우, 출퇴근용 자동차를 영업용으로 계속 사용하는 경우나 렌트용 승용차를 영업용 택시로 전용하는 경우와[1] 같은 손해보험의 경우는 물론이고, 피보험자가 위험직종으로 직업을 바꾸는 경우와[2] 같은 인보험의 경우에도 인정된다. 이 의무를 위반한 때에는 보험자는 그 사실을 안 날로부터 1월 내에 보험료의 증액을 청구하거나 계약을 해지할 수 있다(제653조).

(2) 상법 제653조의 규정은 보험계약자 등에게 보험기간 동안 위험을 계약체결시의 상태대로 유지하고 위험의 변경 · 증가를 금지하여야 할 의무를 부과한 것이므로, 이를 보험계약자의 위험유지의무(Gefahrstandspflicht)를 규정한 것으로 보기도 한다.[3] 그러나 상법 제653조는 위험의 변경 · 증가를 금지할 의무를 부담시킬 뿐이고 위험 자체를 유지시킬 의무를 부과한 것은 아니므로 이를 위험유지의무라고 하는 것은 적절하지 못하다.[4] 예컨대, 위험이 자연히 증가되더라도 보험계약자 등으로서는 현저하지 아니하는 한 아무런 조치를 취하지 아니하여도 상관없고, 다만 위험이 현저하게 변경 · 증가한 경우에만 보험자에게 통지하여야 하지만, 위험 자체를 계약체결시점의 상태로 유지하여야 할 의무를 부담하는 것은 아니다.

(3) 이행보조자의 고의 · 과실에 의한 위험의 변경 · 증가의 경우도 같다.[5]

2) 위험의 변경 · 증가금지의무의 법적 성질

위험의 변경 · 증가금지의무의 법적 성질도 보험기간 중에 보험계약자 등이 이 의무를 위반한 때에는 보험자가 계약을 해지함으로써 보험보호를 받을 수 없다는 점

---

1) 이 경우에는 자동차종합보험에 의하여 담보되지 않는다: 법률신문, 1997. 2. 17. 6면(수원지법 제1민사부 판결에 관한 기사 참조).
2) Weyers, *a.a.O.*, Rn. 546.
3) 양승규(보) 165면; 정찬형(하) 599면; 노일석, 전게논문, 24면; Prölss/Martin, *a.a.O.*, §23 Anm. 4) a). 그러나 후술하는 바와 같이 이러한 표현은 적절하지 않다.
4) 동지: 채이식(Ⅳ) 95면.
5) Weyers, *a.a.O.*, Rn. 520.

에서 위험변경·증가의 통지의무와 같은 간접의무 또는 자기의무라 본다.[1)]

3) 위험의 변경·증가금지의무의 내용

(1) 위험의 변경·증가금지의무를 부담하는 자는 보험계약자·피보험자·보험수익자이다. 보험계약자 등의 고의나 중과실로 인하여 위험이 현저하게 변경 또는 증가된 경우에만 위험의 변경·증가금지의무의 위반이 된다. 여기서 "위험"이란 보험사고 발생 가능성을 의미하며, "현저한 변경 또는 증가"란 보험계약의 체결 당시 그러한 사실의 존재를 알았다면 보험자가 계약을 체결하지 않았거나 적어도 동일한 조건으로 그 계약을 체결하지는 않았으리라고 생각되는 정도의 위험을 말한다. 우리 보험법은 독일 보험계약법 및 일본상법과는 달리 경과실의 경우를 제외하는 점이 특이한데, 이는 고지의무의 경우에도 경과실의 경우 고지의무위반이 되지 않는 것과 균형을 이루는 것이라고 볼 수도 있다. 그러나 고지의무위반과 위험의 변경·증가의무를 동일하게 취급할 필연적인 근거는 없다고 본다.[2)]

(2) 보험계약자 등의 고의·중과실에 대한 증명책임은 보험자에게 있다. 그러나 보험계약자 등이 지체없이 통지한 사실, 보험자가 알고 있었던 것 등은 보험계약자가 증명하여야 한다. 일반적으로 이들 사유에 대한 증명이 어려운 점을 감안하여 독일에서는 대체로 엄격한 증명을 요구하지는 아니한다고 한다.[3)]

4) 위험의 변경·증가금지의무위반의 효과

위험의 변경·증가금지의무위반의 효과는 상법 제652조가 규정한 위험의 변경·증가통지의무의 경우와 같다. 즉, 보험자는 보험료의 증액을 청구하거나 보험계약을 해지할 수 있다(제653조). 해지권은 보험사고 발생의 전후를 불문하고 행사할 수 있으나(제655조 본문), 보험자가 위험의 변경·증가 사실을 안 날로부터 1월의 제척기간 내에 행사하여야 한다. 보험계약을 해지한 보험자는 보험금지급책임을 면한다. 다만 보험자가 계약을 해지하기 전에 그 위험의 변경·증가 상태가 이전의 상태로 회복되었거나(독일 보험계약법 제24조 제2항 참조), 보험사고가 발생한 이후에는 보험계약자 또는 피보험자의 고의 또는 중대한 과실로 인한 위험의 변경이나 증가된 사실이 보험사고에 영향을 미치지 아니하였음을 보험계약자가 증명한 때에는 보험자는 보험금

1) 양승규(보) 165면; 정찬형(하) 597면. 이에 대하여 진정한 의무라는 견해: 강위두·임재호(하) 582면.
2) 동지: 노일석, 전게논문, 28면 참조.
3) Prölss/Martin, *a.a.O.*, §25 Anm. 3) 참조.

을 지급할 책임이 있다(제655조 단서).

5) 상법 제652조의 규정과 비교

상법 제652조는 위험의 객관적 변경·증가를 규정한 것이고, 상법 제653조는 '위험의 주관적(subjektive oder gewillkürte) 변경·증가'를 규정한 것이라는 견해가 다수설이다.[1] 그러나 상법이 위험의 변경·증가와 관련하여 이와 같이 나눈 것은 무의미한 것이 아닌가 생각된다. 왜냐하면 위험의 주관적 변경·증가와 위험의 객관적 변경·증가를 구분한다면 양자의 법률효과를 어느 정도 달리 취급할 필요가 있는데,[2] 우리 보험법은 거의 동일하게 처리하고 있기 때문이다.

(1) 적용요건의 비교

상법 제652조 제1항의 적용요건은 "보험기간 중에 보험계약자 또는 피보험자가 사고발생의 위험이 현저하게 변경 또는 증가된 사실을 안 때"이다. 상법 제652조 제1항은 보험계약자나 피보험자측의 고의든 과실이든 또는 중과실 여부에 관하여는 아무런 언급이 없다. 이에 비하여 상법 제653조의 적용요건은 보험계약자측의 고의 또는 중대한 과실의 경우만을 한정하고 있다. 즉, 상법 제652조 제1항은 사고발생의 위험이 현저하게 변경 또는 증가된 원인을 묻지 아니하나, 상법 제653조의 적용요건은 "보험기간 중에 보험계약자, 피보험자 또는 보험수익자의 고의 또는 중대한 과실로 인하여 사고발생의 위험이 현저하게 변경 또는 증가된 때"로 한정한다. 이 점에서 상법 제652조 제1항은 상법 제653조의 내용을 포함한다.

둘째, 상법 제652조 제1항의 경우에는 사고발생의 위험이 현저하게 변경 또는 증가된 사실의 인식 주체가 보험계약자 또는 피보험자인데 비하여 상법 제653조의 경우는 보험자가 인식의 주체이다. 그러나 상법 제652조 제1항의 경우에는 '지체없이 보험자에게 통지하여야' 하므로 결국 보험자가 인식하게 되어 이 점에서는 차이가 없다.

(2) 적용효과의 비교

상법 제652조의 경우에는 보험계약자 또는 피보험자가 위험변경·증가 사실을 통지한 경우와 통지하지 아니한 경우로 구분된다. 이를 통지한 경우에는 보험자는 통지를 받은 때로부터 1월 내에 보험료의 증액을 청구하거나 계약을 해지할 수 있다(제652조 제2항). 통지하지 아니한 경우에는 보험자가 현저한 위험변경·증가 사실을 안

---

1) 정찬형(하) 599면; 서돈각·정완용(하) 390면.
2) 동지: 노일석, 전게논문, 34면.

날로부터 1월 내에 계약을 해지할 수 있다(제652조 제1항 제2문). 상법 제652조 제1항 제2문에 의하면 통지를 아니한 경우에는 보험자는 보험계약을 해지만 할 수 있고, 보험료를 증액하고 보험계약을 계속 유지할 수는 없는 것처럼 보인다. 그러나 이 규정은 강행규정이 아니므로 통지를 아니한 경우에도 보험료를 증액하고 보험계약을 유지하는 것은 보험자의 자유이다. 결과적으로 통지를 하거나 아니하거나 큰 차이가 없다.

한편 상법 제653조의 경우에도 보험자는 현저한 위험변경·증가 사실을 안 날로부터 1월 내에 보험료의 증액을 청구하거나 계약을 해지할 수 있다.

결과적으로 위험의 변경·증가를 통지하거나 아니하거나, 고의·중과실에 의한 위험의 변경·증가이거나 아니거나 결과에 있어서는 별 차이가 없다. 즉, 보험자는 1개월 내에 보험료의 증액을 청구하거나 보험계약을 해지할 수 있다는 것이다.

이상과 같이 상법 제653조는 제652조만으로도 해결할 수 있는 문제를 규율함으로써 불필요한 규정이 되고 있다. 이는 입법자의 중대한 실수이다. 차라리 프랑스와 이탈리아의 경우와 같이 고의·중과실에 의한 위험의 변경·증가와 그렇지 아니한 경우를 나누지 말든지, 나누기로 하였으면 독일과 일본의 경우처럼 그 법률효과를 달리하였어야 한다.

제 5 절 보험계약의 무효·종료·부활

Ⅰ. 보험계약의 무효

1. 보험료불지급으로 인한 보험계약 해제

1) 보험계약자는 계약체결 후 지체없이 보험료의 전부 또는 제1회 보험료를 지급하여야 하며, 보험계약자가 이를 지급하지 아니하는 경우에는 다른 약정이 없는 한 계약성립 후 2월이 경과하면 그 계약은 해제된 것으로 본다(제650조 제1항). 이 경우에는 당사자의 의사표시를 기다릴 것 없이 당연히 그 보험계약은 처음부터 무효가 된다.

2) 제1회 보험료를 지급하지 아니하여 보험계약이 해제된 것으로 보는 경우에도 특정한 타인을 위한 보험의 경우에 보험계약자가 보험료의 지급을 지체한 때에는

보험자는 그 타인에게도 상당한 기간을 정하여 보험료의 지급을 최고한 후가 아니면 그 계약을 해제 또는 해지하지 못한다고 정한 제650조 제3항이 적용되어야 하는지 의문이다. 생각건대, 이미 제650조 제1항에서 계약성립 후 2월의 경과로 보험계약은 당연히 해제된 것으로 보기 때문에 다시 동조 제3항에 의거하여 타인에게도 최고한 후에야 비로소 그 계약을 해제 또는 해지할 수 있다는 것은 논리적으로 모순이다. 다시 타인에게 상당한 기간을 정하여 최고한다는 것은 비교적 단기인 2월이 경과하면 자동적으로 보험계약이 해제된 것으로 본다는 법률의 취지에 비추어 적당하지 아니하다. 입법론으로는 '해제'부분을 삭제하는 것이 타당하다고 본다.

2. 계약 당시 보험사고의 확정

1) 보험계약체결 당시에 보험사고가 이미 발생하였거나 또는 발생할 수 없는 것인 때에는 그 계약은 무효가 된다(제644조 본문). 그러나 보험사고의 불확정성은 객관적인 것이 아니므로, 계약당사자 쌍방과 피보험자가 보험사고의 확정 사실을 알지 못한 때에는 보험계약은 유효하게 성립한다(제644조 단서). 상법 제644조 단서의 규정은 소급보험을 염두에 둔 규정이다.

2) 보험계약이 무효인 경우에는 보험계약자, 피보험자 또는 보험수익자가 선의이며 중과실이 없는 때에 한하여 이미 지급한 보험료의 반환을 청구할 수 있다(제648조).

3. 사기로 인한 초과보험 · 중복보험

초과보험 또는 중복보험이 보험계약자의 사기로 인하여 체결된 때에는 그 계약은 무효가 된다(제669조 제4항 본문, 제672조 제3항). 그러나 보험자는 그 사실을 안 때까지의 보험료는 청구할 수 있다(제669조 제4항 단서, 제672조 제3항).

4. 심신상실자 등을 피보험자로 한 사망보험

15세 미만자, 심신상실자 또는 심신박약자의 사망을 보험사고로 한 보험계약은 무효이다(제732조 본문). 다만, 의사능력이 있는 심신박약자도 직접 생명보험계약을 체결하거나 단체보험에 가입하는 경우에는 피보험자가 될 수 있으므로 그 보험계약은 무효가 아니다(제732조 단서). 상법 제732조 단서는 심신박약자를 보호하기 위한 규정으로, 그가 의사능력이 있으면 직접 생명보험계약을 체결할 수 있다는 것을 전제로 한다. 직접 생명보험계약을 체결할 수 있다는 것은 청약의 의사표시, 고지의무와 통지의무의 이행, 설명의 청취와 이해, 인위적 사고에 대한 방어능력 등을 전제한다. 그러나 심신박약자가 그러한 전제조건을 갖추고 있다고 볼 수 있는지 의문이다.[1)]

◖ 대법원 2013. 4. 26. 2011다9068

만 7세인 자신의 아들을 피보험자로 하고 자신을 보험수익자로 하여, 아들의 사망을 보험사고로 한 보험계약은 무효이다

☞ 통상 정신능력이 불완전한 15세 미만자 등을 피보험자로 하는 경우 그들의 자유롭고 성숙한 의사에 기한 동의를 기대할 수 없고, 그렇다고 해서 15세 미만자 등의 법정대리인이 이들을 대리하여 동의할 수 있는 것으로 하면 보험금의 취득을 위하여 이들이 희생될 위험이 있으므로, 그러한 사망보험의 악용에 따른 도덕적 위험 등으로부터 15세 미만자 등을 보호하기 위하여 둔 효력규정이라고 할 것이다. 따라서 15세 미만자 등의 사망을 보험사고로 한 보험계약은 피보험자의 동의가 있었는지 또는 보험수익자가 누구인지와 관계없이 무효가 된다.

5. 보험계약이 취소된 경우

1) 보험약관의 교부 · 설명의무 위반

보험자가 보험약관의 교부 · 설명의무를 위반한 경우 보험계약자는 보험계약이 성립한 날부터 3개월 이내에 그 계약을 취소할 수 있고(제638조의 3 제2항), 취소된 경우 보험계약은 처음부터 무효가 된다(민 제141조). 이 경우 보험자는 보험계약자로부터 받은 보험료를 전부 반환하여야 한다(제648조).

2) 사기에 의한 고지의무위반

보험계약자 등이 사기로 고지의무를 위반한 경우, 보험자는 계약을 취소할 수 있고(민 제110조 제1항), 취소된 경우 보험계약은 처음부터 무효가 된다(민 제141조). 다만 보험자는 사기의 사실을 안 때까지의 보험료를 반환할 필요가 없다고 본다.

◖ 대법원 2012. 9. 13. 2010다92407

한국공인중개사협회가 공제가입자인 중개업자의 사기를 이유로 하는 공제계약 취소 또는 무효를 주장하는 경우에도 거래당사자에게 대항할 수는 없다.

☞ 주채무자에 해당하는 중개업자가 공제계약을 체결함에 있어서 피고(한국공인중개사협회)를 기망하였다는 이유로 피고가 공제계약 체결의 의사표시를 취소하였다 하더라

1) 동지: 김선정, "2014년 보험법 개정에 대한 관견", 경영법률 제24집 제4호, 2014. 7. 142면 이하.

도, 거래당사자가 그와 같은 기망행위가 있었음을 알았거나 알 수 있었다는 등 특별한 사정이 있는 경우가 아니면 그 취소를 가지고 거래당사자에게 대항할 수 없다. 그리고 이러한 법리는 '공제계약에 관하여 공제가입자 또는 그 대리인의 사기가 있었을 때에는 무효로 한다'는 공제약관에 의하여 피고가 공제계약의 무효를 주장하는 경우에도 마찬가지로 적용된다. 동지: 대법원 2012. 8. 17. 2010다93035.

6. 기타의 경우

민법상 의사표시의 무효사유(민 제107조, 제108조)에 의하여 보험계약의 청약이나 승낙의 의사표시가 무효인 경우에는 보험계약도 무효가 된다.

Ⅱ. 보험계약의 변경

1. 위험의 자연적 변경 · 증가

보험기간 중에 보험계약자 또는 피보험자가 사고발생의 위험이 현저하게 변경 또는 증가된 사실을 알고 지체없이 보험자에게 통지한 때에는 보험자는 1월 내에 보험료의 증액을 청구하거나 계약을 해지할 수 있다(제652조).

2. 위험의 인위적 변경 · 증가

보험기간 중에 보험계약자, 피보험자 또는 보험수익자의 고의 또는 중대한 과실로 인하여 사고발생의 위험이 현저하게 변경 또는 증가된 때에는 보험자는 그 사실을 안 날부터 1월 내에 보험료의 증액을 청구하거나 계약을 해지할 수 있다(제653조).

3. 위험의 감소

보험계약의 당사자가 특별한 위험을 예기하여 보험료의 액을 정한 경우에 보험기간 중 그 예기한 위험이 소멸한 때에는 보험계약자는 그 후의 보험료의 감액을 청구할 수 있다(제647조).

Ⅲ. 보험계약의 종료

1. 당연종료

1) 보험기간의 만료

보험기간이 만료되면 계약은 당연히 종료된다. 다만 보험약관에서는 기간만료시에 차기보험료를 지급하면 계약이 계속하는 것으로 정하는 일이 많다.

2) 위험의 소멸

보험의 목적물이 상실되었을 경우, 예컨대 화재보험의 목적인 건물이 홍수로 유실된 경우와 같이 위험이 소멸되면 보험계약도 종료한다.

3) 보험사고의 발생

보험사고가 발생하면 계약의 대상이 없어지므로 보험계약은 종료된다. 그러나 손해보험이나 책임보험에서는 사고건수의 제한이 없는 경우가 있고, 이때에는 보험기간 동안 계약은 종료되지 아니한다. 보험목적의 일부에만 손해가 생긴 경우에도 당사자간의 약정으로 보험계약을 계속 유지시킬 수 있다.

4) 보험계약의 실효

(1) 보험자가 파산선고를 받으면 보험계약자는 계약을 해지할 수 있으나(제654조 제1항), 보험계약자가 해지하지 아니하면 파산선고 후 3월이 경과한 때 보험계약은 당연히 그 효력을 잃는다(제654조 제2항).

(2) 보험회사는 파산하면 해산하게 되어(보업 제137조 제1항 제5호) 보험업을 영위할 수 없게 된다. 그러나 보험회사가 파산하는 경우 사회・경제적 혼란을 초래하게 되므로 이를 방지하기 위하여 보험업법에서는 보험회사는 보험금 지급능력과 경영의 건전성을 확보할 수 있도록 일정한 재무건전성 기준을 준수하도록 하고 있으며(보업 제123조 제1항), 금융위원회는 보험회사가 이러한 재무건전성 기준을 준수하지 아니하여 경영의 건전성을 해할 우려가 있다고 인정되는 경우에는 자본금 또는 기금의 증액명령, 주식 등 위험자산의 소유의 제한 등 필요한 조치를 할 수 있도록 규정하고 있다(보업 제123조 제2항).

(3) 또한 금융산업의 구조개선에 관한 법률(금산법)에서는 금융위원회는 금융기관의 자기자본비율이 일정수준에 미달하거나 거액의 금융사고 또는 부실채권의 발생으로 인하여 금융기관의 재무상태가 일정기준에 미달하게 될 것이 명백하다고 판단되는 때에는 금융기관의 부실화를 예방하고 건전한 경영을 유도하기 위하여 당해 금융기관에 대하여 합병 또는 제3자에 의한 해당 금융기관의 인수, 영업의 양도 또는 예금·대출 등 금융거래에 관련된 계약의 이전 기타 금융기관의 재무건전성을 높이기 위하여 필요하다고 인정되는 조치를 권고·요구 또는 명령하거나 그 이행계획을 제출할 것을 명하여야 한다고 되어 있고(금산법 제10조), 이러한 조치에도 불구하고 보험회사가 부실금융기관으로 지정되게 될 경우 금융위원회는 정부 등에 대하여 부실금융기관에 대한 출자 등을 요청할 수 있다(금산법 제12조).

(4) 그리고 예금자보호법에서는 예금보험공사에 예금보험기금을 설치·운영하여 보험자의 파산 등으로 보험금·환급금을 지급할 수 없게 된 때에는 그 기금에서 보험금·환급금의 전부 또는 일부를 지급할 수 있도록 하고 있다(예금자보호법 제24조·제31조)

(5) 보험회사는 계약의 방법으로 책임준비금산출의 기초가 동일한 보험계약의 전부를 포괄하여 다른 보험회사에게 이전할 수 있다(보업 제140조 이하). 따라서 부실한 보험회사는 계약에 의하여 그 보험회사가 체결한 동종의 보험계약 전부를 다른 보험회사에게 이전시켜 보험관계를 계속 유지할 수 있다.

(6) 한편 해상보험에서는 항해를 변경한 때(제701조 제1항), 이로(제701조의 2), 발항 또는 항해의 지연(제702조), 선박을 변경한 때(제703조), 보험자의 동의없이 선박을 양도할 때(제703조의 2 제1호), 선박의 선급을 변경한 때(제703조의 2 제2호), 선박을 새로운 관리로 옮긴 때(제703조의 2 제3호)에도 보험계약이 실효된다.

2. 임의해지

1) 보험자의 해지

(1) 보험자는 ① 계속보험료가 약정한 시기에 지급되지 아니하여 보험자가 상당한 기간을 정하여 보험계약자에게 최고하였으나 그 기간 내에도 지급되지 아니한 때(제650조 제2항), ② 보험계약자 또는 피보험자가 고지의무를 위반한 때(제651조), ③ 보험계약자 또는 피보험자가 위험의 변경·증가통지의무를 해태한 때(제652조)에는 보험계약을 해지할 수 있다. 또 ④ 보험계약자·피보험자 또는 보험수익자의 고의 또는 중과실로 인하여 위험이 변경·증가된 때에는 보험자가 그 사실을 안 날로부터 1월 내에 보험료의 증액을 청구하거나 보험계약을 해지할 수 있다(제653조). 위의

각 경우에 보험계약을 해지한 보험자는 보험금지급책임이 없고, 이미 지급한 보험금의 반환을 청구할 수 있다(제655조 본문). 다만 고지의무에 위반한 사실 또는 위험의 현저한 변경이나 증가된 사실이 보험사고의 발생에 영향을 미치지 아니한 때에는 보험금을 청구할 수 있다(제655조 단서).

(2) 특정한 타인을 위한 보험의 경우에 보험계약자가 보험료의 지급을 지체한 때에는 보험자는 그 타인에게도 상당한 기간을 정하여 보험료의 지급을 최고한 후가 아니면 그 계약을 해제 또는 해지하지 못한다(제650조 제3항). 이 밖에 ⑤ 약관의 규정에 의하여 일정한 사유가 있는 때(예컨대, 화재보험에서 피보험자가 상당한 이유없이 보험자의 보험목적에 대한 조사를 거부 또는 회피한 때)에는 보험계약을 해지하는 수가 있고, ⑥ 해상보험의 특칙으로서 선박미확정의 적하예정보험에서 보험계약자가 통지를 해태한 때에도 보험자는 그 사실을 안 날로부터 1월 내에 계약을 해지할 수 있다(제704조 제2항).

2) 보험계약자의 해지

보험계약자는 ① 보험사고발생전에는 언제든지 보험계약의 전부 또는 일부를 해지할 수 있다(제649조 제1항 본문). 다만 타인을 위한 보험계약의 경우에는 보험계약자는 그 타인의 동의를 얻지 아니하거나 보험증권을 소지하지 아니하면 그 계약을 임의로 해지하지 못한다(제649조 제1항 단서). 보험사고의 발생 전에 보험계약자가 임의로 해지하는 경우에는 당사자간에 다른 약정이 없으면 보험계약자는 미경과보험료의 반환을 청구할 수 있다(제649조 제3항). 또 ② 보험사고의 발생으로 보험자가 보험금액을 지급한 때에도 보험금액이 감액되지 아니하는 보험의 경우에는 보험계약자는 그 사고발생 후에도 보험계약을 해지할 수 있다(제649조 제2항). 그리고 ③ 보험자가 파산선고를 받은 때에는 보험계약자가 계약을 해지할 수 있다(제654조 제1항). 3월이 지나면 보험계약은 당연히 효력을 잃는다.

Ⅳ. 보험계약의 부활

1. 의 의

계속보험료지급지체로 인하여 보험계약이 해지되고(제650조 제2항) 해지환급금이 지급되지 아니한 경우에는 보험계약자는 일정한 기간 내에 연체보험료에 약정이자를 붙여 보험자에게 지급하고 그 계약의 부활을 청구할 수 있다(제650조의 2 제1문). 이때 보험계약자의 청구에 의하여 체결되는 계약을 부활계약이라 한다. 이것은 보험계약이 실효되어 보험계약자가 해지환급금을 받거나 새로이 보험계약을 체결하는 것이 손해가 될 수 있기 때문에 보험계약자의 부담을 경감하기 위하여 인정한 것이다.

부활계약에 관하여는 보험계약의 성립에 관한 제638조의 2의 규정을 준용한다(제650조의 2 제2문).

2. 법적 성질

부활계약의 법적 성질은 종래의 보험계약과 동일성을 유지하여 존속할 것을 목적으로 하는 특수한 계약으로 본다(통설).

3. 요 건

1) 보험계약이 부활하기 위하여는, ① 보험계약자가 계속보험료를 지급하지 아니함으로써 보험계약이 해지되었거나 실효되었어야 한다(제650조의 2, 제650조 제2항). 최초보험료를 지급하지 아니하여 보험자의 책임이 개시되지 아니한 때에는 보험계약은 부활되지 아니한다(제650조 제1항). ② 보험자가 해지환급금을 반환하지 아니하였어야 한다(제650조의 2). 보험자가 반환하여야 할 해지환급금 등이 없는 경우에는 이에 구애받지 않고 보험계약의 부활을 청구할 수 있다.[1] ③ 보험계약자의 청약과 이에 대한 보험자의 승낙이 있어야 한다. 부활계약을 청약할 경우에는 일정한 기간 내에 연체보험료에 법정이자를 붙여 보험자에게 지급하여야 한다. 부활계약의 청약의 경우에도 보험계약자 등은 고지의무를 부담한다고 본다.

2) 보험자는 부활계약의 청약을 받은 때에는 30일 내에 승낙여부의 통지를 발송하여야 하며, 보험자가 위 기간 내에 낙부의 통지를 발송하지 아니한 때에는 승낙한 것으로 본다(제650조의 2, 제638조의 2). 인보험계약의 피보험자가 신체검사를 받아야 하는 경우에는 그 기간은 신체검사를 받은 날로부터 기산한다. 보험계약자가 위 부활계약의 요건을 갖추지 못한 청약을 한 경우에도 보험자가 이를 승낙하면 부활계약이 성립한다고 본다.[2]

1) 양승규(보) 171면; 정찬형(하) 606면.
2) 손주찬(하) 567면; 정동윤(하) 556.

4. 효 과

1) 보험계약의 부활로 해지 또는 실효되기 전의 보험계약이 회복된다. 따라서 종래 보험계약에 존재하던 항변(보험계약의 무효·해지의 사유 등)도 부활한다고 본다. 다만 보험계약의 부활에 의하여 그 원인이 소멸된 사유는 이를 문제삼을 수 없고, 따라서 고지의무위반의 경우에도 부활계약의 청약시에 고지의무를 부담하므로 종래의 고지의무위반은 부활 후에 이를 주장할 수 없다고 본다.[1)]

2) 보험계약이 계속보험료의 불지급을 이유로 해지된 시점부터 다시 부활될 시점까지 발생한 보험사고에 대하여는 보험자는 보험금지급책임이 없다. 그러나 보험자가 부활계약을 승낙하기 전에도 연체보험료와 법정이자를 지급받은 후 그 청약을 거절할 사유가 없는 경우에는 발생한 보험사고에 대하여 책임이 있다(제650조의 2 제2문, 제638조의 2 제3항 본문).

◖ 대법원 1987. 6. 23. 86다카2995
계속보험료의 불지급으로 보험계약이 해지된 시점부터 다시 부활될 시점까지 발생한 보험사고에 대하여는 보험자는 책임이 없다

☞ 보험계약의 약관상, 보험계약자가 보험료납입유예기간 경과시까지 보험료를 납입하지 아니하여 보험계약이 실효된 후에도 보험계약자가 미납보험료를 납입한 때에는 보험계약은 유효하게 계속되나 그 경우 보험계약이 실효된 때로부터 미납보험료를 영수한 날의 오후 6시까지 생긴 사고에 대하여는 보상하지 아니하기로 약정하였다면, 보험자가 납입유예기간 경과 후에 보험계약자로부터 미납보험료를 영수하면서 아무런 이의가 없었다 하더라도 그로 인하여 납입유예기간 경과 후 미납보험료 영수 전에 발생한 사고에 대하여는 보험자는 보험금을 지급할 책임이 없다.

제6절 타인을 위한 보험계약

Ⅰ. 타인을 위한 보험계약의 의의

1) 타인을 위한 보험계약이란 보험계약자가 타인을 보험의 수익자(손해보험에서는 피보험자, 인보험에서는 보험수익자)로 하여 자기명의로 체결하는 보험계약을 말한다(제

---

1) 손주찬(하) 567면; 양승규(보) 172면.

639조). 이것은 보험계약자와 보험의 수익자가 동일인인 경우, 즉 '자기를 위한 보험계약'에 대한 개념이다. 여기서 타인은 특정인이든 불특정인이든 상관이 없다.

2) 타인을 위한 보험계약은 해상보험에서 발달한 것으로, 처음에는 거래관계를 비밀로 하기 위하여 이용되었다고 하나, 오늘날에는 보험계약자의 신용을 이용하여 신속하게 보험관계를 성립시키기에 편리하여 많이 활용되고 있다. 예컨대, 피보험자가 명료하지 않은 경우, 피보험자의 신용이 불충분한 경우, 또는 피보험자의 화물과 보험계약자나 타인의 화물이 혼동되어 분별하기 곤란한 경우에, 운송주선인·운송인 또는 창고업자가 자기가 보관하는 타인의 물건에 대하여 그 소유자를 위하여 보험계약을 체결하는 경우가 많다. 또한 격지자간의 매매에 있어서 매도인이 매수인을 위하여 운송중의 매매목적물인 상품에 대하여 보험계약을 체결하는 경우(이른바 C.I.F.매매)도 있다. 특히 인보험에 있어서는 타인을 위한 보험계약(예컨대, 아버지가 아들을 보험수익자로 하여 자기의 사망에 대하여 보험계약을 체결하는 경우)이 오히려 일반적인 경우일 것이다.

Ⅱ. 타인을 위한 보험계약의 법적 성질

타인을 위한 보험계약에서 계약당사자가 아닌 제3자가 계약상의 권리를 취득할 수 있는 이론적 근거에 관하여는 다음과 같이 학설이 나뉘나 제3자를 위한 계약설이 타당하다고 생각한다.

타인을 위한 보험계약의 성질에 관한 학설

(1) 대리설: 대리설은 타인을 위한 보험계약은 보험계약자가 피보험자 또는 보험수익자의 대리인으로서 체결하는 것이라고 한다. 그러나 타인을 위한 보험계약은 보험계약자가 피보험자 또는 보험수익자의 대리인으로서 체결하는 것이 아니라, 자기가 보험계약의 당사자가 되어 자기의 명의로 체결하는 것이기 때문에 보험계약자를 피보험자의 대리인이라고 할 수는 없다.

(2) 특수계약설 : 특수계약설은 타인을 위한 보험계약은 민법상의 제3자를 위한 계약이 아닌 상법상의 특수한 계약이라는 학설이다.[1] 이 학설은 민법의 제3자를 위한 계약은 제3자가 수익의 의사표시를 한 때에 계약의 효력이 생기지만(민 제539조 제2항), 타인을 위한 보험계약의 경우에는 피보험자 또는 보험수익자에 의한 수익의 의사표시가 없더라도 그 계약의 효력이 생긴다는 점에 착안하여, 이를 제3자를 위한 계약의 일종이 아닌 특수한 계약이라고 한다.

---

1) 손주찬(하) 508면.

(3) 제3자를 위한 특수한 계약설 : 타인을 위한 보험계약은 상법상의 제3자를 위한 특수한 계약이라고 하는 학설이 있다. 즉, 민법상의 제3자를 위한 계약에서는 당사자의 개성을 중시하는데, 주로 경제적 수요의 충족을 목적으로 하는 보험계약에서는 특히 수익자의 의사를 문제삼을 필요가 없다는 이유에서 인정된 특례라고 본다.[1)]

(4) 제3자를 위한 계약설 : 제3자를 위한 계약설은 타인을 위한 보험계약을 민법상의 '제3자를 위한 계약'의 일종으로 본다. 현재의 통설이다.[2)] 타인을 위한 보험계약에서는 보험계약자가 자기의 명의로 계약을 체결하되, 그 효과는 직접 피보험자 또는 보험수익자에게 귀속된다는 것이 그 이유이다. 민법상의 '제3자를 위한 계약'의 경우에는 제3자의 수익의 의사표시가 있어야만 제3자의 권리가 생기는 데(민 제539조 제2항) 비하여, 타인을 위한 보험계약의 경우에는 그 성질상 피보험자 또는 보험수익자의 의사표시를 필요로 하지 않는다는 비판에 대하여는 민법상의 수익의 의사표시는 제3자를 위한 계약의 본질적 요건은 아니므로 이 점에 지나치게 집착할 필요가 없고, 또 타인을 위한 보험계약에 있어서 그 타인도 일정한 경우 보험료를 지급하여야 할 의무가 있으므로(제639조 제3항 단서 참조) 그의 의사를 전혀 무시하는 것도 아니라고 설명한다. 통설이 타당하다고 본다. 위의 특수계약설과 제3자를 위한 특수한 계약설도 이 학설의 아류라 본다.

Ⅲ. 타인을 위한 보험계약의 성립요건

1. 타인을 위한다는 의사의 존재

1) 타인을 위한 보험계약이 성립하려면, 계약당사자간에 타인을 위한 보험계약인 것에 대한 '합의'가 있어야 하고, 그 의사가 분명하지 못한 경우에는 '자기를 위한 보험계약'으로 추정하여야 할 것이다.

2) '제 3 자'인 '타인'(피보험자 또는 보험수익자)이 정해져야 한다. 그러나 그 타인은 계약체결 당시에 정할 수도 있고, 계약성립 후 보험사고 발생 전에 정하여도 무방하다. 또한 그 타인이 반드시 구체적으로 명시되어야 하는 것도 아니다. 따라서 손해보험사고발생시에 피보험이익의 주체가 되는 자를 피보험자로 하거나, 생명보험에서 피보험자나 보험계약자의 상속인을 보험수익자로 하는 등의 합의, 이른바 '불특정의 타인을 위한 보험'도 유효하다(제639조 제1항).

◖ 대법원 1999. 6. 11. 99다489
타인을 위한 보험계약에 있어서 타인의 의미

---

1) 양승규(보) 183면.
2) 서돈각 · 정완용(하) 399면; 정찬형(하) 609면; 최기원(하) 685면; 이기수(보 · 해) 115면; 김정호(하) 471면.

☞ 타인을 위한 손해보험계약에서 말하는 타인이란 보험계약자가 제3자를 주체로 하는 피보험이익에 관하여 보험계약을 체결한 경우 그 제3자 즉, 피보험이익의 주체인 피보험자를 말하는 것이고, 단지 보험계약자에게 귀속되는 피보험이익에 관하여 체결된 손해보험계약에서 보험금을 수취할 권리가 있는 자로 지정되었을 뿐인 자는 여기에서 말하는 타인이라 할 수 없다.

3) 타인은 보험계약의 당사자가 아니므로 그의 능력의 유무, 의사표시의 하자 등은 문제되지 않는다. 다만 보험사고의 객관적 확정의 효과(제644조), 고지의무(제651조) 등의 경우에는 피보험자의 선의·고의 또는 중과실이 계약의 효력에 영향을 미친다.

2. 타인의 위임

타인을 위한 보험계약은 보험계약자가 피보험자나 보험수익자의 위임을 받은 경우는 물론, 위임을 받지 아니한 경우, 예컨대 단순한 사무관리가 되는 경우 또는 법률상·계약상의 의무의 이행으로서 보험계약을 체결하는 경우에도 체결할 수 있다.[1] 그러나 손해보험계약의 경우에 그 타인의 위임이 없는 때에는 보험계약자는 이를 보험자에게 고지하여야 하고, 그 고지가 없는 때에는 타인이 그 보험계약이 체결된 사실을 알지 못하였다는 사유로 보험자에게 대항하지 못한다(제639조 제1항 단서). 즉, 이 고지를 하지 않은 경우, 손해보험의 피보험자가 자기를 위한 보험계약체결을 위임하지 아니하였고, 따라서 자기를 피보험자로 하는 보험계약이 체결된 사실을 몰랐기 때문에 고지의무(제651조)와 통지의무(제652조, 제657조), 위험의 변경·증가금지의무(제653조) 또는 손해방지·경감의무(제680조) 등을 이행하지 아니하였다는 항변을 할 수 없다.

Ⅳ. 타인을 위한 보험계약의 효과

1. 보험자와 보험계약자 간의 관계

1) 보험계약자의 의무

보험계약자는 보험자에 대하여 보험료지급의무(제638조·제639조 제3항 본문) 외에, 고

1) 의용상법에서는 손해보험계약에 있어서, 보험계약자가 위임을 받지 아니하고 타인을 위하여 계약을 체결한 경우에 그 뜻을 보험자에게 고지하지 아니한 때에는 그 계약을 무효로 하였다(의상 제648조 제1항·제675조 참조).

지의무(제651조), 위험변경·증가의 통지의무(제652조), 위험의 변경·증가금지의무(제653조), 보험사고발생통지의무(제657조)를 부담하고, 특히 손해보험에 있어서는 손해방지·경감의무(제680조)를 부담한다.

2) 보험계약자의 권리

(1) 보험계약자는 보험자에 대하여 보험증권교부청구권(제640조), 보험료감액청구권(제647조, 제669조 제1항), 보험료(보험적립금)반환청구권(제648조·제649조 제3항, 제736조), 보험계약해지권(제649조 제1항)을 행사할 수 있다. 다만 해지권은 그 수익자의 동의를 얻지 아니하거나 보험증권을 소지하지 아니하면 행사할 수 없다(제649조 제1항 단서).

(2) 특히 인보험의 경우에는 보험계약자는 보험수익자의 지정·변경권(제733조)을 가진다.

(3) 또 손해보험계약의 경우 보험계약자가 피보험자에게 보험사고의 발생으로 생긴 손해의 배상을 한 때에는 보험계약자는 그 피보험자의 권리를 해하지 아니하는 범위 안에서 보험자에 대하여 보험금지급청구권을 갖는다(제639조 제2항 제2문).

2. 보험자와 수익자 간의 관계

1) 수익자의 의무

보험의 수익자, 즉 피보험자 또는 보험수익자는 보험사고발생통지의무(제657조), 경우에 따라서는(예컨대, 보험계약자가 파산선고를 받거나 보험료의 지급을 지체한 때에는) 그 권리를 포기하지 않는 한 보험료지급의무(제639조 제3항 단서)를 부담한다. 보험료의 지급이 지체된 경우에는 그 보험계약은 해지된 것으로 보거나(제650조 제1항), 보험자가 그 계약을 해지할 수 있다(제650조 제2항). 다만, 특정한 타인을 위한 보험의 경우에는 보험계약자가 보험료의 지급을 지체하면 그 타인, 즉 보험수익자나 피보험자에게도 상당한 기간을 정하여 보험료의 지급을 최고한 후에만 그 계약을 해제 또는 해지할 수 있다(제650조 제3항).

이 밖에도 특히 손해보험에서는 고지의무(제651조), 위험변경·증가의 통지의무(제652조), 위험변경·증가금지의무(제653조), 손해방지·경감의무(제680조)를 부담한다.

2) 수익자의 권리

수익자는 보험자에 대하여 수익의 의사표시를 하지 아니하더라도(민 제539조 제2항)

'당연히' 보험금액지급청구권을 행사한다(제639조 제2항 본문). 또한 수익자는 보험계약자의 동의가 없어도 임의로 권리를 행사하고 처분할 수 있다. 그러나 이 경우에 보험자는 보험계약자와의 관계에 의거한 모든 사유[예컨대, 계약의 해지나 고지의무위반(제650조, 제651조)]로써 대항할 수 있다.

◖ 대법원 1992. 11. 27. 92다20408
피보험자는 보험계약자의 동의가 없어도 임의로 권리를 행사하고 처분할 수 있다

☞ 타인을 위한 보험계약에 있어서 피보험자는 직접 자기 고유의 권리로서 보험자에 대한 보험금지급청구권을 취득하는 것이므로 특별한 사정이 없는 한 피보험자는 보험계약자의 동의가 없어도 임의로 권리를 행사하고 처분할 수 있다. 동지: 대법원 1981. 10. 6. 80다2699.

제 3 장
손 해 보 험

제1절 통 칙

Ⅰ. 손해보험계약

1. 손해보험계약의 의의

1) 손해보험계약(Schadensversicherung, property insurance, assurance des dommages)이란 당사자의 일방(보험자)이 우연한 일정한 사고(보험사고)로 인하여 생길 재산상의 손해를 보상할 것을 약정하고, 상대방(보험계약자)이 이에 대하여 보수(보험료)를 지급할 것을 약정함으로써 효력이 생기는 계약이다(제638조, 제665조). 손해보험계약은 피보험자가 입은 손해의 보상을 목적으로 하는 부정액보험인 점에서 손해와 관계없이 일정액을 지급하는 정액보험인 생명보험계약과는 본질적인 차이가 있다. 상해보험계약은 인보험에 속하지만 생명보험계약과는 달리 부정액보험과 정액보험의 성격이 혼합되어 있다(후술). 그러나 손해보험계약도 낙성·쌍무·유상계약인 점에서 인보험계약과 같다.

2) 손해는 특정된 이익에 대하여 발생하여야 하는데, 이 특정 이익을 피보험이익이라 하고, 그 주체를 피보험자라고 하며, 이 자가 손해의 보상을 받는 자이다.

2. 실손해보상의 원칙

1) 손해보험계약은 보험사고로 생길 피보험자의 재산상의 손해를 보상할 것을 목적으로 한다. 실손해보상의 원칙(principle of indemnity; Entscheidungsprinzip)이란 누구

든 손해보험의 보험사고로 인하여 실손해 이상의 이득을 취득할 수 없다는 원칙이다.[1] 손해보험에서는 어떤 이유에서든 보험계약자나 피보험자가 보험사고로 인하여 오히려 이득을 본다는 것은 손해를 보상한다는 손해보험의 본질에 어긋난다. 이는 보험사고로 인한 이득금지(Bereicherungsverbot)의 원칙이라고 할 수도 있다.

2) 입법례에 따라서는 이 원칙을 명문으로 규정하는 국가도 있다. 프랑스 보험법 L. 121-1조는 "재산에 관한 보험은 손해보상계약으로서 보험자가 지급할 보험금은 사고발생시의 보험의 목적의 가액을 초과하지 못한다."라고 규정하고 있고, 독일 보험계약법 제55조도 "보험자는 보험금액이 보험사고발생시의 보험가액을 초과한 때에도 손해액 이상으로 피보험자에게 전보할 의무를 부담하지 않는다."고 정한다. 우리 보험법은 이에 관한 명문의 규정을 두고 있지는 않다. 그러나 실손해보상의 원칙은 손해보험의 도박화를 방지하고 인위적 사고발생을 억지하는 기능을 가진 근대손해보험법의 대원칙으로서 하나의 공리일 뿐 아니라 절대적인 강행법적 원리이다.[2] 물론 오늘날 기평가보험(상법 제670조)과 신가보험(상법 제676조) 등에서는 이 원칙의 예외가 인정되기는 하지만, 그럼에도 불구하고 보험사고로 말미암아 보험계약자나 피보험자에게 어떤 이득을 주어서는 안되고 그 사고로 인한 경제적 수요를 충족시키는 데 그쳐야 한다는 원칙은 손해보험계약의 본질적 요소이자, 손해보험의 최대의 원칙임은 부정할 수 없다.

Ⅱ. 인보험계약과의 차이

1. 분류기준의 불명확성

손해보험이란 보험자가 보험사고로 인하여 생길 피보험자의 재산상의 손해를 보상할 것을 목적으로 하는 보험(제665조)을 말하는 데 대하여, 인보험이란 보험자가 피보험자의 생명이나 신체에 관하여 보험사고가 발생할 경우에 보험계약으로 정하는 바에 따라 보험금이나 그 밖의 급여를 할 것을 목적으로 하는 보험을 말한다(제727조 제1항). 의용상법에서는 보험을 크게 손해보험과 생명보험으로 나누었으나, 상법은 이를 손해보험과 인보험으로 구분하고 있다. 그러나 어느 경우이든 그 분류기준 자

---

1) 보험의 경우는 보험금액의 한도 내에서 실손해를 '보상'한다는 점에서 불법행위자 또는 채무불이행자가 자신의 행위와 상당인과관계에 있는 모든 손해를 '배상'하는 것과 다르다.

2) 양승규(보) 191면.

체가 명확한 것이 아니므로 논리적인 분류방법이 될 수는 없다. 즉, 인보험은 보험사고발생의 객체를 기준으로 하여 물보험 내지 재산보험과 구별되는 개념이며, 생명보험은 인보험 중에서 가장 중요한 한 종류임에 불과하다. 그리고 손해보험(부정액보험)은 보험사고 발생시에 지급되는 보험금의 액수를 정하는 방법을 기준으로 하여 정액보험과 구별되는 개념이다.

아무튼 상법은 인보험을 사람에 관한 보험으로 보아 생명보험과 상해보험으로 나누었고, 손해보험을 재화에 관한 보험으로 보아 화재보험, 운송보험, 해상보험, 책임보험 및 자동차보험으로 나누어 규정하고 있다.

2. 손해보험과 인보험의 차이

1) 계약관계자

(1) 손해보험

손해보험의 계약당사자는 보험자와 보험계약자이고, 계약관계자로서 피보험자가 있다. 피보험자란 피보험이익의 주체로서 보험사고의 발생시 손해의 보상을 받을 자를 말하며, '자기를 위한 보험'에서는 보험계약자가 피보험자이고, '타인을 위한 보험'(제639조)에서는 보험계약자 이외의 제3자가 피보험자가 된다.

(2) 인보험

인보험의 계약당사자는 손해보험의 경우와 같다. 다만 인보험의 피보험자란 보험의 목적이 되어 있는 사람(즉, 그의 생명, 신체에 관하여 보험이 붙여진 자)으로서 피보험자는 보험금지급청구권이 없고, 보험수익자가 보험금지급청구권을 가지고 보험금을 지급받게 된다. 따라서 '자기를 위한 보험'에서는 보험계약자가 보험수익자이고, '타인을 위한 보험'에서는 제3자가 보험수익자이며, 보험계약자와 피보험자가 같은 경우를 '자기의 생명·신체의 보험'이라 하고, 보험계약자와 피보험자가 다른 경우를 '타인의 생명·신체의 보험'(제731조, 제739조)이라고 부른다.

2) 보험의 목적

(1) 손해보험

손해보험의 목적, 즉 보험이 붙여진 경제상의 재화(화재보험의 건물, 운송보험의 운송물, 해상보험의 선박·적하, 책임보험의 전재산)는 피보험이익이 인정되는 한 유체물이든 무체물이든 묻지 않는다. 그리고 그 목적의 양도도 인정된다(제679조).

(2) 인보험

인보험의 목적은 자연인에 한함은 당연하다. 특히 사망보험에 있어서는 15세 미만자, 심신상실자 또는 심신박약자의 사망을 보험사고로 한 보험계약을 무효하되, 의사능력이 있는 심신박약자도 직접 생명보험계약을 체결하거나 단체보험에 가입하는 경우에는 피보험자가 될 수 있다고 규정함으로써(제732조) 보험의 목적이 제한되고 있다.

3) 보험사고

(1) 손해보험

손해보험의 보험사고는 보험자의 보상의무를 구체화시키는 사고로서, 자연적 사고일 수도 있고 인간의 행위에 의해 발생할 수도 있다. 그 사고의 형태는 다양하겠으나, 그 발생 자체・시기・방법은 모두 불확정해야 한다.

(2) 인보험

인보험은 사람의 생명・신체에 관한 보험이므로, 생명에 관한 보험사고는 '생사'이며, 신체에 관한 보험사고는 '상해'이다. 상법은 인보험의 대표적인 것으로서 생명보험과 상해보험에 관한 규정을 두었으나, 교육・혼인・양로 등 특수한 종류의 보험이 많이 있으므로 그 보험사고도 각각 달라지게 될 것은 당연하다.

4) 피보험이익과 보험가액

(1) 손해보험

손해보험은 손해의 보상을 목적으로 하므로 그 손해의 전제로서 어떤 이익, 즉 피보험이익을 필요로 한다. 그리고 이 피보험이익의 가액인 보험가액과 보험금액과의 관계에 따라 초과보험・중복보험・일부보험의 문제가 생겨 특별한 규제를 하게 된다. 피보험이익은 보험계약의 목적으로서 보험사고 발생의 대상인 보험의 목적과 구별되는 개념이다(후술).

(2) 인보험

인보험에서도 피보험이익을 인정하는 학설이 있기는 하나, 대체로 피보험이익을 인정하지 않는다. 따라서 보험가액도 없으므로 보험금액과의 관계도 문제될 여지가 없다.

5) 보험금액

(1) 손해보험

손해보험에서의 보험금액은 손해보상의 방법으로서 보험자가 지급해야 할 금액의 최고한도를 말한다.[1] 따라서 보험사고가 발생하였을 때, 보험자가 지급할 구체적인 보상액은 보험가액 및 보험금액의 한도 내에서 실손해액을 기준으로 하여 결정된다(부정액보험).

(2) 인보험

인보험에서는 보험사고가 발생하면 일정한 금액, 즉 약정된 '보험금액'을 지급하여야 한다(정액보험).

그러나 인보험 가운데 생명보험은 언제나 정액보험이지만, 상해보험은 보험사고의 발생으로 인한 신체의 상해에 대하여 실제로 소요되는 치료비 기타의 비용을 부담한다는 점에서는 부정액보험이지만, 상해로 인해 장해 또는 사망의 경우에는 일정한 보험금액을 지급한다는 점에서는 정액보험의 성격도 동시에 가지고 있다.

6) 보험계약관계자의 권리의무

(1) 손해보험

손해보험이든 인보험이든 보험계약관계자의 권리・의무는 대체로 비슷하다[예컨대, ① 보험자의 보험금지급의무(제638조, 제665조, 제730조)・보험증권교부의무(제640조)・보험료반환의무(제648조・제649조 제3항), ② 보험계약자・피보험자 또는 보험수익자의 보험료지급의무(제638조, 제639조 제3항)・위험변경증가의 통지의무(제652조)・사고발생의 통지의무(제657조)・보험료감액청구권(제647조) 등]. 그러나 손해보험계약자는 초과보험의 경우 보험료의 감액청구권(제669조 제1항)을 갖고, 보험계약자와 피보험자는 보험사고의 발생시에 손해방지・경감의무를 진다(제680조). 또 초과보험의 경우에는 보험자에게도 보험금액감액청구권이 인정된다(제669조 제1항).

(2) 인보험

인보험의 계약자에게는 보험수익자의 지정・변경권(제733조) 및 그 통지의무(제734조)가 있고, 보험자에게는 보험적립금반환의무(제736조 제1항 본문, 제739조)가 있으며, 특히 생명보험계약의 보험자는 약관에 의한 특수한 의무(예컨대, 이익배당의무・해지환급금반환의무)를 부담하는 경우도 있다.

---

1) 대법원 2002. 5. 17. 2000다30127.

7) 보험기간

(1) 손해보험

손해보험에 있어서는 보험기간이 일반적으로 단기(통상 1년)이고, 따라서 보험료 전액을 일시지급하는 경우가 많다(특히 화재보험에서).

(2) 인보험

인보험에서는, 특히 생명보험이나 혼합보험의 경우에는 보험기간이 장기에 걸치는 것이 많다. 따라서 보험료의 지급도 분할지급이 보통이다.

8) 보험자대위

(1) 손해보험

보험자가 보험금을 지급하면, 보험의 목적에 대한 피보험자의 권리를 취득하거나 (제681조), 제 3 자에 대한 보험계약자 또는 피보험자의 권리를 취득한다(제682조 제1항) (보험자대위).

(2) 인보험

인보험에서는 보험자의 책임이 손해보상의 원칙에 근거를 둔 것이 아니므로 보험자대위가 금지되고 있다(제729조 본문). 다만 예외적으로 상해보험은 일종의 손해보험의 성질을 가지고 있기 때문에 보험자대위가 인정된다(제729조 단서)

9) 기 타

보험계약을 체결할 때 인보험에 있어서는 보험의에 의한 신체의 진사 등이 취해지는 것이 일반적이므로, 손해보험에 비하여 그 절차가 복잡·신중하다고 할 수 있다.

Ⅲ. 손해보험의 종류

1) 상법은 손해보험의 종류로서 화재보험, 운송보험, 해상보험, 책임보험 및 자동차보험을 규정하고 있으나, 현대의 경제생활의 발전과 인류의 생활관계가 복잡해지면서 새로운 종류의 보험이 속출하고 있다. 특히 최근에 도입이 검토되고 있거나 이미 도입된 신종보험으로는 환경오염손해보험, 레저종합보험, 권리보호보험[1] 등이

---

1) 최준선, "권리보호보험연구", 손주찬교수 고희기념논문집, 1993, 781면 이하 참조.

있다. 보험업법에서는 손해보험종목으로서 화재보험, 해상보험, 항공보험, 운송보험, 자동차보험, 보증보험, 재보험, 책임보험, 기술보험, 권리보험, 도난보험, 유리보험, 동물보험, 원자력보험, 비용보험, 날씨보험 등을 규정하고 있다(보업 제4조 제1항 제2호, 보업령 제8조).

2) 상법에서 규정하고 있지 아니한 종류의 손해보험에 대하여도 보험계약법 통칙규정과 손해보험의 통칙규정이 적용되고, 개별적인 사항은 각종의 보험약관에 의하여 규율된다.

Ⅳ. 피보험이익

1. 피보험이익의 의의

1) 피보험이익(insurable interests, versicherbare Interesse)이란 '피보험자가 손해를 입을 염려가 있는 이익'을 말하며, 상법은 '보험계약의 목적'(이것은 보험사고발생의 대상인 물건 또는 재산으로서 부보되는 경제상의 재화를 의미하는 '보험의 목적'과는 다른 개념이다.)이라고 규정하고 있다(제668조, 제669조, 제672조).

2) 피보험이익의 정의에 관하여는 학설이 구구하나, 대체로 이익설과 관계설로 대별해 볼 수 있다. 먼저 이익설의 입장에서는 "피보험자가 보험사고의 발생으로 인하여 장래 손해를 받을 우려가 있는 지위에 있으나, 아직은 손해를 받지 아니하는 이익,"[1] "피보험자가 보험의 목적에 대하여 보험사고가 생기지 아니하므로 인하여 손해를 받지 아니하게 되는 이익,"[2] 또는 "피보험자가 재산상의 손해가 발생할 수 있는 보험의 목적에 대하여 갖는 경제상의 이익"[3] 등으로 정의한다. 이에 대하여 관계설의 입장에서는 "보험사고의 발생 여부에 관하여 피보험자가 가지는 경제상의 이해관계"[4] 또는 "보험의 목적에 대하여 보험사고가 발생함으로써 피보험자가 손해를 입게 되는 경우에 그 목적에 피보험자가 가지는 경제적 이해관계"[5]라고 정의하고 있다. 그러나 어떻게 설명을 하든 표현방법을 달리할 뿐 그 결과와 실익에는 큰 차이가 없으므로, 피보험이익의 요건을 명확히 하면 충분하다고 본다.

---

1) 서돈각·정완용(하) 404면; 박원선(하) 109면.
2) 서돈각·정완용(하) 404면.
3) 최기원(하) 690.
4) 박원선(하) 109면.
5) 양승규(보) 195면; 이기수(보·해) 127면; 2원석(하) 333면; 김정호(하) 477면.

2. 피보험이익의 성질

피보험이익은 특정된 피보험자와 불가분의 관계가 있는 것이므로, 어디까지나 주관적이고 구체적인 존재이다. 그러나 보험의 목적에 대하여 피보험자가 그 개인적인 특수사정을 무시하고 일반인으로서의 입장에서 가지는 일반적(객관적) 이익도 피보험이익으로 할 수는 있으며, 어떤 이익을 피보험이익으로 할 것이냐는 경우에 따라 결정할 해석론상의 문제이다.[1] 피보험이익은 이와 같이 특정인과 관계된 것이므로, 이론상으로는 '보험의 목적'을 양도하면 피보험자의 피보험이익도 소멸되어 보험계약도 그 효력을 상실할 것이다. 그러나 상법 제679조 제1항은 "피보험자가 보험의 목적을 양도한 때에는 양수인은 보험계약상의 권리와 의무를 승계한 것으로 추정한다."고 규정하여, 양도 후에도 보험관계의 동일성을 추정하고 있다. 이것은 보험(계약)관계는 "그 목적물에 부속한 것이므로 보험의 목적물의 양도와 더불어 보험관계도 승계된다고 추정하는 것이 당사자의 의사에 적합하다는 실제 거래상의 필요에 기하여 인정되는 예외적인 현상이라고 보는 것이 타당할 것이다."[2]

3. 피보험이익의 보험계약상의 지위

1) 절대적 요건

(1) 피보험이익은 손해보험계약에 있어서 불가결의 요소의 하나이다. 즉, 피보험이익은 '이익이 없으면 보험이 없다'(ohne Interesse keine Versicherung)고 할만큼 손해보험계약에 있어서 제1차적인 요소로서 보험계약의 당연한 이론적 전제가 되고 있다(절대주의, 객관주의). 따라서 상법도 보험계약의 목적을 금전으로 산정할 수 있는 '이익'에 한정하고 있다(제668조). 절대설에 의하면 기평가보험(제670조), 신가보험(제676조 제1항 단서), 보험위부(제710조), 보험자대위(제681조) 등의 제도를 설명하기 어렵다는 비판이 있다.

(2) 이에 대하여 피보험이익을 사행계약적 성격을 가진 손해보험계약의 도박화를 방지하기 위하여 정책적 견지에서 요구되는 외면적 전제조건으로 보는 견해(상대주의, 주관주의)에 의하면, 피보험이익을 보험계약 존립의 절대적 요건으로 보지 않고, 보험계약이 공서양속에 반하지 않는 징표로 보게 된다.[3] 이에 의하면 상법이 예

---

1) 大森忠夫, 보험법, 1957, 70면.
2) 양승규, "보험계약법에 있어서의 피보험이익", 보험학회지 창간호, 122~123면.
3) 大森忠夫, 보험법, 1957, 73면; 小町谷操三・田邊康平, 보험법, 1971, 42면.

외적으로 피보험이익이 없거나 초과하는 보험계약을 인정하고 있는 것(제644조 단서 · 제669조 · 제670조)을 설명할 수 있다고 한다.

(3) 수정절대설은 손해보험은 물건보험과 같이 기존의 이익의 멸실에 대비한 적극보험과 책임보험과 같이 장래의 소극재산의 발생에 따른 위험에 대처하는 소극보험으로 나누어, 적극보험에 한하여 피보험이익을 보험계약의 요건으로 보고, 소극보험에 관하여는 피보험이익을 인정할 여지가 없다고 보는 견해이다.

(4) 피보험이익은 손해보험계약의 중심요소가 되는 점은 부인할 수 없다. 절대설에 대한 비판으로 거론되는 기평가보험, 신가보험, 보험위부, 보험자대위, 피보험이익이 없거나 초과하는 경우 등에 대하여는 피보험이익의 개념을 탄력적으로 해석함으로써 해결할 수 있으므로 절대주의가 타당하다고 본다.[1]

2) 손해보험계약 특유의 요건

피보험이익은 손해보험계약 특유의 개념이므로 생명보험계약에서는 이 개념을 용인할 여지가 없다.[2] 그러나 반대론은[3] 피보험이익은 보험계약에 의하여 보험자가 담보하고 있는 보험에 대하여 보험사고가 생길 때에 피보험자에게 보험보호를 하여야 할 경제적 이익이 있는가 없는가 하는 문제와 연관시켜, 피보험이익의 개념을 생명보험과 같은 인보험에서도 인정하는 것이 오늘날 보험거래의 실정에 맞는다고 한다.[4]

4. 피보험이익의 요건

1) 경제적 이익

피보험이익은 '금전으로 산정할 수 있는' 경제적 이익이어야 한다(제668조). 그러므로 경제적 가치를 갖지 않는 종교적 · 도덕적 · 감정적 · 정신적 이익은 피보험이익이 될 수 없다. 경제적 이익인 한 법률상의 권리관계(소유권, 담보권, 채권)이든[5] 사실상의 이해관계(화재에 의한 영업불능으로 입은 손실)이든, 적극적 이해관계이든 소극적 이해관계(타인의 물건을 보관하는 자가 그 물건이 훼손되지 않은 데 대하여 가지는 이익)이든, 현재의 이익이든 장래의 이익 [희망이익(제698조)]이든, 현실적으로 입은 손해이든

1) 양승규(보) 196면; 정동윤(하) 494면; 강위두 · 임재호(하) 591면.
2) 손주찬(하) 571면; 최기원(하) 690면; 박원선(하) 109면; 서돈각 · 정완용(하) 406면; 이기수(보 · 해) 128면; 정찬형(하) 617면.
3) 양승규, 전게논문, 보험학회지 창간호, 118면.
4) 양승규(보) 194면.
5) 대법원 1988. 2. 9. 86다카2933 · 2934 · 2935.

상실한 이익이든 묻지 않는다. 다만 상법은 보험사고로 인하여 상실된 피보험자가 얻을 이익이나 보수는 당사자간에 다른 약정이 없으면 보험자가 보상할 손해액에 산입하지 않는 것으로 하였다(제667조).

2) 이익의 적법성

피보험이익은 법의 보호를 받을 수 있는 이익이어야 한다. 따라서 탈세·절도·도박에 의하여 얻을 이익이나 음란한 도서의 판매에 의한 희망이익은 피보험이익이 될 수 없다. 또한 범행의 결과로 발생할 손해, 형의 집행에 의한 벌과금, 관세벌과금의 보상 등을 위한 책임보험은 인정되지 않는다.[1] 적법성의 판단은 객관적으로 결정할 것이므로, 계약당사자의 선의·악의를 묻지 않는다.

3) 이익의 확정성

피보험이익은 계약체결 당시 확정되어 있거나, 늦어도 보험사고가 발생할 때까지는 확정할 수 있어야 한다. 왜냐하면 그때까지 이익이 확정되지 않으면 손해도 확정될 수 없고, 따라서 손해의 보상도 할 수 없기 때문이다. 이익은 확정할 수만 있다면 현재의 이익뿐만 아니라 장래의 이익·조건부이익 등을 보험계약의 목적으로 하여도 상관없다[예컨대, 포괄보험(제687조), 희망이익보험(제689조 제2항, 제698조) 등]. 또 수개의 피보험이익 중에서 어느 하나에 대하여 선택적으로, 또는 그 피보험이익의 귀속주체가 미확정인 채로 보험계약을 체결할 수도 있다. 이 경우에도 그 피보험이익은 보험사고가 발생할 때까지는 확정될 수 있어야 한다. 피보험이익이 명확하지 않은 경우 제반 사정을 종합적으로 참작하여 결정하여야 한다.[2]

5. 피보험이익의 기능(효용)

손해보험계약에 있어서 그 중심개념인 피보험이익을 인정하는 실익은 다음과 같다.

1) 보험자의 책임범위의 결정

손해보험은 피보험이익에 관하여 생긴 손해의 보상을 목적으로 하는 것이다. 그러므로 보험자의 책임은 피보험이익의 가액인 보험가액을 한도로 하여 결정된다.

---

1) 최기원(하) 691면.
2) 대법원 2003. 1. 24. 2002다33496; 동 2000. 11. 10. 2000다29769; 동 2024. 12. 26. 2024다250286.

이와 같이 피보험자가 자신이 입은 손해액 이상으로 보상을 받을 수 없으므로(이득금지의 원칙) 피보험이익은 인위적인 위험, 즉 고의로 보험사고를 일으키지 못하게 하는 기능이 있다.

2) 보험의 도박화 방지

보험계약의 사행성을 인정하더라도 피보험이익이 없으면 그 손해보험계약은 도박과 다를 것이 없으므로 무효가 된다. 따라서 피보험이익이라는 개념에 의하여 보험계약의 도박화를 방지할 수 있다.

3) 초과보험 · 중복보험의 배제

보험은 이익을 주려는 제도는 아니다. 보험금이 피보험이익의 가액을 초과하는 경우에는 불로소득을 목적으로 하는 도박으로 악용될 염려가 있고, 또 인위적 위험을 초래할 수도 있다.

그러므로 보험가액을 기준으로 하여 보험금액이 이를 초과하는 초과보험이나(제669조), 동일한 피보험이익에 대하여 여러 개의 보험계약을 체결하여 그 보험금액의 총액이 보험가액을 초과하는 중복보험(제672조)을 인정하지 않고, 특별한 규제를 하고 있다.

4) 일부보험의 보상액의 조정

보험금액이 보험가액에 미달하는 일부보험에서 손해가 피보험이익의 일부에 대해서만 발생한 때에는 보험가액이 확정됨으로써 그 보상액이 조정된다. 즉, 보험자의 보상액은 '보험금액의 보험가액에 대한 비율'에 따라 결정된다(제674조).

5) 보험계약의 동일성의 판별

보험계약의 동일성을 판별하는 기준은 부보되는 재산 자체가 아니라 그 피보험이익이다. 따라서 피보험이익이 다른 경우에는 동일한 보험의 목적에 관하여 수개의 보험계약의 성립이 가능하게 된다. 예컨대, 특정한 건물에 대하여 그 소유권자와 저당권자는 각각 별개의 피보험이익을 가지므로 독립하여 보험계약을 체결할 수 있다. 따라서 동일한 보험의 목적에 서로 다른 피보험이익이 존재할 경우 각각의 보험계약이 성립할 수 있으며, 이때에는 중복보험이 적용되지 않는다.

◖ 대법원 1988. 2. 9. 86다카2933 · 2934 · 2935
피보험이익이 다르면 동일한 보험의 목적에 관하여 수개의 보험계약이 성립할 수 있다

☞ 손해보험계약은 피보험이익에 생긴 손해를 전보하는 것을 목적으로 하는 것이며, 선박보험에 있어 피보험이익은 선박소유자의 이익 외에 담보권자의 이익, 선박임차인의 사용이익도 포함되므로 선박임차인도 추가보험의 보험계약자 및 피보험자가 될 수 있다.

6. 피보험이익의 흠결

피보험이익이 없으면 보험계약은 무효이다.[1] 피보험이익의 흠결은 보험자가 이를 주장할 수 있고, 그 증명책임은 보험자에게 있다.[2] 보험사고 발생 후 보험금을 청구하는 단계에서 비로소 보험자가 피보험이익의 흠결을 주장하더라도 신의칙에 반한다고 할 수는 없다.[3]

Ⅴ. 보험가액과 보험금액

1. 보험가액

1) 보험가액의 의의

보험가액(Versicherungswert, insurable value)이란 보험계약의 목적, 즉 '피보험이익의 금전적 평가액'을 말하는데(제669조 제3항, 제670조, 제671조, 제672조 제1항, 제674조), '보험계약의 목적의 가액'이라고 하기도 한다(제669조 제1항). 보험가액은 주관적인 피보험이익을 객관적인 입장에서 평가한 객관적 가액이다. 보험가액은 언제나 일정한 것은 아니고 경기에 따라 변동하는 것이지만, 손해보험 중에서도 책임보험은 평가 자체가 불가능하기 때문에 보험가액이 없다.

1) 정동윤(하) 497면; 김성태(보) 390면.
2) 대법원 1988. 2. 9. 86다카2933 · 2934 · 2935.
3) 대법원 1999. 12. 7. 99다카39999.

2) 보험가액의 결정

(1) 기평가보험의 경우

(i) 보험가액을 사후에 평가하는 것은 실제에 있어서 반드시 쉬운 일이 아니고 당사자간에 분쟁을 일으킬 염려가 있다. 따라서 계약당사자가 보험계약체결시 특약으로 보험사고 발생시 보상할 기준을 보험목적의 수량 및 단가에 근거하여 정한다. 이와 같은 보험가액의 평가에 관한 특약은 그 가액이 사고발생시의 가액을 현저하게 초과하지 아니하는 한 유효함은 물론이다. 이에 상법은 계약당사자간에 미리 보험가액을 협정할 수 있는 것으로 하였다(제670조). 이 경우의 보험가액을 '협정보험가액'이라 하고 협정보험가액에 의한 보험계약을 기평가보험계약이라고 한다.

서울민사지방법원 1984. 11. 13. 84가합1820
보험가액의 평가에 관한 특약은 유효하다

☞ 손해보험계약을 체결함에 있어 당사자간에 특약으로 보험사고발생시 보험목적물을 수량 및 단가에 관하여 그 기준을 정한 경우에 그러한 보험가액의 평가에 관한 특약은 그 가액이 사고발생시의 가액을 현저하게 초과하지 아니하는 한 유효하다.

(ii) 당사자간에 보험금액에 관한 합의가 있는 경우를 기평가보험이라고 하고,[1)]합의가 없는 경우는 미평가보험이라 한다. 보험계약상의 보상최고한도액을 기재한 것은 현실적으로 지급할 금액을 정한 것은 아니므로, 이것만으로는 기평가보험이 되지 않는다.

대법원 1991. 10. 25. 91다17429
보상최고한도액을 기재한 것만으로는 기평가보험이 되지 않는다

☞ 〈사 실〉

원고 송세영은 1989. 12. 4. 피고 대한화재보험주식회사와 화재보험계약을 체결하였는데, 1990. 1. 4. 화재보험의 목적인 건물이 전소되자 실손해는 6,900만원이었으나 화재보험계약상 보상최고한도액으로 되어 있는 2억원을 보험금액으로 청구한 사건이다.

〈판결요지〉

보험가액은 보험목적물에 대한 피보험이익의 평가로서 보험사고 발생시 보험회사가 지급하여야 할 보험가액을 정한 기평가보험이 아닌 이상, 손해발생의 때와 장소의 객관적 가격에 의하여 산정되는 것이므로 보험계약 체결시 보험금액을 보험가액으로 할 것을 합의한 사실이 없으면 보험금액이 바로 보험가액이라고 인정되지 아니한다. 참조: 대법원 2003. 4. 25. 2002다64520(기평가보험으로 볼 수 없다고 한 사례).

---

1) 대법원 2002. 3. 26. 2001다6312: 자기차량손해보험계약에서 차량가액을 정하고 이에 따라 자기차량손해금의 보험금액을 정한 경우, 그 자기차량손해보험계약은 기평가보험이다.

(iii) 상법은 당사자간에 보험가액을 정한 때에는 그 가액은 사고발생시의 가액으로 정한 것으로 추정하고(제670조 본문), 협정보험가액이 사고발생시의 가액을 '현저하게' 초과할 때에는 사고발생시의 가액을 보험가액으로 한다(제670조 단서). 이는 이득금지의 원칙이 적용되기 때문이다. 여기서 '현저하게'란 사실문제로서 사회의 통념에 비추어 정상가액을 월등히 초과한 것을 말하며, 그 증명책임은 보험자에게 있다.[1] 그리고 보험가액을 정한 때에는 그 가액을 보험증권에 기재하여야 하나(제685조·제690조·제695조·제726조의 3), 보험증권 자체가 엄격한 요식증권이 아니므로 기재의 탈락 또는 상위는 반증이 있으면 이를 주장할 수 있다. 그리고 기평가보험에서도 당사자는 추가보험계약으로 평가액을 감액 또는 증액할 수 있다.

◖ 대법원 1988. 2. 9. 86다카2933·2934·2935
기평가보험계약에 있어서도 추가보험계약으로 평가액을 감액 또는 증액할 수 있다

☞ 손해보험에 있어서 보험사고의 발생에 의하여 피보험자가 불이익을 받게 될 이해관계의 평가액인 보험가액은 보험목적의 객관적인 기준에 따라 평가되어야 하나, 보험사고가 발생한 후 그 평가를 둘러싸고 보험자와 피보험자 사이에 분쟁이 발생하는 것을 미리 예방하고 신속한 보상을 할 수 있도록 하기 위하여 상법 제670조에서 기평가보험에 있어 보험가액에 관한 규정을 두고 있는 바, 이러한 기평가보험계약에 있어서도 당사자는 추가보험계약으로 평가액을 감액 또는 증액할 수 있다.

(2) 미평가보험의 경우

(i) 당사자간에 보험가액을 정하지 아니한 미평가보험의 경우에는 사고발생 당시의 (그 장소의) 가액을 보험가액으로 한다(제671조).

◖ 대법원 1991. 10. 25. 91다17429
미평가보험의 경우에는 손해발생의 때와 장소의 가액을 보험가액으로 한다

☞ 보험가액은 보험목적물에 대한 피보험이익의 평가로서 보험사고 발생시 보험회사가 지급하여야 할 보험가액을 정한 기평가보험이 아닌 이상, 손해발생의 때와 장소의 객관적 가격에 의하여 산정되는 것이므로 보험계약체결시 보험금액을 보험가액으로 할 것을 합의한 사실이 없으면 보험금액이 바로 보험가액이라고 인정되지 아니한다.

(ii) 그러나 일반적으로 보험기간이 짧고 손해발생의 시간과 장소를 결정하기 어려운 보험(예컨대, 운송보험·해상보험)에 있어서는 평가가 용이한 시점의 가액을 표준으로 하여 이를 전보험기간을 통하는 보험가액으로 한다(보험가액불변경주의). 운

1) 대법원 2002. 3. 26. 2001다6312.

송보험(제689조)과 해상보험에 있어서의 선박보험 · 적하보험 및 희망이익보험(제696조~제698조)에 관한 특칙이 그 예이다. 그리고 보험계약체결시 당사자간의 특약으로 보험사고가 발생할 경우 목적물의 신품가격으로 보상하기로 하는 신가보험(제676조 제1항 단서)의 경우도 '사고발생 당시의 가격'에 대한 예외가 된다. 신가보험이란 보험사고로 인한 손해액 산정에 있어 실제 발생한 손해가 아닌 동종의 새로운 물건을 조달하는 데 소요되는 금액을 기준으로 보상하는 보험을 말한다.

(iii) 한편 초과보험의 유무를 결정하는 때의 보험가액은 계약체결 당시의 가액에 의한다(제669조 제2항).

2. 보험금액(보험가입금액)

보험금액(Versicherungssumme, sum insured)이란 보험사고가 발생하였을 때에 보험자가 피보험자 또는 보험수익자에게 지급하여야 할 금액을 말하며, 보험가입금액이라고도 한다. 보험금액은 손해보험에 있어서의 보험자가 보상할 금액의 최고한도이며, 정액보험에 있어서는 계약에서 정해진 금액이다. 이 보험금액은 최고한도액이므로, 이 최고한도액 내에서 손해발생시에 실제로 피보험자에게 지급되는 금액과는 구별되는 것이니, 이를 특히 약정보험금액이라 하기도 한다. 보험금액은 보험료 산정의 중요한 기준이 된다.

3. 양자의 관련성

손해보험에 있어서 당사자간에 약정된 보험금액은 보험자가 지급할 보험금의 계약상의 최고한도이며, 보험가액은 보험자가 지급할 보험금의 법률상의 최고한도이다. 따라서 보험금액과 보험가액은 서로 다른 것으로서 [그러나 해상보험의 희망이익보험에 있어서 보험가액의 협정이 없는 경우에는 보험금액을 보험가액으로 한 것으로 추정한다(제698조).], 일치할 수도 있으나(전부보험의 경우) 일치하지 않을 수도 있는데, 이 두 개념에 의해서 근대손해보험법의 최고원칙이라고 할 수 있는 '실손해배상의 원칙'을 관철시킬 수 있는 것이다. 왜냐하면 이 두 개념의 구체적 수액이 결정됨으로써 실손해액이 결정될 수 있고, 보험자가 지급할 보상액이 확정될 수 있기 때문이다.[1] 보험사고발생시의 보험자의 보상액 · 실손해액 · 보험금액 · 보험가액의 상관관계를 수식으로 나타내면 다음과 같다.

---

1) 野律 務, 보험법, 1937, 398면 참조.

[보험금의 산출]

보상액 = 보험가액 × 손해의 전피보험이익 중에서 차지하는 분량적 비율 × $\frac{\text{보험금액}}{\text{보험가액}}$

[제개념의 상관관계]

전부보험의 경우 …………보상액 = 실손해액 ≦ 보험금액 = 보험가액

일부보험의 경우 …………보상액 < 실손해액 ≦ / < 보험금액 < 보험가액

초과보험의 경우 …………보상액 = 실손해액 ≦ 보험가액 < 보험금액

중복보험의 경우 …………보상액 = 실손해액 ≦ 보험가액 < 보험금액 + 보험금액

4. 보험금액과 보험가액의 불일치

보험금액과 보험가액과의 관계에서 특히 문제되는 것은 양자가 일치하지 않는 경우이니, 즉 초과보험·중복보험 및 일부보험의 경우이다.

1) 초과보험

(1) 초과보험의 의의

(ⅰ) 초과보험(over insurance, Überversicherung)이란 보험금액이 보험가액을 초과하는 보험을 말한다(예컨대, 시가 5,000만원의 가옥에 보험금액 7,000만원을 정하여 체결한 화재보험계약). 초과보험은 손해보험의 경우에만 생기고, 보험가액이 존재하지 아니하는 정액보험이나 책임보험의 경우에는 원칙적으로 성립될 여지가 없다. 상법이 초과보험을 제한하는 취지는 보험의 도박화와 고의적인 보험사고의 유발을 방지하고 사기의 보험계약자를 응징하려는 데 있다.

(ⅱ) 초과보험은 경기의 변동 등으로 당사자의 의도와는 관계없이 생겨나는 단순한 초과보험과 보험계약자의 사기에 의해 이루어지는 사기적 초과보험으로 나눌 수 있고, 양자는 그 효력에 있어 차이가 있다.

(2) 초과보험의 요건

(ⅰ) 초과보험이 성립하기 위해서는 보험금액이 보험가액을 '현저하게 초과'하여야 한다(제669조 제1항 본문). '현저하게'란 사실문제로서 사회의 거래통념에 비추어 정상가액을 월등히 초과한 것을 말한다. 또 초과란 실질적으로 초과한 경우(보험가액을 과대하게 협정하고 그 이하의 보험금액을 정하였으나, 그 보험금액이 객관적인 보험가액을

현저하게 초과한 경우)도 포함한다.

(ⅱ) 초과보험을 결정하는 보험가액의 산정시기는 원칙적으로 '계약당시'이다(제669조 제2항). 그러나 경기 변동으로 보험가액이 보험기간 중 현저하게 감소된 때(물가의 하락)에는 '그 때'를 기준으로 하여 가액을 평가하여야 한다(제669조 제3항).

(3) 초과보험의 효과

(가) 입법주의

보험금액이 보험가액을 초과하는 경우에 그것이 단순한 경우에는 보험금액과 보험료의 감액청구를 인정하고, 그것이 사기적인 경우에는 보험계약 자체를 무효로 하는 입법주의를 주관주의라 하고(독보 제51조, 불보 제121조~제123조, 스위스보 제51조), 초과보험의 경우 그 초과부분을 당연히 무효로 하는 입법주의를 객관주의라 한다(일상 제631조). 우리 상법은 주관주의를 취하고 있다.

(나) 단순한 초과보험의 경우

당사자가 선의인 경우에는 보험자 또는 보험계약자는 보험료와 보험금액의 감액을 청구할 수 있다(제669조 제1항 본문). 청구의 방법에는 제한이 없으므로 서면 또는 구두로도 할 수 있다. 감액청구권은 형성권이다.[1] 다만 보험료의 감액은 장래에 대하여서만 그 효력이 있다(제669조 제1항 단서).

(다) 사기적 초과보험의 경우

(ⅰ) 보험계약사의 사기로 인하여 초과보험의 계약이 체결된 경우에는 그 계약은 전체를 무효로 한다(제669조 제4항 본문). 이 규정은 사기에 의한 의사표시를 취소할 수 있게 한 민법의 일반원칙(민 제110조)에 대한 예외로 본다. 다만 보험자는 그 사실을 안 때까지의 보험료를 청구할 수 있다(제669조 제4항 단서). 여기서 '사기'란 상법 제648조(보험계약의 무효로 인한 보험료반환청구)와 관련하여 볼 때 악의 또는 중대한 과실이 있는 경우로 해석하여야 할 것이다. 사기의 증명책임은 보험계약의 무효를 주장하는 보험자가 부담한다.

◖ 대법원 1988. 2. 9. 86다카2933 · 2934 · 2935
사기의 증명책임은 보험계약의 무효를 주장하는 보험자가 부담한다

☞ 상법 제669조 소정의 초과보험계약이라는 사유를 들어 보험가액의 제한 또는 보험계약의 무효를 주장하는 경우, 그 증명책임은 무효를 주장하는 보험자가 부담한다. 동지: 대법원 1999. 4. 23. 99다 8599.

(ⅱ) 무효의 효과는 선의의 제3자에게도 미친다. 예컨대, 타인을 위한 보험계약

---

1) 양승규(보) 207면; 정찬형(하) 624면.

에서 선의인 피보험자 또는 수인의 보험계약자 중 일부 및 보험목적의 양도의 경우 그 양수인에게 사기적 의도가 없었다고 하더라도 무효의 효력이 미친다고 본다. 다만 보험자가 보험계약자 등의 사기를 이미 알고 있었던 경우에는 보험목적의 양수인에게 무효를 주장할 수 없다고 하여야 할 것이다.

2) 중복보험

(1) 중복보험의 의의

(i) 중복보험(double insurance, Doppelversicherung)이란 광의로는 특정된 보험의 목적에 관하여 보험사고·피보험자 및 피보험이익이 동일하고 보험기간이 공통된 수개의 보험계약을 수인의 보험자와 동시에 또는 순차로 체결한 경우를 말하며, 협의로는 광의의 중복보험 중에서 각 계약의 보험금액의 총액이 보험가액을 초과하는 경우(고유의 중복보험)를 말한다(예컨대, 시가 5,000만원의 가옥을 갑에게는 4,000만원, 을에게는 2,000만원에 화재보험을 든 경우). 보험금액의 총액이 보험가액을 초과하는 협의의 중복보험(중복초과보험)의 경우에는 초과보험의 경우와 같이 남용의 우려가 있으므로 특별한 규제를 하고 있다.

(ii) 동일한 보험계약의 목적과 동일한 사고에 관하여 수개의 보험계약이 체결되었으나 보험금액의 총액이 보험가액을 초과하지 아니하는 경우가 있다. 이를 특히 병존보험이라 한다.[1] 병존보험의 경우는 각 보험자가 각자 일부보험자로서 책임을 진다.

(2) 중복보험의 요건

(i) 중복보험이 되려면 수개의 보험계약이 수인의 보험자와 체결되어야 한다. 따라서 보험계약 또는 보험자가 단일이면 초과보험이 된다. 수인의 보험자(보험계약자도 수인일 수 있다.)와 체결하는 한, 동시에 체결하든(同時重複保險) 순차로 체결하든(異時重複保險) 상관없다. 보험목적의 양도에 의하여서도 중복보험이 성립할 수 있다.[2]

(ii) 보험금액의 총액이 보험가액을 초과하여야 한다. 그렇지 않은 경우에는 수개의 유효한 일부보험이 병존하게 되므로 별로 문제가 되지 않는다. 동시중복보험

1) 독일 보험계약법은 "동일 보험에 대한 하나의 피보험이익을 다수의 보험자와 보험계약을 체결하는 경우"를 병존보험이라 하고(동법 제58조), "동일 위험에 대한 하나의 피보험이익을 다수의 보험자와 보험계약을 체결하는 경우로서 총보험금액이 보험가액을 초과하는 경우"를 중복보험이라 한다(동법 제59조). 이와 같이 중복보험은 병존보험 중에서 총보험금액이 보험가액을 초과하는 경우를 말한다.

2) 대법원 1996. 7. 26. 95다52505. 그러나 중복보험이 인정되지 아니한 경우로, 대법원 1996. 5. 28. 96다6998 참조.

의 경우에는 계약체결 당시의 보험가액에 따라 중복보험의 여부를 판단한다. 계약체결 후 보험가액의 감소로 중복보험이 된 경우에는 손해액을 평가할 시점(대체로 사고발생시)을 기준으로 판단한다. 이시중복보험의 경우에는 두 번째 이후의 계약을 체결할 때의 보험가액을 기준으로 중복보험 여부를 판단한다.

(iii) 보험계약의 요소가 중복되어야 한다. 즉, 동일한 보험의 목적에 관하여 보험사고·피보험자 및 피보험이익이 동일하여야 하고, 보험기간도 동일하거나 중복되어야 한다.[1] 보험사고는 양자가 완전히 동일하여야 하는 것은 아니고, 보험사고의 일부가 다른 보험사고와 공통되면 그 공통되는 사고에 관하여 중복보험이 된다. 보험기간도 전부 중복될 필요가 없고 일부가 공통되면 그 부분에 관하여 중복보험이 성립한다. 피보험이익이 동일하여야 하는데, 동일 목적물에 관하여 피보험이익을 달리하면 중복보험이 아니고,[2] 피보험이익이 동일하면 보험계약자가 달라도 중복보험이 된다.[3]

◖ 대법원 2005. 4. 29. 2004다57687
중복보험의 요건 및 두 개의 책임보험계약이 보험의 목적, 즉 피보험이익과 보험사고의 내용 및 범위가 상당 부분 중복되는 경우 중복보험에 해당한다

☞ 중복보험이라 함은 동일한 보험계약의 목적과 동일한 사고에 관하여 수개의 보험계약이 동시에 또는 순차로 체결되고 그 보험금액의 총액이 보험가액을 초과하는 경우를 말하므로 보험계약의 목적, 즉 피보험이익이 다르면 중복보험으로 되지 않으며, 한편 수개의 보험계약의 보험계약자가 동일할 필요는 없으나 피보험자가 동일인일 것이 요구되고, 각 보험계약의 보험기간은 전부 공통될 필요는 없고 중복되는 기간에 한하여 중복보험으로 보면 된다. … 두 개의 책임보험계약이 보험의 목적, 즉 피보험이익과 보험사고의 내용 및 범위가 전부 공통되지는 않으나 상당 부분 중복되고, 발생한 사고가 그 중복되는 피보험이익에 관련된 보험사고에 해당된다면, 이와 같은 두 개의 책임보험계약에 가입한 것은 피보험자, 피보험이익과 보험사고 및 보험기간이 중복되는 범위 내에서 상법 제725조의 2에 정한 중복보험에 해당한다. 동지: 대법원 1996. 7. 26. 95다52505(보험목적의 양도로 중복보험의 성립을 인정한 사례); 동 1996. 5. 28. 96다6998(보험목적의 양도로 중복보험의 성립을 부정한 사례).

◖ 대법원 1989. 11. 14. 88다카29177
산업재해보상보험과 자동차종합보험은 중복보험이 아니다

---

1) 대법원 2006. 11. 23. 2006다10989: 복수의 무보험자동차에 의한 상해담보특약은 동일한 보험계약의 목적과 동일한 사고에 관하여 수개의 보험계약이 체결된 상법 제672조 제1항의 중복보험에 해당한다.

2) 대법원 1997. 9. 5. 95다47398.

3) 손주찬(하) 583면.

☞ 산업재해보상보험과 자동차종합보험(대인배상보험)은 보험의 목적과 보험사고가 동일하다고 볼 수 없는 것이어서 사용자가 위 보험들에 함께 가입하였다고 하여도 동일한 목적과 동일한 사고에 관하여 수개의 보험계약이 체결된 경우를 말하는 상법 제672조 소정의 중복보험에 해당한다고 할 수 없다.

(3) 중복보험의 효과

(가) 입법주의

중복보험의 효과에 관한 입법주의는 다음과 같은 것이 있다.

(i) 우선주의 : 우선주의는 동시중복보험의 경우에는 각 보험자의 부담은 각 보험금액의 총보험금액에 대한 비율에 따라서 결정하고, 이시중복보험의 경우에는 먼저 체결한 보험계약과 중복하는 범위에서 후에 체결한 계약을 무효로 하는 입법주의이다(일상 제632조·제633조, 포상 제252조·제277조).

(ii) 연대주의 : 연대주의는 각 보험자는 보험가액까지의 실손해에 대하여 연대책임을 지고 손해보상을 한 보험자는 보험금액의 총보험금액에 대한 비율에 따라서 다른 보험자에 대하여 구상권을 행사하게 하는 입법주의이다(독보 제59조, 영해보 제32조·제80조).

(iii) 비례주의 : 비례주의는 동시중복보험과 이시중복보험을 구별하지 않고 각 보험자는 그 보험금액의 총보험금액에 대한 비율에 따라서 손해보상책임을 지는 입법주의이다(서보 제53조·제71조, 불보 L.124-4조).

(나) 상법상의 규제

우리 상법은 비례주의를 원칙으로 하되, 연대주의를 가미하고 있다.

(i) 동시중복보험이든 이시중복보험이든 이를 구별하지 않고, 보험자는 각자의 보험금액의 한도에서 연대책임을 진다(제672조 제1항 제1문)(연대주의). 이 경우 각 보험자의 보상책임은 각자의 보험금액의 비율에 따른다(제672조 제1항 제2문)(비례주의). 수개의 책임보험이 중복보험의 형태로 체결된 경우에도 같다(제725조의 2). 다만 연대주의에 관한 상법의 규정은 강행규정이 아니다.[1]

(ii) 중복보험의 보험계약자는 각 보험자에 대하여 각 보험계약의 내용을 통지하여야 한다(제672조 제2항)(통지주의). 통지는 서면으로 하든 구두로 하든 상관없다. 통지의무위반의 효과에 관하여는 상법상 규정이 없다. 보험계약자가 정당한 사유없이(고의 또는 중대한 과실로) 통지의무를 게을리한 때에는 상법 제672조 제3항의 사기에 의한 보험계약에 해당하는지가 문제될 수 있다. 이와 관련하여 대법원은 사기에

---

1) 대법원 2002. 5. 17. 2000다30127.

의한 중복보험의 요건을 엄격하게 해석하여 단순한 통지의무 해태만으로는 사기로 인한 중복보험으로 추정할 수 없다고 한다.

◖ 대법원 2000. 1. 28. 99다50712
단지 통지의무를 게을리 하였다는 사유만으로 사기로 인한 중복보험계약이 체결되었다고 추정할 수는 없다

☞ 사기로 인하여 체결된 중복보험계약이란 보험계약자가 보험가액을 넘어 위법하게 재산적 이익을 얻을 목적으로 중복보험계약을 체결한 경우를 말하는 것이므로, 통지의무의 해태로 인한 사기의 중복보험을 인정하기 위하여는 보험자가 통지의무가 있는 보험계약자 등이 통지의무를 이행하였다면 보험자가 그 청약을 거절하였거나 다른 조건으로 승낙할 것이라는 것을 알면서도 정당한 사유 없이 위법하게 재산상의 이익을 얻을 의사로 통지의무를 이행하지 않았음을 증명하여야 할 것이고, 단지 통지의무를 게을리 하였다는 사유만으로 사기로 인한 중복보험계약이 체결되었다고 추정할 수는 없다.

(iii) 한편 보험약관 중에는 통지의무위반의 경우 보험자의 계약해지권을 인정하거나 보상을 하지 아니하는 것으로 규정하는 경우가 있는데(화재보험표준약관 제11조 제2항・제3항), 이러한 약관의 규정도 유효라고 해석하는 견해가 있다.[1] 그러나 이를 일률적으로 유효로 보기는 어려울 것이다. 판례는 "손해보험계약에 있어서 보험계약자가 중복보험계약을 체결한 것은 상법 제652조 및 제653조의 통지의무 대상이 되는 '사고 발생의 위험이 현저하게 변경 또는 증가된 때'에 해당되지 않는다"고 한다.[2]

(iv) 중복보험계약이 보험계약자의 사기로 인하여 체결된 경우에는 각 보험계약은 무효로 된다. 다만 보험자는 사기로 인한 중복보험임을 안 때까지의 보험료청구권은 행사할 수 있다(제672조 제3항, 제669조 제4항).

(v) 중복보험계약을 체결한 수인의 보험자 중 그 1인에 대한 권리의 포기는 다른 보험자의 권리의무에 영향을 미치지 아니한다(제673조). 즉, 이 경우에도 다른 보험자는 비율에 따라 산출된 자신의 부담부분만을 지급할 의무가 있다.

3) 일부보험

(1) 일부보험의 의의

(i) 일부보험(under insurance, Unterversicherung)이란 보험금액이 보험가액에 미달하는 보험을 말하며, 보험금액과 보험가액이 일치하는 '전부보험'에 대한 개념이다(예컨대, 시가 7,000만원의 가옥에 보험금액 5,000만원을 정하여 체결한 화재보험계약). 보험

1) 양승규(보) 212면; 최기원(하) 728면.
2) 대법원 2003. 11. 13. 2001다49630.

가액이 존재하지 아니하는 책임보험의 경우에는 일부보험이 성립할 여지가 없는 것이 원칙이나, 재보험의 경우에는 재보험가액이 존재하므로 일부보험이 성립할 수 있다.

(ii) 일부보험은 보험료의 절약, 또는 주의력의 이완 방지(특히 책임보험 · 해상보험 · 자동차보험의 경우) 등의 목적으로 의식적으로 체결하는 경우(의식적 일부보험)와 계약성립 후 물가의 등귀로 보험가액에 변동이 생겨서 자연적으로 생기는 경우가 있다(자연적 일부보험).

(2) 일부보험의 요건

(i) 보험금액이 보험가액보다 적어야 한다. 즉, 보험가액의 일부를 보험에 붙인 경우이다(제674조).

(ii) 일부보험인지의 판단시기는 의식적인 일부보험의 경우에는 보험계약체결당시의 보험가액을 기준으로 하나, 자연적 일부보험의 경우에는 보험가액의 산정시기는 원칙적으로 '보험사고발생시'이다(제670조). 후자의 경우, 실제로 일부보험이냐 아니냐가 문제되는 것은 사고발생 후에 손해의 보상액을 결정할 때이므로 손해보상당시의 보험가액(즉, 전보가액)이 기준이 된다.

(3) 일부보험의 효과

(가) 비례부담의 원칙

일부보험의 '보험자는 보험금액의 보험가액에 대한 비율에 따라 보상할 책임'을 지는데(제674조 본문), 이것을 비례부담의 원칙 또는 비례보상의 원칙이라고 한다. 따라서 전손의 경우에는 보험금액의 전액을 지급하나, 분손의 경우에는 손해액의 일부분(보상액 = 손해액 $\times \frac{\text{보험금액}}{\text{보험가액}}$)을 지급한다. 보상받지 못한 잔여손해액은 피보험자의 부담이 된다(이른바 자가보험).

(나) 제1차위험보험

일부보험의 계약당사자간의 특약으로써 보험자가 보험금액의 범위 내에서 항상 손해액의 전액을 지급하기로 약정할 수 있는데(제674조 단서), 이것을 제1차위험보험 또는 실손해보상계약이라 한다. 예컨대, 보험가액이 1,000만원, 보험금액이 500만원인 일부보험에서 500만원 한도 내에서의 1차위험보험이 체결되면 그 물건에 50%의 손해가 생겼다고 하더라도 250만원이 아닌 500만원을 보험금으로 지급하게 된다.

(다) 비율보험

비율보험은 보험자의 손해보상한도를 보험가액의 일정비율로 정하는 보험으로서 전액보험이므로 일부보험과는 다르다. 예컨대, 보험가액이 1,000만원인 경우 70%의 비율보험이 이루어지면 700만원까지는 완전보상을 받을 수 있다. 비율보험은 그 비율의 범위 내에서는 전액보험인 점에서 일부보험과 다르다.

제 2 절 손해보험계약의 효과

Ⅰ. 총 설

손해보험계약의 효과도 전술한 보험계약 일반의 효과와 동일하나, 이곳에서는 각종의 손해보험계약에 공통되는 효과로서 보험자의 권리·의무와 보험계약자 및 피보험자의 권리·의무에 관하여 살펴본다.

Ⅱ. 보험자의 의무

1. 서 설

손해보험계약에 있어 보험자의 의무로는 보험증권교부의무(제640조)·보험금지급의무(제638조)·보험료반환의무(제648조)가 있으나, 일반적인 것은 이미 언급하였으므로, 여기서는 손해보험계약에서의 특수한 것에 관하여만 설명하기로 한다.

2. 보험증권교부의무

1) 보험자는 보험계약이 성립한 때에는 지체없이 보험증권을 작성하여 보험계약자에게 교부하여야 한다(제640조). 손해보험증권에는 다음의 사항을 기재하고 보험자가 기명날인 또는 서명하여야 한다(제666조). 즉, ① 보험의 목적, ② 보험사고의 성질, ③ 보험금액, ④ 보험료와 그 지급방법, ⑤ 보험기간을 정한 때에는 그 시기와 종기, ⑥ 무효와 실권의 사유, ⑦ 보험계약자의 주소와 성명 또는 상호, ⑧ 피보험자의 주소, 성명 또는 상호, ⑨ 보험계약의 연월일, ⑩ 보험증권의 작성지와 그 작성

년월일 등이다.

2) 손해보험 중 화재보험증권에 관하여는 제685조에, 운송보험증권에 관하여는 제690조에, 해상보험증권에 관하여는 제695조에, 그리고 자동차보험증권에 관하여는 제726조의 3에 각각 특수한 법정기재사항이 규정되어 있다.

3. 보험금액지급의무(손해보상의무)

보험자는 보험사고로 인하여 생긴 피보험자의 재산상의 손해를 보상할 책임을 진다(제665조).

1) 보상의무의 발생요건

(1) 보험사고의 발생

(i) 손해보험계약에서의 보험자의 책임은 당사자간에 다른 약정이 없으면 최초의 보험료를 지급받은 때로부터 개시한다(제656조). 그러므로 보험계약에서 한정한 보험사고는 이때부터 시작하여 약정 또는 법정된 보험기간 내에 발생하여야 한다. 따라서 사고가 발생하지 않고 보험기간이 경과하면 무사고반환의 특약이 없는 한 보험자는 보험금액의 지급은 물론 취득한 보험료도 반환할 필요가 없다.

(ii) 보험사고가 보험기간 내에 발생한 이상 손해는 그 후에 확정되어도 상관없다. 예컨대, 오후 4시에 종료하기로 된 화재보험에서 오후 3시에 발화하여 오후 5시에 진화된 경우에도 보험자는 보상책임이 있다. 보험사고가 보험기간 중에 발생하였다는 증명책임은 보험계약자 또는 피보험자가 부담한다. 다만 소급보험의 경우에는 보험계약 당사자가 그 계약체결 당시에 이미 보험사고가 발생하였다는 객관적인 사실을 알지 못한 경우에는 보험자는 그 책임개시시에 보상책임을 진다(제643조 · 제644조). 또 보험자가 보험계약자로부터 보험계약의 청약과 함께 보험료의 전부 또는 일부의 지급을 받은 때에는 그 청약을 거절할 사유가 없는 한 승낙 전에 생긴 사고에 대하여도 보상책임을 진다(제638조의 2 제3항).

(2) 손해의 발생

(i) 보험계약의 목적인 피보험이익에 관하여 재산상의 결손이 생겨야 하고, 그러한 손해와 보험사고와의 사이에 상당인과관계가 있어야 한다.[1] 정신적 손해는 포함하지 않는다.

---

1) 양승규(보) 221면; 손주찬(하) 588면; 서돈각 · 정완용(하) 415면.

(ii) 여기서의 상당인과관계란 사고와 손해간의 단순한 인과관계만을 말하는 것이 아니라 보험사고로 인하여 필연적으로 발생한 손해만을 의미한다.[1] 업무상 재해의 경우, 업무 외의 사유가 복합적으로 작용하였다고 하더라도 인과관계가 인정된다.

◖ 대법원 1999. 10. 26. 99다37603
벼락과 돼지들의 질식사 사이의 인과관계를 인정한 사례

☞ 보험자가 벼락 등의 사고로 농장 내에 있는 돼지에 대하여 생긴 보험계약자의 손해를 보상하기로 하는 손해보험계약을 체결한 경우, 농장 주변에서 발생한 벼락으로 인하여 그 농장의 돈사용 차단기가 작동하여 전기공급이 중단되고 그로 인하여 돈사용 흡배기장치가 정지하여 돼지들이 질식사하였다면, 위 벼락사고는 보험계약상의 보험사고에 해당하고 위 벼락과 돼지들의 질식사 사이에는 상당인과관계가 인정된다. 동지: 대법원 1990. 11. 13. 90누3690.

◖ 대법원 1989. 10. 24. 89누1186
업무 외의 사유가 복합적으로 작용하였다고 하더라도 인과관계가 인정된다

☞ 산업재해보상보험법 제3조 제1항 소정의 "업무상의 재해"라 함은 근로자가 업무수행중 그 업무에 기인하여 발생한 부상, 질병, 신체장애 또는 사망을 의미한다고 할 것인바, 택시운전업무에 종사하는 자가 업무수행과정에서 교통사고를 당하여 경련장애를 입었고 그 후 다시 교통사고를 일으켜 심신의 급격한 충격을 받아 심장마비를 일으켰거나 위 경련장애가 악화되어 뇌출혈을 일으키고 그로 인하여 사망하게 되었다면 위 망인의 사망은 업무수행상 재해를 당한 경우에 해당한다. 동지: 대법원 1990. 2. 13. 89누6990.

(iii) 보험자가 보상할 손해가 발생한 경우에는, 그 후에 보험자가 부담하지 아니하는 위험이 발생하여 그 목적이 멸실되더라도 보험자는 이미 생긴 손해의 보상책임을 면하지 못한다(제675조). 따라서 예컨대 화재보험의 목적이 화재로 일부 훼손된 후 홍수로 인하여 전부 멸실한 경우 화재보험의 보험자는 화재로 인한 손해만큼은 보상하여야 한다.

2) 손해의 보상

(1) 보상액의 결정

(i) 보험자가 보상할 손해액의 산정은 그 손해가 발생한 때와 곳의 가액에 의하나(제676조 제1항 본문), 당사자간에 다른 약정이 있는 때에는 그 신품가액에 의하여 손해액을 산정할 수 있다(신가보험)(제676조 제1항 단서). 그러나 예외적으로 운송물보험에 있어서는 발송한 때와 곳의 가액을(제689조 제1항), 선박보험에 있어서는 보험자의

1) 양승규(보) 221면.

책임이 개시될 때의 선박가액을(제696조 제1항), 적하보험에 있어서는 선적한 때와 곳의 적하의 가액을(제697조) 각 보험가액으로 하므로, 이 보험가액이 보상액 결정의 기준이 된다.

(ii) 실무에서는 보험자가 보상할 구체적 손해액은 손해사정인 또는 감정인(Sachverständige)이 산정하는데, 손해액의 산정에 관한 비용은 보험자가 이를 부담한다(제676조 제2항).[1] 손해액 결정에 이의가 있는 경우에는 평가인의 평가 또는 중재인의 판정에 의하되, 그 비용은 보험자와 보험계약자가 분담할 수 있고, 일부보험의 경우에는 보험금액의 보험가액에 대한 비율에 따라 분담한다.[2] 또 보험사고로 인하여 상실된 피보험자가 얻을 이익이나 보수는 당사자간에 다른 약정이 없으면 보험자가 보상할 손해액에 산입하지 아니한다(제667조).

(iii) 손해보상의 범위는 보험가액(또는 협정보험금액)을 최고한도로 하며, 실손해액을 초과하지 못한다. 따라서 전부보험에 있어서 전손(피보험이익 전부의 멸실)의 경우에는 협정보험금액 또는 보험가액을 지급하고, 분손(피보험이익 일부의 멸실)의 경우에는 보험가액과 잔존가액과의 차액을 손해액으로서 보상하며, 일부보험에서는 보험금액의 보험가액에 대한 비율에 따라 보상한다(제674조 본문). 다만 일부보험에서 당사자간에 다른 약정이 있는 때에는 보험자는 보험금액의 한도 내에서 그 손해를 보상할 책임을 진다(제674조 단서). 또한 손해보험계약에서 제3자의 행위로 손해가 발생시 보험자는 그 한도 내에서 면책된다.[3]

(iv) 손해방지·경감비용은 보상액과의 합계액이 보험금액을 초과한 경우에도 보험자가 이를 부담한다(제680조 단서). 반면, 보험료의 지급을 받지 아니한 잔액이 있으면 그 지급기일이 도래하지 아니한 때라도 보상액에서 이를 공제할 수 있다(제677조).

외화표시보험의 경우 보상액산정의 시기

근래에 외화표시보험이 다수 체결되고 있다. 외화표시보험에서는 보험가액 또는 보험금액이 외화로 표시된다. 그러나 이 경우에도 보험금의 지급은 우리나라 통화로 환산하여 지급하는 것이 관례이다. 이 때 외국통화의 우리나라 통화로의 환산시기는 보험금 청구시라는 견해와 보험금지급시라는 견해가 있다. 상법상 "보험자가 보상할 손해액은 그 손해가 발생한 때와 곳의 가액에 의한다."고 정하고 있으므로(제676조 제1항 본문), 환산시기도 손해가 확정된 때를 기준으로 하는 것이 정당하다고 본다.[4]

---

1) 대법원 2013. 10. 24. 2011다13838.
2) 양승규(보) 223면.
3) 대법원 2000. 11. 10. 2000다29769.
4) 양승규(보) 225면.

대법원 1991. 3. 12. 90다2147
외화표시보험의 경우 외국통화의 환산시기는 보험금지급시이다

☞ 다수의견 : "외화채권을 채무자가 우리나라 통화로 변제함에 있어서는 민법 제378조가 그 환산시기에 관하여 외화채권에 관한 같은 법 제376조, 제377조 제2항의 '변제기'라는 표현과는 다르게 '지급할 때'라고 규정한 취지에서 새겨볼 때 그 환산시기는 이행기가 아니라 현실로 이행하는 때, 즉 현실이행시의 외국환시세에 의하여 환산한 우리나라 통화로 변제하여야 한다고 풀이함이 상당하다." 동지: 대법원 2000. 6. 9. 99다56512.
소수의견: "민법 제378조가 그 환산시기에 관하여 규정한 '지급할 때'란 뜻은 채무자가 대용권을 행사하는 경우에 그렇다는 것에 그치는 것이므로 외국통화의 급부를 목적으로 한 채권자가 우리나라 통화에 의한 지급을 구할 때에는 이와는 달리 청구할 때를 그 환산시기로 잡는 것이 옳다."

(2) 보상방법

손해보상의 방법은 금전으로 지급하는 것이 보통이나, 현물의 급여 또는 수선 등의 방법으로 하기로 약정하는 것은 상관없다.

보험자가 손해를 보상할 경우에 보험료의 지급을 받지 아니한 잔액이 있으면 그 지급기일이 도래하지 아니한 때라도 보상할 금액에서 이를 공제할 수 있다(제677조). 그런데 사고원인 및 피해상황조사에 장기간을 소요하는 경우가 더러 있어서 피해자가 입은 손해를 확정하는 데 상당한 시일이 걸리는 경우가 많다. 따라서 실무에서는 손해의 확정이 지연되는 때에는 피보험자의 청구에 따라 추정보험금의 50% 상당액을 가지급금으로 지급한다.

(3) 보상시기

보험자는 보험사고가 발생한 경우에 다른 약정이 없으면 보험사고발생의 통지를 받은 후 지체없이 지급할 보험금액을 정하고, 그 금액을 정한 날로부터 10일 내에(제658조) 피보험자에게 보험금을 지급하여야 한다(제638조).

(4) 이행장소

보험자가 보상의무를 이행할 장소에 관하여는 약관에 정함이 있으면 그에 의하고, 약관에 정함이 없으면 관습에 따르고, 관습이 없으면 민법의 일반원칙에 따른다. 민법상 특정물인도 이외의 채무변제는 채권자의 현주소에서 하여야 하고, 영업에 관한 채무의 변제는 채권자의 현영업소에서 하여야 하도록 되어 있다(민 제467조 제2항). 따라서 채권자인 피보험자의 주소 또는 영업소에서 이행하여야 한다.

(5) 소멸시효

보험금청구권은 보험사고 발생시로부터 3년간 행사하지 않으면 소멸시효가 완성한다(제662조). 기산점은 특별한 다른 사정이 없는 한 원칙적으로 보험금청구권의 소멸시효는 보험사고가 발생한 때로부터 진행한다. 보험사고의 발생여부가 객관적으로 분명하지 아니하여 보험금청구권자가 과실 없이 보험사고의 발생을 알 수 없었던 경우에는 보험사고의 발생을 알았거나 알 수 있었을 때로부터 소멸시효가 진행한다. 소멸시효 완성 후 보험금지급채무를 변제한 경우 그 채무를 묵시적으로 승인한 것으로 볼 수 있고, 이때는 시효완성의 사실을 알고서 채무를 승인함으로써 시효이익을 포기하였다고 볼 수도 있다.[1)]

◖ 대법원 1999. 10. 22. 98다38746
특별한 다른 사정이 없는 한 원칙적으로 보험금청구권의 소멸시효는 보험사고가 발생한 때로부터 진행한다

☞ 우리 상법은 보험금청구권은 3년간 행사하지 아니하면 소멸시효가 완성한다는 취지를 규정하고 있을 뿐(제662조), 보험금청구권의 소멸시효 기산점에 관하여는 아무 것도 규정하지 않고 있으므로, "소멸시효는 권리를 행사할 수 있는 때로부터 진행한다."고 규정한 민법 제166조 제1항에 따를 수밖에 없는 바, 보험금청구권은 보험사고가 발생하기 전에는 추상적인 권리에 지나지 아니할 뿐 보험사고의 발생으로 인하여 구체적인 권리로 확정되어 그때부터 그 권리를 행사할 수 있게 되는 것이므로, 특별한 다른 사정이 없는 한 원칙적으로 보험금청구권의 소멸시효는 보험사고가 발생한 때로부터 진행한다고 해석함이 상당하다 할 것이다(대법원 1997. 11. 11. 97다36521; 동 1998. 2. 13. 96다19666; 동 1998. 5. 12. 97다54222; 동 2001. 12. 28. 2001다61753; 동 2015. 3. 26. 2012다25432 등 참조).

◖ 대법원 1999. 2. 23. 98다60613
보험금청구권자가 과실 없이 보험사고의 발생을 알 수 없었던 경우 소멸시효의 기산점

☞ 보험사고가 발생한 것인지의 여부가 객관적으로 분명하지 아니하여 보험금청구권자가 과실 없이 보험사고의 발생을 알 수 없었던 특별한 사정이 있는 경우에는 그가 보험사고의 발생을 알았거나 알 수 있었을 때로부터 보험금청구권의 소멸시효가 진행하지만, 그러한 사정이 없는 한 보험금청구권의 소멸시효는 원칙적으로 보험사고가 발생한 때로부터 진행한다. 동지: 대법원 1993. 7. 13. 92다39822; 동 1997. 11. 11. 97다36521; 동 1998. 2. 13. 96다19666; 동 1998. 5. 12. 97다54222; 동 1999. 2. 23. 98다60613; 동 2001. 4. 27. 2000다31168 등 참조.

보험목적에 설정된 담보물권의 지위

(ⅰ) 자금을 대출하여 주고 질권 또는 저당권 등 물적 담보를 확보한 (금융기관 등) 담보물권자는 그 담보물의 멸실·훼손에 대비하여 담보물권 설정자로 하여금 보험에

1) 대법원 2015. 3. 26. 2012다25432.

들게 하고 그 보험증권을 징구하여 보험금청구권을 양도받아 보험사고가 발생한 때에는 이를 행사하는 것이 상례이다.[1)]

(ii) 위의 경우에 담보물권자가 보험증권을 징구하지 아니한 때에도 담보물의 멸실·훼손으로 담보물권 설정자가 보험금을 지급받는 경우에는 그 보험금에 대하여 물상대위권을 행사할 수 있다고 본다.[2)] 다만 이때에는 보험금의 지급 전에 보험금을 압류하거나 배당요구 등의 조치를 취하여야 한다(민 제342조 단서).[3)] 담보물권자가 물상대위권을 행사하는 때에는 보험자는 피보험자에 대한 항변(고지의무 또는 통지의무 위반 등)을 원용할 수 있다.

(iii) 이 외에도 보험의 종류 중에서 저당권자를 피보험자로 하는 이른바 저당보험(Hypothekenversicherung)을 이용하면, 보험사고가 발생한 때 저당권자가 직접 보험금청구권을 행사할 수 있다.

(6) 손해보험자의 면책사유

손해보험의 목적의 성질·하자 또는 자연소모로 인한 손해는 보험자가 이를 보상할 책임이 없다(제678조). 이는 각종 손해보험에 공통되는 면책사유이다. 예컨대 자동차차량손해보험에서의 자동차 자체의 결함, 식물의 부패, 포장의 불충분으로 인한 파손, 액체의 자연발산 또는 용기의 흡수로 인한 감량 등이 원인으로 된 손해의 발생 등이 이에 해당한다. 이러한 것은 위험의 개연율의 측정이 곤란하며, 또 우연한 사고로도 볼 수 없어서 보험자는 면책된다.

(7) 보상의무 이행후의 잔존책임

(i) 보험사고가 발생하여 전손이 생기고 보험자가 보험금의 전액을 지급하면 보험관계가 종료하는 것이 원칙이다.

(ii) 그러나 분손이 생긴 경우에는 지급한 보험금액을 공제한 잔액을 보험금액으로 하여 보험계약이 잔존한다.

(iii) 그러나 자동차종합보험과 같이 보험기간 내에 보험사고가 수회 발생하더라도 당초의 보험금액을 유지하면서 보험계약이 자동으로 복원되는 경우도 있다.

손해보험채권의 처분

(1) 보험사고 발생 후의 보험금청구권의 처분

보험금청구권은 보험사고 발생으로 인하여 구체화되는 금전채권이므로 양도(민 제

---

1) 대법원 1978. 1. 17. 77누221: 해상보험계약을 체결함에 있어서 선박이 전손된 경우에 근저당권자를 보험금의 수익자로 하기로 약정한 때에는 그 선박이 전손처리되었다면 당연히 그 보험금지급청구권은 근저당자에게 귀속되었다고 할 것이다.

2) 김성태(보) 523면; 대법원 2001. 2. 23. 98다59309.

3) 대법원 1999. 5. 14. 98다62688; 동 1998. 9. 22. 98다12812.

449조) 및 질권설정(민 제345조)을 할 수 있다. 다만 책임보험의 경우에는 피보험자가 함부로 보험금청구권을 양도 또는 질권을 설정하거나 제3자에 의한 압류를 인정하게 되면 피해자를 보호할 수 없으므로, 그 양도 등으로 피해자에게 대항할 수 없다고 하여야 한다.[1)]

(2) 보험사고 발생 전의 권리

(i) 보험사고 발생 전에 보험의 목적을 양도하지 않으면서 보험금청구권만을 양도하거나 질권을 설정할 수 있는가에 관하여, 부정설은 권리의 양수인은 피보험이익을 이전받지 아니하고 보험금청구권을 취득하게 되어 보험사고에 의한 손해 없이 보험금을 취득하게 되어 손해보험의 본질에 반한다고 설명한다. 이에 대하여 긍정설은 피보험이익은 계약성립 후에 객관적으로 존재하면 되므로 피보험자와 보험금청구권자의 분리를 부정할 근거가 없고, 피보험이익의 존재가 요구되는 것은 보험계약의 도박화를 방지하기 위한 것에 불과하므로 도박화의 위험이 없는 한 권리를 처분할 수 있는 가능성을 부정할 이유는 없다고 한다.[2)]

(ii) 보험사고 발생 전의 권리의 양도는 일종의 기대권의 양도이므로(민 제149조), 이 권리의 양도 및 질권설정의 방법 및 대항요건에 대하여는 지명채권에 관한 규정을 준용한다(민 제450조 · 제347조 · 제349조). 실무상으로는 보험자에 대하여는 보험자가 피보험자의 요청에 의하여 보험증권에 승인배서를 하는 방법에 의한다.[3)]

(iii) 보험금청구권의 양도에 의하여 피보험자의 지위에 변동이 생기거나 양수인이 피보험자의 지위를 취득하는 것도 아니다. 따라서 피보험자가 통지의무 또는 손해방지의무 등을 위반하여 보험금의 감액 등의 결과가 생긴 때에는 특약이 없는 한 양수인이 이를 감수하여야 한다. 만약 보험자에게 면책사유가 있어 보험자가 면책되면 양수인 또는 질권자의 보험금청구권은 소멸한다.[4)] 또한 양수인이 보험사고를 유발한 때에는 피보험자에 의하여 보험사고가 발생한 것에 준하여 보험자는 면책된다(민 제150조 제1항).[5)]

Ⅲ. 보험계약자와 피보험자의 의무

1. 서 설

보험계약자 또는 피보험자는 보험료지급의무(제638조 · 제639조 제2항 단서) · 통지의무(제657조 · 제652조 · 제722조 · 제723조)를 지나, 이에 관하여는 이미 언급하였다. 그러므로 여기서는 손해보험에 특수한 손해방지 · 경감의무에 관하여서만 설명하기로 한다.

---

1) 최기원(하) 710면.
2) 최기원(하) 710면.
3) 김성태(보) 522면.
4) 대법원 2002. 3. 29. 2000다13887.
5) 최기원(하) 710면.

2. 손해방지 · 경감의무

1) 손해방지 · 경감의무의 의의

(1) 손해보험에 있어서의 손해방지 · 경감의무란 보험계약자와 피보험자가 보험사고가 발생한 경우에 손해의 방지와 경감을 위하여 노력하여야 할 의무를 말한다(제680조 제1항 본문).

(2) 손해방지 · 경감의무의 근거(이유)에 관하여, 학설은 ① 보험자에 대한 신의성실의 요청, 즉 보험계약관계자는 고의 또는 중과실로 보험사고를 유발하여도 안 되지만, 이미 보험사고가 발생된 후라도 고의 또는 중과실로 인하여 보험자의 부담을 가중시키는 것은 부작위에 의한 손해의 확대라고도 할 수 있다는 것과, ② 공익보호의 요청, 즉 손해방지 · 경감활동을 장려함으로써(재물보호) 국민경제상의 불이익을 면할 수 있다는 것을 들고 있으나(다수설),[1] ③ 보험계약자 또는 피보험자의 부작위에 의하여 확대된 손해는 우연한 사고에 의한 손해로 볼 수 없다는 것을 들기도 한다.[2] 이 의무는 공익적 요청에 기한 것이어서 이 의무를 면제하는 특약은 효력이 없다고 본다.

2) 손해방지 · 경감의무의 법적 성질

손해방지 · 경감의무는 피보험자도 부담하는 것이므로 계약상의 의무는 아니고, 보험계약의 사행계약적 성질에 비추어 법이 특히 인정한 의무라고 본다(동설). 보험계약자가 이 의무를 위반하여 보험자가 손해를 입은 경우에는 보험자는 보험계약자에게 손해배상청구를 하거나 손해보상액에서 공제할 수 있으므로 이 의무는 간접의무가 아니다.

◖ 대법원 1994. 8. 12. 94다2145
피보험자의 소송통지의무는 보험회사에게 소송에 관여할 기회를 주기 위한 것이다

☞ 피보험자의 소송통지의무를 규정한 자동차보험보통약관 제50조의 취지는, 소송을 제기당한 피보험자가 소송에 적절히 대응하지 않아 부적정한 손해배상액을 명하는 판결을 받은 후 그 판결금액을 보험회사에게 청구할 수 있다고 한다면 이는 실손해를 전보한다는 자동차보험의 본래의 취지에 반하고 보험회사로 하여금 부당한 불이익을 입게 하는 것이므로 그와 같은 폐해를 피하고 후일의 분쟁을 방지하기 위하여 소송이 제기된 때에는

---

1) 서돈각 · 정완용(하) 416면; 손주찬(하) 591면; 박원선(하) 137면.
2) 김정호(하) 498면.

그 소송에서 적정한 배상액이 정해지도록 보험회사에게 직접, 간접으로 소송에 관여할 기회를 주기 위한 것이다.

3) 손해방지 · 경감의무의 의무자

손해방지 · 경감의무의 의무자는 보험계약자와 피보험자이다(제680조 본문). 그밖에 이들의 대리인 · 사용인, 지배인, 선장 등도 의무자이다.[1]

4) 손해방지 · 경감의무의 내용

(1) 손해의 발생 또는 확대 방지와 손해의 경감

보험계약상의 보험사고가 발생한 후에, 그 사고로 인한 손해의 발생이나 그 손해의 확대 방지 및 손해의 경감을 위하여 노력하여야 한다. 따라서 보험사고 자체의 발생을 방지할 의무는 없다. 손해방지 · 경감행위는 소화행위나 구호활동 등 직접적인 것이든 제3자에 대한 청구권확보행위 및 대위권행사에 필요한 행위 등과 같은 간접적인 것이든 묻지 않는다.

(2) 손해방지·경감의무의 시기와 종기

(i) 손해방지 · 경감의무를 부담하는 시기와 종기에 관하여는 명문의 규정이 없으나, 약관에 의하여 대체로 보험사고가 생긴 때 또는 이와 동일시할 수 있는 상태가 발생한 때(예컨대 옆건물에 화재가 발생하여 곧 보험목적인 건물의 피해가 예상되는 때)부터 이를 부담한다.[2]

(ii) 보험사고가 발생한 이상 피보험자의 법률상의 책임 여부가 판명되지 아니한 상태에서도 피보험자는 손해확대의 방지를 위한 긴급한 행위를 할 수 있다(후술).[3]

(iii) 종기는 더 이상 손해방지 · 경감의 가능성이 존재하지 아니하는 때이다.

(3) 노력의 정도

보험계약자나 피보험자는 자기의 이익에 대한 손해의 방지와 경감을 위하여 노력하는 경우와 같은 정도의 노력을 하여야 한다고 본다. 그리고 그 노력을 한 이상 손해방지 · 경감의 효과가 있느냐는 묻지 않는다.

---

1) 양승규(보) 233면; 최기원(하) 706면.
2) 대법원 2003. 6. 27. 2003다6958.
3) 대법원 1994. 9. 9. 94다16663; 동 1993. 1. 12. 91다42777; 동 2003. 6. 27. 2003다6958; 동 2022. 3. 31. 2021다201085(본소), 2021다201092(반소).

(4) 보험자의 지시

손해방지 · 경감의무자는 사정이 허용되는 한 보험자의 지시를 받아 그에 따를 필요가 있다고 해석한다(독보 제62조, 스위스보 제61조 참조).[1]

5) 손해방지 · 경감의무위반의 효과

(1) 손해방지 · 경감의무위반의 효과에 관하여는 상법에 규정이 없어서 학설이 세 가지로 나뉜다.

제1설은 보험계약자와 피보험자의 경과실의 경우에는 불이익을 줄 수 없고, 고의 · 중과실의 경우에만 보험자는 손해보상액으로부터 방지 또는 경감할 수 있었을 손해의 액을 공제할 수 있다는 견해이다.[2]

제2설은 보험계약자와 피보험자가 고의 또는 중과실로 인하여 손해방지 · 경감의무를 해태한 경우에는 보험자는 이와 상당인과관계가 있는 손해의 배상청구를 할 수 있고, 또 상계를 하여 지급할 손해보상액으로부터 방지 또는 경감할 수 있었을 손해의 액을 공제할 수 있다는 견해이다.[3]

제3설은 보험계약자와 피보험자에게 경과실이 있는 경우와 고의 또는 중과실이 있는 경우로 나누어, 전자의 경우에는 손해배상을 청구하고 지급할 보험금에서 방지 또는 경감할 수 있었을 손해의 액을 공제할 수 있으나, 후자의 경우에는 보험자는 보상의무 자체를 면하되 다만 중과실이 있는 경우에는 그 손해의 정도가 의무를 이행하였더라도 동일하였을 경우는 예외로 본다는 견해이다.[4] 이 견해는 손해방지 · 경감의무는 신의성실의 원칙에 기하여 보험단체의 이익뿐만 아니라 공익보호라는 입법취지에서 이와 같이 해석하는 것이 정당하다고 한다.

생각건대, 손해방지 · 경감의무를 보험자에 대한 보상청구의 전제조건으로 볼 것은 아니므로, 보험계약자와 피보험자의 고의 · 중과실로 인하여 손해방지 · 경감의무를 해태하였다고 하더라도 고지의무위반의 경우와 같이 보험자의 면책사유가 될 수 있는 것은 아니라고 본다. 즉, 보험계약자와 피보험자의 고의 · 중과실의 경우에는 보험자는 의무자의 부작위에 대한 채무불이행으로 보아 이와 상당인과관계가 있는 손해의 배상청구를 할 수 있고, 또 상계를 하여 지급할 손해보상액으로부터 '방지 또는 경감할 수 있었을 손해의 액'을 공제할 수 있다고 본다. 결국 제2설이 정당하

1) 양승규(보) 234면.
2) 손주찬(하) 593면; 서돈각 · 정완용(하) 417면.
3) 양승규(보) 234면; 정동윤(하) 589면.
4) 최기원(하) 708면; 김정호(하) 502면.

다고 생각된다.

(2) 손해방지 · 경감의무위반사실 및 보험계약자와 피보험자의 고의 · 중과실에 대한 증명책임은 보험자가 이를 부담한다.[1)]

◖ 대법원 1994. 8. 12. 94다2145
피보험자가 소송통지의무를 해태한 경우 보험자는 적정손해액 이상의 손해액에 대하여는 보상의무가 없다

☞ 만약 피보험자가 보험회사에게 피해자 등으로부터 소송을 제기당한 사실을 통지하여 보험회사로 하여금 소송에 실질적으로 관여할 수 있도록 하였거나 소송에서 피해자의 사고 당시의 수입액에 관한 자료를 제출하였다면 판결에서 피해자의 수익상실로 인한 손해액이 과다하게 인용되는 것을 방지할 수 있었음에도 이를 게을리한 사정이 있다면, 자동차보험보통약관 제50조의 취지로 보아 피보험자의 의무해태로 인하여 적정손해액 이상으로 판결에서 인용된 손해액에 대하여는 보험회사에게 보상의무가 없다고 봄이 상당하다.

6) 손해방지 · 경감비용의 상환

(1) 손해방지비용과 보험자의 비용상환의무

(ⅰ) 손해방지비용이란 보험자가 담보하고 있는 보험사고가 발생한 경우에 보험사고로 인한 손해의 발생을 방지하거나 손해의 확대를 방지함은 물론 손해를 경감할 목적으로 행하는 행위에 필요하거나 유익하였던 비용을 말한다.[2)] 이는 후술하는 방어비용과는 다른 개념이다.

◖ 대법원 2006. 6. 30. 2005다21531
'손해방지비용'과 '방어비용'은 서로 구별된다.

☞ 상법 제680조 제1항에 규정된 '손해방지비용'은 보험자가 담보하고 있는 보험사고가 발생한 경우에 보험사고로 인한 손해의 발생을 방지하거나 손해의 확대를 방지함은 물론 손해를 경감할 목적으로 행하는 행위에 필요하거나 유익하였던 비용을 말하는 것이고, 같은 법 제720조 제1항에 규정된 '방어비용'은 피해자가 보험사고로 인적 · 물적 손해를 입고 피보험자를 상대로 손해배상청구를 한 경우에 그 방어를 위하여 지출한 재판상 또는 재판 외의 필요비용을 말하는 것으로서, 위 두 비용은 서로 구별되는 것이므로, 보험계약에 적용되는 보통약관에 손해방지비용과 관련한 별도의 규정을 두고 있다고 하더라도, 그 규정이 당연히 방어비용에 대하여도 적용된다고 할 수는 없다.

---

1) 정동윤(하) 590면.
2) 대법원 2003. 6. 27. 2003다6958.

(ⅱ) 보험자는 손해방지 · 경감을 위하여 필요 또는 유익한 비용, 즉 손해방지비용을 부담하여야 하고,[1] 그 비용과 보상액의 합계액이 보험금액을 초과하는 경우에도 역시 이를 부담하여야 한다(제680조 제1항 단서).[2]

(ⅲ) 보험자의 비용상환의무는 보험자와 손해방지 · 경감의무자 간의 이익을 확보하고(민 제687조 · 제688조 참조), 나아가서 손해방지 · 경감행위를 장려하려는 데 그 취지가 있다. 보험자가 보상책임을 지지 아니하는 사고에 대하여는 손해방지의무가 없으므로 이로 인한 보험자의 비용상환의무도 없다. 다만 사고발생시 피보험자의 법률상 책임 여부가 판명되지 아니한 상태에서 피보험자가 손해확대방지를 위한 긴급한 행위를 한 경우에는 이로 인하여 발생한 필요 · 유익한 비용도 손해확대방지를 위한 비용으로서 보험자는 이를 상환하여야 한다.

◖ 대법원 1994. 9. 9. 94다16663
책임 여부가 판명되지 아니한 상태에서 손해확대방지를 위한 긴급한 행위로 인하여 발생한 필요 유익한 비용도 손해확대방지비용으로서 보험자가 부담하여야 한다

☞ 손해보험에서 피보험자가 손해의 확대를 방지하기 위하여 지출한 필요 유익한 비용을 보험자가 부담하게 되어 있는 경우 이는 원칙적으로 보험사고의 발생을 전제로 하는 것이므로 보험자가 보상책임을 지지 아니하는 사고에 대하여는 손해방지의무가 없고 따라서 이로 인한 보험자의 비용부담 등의 문제도 발생할 수 없는 것이 원칙이지만 다만 사고발생시 피보험자의 법률상 책임 여부가 판명되지 아니한 상태에서 피보험자가 손해확대방지를 위한 긴급한 행위를 하였다면 이로 인하여 발생한 필요 유익한 비용도 손해확대방지를 위한 비용으로서 보험자가 부담하는 것으로 해석하여야 한다. … 자동차 소유자인 피보험자가 사고 직후 자신에게 손해배상책임이 있는지 여부를 판단하기 어려운 가운데 중상을 입어 의식을 잃은 피해자를 신속하게 치료를 받게 함으로써 더 이상의 피해상태의 악화를 방지하기 위하여 치료비 채무의 연대보증을 하였다면 피보험자의 책임 유무가 가려지지 아니한 상태에서 그가 손해배상책임을 져야 할 경우에 대비하여 한 최소한도의 손해확대방지행위라고 보아야 하므로 이로 인하여 보험회사의 면책통보 이전까지의 치료비로서 피보험자가 지출한 금원은 보험회사가 보상하여야 할 손해확대방지비용에 해당한다. 동지: 대법원 1993. 1. 12. 91다42777(손해배상책임이 없는 피보험자가 가해자로서 교통사고 직후 자신의 책임 유무를 판단하기 어려운 가운데 의식을 잃은 피해자를 신속하게 치료받게 함으로써 피해상태의 악화를 방지하고자 치료비채무를 연대보증하였다면 이로 인하여 지출한 치료비 중 보험자의 면책통보시까지 발생한 부분은 보험자가 보상하여야 한다). 동지 : 대법원 2002. 6. 28. 2002다22106; 동 2003. 6. 27. 2003다6958; 동 2022. 3. 31. 2021다201085(본소), 2021다201092(반소).

1) 대법원 1995. 12. 8. 94다27076; 동 1993. 1. 12. 91다42777.
2) 대법원 1995. 12. 8. 94다27076.

(2) 일부보험과 비용상환

일부보험의 경우에도 보험자는 손해방지 · 경감비용을 전액 상환하여야 한다. 이는 보험금액의 보험가액에 대한 비율에 따라 결정된 보상액과 손해방지 · 경감비용의 합계액이 보험금을 초과하는 경우에도 마찬가지이다(제680조 제1항 단서).

(3) 비용상환의무 배제약관의 효력

손해방지비용을 보험자가 부담하지 않기로 하는 특약은 제680조에 반하고 보험계약자 등의 불이익변경금지의 원칙(보험계약법의 상대적 강행법성: 제663조)에 위배되어 무효라고 보는 견해가 다수설이다.[1] 이에 대하여 보험금액의 한도 내에서만 손해방지 · 경감비용을 부담하기로 하는 것은 유효하다는 견해 및 이를 유효로 본다는 반대설이 있다.[2]

제 3 절 보험자의 대위

I. 서 설

1. 보험자대위의 의의

보험자의 대위(rights by subrogation, Subrogation)란 보험자가 보험금을 지급한 경우에 피보험자 또는 보험계약자가 보험의 목적 또는 제3자에 대하여 가지는 권리를 법률상 당연히 취득하는 것(제681조, 제682조 제1항)을 말한다.

2. 보험자대위의 유형

보험자의 대위는 보험의 목적에 관한 피보험자의 권리를 취득하는 잔존물대위의 경우와(제681조), 제3자에 대한 보험계약자 또는 피보험자의 권리를 취득하는 청구권대위의 경우(제682조)로 나눌 수 있다.

1) 대법원 2002. 6. 28. 2002다22106.
2) 채이식(Ⅳ) 145면.

3. 적용범위

보험자대위는 손해보험에서만 인정되고, 인보험에서는 금지되고 있다(제729조 본문). 다만 인보험이라도 상해보험의 경우에는 당사자간 약정이 있으면 피보험자의 권리를 해하지 아니하는 범위 내에서 청구권대위가 인정된다(제729조 단서).[1)]

4. 보험자대위의 근거

1) 보험자대위를 인정하는 근거에 관하여는 이득방지설과 기술설이 있다.

2) 이득방지설은 '이중이득'을 방지하고 보험사고에 대한 책임을 면하는 자가 없도록 하기 위하여 민법상 손해배상자의 대위와 같은 취지로(민 제399조), 보험자의 대위를 인정한 것이라고 한다.[2)] 손해보험은 손해를 보상하는 것이 목적이지 이득을 주는 것을 목적으로 하지는 않는다(손해보험의 손해보상계약성). 그런데 피보험자 또는 보험계약자가 보험금액을 받고도 잔존 목적물에 대한 소유권이나 제3자에 대한 손해배상청구권을 그대로 보유하게 된다면 그것은 불로의 이득을 보게 되어 손해보험제도의 경제적 기능을 초월하는 결과를 가져오게 되고, 도박적 행위로 악용될 위험성도 생긴다는 것이다. 이 견해가 옳다고 본다.

3) 기술설은 보험자의 손해보상은 잔존물의 가액을 공제한 실손해로 하여야 하나, 잔존물의 가액의 산정에 시간과 비용이 소모되므로 이러한 과정을 생략하여 신속한 손해보상을 하기 위한 것이라 한다.[3)]

◖ 대법원 1989. 4. 25. 87다카1669
보험자대위의 취지에 관한 판결

☞ 보험자대위에 관한 상법 제682조의 규정을 둔 이유는 피보험자가 보험자로부터 보험금액을 지급받은 후에도 제3자에 대한 청구권을 보유, 행사하게 하는 것은 피보험자에게 손해의 전보를 넘어서 오히려 이득을 주는 결과가 되어 손해보험제도의 원칙에 반하고 배상의무자인 제3자가 피보험자의 보험금수령으로 인하여 그 책임을 면하는 것도 불합리하므로 이를 제거하여 보험자에게 그 이익을 귀속시키려는 데 있고 이와 같은 보험자대위의 규정은 타인을 위한 손해보험계약에도 그 적용이 있다. 동지: 대법원 1990. 2. 9. 89다카21965.

---

1) 대법원 2014. 11. 27. 2012다14562: 보험자가 면책약관에 대한 설명의무를 위반하여 약관의 규제에 관한 법률 제3조 제4항에 따라 면책약관을 계약 내용으로 주장하지 못하고 보험금을 지급하게 된 경우라도 상법 제682조에서 정한 보험자대위권은 행사할 수 있다.

2) 서돈각 · 정완용(하) 389면; 최기원(하) 712면.

3) 김성태(보) 439면; 강위두 · 임재호(하) 608면.

5. 보험자대위의 성질

1) 보험자의 대위는 당사자간의 의사표시에 의거한 양도행위의 효과가 아니라, 법률이 인정한 당연한 효과이다. 따라서 손해를 일으킨 제3자의 고의·과실을 묻지 않으며, 대위의 요건이 갖추어지면 당사자의 의사표시를 기다리지 않고 당연히 권리가 이전된다. 그러므로 보험자는 잔존물대위의 경우에 물권변동의 절차(민 제186조·제188조)가 필요하지 않으며, 청구권대위의 경우에도 채무자 기타의 제3자에게 대항하기 위한 특별한 요건(민 제450조)을 필요로 하지 아니한다.

◖ 대법원 1995. 11. 14. 95다33092
보험자대위에서 손해를 일으킨 제3자의 고의·과실은 묻지 않는다

☞ 보험사고에 의하여 손해가 발생하고 피보험자가 그 손해에 관하여 제3자에게 손해배상청구권을 갖게 되면 보험금을 지급한 보험자는 제3자에게 귀책사유가 있음을 증명할 필요가 없이 법률의 규정에 의하여 당연히 그 손해배상청구권을 취득하게 된다고 할 것이므로, 상법 제682조 소정의 '제3자의 행위'란 '피보험이익에 대하여 손해를 일으키는 행위'를 뜻하는 것으로서 고의 또는 과실에 의한 행위만이 이에 해당하는 것은 아니다.

2) 이와 같이 보험자대위는 현실적으로 전손된 보험의 목적물에 관한 권리이전의 효과가 법률상 당연히 나타난다는 점에서, 보험의 목적이 전부 멸실한 것과 동일시되는 추정전손이 있는 경우 목적물에 관한 권리를 보험자에게 이전하되, 피보험자의 특별한 의사표시를 필요로 하는 '보험위부'(제710조 이하)와도 구별된다.

보험자대위와 보험위부의 차이

(i) 보험자대위는 모든 손해보험에서 인정되나, 보험위부는 해상보험에서만 인정된다.

(ii) 보험자대위는 보험의 목적물이 현실적으로 전손된 경우에 인정되나, 보험위부는 보험의 목적이 전부 멸실한 것과 동일시되는 추정전손이 있는 경우에 인정된다.

(iii) 보험자대위는 권리이전의 효과가 법률상 당연히 나타나는 데 비하여, 보험위부는 목적물에 관한 권리를 보험자에게 이전하되, 피보험자의 특별한 의사표시를 필요로 한다.

(iv) 보험위부의 경우에는 위부된 목적물이 피보험자에게 지급한 보험금액보다 큰 것이 증명되어도 보험자는 여전히 그 전부의 과실을 소유할 수 있으나, 보험자대위의 경우에는 이와 반대로 보험자는 피보험자에게 지급한 보험금액 이상으로 회복할 수 없다.

Ⅱ. 잔존물대위(보험의 목적에 관한 권리의 취득)

1. 잔존물대위의 의의

잔존물대위란 보험의 목적의 전부가 멸실한 경우에 보험금액의 전액을 지급한 보험자가, 피보험자가 가진 그 보험의 목적에 관한 권리를 법률상 당연히 취득하는 제도를 말한다(제681조 본문). 예컨대, 항공기가 추락한 후 남은 엔진, 난파된 선박 등 보험사고 후 남은 물건에 대한 피보험자의 권리가 보험금액 전액을 지급한 보험자에게 당연히 이전되는 제도이다.

2. 잔존물대위의 요건

보험자가 보험의 목적(잔존물)에 관한 권리를 취득하려면 보험의 목적의 전부가 멸실되고, 보험자가 보험금액의 전부를 지급해야 한다(제681조 본문).

1) 전 손

(1) 보험의 '목적의 전부'가 멸실되어야 한다. 전부의 멸실(전손)이란 그 종래의 용법에 따른 경제적 가치가 소멸한 것을 말한다. 따라서 잔존물이 어느 정도의 금전적 가치를 지니고 있더라도 전손으로 된다. 전손에는 현실전손(actual total loss)과 추정전손(constructive total loss)이 있다. 경제적 가치가 전손에 가까운 때, 예컨대 보험가액의 5분의 4 이상의 손해가 있을 때에 이를 전손으로 보기로 당사자간에 특약을 하는 것은 무방하다(수선비가 선박의 가액의 4분의 3을 초과할 때: 제754조 제1항 제2호 참조).

일부보험의 경우에는 보험자는 보험금액의 보험가액에 대한 비율에 따라 보험의 목적에 관한 권리를 취득한다(제681조 단서).

(2) 분손의 경우에는 처음부터 잔존한 목적물의 가치를 공제하고 실손해액만을 산정하므로 보험대위의 문제가 생길 여지가 없다.

2) 보험금액의 전부 지급

보험자가 보험금액의 전부를 지급하여야 한다. 여기서의 보험금액은 손해방지·경감비용(제680조), 기타의 비용(예컨대 제676조 제2항의 손해산정비용)까지도[1] 포함한다

1) 다만, 보험자가 보험금 지급 범위를 확인하기 위하여 비용을 지출한 경우, 보험계약자 또는 피보

(통설). 따라서 보험금액의 일부를 지급한 경우에는 지급액에 비례한 권리도 취득할 수가 없다.

3. 잔존물대위의 효과

보험자는 피보험자가 보험의 목적에 관하여 가졌던 권리를 취득한다(제681조 본문).

1) 취득하는 권리의 내용

보험자가 취득하는 권리는 보험의 목적에 관한 권리, 예컨대 화재보험에 있어서 타고 남은 철재·석재, 선박보험에 있어서 전손된 선박의 철재·난파물의 소유권 등 잔존물에 대한 모든 권리가 법률에 의하여 당연히 보험자에게 이전된다.[1]

2) 취득하는 권리의 범위

(1) 잔존물대위로 인하여 취득하는 권리는 잔존물에 대한 모든 권리이다. 피보험자가 보험금을 받기 전에 잔존물을 타인에게 처분한 경우에는 보험금에서 이를 공제할 수 있고, 보험금을 지급받은 후에 처분한 경우에는 그에 대한 손해배상책임을 져야 한다.[2]

(2) 피보험자가 잔존물을 점유하고 있는 동안에는 보험자에게 그 권이행사에 필요한 통지를 하는 등 신의칙상 요구되는 의무를 다하여야 한다. ㅊ

(3) 일부보험의 경우에는 보험자가 취득하는 권리는 보험금액의 보험가액에 대한 비율에 따라 정하므로(제681조 단서), 그 잔존물에 관하여 피보험자와 공유관계가 생길 수 있다.

3) 권리취득의 시기

권리를 취득하는 시기는 보험사고가 발생한 때가 아니라, 보험금 전액을 지급한 때이다.[3]

험자를 대위하여 가해자를 상대로 그 비용 상당의 손해배상을 구할 수는 없다.: 대법원 2013. 10. 24. 2011다13838.

1) 예컨대, 임차권은 목적의 전손과 동시에 소멸하지만, 가령 저당보험의 경우에는 보험의 목적이 전부멸실되어 저당권자인 피보험자에게 보험금 전부를 지급한 때에는 저당권자가 그의 채무자에 대하여 가지는 채권도 모두 포함한다: 양승규(보) 242면.

2) 양승규(보) 242면; 정찬형(하) 640면.

3) 영국보험법 제79조 제2항은 사고발생시부터 권리가 이전하는 것으로 정하고 있다.

4) 권리의 포기

잔존물에 대한 권리를 취득하는 경우, 보험자는 공법상의 잔존물제거의무[예컨대, 항로를 방해하는 침몰선의 제거의무(개질 제28조)]를 지는 수가 있는데, 이것이 오히려 보험자에게 불이익을 가져오면 잔존물의 권리를 포기할 수도 있다. 이런 경우에 약관으로 공법상의 의무를 피보험자에게 전가할 수도 있다. 그러나 화재보험표준약관에서는 보험자의 잔존물 인수여부와 관계없이 보험계약자 또는 피보험자가 지출한 잔존물제거비용을 일정한도(손해액의 10% 범위 내이어야 하고, 잔존물제거비용과 보험금을 합한 금액이 보험금액을 초과할 수 없음) 내에서 보험자가 이를 지급하도록 되어 있다(약관 제7조 제2항 제1호 · 제9조 제1항 · 제25조).

Ⅲ. 청구권대위(제3자에 대한 권리의 취득)

1. 청구권대위의 의의

1) 청구권대위란 피보험자의 손해가 제3자의 행위로 인하여 발생한 경우에 보험금을 지급한 보험자가 그 지급한 금액의 한도에서 그 제3자에 대한 보험계약자 또는 피보험자의 권리를 법률상 당연히 취득하는 제도를 말한다(제682조 제1항 본문).[1] 예컨대, 적하가 해상운송인의 고의 · 과실에 의하여 멸실하여 보험자가 피보험자에게 보험금액을 지급하면 보험자는 피보험자의 운송인에 대한 계약불이행으로 인한 손해배상청구권을 대위취득한다.

2) 손해가 제3자의 행위로 인하여 생긴 경우에는 피보험자는 보험금청구권과 제3자에 대한 손해배상청구권을 동시에 취득하게 되나, 이 두 가지 청구권은 법률적으로는 별개의 원인에 근거한 별개의 독립한 권리이므로 양립할 수 있다.

3) 대위제도는 피보험자의 이중의 이득을 방지하기 위하여 인정되는 것이며(이득금지의 원칙), 특히 청구권대위는 이 밖에 보험자가 보험보상을 함으로써 책임 있는 제3자가 면책이 되지 않도록 하기 위한 취지도 있다.

---

1) 대법원 1995. 11. 14. 95다33092: 피보험자가 제3자에 대하여 손해배상청구권을 갖게 되는 경우, 보험금을 지급한 보험자가 보험자대위에 의한 권리 행사를 위하여 그 제3자의 귀책사유를 증명할 필요없이 법률의 규정에 의하여 당연히 그 손해배상청구권을 취득하게 된다고 할 것이다.

2. 청구권대위의 요건

보험자가 제3자에 대한 권리를 취득하려면 손해가 제3자의 행위로 인하여 발생하고, 보험자가 보험금을 지급하여야 한다(제682조 제1항 본문).

1) 제3자의 행위로 인한 손해의 발생

(1) '제3자'란 보험자·보험계약자 또는 피보험자를 제외한 모든 사람을 말한다. 그러나 제3자의 범위에 대하여는 각종의 보험과 관련하여 구체적인 사건에 따라 결정하여야 할 것이다. 피보험자는 제3자가 아니고, 피보험자와 동일시 할 수 있는 자, 예컨대 자동차종합보험계약의 기명피보험자로부터 보험에 가입된 굴착기를 운전기사와 함께 임차하여 공사현장에 투입하여 사용 또는 관리중인 자,[1] 기명피보험자의 승낙을 얻어 자동차를 사용 또는 관리중인 자[2] 등에 대하여도 보험자대위권을 행사할 수 없다.

◖ 대법원 1991. 11. 26. 90다10063
피보험자는 제3자가 아니다

☞ 상법 제682조 소정의 보험자대위는, 보험사고로 인한 손해가 보험계약자 또는 피보험자 아닌 제3자의 행위로 인하여 생긴 경우에 보험금액을 지급한 보험자가 보험계약자 또는 피보험자의 그 제3자에 대한 권리를 취득하는 제도이므로, 보험계약의 해석상 보험사고를 일으킨 자가 위 법 소정의 '제3자'가 아닌 '피보험자'에 해당될 경우에는 보험자는 그 보험사고자에 대하여 보험자대위권을 행사할 수 없는 것이다. … 자동차종합보험의 보통약관에서 보험증권에 기재된 피보험자 이외에 그 '피보험자를 위하여 자동차를 운전중인 자'도 위의 피보험자의 개념에 포함시키고 있으므로 자동차종합보험에 가입한 차주의 피용운전사는 '피보험자'일 뿐, 상법 제682조에서 말하는 '제3자'에 포함되지 아니한다. 참고판례: 대법원 1993. 1. 12. 91다7828; 동 1993. 6. 29. 93다1770; 동 2000. 9. 29. 2000다33331; 동 2001. 6. 1. 2000다33089; 동 2001. 11. 27. 2001다44659; 동 2012. 4. 26. 2011다94141; 동 2024. 5. 9. 2022다290648; 동 2024.12.26 2024다250286.

---

1) 대법원 1995. 6. 9. 94다4813; 동 1995. 11. 7. 94다53327; 동 2013. 9. 26. 2012다116123(승낙피보험자로부터 구체적·개별적인 승낙을 받고 승낙피보험자를 위하여 자동차 운전을 하였으나 그것이 기명피보험자의 의사에 명백히 반하는 경우, 운전자가 피보험자동차를 운전하던 중 일으킨 사고로 인한 손해에 대하여 보험금을 지급한 보험자가 상법 제682조에 따라 기명피보험자를 대위하여 운전자를 상대로 손해배상청구를 할 수 있다).
2) 대법원 1993. 1. 12. 91다7828.

◖ 대법원 1995. 11. 7. 94다53327
기중기의 임대인의 사용자가 일으킨 사고에 대하여 그 임차인에게 보험자대위권을 행사할 수 없다

☞ 토목, 건축공사업 및 중기임대업을 목적사업으로 하는 Y회사가, X보험회사의 종합보험에 가입된 A회사의 기중기를 운전사와 함께 임차하여 토공 등 현장에 투입하여 작업하다 사고를 일으켜 X가 보험금을 지급한 경우, X는 Y에 대하여 상법 제682조 소정의 보험자대위권을 행사할 수 없다.

◖ 대법원 2010. 8. 26. 2010다32153
보험자는 사용자책임에 기한 손해배상청구권에 대하여 보험자대위권을 행사할 수 있다

☞ 보험사고가 피보험자인 파견근로자(B)의 행위로 인하여 발생한 경우, 또 다른 피보험자인 업무위탁자(A)가 보험사고를 유발한 파견근로자(B)의 사용자인 업무수탁자(Y)에 대하여 가지는 사용자책임에 기한 손해배상청구권 등에 대하여 보험자대위가 인정된다(필자 주 - A와 B가 피보험자이고, Y가 B를 고용하여 A의 업무에 투입하였는데, B의 행위로 보험사고가 발생하여 A의 보험자 X가 보험금을 지급한 경우, X는 피보험자인 B에 대하여는 권리를 취득할 수 없지만, A가 Y에 대하여 행사할 수 있는 사용자책임에 기한 손해배상청구권을 X가 대위행사할 수 있다는 것임).

(2) 타인을 위한 보험의 보험계약자도 제682조 제1항의 제3자에 해당하지 않는다는 견해와[1] 제3자에 포함된다는 견해가 있다.[2] 예컨대 운송인이 하주를 피보험자로 한 운송보험계약을 체결한 경우에 운송인의 과실로 운송물이 멸실되었다면 운송보험계약자인 운송인에 대하여 보험자가 대위권을 행사할 수 있는지 의문이다. 즉, 제3자의 범위에 보험계약자도 포함되는가에 관하여 학설이 일치하지 않는다.

(가) 긍정설

이 학설에 의하면 상법 제682조 제1항(제3자에 대한 보험대위)의 문언에도 불구하고 보험계약자도 동조의 제3자가 될 수 있다고 한다.[3] 따라서 보험자는 사고를 발생시킨 보험계약자에게도 대위권을 행사할 수 있다고 한다. 대법원 1989. 4. 25. 선고, 87다카1669 판결도 동일한 취지의 판례이다. 이 학설은 그 근거를 주로 보험의 원리나 보험자대위제도의 입법취지에서 찾고 있다. 즉, ① 독일과 일본의 학설·판례가 이를 긍정한다는 점, ② 보험자대위의 입법취지가 보험사고로 인하여 이중의

1) 손주찬(하) 599면.
2) 정동윤(하) 595면; 대법원 1989. 4. 25. 87다카1669; 동 1990. 2. 9. 89다카21965; 동 2000. 11. 10. 2000다29769.
3) 최기원(하) 716면; 홍성무, "보험자대위권", 법원행정처, 재판자료 제53집, 해상·보험법에 관한 제문제(하), 427면; 김성태(보) 353~355면; 김정호(하) 508면.

이득을 보는 자나 보험사고에 대한 책임을 면하는 자가 없도록 하자는 데 있다는 점, ③ 보험계약자에게 대위권을 행사할 수 없다는 특약이 있는 경우에는 보험계약자는 보험자의 대위권 행사를 거절할 수 있다는 점, ④ 보험계약자가 보험료지급의무 등을 지지만, 이 경우에 보험계약자는 보험료를 타인의 계산으로 지급하고 있으며 기타의 의무도 보험계약자가 보험자의 상대방인 형식적인 자격으로 인하여 지는 것에 불과하다는 점, ⑤ 타인을 위한 보험계약의 경우 단순한 보험계약자가 제3자에 포함되지 않는다고 하면(예컨대 보험계약자인) 운송업자나 창고업자가 (하주를 위하여 보험계약을 체결하고) 주의를 소홀히 함으로써 (보험사고를 일으키고도 아무런 책임을 지지 아니하여) 손해의 발생이 증가하게 되어 국민경제적으로 뿐만 아니라 그 누구에게도 이익이 될 수 없다는 점, ⑥ 타인을 위한 손해보험은 오로지 피보험자의 보호를 목적으로 하는 보험인 점 등을 그 근거로서 열거한다.

(나) 부정설

위 긍정설에 대하여 보험계약자는 제3자에 포함될 수 없어서 그에게 대위권을 행사할 수 없다는 견해가 있다. 이 견해에 의하면, 보험계약자는 제3자가 아니므로 청구권대위가 성립하지 아니한다.[1] 그 근거는 ① 보험계약자는 보험계약상의 보험료의 지급의무를 비롯한 각종의 의무를 지는 점(제650조 · 제651조 · 제652조 · 제653조 · 제680조), ② 보험계약자의 과실이 있는 때가 아니라 고의 또는 중대한 과실로 보험사고가 발생한 때에만 보험자는 보험금지급책임을 지지 않는 것이 일반원칙인 점, ③ 이 경우에 보험계약자가 책임보험계약(제719조 이하)을 체결한 때에는 전혀 제3자의 문제가 제기될 수 없는 점, ④ 상법 제639조 제2항 단서는 "타인을 위한 손해보험계약의 경우에 보험계약자가 그 타인에게 보험사고의 발생으로 생긴 손해의 배상을 한 때에는 보험계약자는 그 타인의 권리를 해하지 아니하는 범위 안에서 보험자에게 보험금액의 지급을 청구할 수 있다."고 정하고 있는데, 이것은 간접적으로 보험계약자에 대한 보험자의 대위권을 배제한 것이라 할 수 있는 점, ⑤ 보험계약자는 '계약당사자'인데 계약당사자를 '제3자'로 보는 것은 용어의 개념상 적절하지 않은 점[2] 등을 든다.

(다) 사 견

부정설이 옳다고 본다. 보험계약자가 책임보험에 가입하였더라면 면책될 수 있었을 것인데, 착오로 운송보험에 가입하였기 때문에 보험자대위의 대상이 된다는 것도 형평의 관념에 맞지 않는다. 긍정설이 주장하는 보험자대위의 근거, 즉 보험사고에

1) 양승규(보) 247면; 정동윤(하) 595-1면.
2) 손주찬(하) 599면.

대한 책임을 면하는 자가 없도록 하여야 한다는 원칙은 똑같은 사실관계로부터 책임보험계약을 체결한 경우에는 왜 적용되지 않는지 설명하지 못한다. 나아가 타인을 위한 손해보험은 오로지 피보험자의 보호를 목적으로 하는 보험이라고 하는 설명도 석연치 않다. 타인을 위한 손해보험의 계약자도 보험사고의 발생과 전혀 무관한 자는 아니며, 보험료지급의무, 고지의무, 위험변경증가의 통지의무, 고의나 중과실에 의한 위험증가행위 금지의무, 손해방지의무 등을 지는데, 이들 의무가 모두 피보험자의 의무를 대신하는 것이라거나 보험자의 상대방인 형식적인 자격으로 인하여 지는 것에 불과하다고 하는 것은 납득하기 어렵다.

◖ 대법원 1989. 4. 25. 87다카1669
제3자의 범위에 운송보험의 보험계약자도 포함된다

☞ 〈사 실〉

피고 운송인 대한통운주식회사는 소외 한전과 변압기 3대의 운송을 위하여 운송계약을 체결함과 동시에 원고 현대해상화재보험주식회사와 피보험자를 한전으로 하고 위 3개의 변압기를 목적물로 하는 운송보험계약을 체결하고 소정의 보험료를 지급하였다. 그런데 운송도중에 3대의 변압기 중 1대를 실은 피고 대한통운 소유의 트랙터의 사고로 그 변압기가 지상으로 떨어져 손상되었다. 이로 인하여 한전은 수리비, 운송비, 보험료 등 7천여만원의 손해를 보게 되자 현대해상화재보험주식회사는 이 손해에 해당하는 보험금을 한전에 지급하였다. 그런데 보험회사는 한전의 손해를 운송인의 사용자에 의한 불법행위로 생긴 것이므로 자신이 상법 제682조의 규정에 따라 한전이 운송인에 대하여 갖는 손해배상청구권을 대위취득한다고 생각하여 운송인에게 그 지급을 청구하였다.

〈판결요지〉

타인을 위한 손해보험계약은 타인의 이익을 위한 계약으로서 그 타인(피보험자)의 이익이 보험의 목적이지 여기에 당연히(특약없이) 보험계약자의 보험이익이 포함되거나 예정되어 있는 것은 아니므로 피보험이익의 주체가 아닌 보험계약자는 비록 보험자와의 사이에서는 계약당사자이고 약정된 보험료를 지급할 의무자이지만 그 지위의 성격과 보험자대위규정의 취지에 비추어 보면 보험자대위에 있어서 보험계약자와 제3자를 구별하여 취급할 법률상의 이유는 없는 것이며, 따라서 타인을 위한 손해보험 계약자가 당연히 제3자의 범주에서 제외되는 것은 아니다. 동지: 대법원 1990. 2. 9. 89다카21965; 동 2000. 11. 10. 2000다29769.

(3) 제3자의 '행위'란 불법행위[예컨대, 방화(放火)]뿐만 아니라 채무불이행[예컨대, 임차인의 실화(失火)로 인한 임차가옥의 반환불능의 경우] 또는 적법행위 [선장의 공동해손처분행위(제865조)]도 포함한다.

◖ 대법원 1988. 12. 13. 87다카3166
보험자대위에 의하여 보험자가 취득하는 권리는 불법행위로 인한 손해배상청구권이나 채무불이행으로 인한 손해배상청구권에 한한다

☞ 상법 제682조의 보험자대위에 의하여 보험자가 취득하는 권리는 당해 사고의 발생자체로 인하여 피보험자가 제3자에 대하여 가지는 불법행위로 인한 손해배상청구권이나 채무불이행으로 인한 손해배상청구권에 한한다.

◖ 대법원 1995. 11. 14. 95다33092
상법 제682조 소정의 '제3자의 행위'란 '피보험이익에 대하여 손해를 일으키는 행위'를 뜻하는 것으로서 고의 또는 과실에 의한 행위만이 이에 해당하는 것은 아니다

☞ 보험사고에 의하여 손해가 발생하고 피보험자가 그 손해에 관하여 제3자에게 손해배상청구권을 갖게 되면 보험금을 지급한 보험자는 제3자에게 귀책사유가 있음을 증명할 필요가 없이 법률의 규정에 의하여 당연히 그 손해배상청구권을 취득하게 된다고 할 것이므로, 상법 제682조 소정의 '제3자의 행위'란 '피보험이익에 대하여 손해를 일으키는 행위'를 뜻하는 것으로서 고의 또는 과실에 의한 행위만이 이에 해당하는 것은 아니다.

(4) 제3자는 1인이든 수인이든 상관이 없다.

(5) 제3자가 피보험자와 생계를 같이하는 가족이고 그 가족의 과실로 인하여 손해가 발생한 경우에는 보험자대위의 적용이 배제되어, 보험자는 보험자대위권을 취득하지 못한다(제682조 제2항 본문. 독보 제67조 제2항, 불보 L. 121-12조 제3항, 스위스보 제72조 제3항 참조).[1] 왜냐하면 가족의 과실행위에 대한 궁극적인 책임자는 피보험자가 될 것이므로, 보험자대위를 인정하면 피보험자로부터 보험의 이익을 박탈하는 결과가 되기 때문이다. 그러나 손해가 그 가족의 고의로 인하여 발생한 경우에는 보호할 필요가 없으므로 이 경우에는 보험자대위권이 인정된다(제682조 제2항 단서).

◖ 대법원 2000. 6. 23. 2000다9116
피보험자의 동거가족에 대하여는 보험자대위가 인정되지 않는다

☞ 운전자 연령 한정운전 특별약관부 자동차종합보험계약에서 연령 미달의 임의운전자가 보험계약자 또는 피보험자의 동거가족인 경우, 상법 제682조 소정의 보험자대위권 행사의 대상인 제3자에 포함되지 않는다. 동지: 대법원 2002. 9. 6. 2002다32547.

(6) 당연한 것이지만 보험계약자 또는 피보험자가 제3자에 대하여 권리를 가지고 있어야 하며, 제3자에 대한 권리는 피보험자 등 자신이 직접 가지는 것이든 그들의

1) 이에 대하여 입법론이 아닌 해석론으로는 피보험자의 가족을 제3자의 범위에서 제외할 수없다는 견해가 있다 : 채이식(Ⅳ) 153면.

승계인이 가지는 것이든 또는 보험사고로 직접 발생한 것이든 간접적으로 발생한 것이든 가리지 않는다.[1] 제3자의 행위로 인하여 손해가 발생하였다고 하더라도 보험자가 보험약관에 따라 면책되거나[2] 피보험자에게 보험사고에 대한 과실이 없어 보험자가 보험금을 지급할 책임이 없는 경우,[3] 피보험자 등의 손해배상청구권이 이미 소멸하였거나 처분한 경우에는 보험자대위권도 없다.

◖ 대법원 1981. 7. 7. 80다1643
피보험자 등의 손해배상청구권이 이미 소멸하여 버린 경우에는 보험자대위권도 존재하지 아니한다

☞ 〈사 실〉

국제전선공업주식회사는 삼영화학공업주식회사에 건물을 임대하였는데 동 건물에 화재가 발생하였다. 국제전선은 보험회사로부터 보험금을 지급받기 전에 삼영화학으로부터 손해배상금 3천 2백만원을 수령하였다. 이 경우 국제전선의 삼영화학에 대한 손해배상청구권은 이미 소멸하였으므로 보험회사도 삼영화학에 대하여 대위권이 없다는 것이다.

〈판결요지〉

상법 제682조에 의하면 손해가 제3자의 행위로 인하여 생긴 경우에 보험금액을 지급한 보험자는 그 지급한 금액의 한도에서 그 제3자에 대한 보험계약자 또는 피보험자의 권리를 취득한다고 규정하고 있으나 이는 피보험자 등의 제 3 자에 대한 손해배상청구권이 있음을 전제로 하여 지급한 금액의 한도에서 그 청구권을 대위한다는 취지에 불과한 것이고, 피보험자 등의 제3자에 대한 손해배상청구권은 통상의 채무불이행이나 불법행위상의 채권이므로 보험자가 보험금을 지급함으로써 대위의 효과가 생기기 전까지는 피보험자 등은 제3자에 대한 권리를 행사하거나 처분할 수 있는 것이고, 그 부분에 대하여는 보험자가 이를 대위할 수 없는 이치라 할 것이다. 동지: 대법원 1995. 9. 29. 95다23521; 동 1993. 6. 29. 93다1770.

(7) 반대로 피보험자는 보험자로부터 지급받은 한도 내에서 제 3 자에 대한 손해배상청구권을 잃는다(후술). 다만 피보험자가 보험금을 지급받은 후에 한 처분은 그 효력이 없으므로[4] 보험자의 대위권행사에 영향이 없다. 피보험자가 보험자대위권을 침해한 경우 보험자는 피보험자를 상대로 보험자대위권 침해를 이유로 부당이득반환 또는 손해배상청구를 할 수 있다.[5]

1) 양승규(보) 250면; 정동윤(하) 595-2면.
2) 대법원 1994. 4. 12. 94다200.
3) 대법원 2009. 10. 15. 2009다48602.
4) 대법원 1997. 11. 11. 97다37609.
5) 대법원 1999. 4. 27. 98다61593.

2) 보험금액의 지급

(1) 보험자가 피보험자에게 보험금액을 지급하여야 한다. 보험금의 지급이 있기 전에는 피보험자 등은 제3자에 대한 권리를 행사하거나 처분할 수 있다. 보험금액의 지급은 전액지급이 아니더라도 상관없다. 이 점은 잔존물대위의 경우와 다르다. 또한 보험금 대신 현물로 지급하여도 상관없다.

◖ 대법원 1994. 12. 9. 94다46046
보험금 대신 현물로 지급할 수 있다

☞ 의료보험법상의 요양급여는 원칙적으로 보험자 또는 보험자단체가 지정한 요양취급기관에 의하여 질병 또는 부상이 치유되기까지 요양케 하는 현물급여의 형태로 이루어진다고 보아야 할 것이고, 따라서 구상권의 취득요건으로서 '보험급여를 한 때'의 의미는 보험자가 요양기관에 현실적으로 보험금을 지급한 때가 아니라 피보험자가 요양취급기관에서 치료를 받았을 때를 말한다. 따라서 이때 현실적으로 보험급여가 이루어지므로 의료보험조합은 그 보험급여의 한도 내에서 제3자에 대한 구상권을 취득한다고 보아야 한다.[1)]

(2) 그러나 보험금의 지급은 적법하여야 한다. 보험자에게 보험금지급책임이 없음에도 불구하고 임의로 보험금을 지급한 경우에는 보험자에게 대위권이 발생하지 않으므로 구상권을 행사할 수 없다.

◖ 대법원 1994. 4. 12. 94다200
보험자가 보험금지급책임이 없는 경우 보험금을 지급하였더라도 구상권을 행사할 수 없다

☞ 보험약관상 보험자가 면책되는 무면허운전시에 생긴 사고에 대한 보험회사의 보험금지급은 보험약관을 위배하여 이루어진 것으로 적법하지 아니하므로, 보험자대위의 법리상 보험회사는 구상권을 대위행사할 수 없다. 동지: 대법원 1995. 3. 3. 93다36332; 동 2014. 10. 15. 2012다88716.

(3) 청구권대위의 경우에는 잔존물대위의 경우와는 달리 보험자가 보험금의 일부를 지급한 경우에도 피보험자의 권리를 침해하지 않는 범위 내에서 그 권리를 대위할 수 있다(제682조 제2항).[2)]

---

1) 이 판결에 찬성하는 평석으로, 김성태, "보험자의 현물급여와 대위권 발생시기", 법률신문, 제2415호, 14면 참조.
2) 대법원 2002. 12. 26. 2002다50149(일부보험의 경우 보험자대위의 제한); 동 2012. 8. 30. 2011다100312.

3. 청구권대위의 효과

보험자는 지급한 보험금액의 한도에서 제3자에 대한 보험계약자 또는 피보험자의 권리를 취득한다(제682조 제1항 본문). 이 권리를 취득함에는 당사자간의 별도의 의사표시나 대항요건은 필요하지 않다.

1) 취득하는 권리의 내용

보험자가 취득하는 권리는 제3자에 대한 보험계약자 또는 피보험자의 권리, 즉 불법행위 또는 채무불이행으로 인한 손해배상청구권 또는 공동해손분담청구권(제866조)이다. 따라서 제3자에 대한 권리가 발생하지 않는 경우, 예컨대 "실화책임에 관한 법률"에 의하여 중과실이 없는 실화자에게 불법행위로 인한 손해배상책임을 인정하지 않는 경우에는 보험자대위도 인정되지 아니한다. 제3자는 보통 손해를 발생시킨 행위자(채무자)이겠으나, 행위자 이외의 제3자일 수도 있다. 예컨대, 공동해손의 경우 공동해손처분은 선장이 하나, 공동해손분담채무자는 선장 아닌 제3자이다. '피보험자의 권리'뿐만 아니라 '보험계약자가 가진 권리'까지 포함시킨 것은, 예컨대 타인의 물건의 보관자가 타인을 위하여 보험계약을 체결한 경우에(제725조) 그 물건이 제3자의 행위로 인하여 멸실한 때에는 보관자인 보험계약자가 제3자에 대하여 손해배상청구권을 갖게 되는 것을 예상한 것이다.

2) 취득하는 권리의 범위

보험자가 취득하는 권리의 범위는 보험자가 '그 지급한 금액의 한도'로 한정된다(제682조 제1항 본문).[1] 만약 보험금지급 전에 피보험자 등이 제3자로부터 손해배상을 받았을 때에는 보험자는 지급할 보험금을 이에 따라 감액할 수도 있고, 또 피보험자 등이 제3자에 대한 권리를 포기하거나 처분한 경우에는 대위에 의하여 취득할 수 있었던 권리의 가액을 지급할 보험금으로부터 공제할 수 있다고 본다.

3) 권리취득의 제한

(1) 보험자가 '그 지급한 금액의 한도에서' 권리를 취득하더라도, 그 권리는 피보험자의 권리를 침해하지 아니하는 범위 내에서 행사할 수 있다(제682조 제1항 단서).[2]

---

1) 대법원 1981. 7. 7. 80다1643; 동 1993. 6. 29. 93다1770.

2) 대법원 2002. 12. 26. 2002다50149(일부보험의 경우 보험자대위의 제한); 동 2012. 8. 30. 2011다

왜냐하면 보험금의 지급을 받았어도 제3자에 대한 보험계약자나 피보험자의 청구권의 금액이 커서 그 일부를 보존하게 되는 경우에는 피보험자를 보호할 필요가 있기 때문이다.[1] 상법 제682조 제1항 단서는 '보험자가 보상할 보험금액의 일부'를 지급한 때에 관하여서만 규정을 두고 있으나, 보험자가 보상액의 전부를 지급한 때에도 동일하게 해석하여야 할 것이며, 또 전부보험의 경우이든 일부보험의 경우이든 동일하게 적용하여야 할 것이다.

(2) 제3자에 대한 보험자 대위권은 바로 피보험자가 보험사고로 말미암아 제3자에 대하여 가지고 있던 권리를 취득하는 것이므로, 그 권리를 보험자가 대위한다고 해서 권리의 법적 성질이 달라지지는 아니하고, 이른바 '승계취득'으로서, 성질상 피보험자가 원래 행사할 수 있었던 권리로 그 내용이 제한됨은 당연하다. 따라서 제3자는 피보험자에 대하여 가지던 모든 항변사유로 보험자에게 대항할 수 있다.[2]

(3) 그리고 일부보험의 경우에는 상법 제682조 제1항 단서와 같은 규정이 없어서 학설이 나뉜다. 이에 관하여 보험자가 취득하는 권리는 ① '지급액 상당액'의 청구권이라는 견해(절대설, 한도주의), ② 비율안배의 법칙에 따른 액의 청구권이라는 견해(상대설, 비례주의),[3] ③ 피보험자의 권리를 침해하지 아니하는 범위 내에서 대위하는 것이라는 견해(차액설, 손해초과주의)가 있다. 잔존물대위의 경우에는 상대설이 통설이지만 청구권대위와 관련하여서는 차액설이 우리나라의 통설이다.[4] 일부보험의 경우에도 상법 제682조 제1항 단서를 적용하여야 할 것이므로 차액설이 타당하다고 본다.

◖ 대법원 1988. 4. 27. 87다카1012
지급받은 보험금의 한도 내에서 피보험자가 제3자에 대하여 청구할 수 있는 손해배상액이 감소한다

☞ 보험금을 지급한 보험자는 상법 제682조 소정의 보험자대위제도에 따라 그 지급한 보험금의 한도 내에서 피보험자가 제3자에게 갖는 손해배상청구권을 취득하는 결과, 피

100312.

1) 예컨대, 화재보험가액 1,000만원의 일부를 보험에 붙인 가옥이 방화로 전소된 경우에, 보험자가 500만원만 지급한 때에는 500만원의 한도에서만 피보험자에게 대위하게 된다. 이 경우에 방화자의 자력이 600만원에 불과한 경우에는, 만일 보험자가 500만원의 청구권 전부를 행사한다면 피보험자는 그 잔액 100만원밖에 받지 못하므로, 결국 400만원의 손해를 보게 된다. 그러므로 이 경우에는 보상액의 부족액인 500만원은 피보험자로 하여금 방화자로부터 우선변제를 받게 하고, 보험자의 대위는 100만원에만 미친다.

2) 서울고등법원 1976. 2. 25. 75나1274.

3) 채이식(Ⅳ) 154면.

4) 양승규(보) 257면; 손주찬(하) 602면; 이기수(보 · 해) 137면; 김성태(보) 481면; 강위두 · 임재호(하) 614면; 대법원 2015. 1. 22. 2014다46211; 동 2016. 1. 28. 2015다236431; 동 2019. 11. 14. 2019다216589; 동 2023. 4. 27. 2021다309576.

보험자는 보험자로부터 지급을 받은 보험금의 한도 내에서 제3자에 대한 손해배상청구권을 잃고, 그 제3자에 대하여 청구할 수 있는 배상액이 지급된 보험금액만큼 감소된다.

◖ 대법원 1995. 9. 29. 95다23521
피보험자가 보험자로부터 보험금을 지급받았다면 보험자는 구상권을 취득한다

☞ 보험자가 피보험자에게 보험금을 지급하기 전에 이미 피보험자의 제3자에 대한 손해배상채권은 그 제3자의 변제 등으로 인하여 일부 소멸한 후 보험자가 피보험자의 나머지 손해액을 초과하는 금액을 보험금으로 지급하였다면, 피보험자의 손해는 모두 전보되었다고 할 것이므로 보험자는 피보험자의 제3자에 대한 나머지 금액에 관한 손해배상청구권을 대위행사할 수 있다.

◖ 대법원 2020. 10. 15. 2018다213811
보험목적물과 보험목적물이 아닌 재산에 모두 손해가 발생한 경우

☞ 제3자의 행위로 발생한 사고로 인하여 피보험자에게 보험목적물과 보험목적물이 아닌 재산에 모두 손해가 발생하여, 피보험자가 보험목적물에 관하여 보험금을 수령한 경우, 피보험자가 제3자에게 해당 사고로 인한 손해배상을 청구할 때에는 보험목적물에 대한 손해와 보험목적물이 아닌 재산에 대한 손해를 나누어 그 손해액을 판단하여야 하고, 보험목적물이 아닌 재산에 대한 손해액을 산정할 때 보험목적물에 관하여 수령한 보험금액을 고려하여서는 아니 된다.

◖ 대법원 2020. 10. 15. 2018다213811
화재로 인한 손해가 아닌 비용에 대해서는 보험자대위에 의한 청구는 불가

☞ 특약에 기해 지급한 것일 뿐 건물주가 화재로 인해 입게 된 손해라고 볼 수 없는 주택복구비용지원금에 대해서는 보험자대위에 기하여 이를 가해자에게 청구할 수 없다.

4) 공동불법행위자에 대한 대위

(1) 수인이 공동불법행위로 피보험자에게 손해를 가한 때에는 연대책임을 부담하므로(민 제760조), 수인의 공동불법행위자 중 1인과 보험계약을 체결하여 보험자가 피해자에게 손해배상금을 모두 지급하여 모든 공동불법행위자들이 면책된 경우에는 보험자는 다른 공동불법행위자에 대하여 그 부담부분에 대하여 구상권을 행사할 수 있는 바, 이러한 '구상권'과 '보험자대위권'은 내용이 전혀 다른 별개의 권리이다.[1] 이때 그 구상권이 보험자에게 법률상 당연히 이전된 결과 보험계약자인 공동불법행위자는 구상권을 상실한다.

---

1) 대법원 2009. 2. 26. 2005다32418; 동 2024. 9. 27. 2024다249729.

◐ 대법원 1994. 1. 11. 93다32958 등
보험자는 공동불법행위자가 공동면책됨으로써 다른 공동불법행위자의 부담부분에 대하여 행사할 수 있는 구상권을 취득한다

☞ 공동의 불법행위로 피해자에게 가한 손해를 연대하여 배상할 책임이 있는 공동불법행위자 중의 1인과 체결한 보험계약에 따라 보험자가 피해자에게 그 손해배상금을 보험금액으로 모두 지급함으로써 공동불법행위자들이 공동면책된 경우에, 보험금액을 지급한 보험자는 상법 제682조 소정의 보험자대위에 의하여 그 공동불법행위자가 공동면책됨으로써 다른 공동불법행위자의 부담부분에 대하여 행사할 수 있는 구상권을 취득한다. … 이 구상권의 소멸시효는[1] 10년으로 완성된다고 해석함이 상당하고[2] 그 기산점은 구상권이 발생한 시점, 즉 구상권자가 현실로 피해자에게 지급한 때이다. 동지: 대법원 1989. 11. 28. 89다카9194; 동 1992. 12. 8. 92다23360; 동 1994. 10. 7. 94다11071; 헌재 1994. 12. 29. 93헌바21; 동 1995. 7. 14. 94다36698; 동 1995. 9. 29. 94다61410; 동 1996. 1. 26. 95다19751; 동 1996. 3. 26. 96다3791(공동불법행위자에 대한 구상권은 상사채권이 아니다); 동 1997. 12. 12. 96다50896; 동 1998. 7. 10. 97다17544; 동 1998. 9. 18. 96다19765; 동 1998. 12. 22. 98다40466; 동 1999. 2. 5. 98다22031(보험자가 공동불법행위자에게 구상금을 청구한 경우, 보험자의 구상금에서 공제할 수 있는 금액 과실비율에 해당하는 부분에 한정되어야 하고, 책임보험금 전액을 공제하여서는 아니 된다); 동 1999. 2. 12. 98다44956; 동 1999. 6. 11. 99다3143(공동불법행위자의 보험자들 상호간에 직접 구상권을 행사할 수 있고, 그 구상권에는 피해자의 보험자에 대한 직접청구권이 포함된다); 동 2002. 5. 24. 2002다14112; 동 2002. 9. 4. 2002다4429; 동 2024. 9. 27. 2024다249729.

(2) 다만 공동불법행위의 경우에도 그 중 1인의 불법행위자가 가해자에게 자기의 과실비율에 따른 부담금액만을 지급한 때에는 다른 공동불법행위자 또는 그 보험자에 대하여 구상권을 취득할 수 없다.[3]

5) 피보험자 등에 의한 권리의 처분

(1) 보험사고가 발생한 후 보험자가 보험금을 지급하기 전에 피보험자 등이 제3자에 대한 권리를 행사하거나 면제 기타의 처분을 한 경우에는 보험자는 대위에 의하여 취득할 수 있었던 권리의 가액을 보험금에서 공제할 수 있고, 피보험자 등이 완전한 변제를 받은 때에는 보험자에게 보험금을 청구할 수 없다.[4]

---

1) 구상권의 소멸시효에 관한 참고 판례: 대법원 1992. 10. 27. 91 다 37140 ; 동 1999. 6. 11, 99다3143; 동 2024. 9. 27. 2024다249729.
2) 상사채권에 해당하는 경우 5년의 시효에 걸린다: 대법원 1998. 7. 10. 97다17544; 동 2024. 9. 27. 2024다249729.
3) 대법원 1995. 9. 29. 94다61410.
4) 대법원 1995. 9. 29. 95다23521.

(2) 보험금을 지급받은 후, 즉 청구권대위의 효과가 발생한 후에는 피보험자 등은 제3자에 대한 권리를 행사하거나 처분할 수 없으며, 그 처분은 무권이자에 의한 처분으로서 원칙적으로 무효이다. 피보험자가 제3자에 대한 손해배상청구권을 포기하여도 무권한자의 처분행위로서 무효이고, 보험자는 여전히 제3자에 대하여 청구권대위를 행사할 수 있다.[1)] 다만 제3자가 보험자의 대위권취득을 알지 못하고 선의이며 과실없이 피보험자에게 채무를 이행한 때에는 채권의 준점유자에 대한 변제(민제470조)로서 유효하다.[2)] 만약 피보험자 등이 제3자에 대한 권리를 행사하여 손해배상을 받거나 권리를 처분한 때에는 피보험자 등은 이미 보험자에게 이전된 권리를 권한없이 침해한 것이므로 부당이득의 반환 또는 불법행위로 인한 손해배상책임을 져야 한다.[3)]

6) 권리취득의 시기

보험자가 권리를 취득하는 시기는 잔존물대위의 경우와 같이 보험금을 지급한 때이다.

7) 재보험과 청구권대위

재보험자는 원보험자에게 재보험금을 지급하고 그 한도에서 원보험자의 제3자에 대한 권리를 대위취득한다. 그러나 실무에서는 제3자에 대한 권리의 행사에 있어서는 원보험자가 자기명의로 재보험사의 수탁적 지위에서 행사하여 제3자로부터 회수된 금액을 재보험자에게 교부하는 상관습이 있다.

◖ 서울민사지방법원 1981. 12. 26. 80가합5524
원보험자가 청구권대위를 행사하여 제3자로부터 회수된 금액을 재보험자에게 교부하는 상관습이 있다

☞ 재보험자의 대위의 경우에는 보험자대위에 의한 권리의 귀속과 권리의 행사를 분리하여 재보험자는 이를 행사하지 아니하고 원수보험자가 자기명의로 재보험자의 수탁자로서의 지위에서 제3자에 대한 권리를 행사하여 회수한 금액을 재보험자에게 교부하는 상관습이 있는 바, 원수보험자는 재보험자가 취득한 지분에 관하여서도 그 수탁자의 지위에서 권리를 행사할 수 있다. 동지: 대법원 2015. 6. 11. 2012다10386: 원보험자는 재보험자의 수탁자로서의 지위에서 자기의 명의로써 제3자에 대한 권리를 행사할 수 있다.

---

1) 대법원 1997. 11. 11. 97다37609.
2) 대법원 1999. 4. 27. 98다61593.
3) 대법원 1999. 4. 27. 98다61593; 양승규(보) 254면.

8) 취득하는 권리의 소멸시효

(1) 보험자가 보험자대위에 의하여 취득하는 권리의 소멸시효는 10년의 시효에 걸린다고 본다. 보험자대위권은 피보험자가 보험사고로 말미암아 제3자에 대하여 가지고 있던 권리를 취득하는 것이므로, 그 권리를 보험자가 대위한다고 해서 권리의 법적 성질이 달라지지는 아니하고, 이른바 '승계취득'이다. 따라서 소멸시효기간 역시 피보험자의 제3자에 대한 청구권의 소멸시효가 이미 진행되었을 것이므로 이를 합산하여 계산하여야 할 것이고, 소멸시효의 기산점은 피보험자의 제3자에 대한 청구권이 성립한 때이다.

(2) 공동불법행위자들과 보험계약을 체결한 보험자들 상호간의 손해배상금 지급행위는 상인이 영업을 위하여 하는 행위이고 구상금채권은 보조적 상행위로 인한 채권이므로 보험금을 지급한 보험자가 다른 공동불법행위자의 보험자에 대하여 직접 행사하는 구상권의 소멸시효기간은 5년이다.[1)]

9) 보험자대위와 직접청구권

책임보험에서 제3자는 피보험자가 책임을 질 사고로 입은 손해에 대하여 보험금액의 한도 내에서 보험자에게 직접 보상을 청구할 수 있는데(제724조 제2항), 이 직접청구권도 보험자대위의 대상이 된다.[2)]

◖ 대법원 1998. 9. 18. 96다19765
제3자의 직접청구권도 보험자대위의 목적이 된다

☞ 상법 제682조의 보험자 대위에 의하여 보험자가 취득하는 권리는 당해 사고의 발생 자체로 인하여 피보험자가 제3자에 대하여 가지는 불법행위로 인한 손해배상청구권이나 채무불이행으로 인한 손해배상청구권을 포함하는 것이고, 한편 같은 법 제724조 제2항에 의하여 피해자에게 인정되는 직접청구권의 법적 성질은 보험자가 피보험자의 피해자에 대한 손해배상채무를 병존적으로 인수한 것으로서 피해자가 보험자에 대하여 가지는 손해배상청구권이므로, 이와 같은 피해자의 직접청구권도 역시 상법 제682조의 보험자대위에 의하여 보험자가 취득하는 권리에 당연히 포함된다. 동지: 대법원 1999. 6. 11. 99다3143; 동 2024. 7. 11. 2020다246913.

1) 대법원 1998. 7. 10. 97다17544.
2) 정동윤(하) 600~601면.

제 4 절 손해보험관계의 변경 · 소멸

Ⅰ. 총 설

손해보험계약은 보험가액의 변동, 목적물의 멸실, 보험의 목적의 소유권이전 등으로 인하여 그 내용이 변경되고, 당사자에 의한 보험계약의 해시 · 보험사고의 발생 등 보험계약 일반의 종료사유에 따라 종료된다. 이 외에도 각종의 손해보험 특유의 변경 · 소멸사유가 있다.

보험가액의 변동의 경우, 즉 보험금액이 보험가액을 현저하게 초과한 때(초과보험의 경우)나 보험기간 중에 보험가액이 현저하게 감소된 때 보험자 또는 보험계약자는 보험금액 또는 보험료의 감액을 청구할 수 있고, 보험료의 감액은 장래에 대하여서만 효력이 있다 함은 전술하였다(제669조 제1항 · 제3항). 그러므로 여기서는 피보험이익의 소멸과 보험의 목적의 양도에 관하여서만 언급한다.

Ⅱ. 피보험이익의 소멸

1) 손해보험계약은 피보험이익을 전제로 하므로 피보험자가 보험의 목적에 대하여 피보험이익을 가지지 않으면 보험계약은 효력이 없다. 따라서 보험계약이 성립한 후 보험자의 책임개시 전후를 불문하고 보험기간 중에 보험사고 이외의 사유로 피보험이익을 잃게 되면 그 보험계약도 그때부터 효력을 잃는다. 예컨대, 화재보험에 있어서의 보험의 목적의 유실 · 철거, 운송보험에 있어서의 운송취소, 자동차보험에 있어서의 자동차의 폐차 등의 경우 피보험이익도 없어진다.

2) 보험계약자와 피보험자가 선의이고 중대한 과실도 없이 보험자의 책임개시 전에 피보험이익이 소멸된 때에는 보험자는 보험료의 전부 또는 일부를 보험계약자에게 반환하여야 하고(제648조), 책임개시 후에는 보험자는 그때까지의 보험료기간에 대한 보험료를 지급받을 수 있다(독보 제68조 제2항 참조). 그러나 실무에 있어서는 단기요율에 의하여 보험료를 정산하는 것이 일반적이다.

Ⅲ. 보험의 목적의 양도

1. 보험의 목적의 양도의 의의

보험의 목적의 양도란 피보험자가 보험의 대상인 목적물을 그 의사표시에 의하여 타인에게 양도하는 것을 말한다. 개별적인 양도란 점에서 보험의 목적과 함께 보험계약상의 권리·의무관계가 포괄적으로 승계되는 상속·회사의 합병과 구별되고, 목적물 자체의 양도란 점에서 목적물에 관하여 보험자에 대하여 갖는 손해보상청구권(보험금청구권)의 양도와도[1] 구별된다.

2. 목적의 양도와 권리양도의 추정

1) 이론상으로는 피보험자가 보험의 목적을 양도하면 그 목적에 관하여 가지고 있었던 피보험이익이 소멸하므로 그 보험계약은 효력을 상실하게 될 것이고, 또 양수인은 본래 보험자와는 아무런 관계도 없으므로 양자 사이에 보험계약관계가 생길 수도 없는 것이다.

2) 그러나 실제로는 보험관계는 그 목적물에 부속한 법률관계로서 목적물의 양도와 동시에 이에 부수되어 승계된다고 보는 것이 당사자들의 합리적 의사와 부합할 것이다. 만약 보험관계의 승계를 인정하지 않는다면 양도인이 보험료를 지급한 보람이 없게 되고, 또 피보험이익이 일시적으로 무보험상태에 놓일 우려가 있다. 따라서 목적물의 양수인에게 보험관계의 승계에 관한 취사선택의 여지를 남겨주고, 한편 보험자에게도 피보험자의 교체에서 오는 불이익을 배제할 수 있는 방법을 유보하는 한 보험계약을 당연히 무효로 할 것이 아니라, 보험의 목적(물)의 양수인에게 기존보험계약상의 이익을 승계시키는 것이 합리적이다. 상법 제679조 제1항이 "피보험자가 보험의 목적을 양도한 때에는 양수인은 보험계약상의 권리와 의무를 승계한 것으로 추정한다."고 규정한 취지도 이러한 실제거래상의 요청을 고려한 것이다. 판례에 의하면 이 규정은 임의법규이고, 보험약관 등에 의하여 위 규정을 변경한 경우 그 약관의 규정이 상법 제663조의 보험계약자 등의 불이익변경금지조항에 위배된다거나, 약관의 규제에 관한 법률 제6조에 정한 신의칙에 반한 불공정한 약관으로서 무효라고 할 수는 없다고 한다.

---

1) 보험금청구권도 양도할 수 있다는 것이 통설이다. 그러나 생명보험의 경우에는 피보험자의 동의를 얻어야 한다(제731조 제2항).

3) 상호보험의 경우에는 보험의 목적을 양도하였을 때 양수인이 상호회사의 승낙을 받지 아니하면 양도인의 권리・의무를 승계할 수 없다(보업 제51조 참조).

◖ 대법원 1991. 8. 9. 91다1158
보험계약상의 권리도 함께 양도되는 것으로 추정한다는 상법규정은 임의법규이며, 이 규정을 변경한 것은 불이익변경금지의 원칙 등에 위배되지 아니한다

☞ 상법 제679조의 취지는 보험의 목적이 양도된 경우 양수인의 양도인에 대한 관계에서 보험계약상의 권리도 함께 양도된 것으로 당사자의 통상의 의사를 추정하고, 이것을 사회경제적 관점에서 긍정한 것이고, 동조에 위반한 법률행위를 공서양속에 반한 법률행위로서 무효로 보아야 할 것으로는 해석되지 아니하므로 위 규정은 임의규정이라고 할 것이고, 따라서 당사자간의 계약에 의해 위 규정의 적용을 배제할 수 있다. 동지: 대법원 1993. 4. 13. 92다8552; 서울고등법원 1990. 4. 13. 90나1306. … 자동차종합보험보통약관의 규정이 자동차보험계약에 있어 원칙적으로 상법 제679조의 적용을 배제하고 있더라도 이는 위 계약에 있어 보험의 목적인 자동차를 교체하는 경우가 자주 생기고, 또 그 경우 보험계약자는 무사고 등을 이유로 보험료의 할인혜택을 받기 위하여 자동차를 교체하는 형태로 보험계약을 유용할 필요성도 있고, 한편 보험자로서도 예측위험률의 변화 등 보험계약의 기초에 중대한 변경을 초래할 가능성이 있는 피보험자의 교체에 대하여 중요한 이해관계가 있어 보험계약관계의 유지나 변경 등의 결정에 관한 기회를 부여받아야 할 필요성도 있다는 점 등을 고려한 것이므로, 위 약관의 규정이 상법 제663조의 보험계약자 등의 불이익변경금지조항에 위배된다거나, 약관의 규제에 관한 법률 제6조에 정한 신의칙에 반한 불공정한 약관으로서 무효라고 할 수는 없다. 동지: 대법원 1993. 4. 13. 92다8552; 동 1993. 6. 29. 93다1480.

4) 한편 상법은 선박의 양도에 관하여는 보험자의 동의를 받도록 하고 있고(제703조의 2), 자동차의 양도에도 보험자의 승낙을 받아야 보험계약상 권리・의무를 승계할 수 있는 것으로 규정하고 있으므로(제726조의 4), 선박이나 자동차가 보험의 목적이 된 경우에는 그 양도에 관하여 상법 제679조가 적용 또는 준용되지 않는다.

특히 자동차종합보험과 관련하여 실무에서 문제되는 것은 자동차의 양수인은 자동차종합보험보통약관상 피보험자의 승낙을 얻어 자동차를 사용하는 자로서, 양도인이 체결한 보험계약의 피보험자가 되어 보험보호를 받는다. 그러나 양수인의 명의로 소유권이전등록까지 마친 후에는 특별한 경우 외에는 그러하지 아니하다.

◖ 대법원 1990. 12. 11. 90다7708
자동차의 양수인은 피보험자의 승낙을 얻어 자동차를 사용하는 자로서 양도인이 체결한 보험계약의 피보험자가 되어 보험보호를 받는다

☞ 차량매수인이 잔대금을 지급하지 아니하여 아직 그 소유권이전등록을 마치지 아니한 채 차량을 인수받아 운행하면서, 매도인과의 합의 아래 그를 피보험자로 하여 자동

차종합보험계약을 체결하였다면, 그 이래 매수인은 보험회사의 자동차종합보험보통약관에 정한 피보험자로서 "기명피보험자의 승낙을 얻어 자동차를 사용하는 자"에 해당한다 할 것이므로, 그 후 잔대금을 지급하여 그 명의로 차량 소유권이전등록을 마치고서도 보험약관에 따라 그 보험계약의 승계절차를 거치지 아니하였더라도 그와 같은 피보험자로서의 지위가 상실되는 것은 아니므로 매수인은 그 약관에 따라 위 차량의 사고로 인한 보험금지급청구권을 취득한다.

◖ 대법원 1991. 7. 26. 91다14796
양수인의 명의로 소유권이전등록까지 마친 후에는 자동차 매수인은 보험금지급청구권이 없다

☞ 보험차량의 매수인이 매매대금을 모두 지급하고 차량을 인도받았을 뿐 아니라 그 명의로 소유권이전등록까지 마침으로써 매도인이 차량에 대한 운행지배관계 및 피보험이익을 상실한 것으로 인정되는 경우에 있어서는 매수인(또는 매수인이 고용한 운전사)을 자동차종합보험약관에 규정된 "기명피보험자의 승낙을 얻어 자동차를 사용 또는 관리중인 자"에 해당한다고 볼 수 없다고 하여 매수인(또는 매수인이 고용한 운전사)의 위 차량운행 중 발생한 교통사고로 인한 보험금지급청구를 부정한 사례. 동지: 대법원 1991. 8. 9. 91다1158; 동 1992. 4. 10. 91다44803; 동 1992. 12. 22. 92다30221; 동 1993. 4. 13. 92다8552; 동 1996. 5. 31. 96다10454; 동 1996. 7. 30. 96다6110.

3. 권리양도의 추정의 요건

1) 보험관계의 존재

상법 제679조 제1항에 의한 권리·의무양도의 추정을 받으려면 보험의 목적물이 양도될 당시에 양도인과 보험자 사이에 유효한 보험관계가 존재하여야 한다. 따라서 양도 당시에 이미 보험계약이 체결되어 있어도 조건·기한 등의 제한 때문에 그 효력이 발생하지 않은 경우에는 양수인은 보험관계상의 권리·의무를 승계할 수 없다. 또 보험계약이 존속하는 한 면책사유가 있어도 보험계약상의 권리·의무는 양수인에게 이전하되, 보험자는 양수인에 대하여 그 면책사유로써 대항할 수 있다.

2) 물건의 부보

보험의 목적이 동산·부동산 등 물건이어야 한다. 물건은 유체물에 한하지 않고 무체재산권까지도 포함하나, 특정되고 개별화되어야 한다. 예컨대, 매점 안의 상품 전체를 목적으로 하는 집합보험(제686조, 제687조 참조)에서 보험목적의 일부양도는 포함되지 않는다. 물건에 관한 사고에 대한 보험이어야 하므로 일정한 지위에 있는 자, 예컨대 의사·변호사·공증인·고용주 등이 그 지위에서 생기는 책임에 관한

보험, 즉 직업위험의 책임보험에 있어서는 그 지위가 양도되어도 보험계약은 이전하지 아니한다.[1])

3) 물권적 이전

보험의 목적이 이전되어야 한다. 따라서 양도하기로 하는 채권계약만으로는 부족하고, 소유물이 양수인에게 이전되었을 때 비로소 보험관계가 이전된다. 보험목적의 물권적 이전이 있는 한 제3자에 대한 대항요건을 갖추고 있느냐는 묻지 않는다.[2])

또 보험목적의 양도에는 영업의 양도도 포함되나, 개별적인 양도계약에 의한 것이므로 상술한 바와 같이 상속·합병 등 포괄적 승계의 경우는 포함되지 않는다. 이 때에는 보험목적의 이전과 함께 보험계약상의 권리의무도 법률상 당연히 이전한다. 강제집행의 결과 경락인에게 보험의 목적이 귀속된 경우에는 보험계약관계의 이전이 추정된다고 보아야 할 것이다.[3])

4. 보험목적의 양도의 효과

1) 보험계약상의 권리와 의무의 이전

(1) 보험의 목적을 양도하면 양수인은 보험계약상의 권리와 의무를 승계한 것으로 추정된다(제679조 제1항). 이것은 피보험자의 지위가 양수인에게 이전하여 피보험자가 교체된다는 뜻이다. 그러나 이때 양수인이 보험계약자의 지위도 승계하는지가 문제이다. 만일 양수인에게 보험계약자의 지위가 승계되지 않고 양도인 등이 여전히 보험계약자 지위를 유지한다면 보험료지급의무, 각종 통지의무, 손해방지·경감의무 등을 져야 하나 사실상 이를 이행할 수 없는 상태가 되고, 또한 양도인 등의 고의·중과실로 보험사고가 발생하면 보험자는 면책되므로 양수인이 보상받지 못하는 상황이 발생할 수 있다. 따라서 보험목적이 양도되면 양수인은 피보험자의 지위와 보험계약자의 지위를 동시에 승계하는 것으로 보아야 할 것이다.

(2) 보험의 목적의 양도로써 이전되는 권리·의무로는 피보험자로서의 권리인 보험금청구권(제658조), 보험료감액청구권(제647조), 보험료반환청구권(제648조), 보험계약해지권(제649조)이 있고, 의무로는 보험료지급의무(제639조 제3항), 통지의무(제652조, 제657조), 위험의 변경·증가금지의무(제653조), 손해방지·경감의무(제680조)가 있다.

---

1) 손주찬(하) 604면; 양승규(보) 263면.

2) 민법상 형식주의를 취했더라도(민 제186조·제188조) 선박소유권의 이전에는 등기가 제3자에 대한 대항요건이다(제743조).

3) 서돈각·정완용(하) 425면; 손주찬(하) 604면; 정찬형(하) 654면; 독보 제73조 참조.

2) 양도의 추정과 보험계약관계

보험의 목적을 양도하면 양수인이 보험계약상의 권리·의무를 승계한 것으로 '추정'되는 데 그친다. 그러므로 권리양도의 의사가 없었다는 증명을 하면 권리이전의 효과가 생기지 않는다. 이 경우에는 보험계약도 그 효력을 상실하게 된다.

◖ 대법원 1997. 11. 11. 97다35375
보험목적양도의 경우 보험계약상의 권리·의무를 승계한 것으로 추정되나, 위 추정은 보험목적의 양수인에게 보험승계의 의사가 없다는 것이 증명된 경우에는 번복된다

☞ 상법 제679조에서 피보험자가 보험의 목적을 양도한 때에는 보험계약으로 인하여 생긴 권리를 동시에 양도한 것으로 추정한다고 규정하는 취지는 보험의 목적이 양도된 경우 양수인의 양도인에 대한 관계에서 보험계약상의 권리도 함께 양도된 것으로 당사자의 통상의 의사를 추정하고 이것을 사회경제적 관점에서 긍정한 것이라고 할 것인 바, 위 추정은 보험목적의 양수인에게 보험승계의 의사가 없다는 것이 증명된 경우에는 번복된다. 동지: 대법원 1996. 5. 28. 96다6998.

3) 보험목적 양도의 통지의무

(1) 대항요건 문제

(가) 보험의 목적을 양도한 때에는 양도인 또는 양수인은 보험자에 대하여 지체없이 그 사실을 통지하여야 한다(제679조 제2항)(Anzeigepflicht). 보험목적의 양도로 피보험자가 교체되므로 예정위험률의 변화 등 보험계약의 기초에 중대한 변경을 초래할 가능성이 있다. 따라서 보험자로서도 중대한 이해관계가 있고, 보험계약관계의 유지나 변경 등의 결정에 관한 기회를 부여받아야 할 필요가 있다.[1]

(나) 권리의 양도가 추정되면 보험목적의 양도당사자 간에는 문제가 되지 않으나, 그 양도의 효과를 보험자 기타 제3자에 대하여 주장하는데 대항요건을 갖출 필요가 있는가 또는 양도·양수인의 통지의무를 정한 상법 제679조 제2항이 바로 이러한 대항요건을 규정한 것인가에 관하여는 견해가 갈린다.

(i) 대항요건필요설은 민법상 일반채권양도와 마찬가지로 승낙이나 통지가 있어야 보험자에 대항할 수 있고, 다만 보험증권이 발행된 경우에는 보험증권만 교부하면 보험자에 대하여도 양도의 효력이 발생한다고 한다. 이 학설에 의하면 상법 제679조 제2항은 바로 대항요건을 규정한 것이라고 하게 된다. 그러나 현재 이 견해를 취하는 분은 찾을 수 없다.

---

1) Weyers, *a.a.O.*, Rz. 439.

(ⅱ) 대항요건불요설은 대항요건을 갖추지 않더라도 상법 제679조 제1항의 규정에 의하여 당연히 권리가 이전되고, 보험자는 채권의 준점유자에 대한 변제의 규정(민 제470조)에 의해 보호될 수 있다고 한다.[1] 따라서 상법 제679조 제2항은 대항요건을 규정한 것이 아니라고 본다.

(ⅲ) 생각건대, 대항요건불요설이 타당하다고 본다. 상법 제679조 제2항이 규정한 보험계약자의 통지의무는 보험자를 보호하기 위하여 부과한 것이긴 하지만 대항요건을 규정한 것으로 보기는 어렵다. 대항요건필요설은 상법 제679조 제1항이 정한 "권리 · 의무의 승계를 추정한다."는 규정을 무의미하게 만든다. 또한 상법은 대항요건을 규정하는 경우에는 "대항하지 못한다."라고 명정하고 있는데(예컨대, 제734조 제1항 · 제337조 제1항) 여기서는 위험변경통지의무와 같이(제652조) "통지하여야 한다."라고만 하고 있다. 이 통지의무는 예컨대 위험의 객관적 변경 · 증가의 경우의 통지의무(제652조)와 같은 성질의 것이라고 본다.

(다) 상법 제679조 제2항이 대항요건을 규정한 것은 아니지만 이 규정에 따라 양도인 또는 양수인은 보험의 목적을 양도하였을 때에는 보험자에 대하여 지체없이 그 사실을 통지하여야 한다.

(2) 통지의무위반의 효과

(가) 통지의무위반에 대하여는 규정이 없다. 이에 관하여는 다음 네 가지의 견해가 있다. 즉, ① 독일 보험계약법 제71조 제1항을 참조하여 위험변경증가시의 보험자의 보호규정(제652조)을 유추적용할 수 있다는 학설,[2] ② 상법 제652조를 유추적용하는 것은 양수인에게 가혹하여 부당하므로, 입법으로 해결하여야 한다는 학설,[3] ③ 이 통지의무를 해태한 때에는 보험자가 선의로 양도인에게 보험금을 지급하여도 이의를 제기하지 못하며 또 그로 인하여 보험자가 손해를 입은 때에는 이를 배상하여야 한다는 학설(다수설),[4] 등이 있다.

(나) 생각건대, 보험의 목적의 양도로 위험의 변경 · 증가가 있다면 오히려 상법 제652조가 문제될 것이다. 즉, 보험목적의 양도로 인하여 보험사고의 위험이 현저하게 변경 또는 증가된 때에만 상법 제652조를 유추적용하여 보험자는 그 사실을 안

---

1) 손주찬(하) 606면; 양승규(보) 268면; 강위두 · 임재호(하) 619면.

2) 이 학설에 의하면 양도인 또는 양수인이 그 통지의무를 게을리한 때에는 보험약관의 정함에 따라 그것을 양도한 날로부터 일정한 기간이 경과한 후에 생긴 사고에 대하여는 보험자는 보상책임을 지지 아니할 수 있다고 한다(양승규(보) 266면).

3) 최기원(하) 726면. 독일 보험계약법 제71조는 통지를 지체없이 하지 않으면 그 통지가 보험자에게 도달한 때로부터 1월 이후에 보험사고가 생긴 때에는 보험자는 보험금지급책임을 면한다고 되어 있다.

4) 서돈각 · 정완용(하) 427면; 강위두 · 임재호(하) 619면; 채이식(Ⅳ) 161면; 정찬형(하) 657 ~658면.

때부터 1월 내에 보험료의 증액을 청구하거나 보험계약을 해지할 수 있다고 보아야 하고, 단순히 보험의 목적을 양도하였더라도 위험의 현저한 변경·증가가 없는 때에는 상법 제652조를 유추적용할 수는 없다고 생각한다. 제3설이 정당하다고 본다.[1] 일본상법 제650조 제2항은 명문으로 보험목적의 양도가 현저하게 위험을 변경 또는 증가시킨 때에는 보험계약은 그 효력을 잃는다고 규정한다.

따라서 보험의 목적의 양도로 인하여 위험이 현저하게 변경 또는 증가되었느냐가 문제이다.

4) 위험의 변경·증가와 계약해지권

(1) 보험계약자 또는 피보험자가 보험목적의 양도로 인하여 사고발생의 위험이 현저하게 변경 또는 증가된 사실을 안 때에는 지체없이 보험자에게 그 통지를 하여야 한다(제652조 제1항 제1문).[2] 이 통지를 받은 보험자는 통지를 받은 날로부터 1월 내에 계약을 해지하거나 보험료의 증액을 청구할 수 있고(제652조 제2항), 이 통지를 해태한 때에는 보험자는 그 사실을 안 날로부터 1월 내에 한하여 계약을 해지할 수 있다(제652조 제1항 제2문). 계약을 해지하는 경우에도 그 사고가 위험의 변경·증가사실과 인과관계가 없다는 증명이 없는 한 보험금지급책임을 지지 않는다(제655조).

(2) 위험변경증가의 통지의무가 필요한 것은 보험목적의 양도로 인하여 사고발생의 위험이 현저하게 증가한 사실이며, 이것은 만일 보험계약을 체결할 당시에 증가한 위험이 있었으면 보험자가 계약을 체결하지 아니하였거나 또는 보다 더 많은 보험료를 약정하였으리라고 생각될 정도로 위험이 증가한 경우를 가리킨다. 이 정도의 위험이 있었는가의 여부는 객관적으로 판단할 문제이다.[3] 판례는 보험목적의 양도시 통지의무를 규정한 약관의 규정의 효력을 구체적인 경우에 따라 인정하기도 하고, 경우에 따라서는 통지의무위반이 있더라도 보험계약을 해지할 수 없다고 하기도 한다.

◖ 대법원 1996. 7. 26. 95다52505
위험의 변경 또는 증가 여부는 구체적인 여러 사정을 종합하여 인정·판단하여야 한다

---

1) 손주찬(하) 606면.
2) 여기서 위험의 변경이란 해상보험을 제외하고 육상보험에서는 무의미하다. 육상보험의 경우에는 보험계약자는 특별위험이 소멸한 경우에만 보험료의 감액을 청구할 수 있고, 위험의 감소가 있더라도 보험료의 감액을 청구할 수 없기 때문이다. 따라서 "위험이 현저하게 변경 또는 증가된 경우"는 "위험이 현저하게 증가된 경우"로 고쳐야 한다: 손주찬(하) 557면.
3) 손주찬(하) 557~558면; 양승규(보) 162면; 서돈각·정완용(보) 390면. 프랑스 보험계약법 L. 113-114조 및 스위스 보험법 제28조 제2항 참조.

☞ 〈사 실〉

소외 A는 1993년 8월 21일 피고 Y화재해상보험주식회사와의 사이에 자신이 경영하던 대구 소재 세원섬유의 공장 내 기계기구 및 제품일체에 관하여 보험가입금액은 금 2억 9천만원으로, 보험기간은 1993년 8월 22일부터 1994년 8월 22일까지로 하는 일반화재보험계약을 체결하였다(이 사건 제 1 보험계약). A는 1994년 1월 31일 소외 B에게 위 공장 내의 기계시설 등을 매도하였다. B는 위 공장을 인수하여 '대호섬유'라는 상호로 영업을 하던 중 동년 1994년 5월 23일 이 사건 제 1 보험계약의 존재를 알지 못한 채 원고 X화재해상보험주식회사와의 사이에 위 공장 내의 기계기구 및 동산에 관하여 보험가입금액을 금 3억 5천만원으로, 보험기간은 1994년 5월 23일부터 1997년 5월 23일까지로 하는 화재보험계약을 체결하였다(이 사건 제 2 보험계약). 그런데 1994년 6월 30일 22시 12분경 위 공장 내에서 전기합선으로 추정되는 화재가 발생하여 공장내 시설 및 기타 비품 등 합계금 2억 8천만원 상당액이 소훼되었다. 이에 원고는 B에게 위 손해액 상당의 보험금과 손해사정을 위한 비용 등 도합 3억 1천 8백여만원을 지급하였다.

원고는 이 사건 제1보험계약과 제2보험계약은 중복보험으로서 제1보험자인 피고 역시 제2보험자인 원고와 연대하여 위 보험사고에 대하여 보험가입금액의 비율에 따라 보상할 책임이 있음에도 이 사건에서 제2보험자인 원고만이 보험금 전액을 지급하였으므로 원고가 지급한 피고부담부분에 대하여 구상권을 행사할 수 있다고 주장하였다. 이에 대하여 피고는 위 소외 A가 보험의 목적을 양도하였는데, 보험의 목적을 양도할 경우에는 상법 제679조 제2항에 따라 보험자에게 그 통지를 하여야 하고, 나아가 이 사건에서 보험의 목적의 양도로 위험의 현저한 변경 또는 증가가 있는 바이므로 위 계약에 적용되는 보험약관에 따라 역시 통지를 하여야 함에도 위 통지의무를 해태한 이 사건에서는 제1보험자인 피고는 보험계약을 해지할 수 있고, 따라서 이 사건 제1보험계약은 피고의 해지로 종료되었으니 중복보험으로 인한 연대보상책임이 없다고 주장하였다.

〈판결요지〉

화재보험보통약관상 '위험'이라고 함은 보험사고 발생의 가능성을 가리키는 것이고, '위험의 현저한 변경 또는 증가'라 함은 그 정도의 위험이 계약체결 당시에 존재하였다고 한다면 보험자가 계약을 체결하지 아니하였거나 또는 적어도 동일한 조건으로는 그 계약을 체결하지 아니하였으리라고 생각되는 정도의 위험의 변경 또는 증가를 말하므로, 화재보험의 목적물의 양도로 인하여 이러한 정도의 위험의 변경 또는 증가가 있었는지 여부는 보험목적물의 사용·수익방법의 변경 등 양도 전후의 구체적인 여러 사정을 종합하여 인정·판단하여야 할 것이지(이에 관한 증명책임은 그 존재사실을 들어 보험계약의 해지를 주장하는 자가 부담한다.), 화재보험의 목적물의 양도로 인하여 소유자가 바뀌었다고 하여 당연히 위험의 현저한 변경 또는 증가가 있었다고 볼 수는 없다. ··· 화재보험의 목적물이 양도되었으나 그 소유자만 변경되었을 뿐 보험요율의 결정요소인 영위직종과 영위작업, 건물구조 및 작업공정이 양도 전후에 동일한 경우, 보험목적물의 양도로 인하여 위험의 현저한 증가 또는 변경이 있었다고 볼 수 없으므로 그 통지의무 위반을 이유로 보험계약을 해지할 수는 없다. 동지: 대법원 2003. 11. 13. 2001다49630(손배보험계약에 있어서 보험계약자가 중복보험계약을 체결한 것은 상법 제652조 및 제653조의 통지의무 대상이 되는 '사고 발생의 위험이 현저하게 변경 또는 증가된 때'에 해당되지 않는다).

제5절 각종의 손해보험계약

제1관 화재보험계약

Ⅰ. 화재보험계약의 의의

화재보험계약(contract of fire insurance, Feuerversicherungsvertrag)이란 화재로 인하여 생길 손해의 보상을 목적으로 하는 손해보험계약을 말한다(제683조). 화재란 사회통념상 화재라고 인정할 수 있는 성질과 규모를 가진 화력의 연소작용이다. 그러나 특약에 의하여 화재의 개념을 한정할 수도 있다(보험부담대상의 개별화).

Ⅱ. 화재보험계약에 관한 특칙

1. 화재보험증권의 기재사항

화재보험증권에는 상법 제666조에 열거된 사항 외에도 ① 건물을 보험의 목적으로 한 때에는 그 소재지·구조와 용도, ② 동산을 보험의 목적으로 한 때에는 그 존치한 장소의 상태와 용도, ③ 보험가액을 정한 때에는 그 가액을 기재하여야 한다(제685조).

2. 화재보험의 목적

1) 상법 제685조는 화재보험의 목적물로서 건물과 동산을 예상하고 있으나, 건물 이외의 부동산, 예컨대 교량·립목·삼림 등도 등기유무를 묻지 않고 화재보험의 목적이 될 수 있다.

2) 상법은 집합된 물건을 일괄하여 보험의 목적으로 한 때(집합보험)에는 피보험자의 가족과 사용인의 물건도 보험의 목적에 포함되는 것으로 하고, 이 경우에는 그 보험은 그 가족 또는 사용인을 위하여서도 체결한 것으로 보고 있다(제686조).

3) 또한 집합된 물건을 일괄하여 보험의 목적으로 한 때에는 그 목적에 속한 물건이 보험기간 중에 수시로 교체된 경우에도(총괄보험) 보험사고가 발생한 때에 현존한 물건은 보험의 목적에 포함된 것으로 한다고 규정하고 있다(제687조).

4) 고가물(화폐 · 귀금속 · 서화 등)은 보험약관에 명기한 경우에 한하여 그 목적이 된다.[1)]

5) 국유건물 및 교육시설 · 백화점 · 시장 · 의료시설 · 숙박업소 · 공장 · 공동주택 등 특수건물의 소유자는 의무적으로 화재보험에 가입하여야 하며, 손해보험회사는 보험계약 체결을 거절하지 못하도록 하고 있다(화재로 인한 재해보상과 보험가입에 관한 법률 제5조).

3. 피보험이익

화재보험의 피보험이익은 피보험자가 누구냐에 따라 다르다. 동일한 목적에 대하여도 소유자로서의 피보험이익과, 임차인 또는 담보권자로서의 피보험이익이 있을 수 있다. 창고업자가 보관중인 물건을 보험에 붙인 경우 그 피보험이익은 손해배상책임의 담보라는 소극적 이익이다. 피보험이익이 불분명한 경우에는 소유자로서의 피보험이익으로 본다(통설).[2)]

4. 보험사고

1) 화재보험의 보험사고는 '화재'이다(제683조). 화재는 사회통념상 화재로 인정할 수 있는 성질과 규모를 가진 화력의 연소작용이다. 자력으로 퍼져나갈 힘이 없는 불은 화재가 아니다. 예컨대 벽난로의 불똥이 튀어 양탄자에 구멍이 난 경우, 담뱃불에 옷에 구멍이 난 경우 등에는 화재보험사고가 아니다. 그러나 스스로의 발열에 의한 화재도 가능하다. 다만 화재의 개념을 특약에 의하여 한정할 수 있다.

2) 보험계약자나 피보험자의 고의 또는 중과실로 인하여 생긴 사고(제659조), 전쟁 기타 변란으로 생긴 사고(제660조), 목적물의 성질 · 하자 또는 자연소모 등의 경우에는 보험자가 보상책임을 부담하지 않는다. 그러나 고의 또는 중과실로 인하여 생긴 사고 외 다른 사유로 인하여 생긴 사고에 대하여 보험자가 특히 보상책임을 지기로 하는 약관은 유효하다고 본다.

---

1) 최기원(하) 727면.

2) 양승규(보) 273면; 최기원(하) 727면; 손주찬(하) 611면; 이기수(보 · 해) 161면; 정찬형(하) 660면. 부동산을 매수한 자가 그 부동산에 관하여 자신을 피보험자로 하여 화재보험계약을 체결하였다면, 특별한 사정이 없는 한 이는 자기를 위한 보험계약이라고 보아야 한다.: 대법원 2011. 2. 24. 2009다43355.

5. 보험자의 손해보상의무

1) 위험보편의 원칙

(1) 보험자는 화재로 인하여 생긴 손해에 관하여서는 (화재원인을 한정하는 특약이 없는 한) 원인여하를 불문하고 그 보상책임을 진다(제683조). 이를 위험보편의 원칙이라 한다. 따라서 예컨대 가스의 폭발, 파열, 지진, 벼락 등에 의한 직접적 손해를 제외하고 이들로부터 화재가 발생하여 생긴 손해에 대하여는 보험자가 보상할 책임이 있다.

◖ 대법원 1993. 4. 13. 92다45261 · 45278
화재보험에서 폭발에 의한 손해는 보험자가 보상할 책임이 없다

☞ 폭발은 화재와 구별되는 개념이므로 폭발이 있고 이로 인해 화재가 야기된 경우에는 폭발 자체에 의한 손해는 화재보험에 의하여 담보되지 않지만, 화재가 발생하고 이로 인하여 폭발이 야기된 경우에는 특약이 없는 한 폭발 자체에 의한 손해도 화재와 상당인과관계가 있는 것이어서 화재보험에 의하여 담보된다. 그러나 이 사건에서는 폭발담보특약을 하지 아니하였으므로 화재보험약정상의 폭발면책계정에 따라 화재가 폭발에 선행하였는지 여부에 관계없이 폭발에 의한 손해는 보험자가 보상할 책임이 없다. 그리고 위 폭발면책약정은 상법 제683조나 민법 제2조에 위반되는 무효의 규정이라고 할 수 없다.

(2) 그러나 그 손해가 ① 전쟁 기타의 변란(제660조), ② 목적물의 성질, 하자, 자연소모(제678조), ③ 피보험자의 고의 · 중과실(제659조 제1항) 등의 법정된 면책사유로 인하여 발생한 때에는 보상책임을 지지 않음은 물론이다. 다만 위 ①과 ②의 사유로 인하여 손해가 생긴 경우에도 보험자가 책임을 진다는 약관은 유효하다. 위 ③의 경우에도 피보험자 등의 중과실로 인하여 발생한 손해에 대하여도 보상책임을 진다는 특약은 유효하다고 볼 것이지만, 고의로 인하여 발생한 손해에 대하여도 보험자가 책임을 진다는 특약은 선량한 풍속과 사회질서 및 공익에 반하므로 무효라고 본다.[1)]

2) 상당인과관계가 있는 손해

보상할 손해의 범위는 화재와 상당인과관계가 있는 모든 손해라고 하는 것이 통설이다. 그러나 화재시에 보험의 목적의 분실 또는 도난으로 인한 손해는 담보되지 않는 것이 보통이다. 또한 공장화재시 재해복구기간 동안의 휴업손실 등 간접손해

---

1) 최기원(하) 728면.

도 포함되지 않는다. 조업중단손실은 별개의 보험으로 처리된다. 그 밖에 화재의 진화나 불길의 확산을 방지하기 위한 조치로 인한 손해는 이른바 손해방지비용으로 처리될 것이다.[1)]

3) 소방비용 등의 보상책임

보험자는 소방 또는 손해의 감소에 필요한 조치로 인하여 생긴 손해도 보상하여야 한다(제684조). 이러한 손해는 직접 화력의 연소로 인하여 생긴 것은 아니나, 일반적으로 화재의 경우에 당연히 발생한 손해이므로 의문이 생기지 않도록 규정한 것으로서 손해방지・경감비용을 보험자가 부담하는 것(제680조 제1항 단서)과 같은 취지이다.

제 2 관 운송보험계약

Ⅰ. 운송보험계약의 의의

운송보험계약(contract of transport insurance, Transportversicherungsvertrag)이란 육상운송에 있어서의 운송물에 관한 사고로 인하여 생길 손해의 보상을 목적으로 하는 손해보험계약을 말한다(제688조). 상법상 운송보험계약은 육상운송보험계약만을 가리키고, 실제에 있어서도 약관으로 육상・하천 또는 호소(湖沼)에서의 운송에 한정하고, 항만(港灣)에서의 보험사고는 해상보험에 포함시키는 것이 보통이다. 그러나 오늘날 적하해상보험약관은 해상운송뿐만 아니라 내륙운송 중에 발생한 사고에 대하여도 담보하고 있으며, 또한 컨테이너의 발달로 복합운송이 크게 발달하고 있으므로, 이들 경우에는 해상운송보험과 육상운송보험이 일괄적으로 이루어진다. 상법은 해상보험에 관하여는 따로 규정을 두고 있고(제693조 이하), 항공보험에 관하여는 아무런 규정을 두지 않고 있다.

---

1) 김성태(보) 520면.

Ⅱ. 운송보험계약에 관한 특칙

1. 운송보험증권의 기재사항

운송보험증권의 기재사항에 관하여는 손해보험증권의 일반적 기재사항(제666조) 외에도 ① 운송의 노순(路順)과 방법, ② 운송인의 주소와 성명 또는 상호, ③ 운송물의 수령과 인도의 장소, ④ 운송기간을 정한 때에는 그 기간, ⑤ 보험가액을 정한 때에는 그 가액을 기재하여야 한다(제690조).

2. 보험의 목적

운송보험의 목적은 '운송물'이므로(제688조), 여객(인보험)이나 운송수단 자체(예컨대, 자동차보험)를 보험의 목적으로 하는 보험계약은 운송보험이 아니다. 여객에 대한 보험은 생명보험이나 상해보험 또는 책임보험에 속한다. 여기서의 운송물은 반드시 운송계약의 목적인 물건에 한하는 것이 아니며, 운송인이 자기 소유의 물건을 자기를 위하여 운송하는 경우에도 운송보험의 목적이 될 수 있다.

3. 보험사고

운송보험계약에서의 보험사고는 운송물에 관하여 생길 수 있는 모든 사고를 포함하는 것으로서, 운송 특유의 사고에 한하지 않는다. 예컨대, 화재·폭발·지진·수해·도난·훼손 등 각종 사고를 말하며, 보통 이것을 운송위험이라고 한다.[1] 이와 같이 모든 위험을 포함하는 이유는 운송 도중에는 피보험자 등에 의한 감독이 불가능하고 손해가 발생하여도 그 원인의 증명이 곤란하기 때문이다. 그러나 약관으로써 특정사고를 보험사고에서 제외하는 것은 무방하다.

4. 피보험이익

운송보험에서의 피보험이익도 여러 가지이다. 즉, 운송물의 소유자로서 가지는 이익뿐만 아니라 운송물의 도착으로 인하여 얻을 이익(제689조 제2항)(희망이익보험), 수하인에게 손해배상책임을 지는 경우의 손해와 같은 소극적 이익(책임보험) 또는 운송인의 운송에 관한 운임이익 등이다.

1) 최기원(하) 732면.

5. 보험기간

1) 보험자는 운송인이 '운송물을 수령한 때로부터 수하인에게 인도할 때까지' 생길 손해를 보상하여야 한다(제688조). 이것은 실제로 운송하는 기간뿐만 아니라 운송인이 운송물을 보관하는 전기간을 보험기간으로 하는 것으로서 운송보험의 성질상 당연하다.

2) 운송인이 운송물을 수령한 후에 보험계약이 체결된 때에는 소급의 특약이 없는 한 보험자의 책임은 계약성립시로부터 개시한다고 본다.[1] 그러나 보험자의 책임은 최초의 보험료를 지급하여야만 개시된다(제656조).

3) 운송물을 수하인에게 인도할 수 없어서 공탁 또는 경매하는 경우에는(제142조·제143조) 인도를 한 경우에 준하여 보험기간이 종료한다고 보아야 할 것이다(독보 제134조 참조).

6. 보험가액

손해보험계약에서의 보험가액은 사고발생시의 가액에 의하는 것이 원칙이나(제670조·제671조), 운송물의 보험에 있어서는 당사자간에 협정이 없으면 운송물을 발송한 때와 곳의 가액과 도착지까지의 운임 기타의 비용을 보험가액으로 한다(제689조 제1항)(보험가액불변경주의). 이것은 손해가 생긴 때와 장소에 있어서의 실제 가액(제676조)을 정확하게 산정하기 어렵기 때문에 취해진 조치이다. 또 운송물의 도착으로 인하여 얻을 이익, 즉 희망이익은 당사자간에 약정이 있는 때에 한하여 보험가액 중에 산입한다(제689조 제2항).

7. 보험자의 면책사유

운송보험계약에 있어서는, 보험계약자 또는 피보험자의 고의 또는 중과실(제659조)로 인하여 보험사고가 발생한 때뿐만 아니라, '송하인 또는 수하인의 고의 또는 중과실'로 인하여 보험사고가 발생한 때에도 보험자는 이로 인한 손해보상책임을 면한다(제692조). 송하인과 수하인은 보험계약자나 피보험자가 아니지만 운송계약상의 권리를 가지므로(제139조부터 제141조까지) 이들의 고의·중과실로 발생한 사고에 대하여도 보험자가 면책된다.

---

1) 동지: 손주찬(하) 614면.

8. 보험계약의 변경

1) 운송보험계약은 다른 약정이 없으면, 운송의 필요에 의하여 일시 운송을 중지하거나 운송의 노순 또는 방법을 변경한 경우에도 그 효력을 잃지 않는다(제691조).

2) 그러나 운송의 노순 또는 방법을 변경한 결과 사고발생의 위험이 현저하게 변경 또는 증가된 경우에는 보험자는 보험료의 증액을 청구하거나 계약을 해지할 수 있다고 해석된다.[1)] 실무에서도 약관으로 위험이 현저하게 변경 또는 증가된 경우에는 보험계약자나 피보험자가 이를 통지하여야 하고, 이 통지가 없으면 보험자는 계약을 해지할 수 있도록 하고 있다.

제 3 관 해상보험계약

Ⅰ. 해상보험계약의 의의

1) 해상보험계약(contract of marine insurance, Seeversicherungsvertrag)이란 해상사업에 관한 사고로 인하여 생긴 손해의 보상을 목적으로 하는 손해보험계약을 말한다(제693조). 해상보험은 선박과 적하에 대한 해상위험을 담보하는 보험이지만, 항해에 부수되는 내수 또는 육상에서의 위험까지도 담보한다. 해상보험은 근대보험의 효시를 이루고, 해상기업활동과 밀접한 관계가 있다. 오늘날 해상보험계약이 수반되지 아니한 국제무역거래는 생각할 수 없을 정도이다.

2) 해상보험은 해상기업활동이 그러하듯이 국제성이 강하다. 특히 해상보험에 관하여는 영국해상보험업계의 영향을 받은 약관이 발달하고 있고, '이 보험계약은 영국의 법과 관습에 따른다'는 약관의 준거법조항도 유효하다. 따라서 예컨대 영국법 준거약관이 적용되는 선박보험계약에 있어서 고지의무 위반을 이유로 한 보험계약의 해지에 관하여는 영국 해상보험법(Marine Insurance Act of 1906 : MIA) 소정의 고지의무 위반을 이유로 한 보험계약의 해지에 관하여는 우리 상법상의 규정은 적용될 여지가 없다(판례). 그러나 영국법 준거조항에 따라 영국법이 적용되더라도 보상책임 유무나 지급방법 등에 대하여만 영국법이 적용되는 것이며, 보험계약의 성립여부

---

1) 손주찬(하) 615면; 양승규(보) 288면; 정찬형(하) 669면. 이에 반하여 해지권이 없다는 견해: 정동윤(하) 619면.

및 그 효력에 관한 사항 등에 관하여는 우리 법이 적용된다.[1)]

◖ 대법원 1991. 5. 14. 90다카25314
영국법 준거법조항의 유효성

☞ 보험증권 아래에서 야기되는 일체의 책임문제는 외국의 법률 및 관습에 의하여야 한다는 외국법 준거약관은 동 약관에 의하여 외국법이 적용되는 결과 우리 상법 보험편의 통칙의 규정보다 보험계약자에게 불리하게 된다고 하여 상법 제663조에 따라 곧 무효로 되는 것이 아니고 동 약관이 보험자의 면책을 기도하여 본래 적용되어야 할 공서법의 적용을 면하는 것을 목적으로 하거나 합리적인 범위를 초과하여 보험계약자에게 불리하게 된다고 판단되는 것에 한하여 무효로 된다. 동지: 대법원 1998. 5. 15. 96다27773; 동 1996. 10. 11. 94다60332; 동 1977. 1. 11. 71다2116; 서울고등법원 1980. 8. 19. 77다340.

◖ 대법원 1996. 3. 8. 95다28779
영국법 준거법조항의 유효성과 영국법상의 고지의무에 관한 규정의 해석에 관한 사례

☞ 해상보험증권 아래에서 야기되는 일체의 책임문제는 영국의 법률 및 관습에 의하여야 한다는 영국법 준거약관은 오랜 기간 동안에 걸쳐 해상보험업계의 중심이 되어 온 영국의 법률과 관습에 따라 당사자 간의 거래관계를 명확하게 하려는 것으로서 우리나라의 공익규정 또는 공서양속에 반하는 것이라거나 보험계약자의 이익을 부당하게 침해하는 것이라고 볼 수 없어 유효하므로, 영국법 준거약관이 적용되는 선박보험계약에 있어서 고지의무 위반을 이유로 한 보험계약의 해지에 관하여는 영국 해상보험법 제18조, 제17조가 적용되고 같은 법 소정의 고지의무 위반을 이유로 한 보험계약의 해지는 우리 상법 제651조 소정의 그것과는 그 요건과 효과를 달리하고 있어 이에 대하여 상법 제655조의 인과관계에 관한 규정은 적용될 여지가 없다. 참조: 대법원 1996. 10. 11. 94다60332.

다만, 국제사법 제27조에서 소비자 보호를 위하여 준거법 지정과 관련하여 소비자계약에 관한 강행규정을 별도로 마련해 두고 있는 점이나 약관규제법의 입법 목적을 고려하면, 영국법을 준거법으로 하여 체결된 모든 계약에 관하여 당연히 약관규제법을 적용할 수 있는 것은 아니다.[2)]

---

1) 대법원 1998. 7. 14. 96다39707. 최종현, "영국해상법상의 고지의무", 보험법연구 3, 193~197면.
2) 대법원 2010. 8. 26. 2010다28185; 동 2015. 3. 20. 2012다118846, 2012다118853(반소).

Ⅱ. 해상보험계약의 종류

1. 피보험이익에 의한 분류

1) 선박보험

(1) 선박보험은 보험의 목적인 선박의 소유자로서의 피보험이익에 관한 보험이다(제696조 참조). 선박보험의 대상은 해상법상의 선박으로 한정되지 않는다. 선박 이외에 속구목록에 기재된 물건은 선박의 종물로서(제742조), 반대의 약정이 없는 한 보험의 목적에 포함된다(제696조 제2항). 다만 선박의 의장품은 선박의 종물이라도 당사자의 합의에 따라 보험의 목적에서 제외할 수 있다.[1)]

(2) 선박보험의 피보험이익은 선박소유자의 이익 외에 담보권자의 이익, 선박임차인의 사용이익도 포함된다. 따라서 선박임차인도 추가보험의 보험계약자 및 피보험자가 될 수 있다.[2)]

2) 적하보험

적하보험은 보험의 목적인 적하(운송물)의 소유자로서의 피보험이익에 관한 보험이다(제697조 참조).

3) 운임보험

운임보험은 운송인이 화물 또는 여객을 무사히 운송한 경우에 얻을 운임에 대해서 가지는 피보험이익에 관한 보험이다(제706조 제1호 참조). 운임은 순운임이 아닌 비용을 포함한 총운임을 말하는 것으로 이는 순운임산출에 관한 분쟁을 피하기 위한 것이다. 다만 특약으로 순운임을 목적으로 할 수 있음은 물론이다.

4) 희망이익보험

희망이익보험은 보험의 목적인 적하의 도착으로 인하여 얻을 희망이익(예컨대, 매도인의 이윤, 운송주선인 · 중개인 등의 보수)의 주체로서의 피보험이익에 관한 보험이다(제698조 참조).[3)] 그러나 희망이익만의 보험은 드물고 적하보험과 결합하여, 예컨대

---

1) 대법원 1978. 12. 26. 78다2028.
2) 대법원 1988. 2. 9. 86다카2933 · 2934 · 2935.
3) 서울고등법원 1995. 3. 21. 93나49149: 희망이익도 피보험이익이 될 수 있다.

적하가액의 일정비율을 가산하는 방식으로 계약이 체결되는 것이 보통이다.

5) 선비보험

선비보험(船費保險)은 선박의 의장(艤裝) 기타 선박의 운항에 요하는 모든 비용에 대하여 가지는 피보험이익에 관한 보험이다. 일반적으로 선비는 총운임에 포함되어 운임의 취득에 의하여 회수되는 것이므로, 선비에 대한 피보험이익은 운임보험에서 포함시키고 있지만, 선비만을 따로 보험에 붙일 수도 있다. 이미 운임보험이 있는 때에는 중복보험이 될 수 있다. 선비보험을 선박보험에서 부보하는 경우도 있다.

6) 불가동손실보험

선박이 해난사고로 손상을 입는 등 가동불능으로 된 경우, 선주 및 선체용선자가 불가동기간 중 무익하게 지급하여야 할 선박경상비 또는 손실된 운임 기타 용선료의 손실을 전보하는 보험으로서, 운임보험·선비보험의 특수한 형태이다. 이 보험은 선박가액의 10%를 한도로 하여 선박보험에 추가하여 가입한다.[1)]

7) 선주상호보험(P&I 보험)

선주 등(선박소유자뿐만 아니라 선박임차인, 용선자 및 선박운항자 포함)이 선박의 운항과 관련하여 발생하는 여러 배상책임 중에서 제3자, 선원 및 하주에 대하여 부담할 배상책임 및 비용을 피보험이익으로 하는 보험을 말한다. P&I는 Protection and Indemnity의 약칭이다. 운송화물에 대한 책임은 물론이고, 선원이나 여객의 사상, 질병, 해상오염으로 인한 손해에 대한 배상책임과 그 제거비용, 선박충돌로 인한 손해배상책임, 부표·잔교·해저전선·어구 기타 시설물의 손해에 대한 책임, 기타 선박의 운항으로 인하여 선주 등이 부담하여야 하는 책임과 비용을 담보하는 보험이다(선주상호보험법 제3조 참조).

2. 보험기간에 의한 분류

1) 항해보험

항해보험은 항해를 보험기간으로 하는 보험으로서(제699조 참조), 적하보험에 많이

---

1) 최기원(하) 736면.

이용된다. 적하보험에서의 항해보험은 본래 선적항에서 양륙항까지의 위험을 담보하는 것이지만, 실제로는 운송을 개시한 때로부터 목적지에서 화물을 인도할 때까지를 보험기간으로 한다.

2) 정시보험(기간보험)

정시보험은 일정한 기간을 보험기간으로 하는 보험으로서, 선박보험에 많이 이용된다.

3) 혼합보험

혼합보험은 일정한 기간(1년 또는 6개월 등)과 항해를 보험기간으로 하는 보험으로서, 주로 선박보험에 이용된다.

Ⅲ. 해상보험계약에 관한 특칙

1. 해상보험증권의 기재사항

해상보험증권의 기재사항에 관하여는 상법 제666조에 규정한 손해보험증권의 일반적 기재사항 이외에도 ① 선박보험에 있어서는 선박의 명칭·국적과 종류 및 항해의 범위, ② 적하보험에 있어서는 선박의 명칭·국적과 종류, 선적항, 양륙항 및 출하지와 도착지를 정한 때에는 그 지명, ③ 보험가액을 정한 때에는 그 가액을 기재하여야 한다(제695조).

2. 보험의 목적

해상보험계약에 있어 보험의 목적은 선박(제696조)·적하(제697조)·희망이익(제698조)·운임(제706조 제1호)·선비 등이다. 운송용구인 선박이 보험의 목적이 된다는 점에서 운송보험의 경우 운송물만이 목적이 되는 것(제688조)과 다르다. 선박인 이상 영리선(제740조)뿐만 아니라 국공유선·건조중인 선박(제790조)도 보험의 목적이 될 수 있다. 적하는 운송물을 말하는데, 저하(底荷) 기타 항해시의 소모품 등은 이에 포함되지 않는다. 또한 항해와 관련하여 생긴 인적 손해를 담보하는 것은 상해보험에 속하므로 여객은 해상보험의 목적이 될 수 없다.

3. 보험사고

1) 해상보험계약에서의 보험사고는 해상사업에 관하여 생기는 모든 사고이다(포괄책임주의)(제693조). 즉, 항해 특유의 사고(예컨대, 침몰 · 좌초 · 충돌 등)뿐만 아니라, 항해와 관련하여 생길 수 있는 모든 사고(예컨대, 화재 · 도난 · 폭발 · 투하 · 선적의 불안전 · 선원의 불법행위 등), 기타 부두 또는 하치장에서의 하역 중의 사고를 포함하여 항해를 선후한 내수 또는 육상에서의 사고를 포함한다.

2) 항해 중 여객 또는 선원 등의 생명 · 신체에 생긴 사고는 해상사업에 관한 사고에 해당되지 않는다. 이러한 보험사고는 약관에 의하여 그 범위를 확장하거나 특정사고를 보험사고에서 제외하는 것은 가능하다.

3) 특히 컨테이너 운송의 발달로 복합운송으로 인한 문전에서 문전으로(door to door)의 운송이 보편화됨으로써 적하보험의 당사자간의 특약에 의하여 보험증권에 기재된 선적지의 송하인의 주소지로부터 최종목적지에서 수하인의 주소지까지의 모든 위험을 담보하기도 한다. 반대로 보험사고를 '해상고유의 위험'(perils of the seas)으로[1] 한정할 수도 있다.[2]

4) 해상보험에서는 보험계약자 등의 불이익변경금지의 원칙도 적용되지 않는다(제663조 단서).

5) 적하보험에서 그 적하를 실은 선박이 압류되어 법원의 명령에 따라 경매에 붙여지게 되어 적하를 매각함으로써 손해를 입은 경우는, 해상 고유의 위험으로 인한 손해라 할 수 없다.[3]

4. 보험기간

해상보험에서 기간보험의 경우에는 보험기간이 일정하게 정하여져 있어서 문제가 없으나, 항해보험의 형식을 취하는 선박보험 · 적하보험 및 희망이익보험에 관하여는 보험기간의 시기와 종기가 언제인가가 분명하지 않은 경우가 많다. 따라서 실제로는 약관에 의하여 특별한 규제를 하고 있지만, 상법은 다음과 같은 특별규정을 두고 있다.

---

1) 대법원 1998. 5. 15. 96다27773.
2) 대법원 2001. 5. 15. 99다26221: 영국 해상보험법 및 관습에 의하면 보험 목적에 생긴 손해가 해상 고유 위험으로 인하여 발생하였다는 점에 대한 증명책임은 피보험자에게 있다.
3) 서울고등법원 1980. 8. 19. 77나340; 양승규, 판례교재, 271면.

1) 선박보험의 경우

항해단위로 선박을 보험에 붙인 경우에는 보험기간은 화물 또는 저하의 선적에 착수한 때에 개시하고(제699조 제1항), 화물 또는 저하의 선적에 착수한 후에 보험계약이 체결된 때에는 계약이 성립한 때에 개시한다(제669조 제3항). 이 경우 보험기간은 도착항에서 화물 또는 저하를 양륙한 때에 종료한다(제700조 본문). 그러나 불가항력으로 인하지 아니하고 양륙이 지연된 때에는 그 양륙이 보통 종료될 때에 종료된 것으로 한다(제700조 단서). 또 보험자의 동의없이 선박을 양도한 때, 선박의 선급을 변경한 때 및 선박을 새로운 관리로 옮긴 때에는 보험계약은 종료한다(제703조의 2).

◖ 대법원 2004. 11. 11. 2003다30807
조업허가를 목적으로 허위의 선박매매계약서를 작성하였다는 사정은 선박보험계약 종료사유로 규정한 상법 제703조의 2 제1호의 선박의 양도에 해당하지 않는다.

☞ 특별한 사정이 없는 한 조업허가를 얻기 위한 목적으로 허위의 매매계약서를 작성하였다는 점만으로는 보험계약상 중대한 위험의 변경이 발생한다고 보기는 어렵다는 점에 비추어 그와 같은 경우를 상법 제703조의 2 제1호의 "선박을 양도할 때"에 해당한다고 새길 수는 없다.

2) 적하보험의 경우

적하를 보험에 붙인 경우(적하의 도착으로 인하여 얻을 이익 또는 보수를 보험에 붙인 경우에도 같다)에는 보험기간은 그 화물의 선적에 착수한 때에 개시하나(제699조 제2항 본문), 당사자가 출하지를 따로 정한 경우에는 그 곳에서 운송에 착수한 때에 개시한다(제699조 제2항 단서).

보험계약이 화물 또는 저하의 선적에 착수한 후에 체결되었다면 계약성립시에 보험기간이 개시한다(제699조 제3항). 이 경우 보험기간은 양륙항 또는 도착지에서 화물을 인도한 때에 종료한다(제700조 본문). 그러나 불가항력으로 인하지 아니하고 양륙이 지연된 때에는 그 양륙이 보통 종료될 때에 종료된 것으로 한다(제700조 단서).

◖ 대법원 1988. 9. 27. 84다카1639 · 1640
해상적하보험계약상 보험기간의 종기에 관한 판결

☞ 해상적하보험계약상의 보험기간의 종기에 관하여 원심판결을 위배하여 사실을 오인한 위법이 있다. … 관세법의 규정에 따라 설정한 자가보세장치장은 보세구역으로서 세관장의 엄격한 관리 감독을 받는 것은 사실이나, 자가보세장치장에 반입된 물품은 화주

의 지배하에 있고 그 보관책임도 화주에게 있으며 다만 관세확보라는 관세행정목적의 범위 내에서 세관장의 감독을 받는 데 불과하므로 그 물품은 이미 화주에게 인도된 것으로 보아야 한다.

3) 희망이익보험

희망이익은 독립하여 보험에 붙이는 것이 아니라 적하보험과 함께 취급된다. 따라서 희망이익보험의 보험기간의 개시와 종료시기는 적하보험의 그것과 같다.

5. 보험가액

1) 기평가보험

보험가액은 기평가보험의 경우에는 원칙적으로 그 가액으로 한다(제670조).

2) 미평가보험

당사자간에 보험가액을 정하지 아니한 때에는 사고발생시의 가액을 보험가액으로 하지만(제671조), 해상보험의 경우에도 미평가보험의 경우에는 보험가액의 산정이 어렵기 때문에 보험가액불변경주의의 특칙을 두고 있다.

(1) 선박보험에서는 '보험자의 책임이 개시될 때의 선박의 가액'으로 한다(제696조 제1항). 이 경우 선박의 속구・연료・양식 기타 항해에 필요한 모든 물건은 보험의 목적에 포함된 것으로 한다(제696조 제2항). 보험자의 책임이 개시될 때란, 기간보험의 경우에는 보험계약에서 정한 보험기간의 시기이고, 항해보험의 경우에는 화물 또는 저하의 선적에 착수한 때이다. 평가장소는 보험자의 책임이 개시될 때 그 선박이 존재하는 장소이다.[1)]

(2) 적하보험에서는 선적한 때와 곳의 적하의 가액과 선적 및 보험에 관한 비용을 보험가액으로 한다(제697조). 선적비용은 포장비・통관수수료・관세 등을 말한다.

(3) 희망이익보험에서는 보험가액의 협정이 없으면 '보험금액'을 보험가액으로 한 것으로 추정한다(제698조). 희망이익만의 보험은 이용되지 않고, 적하보험에 부수하여 적하가액의 일정비율을 가산하여 부보하는 것이 보통이다.

---

1) 손주찬(하) 620면.

6. 보험자의 손해보상의무

1) 손해보상의 범위

보험자는 해상사업에 관한 사고로 인하여 생기는 모든 손해를 보상하는 것이 원칙인데(제693조), 특히 다음과 같은 경우가 문제된다.

(1) 공동해손으로 인한 손해

(i) 보험자는 피보험자가 지급할 공동해손의 분담액을 보상하여야 한다(제694조 본문). 공동해손처분이 있는 경우(제865조) 선박 또는 적하의 이해관계인이 공동해손분담의무를 부담하는데(제866조), 이 자체가 하나의 손해이므로 이 손해를 보험에 붙일 수 있으나, 이러한 보험은 성질상 책임보험에 속하는 것이므로(제719조 참조) 이것이 선박보험이나 적하보험에서 담보되는지는 불분명하다. 따라서 상법은 이 점을 명백히 하여 공동해손분담액도 경제적으로는 선박 또는 적하 그 자체의 가치가 감손된 것으로 파악하도록 하였다.

(ii) 보험의 목적의 공동해손분담가액이 보험가액을 초과할 때에는 그 초과액에 대한 분담액은 보상하지 아니한다(제694조 단서). 공동해손에 있어서는 선박 또는 적하의 가액계산은 선박의 도달 또는 적하의 양륙의 때와 곳의 가액에 의하지만(제867조), 보험금액은 책임개시시(제696조) 또는 선적의 때와 곳의 가액(제697조)에 의하므로 이와 같은 문제가 생길 수 있다.

(iii) 공동해손처분 그 자체로 인하여 보험의 목적이 손해를 입은 경우(예컨대 선장의 처분행위로 인하여 목적이 멸실된 경우) 보험자는 그 손해의 전액을 기준으로 보상하여야 하며, 이 경우 보험자는 피보험자의 제3자에 대한 공동해손분담청구권을 취득한다(제682조 제1항)(보험자대위).

(2) 충돌로 인한 손해

선박의 충돌로 인하여 보험의 목적에 생긴 손해는 당연히 보험자가 책임을 진다. 그러나 선박의 충돌로 인하여 생긴 타인에 대한 손해배상의무는 선박자체에 생긴 손해가 아니고, 간접손해로서 책임보험의 대상이므로 선박보험에서 당연히 담보되는 것은 아니고, '충돌약관'이 있는 경우에 한하여 보험자가 보상의무를 부담한다고 본다. 실무계에서도 그렇게 처리하고 있다.

(3) 구조료의 보상

보험자는 피보험자가 보험사고로 인하여 발생하는 손해를 방지하기 위하여 지급할 구조료(salvage charge)를 보상할 책임이 있다(제694조의 2 본문). 그러나 보험의 목적물의 구조료분담가액이 보험가액을 초과할 때에는 그 초과액에 대한 분담액은 보상하지 아니한다(제694조의 2 단서).

(4) 특별비용의 보상

보험자는 보험의 목적의 안전이나 보존(적하의 보관·건조·포장 등)을 위하여 지급할 특별비용을 보험금액의 한도 내에서 보상할 책임이 있다(제694조의 3). 이는 손해방지·경감비용의 성질을 가진 것으로서, 제694조의 3은 제680조 제1항 단서에 대한 특칙이라 할 수 있다.

2) 면책사유

(1) 법정면책

보험자는 손해보험계약 일반의 면책사유(제659조·제660조·제678조)에 따라 책임을 면함은 물론, 다음의 손해 또는 비용에 대해서도 보상책임이 없다.

(가) 감항능력의 결여로 인한 손해

선박보험 또는 운임보험의 경우에 발항 당시 안전하게 항해를 하기에 필요한 준비를 하지 아니하거나(제794조 참조),[1] 필요한 서류를 비치하지 아니하므로 인하여 생긴 손해(제706조 제1호)에 대하여는 보험자가 보상할 책임이 없다. 이것은 항해보험이든 기간보험이든 불문하며, 감항능력의 흠결에 대한 보험계약자 또는 피보험자의 과실유무를 불문한다. 필요한 서류를 비치하지 아니하므로 인하여 생긴 손해란, 필요한 서류를 비치하지 아니하여 선박이 압류 또는 포획되거나 운임을 받지 못하게 된 경우 등을 말한다. 이 규정은 적하보험에는 적용되지 않는다.[2] 그러나 감항능력 주의의무 의무위반과 손해 사이에 인과관계가 없는 경우에는 보험자는 면책되지 아니한다.[3]

(나) 용선자·송하인·수하인의 고의·중과실로 인한 손해

적하보험의 경우에 보험의 목적을 관리하는 지위에 있는 용선자·송하인 또는 수

1) 대법원 2014. 5. 29. 2013다1754; 동 1996. 10. 11. 94다60332(영국 해상보험법상 감항증명서는 매 항해시마다 발급받아야 한다).

2) 대법원 1986. 11. 25. 85다카2578.

3) 대법원 1995. 9. 29. 93다53078: 선박보험에서 발항 당시 감항능력이 결여된 경우에도, 그것과 손해발생 사이에 인과관계가 있어야 보험자는 면책된다. 다만 불이익변경금지원칙(제663조 본문)이 해상보험에는 적용되지 않으므로, 해상보험약관으로 이와 달리 정하더라도, 그 약관은 유효하다.

하인의 고의·중과실로 인하여 생긴 손해(제706조 제2호, 제692조)에 대하여도 보험자는 보상할 책임이 없다. 해상적하보험계약에서 용선자와 송하인 또는 수하인은 보험계약자 또는 피보험자는 아니지만, 용선자와 송하인은 해상물건운송계약의 당사자이고 수하인은 운송물을 수령할 권리를 가지는 자이다. 그러므로 이들의 고의 또는 중대한 과실로 생긴 손해는 보험계약자 등의 고의 또는 중대한 과실로 생긴 보험사고와 같이 볼 수 있다. 따라서 상법은 그 사고로 인한 손해를 보험자의 면책사유로 하고 있다.[1] 희망이익보험은 적하보험과 결합하여 계약이 체결되는 것이 보통이므로 적하보험의 면책사유는 희망이익보험에 동일하게 적용된다.

(다) 도선료 기타 항해 중의 통상비용

도선료·입항료·등대료·검역료 기타 선박 또는 적하에 관한 항해중의 통상비용(제706조 제3호)은 항해에 관하여 당연히 지출이 예상되는 비용으로서, 우연한 사고로 인한 손해라고 할 수 없고, 따라서 보험자가 책임을 지지 않는다.

(라) 소해손면책

소해손면책(franchise)이란 보험사고로 인하여 생긴 손해가 보험가액의 일정한 비율 또는 일정한 금액 이하의 손해인 경우 보험자가 보상책임을 지지 않는 것을 말한다. 그 일정한 한도액을 공제하고 초과하는 부분에 대하여만 보상책임을 지는 것을 공제소손해면책(deductible franchise) 또는 공제손해(deductible average)라 한다. 이는 소액손해의 계산을 위한 비용과 시간의 낭비를 막고 손해를 유발하려는 도덕적 위험을 방지하기 위한 것이다.

(2) 약관에 의한 책임한정

항해에 관한 사고가 광범하기 때문에 실제로는 약관에 의하여 보상책임의 범위를 규정한다.

(가) 전손만의 담보

전손만의 담보(total loss only, T.L.O.; free of all average, F.A.A.)는 보험의 목적의 전손 및 이에 준할 보험위부(保險委付)의 경우에만 보상책임을 부담한다. 따라서 단독해손·공동해손·손해방지비용 기타 전손 이외의 모든 손해와 비용에 대하여는 책임을 지지 않기로 하는 약관이다.

(나) 분손불담보

분손부담보(free from particular average, F.P.A.)는 전손 이외에는 원칙으로 공동해손

---

1) 양승규(보) 319면.

(제865조)만에 의해서 보상책임을 부담하고, 선박 또는 적하 중 어느 일방에만 생긴 단독해손에 대하여는 원칙적으로 보상책임을 지지 않으나, 선박의 침몰·화재·좌초·충돌로 인한 손해에 대하여는 단독해손이라도 책임을 지도록 한 약관이다.

(다) 분손담보

분손담보(with average, W.A.)는 상법과 약관에 의한 면책사유에 속하는 손해 이외의 모든 손해에 대하여 보상책임을 부담하는 약관이다.

(라) 이 밖에도 보험증권에 의하여 영국 해상보험법상 담보특약(warranty : 보험계약상의 권리주장을 위하여 절대적으로 지켜야 하는 전제조건[1]) 위반으로 보험자가 면책되는 경우가 흔히 있다.

담보특약 위반으로 보험자의 면책을 인정한 사례

(i) 대법원 1995. 9. 29. 93다53078 : 어선보통공제약관에서 "공제목적인 어선이 발항 당시 통상의 해상위험을 감내할 수 있을 정도로 적합한 상태에 있을 것을 조건으로 하여 공제계약의 청약을 승낙하여 보상책임을 부담합니다"라고 규정하고 있는 경우, 이는 감항능력의 결여를 상법 제706조처럼 손해발생과 인과관계를 요하는 면책사유로 규정한 것이 아니라, 선박이 감항능력을 갖추고 있을 것을 조건으로 보험자가 해상보험을 인수한다는 취지임이 문언상 명백하므로, 보험사고가 그 조건의 결여 이후에 발생한 경우에는 보험자가 조건결여의 사실, 즉 발항 당시의 불감항사실만을 증명하면 그 조건의 결여와 손해발생(보험사고) 사이의 인과관계를 증명할 필요없이 보험금지급책임을 부담하지 않게 된다.

(ii) 대법원 1996. 3. 8. 95다28779 : 적하보험계약의 영국법준거약관에 의하여 이 사건에 적용될 1906년 영국 해상보험법 제33조 및 제35조에 의하면, 이 사건 적하보험계약에 적용하기로 한 위 특별어획물 약관 제4조 소정의 어선에서 본사에 일일어획량을 보고하여야 할 담보는 영국해상보험법 제35조 소정의 명시적 담보에 해당하고, 이 사건 선박에서 원고회사 본사에 일일어획량이 보고되지 아니한 이상, 원고회사는 위 명시적 담보를 충족하지 못하였다고 할 것이므로 결국 피고는 영국해상보험법 제33조 제3항에 의하여 면책된다.

(iii) 대법원 1996. 10. 11. 94다60332 : 영국 해상보험법이 적용되는 보험증권에 감항증명서발급을 담보한다는 명시적 규정이 있는 경우 부보선박이 특정항해에 있어서 감항성을 갖추고 있음을 인정하는 감항증명서는 매 항해시마다 발급받아야 위 담보조건을 충족한다. ··· 담보특약위반이 있는 경우 설사 보험사고가 담보특약위반과 아무런 관계없이 발생하였다고 하더라도 보험자는 보험증권에 명시적 규정이 있는 경우를 제외하고 자동적으로 그 담보위반일을 소급하여 보험계약상의 일체의 책임을 면한다. ··· 보험자가 피보험자의 담보특약위반 사실을 안 직후 해지하지 않았다고 해서 담보특약위반에 대한 권리를 포기하였다고 볼 수는 없다. 또한 보험자가 담보특약위반 사실을 알면서도 보험료를 수령하였다고 해서 권리를 포기한 것으로 볼 수 없다.

---

1) MIA 제33조 제1항 참조. 김성태(보) 564면 참조.

3) 보상액의 산정

(1) 선박의 전손 또는 분손의 경우

(가) 전손의 경우

(i) 전손이란 피보험이익의 전부의 멸실 또는 그 종래의 용법에 따른 경제적 가치가 소멸한 것을 말한다. 따라서 잔존물이 어느 정도의 금전적 가치를 지니고 있더라도 전손으로 된다. 전손에는 현실전손(actual total loss)과 추정전손(constructive total loss)이 있다. 분손(partial loss)은 전손에 이르지 아니한 손해이다.

현실전손과 추정전손

◖ 대법원 1989. 9. 12. 87다카3070
선박의 좌초와 약탈은 단일사고에 해당한다

☞ 선박보험약관상 추정전손 여부를 결정함에 있어서 단일사고로 인한 비용 또는 같은 사고에서 야기되는 일련의 손해로 인한 비용만을 고려하도록 규정한 단일사고(Single Accident)규정은 보험목적물에 대한 전손만의 보험에 가입한 자가 어떤 보험사고로 손상을 입고도 이를 수리하지 아니하고 있다가 후의 보험사고로 입은 손해와 합하여 추정전손을 주장하지 못하도록 하기 위한 데에서 발단된 것이고, 근인(Proximate Cause)의 원칙은 어떤 특정보험사고(담보위험)와 손해 사이의 인과관계에 관한 문제로서 수개의 보험사고를 한데 묶어 단일사고로 볼 수 있느냐의 문제와는 반드시 같다고 할 수 없고 오히려 단일사고의 문제는 각 손해와 보험사고 사이의 근인의 존재를 전제로 한 다음 단계의 문제이다. … 선박좌초 후 선원의 이선으로 인해 원주민이 선박을 약탈한 경우 원주민의 약탈은 선행의 주된 보험사고라 할 수 있는 좌초의 기회에, 좌초에 기인하여 발생한 것이라는 점에서 좌초와 약탈은 단일사고, 특히 이 사건 보험약관 제12.2조 후단의 동일한 사고로부터 생기는 일련의 손해(Sequence of damages arising from the same accident)에 해당한다.

◖ 대법원 1991. 5. 14. 90다카25314
영국해상보험법상 화물이 선박과 함께 행방불명된 경우에는 현실전손으로 추정된다

☞ 영국해상보험법 및 영국법원의 판례에 의하면 열거책임주의가 적용되는 분손부담보 조건의 적하보험계약에 있어서 피보험자가 보험자로부터 손해를 전보받기 위하여는 손해가 보험증권상에 열거된 부보위험으로 인하여 발생하였다는 적극적 사실을 증명하여야 함이 일반적인 원칙이기는 하나, 화물이 선박과 함께 행방불명된 경우에는 현실전손으로 추정되고(영국해상보험법 제58조), 그 현실전손은 일응 부보위험인 해상위험으로 인한 것으로 추정되어 보험자는 전보책임을 면할 수 없는 것이며, 부보위험으로 인한 손해라는 추정은 보험자가 부보위험이 아닌 다른 위험 내지 면책위험으로 인한 것일 가능성이 있음을 주장하고 그 가능성이 보다 우월하거나 동일함을 증명하는 경우에 한하여 깨어지는 것이라고 할 것이다.

(ⅱ) 선박전손의 경우에는 보험금액 전액을 보상하여야 한다.[1] 그 외에 손해산정비용(제676조 제2항),[2] 손해방지 · 경감비용(제680조 제1항 단서) 등도 포함한다. 선박의 존부가 2개월간 분명하지 아니한 때에는 그 선박은 행방불명으로 하고, 전손으로 추정한다(제711조). 선박이 행방불명인 경우에는 적하도 전손으로 보아야 할 것이다.

(ⅲ) 적하가 전손된 경우에는 보험금액 전액을 보상하여야 한다. 적하가 훼손되어 양륙항에 도착한 때에는, 보험자는 그 적하가 도착항에서 가지는 훼손된 상태의 가액과 훼손되지 않은 상태의 가액과의 비율에 따라 보험가액의 일부를 보상하여야 한다(제708조). 적하 일부의 훼손뿐 아니라 적하의 일부멸실, 중량 · 수량의 감소의 경우도 같다.

(나) 분손의 경우

보험사고로 피보험이익의 일부가 멸실한 분손의 경우에는 보험액의 산정이 어려우므로 상법은 이에 관한 특별규정을 두고 있다.

(ⅰ) 선박분손 : ① 선박의 일부가 훼손되어 그 훼손된 부분의 전부를 수선한 경우에는 보험자는 수선에 따른 비용을 1회의 사고에 대하여 보험금액을 한도로 보상할 책임이 있다(제707조의 2 제1항). 보험기간 중 수회의 사고가 발생하면 각각 이와 같은 기준에 의하여 보상하여야 하고, 이 경우 각 보상액의 합계가 보험금액을 초과할 수도 있다. ② 선박의 일부가 훼손되어 그 훼손된 부분의 일부를 수선한 경우에는 보험자는 수선에 따른 비용과 수선을 하지 아니함으로써 생긴 감가액을 보상할 책임이 있다(제707조의 2 제2항). ③ 선박의 일부가 훼손되었으나 이를 수선하지 아니한 경우에는 보험자는 그로 인한 감가액을 보상할 책임이 있다(제707조의 2 제3항).

(ⅱ) 적하의 분손 : 보험의 목적인 적하가 훼손되어 양륙항에 도착한 때에는 보험자는 그 훼손된 상태의 가액과 훼손되지 아니한 상태의 가액과의 비율에 따라 보험가액의 일부에 대한 손해를 보상할 책임이 있다(제708조). 보험가액의 일부를 보험에 붙인 경우에는 보험자는 보험금액의 보험가액에 대한 비율에 따라 보상할 책임을 진다(제674조). 상법은 적하가 훼손된 경우만을 규정하고 있으나, 적하의 일부의 멸실로 수량이나 중량이 감소된 경우에도 동일하게 처리하여야 한다.

(ⅲ) 운임의 분손 : 운송물의 전부 또는 일부가 송하인의 책임없는 사유로 인하여 멸실한 때에는 운송인은 그 운임을 청구하지 못하며(제815조, 제134조 제1항), 선박의

---

1) 대법원 1991. 5. 14. 90다카25314.

2) 다만, 보험자가 보험금 지급 범위를 확인하기 위하여 비용을 지출한 경우, 보험계약자 또는 피보험자를 대위하여 가해자를 상대로 그 비용 상당의 손해배상을 구할 수는 없다.: 대법원2013. 10. 24. 2011다13838.

침몰 또는 멸실 등으로 운송계약이 종료하거나 법정사유로 운송계약이 해지된 때에는 운송의 비율에 따라 현존하는 운송물의 가액의 한도에서 운임을 청구할 수 있다(제810조 제2항, 제811조 제2항). 따라서 이 경우에는 해상운송인은 운임의 일부만을 받을 수 있게 되어 운임의 분손이 생긴다. 운임의 분손이 있는 경우 보험자는 피보험자가 상실한 운임총액에 대한 비율에 따라 보상을 하여야 한다.

(2) 적하를 매각한 경우

항해 도중에 불가항력에 의하여 적하를 매각한 때에는 보험자는 그 대금에서 운임 기타의 필요한 비용을 공제한 금액과 보험가액과의 차액을 보상하여야 한다(제709조 제1항). 이것은 불가항력으로 인하여 적하를 매각한 경우에 적하의 훼손으로 인한 손해와 다름없기 때문에 취하여진 조치이다. 그러나 그 적하의 매수인이 대금을 지급하지 아니한 때에는 보험자는 그 대금을 지급하여야 하고, 피보험자의 매수인에 대한 권리를 취득한다(제709조 제2항).

7. 보험계약의 변경

일반적으로 보험관계에서 위험의 변경증가 등의 사정이 있으면 보험자는 보험관계를 변경하거나 소멸시킬 수 있는데(제652조, 제653조), 상법은 해상보험의 특성을 고려하여 이에 관한 특칙을 두고 있다.

1) 항해의 변경

(1) 항해의 변경, 즉 발항항 또는 도착항 또는 양자를 변경한 경우에는 보험자는 책임을 지지 않는다(제701조 제1항 · 제2항). 이때 보험계약자나 피보험자 등에게 귀책사유가 있는지 여부는 묻지 않는다.

(2) 보험자의 책임개시 후라면 보험계약에서 정하여진 도착항이 변경된 경우에는 보험자는 그 항해의 변경이 결정된 때부터 책임을 지지 아니한다(제701조 제3항). 이 경우 보험계약자 등의 책임없는 사유(예컨대 전쟁이나 항구의 봉쇄 등)로 도착항을 변경한 때에는 보험자는 변경 후의 사고에 대하여도 보상책임을 져야 한다.

2) 항로의 변경

선박이 정당한 사유(예컨대, 인명구조, 불가항력, 항해사고 등) 없이 보험계약에서 정하여진 항로를 이탈한 경우에는 보험자는 그때부터 책임을 지지 아니한다(제701조의 2

제1문). 선박이 손해발생 전에 원항로를 돌아온 경우에도 같다(제701조의 2 제2문).

3) 항해지체

피보험자가 정당한 사유(예컨대, 불가항력, 선적항의 파업 등) 없이 발항 또는 항해를 지연한 때에는 보험자는 발항 또는 항해를 지체한 이후의 사고에 대하여 책임을 지지 아니한다(제702조). 위험이 증가하였는지는 묻지 않는다. 발항의 지연은 선적항(적하보험의 경우) 또는 시발항(선박보험의 경우)에서의 출항의 지연을 말하고, 항해의 지연이라 함은 중간항에서의 출항의 지체를 말한다.

4) 선박의 변경

적하보험에서 선박을 변경한 경우에 그 변경이 보험계약자 또는 피보험자의 책임 있는 사유로 인한 경우에는 보험자는 그 변경 후의 사고에 대하여 책임을 지지 아니한다(제703조). 보험자의 책임개시전후는 묻지 않는다.

또한 선박보험의 경우 보험자의 동의없이 선박을 양도한 때,[1] 선박의 선급을 변경한 때, 선박을 새로운 관리로 옮긴 때에는 보험계약은 종료한다(제703조의 2).

Ⅳ. 예정보험계약

1. 예정보험계약의 의의

예정보험(floating insurance, open policy, laufende Versicherung)계약이란 보험증권에 기재할 보험계약의 내용의 일부, 예컨대 화물을 적재할 선박, 적하의 종류, 보험금액 등이 계약체결 당시에 확정되어 있지 않은 보험계약을 말한다. 이에 대하여 보험계약의 내용이 전부 확정된 것을 확정보험계약이라 한다.

예정보험계약은 계약 자체는 성립한 것이므로 '보험계약의 예약'과는 구별된다.

예정보험계약은 다른 종류의 보험계약에도 있을 수 있으나, 특히 적하보험에서 적하의 수량 · 보험금액 또는 적재할 선박 등이 미정인 경우에 많이 이용되며, 해상재보험에서도 이용된다.

---

1) 대법원 2004. 11. 11. 2003다30807: 조업허가를 목적으로 허위의 선박매매계약서를 작성하였다는 사정은 선박보험계약 종료사유로 규정한 상법 제703조의 2 제1호의 선박의 양도에 해당하지 않는다.

2. 예정보험계약의 종류

예정보험계약에는 개개의 보험의 목적에 대하여 체결하는 개별적 예정보험계약과, 일정한 표준에 따라서 정하여지는 다수의 목적에 대하여 포괄적으로 체결하는 포괄적(계속적) 예정보험계약이 있다. 예컨대, 포괄적 예정보험계약은 일정한 기간 내에 적출한 화물을 일정한 조건하에 포괄적·계속적으로 보험의 목적으로 하는 경우에 체결한다.

3. 선박미확정의 적하예정보험

1) 의 의

선박미확정의 적하예정보험(Versicherung unbestimmter Schiffe)이란 적하보험계약에서 보험계약체결 당시에 화물을 적재할 선박이 아직 확정되지 아니한 예정보험이다.

2) 입법취지

선박미확정의 예정보험은 보험계약체결지와 선적지가 다른 경우 또는 보험계약체결시와 선적시가 다른 경우 무보험상태를 피하기 위하여 주로 이용된다.

3) 계약의 효과

(1) 통지의무

선박미확정의 적하예정보험에 있어서 보험계약의 체결 당시에 화물을 적재할 선박을 지정하지 아니한 경우에, 보험계약자 또는 피보험자가 그 화물이 선적되었음을 안 때에는 지체없이 보험자에 대하여 그 선박의 명칭, 국적과 화물의 종류, 수량과 가액의 통지를 발송하여야 한다(제704조 제1항). 이 통지의무는 계약성립 후에 부담하는 의무이기는 하지만 이를 위반한 경우 손해배상책임을 지는 것은 아니므로 간접의무라고 할 수 있다.[1)]

(2) 통지의무 해태의 효과

만약 보험계약자 등이 통지의무를 해태한 때에는 보험자는 그 사실을 안 날로부터 1월 내에 계약을 해지할 수 있다(제704조 제2항).[2)] 계약의 해지는 보험사고의 발생

1) 양승규(보) 296면; 이기수(보·해) 178면; 정찬형(하) 692면; 김성태(보) 559면.

2) 대법원 1966. 1. 25. 64다53: "선박미확정의 적하해상보험계약에서 화물을 철선에 실을 것을 전

전후를 불문한다.

Ⅴ. 보험위부

1. 보험위부의 의의

1) 보험위부(保險委付, Abandon, abandonment)란 보험의 목적이 전부 멸실한 것과 동일시할 일정한 경우에 피보험자가 보험의 목적에 관한 자기의 모든 권리를 보험자에게 양도하고, 보험자에 대하여 보험금액의 전부를 청구하는 것을 말한다(제710조·제718조).

2) 해상보험에 있어서는 해상기업의 특수성으로 인하여 손해의 증명이 어려운 때, 예컨대 거의 전손과 동일시할 만한 정도의 손해가 생기거나 전손으로 추측되나 그 증명이 곤란한 경우가 있다. 이런 경우에는 법률상 전손과 같이 취급하여 보험금액의 전액을 청구할 수 있게 할 필요가 생긴다. 따라서 보험위부는 손해의 발생사실의 증명이나 손해액의 산정절차를 생략함으로써 보험관계자간의 계산관계를 신속·간편하게 처리하게 하는 해상보험 특유의 제도로서 16세기경부터 발달해 왔다고 한다.

2. 보험위부의 법적 성질

보험위부는 불요식 단독행위이고 위부권은 일종의 형성권이라고 보는 데 이론이 없다. 따라서 위부권을 행사함에는 보험자의 승낙을 필요로 하지 아니하나 피보험자도 위부 후에는 임의로 이를 철회하지 못한다(통설).

3. 보험위부의 성립요건

1) 실질적 요건(위부의 원인)

상법은 보험위부를 할 수 있는 경우를 열거하고 있다(제710조). 이 규정은 강행법규가 아니므로 약관으로 이를 제한할 수 있다.

제로 하여 이를 기준으로 한 보험요율에 의하여 보험료를 지급한 경우에 그 화물을 목선에 적재한 때에는 선적 전에 보험자에게 통고하고 목선에 해당하는 추가보험료를 지급하여야만 그 보험계약이 유효하게 존속되는 것이다." 이 판례에 대하여 적하예정보험의 본질을 그르친 것이라는 비판이 있다(양승규(보) 297면 주 11 참조).

(1) 선박 · 적하의 점유상실

(i) 피보험자가 보험사고로 인하여 자기의 선박 또는 적하의 점유를 상실하여 이를 회복할 가능성이 없거나 회복하기 위한 비용이 회복하였을 때의 가액을 초과하리라고 예상될 경우 피보험자는 이를 위부할 수 있다(제710조 제1호). 점유상실의 원인은 묻지 않으므로, 예컨대 선박의 침몰, 선박 또는 적하가 적국 기타 유사단체에 포획되거나 관공서에 압수된 경우 등을 들 수 있다. 적하보험의 목적인 적하가 구조된 때에는 그 적하의 위부는 할 수 없다(제712조). 또한 선박 · 적하의 점유상실이 피보험자 · 용선자 · 송하인 · 수하인 등의 고의 · 중과실(제659조 제1항, 제706조 제2호) 또는 감항능력담보의무위반(제706조 제1호)으로 인한 경우에는 위부할 수 없다.

(ii) 선박이 실종되어 선박의 존부가 2개월간 분명하지 아니한 때에는 행방불명으로 하고, 전손으로 추정한다(제711조). 즉, 선박이 행방불명된 경우는 위부의 원인이 되는 것이 아니라 바로 전손으로 추정된다. 이 기간의 기산점은 사고의 발생시 또는 최후의 통신이 있었던 때이다.

(2) 선박의 수선불능

선박이 보험사고로 인하여 심하게 훼손되어 이를 수선하기 위한 비용이 수선하였을 때의 가액을 초과하리라고 예상될 경우 이를 위부할 수 있다(제710조 제2호). 수선비용의 계산에 있어서는 단일사고로 인한 비용 또는 같은 사고에서 야기되는 일련의 손해(좌초 후의 약탈 등)로 인한 비용을 기준으로 하고, 여러 번의 보험사고로 인한 분손에 대한 수선비용을 합산하여서는 안된다.[1] 이는 보험목적물에 대한 전손만의 보험에 가입한 자가 어떤 보험사고로 손상을 입고도 이를 수리하지 않고 있다가 후의 보험사고로 입은 손해와 합하여 추정전손을 주장하지 못하도록 하기 위한 것이다. 적하보험에서는 선박이 수선불능으로 되어도 선장이 지체없이 다른 선박으로 적하의 운송을 계속한 때에는 피보험자는 그 적하를 위부할 수 없다(제712조).

(3) 적하의 수선불능

적하가 보험사고로 인하여 심하게 훼손되어서 이를 수선하기 위한 비용과 그 적하를 목적지까지 운송하기 위한 비용과의 합계액이 도착하는 때의 적하의 가액을 초과하리라고 예상될 경우에도 피보험자는 이를 위부할 수 있다(제710조 제3호).

---

1) 대법원 1989. 9. 12. 87다카3070.

2) 형식적 요건(위부의 실행)

(1) 위부의 통지

(i) 피보험자가 위부를 하고자 할 때에는 상당한 기간 내에 보험자에 대하여 그 통지를 발송하여야 한다(제713조). 통지의 방식에는 제한이 없다. 따라서 서면 또는 구두로도 할 수 있고 보험의 목적물에 대한 피보험자의 피보험이익을 보험자에게 무조건으로 위부하는 피보험자의 의사표시로도 가능하다고 본다.[1] 위부권은 형성권이므로 위부의 통지가 보험자에게 도달된 다음에는 위부를 철회할 수 없다.[2]

(ii) 피보험자가 상당한 기간 내에 위부의 통지를 발송하지 않으면 위부권은 상실하게 되나, 손해액을 증명하고 청구할 수 있는 보험금액청구권까지 상실하는 것은 아니다.

(2) 위부의 단순성

(i) 위부는 무조건이어야 한다(제714조 제1항). 위부에 조건이나 기한을 붙이는 것은 당사자간의 법률관계를 신속·간명하게 처리하려는 위부제도의 취지에 반하기 때문이다. 따라서 기한 또는 조건을 붙일 수 없다.

(ii) 위부는 보험의 목적 전부에 대하여 하여야 한다(제714조 제2항 본문)(위부의 불가분성). 그러므로 보험의 목적의 일부만을 위부하고 남은 부분에 대하여는 손해배상을 청구할 수 없다. 그러나 위부의 원인이 일부에 대하여 생긴 때에는 그 부분에 대하여서만 위부를 할 수 있다(제714조 제2항 단서). 위부의 원인이 일부에 대하여 생긴 때란 보험증권상 선박과 적하 전부가 부보되어 있으나, 선박 또는 적하만에 위험이 발생한 때를 가리킨다.

(iii) 일부보험의 경우에는 보험금액의 보험가액에 대한 비율에 따라 위부할 수 있다(제714조 제3항). 이때는 그 목적물에 대하여 보험자와 피보험자가 공유관계에 있게 된다.

(3) 다른 보험계약 등에 관한 통지

피보험자가 위부를 할 때에는 보험자에 대하여 보험의 목적에 관한 다른 보험계약과 그 부담에 속한 채무의 유무와 그 종류 및 내용을 통지하여야 한다(제715조 제1항).

---

1) 대법원 2013. 9. 13. 2011다81190: 영국 해상보험법(Marine Insurance Act, 1906)상 위부에 대한 보험자의 묵시적 승인은 증거에 의하여 명백히 증명되어야 하며, 영국 해상보험법의 법리와 관습상 보험자 또는 피보험자가 구조작업에 착수한 것이 위부의 승인이나 포기로 해석될 수는 없다.
2) 양승규(보) 340면; 최기원(하) 748면.

이것은 보험자로 하여금 중복보험의 유무를 알게 하고, 또 담보물권자의 권이행사에 대비하게 하기 위한 것이다. 통지기간은 정하여져 있지 않으나, 보험자는 위의 통지를 받을 때까지 보험금액의 지급을 거부할 수 있다(제715조 제2항). 그리고 보험금액의 지급에 관한 기간의 약정이 있는 때에는 그 기간은 위의 통지를 받은 날로부터 기산한다(제715조 제3항).

4. 보험위부의 효과

1) 위부의 승인

위부의 통지가 보험자에게 도달하면 위부의 효과가 발생한다(형성권). 위부는 단독행위이므로, 보험자의 동의를 요하지 아니하고 효력을 발생한다. 위부에 대한 보험자의 승인이 있게 되는데, 보험자의 승인은 위부의 효력발생요건이 아니고 다만 위부의 원인에 대한 증명을 더 이상 요구하지 않는다는 뜻이다. 보험자가 위부를 승인한 때에는 피보험자는 위부의 원인을 증명할 필요가 없으며, 또 보험자는 후일 그 위부에 대하여 이의를 하지 못한다(제716조). 그러나 보험자는 이에 대하여 이의를 할 수 있으므로, 보험자가 위부를 승인하지 아니하는 때에는 피보험자는 위부의 원인을 증명하지 아니하면 보험금액의 지급을 청구하지 못한다(제717조).

2) 위부의 효과

(1) 직접적 효과

(ⅰ) 보험자는 보험의 목적에 관한 피보험자의 모든 권리를 취득한다(제718조 제1항). 보험자가 권리를 취득하는 것은 의사표시상의 직접적 효력이다. 위부에 의하여 피보험자의 권리가 보험자에게 이전되는 시기에 관하여 상법에 특별한 규정이 없으나, 위부의 의사표시가 보험자에게 도달한 때 그 권리가 이전한다고 본다. 보험자가 보험금액을 지급하였는가는 묻지 않는다.

(ⅱ) 보험자가 취득하는 권리의 내용은 보험목적의 잔존물에 대한 소유권 이외에 질권·저당권 기타의 물권을 포함한다는 점에는 이론이 없다. 그러나 제3자에 대한 권리, 예컨대 선박충돌로 인한 손해배상청구권 또는 공동해손분담청구권 등도 포함하느냐에 관하여는 견해가 대립되고 있다. 즉, 소극설은 "위부에 의하여 이전하는 권리는 보험의 목적 그 자체 위에 존재하는 권리에 한하고, 제3자에 대한 권리와 같이 보험의 목적에 관한 간접적인 권리의 이전은 따로 일반보험대위의 규정(제682조

제1항)의 효과로 해하는 것"이 타당하고, "따라서 제3자에 대한 권리의 이전은 보험자가 보험금을 지급한 때에 그 지급한 금액의 한도에서 발생하는 것으로 해하여야 할 것이다."(제682조 제1항 참조)라고 한다.[1] 그러나 적극설은 "보험위부의 제도는 원래 보험의 목적물을 보험자에게 넘기고 그 목적물에 관한 완전한 손해의 보상을 전손의 증명없이 받고자 하는 것이므로 보험의 목적물에 관한 직접의 권리뿐만 아니라 보험의 목적물의 당연한 보충물이라고 볼 수 있는 것(손해배상청구권. 그러나 구조료·운임청구권은 보충물이 아님)은 이전되는 권리에 포함된다."고 한다.[2] 적극설이 타당하다고 본다.

(iii) 보험의 목적에 부수하는 부담(예컨대, 저당권·우선특권이 있는 경우), 기타 사법상·공법상의 채무 [예컨대, 침몰선박제거의무(개질 제28조)]를 이행하는 데 들어가는 비용에 관하여는, 실무계에서는 약관으로 부담의 형평을 기하기 위하여 피보험자가 부담하는 것(보험금에서 공제)으로 정하고 있다.

(iv) 위부를 한 때에는 피보험자는 보험의 목적물에 관한 서류를 보험자에게 교부하여야 한다(제718조 제2항). 보험의 목적물에 관한 서류란 보험의 목적에 관한 권리관계를 알 수 있는 서류(예컨대, 선박국적증명서·등기증서, 담보권설정·임대차 등의 계약서 따위)를 말한다. 물론 서류교부의무는 위부의 효과일 뿐 요건이 아니므로 서류교부의 해태가 위부의 효력에 영향을 미치는 것은 아니다.

(2) 간접적 효과

피보험자가 위부를 한 때에는 그 간접적 효과로서 피보험자는 보험자에 내하여 보험금액의 전부를 청구할 수 있다(제710조). 위부의 원인이 보험의 목적의 일부에 대하여 생긴 경우에 위부를 한 때에는(제714조 제2항 단서) 그 부분에 대한 보험금액의 전부를 청구할 수 있다. 일부보험의 경우에는 보험금액의 보험가액에 대한 비율에 따라 청구할 수 있다(제714조 제3항).

1) 김용태(하) 73면; 채이식(Ⅳ) 180면.
2) 손주찬(하) 635면; 정찬형(하) 689면.

제 4 관 책임보험계약

Ⅰ. 서 설

1. 책임보험계약의 의의

1) 책임보험계약(contract of liability insurance, Haftpflichtversicherungsvertrag)이란 피보험자가 보험기간 중의 사고로 인하여 제3자에게 배상할 책임을 진 경우에, 보험자가 피보험자의 책임이행으로 인하여 생길 손해를 보상할 것을 목적으로 하는 보험계약을 말한다(제719조). 즉, 책임보험계약을 통해 피보험자는 자신이 질 손해배상책임을 보험자에게 전가하게 된다. 이와 같이 책임보험은 보험사고로 인하여 직접 입게 되는 재산상의 손해를 보상하는 것이 아니라, 피보험자가 제3자에 대한 손해배상책임을 짐으로써 입은 간접손해를 보상할 것을 목적으로 하는 것이 특색이다.

2) 책임보험에서의 책임은 민사책임만을 의미한다. 민사책임인 이상 법률상의 책임 [예컨대, 피용자의 재해에 대한 사용자의 보상책임(근기 제81조 이하)], 계약상의 책임, 불법행위 · 채무불이행으로 인한 손해배상책임, 보증인의 책임 등 무엇이나 책임보험의 대상이 된다. 형사책임은 그것이 벌금 · 과료 등 금전적 이익의 박탈을 목적으로 하는 경우라도 책임보험의 대상이 될 수 없는 것이 원칙이나, 일정한 한도 내에서 벌금 등 형사책임으로 인한 손해를 보상하는 경우도 있다.

2. 책임보험계약의 성질

책임보험계약은 피보험자가 제3자에 대한 손해배상책임을 이행함으로써 생긴 재산상의 손해, 이른바 간접손해를 보상하는 보험계약이므로(소극보험성) '손해보험계약'의 일종이며(손해보험성), 보험사고로 인하여 가치가 감소되는 것은 피보험자의 전 재산관계(구체적인 물건이 아니다.)이므로 재산보험의 일종이다(재산보험성).

3. 책임보험의 종류

책임보험은 (i) 그 객체에 따라 대인배상책임보험과 대물배상책임보험으로, (ii) 피보험자의 대상에 따라 영업책임보험(예컨대, 제조물책임보험, 승강기책임보험, 원자력

손해배상책임보험 등)·전문직업인책임보험(예컨대, 의사의 책임보험, 공인회계사책임보험, 이사의 책임보험 등)·개인책임보험(예컨대, 자가용 운전자의 책임보험)으로, (iii) 보험금액한도액의 유무에 따라 유한배상책임보험과 무한배상책임보험으로, (iv) 보험가입의 강제성 여부에 따라 임의책임보험(예컨대, 자동차종합보험·생산물책임보험·제조물책임보험 등)과 강제책임보험(예컨대, 자동차손해배상책임보험·산업재해보상보험·원지력손해배상책임보험 등)으로 나눌 수 있다.

4. 책임보험제도의 사회적 기능

1) 가해자의 자위수단

18세기 이후 기계문명의 급속한 발전으로 인류의 생활은 매우 편리하게 되었으나, 그 부작용으로 많은 재해가 발생하게 되었으니, 산업재해와 교통사고 등이 그 대표적인 것이다. 이때 발생한 손해는 많은 경우 그 금액이 대단히 커서 사고를 일으킨 자(가해자)가 그 손해배상책임을 이행하기 어려운 경우가 많고, 이행할 수 있다고 하더라도 이행 후에는 경제적 파탄으로 재기불능의 상황에 빠지는 경우도 있게 된다. 책임보험은 가해자가 위험부담을 보험자에게 전가시킴으로써 가해자의 자위수단이 된다.

2) 피해자의 구제수단

책임보험제도를 이용하면 가해자의 무자력으로 인하여 피해자가 충분한 보상을 받지 못하게 될 우려도 배제되므로 책임보험제도는 피해자의 손해배상청구권을 강화하는 수단이 된다.

Ⅱ. 책임보험계약의 특색

1. 보험의 목적

1) 일반손해보험은 특정물에 대한 직접·유형의 손해(예컨대, 가옥의 소실, 선박의 침몰)를 보상하는 데 대하여, 책임보험은 불특정의 전재산에 대한 간접·무형의 손해를 보상하는 것이다. 따라서 보험의 목적도 일반손해보험의 경우에는 '특정물'이나, 책임보험에서는 피보험자의 '전재산'이다(통설). 이는 피보험자가 우연한 사고로 제3자에게 손해배상책임을 부담할 경우 그로 인해 발생하는 피보험자의 재산의 감

소 등의 손해를 보상하기 위한 것이기 때문이다.

2) 이에 대하여 책임보험의 목적은 책임발생의 원인이 되는 물건 · 사람 · 영업 등이 보험의 목적이라는 견해[1] 및 피보험자의 손해배상책임이라는 견해가[2] 있다.

3) 피보험자가 제3자의 청구를 방어하기 위하여 지출한 재판상 또는 재판 외의 필요비용은 보험의 목적에 포함된 것으로 한다. 피보험자는 보험자에 대하여 그 비용의 선급을 청구할 수 있다(제720조 제1항). 이 비용은 피보험자가 제3자에 대하여 손해배상책임을 지지 않는 경우에도 보험의 목적에 포함된 것으로 본다(통설).

4) 또 피보험자가 경영하는 사업에 관한 책임을 보험의 목적으로 한 때(영업책임보험)에는, 피보험자 자신의 (제3자에 대한) 책임뿐만 아니라 그 영업상의 보조자(대리인 또는 그 사업감독자)의 (제3자에 대한) 책임도 보험의 목적에 포함시킴으로써(제721조) 보험자의 책임을 확장하고 있다(독보 제151조 제1항, 스위스보 제59조 참조).

2. 피보험이익

책임보험에도 피보험이익이 존재하는가에 관하여 의문을 표시하는 견해도 있으나,[3] 통설은 피보험자가 제3자에 대하여 재산적 급여를 하는 사고가 발생하지 않음으로써 가지는 경제적 이익이 피보험이익이라 한다.[4] 책임보험계약은 피보험자의 전재산을 보험의 목적으로 하므로, 피보험이익은 재산의 현상유지에 관한 이익으로서, 피보험이익의 관념을 인정할 수 있다고 본다.

3. 보험가액

1) 책임보험에서 피보험이익은 있어도 어떠한 사고에 의하여 얼마만큼의 손해가 발생할지 불확정적이고, 보험사고발생시에 확정되기 때문에 그 피보험이익의 가액(보험가액)의 산정은 원칙적으로 불가능하다. 따라서 책임보험에서도 보험료를 산출하기 위하여 보험금액은 정하여지지만, 보험가액이 원칙적으로 불확정적이므로 보

1) 채이식(Ⅳ) 185면.
2) 강위두 · 임재호(하) 652면.
3) 손주찬(하) 639면. 책임보험에서 피보험자가 제3자에 대하여 부담할 배상책임이 피보험자의 전재산을 초과할 수도 있으므로, 피보험자가 전 재산에 대하여 가지는 경제적 이익에 피보험이익이라는 견해는 성립할 수 없고, 따라서 이러한 의미의 피보험이익은 책임보험계약의 요소로 논할 필요가 없다고 하면서, 책임보험에는 피보험이익의 관념이 있을 수 없다고 한다(손주찬, "책임보험의 문제점", 상사법의 제문제, 311면).
4) 서돈각 · 정완용(하) 461면; 최기원(하) 753면; 양승규(보) 357면; 정동윤(하) 648면; 김성태(보) 588면; 강위두 · 임재호(하) 653면.

험가액과 보험금액의 불일치에서 생기는 초과보험 · 일부보험은 문제될 여지가 없다. 다만 예외적으로 물건 보관자(운송인 · 창고업자 등)의 책임보험이나 재보험의 경우에는 그 물건의 가액 또는 원수보험자의 책임액이 보험가액이 되므로 보험가액과 보험금액의 불일치의 문제가 생길 수 있다.

2) 책임보험에서도 중복보험의 문제는 생긴다. 즉, 피보험자가 동일한 사고로 제 3 자에게 배상책임을 짐으로써 입은 손해를 보상하는 수개의 책임보험계약이 동시 또는 순차로 체결된 경우에 그 보험금액의 총액이 피보험자의 제 3 자에 대한 손해배상액을 초과하는 때에는 각 보험자는 보험금액의 비율에 의하여 손해를 분담하되, 각 보험자는 보험금액의 범위 내에서 연대책임을 진다(제725조의 2 · 제672조 · 제673조).

4. 보험사고

책임보험의 보험사고가 무엇이냐에 관하여는 당사자간에 약정된 손해사고를 보험사고로 보는 손해사고설,[1] 피보험자에게 법률상의 책임이 발생할 때 이것을 보험사고로 보는 법률상책임발생설,[2] 피해자인 제3자로부터 피보험자에게 청구가 있었을 때 그것을 보험사고로 보는 손해배상청구설,[3] 피보험자가 손해배상의무를 이행하였을 때 그 이행을 보험사고로 보는 손해배상책임이행설 등으로 학설이 나뉘어져 있다.

1) 손해사고설은 손해를 일으킨 사고 자체를 보험사고로 보게 되므로 보험사고의 발생시점을 단일 · 객관적으로 특정할 수 있다는 장점을 가지고 있으나, 이러한 사고는 당연히 피보험자의 책임을 가져오게 하는 것이 아니므로 보험사고로 보기 어렵다.

2) 법률상책임발생설은 상법 제719조(제 3 자에게 배상할 책임을 진 경우)에는 합치하지만, 피보험자가 제3자의 청구에 응소하여 승소한 경우에는 책임부담이 되는 보험사고의 발생이 없는 것이 되어 응소비용을 손해방지 · 경감비용(제720조)으로 청구할 수 없다는 결점이 있다. 판례는 법률상책임발생설을 취한다.[4]

3) 손해배상청구설에 따르면 상법 제722조 제1항(배상청구를 받았을 때에는 지체없이 보험자에게 그 통지를 발송하여야 한다)과 합치하고, 방어비용(제720조)을 보험자가 부담하는 점을 설명하기 쉬우며, 피보험자가 단순히 청구를 받은 것만을 요건으로 하

1) 서돈각 · 정완용(하) 463면; 정찬형(하) 696~697면.
2) 김용태(하) 94면; 채이식(Ⅳ) 187면; 강위두 · 임재호(하) 654면(책임부담설이라고도 한다).
3) 최기원(하) 754면; 김정호(하) 553면.
4) 대법원 1998. 10. 23. 98다20752; 동 2002. 9. 6. 2002다30206; 동 2006. 4. 28. 2004다16976; 동 2017. 1. 25. 2014다20998.

므로 피해자에게도 유리한 학설로 생각되지만, 보험사고의 발생시기가 제3자의 청구에 의하여 주관적으로 좌우된다고 하는 것이 난점으로 지적될 수 있다.

4) 손해배상책임이행설은 상법 제724조 제1항(제3자가 배상을 받기 전에는 보험금액을 피보험자에게 지급하지 못한다.)의 취지에는 합치되는 것으로 풀이되나, 피해자는 피보험자의 책임이행 전에 보험자에게 직접 보험금을 청구할 수 있는 점과 모순되고(제724조 제2항), 피보험자가 제 3 자에게 손해를 배상할 자력이 없는 경우에는 보험사고가 발생하지 아니한다고 하는 부당한 결과가 나오게 된다. 오늘날 이 견해를 취하는 학자는 없다.

5) 생각건대, 어느 학설에도 난점은 있다. 그러나 우리 상법의 해석론으로는 법률상책임발생설에 의거한 입법이라고 보아야 할 것이다. 왜냐하면 상법은 "… 보험자는 피보험자가 … 제3자에게 배상할 책임을 진 경우에 이를 보상할 책임이 있다." (제719조)고 규정하였기 때문이다. 그리고 상법 제720조가 피보험자가 지출한 방어비용을 보험의 목적에 포함시킨 것은 피보험자를 보호하기 위한 특별규정으로 보아야 할 것이다. 이러한 해석은 각종의 책임보험약관(예컨대, 배상책임보험보통약관, 자동차손해배상책임보험약관, 자동차종합보험보통약관 등) 및 특별법(예컨대, 화재로 인한 재해보상과 보험가입에 관한 법률, 자동차손해배상보장법 등)과도 합치한다.

5. 손해배상책임의 발생

책임보험은 피보험자의 제3자에 대한 손해배상책임의 발생을 전제로 한다.

1) 손해배상책임의 발생원인

책임보험은 피보험자의 손해배상책임의 발생을 전제로 한다. 피보험자의 손해배상책임은 계약상의 책임이든 법률상의 책임이든, 채무불이행책임이든 불법행위책임이든 불문한다. 보험자는 민사책임만을 보상하는 것이 원칙이나, 일정한 한도 내에서 벌금 등 형사책임으로 인한 손해를 보상하는 경우도 있다. 피보험자에게 책임이 없는 경우에는 보험자도 보험금지급책임이 없다.

2) 손해배상책임의 범위

책임보험의 보험자는 보험계약자 또는 피보험자의 고의로 인하여 발생한 손해에 대하여는 원칙적으로 보상책임을 지지 않는다(다만 예외적으로 자동차보험표준약관 제5조 참조).

한편 중과실의 경우에는 책임보험제도의 취지에 비추어 보험자가 보상책임을 부담한다는 견해가 있으나,[1] 이를 부정하여야 할 것으로 본다(제659조).[2]

3) 제3자의 범위

책임보험에서 담보되는 제3자의 피해는 피보험자 이외의 제3자이다. 여기서 제3자에는 피보험자의 동거가족과 생활을 같이 하는 사용인은 특별한 경우 외에는 제외된다고 본다. 피해자를 치료한 병원은 제3자에 해당하지 않는다.[3]

6. 책임보험계약의 효과

1) 보험자의 의무

(1) 손해보상의무

책임보험자는 피보험자가 보험기간 중의 사고로 인하여 제3자에게 배상책임을 부담하는 경우에 이를 보상할 책임이 있다(제719조).[4]

(가) 손해보상의 요건

(i) 보험기간 중에 보험계약에서 정한 사고(손해사고)가 발생하고 이로 인하여 제3자가 인적·물적 손해를 입었어야 한다.

(ii) 가해자인 피보험자가 피해자인 제3자에 대하여 법률상 손해배상책임을 부담하여야 한다. 손해사고가 불가항력에 의하여 발생하였거나 피해자에게 과실이 있는 경우 등의 경우에는 피보험자의 책임이 없거나 줄어들고 보험자의 보상책임도 없거나 줄어든다.

(iii) 피보험자에게 고의·중과실 등 보험자에게 면책사유가 없어야 한다.

(나) 손해보상범위

(i) 보험자는 피보험자가 제3자에게 배상한 손해, 즉 제3자에 대한 변제·승인·화해 또는 재판으로 인하여 확정된 채무(제723조 제1항 참조)에 대하여 책임을 진다.

---

1) 양승규(보) 364면; 정동윤(하) 650면.
2) 김성태(보) 602면.
3) 서울민사지방법원 1995. 4. 19. 94가합17036.
4) 대법원 2012. 12. 13. 2012다1177; 손해배상책임보험에서 동일한 사고로 피해자에 대하여 배상책임을 지는 피보험자가 복수로 존재하는 경우, 각 피보험자별로 손해배상책임 발생요건이나 보험자 면책조항 적용 여부를 가려서 보상책임 유무를 결정하여야 한다.

◖ 대법원 1995. 9. 26. 94다28093
판결에 의한 경우 이에 의하여 확정된 채무에 대하여 보험자는 책임을 진다

☞ 보험자는 피해자와 피보험자 사이에 판결에 의하여 확정된 손해액은 그것이 피보험자에게 법률상 책임이 없는 부당한 손해라는 등의 특별한 사정이 없는 한 원본이든 지연손해금이든 모두 피해자에게 지급할 의무가 있다.

(ii) 확정판결에 의하지 아니하고 보험약관에 의하여 배상액이 결정된 경우에는 보험회사는 그 보험약관에서 정한 보험금지급기준에 의하여 산출된 금액의 한도 내에서 보험금을 지급할 의무가 있다.

◖ 대법원 1995. 11. 7. 95다1675
보험약관에 의하여 배상액이 결정된 경우에는 보험회사는 그 약관에서 정한 기준에 따라 보험금을 지급할 의무가 있다

☞ 피보험자는 판결의 확정, 재판상의 화해, 중재 또는 서면에 의한 합의로 손해액이 확정되었을 때에 보험회사에 대하여 보험금의 지급을 청구할 수 있고, 보험회사는 그 보험약관의 보험금지급기준에 의하여 산출한 금액을 보상하되, 다만 소송이 제기되었을 경우에는 대한민국 법원의 확정판결에 의하여 피보험자가 손해배상청구권자에게 배상하여야 할 금액(지연배상금 포함)을 보상하도록 규정하고 있는 자동차종합보험보통약관 아래서, 확정판결에 의하지 아니하고 피보험자와 피해자 사이의 서면에 의한 합의로 배상액이 결정된 경우에는 보험회사는 그 보험약관에서 정한 보험금지급기준에 의하여 산출된 금액의 한도 내에서 보험금을 지급할 의무가 있다. 동지: 대법원 1994. 4. 12. 93다11807; 동 1992. 11. 24. 92다28631; 동 1998. 3. 24. 96다38391.

(iii) 보험자는 이 외에 방어비용도 부담한다. 방어비용이란 피보험자가 제3자의 청구를 방어하기 위하여 지출한 재판상(소송비용・변호사에 대한 보수) 또는 재판외의 필요비용(제720조 제1항 제1문)을 말한다(이 비용의 선급을 청구할 수도 있다.)(제720조 제1항 제2문). 방어비용은 보험금액을 초과한 경우라도 보험자가 이를 부담하여야 한다. 책임보험의 보험사고에 있어서의 방어비용은 상법 제680조의 손해방지・경감비용의 성질을 가진 것으로 풀이될 수 있는데 책임보험의 보험사고에 관하여 '법률상 책임발생설'을 취하는 입장에서는 소송에서 이긴 경우에는 손해방지・경감비용을 청구할 수 없다는 점에서 본조는 법 정책적으로 인정된 특별규정이라 할 것이다. 그러나 피해자가 피보험자에게 재판상 청구는 물론 재판 외의 청구조차 하지 않은 이상, 피해자가 피보험자와 특별한 이해관계가 있는 제3자를 상대로 제소하였고 피보험자가 그 소송의 변호사비용 중 일부를 부담한 점이 인정되더라도 그러한 지출비용은 상법 제720조 소정의 방어비용에 포함된다고 볼 수 없다.

◖ 대법원 1995. 12. 8. 94다27076
손해방지비용은 보험금액을 초과한 경우라도 보험자가 이를 부담하여야 한다

☞ 상법 제680조가 규정한 손해방지비용이라 함은 보험자가 담보하고 있는 보험사고가 발생한 경우에 보험사고로 인한 손해의 발생을 방지하거나 손해의 확대를 방지함은 물론 손해를 경감할 목적으로 행하는 행위에 필요하거나 유익하였던 비용을 말하는 것으로, 위 제680조는 손해방지 의무자인 보험계약자 또는 피보험자가 손해방지 및 그 경감을 위하여 지출한 필요하고 유익한 비용은 보험금액을 초과한 경우라도 보험자가 이를 부담하도록 규정하고 있다.

◖ 대법원 1995. 12. 8. 94다27076
피해자가 반드시 재판상 청구한 경우에 한하여 방어비용이 인정되는 것은 아니다

☞ 상법 제720조 제1항에서 규정한 '방어비용'은 피해자가 보험사고로 인적, 물적 손해를 입고 피보험자를 상대로 손해배상청구를 한 경우에 그 방어를 위하여 지출한 재판상 또는 재판 외의 필요비용을 말하는 것이므로, 피해자로부터 아직 손해배상청구가 없는 경우 방어비용이 인정될 여지가 없지만, 피해자가 반드시 재판상 청구한 경우에 한하여 방어비용이 인정된다고 볼 것은 아니다. 그러나 피해자가 피보험자에게 재판상 청구는 물론 재판 외의 청구조차 하지 않은 이상, 제3자를 상대로 제소하였다 하여 그 소송의 변호사비용이 상법 제720조 소정의 방어비용에 포함된다고 볼 수 없다.

◖ 대법원 2002. 6. 28. 2002다22106
변호사비용에서 미리 보험자의 동의를 받지 아니하면 보험자가 보상할 책임이 없다는 취지의 약관조항은 무효이다

☞ 영업배상특약보험계약에 관한 보통약관 제4조 제2항 ③은 피보험자가 지급한 소송비용, 변호사비용, 중재, 화해 또는 조정에 관한 비용 중에서 피보험자가 미리 보험자의 동의를 받아 지급한 경우에만 보험금을 지급하도록 규정하고 있는데, 이러한 제한 규정을 보험자의 "사전 동의"가 없으면 어떤 경우에나 피보험자의 방어비용을 전면적으로 부정하는 것으로 해석하는 한에서는 이러한 약관조항으로 인하여 피보험자의 방어비용을 보험의 목적에 포함된 것으로 일반적으로 인정하고 있는 상법 제720조 제1항의 규정을 피보험자에게 불이익하게 변경하는 것에 해당하고, 따라서 이러한 제한규정을 둔 위 약관조항은 상법 제663조에 반하여 무효라고 볼 것이다.

(ⅳ) 재판의 집행을 면하기 위한 담보제공 또는 공탁의 비용은 보험금액의 한도 내에서 보상할 책임이 있다(제720조 제2항). 그리고 피보험자의 방어행위와 담보제공·공탁행위가 보험자의 지시에 의한 것인 때에는 그 금액에 손해액을 가산한 금액이 보험금액을 초과하여도 이를 보상하여야 한다(제720조 제3항).

(ⅴ) 영업책임보험의 경우에는 피보험자의 대리인 또는 그 사업감독자의 제3자에

대한 책임으로 인한 손해도 보험자가 보상하여야 한다(제721조).

(vi) 책임보험자는 피보험자의 항변을 원용할 수 있다.[1] 예컨대 선박소유자의 책임보험자가 피보험자인 선박소유자 등의 책임제한 항변을 원용하여 책임제한을 주장할 수 있다.[2]

(다) 손해보상의 상대방

손해보상의 상대방은 피보험자(제724조 제1항) 또는 피해자(제724조 제2항 본문 · 제725조)이다. 피해자는 후술하는 바와 같이 보험자에 대한 직접청구권도 있다.

(라) 손해보상기간

보험자는 원칙적으로 보험금액이 정하여진 날로부터 10일 내에 보험금액을 지급하여야 하나(제658조), 책임보험에 있어서는 피보험자의 채무확정의 통지(제723조 제1항)를 받은 때로부터 10일 내에 보험금액을 지급하여야 한다(제723조 제2항). 그러나 보험자는 피보험자가 제3자에 대하여 배상을 하기 전에는 피보험자에게 보험금액을 지급하지 못한다(제724조 제1항).

(마) 수개의 책임보험

동일한 보험계약의 목적과 동일한 사고에 관하여 수개의 책임보험계약이 동시에 또는 순차로 체결된 경우에 그 보험금액의 총액이 피보험자의 제3자에 대한 손해배상액을 초과한 때에는 중복보험에 관한 규정(제672조, 제673조)이 준용된다. 따라서 각 보험자는 각자의 보험금액의 한도에서 연대책임을 지고, 각자의 보험금액의 손해배상액에 대한 비율에 따른 보상책임을 지며, 보험계약자는 각 보험자에 대하여 각 보험계약의 내용을 통지하여야 한다(제725조의 2, 제672조 제1항 · 제2항). 그리고 보험계약자의 보험자 1인에 대한 권리의 포기는 다른 보험자의 권리 · 의무에 영향을 미치지 아니한다(제725조의 2, 제673조).

(바) 보험금청구권의 소멸시효

약관에서 책임보험의 보험금청구권의 발생시기나 발생요건에 관하여 달리 정한 경우 등 특별한 다른 사정이 없는 한 원칙적으로 책임보험의 보험금청구권의 소멸시효는 피보험자의 제3자에 대한 법률상의 손해배상책임이 상법 제723조 제1항이 정하고 있는 변제, 승인, 화해 또는 재판의 방법 등에 의하여 확정됨으로써 그 보험금청구권을 행사할 수 있는 때로부터 진행하여 3년의 시효(제662조)에 걸린다.[3]

---

1) 대법원 2024. 7. 11. 2020다246913.
2) 대법원 2009. 11. 26. 2009다58470.
3) 대법원 2002. 9. 6. 2002다30206; 동 2012. 1. 12. 2009다8581.

(2) 방어의무

(가) 방어의무의 의의

보험자의 방어의무란 피해자인 제3자가 보험계약에서 정한 사고로 인하여 인적·물적 손해를 입고 피보험자를 상대로 손해배상청구의 소를 제기한 경우 보험자가 피보험자를 방어하여야 할 의무를 말한다. 상법 제720조 제1항·제3항 및 보험자의 소송대행의 특약 등은 이를 전제로 한 것이다. 방어비용이 보험금액을 초과하는 경우에도 보험자는 방어의무를 진다고 본다.

(나) 방어비용의 성격

피보험자가 보험자에게 청구할 수 있는 방어비용은 상법 제720조에서 피보험자의 방어비용을 보험의 목적에 포함된 것으로 규정하고 있으므로, 방어비용은 보험금청구권의 일부로 보아야 한다.[1] 이에 대하여 이를 손해방지비용(제680조)의 일부로 보는 견해와 책임보험제도의 합리적인 운용을 위하여 법률이 정책적으로 인정하는 부수적 채무로 보는 견해[2] 등이 있다. 전술한 바와 같이 방어비용은 손해방지비용과 다르다.[3]

◖ 대법원 1995. 12. 8. 94다27076
'방어비용'이란 피해자가 손해배상청구를 한 경우에 그 방어를 위하여 지출한 재판상 또는 재판 외의 필요비용을 말한다

☞ 상법 제720조 제1항에서 규정한 '방어비용'은 피해자가 보험사고로 인적, 물적 손해를 입고 피보험자를 상대로 손해배상청구를 한 경우에 그 방어를 위하여 지출한 재판상 또는 재판 외의 필요비용을 말하는 것이다. 참조: 대법원 2003. 11. 28. 2001다75240(영국법의 적용을 받는 협회적하약관에 의하여 보험자가 보상하는 손해방지비용에 해당하지 않는다고 한 사례).

(다) 위반의 효과

보험자가 방어의무를 이행하지 아니한 결과 피보험자가 손해를 입은 경우에는 보험자는 피보험자에 대하여 손해배상책임이 있다고 본다.[4] 이 경우 보험자의 배상책임은 보험금액을 한도로 하지 않는다고 본다.

1) 정동윤(하) 653면; 김성태(보) 601면.
2) 손주찬(하) 645면.
3) 대법원 2006. 6. 30. 2005다21531.
4) 양승규(보) 370면; 정동윤(하) 653면.

2) 피보험자의 의무

(1) 통지의무

(ⅰ) 피보험자는 제3자에게 배상책임을 질 사고가 발생한 것을 안 때에는 지체없이 보험자에게 그 통지를 발송하여야 하며(제657조), 피보험자가 제3자로부터 배상청구를 받았을 때에는 지체없이 보험자에게 그 통지를 발송하여야 한다(제722조 제1항). 이는 보험자가 보험금 지급에 미리 대비할 수 있도록 하기 위한 것이다. 제3자로부터의 청구는 정당한 것이든 아니든, 재판상의 것이든 아니든 묻지 않는다. 이것은 일반보험계약에 있어서의 보험사고발생의 통지의무(제657조)와 그 취지가 같다. 통지의 방법에는 제한이 없으나, 청구의 중요한 내용을 알려야 할 것이다. 피보험자가 통지의무를 게을리하여 보험자의 손해가 증가된 경우 보험자는 그 증가된 손해를 보상할 책임이 없다.[1] 이미 보험금을 지급한 경우에는 그 금액만큼 피보험자에게 구상할 수 있다고 본다.

(ⅱ) 또 피보험자는 제3자에 대한 변제·승인·화해 또는 재판으로 인하여 채무가 확정된 때에도 보험자에게 지체없이 그 통지를 발송하여야 한다(제723조 제1항). 피보험자의 채무확정통지의무는 보험자의 보험금지급시기를 정하는 기준이 될 뿐이므로(제723조 제2항), 이 의무를 게을리하더라도 보험자의 손해보상의무에는 아무런 영향이 없다(통설).

(2) 협의의무

피보험자는 손해배상채무를 승인함(변제·승인 또는 화해)에 있어서 보험자의 동의를 얻어야 한다(제723조 제3항, 독보 제154조 제2항, 불보 제52조 참조). 그러나 보험자의 동의가 없었더라도 피보험자의 채무승인행위가 '현저하게 부당한' 경우에만 보험자는 보상책임을 면한다(제723조 제3항 참조).

대법원 2000. 4. 21. 99다72293
보험자의 동의를 요하는 상법 제723조 제3항의 취지

☞ 책임보험계약의 피보험자가 보험자의 동의 없이 제3자에 대하여 변제, 승인 또는 화해를 한 경우에는 보험자가 그 책임을 면하게 되는 합의가 있는 때에도 그 행위가 현저하게 부당한 것이 아니면 보험자는 보상할 책임을 면하지 못한다고 규정하고 있는 상법 제723조 제3항의 취지에 비추어 보면, 피보험자가 제3자로부터 재판상 손해배상청구를 받아 그 소송에서 손해배상을 명하는 판결을 선고받고 항소하지 않은 채 이를 확정시켰

---

1) 대법원 1994. 11. 24. 94다2145 참조.

다고 하더라도 그것이 '현저하게 부당한 경우'로 평가되지 않는 한 보험자는 보상할 책임을 면할 수 없다.

◖ 대법원 1993. 6. 22. 93다18945
보험자의 보험금지급에 대한 승인이 있다고 본 사례

☞ 보험가입자를 위한 포괄적 대리권이 있는 보험회사가 입원비와 수술비, 통원치료비 등을 피해자에게 지급하고 또 보험가입자에게 손해배상책임이 있음을 전제로 하여 손해배상금으로 일정 금액을 제시하는 등 합의를 시도하였다면 보험회사는 그때마다 손해배상채무를 승인하였다 할 것이므로 그 승인의 효과는 보험가입자에게 미친다.

7. 제3자의 직접청구권

1) 의 의

책임보험계약은 자기를 위한 보험계약이므로 피해자인 제3자와 보험자 간에는 아무런 권리·의무관계도 없어야 할 것이다. 그러나 상법은 제3자의 권리를 보호하기 위하여 그에게 보험자에 대하여 보험금액을 직접 청구할 수 있도록 하였다. 이에 상법 제724조 제2항은 가해자인 피보험자가 보험금을 타에 유용하지 못하게 하고 가해자의 파산 등의 경우 다른 채권자의 보험금에의 배당 가입을 저지하는 등 보험금이 피해자 이외의 자에 귀속하는 것을 방지하기 위해 "제3자는 피보험자가 책임을 질 사고로 입은 손해에 대하여 보험금액의 한도 내에서 보험자에게 직접 보상을 청구할 수 있다"라고 규정하고 있다. 피해자의 직접청구권은 법률 또는 약관에서 이를 인정하는 경우에 한하여 인정된다.

◖ 대법원 1988. 12. 13. 87다카3166
제3자의 직접청구권은 법률 또는 약관에서 특별히 인정된 경우에 한하여 인정된다

☞ 피해자인 제 3 자가 보험자에 대하여 직접 보험금을 청구할 수 있는 경우는 상법 제725조나 자동차손해배상보장법 제12조 등에서와 같이 법률에 특별히 이를 규정하고 있거나 보험당사자 사이에 체결된 보험계약의 약관에서 이를 인정하는 경우에 한한다. 동지: 대법원 1981. 1. 13. 80다874; 동 1988. 12. 13. 87다카3166; 동 1992. 11. 27. 92다12681; 동 1995. 2. 10. 94다4424; 동 1995. 7. 14. 94다36698; 동 1995. 7. 25. 94다52911.

2) 제3자의 직접청구권의 법적 성질

제3자의 직접청구권의 법적 성질에 관하여는 이것이 손해배상청구권이라는 견해와 보험금청구권이라는 견해가 있다.

(1) 손해배상청구권설

손해배상청구권설은 제3자의 직접청구권은 보험자에 대한 손해배상청구권이라 한다.[1] (ⅰ) 본래 피해자와 보험자간에는 보험계약관계가 없으므로 이를 보험금청구권으로 볼 수는 없고, (ⅱ) 보험자가 피보험자(가해자)의 손해배상채무를 중첩적으로 인수하였기 때문이라고 한다. 따라서 보험자·피보험자는 연대채무관계에 있고 양자의 책임은 본질적으로 동일하다는 것이다. (ⅲ) 또한 직접청구권의 연혁적 사정이나 비교법적 검토를 전제로 할 때, 제3의 피해자를 예정하고 있는 통상의 책임보험(특히 자동차보험)에 있어서의 직접청구권은 피해자의 가해자에 대한 '손해배상청구권'과 동일한 성질로 이해하는 것이 옳다고 한다.[2] (ⅳ) 특히 소멸시효기간과 관련하여, 직접청구권은 피해자를 두터이 보호하기 위하여 인정되는 것이고, 피해자의 일차적인 요구는 사고로 인한 손해의 신속한 배상인데, 이의 법적 성질을 보험금청구권으로 보아 가해자에 대한 권리의 소멸시효(불법행위로 인한 손해배상청구권)보다 오히려 존속기간을 짧게 하는 것은 직접청구권의 의미를 반감시키는 결과가 된다고 한다.[3]

(2) 보험금청구권설

보험금청구권설은 보험자에 대한 피해자의 보험금 직접청구권은 손해보상청구권으로서 법률의 규정에 따른 보험자에 대한 보험금청구권이라고 파악하는 견해이다. 즉, 직접청구권은 책임보험계약에서 피해자가 법의 규정에 따라 피보험자가 책임을 질 사고로 입은 손해의 보상을 청구하는 것이라 한다. 이 견해는 (ⅰ) 보험자에게 손해사고에 관한 어떠한 귀책사유도 없는 이상 이를 손해배상청구권이라고 볼 수 없다고 한다. 또한 (ⅱ) 보험자에게 채무인수의사를 인정하기는 어렵다고 한다. 왜냐하면 책임보험계약에서 보험자는 보험계약자로부터 보험료를 받고 피보험자가 제3자에게 배상책임을 질 사고로 입은 손해를 보상할 것을 약정한 것이지 제3자에 대한 채무를 인수한 것은 아니라는 것이다. 그리고 (ⅲ) 손해배상청구권설에 따르면 가령 피보험자의 고의로 사고가 생겨 보험자가 보험금지급책임을 면하게 되는 경우에도 피해자에 대한 관계에서는 보험금지급을 거절할 수 없게 되는 불합리한 결과

---

1) 강재철, "책임보험과 피해자인 제3자", 법원행정처, 해상·보험법에 관한 제문제(하), 1991, 522~523면; 김성태(보) 619면; 김정호(하) 556면.

2) 김성태, "직접청구권의 성질과 시효", 상사판례연구(Ⅱ), 박영사, 1996, 191면.

3) 김성태, 상게논문, 192면.

를 가져오게 된다고 한다.[1]

(3) 판 례

판례는 직접청구권의 법적 성질에 관해 일관된 입장을 취하지 않고 있으나, 근래에는 이를 손해배상청구권으로 보고 있다. 일부 판결에서는 "피해자가 보험회사에 대하여 직접 보험금의 지급을 청구할 수 있도록 규정되어 있다 하더라도, 위 약관에 의하여 피해자에게 부여된 보험회사에 대한 보험금청구권은 상법 제662조 소정의 '보험금청구권'에 다름 아니다"고 판시하여 보험금청구권설을 취하였으나,[2] 그 후 자동차임의보험약관에 의하여 피해자에게 인정되는 직접청구권의 법적 성질이 문제된 사건에서는 이를 "상법 제724조 제2항에 의하여 피해자에게 인정되는 직접청구권의 법적 성질은 보험자가 피보험자의 피해자에 대한 '손해배상채무를 병존적으로 인수한 것'으로서 피해자가 보험자에 대하여 가지는 손해배상청구이고 피보험자의 보험자에 대한 보험금청구권의 변형 내지는 이에 준하는 권리가 아니다"고 하여[3] 손해배상청구권설을 취하였다.[4]

(4) 사 견

피해자의 직접청구권은 법률의 규정에 기하여 피보험자의 피해자에 대한 채무를 중첩적 또는 병존적으로 인수함으로써 피해자가 보험자에 대하여 보험사고로 발생한 손해를 직접 청구할 수 있도록 한 것이라고 본다. 따라서 손해배상청구권설이 타당하다고 생각한다. 직접청구권은 보험계약으로부터 유래한 것이 아니라 법률의 규정에 의하여 보험자가 불법행위책임을 지는 것이다. 따라서 보험계약상의 청구권인 보험금청구권설을 지지하기 어렵다.

독일에서도 보험자를 중첩적 채무인수(Schuldbeitritt)에 의한 보험계약자의 연대채무자(als Gesamtschuldner)로 규정하고 있고,[5] 손해배상청구권설이 판례의[6] 태도이고

---

1) 양승규(보) 377면.

2) 보험금청구권설을 취한 판례: 대법원 1993. 4. 13. 93다3622; 동 1997. 11. 11. 97다36521.

3) 대법원 1999. 2. 12. 98다44956.

4) 손해배상청구권설을 취한 판례: 대법원 1993. 5. 11. 92다2530; 동 1994. 5. 27. 94다6819; 동 1995. 7. 25. 94다52911; 동 1998. 7. 10. 97다17544; 동 1998. 9. 18. 96다19765; 동 1998. 12. 22. 98다40466; 동 1999. 2. 12. 98 다 44956; 대법원 1999. 12. 28. 99다47235; 동 2000. 6. 9. 98다54397; 동 2000. 12. 8. 99다37856 ; 동 2010. 10. 28. 2010다53754; 동 2011. 9. 8. 2009다73295; 동 2017. 10. 26. 2015다42599 ; 동 2019. 1. 17. 2018다245702.

5) 의무보험법(Pflichtversicherungsgesetz) 제3조 제2호; Helmut Becker/Kurt E. Böhme, *Kraftverkehrs-Hauftpflicht-Schäden*, 1999, Q94.

6) BGHZ 57, 265, 270 = NJW 1972, 387, 388 = VersR 1972, 255, 256; BGHZ 79, 170, 172 = NJW 1981, 925, 926 = VersR 1981, 323, 324.

또한 다수설의 견해이다.[1] 무엇보다도 제3자의 직접청구권은 보험계약상의 청구권이 아니라 불법행위법적 성질[deliktsrechtlicher Natur(kein Anspruch aus dem VersVertrag : deshalb auch nicht §12 III gegenüber dem Dritten)]을[2] 가지기 때문에 이와 같이 해석한다.[3] 또한 프랑스에서도 학설과 판례가 보험자의 채무는 손해사고(le dommage)와 보험계약이라고 하는 별개의 사유(une cause differente)에 의한 것이지만, 양자는 피해자의 손해배상채무라고 하는 동일한 채권(une meme creance)의 소멸을 목적으로 하는 것으로 파악하는 데 이론이 없다고 한다.[4]

이와 같이 이해하면 직접청구권은 가해자인 피보험자에 대한 손해배상청구권을 '보험자에 대하여' 행사하는 것이다. 보험자의 입장에서 말하자면, 피해자로부터의 손해배상청구를 보험자가 가해자와 연대하여 이행하는 것이다. 특히 직접청구권이 가해자의 무자력이나 파산 등의 경우에 피해자의 보호를 위하여 인정되는 것이고, 피해자의 일차적인 요구는 다름 아닌 사고로 인한 손해의 배상이다. 그러나 보험자의 책임은 보험계약을 기초로 성립한 것으로서, 보험계약과 전혀 무관한 책임일 수는 없으므로 보험자는 피보험위험의 범위 내에서만 책임을 진다.

3) 직접청구권의 소멸시효기간

제3자의 직접청구권의 법적 성질이 무엇이냐에 따라 보험금청구권의 소멸시효가 문제된다. 손해배상청구권설에 따르면 불법행위로 인한 손해배상청구권은 민법 제766조에 따라 손해 및 가해자를 안 날로부터 3년, 불법행위를 한 날로부터 10년의 경과로 소멸한다고 보았다. 이에 대하여 보험금청구권설에 따르면 보험금청구권은 2014년 개정 전 상법 제662조에 따라 2년의 기간으로 소멸한다고 보았다. 2014년 개정상법 제662조는 보험금청구권의 소멸시효를 3년으로 규정함에 따라 직접청구권의 법적 성질을 논의할 실익이 없어졌다. 다만, 다음과 같이 소멸시효의 기산점과 관련하여서는 아직도 의미가 있다.

4) 소멸시효의 기산점

소멸시효의 기산점과 관련하여 시효는 민법 제166조 제1항에 따라 권리를 행사할

---

1) Günter Bauer, *Die Kraftversicherung*, 2 Aufl., 1983, Rdnr. 526; 주영은, "책임보험에 있어서 피해자보호에 관한 비교법적 연구", 1987, 163면.
2) BGH VersR 81, 323 = NJW 925.
3) Prölss-Martin, *Versicherungsvertragsgesetz*, 25. Aufl., 1992, S. 1361.
4) 김성태, "직접청구권의 성질과 시효", 상사판례연구 II, 1996, 189면.

수 있는 때로부터 진행하는데, 직접청구권의 법적 성질에 관하여 어느 견해를 취하는가에 따라 그 기산점도 달라진다. 즉, 손해배상청구권설에 의하면 "불법행위가 있었던 때" 또는 "손해 및 가해자를 안 날"로부터 10년 또는 3년의 시효가 진행되지만, 보험금청구권설에 따르면 보험사고가 확정된 때, 즉 보험자가 손해배상청구를 받은 때로부터 기산하여 3년의 시효기간이 진행된다고 보는 것이 논리적이다. 다만 가해자의 책임이 확정되지 아니한 경우에는 가해자의 손해배상책임이 확정된 때를 기산점으로 보아야 한다.

◖ 대법원 1993. 4. 13. 93다3622
제3자의 직접청구권의 소멸시효의 기산점

☞ 피보험자가 피해자에게 지는 손해배상액이 판결에 의하여 확정되는 등의 경우에 피해자가 보험회사에 대하여 직접 보험금의 지급을 청구할 수 있다는 자동차종합보험보통약관의 규정에 따라 피해자가 보험회사에 대하여 판결금액 상당의 보험금액을 직접 청구하는 소송을 제기한 경우 이 직접청구권의 소멸시효는 확정판결이 있는 때로부터 기산된다.

◖ 대법원 2019. 7. 25. 2016다1687
가해행위와 이로 인한 현실적인 손해의 발생 사이에 시간적 간격이 있는 불법행위의 경우 소멸시효의 기산점

☞ 교통사고 피해자가 만 15개월 무렵에 교통사고를 당하여 뇌 손상 등을 입은 후 약간의 발달지체 등의 증세를 보여 계속 치료를 받던 중 만 6세 때 처음으로 의학적으로 언어장애 등의 장애진단이 내려진 사건에서, 본래 불법행위로 인한 손해배상의 청구권은 피해자나 그 법정대리인이 손해 및 가해자를 안 날로부터 소멸시효가 시작되지만, 이와 같이 가해행위와 이로 인한 현실적인 손해의 발생 사이에 시간적 간격이 있는 불법행위의 경우 소멸시효의 기산점이 되는 불법행위를 안 날은 단지 관념적이고 부동적인 상태에서 잠재하고 있던 손해에 대한 인식이 있었다는 정도만으로는 부족하고 그러한 손해가 그 후 현실화된 것을 안 날을 의미한다.

5) 선지급금지

보험자는 피보험자가 책임을 질 사고로 인하여 생긴 손해에 대하여 제3자가 그 배상을 받기 전에는 보험금액의 전부 또는 일부를 피보험자에게 지급하지 못한다(제724조 제1항).

6) 제3자의 직접청구권의 내용

(1) 제3자의 직접청구

(ⅰ) 제3자는 피보험자가 책임을 질 사고로 입은 손해에 대하여 보험금액의 한도 내에서 보험자에게 직접 보상을 청구할 수 있다(제724조 제2항 본문). 그러나 손해사

고발생 후에 생긴 항변사유로는 피해자인 제3자에게 대항할 수 없다.[1] 상법 제724조 제2항 등의 규정에 의하여 제3자의 직접청구권은 피보험자의 보험금청구권에 우선한다.

◖ 대법원 1995. 9. 26. 94다28093
상법의 규정에 의하여 제3자의 직접청구권은 피보험자의 보험금청구권에 우선한다

☞ 상법 제724조 제1항은 피보험자가 상법 제723조 제1항, 제2항의 규정에 의하여 보험자에 대하여 갖는 보험금청구권과 제3자가 상법 제724조 제2항의 규정에 의하여 보험자에 대하여 갖는 직접청구권의 관계에 관하여, 제3자의 직접청구권이 피보험자의 보험금청구권에 우선한다는 것을 선언하는 규정이라고 할 것이므로, 보험자로서는 제3자가 피보험자로부터 배상을 받기 전에는 피보험자에 대한 보험금지급으로 직접청구권을 갖는 피해자에게 대항할 수 없고, 따라서 보험자는 제3자가 피보험자로부터 배상을 받기 전에는 상법 제724조 제1항의 규정을 들어 피보험자의 보험금지급청구를 거절할 권리를 갖게 된다. 동지: 대법원 1999. 12. 28. 99다4723; 동 2014. 9. 25. 2014다207672; 동 2014. 9. 25. 2014다207672; 동 2015. 2. 12. 2013다43330.

(ⅱ) 그러나 피보험자가 제3자에게 이미 손해배상금을 지급하였거나 상법 또는 보험약관이 정하는 방법으로 피보험자의 제3자에 대한 채무가 확정되면 피보험자는 상법 제724조 제1항의 규정에 불구하고 보험자에게 바로 보험금청구권을 행사할 수 있다.[2] 또한 보험약관상 보험자가 피보험자에게 일정한 경우에 보험금을 지급한다고만 되어 있는 경우, 보험자는 상법 제724조 제1항의 피보험자에 대한 지급거절권을 포기한 것으로 볼 수 있다. 이 경우에는 피보험자는 제3자에게 손해를 배상하지 않고도 보험자에게 보험금지급청구권을 행사할 수 있다. 그러나 이때에도 보험자는 상법 제724조 제2항에 따라 제3자에게 직접 보험금을 지급하여 이중지급의 위험을 피할 수 있다.

◖ 대법원 1995. 9. 26. 94다28093
보험자가 피보험자에게 보험금을 지급한다고 규정되어 있는 경우에도 보험자는 제3자에게 직접 보험금을 지급할 수 있다

☞ 업무용자동차종합보험 보통약관이 "피보험자는 판결의 확정, 재판상의 화해, 중재 또는 서면에 의한 합의로 손해액이 확정되었을 때에 회사에 대하여 보험금의 지급을 청구할 수 있으며, 회사는 피보험자로부터 보험금청구에 관한 서류를 받은 때에는 지체없

1) 최기원(하) 759면.
2) 대법원 1995. 9. 29. 95다24807; 동 1995. 9. 15. 94다17888.

이 필요한 조사를 마치고 곧 보험금을 지급한다."는 취지로 규정되어 있고, 피보험자가 제3자에게 손해배상을 하기 전에는 피보험자에게 보험금을 지급하지 않는다는 내용의 조항을 두지 않고 있다면, 보험자는 그 약관에 의하여 상법 제724조 제1항 소정의 지급거절권을 포기하였다고 봄이 상당하고, 따라서 피보험자로서는 그 약관 소정의 요건을 충족하기만 하면 보험자에 대하여 보험금청구권을 행사할 수 있으며, 이 경우 피보험자로부터 보험금지급청구를 받은 보험자로서는 상법 제724조 제2항에 의하여 직접청구권을 갖는 피해자에게 직접 보험금을 지급함으로써 보험금의 이중지급의 위험을 회피하는 방법을 선택하여야 할 것이다.

(2) 가해자에 대한 손해배상청구권과 보험회사에 대한 직접청구권과의 관계

(i) 독립병존관계 : 피해자의 가해자에 대한 손해배상청구권은 민법 제750조, 제756조, 자동차손해배상보장법 제3조 등에 의하여 발생하는 것이고, 보험회사에 대한 직접청구권은 상법 제724조에 의하여 인정되기 때문에 각각 발생의 법적 근거가 다르다. 따라서 양 청구권은 별개 독립한 것으로 병존하며, 제3자가 그 중 어느 것을 먼저 행사하는가는 자유이다. 그러나 제3자가 직접청구권을 행사하여 보상을 받으면 피보험자는 제3자에 대한 손해배상책임을 면한다.[1] 판례도 "직접청구권은 독립된 권리로서 피보험자의 보험금청구권의 변형 또는 이에 준하는 권리가 아니라면 피해자의 직접청구권 행사 이전에 피보험자의 보험자에 대한 보험금청구권이 부존재한다는 판결이 선고, 확정되어도 그 판결의 효력이 피해자에게 미치지 않으며 그 사유만으로 피해자가 당연히 보험자를 상대로 직접 청구권을 행사하지 못하는 것이 아니다"라고 한다.[2]

(ii) 상계의 효력 : 판례는 "보험자가 자신의 피해자에 대한 반대채권을 스스로 행사하여 상계를 한 경우에는 상계한 금액의 범위 내에서 피해자에 대한 변제가 이루어지는 것과 같은 경제적 효과가 달성되어 피해자를 만족시키게 되므로 그 상계로 인한 손해배상채권의 소멸의 효력은 피보험자에게도 미친다"고 판시하였다.[3]

(3) 보험자의 항변

(i) 피보험자의 제3자에 대한 항변사유 : 상법 제724조 제2항 단서에서는 "보험자는 피보험자가 그 사고에 관하여 가지는 항변으로써 제3자에게 대항할 수 있다"고 규정하고 있다. 피해자인 제3자는 가해자인 피보험자에 대한 손해배상청구권을 전제로 보험자의 책임한도액의 범위 내에서 보험금을 청구하는 것이므로 보험자가 피보험자의 제3자에 대한 항변으로써 대항할 수 있다.

---

1) 대법원 1975. 7. 22. 75다153.
2) 대법원 1995. 2. 10. 94다4424; 동 2004. 8. 20. 2003다1878.
3) 대법원 1999. 11. 26. 99다34499.

(ii) 보험자의 보험계약자 또는 피보험자에 대한 항변사유 : 보험자는 보험계약자 또는 피보험자에 대한 항변사유로써 피해자에게 대항할 수 있다. 이는 피해자의 직접 청구권도 보험자와 피보험자 사이에 책임보험계약의 존재를 전제로 하는 것이며, 제3자의 직접청구가 있다고 하여 보험자가 불이익을 받을 이유가 없기 때문이다. 그러나 피해자의 직접청구권은 피보험자가 갖고 있는 보험금청구권과는 별개 독립의 것으로서 손해발생과 동시에 원시적으로 발생한 것이기 때문에 손해발생 후의 보험계약자, 피보험자의 행위에 의하여 불이익을 받지 않는다. 즉, 보험자는 보험사고 발생 전에 갖고 있던 항변과 보험사고 발생에 관한 항변으로만 대항할 수 있고, 보험사고발생 후에 생긴 항변사유로는 피해자에게 대항할 수 없다고 본다.

(4) 보험자의 통지의무

보험자가 제 3 자로부터 직접 청구를 받은 때에는 지체없이 피보험자에게 이를 통지하여야 한다(제724조 제3항). 이 경우에 피보험자는 보험자의 요구가 있을 때에는 필요한 서류・증거의 제출, 증언 또는 증인의 출석에 협조하여야 한다(제724조 제4항).

(5) 손해배상채권의 혼동(직접청구권이 인정되는 경우)

채권・채무가 동일한 주체에 귀속하면 혼동으로 소멸한다(민 제507조 본문). 다만 채권의 특성상 존속시킬 특별한 이유가 있는 채권은 소멸하지 않는다.[1] 대법원은 직접청구권의 전제가 되는 손해배상청구권도 혼동으로 소멸하지 않는다고 하며,[2] 망인의 어머니가 운전중 사고차량에 동승한 그 아들을 사망케 하였으나, 어머니가 상속을 포기하였고, 망인의 아버지는 포기하지 아니하여 단독상속인이 되었으며, 아버지가 보험자에게 직접청구권을 행사한 사례에서 아버지의 직접청구권을 인용하였다.[3]

7) 공동불법행위자의 보험자 상호간의 직접청구권

전술(보험자의 청구권대위 참조)한 바와 같이 공동불법행위자와 보험계약을 체결한 보험자 중의 1인이 보험금(손해배상금)을 지급한 때에는 그로 인하여 면책이 된 다른 보험자에 대하여 직접청구권을 행사할 수 있다.

1) 김성태(보) 455면.
2) 대법원 1995. 7. 14. 94다36698.
3) 대법원 2005. 1. 14. 2003다38573・38580.

8) 특별법 · 보험약관상의 직접청구권

(1) 특별법 또는 약관에 규정이 있는 경우에 한하여[1] 피해자인 제3자의 보험자에 대한 직접청구권이 인정된다.

(2) 특별법의 예로서 자동차손해배상보장법 제9조에 의하면, 보험가입자 등에게 동법 제3조상의 손해배상책임이 발생한 때에는 피해자(제3자)는 보험사업자에 대하여 상법 제724조 제2항의 규정에 의하여 자기에게 보험금을 지급할 것을 청구할 수 있다.

(3) 보험약관에 의하여 피해자의 직접청구권이 인정되는 경우의 예로서, 자동차보험표준약관에 의하면, 피보험자가 손해배상청구권자에게 법률상의 손해배상책임을 지는 사고가 생긴 때에는 손해배상청구권자는 보험회사에 대하여 직접 보험금을 청구할 수 있다(동약관 제29조). 이와 같이 보험약관에 의하여 피해자(제3자)에게 부여된 보험자에 대한 보험금청구권은 상법 제662조 소정의 보험금청구권에 다름 없으므로 3년간 행사하지 아니하면 소멸시효가 완성한다. 이 소멸시효는 책임소송의 확정판결이 있은 때부터 기산한다.

9) 직접청구권과 보험자대위권의 경합

하나의 사고에서 책임보험의 피해자 직접청구권(상법 제724조)과 손해보험자의 보험자대위권이 서로 경합하는 경우, 피해자들의 직접청구권이 대위보험자 대위권에 우선한다.[2]

Ⅲ. 영업책임보험

1. 영업책임보험의 의의

영업책임보험은 피보험자가 경영하는 사업과 관련하여 생기는 사고로 제3자에게 지는 배상책임을 보험의 목적으로 하는 책임보험이다(제721조). 여기서 '사업'이라 함은 피보험자가 일정한 인적 · 물적 시설을 갖추어 영위하는 경제활동을 가리키고,

1) 대법원 1988. 12. 13. 87다카3166: 피해자인 제3자가 보험자에 대하여 직접 보험금을 청구할 수 있는 경우는 상법 제725조나 자동차손해배상보장법 제12조 등에서와 같이 법률에 특별히 이를 규정하고 있거나 보험당사자 사이에 체결된 보험계약의 약관에서 이를 인정하는 경우에 한한다.
2) 대법원 2023. 4. 27. 2017다239014; 동 2023. 4. 27. 2021다309576; 동 2024. 10. 31. 2024다240784.

반드시 영리의 의사가 필요한 것은 아니라고 본다.

2. 영업책임보험의 성질

영업책임보험은 자기를 위한 보험이지만, 피보험자의 대리인 또는 그 사업감독자의 제3자에 대한 책임을 담보하기 위하여 피보험자가 가입하는 경우에는 타인을 위한 보험이라 할 수 있다.[1)]

3. 보험목적의 확대

1) 영업책임보험의 경우 피보험자의 대리인 또는 그 사업감독자의 제3자에 대한 책임도 보험의 목적에 포함된 것으로 한다(제721조). 일반적으로 사업자는 그 상업사용인, 대리인 기타 피용자를 사용하고, 이들이 사무집행과 관련하여 제3자에 대하여 가한 손해에 대하여 사업자가 손해배상책임을 지도록 되어 있는데(민 제756조), 이 점을 고려하여 영업책임보험의 경우 피보험자의 대리인 또는 그 사업감독자의 제3자에 대한 책임도 보험의 목적에 포함된 것으로 한 것이다.

2) 여기서 대리인은 상업사용인을 포함하는 넓은 개념이며, 사업감독자 역시 그 사업을 지휘·감독하는 자로서 구체적인 사실관계에 따라 판단하여야 한다.

3) 제3자에 대한 책임은 사업과 관련하여 발생한 것에 한하고, 사업과 관련이 없이 제3자에게 가한 손해에 대하여는 보상책임이 없다.

Ⅳ. 보관자의 책임보험

1. 보관자의 책임보험의 의의

임차인, 창고업자, 질권자 기타 타인의 물건을 보관하는 자가 그 지급할 손해배상을 위하여 그 물건을 보험에 붙인 경우에, 이것을 보관자의 책임보험이라고 한다(제725조). 보관자의 책임보험계약은 물건의 소유자를 피보험자로 하는 '타인을 위한 보험계약'이 아니라, 보관자 자신을 피보험자로 하는 '자기를 위한 책임보험계약'의 일종이다.[2)] 그러나 경제적으로는 타인인 소유자가 보호를 받으므로 타인을 위한 보험의

1) 양승규(보) 381면.

2) 대법원 2003. 1. 24. 2002다33496: 임차인이 임차건물과 그 안의 시설 등에 대하여 피보험자에

기능을 하고 있다.

2. 요 건

1) 보험계약자가 타인의 물건을 보관하는 자이어야 한다. 보관자는 창고업자뿐만 아니라 타인의 물건을 임차하여 사용하고 있는 임차인도 포함한다.

2) 보험의 목적은 자기가 보관하는 물건의 멸실·훼손으로 소유자에게 지게 될 손해배상책임이어야 한다. 보험자가 보상책임을 지는 사고의 원인은 화재, 도난 등 보험계약에서 정할 수 있다.

3. 보험자와 소유자와의 관계

1) 소유자의 직접청구권

보관자의 책임보험계약에서 피보험자는 보관자이지만 보관자의 무자력·파산 등으로 소유자가 손해배상을 받지 못할 경우가 있을 것이므로, 상법 제725조는 물건의 소유자를 보호하기 위하여 소유자가 보험자에 대하여 직접 손해의 보상을 청구할 수 있게 하였다. 그러나 모든 책임보험에서 피해자인 제3자에게 직접청구권이 인정되고 있으므로(제724조 제2항), 본 규정은 주의적 규정에 불과하다고 본다. 따라서 책임보험일반에 인정되는 직접청구권에 관한 규정이 이 경우에도 적용된다고 본다.

2) 보관자의 권리와 소유자의 권리와의 관계

보관자와 소유자는 다 같이 보험자에 대하여 손해보상청구권을 가지나, 보관자가 소유자에게 손해배상을 하지 아니하는 한, 소유자는 보관자에 우선하여 보상을 받을 수 있다고 보아야 할 것이다. 이 외에 보관자의 권리와 소유자의 권리와의 관계에 관하여는 앞에서 설명한 책임보험부분에서 "가해자에 대한 손해배상청구권과 보험회사에 대한 직접청구권과의 관계"를 유추적용하면 될 것이다.

대한 명확한 언급 없이 자신을 소유자로 기재하여 보험의 목적물의 화재로 인한 손해 등을 보상하는 보험계약을 체결한 경우, 그 보험계약은 손해보험의 일종인 화재보험으로서의 성격을 가지며, 이러한 화재보험은 특약이 없는 한 책임보험의 성격을 갖는다고 할 수 없다. 동지: 대법원 1997. 5. 30. 95다14800.

3) 책임보험과 소유자 자신의 보험과의 관계

소유자가 별도로 자신의 소유권을 피보험이익으로 하여 보험계약을 체결한 경우, 피보험이익이 다르므로 중복보험이 되지 않아 두 보험계약은 병존한다. 만약 소유자가 소유권에 관한 보험계약에 기하여 보험금을 청구한 경우에는 이중이득금지의 원칙상 보관자의 책임보험에 기한 청구권은 보상받은 범위 내에서 소멸한다. 다만 보상을 해 준 보험자는 보관자의 책임보험자에 대하여 보험자대위권을 행사할 수 있다(제682조).

V. 재보험계약

1. 재보험계약의 의의

1) 재보험계약(contract of reinsurance, Rückversicherungsvertrag)이란 어떤 보험자가 인수한 보험계약상의 책임의 전부 또는 일부를 다른 보험자에게 인수시키는 보험계약이다(제661조). 재보험계약에 대하여 제일의 보험계약을 원(原)보험계약(원수(元受)보험계약 · 주보험계약)이라고 하며, 원보험계약은 손해보험계약이든 인보험계약이든 상관없다.

2) 재보험은 원보험자가 인수한 위험의 전부 또는 일부를 분산시키는 기능(위험의 양적 분산기능), 원보험자가 인수한 보험종목 중 특히 위험률이 높은 것을 분산시키는 기능(위험의 질적 분산기능), 외국에 재보험함으로써 위험을 장소적으로 분산시키는 기능(위험의 장소적 분산기능)을 갖는다.

3) 재보험계약에 관하여는 책임보험에 관한 상법의 규정을 준용한다(제726조). 그러나 보험법의 상대적 강행규정성을 정한 상법 제663조 본문의 규정은 재보험에 대하여는 적용되지 않는다(제663조 단서).

2. 재보험계약의 법적 성질

재보험계약의 법적 성질에 관하여는 크게 조합계약설과 보험계약설로 나눌 수 있다. 전자는 재보험계약의 당사자는 위험의 분산 · 이익의 획득에 있어서 공동목적을 가지므로 그 성질은 조합이라는 것이다. 보험계약설은 다시 원보험계약설과 책임보험계약설로 나누어지며, 전자는 재보험을 원보험과 같은 성질을 가진 보험이라 하고,

후자는 재보험계약은 책임보험계약의 일종이라 한다. 책임보험계약설이 통설이다.[1] 상법은 책임보험에 관한 규정을 재보험계약에 준용하고 있으므로(제726조) 책임보험계약설의 입장을 취하고 있다. 그러므로 원보험이 손해보험이든 인보험이든 그 재보험은 책임보험, 즉 손해보험이 된다.

3. 재보험계약의 종류

1) 임의적 재보험과 의무적 재보험

임의적 재보험(특정재보험 · 개별적 재보험)은 원보험자가 필요하다고 인정한 경우에, 그때마다 임의로 재보험계약을 체결하는 것이며, 의무적 재보험(일반적 재보험 · 포괄적 재보험)은 원보험자와 재보험자가 미리 담보할 위험 기타의 조건에 관하여 포괄적으로 합의를 하여 두고, 원보험자가 원보험계약을 체결하면 자동적으로 재보험관계가 생기는 것이다. 후자가 많이 이용되고 있다.

2) 비례특약재보험과 초과액특약재보험

의무적 재보험계약은 다시 두 가지로 나누어진다. 비례특약재보험(비례계약)은 각 원보험계약의 보험금액에 대하여 재보험자가 반드시 관여하고 일정한 비율로 위험을 인수할 권리와 의무를 가지는 것이다. 초과액특약재보험(초과계약)은 원보험계약에 있어서 일정한도 내의 보유액(보유 보험금액)에 대한 위험(보상책임)은 원보험자만이 부담하고, 재보험자는 원보험자의 보유액 한도 초과분에 대하여 위험을 인수하기로 약정한 재보험계약을 말한다.

3) 초과손해특약재보험

초과손해특약재보험은 원보험계약으로부터 발생하는 손해액을 기준으로 재보험계약을 체결하는 것으로서 일정 한도 내의 손해발생액은 원보험자가 보상하고, 그 한도를 초과하는 손해액이 발생한 경우 재보험자가 손해보상책임을 부담하기로 약정한 재보험계약을 말한다. 이러한 초과손해특약재보험은 개별 원보험계약을 대상으로 하기보다는 원보험자가 일정기간 동안 인수한 전체 계약에서 발생하는 손해의 합계액을 기준으로 한다.

---

1) 서돈각 · 정완용(하) 468면; 정찬형(하) 714~715면; 최기원(하) 777면; 정무동(하) 112면; 김용태(하) 98~99면. Sieveking, *Das deutsche Seeversicherungsrecht*, §779 Anm. 37.

4. 당사자간의 법률관계

재보험계약의 법적 성질은 책임보험이므로 재보험계약에 대하여는 그 성질에 반하지 아니하는 범위에서 책임보험에 관한 규정을 준용한다(제726조). 따라서 재보험자는 책임보험의 보험자로서의 권리 · 의무를 가지고, 원보험자는 책임보험의 계약자 · 피보험자로서의 권리 · 의무를 가진다.

1) 원보험자의 의무

원보험자는 재보험료의 지급 이외에 보험계약자 또는 피보험자가 부담하는 각종의 의무를 가진다. 즉, 고지의무(제651조), 각종의 통지의무(제722조 · 제723조 제1항 · 제652조), 손해방지 · 경감의무(제680조 · 제720조 참조) 등을 부담하며, 이 밖에도 재보험계약에 따른 사무를 집행할 의무를 부담한다. 재보험계약은 당사자의 쌍방에 최대선의를 요구하는 계약이므로 원보험자는 성의껏 그 의무의 이행에 노력하여야 한다.

2) 재보험자의 의무

재보험자는 손해보상의무를 진다(제719조). 이때 재보험자의 보험금지급의무의 발생시기가 문제되는데, 이것은 재보험사고의 발생시기를 어느 때로 보아야 하느냐 하는 문제와 같은 문제이다. 재보험계약의 성질을 통설과 같이 책임보험계약의 일종으로 본다면, 책임보험사고를 어떻게 보느냐에 따라서 견해가 달라진다. 앞서 본 바와 같이 법률상책임발생설이 옳다고 보면 원보험의 피보험자가 법률상 제3자에 대하여 책임 내지 의무를 지게 됨으로써 원보험자가 자기의 피보험자에게 보상책임을 지게된 때에 재보험자의 재보험금액지급의무가 생긴다고 보아야 할 것이다.

3) 재보험자의 보험대위

재보험계약이 체결된 경우에 재보험자는 원보험자에게 재보험금을 지급한 한도에서 피보험자 등의 제3자에 대하여 가지는 권리를 대위취득한다. 그러나 이 경우에는 권리의 귀속과 권리의 행사를 분리하는 관습이 있어서, 제3자에 대한 권리를 원보험자가 자기의 명의로써 재보험자의 수탁자적 지위에서 행하는 것이 보통이다(전술).[1]

1) 서울민사지방법원 1981. 12. 26. 80가합5524; 대법원 2015. 6. 11. 2012다10386: 원보험자는 재보험자의 수탁자로서의 지위에서 자기의 명의로써 제3자에 대한 권리를 행사할 수 있다.

5. 원보험계약과 재보험계약의 관계

1) 원보험계약과 재보험계약의 독립성

원보험계약과 재보험계약은 법률상 별개의 계약이다. 따라서 재보험계약은 원보험계약의 효력에 영향을 미치지 아니한다(제661조). 따라서 예컨대 원보험자는 재보험자가 재보험금을 지급하지 아니하였음을 이유로 원보험계약의 피보험자에 대한 원보험금의 지급을 거절할 수 없고, 원보험계약자가 보험료를 지급하지 아니하였음을 이유로 재보험료의 지급을 거절하지도 못한다. 원보험계약의 해지나 무효의 원인이 당연히 재보험계약에 영향을 미치는 것도 아니다.

2) 원보험피보험자와 재보험자와의 관계

원보험의 피보험자는 보험사고가 발생한 경우 직접 재보험자에 대하여 보험금지급청구권을 가지지 않는다. 그러나 재보험계약에는 책임보험에 관한 규정이 준용되므로(제726조) 원보험계약의 피보험자가 재보험자에게 보험금 직접청구권(제724조 제2항)을 행사할 수도 있다고 본다. 그러나 실무에서는 피보험자가 외국의 재보험자에게 우리 상법에 따라 보험금 직접청구권을 행사하기는 매우 어려울 것이다. 어떻든 원보험계약의 피보험자가 재보험자에게 보험금 직접청구권(제724조 제2항)을 행사할 경우 재보험자는 원보험사에게 대항할 수 있는 항변(예컨대, 재보험료의 불지급 등)으로써 원보험자의 피보험자에게 대항할 수 있다.

3) 원보험계약자와 재보험자와의 관계

한편 원보험의 보험계약자는 재보험자에 대하여 직접 재보험료를 지급할 의무는 없으나, 원보험자에게 보험료를 지급하지 않는 경우 재보험자가 민법의 채권자대위권에 관한 규정에 따라서 원보험자의 보험료청구권을 대위행사할 수 있다(민 제404조)(통설).[1)]

---

1) 서돈각 · 정완용(하) 469면; 손주찬(하) 656면; 최기원(하) 778면; 정찬형(하) 718면.

제 5 관 자동차보험

Ⅰ. 자동차보험계약의 의의

자동차보험계약(contract of car insurance, Kraftfahrzeugvericherungsvertrag)이란 피보험자가 자동차를 소유·사용·관리하는 동안에 발생한 사고로 인하여 생긴 손해의 보상을 목적으로 하는 보험계약을 말한다(제726조의 2). 상법상 자동차보험계약은 피보험자 자신의 차량, 자신의 신체손해, 피보험자가 사고를 일으킨 경우 그 피해자의 재산상의 손해와 신체상의 손해 등 모두를 포괄하는 보험, 즉 실무에서 '자동차종합보험'이라고 알려진 것을 규정하고 있다.

Ⅱ. 자동차보험의 종류와 법적 성질

1. 자동차책임보험

1) 자동차책임보험은 피보험자동차의 사고로 인하여 피보험자가 제3자에게 책임을 짐으로써 발생하는 손해의 보상을 목적으로 하는 보험이다. 자동차책임보험은 다시 자동차대인배상책임보험과 자동차대물배상책임보험으로 나눌 수 있는데, 이에 관한 특별법인 자동차손해배상보장법(자배법)이 있다. 이는 강제보험으로서 자동차의 운행으로 인하여 타인을 사상케 하거나 물적 피해를 입힌 경우의 손해를 일정 범위 내에서 보상할 것을 보장한다. 사고로 인한 손해가 자동차손해배상보장법이 정한 보험금액을 초과하는 부분에 대하여는 자동차종합보험에서 보상되는데, 그 대인배상의 경우 보상한도는 무한이고, 대물배상의 보상한도는 계약의 내용에 따라 다르다. 자동차손해배상보장법에 의한 강제보험은 자동차종합보험 가입시에 함께 가입하게 되는데 자동차보험약관에서는 동법에 의한 대인배상책임보험을 대인배상 I 이라 하고 자동차종합보험에 의한 대인배상책임보험을 대인배상 Ⅱ라 하여 구분하고 있다.

2) 자동차책임보험의 경우에 자동차사고로 인해 피해자에 대해 피보험자가 법률상의 손해배상책임을 지는 경우 피해자(손해배상청구권자)는 보험자에게 직접 보험금을 청구(피해자의 직접청구권)할 수 있으며, 보험자는 피보험자가 그 사고에 관하여

가지는 항변(피보험자의 항변권)으로써 손해배상청구권자에게 대항할 수 있다. 이러한 피해자의 직접청구권과 피보험자의 항변권은 상법상 책임보험에서 인정되는 것과 같으며, 자동차손해배상보장법 및 자동차종합보험의 대인·대물배상에서 모두 적용된다(자동차보험표준약관 제29조).

3) 자동차책임보험은 책임보험의 일종이므로 상법의 자동차보험에 관한 규정 외에 책임보험에 관한 규정(제719조~제725조의 2)도 적용된다.

자동차손해배상보장법상의 책임보험

1. 대인배상책임보험과 대물배상책임보험

(1) 대인배상책임보험

(ⅰ) 대인배상책임보험은 자동차손해배상보장법에 의해 가입이 강제된 대인배상책임보험(대인배상Ⅰ)과 임의보험인 자동차종합보험의 대인배상책임보험(대인배상Ⅱ)으로 구분된다.

(ⅱ) 대인배상Ⅰ은 피보험자가 피보험자동차의 운행으로 인하여 다른 사람을 사망하게 하거나 부상하게 한 경우에 자동차손해배상보장법에 의한 손해배상책임을 부담함으로써 입은 손해를 보험자가 보상한다.

(ⅲ) 대인배상Ⅱ는 대인배상Ⅰ의 가입이 있어야 체결할 수 있으며 피보험자가 피보험자동차를 소유·사용·관리하는 동안에 발생한 사고로 인하여 다른 사람을 죽게 하거나 다치게 한 경우 손해배상책임을 짐으로써 생긴 손해가 대인배상Ⅰ에서 지급하는 금액을 초과하는 경우에 그 초과손해를 보험자가 보상하게 된다.

(2) 대물배상책임보험

(ⅰ) 대물배상책임보험의 경우도 대인배상책임보험과 마찬가지로 자동차손해배상보장법에 의한 대물배상책임보험과 임의보험인 자동차종합보험의 대물배상책임보험으로 구분된다.

(ⅱ) 자동차손해배상보장법에 의한 대물배상책임보험은 자동차의 운행으로 다른 사람의 재물을 멸실 또는 훼손한 경우에 피해자에게 발생한 손해를 보상한다.

(ⅲ) 자동차종합보험의 대물배상책임보험은 피보험자동차를 소유·사용·관리하는 동안에 발생한 사고로 다른 사람의 재물을 멸실·훼손한 경우 자동차손해배상보장법의 대물배상에서 지급하는 금액을 초과하는 손해를 보상하게 된다.

2. 자동차손해배상보장법상 운행자·운행자성·운행이익·운행지배

(1) 운행자·운행자성·운행이익·운행지배

(ⅰ) 운행 중의 사고와 관련하여 자동차손해배상보장법은 운행자가 책임을 부담하는 경우 그 책임을 담보한다. 운행자란 "자기를 위하여 자동차를 운행하는 자"이다(자배법 제3조). 운행자란 자동차를 자신의 점유·지배하에 두고 자기를 위하여 사용하는 자이다. 운행자가 운행 중 사고를 일으키고 제3자에게 손해를 가한 경우 자동차손해배상보장법은 그 손해를 보상하도록 하고 있다. '운행자가 운행 중에 사고를 일으켰는가' 하는 문제가 운행자성 문제이다.

(ⅱ) 운행자성을 인정하기 위한 개념으로서 운행지배 및 운행이익이라는 개념이 이용된다. 운행자가 운행지배 및 운행이익을 갖게 되면 운행성을 인정할 수 있다. 다만 다

음 판례에서 보는 바와 같이 운행지배는 반드시 있어야 하지만 운행이익은 묻지 않는 경우도 있다.

(iii) 운행지배란 자동차의 운행에 관하여는 현실적으로 관리운영하는 사실 이외에 자동차의 운행을 지배할 수 있거나 지배하여야 할 지위를 말하는데, 운행지배는 현실적 지배에 한하지 아니하고, 사회통념상 간접지배 내지 지배가능성이 있다고 볼 수 있는 경우도 포함한다. 운행이익이란 운행으로부터 나오는 이익을 말하는데, 간접적・경제적 이익・무상대여시 인적 관계에 따른 정신적 이익(만족감)도 포함된다.[1]

(2) 운행자성・운행이익・운행지배를 인정한 사례

(i) 대법원 1991. 7. 9. 91다14291: 야간에 편도 2차선 직선도로의 2차선에 주차시켜 놓은 15톤 덤프트럭을 오토바이가 추돌한 사고에 대하여 트럭 소유자의 자동차손해배상보장법 소정의 자기를 위하여 자동차를 운행하는 자로서의 손해배상책임을 인정할 수 있다.

(ii) 대법원 1999. 12. 7. 99다19919: 제3자가 무단히 자동차를 운전하다 사고를 낸 경우 소유자의 운행지배와 운행이익이 완전히 상실되었다고 볼 특별한 사정이 없는 경우 그 소유자가 자동차손해배상보장법 제3조 소정의 운행자로서의 책임을 부담한다. 또한 무면허운전에 관하여 기명피보험자의 승낙을 받아 자동차를 운전하는 자로서 보험계약상 피보험자로 취급되는 자(이른바 승낙피보험자)의 승인만이 있는 경우에는 보험계약자나 피보험자의 묵시적인 승인이 있다고 할 수 없어 무면허운전 면책조항이 적용되지 않는다. 동지: 대법원 1997. 12. 12. 96다26954; 동 1995. 9. 15. 94다17888; 동 1994. 5. 24. 93다41211; 동 1993. 12. 21. 91다36420; 동 2000. 10. 13. 2000다2542.

(iii) 대법원 2000. 4. 11. 98다56645: 자동차 소유자가 수리를 의뢰한 경우, 그 자동차의 운행지배권의 귀속주체는 수리업자이지만, 자동차 소유자의 피용자가 수리업자에게 자동차의 수리를 맡기고서도 자리를 뜨지 않고 부품 교체작업을 보조 간섭하였을 뿐만 아니라, 위 교체작업의 마지막 단계에서는 수리업자의 부탁으로 시동까지 걸어 준 경우, 자동차 소유자는 수리작업과 공동으로 자동차에 대한 운행지배를 하고 있다. 동지: 대법원 1997. 11. 28. 95다29390; 동 2005. 4. 14. 2004다68175(자동차의 소유자로부터 수리를 의뢰받은 수리업자가 다시 다른 수리업자에게 수리를 의뢰하여, 다른 수리업자가 자동차를 운전하여 자신의 작업장으로 돌아가던 중 교통사고를 일으킨 사안에서, 자동차 소유자의 의사를 확인하지 않고 다시 수리를 의뢰한 점 등 제반 사정에 비추어 원래의 수리업자도 다른 수리업자와 공동으로 위 자동차의 운행지배와 운행이익을 가지고 있다).

(iv) 이 밖에 운행자성이 인정된 사례: 대법원 1997. 12. 26. 97다35115(무단운전의 경우); 동 1997. 6. 10. 96다48558(미성년 자가 부의 오토바이로 사고를 낸 경우); 동 2014. 5. 16. 2012다73424(렌트카업자가 인적사항을 속인 미성년자에게 대여한 차량이 사고를 낸 경우에도 렌트카업자는 그 대여 차량에 대한 운행지배를 상실하지 아니한다).

(3) 운행자성・운행이익・운행지배를 부인한 사례

(i) 대법원 1998. 6. 23. 98다10380: 자동차손해배상보장법 제3조가 규정하는 '자기를 위하여 자동차를 운행하는 자'는 자동차에 대한 운행을 지배하여 그 이익을 향수하

1) 대법원 1987. 1. 20. 86다카1807: 결혼축의금 대신에 자기가 보유하는 자동차를 혼주에게 스스로 내어주면서 결혼식장까지 혼주와 그의 가족 및 하례객을 운송하도록 운전수까지 딸려 주어서 그 운전수가 그 자동차로 이들을 태우고 운행하다가 사고를 냈다면, 특별한 사정이 없는 한 그 자동차의 운행지배와 운행이익은 여전히 위 자동차의 보유자에게만 있다 할 것이다.

는 책임주체로서의 지위에 있는 자를 의미하므로, 자동차 보유자와 고용관계 또는 가족관계가 있다거나 지인(지인) 관계가 있는 등 일정한 인적 관계가 있는 사람이 자동차를 사용한 후 이를 자동차 보유자에게 되돌려 줄 생각으로 자동차 보유자의 승낙을 받지 않고 무단으로 운전을 하는 협의의 무단운전의 경우와 달리 자동차 보유자와 아무런 인적 관계도 없는 사람이 자동차를 보유자에게 되돌려 줄 생각 없이 자동차를 절취하여 운전하는 이른바 절취운전의 경우에는 자동차 보유자는 원칙적으로 자동차를 절취당하였을 때에 운행지배와 운행이익을 잃어버렸다고 보아야 할 것이다.

(ⅱ) 대법원 1988. 10. 25. 86다카2516: '갑이 병 소유의 승용차를 운전하고 와서 호텔나이트클럽에 들어가면서 위 업소의 주차안내를 맡고 있던 을에게 위 자동차와 시동열쇠를 맡기고 나이트클럽에 들어가 있는 사이에 을이 갑의 승낙없이 위 자동차를 운전하여 위 업소에 온 다른 손님을 목적지까지 태워다주고 돌아오던 중 인명사고를 일으킨 경우라면 그 차량은 위 호텔나이트클럽이 보관한 것으로 보아야 하며 갑의 위 차량에 대한 운행지배는 떠난 것으로 보아야 하고 따라서 을의 위 차량운전은 병을 위하여 운행한 것으로 볼 수 없다.

3. 자동차손해배상보장법상 운행(기인)성

'운행'이라 함은 사람 또는 물건의 운송 여부에 관계없이 자동차를 그 용법에 따라 사용 또는 관리하는 것을 말한다. 자동차손해배상보장법에서도 자동차종합보험과 마찬가지로 운행성이 인정되어야 손해를 배상받을 수 있다.

◖ 대법원 1999. 11. 12. 98다30384

도로교통법(제2조 제19호)의 '운전'과 자동차손해배상보장법(제2조 제2호)의 '운행'의 의미는 서로 다르다

☞ 구 자동차손해배상보장법(1999.2.5. 법률 제5793호로 전문 개정되기 전의 것) 제2조 제2호는 '운행'이라 함은 사람 또는 물건의 운송 여부에 관계없이 자동차를 당해 장치의 용법에 따라 사용하는 것이라고 정의하였는 바, 여기에서 자동차를 당해 장치의 용법에 따라 사용한다는 것은 자동차의 용도에 따라 그 구조상 설비되어 있는 각종의 장치를 각각의 장치목적에 따라 사용하는 것을 말하는 것으로서, 자동차가 반드시 주행상태에 있지 않더라도 주행의 전후단계로서 주・정차 상태에서 문을 열고 닫는 등 각종 부수적인 장치를 사용하는 것도 포함하므로, 자동차손해배상보장법상의 '운행'은 도로교통법상 '운전'보다 넓은 개념이지 동일한 개념이 아니라고 할 것이다. 이 밖에 운행 중의 사고로 본 사례: 대법원 1980. 8. 12. 80다904; 동 1997. 7. 11. 96다39837; 동 2008. 2. 28. 2006다18303(고속도로상에서 1차 사고로 정차한 관광버스의 승객 일부가 버스에서 하차하여 갓길에 서서 사고상황을 살피다가 얼마 지나지 않아 2차 사고를 당하여 사망한 사안에서, 망인이 2차 사고시에도 운행 중인 관광버스의 직접적인 위험범위에서 벗어나지 않았으므로 자동차손해배상 보장법 제3조 단서 제2호의 승객에 해당한다). 반대로 운행성을 부인한 사례: 대법원 1993. 4. 27. 92다8101(자동차의 용법에 따른 사용이 아님); 동 1994. 8. 23. 93다59595(버스가 정차한 상태에서 승객이 열린 출입문을 통해 하차하다가 넘어진 사고는 운행 중의 사고이기는 하나, 운행으로 '말미암아' 생긴 사고는 아니다); 동 1996. 5. 28. 96다7359(트랙터로 견인되는 트레일러의 적재함에 부착된 쇠파이프를 제거하는 수리작업 과정에서 생긴 사고는 운행 중의 사고가 아니다); 동 1996.

5. 31. 95다19232(자동차의 용법에 따른 사용이 아님); 동 1997. 1. 21. 96다42314(불도저를 트레일러에 싣던 중 일어난 전복사고로 불도저 운전자가 사망한 사고는 자동차의 운행으로 말미암아 일어난 사고로 볼 수 없다).

4. 자동차손해배상보장법상 타인성

운행자가 그 운행으로 인하여 '다른 사람', 즉 타인을 사상케 하였어야 한다. 운행자, 운전자, 운전보조자 이외의 자가 타인에 해당한다. 그러나 (공동)운행자나 운전보조자,[1] 교대운전자[2] 등이 직접 운행에 관여하고 있지 않다면 타인이 된다. 아무 대가없이 자동차를 얻어 탄 호의동승자는 타인이다.[3]

5. 무보험자동차 등에 의한 피해자보호

자동차배상책임보험은 자동차보유자의 자동차의 운행으로 인하여 손해를 입은 피해자를 보호하는 보험이지만, 예컨대 뺑소니차량과 같이 보유자를 알 수 없는 자동차 또는 무보험자동차의 운행으로 인하여 사망 또는 부상한 자를 보호하기 위하여 정부가 그 손해를 보상하는 제도가 있다. 이를 자동차손해배상보장사업이라 하고(자배법 제30조 이하), 이 사업에 관한 업무는 국토교통부장관이 관장한다(자배법 제30조 제6항).

2. 자기차량손해보험

1) 자기차량손해보험이란 충돌 · 접촉 · 추락 · 전복 · 도난 기타 유사한 사고로 인하여 피보험자동차 자체에 생긴 손해의 보상을 목적으로 하는 보험으로서 물보험이다. 그리하여 보험가액이 존재하므로 일부보험 · 초과보험 · 중복보험의 문제가 생긴다.

2) 자기차량손해보험에 관하여는 손해보험통칙규정(제665조부터 제682조까지)과 자동차보험에 관한 규정이 적용된다. 여기서 자동차란 자동차관리법의 적용을 받는 자동차와 건설기계관리법의 적용을 받는 건설기계 중 일부(덤프트럭 · 타이어식 기중기 · 콘크리트믹서트럭 등)를 말한다(자배법 제2조 제1호).

3) 차량보험의 경우에 보험의 목적은 자동차의 본체뿐만 아니라 그 부속품과 기계장치를 포함한다. 피보험이익의 주체인 피보험자는 피보험자동차의 소유자 또는 용익권자이지만, 약관에 의하면 보험증권에 기재된 피보험자, 즉 기명피보험자를 말한다.

3. 자기신체사고보험(자손사고보험)

자기신체사고보험이란 피보험자동차의 사고로 피보험자의 생명이나 신체에 생긴

1) 대법원 1999. 9. 17. 99다22328.
2) 대법원 1983. 2. 22. 82다128.
3) 대법원 1991. 1. 15. 90다13710; 동 1992. 5. 12. 91다40993; 동 1995. 12. 26. 95다43655; 동 1996. 3. 22. 95다24302.

인적 손해의 보상을 목적으로 하는 보험으로서 인보험의 일종이다.[1] 이는 상해보험이라 할 수 있으며, 자동차사고로 인한 상해만을 담보함으로써 자동차보험의 일부를 구성하고 있다. 자손사고보험의 피보험자는 약관에 의하여 확대되고 있는데, 피보험자 이외에 피보험자의 가족이나 근로기준법에 의한 재해보상을 받을 수 있는 그 피보험자의 피용자까지도 피보험자로서 포함하고 있다. 자기신체사고보험의 보험자는 피보험자의 사상의 정도에 따라 사망보험금, 부상보험금 및 후유장해보험금으로 구분하여 지급한다.

◖ 대법원 1989. 4. 25. 88다카11787
자손사고에 있어서의 자동차사고의 의미

☞ 자동차종합보험보통약관상 자손사고에 있어서의 자동차사고라 함은 보험증권에 기재된 자동차를 그 용도에 따라 사용 중 그 자동차에 기인하여 피보험자가 상해를 입거나 사망하는 경우를 의미한다. 동 2009. 2. 26. 2008다59834 · 59841: 운전자가 차량을 정차한 후 운전석 문을 열고 내리던 중 무언가에 걸려 빙판길 노면에 넘어지면서 머리를 강하게 부딪쳐 상해를 입은 사고는 자동차를 소유, 사용, 관리하는 동안에 그로 인하여 발생한 자기신체사고보험의 보험사고에 해당한다.

4. 무보험자동차에 의한 상해보험

1) 무보험자동차에 의한 상해보험이란 피보험자가 뺑소니 차량 등 보유자를 알 수 없는 자동차 또는 무보험자동차에 의하여 생긴 사고로 죽거나 다친 때, 그로 인한 손해에 대하여 배상의무자가 있는 경우에 보험자가 보상하는 보험으로서 상해보험의 성질과 손해보험의 성질을 동시에 가지는 손해보험형 상해보험이다.[2]

2) 여기서 '무보험자동차'라 함은 피보험자동차 이외의 자동차로서 피보험자를 죽게 하거나 다치게 한 자동차를 말하며, 구체적으로는 ① 자동차보험 대인배상Ⅱ에 가입되지 않은 자동차, ② 자동차보험 대인배상Ⅱ에서 보상하지 아니하는 경우에 해당하는 자동차, ③ 이 보험(무보험자동차에 의한 상해보험)에서 보상될 수 있는 금액(1사고당 2억원 이내)보다 보상한도가 낮은 자동차보험의 대인배상Ⅱ가 적용되는 자동차, ④ 피보험자를 죽게 하거나 다치게 한 자동차가 명확히 밝혀지지 않은 경우에 그 자동차 등이 해당되며, 피보험자가 소유한 자동차는 제외된다.

3) 또 여기서의 '배상의무자'는 무보험자동차의 사고로 인하여 피보험자를 죽게

1) 대법원 1998. 12. 22. 98다35730; 동 2017. 7. 18. 2016다216953.
2) 대법원 2006. 11. 23. 2006다10989.

하거나 다치게 함으로써 피보험자에게 입힌 손해에 대하여 법률상 손해배상책임을 지는 사람을 말한다.

4) 무보험자동차에 의한 상해보험은 대인배상책임보험(대인배상Ⅰ·Ⅱ), 대물배상책임보험, 자기신체사고보험에 모두 가입한 경우에 한해 가입할 수 있다.

5. 자동차종합보험

위에서 본 바와 같이 자동차보험은 여러 가지 측면이 있다. 위의 여러 종류의 보험의 전부 또는 일부의 가입을 목적으로 하는 보험을 통칭 자동차종합보험이라 한다. 자동차종합보험은 임의보험이다. 실무에서 자동차종합보험약관 및 자동차손해배상보장법의 해석상 문제되는 것은 "피보험자"의 범위, "자기를 위하여 자동차를 운행하는 자", 자동차의 "운행"(후술) 등의 개념이다.

자동차종합보험의 피보험자의 범위에 관한 판례

(1) 자동차보험을 구성하는 각각의 보험은 그 종류별로 담보하는 위험이 다르므로 피보험자의 범위도 달리 정의하고 있다.

(2) "대인배상책임보험(대인배상Ⅰ·Ⅱ)"과 "대물배상책임보험"의 피보험자의 범위는 동일한데 ① 보험증권에 기재된 피보험자(기명피보험자), ② 기명피보험자와 같이 살거나 살림을 같이하는 친족으로서 피보험자동차를 사용 또는 관리중인 자, ③ 기명피보험자의 승낙을 얻어 피보험자동차를 사용하거나 관리중인 자(대인배상Ⅱ나 대물배상의 경우 자동차정비업, 주차장업, 급유업, 세차업 등 자동차를 취급하는 것을 업으로 하는 자가 업무로서 위탁받은 피보험자동차를 사용 또는 관리하는 경우에는 피보험자로 보지 아니함), ④ 기명피보험자의 사용자 또는 계약에 의하여 기명피보험자의 사용자에 준하는 지위를 얻은 자, ⑤ 위 '①' 내지 '④'의 피보험자를 위하여 피보험자동차를 운전 중인 자(운전보조자 포함)를 가리킨다.

(3) "자기신체사고보험"의 피보험자의 범위는 ① 위 배상책임보험에서 정한 피보험자, ② '①'의 피보험자의 부모, 배우자 및 자녀, ③ '①'의 피보험자(피보험자를 위하여 피보험자동차를 운전 중인 자는 제외)가 고용한 자로서 산업재해보상보험법에 의한 재해보상을 받을 수 있는 사람을 가리킨다.

(4) "무보험자동차에 의한 상해보험"의 피보험자의 범위는 ① 기명피보험자 및 기명피보험자의 배우자(피보험자동차에 탑승 중이었는지 여부 불문), ② 기명피보험자 또는 그 배우자의 부모 및 자녀(피보험자동차에 탑승중이었는지 여부 불문), ③ 피보험자동차에 탑승 중이었던 경우로 기명피보험자의 승낙을 얻어 피보험자동차를 사용 또는 관리 중인 자(자동차정비업, 주차장업, 급유업, 세차업 등 자동차를 취급하는 것을 업으로 하는 자가 업무로서 위탁받은 피보험자동차를 사용 또는 관리하는 경우에는 피보험자로 보지 아니함), ④ 위 '①' 내지 '③'에서 규정하는 피보험자를 위하여 피보험자동차를 운전 중인 자를 가리킨다.

(5) "자기차량손해보험"의 피보험자는 기명피보험자만을 가리킨다.

(6) '가족운전자 한정운전 특별약관'은 가족의 범위에 관하여 기명피보험자의 배우자, 자녀는 사실혼관계에 기초한 경우도 포함된다는 규정을 두고 있으나 기명피보험자의 사위나 며느리는 사실혼관계에 기초한 경우가 포함되는지에 관하여 아무런 규정을 두고 있지 않지만, 기명피보험자의 사위나 며느리는 기명피보험자의 자녀와 법률상 혼인관계에 있는 사람을 의미한다(대법원 2014. 9. 4. 2013다66966). 일반적으로 계모는 가족에 포함되나(대법원 1997. 2. 28. 96다53857), 첩(대법원 1995. 5. 26. 94다36704), 기명피보험자와 실질적인 가족관계를 형성하고 있는 아버지의 사실상의 배우자(대법원 1960. 9. 29. 4293민상302) 등은 가족에 포함되지 않는다.

(7) 자동차종합보험 약관에 의하면 피보험자는 실질적인 피보험자, 승낙피보험자, 기명피보험자와 동거하는 친족으로서 피보험자동차를 사용 또는 관리 중인 자, 기명피보험자의 사용자, 위에 열거한 각자를 위하여 피보험자동차를 운전 중인 자 및 위 각호의 자의 부모, 배우자 및 자녀 등이다. 이 중 실질적인 피보험자, 승낙피보험자 및 각 피보험자를 위하여 피보험자동차를 운전 중인 자에 관하여 다수의 판례가 나와 있어 이를 소개하면 다음과 같다.

(ⅰ) 실질적인 피보험자 : 자동차종합보험의 피보험자는 보험증권에 피보험자로 기재되어 있는 사람, 즉 기명피보험자를 말한다. 보통의 경우 기명피보험자는 자동차등록부 등 공부상 소유자 명칭과 일치하나, 반드시 일치하지 아니하더라도 상관이 없다.

◖ 대법원 1993. 4. 13. 92다6693
자동차 매수인을 실질적인 피보험자로 본 사례

☞ 차량을 매수하였으나 수리비 정리 등의 사유로 이전등록을 하지 않고 있는 사이에 보험기간이 만료되어 매수인이 보험회사와 자동차종합보험계약을 체결하면서 피보험자 명의를 보험회사의 승낙을 얻어 공부상 소유명의인으로 하였다면 보험계약상 기명피보험자가 공부상 소유명의자로 되어 있다 하더라도 실질적인 피보험자는 매수인이다. 대법원 1989. 11. 28. 88다카26758 참조.

(ⅱ) 승낙피보험자 : 자동차종합보험약관에 의하면 기명피보험자의 승낙을 얻어 자동차를 사용 또는 관리 중인 자도 피보험자에 포함된다. 이 경우 기명피보험자의 승낙을 얻은 자가 일으킨 사고에 대하여는 보험자에게 보상책임이 있다.

◖ 대법원 1992. 9. 22. 92다28303
기명피보험자의 승낙을 얻은 자가 일으킨 사고에 대하여는 보험자에게 보상책임이 있다

☞ A는 승용차를 B명의로 등록하고 자동차종합보험에도 그 기명피보험자를 B로 하였는데, A와 B를 잘 알면서 평소 위 차량을 빌려 타고 다니던 C가 A로부터 위 차량의 열쇠를 받아 위 차량을 몰고 그의 심부름으로 김밥을 사러갔다가 마음대로 부산에서 서울로 올라가 위 차량을 운행 중에 사고가 발생하였고, 그 후 C가 A에게 무단운행을 사과하는 전화를 하였는데도 그 차량의 반환을 요구하지도 아니한 채 그 운행을 묵인하고 있었다면 B는 자동차손해배상보장법상의 운행자성을 상실하였다고 할 수 없어서 보험자에게 보험금지급책임이 있다.

◖ 대법원 1990. 12. 11. 90다7708
자동차의 양도 후의 양수인을 승낙피보험자라고 한 사례

☞ 차량매수인이 잔대금을 지급하지 아니하여 아직 그 소유권이전등록을 마치지 아니한 채 차량을 인수받아 운행하면서, 매도인과의 합의 아래 그를 피보험자로 하여 자동차종합보험계약을 체결하였다면, 그 이래 매수인은 보험회사의 자동차종합보험보통약관에 정한 피보험자로서 "기명피보험자의 승낙을 얻어 자동차를 사용하는 자"에 해당한다 할 것이므로, 그 후 잔대금을 지급하여 그 명의로 차량 소유권이전등록을 마치고서도 보험약관에 따라 그 보험계약의 승계절차를 거치지 아니하였더라도 그와 같은 피보험자로서의 지위가 상실되는 것은 아니므로 매수인은 그 약관에 따라 위 차량의 사고로 인한 보험금지급청구권을 취득한다.

◖ 대법원 1994. 6. 14. 94다15264
자동차의 양도 후의 소유권이전등록을 마치지 아니한 경우에는 양수인은 승낙피보험자로 인정된다

☞ 자동차를 매수하고 소유권이전등록을 마치지 아니한 채 자동차를 인도받아 운행하면서 매도인과의 합의 아래 매도인을 피보험자로 한 자동차종합보험계약을 체결하였다면, 그 매수인은 자동차종합보험계약의 약관에 따른 기명피보험자의 승낙을 얻어 자동차를 사용 또는 관리중인 자, 즉 승낙피보험자에 해당된다.

◖ 대법원 1993. 4. 13. 92다8552
자동차의 양도 후의 양수인을 승낙피보험자가 아니라고 한 사례

☞ 자동차종합보험보통약관 제22조 제1항 제3호는 기명피보험자의 승낙을 얻어 자동차를 사용 또는 관리 중인 자를 피보험자로 규정하고 있는 바, 여기서 말하는 기명피보험자라 함은 피보험자동차에 대한 운행지배나 운행이익을 누리는 피보험자를 말한다고 보아야 할 것이므로, 차량의 양수인이 양도인에게 대금을 모두 지급하고 차량을 현실적으로 인도받은 다음 차량을 운전하던 중에 사고를 냈다면 양도인은 차량의 운행이익이나 운행지배권을 상실하였다 할 것이므로 양수인을 약관에 정한 "기명피보험자의 승낙을 얻어 자동차를 사용 또는 관리 중인 자"에 해당한다고 할 수 없다.

◖ 대법원 1991. 7. 26. 91다14796
자동차의 양도 후의 소유권이전등록까지 마친 경우에는 양수인은 승낙피보험자로 인정되지 아니한다

☞ 보험차량의 매수인이 매매대금을 모두 지급하고 차량을 인도받았을 뿐 아니라 그 명의로 소유권이전등록까지 마침으로써 매도인이 차량에 대한 운행지배관계 및 피보험이익을 상실한 것으로 인정되는 경우에 있어서는 매수인(또는 매수인이 고용한 운전사)을 자동차종합보험약관에 규정된 "기명피보험자의 승낙을 얻어 자동차를 사용 또는 관리중인 자"에 해당한다고 볼 수 없다고 하여 매수인(또는 매수인이 고용한 운전사)의 위 차량운행 중 발생한 교통사고로 인한 보험금지급청구를 부정한 사례. 동지: 대법원

1991. 8. 9. 91다1158; 동 1992. 4. 10. 91다44803; 동 1992. 12. 22. 92다30221; 동 1993. 4. 13. 92다8552; 동 1996. 5. 31. 96다10454; 동 1996. 7. 30. 96다6110.

◖ 대법원 1992. 2. 25. 91다12356
경찰서 경비과장은 기명피보험자인 국가의 승낙을 얻어 자동차를 사용 또는 관리 중인 자에 해당하므로 그가 일으킨 사고에 대하여 보험자는 보상책임이 있다

☞ 자동차종합보험계약상 기명피보험자의 승낙을 얻어 자동차를 사용 또는 관리 중인 자도 피보험자로 하고 있는 경우에 있어 경찰서 경비과장으로서 경찰서장의 승낙을 받아 자동차를 운전하다가 사고가 일어난 것이라면, 위 운전자는 기명피보험자인 국가의 승낙을 얻어 자동차를 사용 또는 관리 중인 자에 해당하거나 국가를 위하여 자동차를 운전 중인 자에 해당하여 위 보험계약에 있어서의 피보험자의 범주에 속한다고 할 것이고, 그가 피보험자인 이상 위 자동차의 운행으로 인한 사고로 말미암아 자신이 법률상 손해배상책임을 지게 되는 경우, 즉 보험사고가 발생한 경우에는 기명피보험자가 아니더라도 보험자에 대하여 보험금액지급 청구권을 가지게 된다고 보아야 한다. 참조판례: 대법원 1994. 12. 27. 94다31860.

승낙피보험자에 대한 승낙의 방법은 명시적·개별적이든, 묵시적·포괄적이든 상관없다. 그러나 기명피보험자의 승낙은 특별한 사정이 없는 한 기명피보험자로부터의 직접적인 승낙이어야 하므로 기명피보험자인 매도인의 승낙을 받은 매수인으로부터 다시 자동차 사용승낙을 받은 경우는 승낙피보험자에 해당한다고 볼 수 없다.

◖ 대법원 1993. 1. 19. 92다32111
승낙피보험자에 대한 승낙의 방법

☞ 자동차종합보험보통약관에서 피보험자를 보험증권에 기재된 기명피보험자, 기명피보험자의 승낙을 얻어 피보험자동차를 사용·관리 중인 승낙피보험자 등으로 열거하여 규정하고 있는 경우 승낙피보험자는 기명피보험자로부터의 명시적·개별적 승낙을 받아야만 하는 것이 아니고 묵시적·포괄적인 승낙이어도 무방하나, 그 승낙은 기명피보험자로부터의 승낙임을 요하고, 기명피보험자로부터의 승낙인 이상 승낙피보험자에게 직접적으로 하건 전대를 승낙하는 등 간접적으로 하건 상관이 없다. 동지: 대법원 1995. 4. 28. 94다43870.

◖ 대법원 1993. 2. 23. 92다24127
기명피보험자인 매도인의 승낙을 받은 매수인으로부터 다시 자동차 사용승낙을 받은 경우는 승낙피보험자에 해당한다고 볼 수 없다

☞ 기명피보험자의 승낙은 특단의 사정이 없는 한 기명피보험자로부터의 직접적인 승낙이어야 하므로 비록 매수인으로부터 자동차를 인도받고 사용을 승낙받았다 하더라도 기명피보험자인 매도인으로부터 자동차의 사용 또는 관리에 대한 직접적인 승낙을 받지 아니하였으면 위 약정에서 말하는 승낙피보험자에 해당한다고 볼 수 없다. 동지: 대법

원 1995. 4. 28. 94다43870(승낙받은 자로부터 다시 승낙을 받은 경우); 동 2002. 3. 26. 2001다78430(운전업무 외의 업무를 위하여 고용되었을 뿐 아니라 자동차 운전면허를 갖고 있지 못하여 그 피용자가 피보험자동차를 운전하는 것이 기명피보험자 등의 의사에 명백히 반하는 것으로 보이는 경우에 무면허인 그 피용자가 기명피보험자인 사용자 등의 개별적 또는 포괄적, 명시적 또는 묵시적 승낙 없이 무단으로 자동차를 운전하였다면 설사 그 피용자가 기명피보험자 등을 위하여 운전한다는 의사로 그 자동차를 운전하였다고 하더라도 그 피용자는 운전피보험자에 해당하지 않는다).

◖ 대법원 2000. 2. 25. 99다40548
기명피보험자의 묵시적 승인이 있다고 본 사례

☞ 21세 이상 한정운전 특별약관부 자동차종합보험의 기명피보험자인 렌트카회사의 영업소장이 운행자격이 없는 만 21세 미만자 또는 자동차 운전면허가 없는 자를 임차인으로 하여 자동차를 대여해 준 경우, 위 약관 소정의 도난운전에 대한 기명피보험자의 묵시적 승인이 있으므로 보험자는 보험금지급책임이 있다. ※ 참고판례: 대법원 2014. 5. 16. 2012다73424(미성년자가 인적 사항을 속인 경우).

(iii) 각 피보험자를 위하여 피보험자동차를 운전 중인 자 : 자동차종합보험 보통약관상 '각 피보험자를 위하여 피보험자동차를 운전 중인 자'가 일으킨 사고에 대하여도 보험자는 보상책임을 진다. '각 피보험자를 위하여 피보험자동차를 운전 중인 자'에는 운행보조자를 포함하며, 당해 운행에 있어서의 기명피보험자의 구체적이고 개별적인 승낙의 유무에 관계없이 위 약관상의 피보험자에 해당한다고 보아야 한다.[1]

Ⅲ. 자동차보험계약에 관한 특칙

1. 자동차보험증권의 기재사항

자동차보험증권에는 상법 제666조에 규정한 사항 외에도, ① 자동차소유자와 그 밖의 보유자의 성명과 생년월일 또는 상호, ② 피보험자동차의 등록번호, 차대번호, 차형연식과 기계장치, ③ 차량가액을 정한 때에는 그 가액을 기재하여야 한다(제726조의 3).

2. 보험사고

1) 책임보험의 경우

책임보험에서의 보험사고는 피보험자동차의 사고로 인한 법률상 손해배상책임의

1) 대법원 2005. 9. 15. 2005다10531.

발생이다. 보험자는 피보험자가 자동차를 소유, 사용 또는 관리하는 동안에 발생한 사고로 인하여 생긴 손해를 보상할 책임이 있다(제726조의 2). 예컨대, 자동차의 사용이란 약관에 의하면 자동차의 통상용법에 따른 운행을 말하고 사용중의 사고란 바로 이와 같은 운행 중의 사고를 말한다.

운행의 개념에 관한 판례

(i) 대법원 1998. 9. 4. 98다22604·22611: 동승자가 주차한 자동차에서 하차하다가 차량 밖의 터널바닥으로 떨어져 다친 사고는 자동차의 운행으로 인한 사고이다.

(ii) 대법원 1994. 4. 29. 93다55180: 교통사고만의 담보특약부 상해보험계약에 적용되는 약관상 '운행'이라 함은 자동차손해배상보장법 제2조에서 규정하고 있는 바와 같이 자동차를 당해 장치의 용법에 따라 사용하고 있는 것을 말하고, 자동차를 교통의 장인 도로에서 끌어내어 길 옆의 잔디밭에 주차시키고 잠을 자다가 자동차가 미끄러져 내려가 물에 빠져 발생한 사고는 피보험자가 '운행'중의 자동차에 탑승하고 있을 때의 사고라고 볼 수 없어 위 보험약관에서 말하는 보험사고에 해당하지 않는다.

(iii) 대법원 1996. 5. 28. 96다7359: 자동차손해배상보장법 제2조 제2호에 자동차의 '운행'이라 함은 사람 또는 물건의 운송 여부에 관계없이 자동차를 당해 장치의 용법에 따라 사용하는 것을 말한다고 규정하고 있고, 여기서 당해 장치란 운전자나 동승자 및 화물과는 구별되는 당해 자동차에 계속적으로 고정되어 있는 장치로서 자동차의 구조상 설비되어 있는 당해 자동차 고유의 장치를 말하므로, 이와 같은 각종 장치의 전부 또는 일부를 각각의 사용목적에 따라 사용하는 경우에는 운행 중에 있는 것이다. … 사고가 트레일러로 견인되는 적재함에 부착되어 있는 쇠파이프를 그 사용목적에 따라 사용하다가 발생한 것이 아니고 그 철구조물을 철거하는 수리작업 과정에서 발생한 경우, 자동차의 운행 중 일어난 사고로 볼 수 없다.

(iv) 대법원 1989. 10. 27. 89다카432: 자동차운전자가 피해자를 승차시키고 운행하던 중 강간할 마음이 생겨 내려달라는 피해자의 요구에 불응하고 계속 진행함으로써 피해자가 우측 출입문을 열고 뛰어 내리다가 사망한 추락사고가 발생하였다고 하더라도 이를 자동차의 통상용법에 따른 운행 중의 사고가 아니라고 할 수 없다.

(v) 대법원 1991. 9. 24. 91다19906: 자가운전자동차종합보험의 피보험자가 자동차를 정차시킨 후 자동차 열쇠를 그대로 꽂아 둔 채 잠시 부근 약국에 수금을 하러 간 사이에 뒷좌석에 타고 있던 친구가 정차상태를 바로잡기 위하여 운전하다가 일으킨 교통사고에 대하여 피보험자에게 자동차관리상의 과실이 있는 것으로 평가되는 것은 별론으로 하고, 위 교통사고가 일어날 당시 피보험자가 위 보험약관상의 자동차운전자로서의 지위를 여전히 갖고 있었다고는 볼 수 없으므로 보험회사의 위 보험약관에 따른 보상책임이 없다. 동지: 대법원 2000. 12. 8. 2000다46375, 46382 판결: 자동차종합보험의 계약자 겸 피보험자가 주차된 피보험자동차에 들어가 시동을 켜고 잠을 자다가 담배불로 인하여 발화된 것으로 추정되는 화재로 사망한 경우, 자동차보험약관 소정의 자기신체사고에 해당하지 않는다.

(vi) 대법원 2000. 1. 21. 99다41824: 자동차보험약관상의 '운행'이라 함은 자동차를 당해 장치의 용법에 따라 사용하고 있는 것을 말하고, '당해 장치'라 함은 자동차에 계속적으로 고정되어 있는 장치로서 자동차의 구조상 설비되어 있는 자동차의 고유의

장치를 뜻하는 것인데, 위와 같은 각종 장치의 전부 또는 일부를 각각의 사용목적에 따라 사용하는 경우에는 운행 중에 있다고 할 것이나 자동차에 타고 있다가 사망하였다 하더라도 그 사고가 자동차의 운송수단으로서의 본질이나 위험과는 전혀 무관하게 사용되었을 경우까지 자동차의 운행 중의 사고라고 보기는 어렵다. … 승용차를 운행하기 위하여 시동과 히터를 켜 놓고 대기하고 있었던 것이 아니라 잠을 자기 위한 공간으로 이용하면서 다만 방한 목적으로 시동과 히터를 켜놓은 상태에서 잠을 자다 질식사한 경우, 자동차 운행 중의 사고에 해당하지 않는다.

(vii) 대법원 2005. 3. 25. 2004다71232: 활선자동차의 버킷을 수리할 목적으로 화물자동차를 운전하여 회사의 자재창고에 도착하여 창고 정문 안쪽의 내리막 경사지에 주차한 후 하차하여 수리하다가 날이 어두워지자 화물자동차에 시동을 걸고 전조등을 켜서 그 불빛을 이용하여 작업을 계속하던 중 화물자동차가 경사지에서 굴러 내려와 충격하는 바람에 운전자가 사망한 경우, 자동차의 운행 중의 사고에 해당한다.

(viii) 대법원 2008. 5. 29. 2008다17359: 자동차손해배상 보장법 제3조에서 '운행으로 인하여'라 함은 운행과 사고 사이에 상당인과관계를 인정할 수 있는지의 여부에 따라 결정되어야 한다. 고속도로 상에서 선행 교통사고가 발생한 후 운전자가 피보험차를 사고지점인 1차로에 그대로 둔 상태에서 동승자가 운전자의 부탁으로 후행차량들에 대한 수신호를 하던 중 후행차량에 충격당한 사고가 발생한 사안에서, 피보험차의 운전자의 불법 정차와 후행 교통사고 사이의 상당인과관계를 인정할 수 있다. 동 2008. 11. 27. 2008다55788: 피보험자의 지시에 따라 도로 갓길에 주차된 피보험자동차에서의 하역작업을 하던 사람이 교통사고를 당한 것은 자동차의 운행 중의 사고에 해당할 뿐만 아니라 피보험자동차의 소유, 사용, 관리 중에 피보험자의 책임 있는 사유로 발생한 사고로서 자동차종합보험약관이 정하는 보험사고에 해당한다. 동 2012. 9. 27. 2012다35743: 산길에서 조난당한 차량 운전자가 구조 요청을 위해 10시간 여를 헤매다 동사하였다면 '운행중 사고'로 볼 수 없다. 동 2023. 2. 2. 2022다266522: 운행 중 비가 내리자 화물을 보호하기 위하여 시동을 켠 상태에서 운전석 지붕에 올라가 적재함에 방수비닐을 덮는 작업을 하던 중 미끄러져 조수석 쪽 바닥으로 추락한 경우, 차량을 소유, 사용, 관리하는 동안 생긴 사고에 해당한다. 동 2023. 2. 2. 2022다272169: 선박에 탑승하고 있는 동안 발생한 선박의 고장 혹은 이상 작동을 점검・수리하기 위하여 선장의 지시에 따라 일시적으로 선박에서 이탈하여 선박 스크루 부분에서 작업을 하다가 사망한 경우 선박 탑승 중의 사고에 해당하고, 이 경우 면책약관에 따라 보험금을 지급받을 수 없다.

2) 자기차량손해보험의 경우

자기차량손해보험에서의 보험사고는 차량 및 그 부속품과 부속 기계장치의 멸실・훼손・도난 등 차량 자체에 관하여 생길 수 있는 모든 사고이다.

3) 자기신체사고보험의 경우

자기신체사고보험에서의 보험사고는 피보험자동차의 사고로 입은 피보험자 등의 사망・상해이다.

3. 손해보상범위

자동차보험계약의 보험자는 피보험자가 자동차를 소유, 사용 또는 관리하는 동안에 발생한 사고로 인하여 생긴 손해를 보상할 책임이 있다(제726조의 2). 그러나 구체적인 손해보상범위는 약관으로 규정하는 것이 보통이다. 책임보험에서는 약관에 규정된 보험료지급기준에 따라 산출한 금액이 보상금액이 되나, 소가 제기된 경우에는 판결금액이 보상금액이며, 이때 변호사비 등 각종 비용도 보상된다. 차량보험에서는 감가액 또는 수리비, 자손사고보험에서는 약정보험금이 보상된다. 그리고 형사합의금도 보험금으로 지급될 수 있다.

◖ 대법원 1991. 9. 10. 91다18170
보험자의 보상범위는 피보험자의 피해자에 대한 법률상의 손해배상책임액을 그 한도로 한다

☞ 자동차종합보험약관 제16조 제1항 제1호에 의하면 피보험자가 피해자에게 지는 손해배상액에 관하여 판결이 확정된 때에는 피해자는 보험회사에 대하여 직접 보험금의 지급을 청구할 수 있도록 되어 있는 바 그 판결에는 의제자백으로 선고·확정된 판결도 포함된다. … 위 약관에 따라 판결확정 후 그에 기하여 피해자가 보험회사에게 직접 보험금을 청구하는 경우에는 보험자의 보상범위는 피보험자의 피해자에 대한 법률상의 손해배상책임액을 그 한도로 한다.

◖ 대법원 1996. 9. 20. 95다53942
보험자는 형사합의금으로 지급한 금액 상당을 피보험자에게 지급할 의무가 있다

☞ 재산상 손해금의 성격을 띤 형사합의금은 자동차종합보험약관에서 정한 '사고차의 운행으로 남을 죽게 하거나 다치게 하여 법률상 손해배상책임을 짐으로써 입은 손해'에 대한 배상으로 지급된 것이고, 그 지급목적이 형사상 처벌을 원하지 아니한다는 의사표시를 얻어내기 위한 형사상 합의에 있었다 하더라도 사정이 달라진다고 할 수 없으므로, 보험자는 그 보험계약에 따라 보험금으로 형사합의금으로 지급한 금액 상당을 피보험자에게 지급할 의무가 있다.

◖ 대법원 2012. 10. 11. 2012다44563
교통사고 피해자는 교통사고 발생에 기여한 자신의 과실 유무나 다과와 관계없이 법률이 정하는 바에 따른 진료비 해당액을 책임보험금으로 청구할 수 있다

☞ 자동차손해배상 보장법 시행령은 피해자에게 발생한 손해액이 자동차손해배상 보장법 규정에 의해 산출한 진료비 해당액에 미달하는 경우에는 그 진료비 해당액을 책임보험금으로 지급하도록 규정하고 있는바, 그 취지는 교통사고 피해자가 입은 손해 중 그

의 과실비율에 해당하는 금액을 공제한 손해액이 진료비 해당액에 미달하는 경우에도 교통사고로 인한 피해자의 치료 보장을 위해 그 진료비 해당액을 손해액으로 보아 이를 책임보험금으로 지급하라는 것으로 해석되므로, 교통사고 피해자로서는 위 교통사고의 발생에 기여한 자신의 과실의 유무나 다과에 불구하고 진료비 해당액을 자동차손해배상 보장법에 의한 책임보험금으로 청구할 수 있다.

◖ 대법원 2019. 4. 11. 선고 2018다300708
교통사고 차량의 교환가치 하락도 보험자의 보상범위에 속한다

☞ 자동차종합보험약관의 대물배상 지급기준에 '자동차 시세 하락의 손해'에 대해서는 수리비용이 사고 직전 자동차 거래가액의 20%를 초과하는 경우에만 일정액을 지급하는 것으로 규정하고 있지만, 위 약관조항은 보험자의 책임 한도액을 정한 것이 아니라 보험금 지급기준에 불과하므로 보험회사는 상법 제724조 제2항에 따라 교환가치 감소의 손해를 배상할 의무가 있다.

4. 면책사유

면책사유에 관하여도 약관에 규정을 두는 것이 보통인데, 그 내용은 보험계약자, 피보험자, 피보험자의 사용자, 친족 등의 고의로 인한 손해, 전쟁·천재지변으로 인한 손해, 무면허운전, 음주운전, 마약 등의 영향하의 운전중에 생긴 손해, 범죄목적으로 사용 중의 손해, 근로기준법에 의해 재해보상을 받을 수 있는 손해(이에 관하여는 대법원 2005. 3. 17. 2003다2802(전원합의체) 판결로서, "산업재해보상보험법에 의한 보상범위를 넘어서는 손해가 발생한 경우에도 보상하지 아니한다는 면책조항은 무효이다"는 판례를 유의하여야 한다) 등이며, 이에 대하여는 보험자에게 책임이 없다는 것이다. 그리고 차량보험에서는 보통 일정한 공제(控除)금액(소손해면책약관)이 있다.

자동차종합보험약관상의 보험자의 면책

(1) 무단운전

◖ 대법원 1989. 4. 25. 88다카12971
피보험자 이외의 자에 의한 무단운전의 경우 불담보

☞ 개인면허사업용 자동차종합보험계약이 기명피보험자인 자동차소유자와 관계법령에 따라 신고한 대리운전자(개인택시에 한함)가 직접 운전할 것을 조건으로 체결되는 것이고, 그 약관에서 기명피보험자 이외의 사람이 자동차를 운전하였을 때 생긴 사고로 인한 손해에 대하여는 보상하지 아니한다고 규정하고 있다면 피보험자의 차량관리상의 잘못으로 제3자의 무단운전을 유발시킴으로써 생긴 사고에 대하여는 그 종합보험은 적용될 수 없다.

◖ 대법원 1983. 6. 14. 82다카1831
피용인의 무단운행에 대한 보유자인 회사의 배상책임을 인정한 사례

☞ 자동차를 운전할 권한이 없는 자가 그 자동차 관리권자의 동의없이 임의로 운전하여 사고를 일으킨 경우에는 무단운전자가 자동차손해배상보장법 제3조의 책임을 지는 것이 원칙이라 할 것이나, 그 무단운행이 자동차관리권자의 책임에 돌릴 원인에 의하여 가능하게 되었다면 관리권자도 위 법조의 책임이 있다.

(2) 무면허운전

◖ 대법원 1992. 1. 21. 90다카20654
무면허운전의 경우 보험자의 면책

☞ 상법 제659조 제2항은 사망 또는 상해를 보험사고로 한 보험계약, 즉 인보험계약에만 적용되는 규정으로서, 피보험자가 보험기간 중의 교통사고로 인하여 제 3 자에게 손해를 배상할 책임을 지는 경우에 보험자가 이를 보상할 책임을 지는 책임보험계약에는 적용되지 않는 것임이 위 조항의 문리상 명백하므로, 자가운전자동차종합보험과 같은 책임보험계약에 있어서의 약관 소정의 "자동차의 운전자가 무면허운전을 하였을 때에 생긴 사고로 인한 손해에 대하여는 보상하지 아니한다."는 무면허운전면책조항이 상법 제659조 제2항 및 제663조에 위반되어 무효라 할 수 없다. … 상법 제659조 제2항과 제1항의 규정 취지는, 보험사고를 직접 유발한 자, 즉 손해발생원인에 전적인 책임이 있는 자를 보험의 보호 대상에서 제외하려는 데에 있으므로, 보험약관에서 손해발생원인에 대한 책임조건을 위 규정들보다 경감하는 내용으로 면책사유를 규정하는 것은 상법 제663조의 불이익변경금지에 저촉되겠지만, 위 무면허운전면책조항은 사고발생의 원인이 무면허운전에 있음을 이유로 한 것이 아니라 사고발생시에 무면허운전중이었다는 법규위반상황을 중시하여 이를 보험자의 보상 대상에서 제외하는 사유로 정한 것이므로 위 상법의 규정들이 적용된다고 보기 어렵다. 동지: 대법원 1991. 2. 26. 90다카26270; 동 1998. 2. 13. 96다55525; 동 2000. 5. 30. 99다66236; 동 2000. 10. 6. 2000다32130(자동차종합보험약관상 자기차량 손해에 있어 음주·무면허 면책조항은 유효하다); 동 1990. 6. 22. 89다카32965(무면허운전의 경우에는 무면허운전과 사고 사이의 인과관계의 존재를 묻지 아니하고 보험자가 면책된다); 동 1997. 9. 12. 97다19298.

◖ 대법원 1990. 6. 26. 89다카28287
무면허운전의 경우에는 운전의 주체가 누구이든 보험의 보상대상에서 제외된다(택시회사 사장의 아들이 무면허운전을 한 경우임)

☞ 자동차종합보험보통약관의 배상책임조항에서 무면허운전 중에 발생한 사고를 면책사유로 규정한 취지는 무면허운전이 위험발생의 개연성이 큰 행위로 그 운전 자체를 금지한 법규의 중대한 위반행위에 해당하므로 이와 같은 법규위반의 상황하에서 발생한 사고에 관하여는 그 운전의 주체가 누구이든 보험의 보상대상에서 제외하려는 데에 있고, 상법 제659조 제1항은 손해의 발생원인에 의한 면책사유를 규정한 것이므로 이 규정과 불이익변경금지에 관한 상법 제663조의 규정을 근거로 손해발생의 원인에 의한 면책사유가 아니고 손해발생시의 상황에 의한 면책사유에 해당하는 무면허운전시의 사고

에 관한 면책사유의 효력을 무면허운전의 주체가 보험계약자 또는 피보험자나 그들에 의하여 고용된 운전자인 경우에 한하여 적용되는 면책조항이라고 제한 해석하려는 것은 위 각 면책사유의 취지와 성질을 무시한 것이어서 부당하다.

◖ 대법원 1991. 12. 24. 90다카23899
피보험자의 지배 또는 관리가 불가능한 상황하에서 이루어진 무면허운전의 경우 보험자는 면책되지 아니한다

☞ 약관 소정의 무면허운전면책조항을 문언 그대로 무면허운전의 모든 경우를 아무런 제한없이 보험의 보상대상에서 제외한 것으로 해석하게 되면 절취운전이나 무단운전의 경우와 같이 자동차보유자는 피해자에게 손해배상책임을 부담하면서도 자기의 지배관리가 미치지 못하는 무단운전자의 운전면허소지 여부에 따라 보험의 보호를 전혀 받지 못하는 불합리한 결과가 생기는 바, 이러한 경우는 보험계약자의 정당한 이익과 합리적인 기대에 어긋나는 것으로서 고객에게 부당하게 불리하고 보험자가 부담하여야 할 담보책임을 상당한 이유없이 배제하는 것이어서 현저하게 형평을 잃은 것이라고 하지 않을 수 없으며 이는 보험단체의 공동이익과 보험의 등가성 등을 고려하더라도 마찬가지라고 할 것이므로 결국 위 무면허운전면책조항이 보험계약자나 피보험자의 지배 또는 관리가능성이 없는 무면허운전의 경우에까지 적용된다고 보는 경우에는 그 조항은 신의성실의 원칙에 반하는 공정을 잃은 조항으로서 약관의 규제에 관한 법률 제6조 제1, 제2항, 제7조 제2, 제3호의 각 규정에 비추어 무효라고 볼 수밖에 없기 때문에 위 무면허운전면책조항은 위와 같은 무효의 경우를 제외하고 무면허운전이 보험계약자나 피보험자의 지배 또는 관리가능한 상황에서 이루어진 경우에 한하여 적용되는 조항으로 수정해석을 할 필요가 있으며 무면허운전이 보험계약자나 피보험자의 지배 또는 관리가능한 상황에서 이루어진 경우라고 함은 구체적으로는 무면허운전이 보험계약자나 피보험자 등의 명시적 또는 묵시적 승인하에 이루어진 경우를 말한다. 동지: 대법원 1993. 12. 21. 91다36420; 동 1993. 12. 28. 93다39997; 동 1995. 7. 28. 94다47087; 동 1995. 9. 15. 94다17888; 동 1995. 9. 29. 95다24807; 동 1995. 11. 7. 95다1675; 동 1995. 12. 12. 95다19195; 동 2002. 9. 24. 2002다27620.

◖ 대법원 1996. 2. 23. 95다50431
자동차 운전에 대한 피보험자의 묵시적 승인이 있는 것으로 볼 여지가 없는 경우 보험사고에 대하여 보험자는 면책되지 아니한다

☞ 자동차종합보험계약의 가족운전자한정운전 특별약관 단서 조항 소정의 '피보험차량이 도난당하였을 경우'라 함은 피보험자의 명시적이거나 묵시적인 의사에 기하지 아니한 채 제 3 자가 피보험차량을 운전한 경우를 말하는 것으로, 여기서 피보험자의 '묵시적인 의사'라 함은 명시적인 의사와 동일하게 그 약관이 적용되는 점에서 피보험자의 도난운전에 대한 승인 의도가 명시적으로 표현되어 있는 경우와 동일시할 수 있을 정도로 그 승인 의도를 추단할 만한 사정이 있는 경우에 한정되어야 한다. … 피보험차량의 도난에 대한 피보험자의 묵시적 승인의 존부는 피보험자와 도난운전자와의 관계뿐만 아니라, 평소 사고차량의 운전 및 관리 상황, 당해 도난운전이 가능하게 된 경위와 그 운행목적, 평소 도난운전자에 대한 피보험자가 취해 온 태도 등의 제반사정을 함께 참작하여

인정해야 한다. … 피보험자가 피보험차량의 도난운전에 대하여 묵시적으로 승인하였다고 볼 수 없다는 이유로, 보험자의 면책을 인정한 원심판결을 파기한다. 동지: 대법원 1996. 2. 23. 95다50448.

◖ 대법원 1990. 5. 25. 89다카17591
무면허운전이라도 인보험의 경우에는 보험자는 면책되지 않는다

☞ 무면허운전의 경우는 면허있는 자의 운전이나 운전을 하지 아니하는 자의 경우에 비하여 보험사고 발생의 가능성이 많음을 부인할 수 없는 일이나 그 정도의 사고발생 가능성에 관한 개인차는 보험에 있어서 구성원간의 위험의 동질성을 해칠 정도는 아니라 할 것이고, 또한 무면허운전이 고의적인 범죄행위이긴 하나 그 고의는 특별한 사정이 없는 한 무면허운전 자체에 관한 것이고 직접적으로 사망이나 상해에 관한 것이 아니어서 그 정도가 결코 그로 인한 손해보상을 가지고 보험계약에 있어서의 당사자의 선의성, 윤리성에 반한다고 할 수 없을 것이므로 장기복지상해보험계약의 보통약관 중 피보험자의 무면허운전으로 인한 상해를 보상하지 아니하는 손해로 정한 규정은 보험사고가 전체적으로 보아 사고로 평가되는 행위로 인한 경우뿐만 아니라 과실(중과실 포함)로 평가되는 행위로 인한 경우까지 포함하는 취지라면 상법 제659조 제2항 및 제663조의 규정에 비추어 볼 때 과실로 평가되는 행위로 인한 사고에 관한 한 무효이다. 동지: 대법원 1996. 4. 26. 96다4909; 동 1998. 10. 20. 98다34997(차량의 절취·무면허·음주상태의 운전 중 사고라고 하더라도 고의는 차량의 절취·무면허·음주 자체에 관한 것이고 사망이나 상해에 관한 것이 아니어서 미필적 고의에 의한 사고가 아니라 과실로 인한 사고로 보는 것이 타당하여 보험자가 면책되지 아니한다).

◖ 대법원 1994. 8. 26. 94다4073
자동차대여업자의 무면허운전자에 대한 주의의무해태

☞ 자동차대여업자의 직원으로서는 운전면허 없는 운전자가 위조된 운전면허증의 복사본을 제시하였기 때문에 그를 운전면허를 받은 사람으로 오인하였고 특단의 사정이 없는 한 그가 무면허운전자임을 알았더라면 자동차를 대여하지는 아니하였을 것이므로 비록 그 원본 또는 주민등록증의 제시를 요구하는 등 이를 확인하는 조치를 취한 바 없었다고 하더라도 보험계약자인 자동차대여업자가 그의 무면허운전행위를 묵시적으로 승인한 것으로 보기는 어렵다고 하여 자동차종합보험약관상의 무면허운전면책조항을 적용할 수 없다. ··· 그러나 자동차운전자가 자동차대여업자로부터 자동차를 대여받음에 있어 도로교통법 제77조에 의하여 운전하는 때에 반드시 지녀야 할 운전면허증이나 이에 갈음하는 증명서가 아닌 운전면허증 사본을 제시한다는 것은 극히 이례적인 일이라고 할 것이므로 자동차대여업자로서는 조금만 주의를 기울여 그 원본이나 주민등록증의 제시를 요구하는 등의 방법으로 확인하였더라면 쉽게 그 진위를 가려볼 수 있었을 것인데도 이를 태만히 한 것은 중대한 과실에 속한다고 보아 상법 제659조 제1항에 의한 보험회사의 면책항변을 받아들인 사례.

(3) 비사업용차량을 이용한 유상운송

◖ 대법원 1992. 5. 22. 91다36642
비사업용차량을 이용한 유상운송의 경우 보험자의 면책

☞ 비사업용자동차로서 보험에 가입한 차량을 계속적 또는 반복적으로 유상운송행위에 사용하는 경우에 발생된 사고에 관하여 약관조항으로 보험자의 면책을 규정한 것은, 업무용자동차 이외의 자동차를 유상운송에 제공하는 행위가 자동차운수업사업법 제58조, 제72조 제5호에 의하여 처벌의 대상이 되는 범법행위로서 이를 억제하려는 데 그 취지가 있을 뿐 아니라, 사업용자동차와 비사업용자동차는 보험사고의 위험률에 큰 차이가 있어 보험료의 액수도 다르기 때문이며, 위 면책약관이 유상운송을 유발한 탑승자와 같이 유상운송과 직접 관련이 있는 자가 입은 손해에 한하여 적용된다는 근거는 없으므로 유상운송과 직접 관계가 없는 피해자가 입은 손해에 대하여 적용되지 않는 것으로 해석할 수는 없다. … 위 면책약관의 취지와 근거 등에 비추어 위 면책약관이 보험계약자와 피보험자를 상법 제4편(보험) 제1장(통칙)의 규정보다 더 불이익한 지위에 빠뜨리게 하는 것이 아니므로 상법 제663조에 위반되어 무효라고 볼 수도 없으며, 그 면책조항은 자동차종합보험보통약관에 있어서 일반적이고 공통되는 규정으로서 보험업자의 설명을 요할 정도의 중요한 것이라고 보기도 어렵다면 보험회사가 위 면책조항을 새삼스럽게 주지시키지 아니하였음을 이유로 상법 제651조, 보험업법 제156조 제1항 제1호, 제158조(2003. 5. 29. 개정 보험업법 제102조)의 규정에 비추어 신의성실의 원칙상 보험금을 지급할 책임이 있다고 할 수 없다. 동지: 대법원 1999. 9. 3. 99다10349.

◖ 대법원 1999. 1. 26. 98다48682
유상운송제공행위에 해당하지 않는다고 한 사례

☞ 피보험자가 서적도매상에서 일당을 받고 다른 차량과 함께 가끔 피보험자동차를 이용하여 서적을 배달하는 것이 업무용자동차종합보험 보통약관상의 면책사유인 '유상운송제공행위'나 통지의무의 대상인 '현저한 위험의 변경·증가'에 해당하지 않는다.

◖ 대법원 1993. 2. 23. 92다49508
비사업용 자동차를 유상운행한 경우에 있어서 보험자면책의 제외사유인 '… 임대차계약에 의하여 임차인이 전속적으로 사용하는 경우'의 의미

☞ 비사업용 자동차의 경우 영리를 목적으로 자동차를 대여하거나 요금 등 대가를 받고 자동차를 사용한 때에 생긴 사고로 인한 손해는 보험자가 보상하지 아니하되 다만 1개월 이상의 기간을 정한 임대차계약에 의하여 임차인이 자동차를 전속적으로 사용하는 경우는 제외한다고 규정하고 있는 자동차보험약관의 취지는 사업용 자동차 이외의 자동차를 제공하는 행위가 자동차운수사업법상의 처벌대상이 되는 범법행위일 뿐만 아니라 사업용 자동차와 비사업용 자동차는 보험사고의 위험률에 큰 차이가 있어 보험료의 액수도 다르기 때문이므로 보험자면책의 제외사유를 규정한 단서의 적용범위도 비사업용 자동차가 임차인의 비사업용으로 사용될 경우로만 한정된다.

(4) 피보험자의 가족에 대한 면책

피보험자의 가족은 책임보험에서 제3자가 아니므로 피보험자의 가족이 자동차사고로 사망한 경우에는 보험자는 대인배상책임을 지지 아니한다.

◖ 대법원 1992. 3. 13. 91다33285
기명피보험자와 동거 중인 형은 피보험자로서 사망하였더라도 타인성이 결여되어 보험자는 책임이 없다

☞ 자동차일반종합보험계약의 기명피보험자와 동거 중인 형이 다른 사람들과 함께 기명피보험자로부터 자동차를 빌려 여행목적에 사용하다가 사고로 사망하였다면 보상의무가 없는 경우의 피보험자의 하나로 규정한 자동차종합보험보통약관 소정의 기명피보험자의 승낙을 얻어 자동차를 사용 또는 관리 중인 자에 해당할 뿐만 아니라 사고 자동차에 대하여 직접적이고 구체적으로 운행지배를 하고 있었다 할 것이므로 기명피보험자의 형은 자동차 소유자인 기명피보험자에 대하여는 타인성이 결여되어 위 자동차사고로 인한 자동차손해배상보험법 제3조 소정의 배상보험을 청구할 수 없고 따라서 보험자도 대인배상책임이 없다. 동지: 대법원 1991. 12. 27. 91다31784; 동 1993. 9. 14. 93다10774; 동 1995. 4. 28. 94다56791.

◖ 대법원 1996. 5. 14. 96다4305
가족면책특약의 유효성을 인정한 사례

☞ 자동차종합보험약관상 보험증권상의 기명피보험자인 병원과 함께 복수의 피보험자인 구급차 운전자가 출산을 위하여 그의 딸과 처를 태우고 가던 중 사고를 낸 경우, 피해자들은 그 운전자에 대한 관계에서는 그 약관의 면책조항인 제10조 제2항 제3호 소정의 배상책임 있는 피보험자의 배우자 및 자녀에 해당하고, 그 병원과의 관계에서는 같은 약관 제10조 제2항 제2호 소정의 피보험자동차를 운전 중인 자의 배우자 및 자녀에 해당하므로, 병원 및 운전자 모두와의 관계에서 보험자에게 면책사유가 존재한다.

(5) 기명피보험자의 승낙을 얻은 승낙피보험자에 대한 면책

◖ 대법원 2011. 3. 24. 2010다94021
기명조합원에게서 허락을 얻어 공제계약 자동차를 운행하는 자가 죽거나 다친 경우 보상금 지급의무가 면책되는 것으로 규정된 경우 공제조합은 위 면책조항에 따라 보상금을 지급할 의무가 없다

☞ 자동차공제약관이 기명조합원(기명피보험자)한테서 허락을 얻어 공제계약 자동차를 운행하는 자(승낙조합원 또는 승낙피보험자)가 죽거나 다친 경우 대인배상Ⅱ에서 정한 공제조합의 보상금 지급의무가 면책되는 것으로 규정하고 있으므로, 공제조합으로서는 죽거나 다친 피해자가 위 면책조항에서 정한 승낙조합원에 해당한다는 사유가 있으면 대인배상Ⅱ에서 정한 보상금 지급의무의 면책을 주장할 수 있고, 위 면책조항에 따라 공제조합은 기명조합원에게서 허락을 얻어 공제계약 자동차를 운행하는 자에 대하여 대인배상Ⅱ에 의한 보상금을 지급할 의무가 없다.

(6) 산재보험사고 면책

피보험자의 고용인으로서 근로기준법에 의한 재해보상을 받을 수 있는 자가 피해자인 경우를 대인배상에 관한 보험회사의 면책사유로 들고 있는 자동차종합보험 보통약관은 유효하다는 것이 종래의 판례였다. 즉, 과거의 판례에 의하면 산업재해보상보험에[1] 의하여 보상되는 피보험자는 근무 중 (예컨대, 작업장 내에서 회사의 자동차에 충격을 당하거나 서울시청 청소과 소속의 청소원이 청소작업 중 시청의 청소차에 충격당한 경우와 같이) 교통사고를 당하였다고 하더라도 자동차보험의 보험자는 면책된다고 정한 보험약관은 유효하다고 하였다. 그러나 피보험자는 산업재해보상보험의 보험금이 명목적인 것에 불과하고, 산업재해보상보험은 자동차보험과는 그 목적이 다른 것인데, 이 보험에 가입되어 있다고 하여 자동차보험으로부터는 보상받을 수 없다고 한 것은 수긍하기 어려웠다. 양자는 중복보험의 관계에 있지도 아니하기 때문이다. 다만 판례는 산업재해보상보험에서 보상받지 못하는 경우에는 자동차보험에서 보상받을 수 있다고 하고, 공무원연금법에 의하여 보상받는 자의 경우는 예외로 취급하여 별도로 자동차보험에 의하여서도 보상된다고 하는데 이것도 일관성이 없었다. 다행히 2005년 대법원 전원합의체판결에 의하여 이 부분이 시정되었다.

◖ 대법원 2005. 3. 17. 2003다2802(전원합의체)
산업재해보상보험법에 의한 보상범위를 넘어서는 손해가 발생한 경우에도 보상하지 아니한다는 면책조항은 무효이다

☞ [1] 업무상 자동차종합보험약관 중 대인배상 Ⅱ에서 "배상책임 있는 피보험자의 피용자로서 산업재해보상보험법(이하 '산재보험법'이라 한다)에 의한 재해보상을 받을 수 있는 사람에 대하여는 보상하지 아니한다."는 면책조항을 규정한 취지는, 사용자와 근로자의 노사관계에서 발생한 업무상 재해로 인한 손해에 대하여는 노사관계를 규율하는 근로기준법에서 사용자의 각종 보상책임을 규정하는 한편, 이러한 보상책임을 담보하기 위하여 산재보험법으로 산재보험제도를 설정하고 있으므로, 산재보험 대상인 업무상 자동차사고에 의한 피해 근로자의 손해에 대하여도 산재보험에 의하여 전보 받도록 하고, 이처럼 산재보험에 의한 전보가 가능한 범위에서는 제3자에 대한 배상책임을 전보하는 것을 목적으로 하는 자동차보험의 대인배상 범위에서 이를 제외하려는 데 있는 것으로 해석함이 상당하며, 그렇지 아니하고 업무상 자동차사고에 의한 피해 근로자의 손해가 산재보험법에 의한 보상범위를 넘어서는 경우에도 면책조항에 의하여 보험자가 면책된다고 한다면 자동차보험의 피보험자인 사업주의 피해 근로자에 대한 자동차손해배상보장법 또는 민법 등에 의한 손해배상책임이 남아 있음에도 불구하고 보험자의 면책을 인정하여 피보험자에게 실질적으로 손해배상책임을 부담하게 하는 것이 되는 바, 이는 피보험자동차의 사고로 인하여 피보험자가 타인에 대하여 부담하는 손해배상책임을 담보하기 위한 자동차보험의 취지에 어긋나는 것으로서, 약관의 규제에 관한 법률 제6조 제1항, 제2항 제1호 및 제7조 제2호 소정의, 고객인 보험계약자 및 피보험자에게 부당하게

---

1) 산업재해보상보험은 재해예방 및 근로자의 복지증진을 위하여 국고에서 부담을 지원하고 노동부장관이 관장하는 강제보험으로서 산업재해보상보험법에 규정되어 있다. 동법 시행령 제3조에 의하면 상시 5인 미만의 근로자를 사용하는 사업 또는 건설공사 중 총공사금액이 4천만원 미만인 공사 등의 경우에는 산업재해보상보험법이 적용되지 아니한다.

불리할 뿐만 아니라, 사업자인 보험자가 부담하여야 할 위험을 고객에게 이전시키는 것이 되므로, "산재보험법에 의한 보상범위를 넘어서는 손해가 발생한 경우에도 보상하지 아니한다."는 면책조항의 '괄호 안 기재 부분'은 위 같은 법률의 각 조항에 의하여 효력이 없다. 동지: 대법원 2005. 11. 10. 2005다39884. 당연히, 보험자가 자동차보험계약에 의하여 보상할 손해 중 산재보험급여로 전보될 수 있는 부분은 면책조항에 따라 보상책임이 면제된다: 대법원 2025. 4. 24. 2022다214750.

산재보험사고면책에 관한 과거의 판결

(i) 대법원 1989. 11. 14. 88다카29177 : 자동차종합보험보통약관에서 업무상 재해면책약관은 무효가 아니다.

피해자가 배상책임 있는 피보험자의 고용인으로서 근로기준법에 의한 재해보상을 받을 수 있는 사람인 경우를 대인배상에 관한 보험회사의 면책사유의 하나로 들고 있는 자동차종합보험보통약관의 규정은 노사관계에서 발생한 업무상 재해로 인한 손해에 대하여는 산업재해보상보험에 의하여 전보받도록 하고 제3자에 대한 배상책임을 전보하는 것을 목적으로 한 자동차보험의 대인배상범위에서는 이를 제외한 취지라고 보는 것이 타당하며, 위와 같은 면책조항이 상법 제659조에 규정된 면책사유보다 보험계약자에게 불이익하게 변경한 규정이라고 볼 수 없다. 동지: 대법원 1990. 12. 11. 90다카26553; 동 1992. 1. 21. 90다카25499; 동 1993. 11. 9. 93다23107; 동 1995. 11. 24. 95다39540; 동 1999. 3. 23. 98다63773; 동 2000. 4. 25. 99다68027; 동 2000. 9. 29. 2000다19021 등.

(ii) 대법원 1991. 5. 14. 91다6634 : 산업재해보상보험에 의하여 보상되지 아니하는 경우에는 자동차보험의 보험자는 면책되지 아니한다. 동지: 대법원 1992. 8. 18. 91다38297; 동 1993. 6. 8. 93다5192; 동 1994. 3. 11. 93다58622; 동 1994. 6. 24. 94다4554; 동 1995. 2. 10. 94다4424; 동 1995. 3. 14. 93다42238; 동 1999. 3. 23. 98다63773 등.

(iii) 대법원 1994. 1. 11. 93다5376 : 오로지 근로기준법에 의한 재해보상을 받을 수 있는 사람의 경우에만 보험자의 보험금지급의무는 면책될 수 있고, 다른 법률(예컨대 공무원연금법)에 의하여 받을 수 있는 경우에는 보험자의 보험금지급의무는 면책될 수 없어서 보험금을 지급하여야 한다.

5. 자동차보험의 보험기간

보험자의 피보험자에 대해 보상책임을 지는 기간은 일반적으로 보험증권에 기재된 첫날 24시부터 마지막날 24시까지이다. 그러나 예외적으로 자동차보험에 처음 가입하는 자동차나 대인배상 I 에 대하여는 보험료를 받은 때로부터 보험기간의 마지막날 24시까지이며, 다만 보험증권에 기재된 보험기간 이전에 보험료를 받았을 경우에는 그 보험기간의 첫날 0시부터 책임이 개시된다. 여기서 '자동차보험에 처음 가입하는 자동차'라 함은 신차 또는 중고차를 구입한 자가 처음으로 자신을 기명피보험자로 하는 자동차보험에 가입하는 경우 그 신차 또는 중고차를 말한다.

6. 자동차의 양도

1) 피보험자가 보험기간 중에 자동차를 양도한 때에는 양수인은 보험자의 승낙을 얻은 경우에 한하여 보험계약으로 인하여 생긴 권리와 의무를 승계한다(제726조의 4 제1항). 이는 물건보험의 경우 보험의 목적이 양도된 때에는 양수인이 보험계약상의 권리·의무를 승계한 것으로 추정하는 원칙(제679조 제1항)에 대한 특칙이다. 자동차보험의 경우 운전자가 누구인가에 따라 위험률이 크게 달라지므로 보험자의 승낙없이 권리·의무를 자동승계하는 것은 불합리하기 때문이다.

◖ 대법원 1991. 7. 26. 91다14796
양수인의 명의로 소유권이전등록까지 마친 후에는 자동차 매수인은 보험금지급청구권이 없다

☞ 보험차량의 매수인이 매매대금을 모두 지급하고 차량을 인도받았을 뿐 아니라 그 명의로 소유권이전등록까지 마침으로써 매도인이 차량에 대한 운행지배관계 및 피보험이익을 상실한 것으로 인정되는 경우에 있어서는 매수인(또는 매수인이 고용한 운전사)을 자동차종합보험약관에 규정된 "기명피보험자의 승낙을 얻어 자동차를 사용 또는 관리중인 자"에 해당한다고 볼 수 없다고 하여 매수인(또는 매수인이 고용한 운전사)의 위 차량운행 중 발생한 교통사고로 인한 보험금지급청구를 부정한 사례. 동지: 대법원 1991. 8. 9. 91다1158; 동 1992. 4. 10. 91다44803; 동 1992. 12. 22. 92다30221; 동 1993. 4. 13. 92다8552; 동 1996. 5. 31. 96다10454; 동 1996. 7. 30. 96다6110.

2) 보험자가 양수인으로부터 양수사실을 통지받은 때에는 지체없이 낙부를 통지하여야 하고, 통지받은 날로부터 10일 내에 낙부의 통지가 없을 때에는 승낙한 것으로 본다(제726조의 4 제2항).

제 6 관 보증보험계약

Ⅰ. 총 설

1. 보증보험계약의 의의

보증보험계약이란 채무의 이행을 담보하기 위하여, 채무자인 보험계약자가 채권자를 피보험자로 하여 계약상의 채무불이행, 또는 법령상의 의무불이행으로 채권자

에게 손해를 입힐 경우, 보험자가 그 손해를 보상할 것을 목적으로 하는 보험이다.[1] 상법은 "보증보험계약의 보험자는 보험계약자가 피보험자에게 계약상의 채무불이행 또는 법령상의 의무불이행으로 입힌 손해를 보상할 책임이 있다."고 규정하고 있다 (제726조의 5).

2. 보증보험제도의 효용

보험제도는 어떠한 위험을 전제로 한다. 채권자와 채무자간의 계약에 있어서도 채권자는 채무자의 채무불이행이라는 위험이 있고, 따라서 채권자는 이와 같은 위험을 회피하기 위하여 보통 채무자에게 물적 담보나 인적 담보를 요구한다. 그러나 물적 담보의 확보는 담보물이라는 객체가 존재하여야 하고, 담보권을 실행하는 절차가 복잡하고 번거롭다는 문제가 있다. 한편 인적 담보에 관하여도 보증인으로서의 과중한 책임때문에 타인의 보증을 얻기가 쉽지 않다. 이에 채무자의 이행의 보장이라는 측면과 쉽게 보증을 얻을 수 있는 경제적 측면이 결합한 것이 바로 보증보험이다. 따라서 보증보험은 피보험자인 채권자에게는 확실한 이행의 보장을, 보험계약자인 채무자에게는 손쉬운 보증의 제공이라는 양면적 효과를 가져다 준다.

Ⅱ. 보증보험계약의 법적 성질

보증보험은 채무자(보험계약자)의 채무의 불이행으로 인한 채권자(피보험자)의 손해의 배상을 보증한다는 보증의 성격과 이러한 보증이 보험이라는 제도에 의하여 이루어진다는 보험의 성격을 동시에 가지고 있다.[2] 그런데 손해보험이라는 것이 보험사고로 피보험자가 입은 손해를 보상하는 데 그 목적이 있고, 보증보험도 그 개별 약관을 살펴볼 때 채무불이행으로 인하여 피보험자(채권자)가 입은 손해를 보상한다는 규정이 있는 것으로 보아 손해보험의 한 형태이다. 그러나 보증이 주 목적인 점, 우연성을 요건으로 하는 보험의 일반특성과 달리 보험계약자의 채무불이행이라는 인위적인 사고에 의하여 보험사고가 발생한다는 특성이 있어서 보험계약법의 규정을 그대로 적용할 수 없다. 따라서 특수한 형태의 손해보험이다.

---

1) 최기원(하) 778면.
2) 동지: 정찬형(하) 749면. 대법원 1999. 6. 8. 98다53707; 동 1997. 10. 10. 95다46265; 동 2012. 2. 23. 2011다62144; 동 2015. 3. 26. 2012다25432.

이하에서는 이러한 보증보험의 보험성과 보증성을 살펴보기로 한다.

1. 보험성

보증보험도 보험법상의 보험의 일종이므로 다음과 같은 성질을 가진다.

1) 손해보험성

(1) 보증보험의 보험자는 채무자인 보험계약자가 채무를 이행하지 않음으로써 채권자인 피보험자가 입은 재산상의 손해를 보상하여야 하므로 보증보험은 손해보험의 성격을 가지고 있다(제726조의 5).

(2) 이에 대하여 보증보험에서의 재산상의 손해라는 보험사고는 다른 종류의 보험에서는 보험자의 면책사유에 해당하는 보험계약자의 고의·과실에 의하여 발생하므로, 보험계약의 본질적인 요소인 우연성을 결하여 이를 손해보험의 일종으로 인정하기 어렵지 않은가 의문이다. 따라서 보증보험은 보험의 일종이 아니라 보증사업의 하나로서, 편의상 보험회사에서 취급할 뿐이라는 견해도 있을 수 있다.

(3) 그러나 보험사고의 우연성이란 보험계약자의 고의·과실에 의한 사고라고 할지라도, 보험계약 성립시의 그 사고의 발생이 불확실하면 충분하므로 보증보험의 손해보험성을 인정할 수 있다고 본다.[1] 그러나 예컨대 임대차계약서를 허위로 작성한 후 이를 주계약으로 삼아 임대차보증금반환의무 불이행을 보험사고로 하는 보증보험계약을 체결한 경우와 같이, 보험계약 당시에 보험사고가 발생할 수 없는 것인 때에는 보험계약의 당사자 쌍방과 피보험자가 이를 알지 못한 경우가 아닌 한 그 보험계약은 무효로 된다.[2] 보증보험회사는 보증보험계약을 체결함에 있어서 특별한 사정이 있는 경우 외에는 보증대상인 주계약의 부존재나 무효 여부 등에 관하여 조사·확인할 의무가 없다.[3]

2) 책임보험성

보증보험은 보험계약자의 배상책임을 보험자가 부담하는 것이므로 책임보험의 성격을 가지고 있다(제719조 참조). 그러나 ① 책임보험에서의 배상책임은 피보험자의 제 3 자에 대한 손해의 배상책임인 데 비하여 보증보험에서는 보험계약자의 피보험

1) 정찬형(하) 751면; 최기원(하) 778~780면; 양승규(보) 424면.
2) 대법원 2010. 4. 15. 2009다81623.
3) 대법원 2014. 9. 25. 2011다30949.

자에 대한 손해의 배상이라는 점, ② 책임보험에서는 책임발생원인에 제한이 없는데 비하여 보증보험에서는 계약상의 채무불이행 및 법령상의 채무불이행이 책임발생원인인 점에서 차이가 있다.

2. 타인을 위한 보험성

보증보험은 형식상 보험계약자인 채무자가 채권자인 피보험자를 위하여 보험계약을 체결하므로 타인을 위한 보험이다(제639조).[1] 따라서 채권자인 타인은 당연히 그 계약상의 이익을 받는다. 다만, "보험계약자가 그 타인에게 보험사고의 발생으로 생긴 손해의 배상을 한 때에는 보험계약자는 그 타인의 권리를 해하지 아니하는 범위 안에서 보험자에게 보험금액의 지급을 청구할 수 있다."는 제639조 제2항 단서규정은 보증보험에서는 적용되지 아니한다(제726조의 6 제1항, 제639조 제2항 단서). 이는 채무자가 채무를 이행하였다고 해서 자신에게 손해가 생긴 것은 아니기 때문에 보험자에게 보험금 청구를 할 수 없도록 한 것이다. 그런데 실질적으로 채무자가 채권자의 보호를 위하여 보험에 가입하는 경우는 드물고, 오히려 인적·물적 담보의 제공을 대신하여 보험에 가입하는 것이므로 자기를 위한 보험의 성격도 가지고 있다. 따라서 보증보험은 타인을 위한 보험과 자기를 위한 보험의 결합형태라고 할 수 있다.[2]

3. 보증성

(1) 보증보험은 보험계약자의 채무불이행이나 법령상의 의무불이행으로 인한 손해의 배상을 보증하는 보험이다. 즉, 민법상의 보증을 거래계의 편의를 위하여 보험으로 규정한 것이다. 이와 같이 보증보험은 보증의 성격을 가지고 있으므로, 보증보험계약에 관하여는 그 성질에 반하지 아니하는 범위에서 보증채무에 관한 민법의 규정을 준용한다(제726조의 7).[3] 보증보험이 담보하는 채권이 양도되면 당사자 사이에 다른 약정이 없는 한 보험금 청구권도 채권양수인에게 함께 이전된다.[4]

(2) 그러나 보증보험과 민법상의 보증은 다음과 같은 차이가 있다. ① 보증보험은 독립된 채무이다. 민법상의 보증은 종된 채무이므로 부종성이 있고, 최고·검색의

---

1) 대법원 1974. 12. 10. 73다1591; 동 1981. 10. 6. 80다2699.

2) 동지: 양승규(보) 425면; 정찬형(하) 751면.

3) 대법원 1999. 6. 8. 98다53707; 동 1997. 10. 10. 95다46265; 동 2012. 2. 23. 2011다62144; 동 2015. 3. 26. 2012다25432.

4) 대법원 1999. 6. 8. 98다53707; 최기원(하) 759면.

항변권이 있으나, 보증보험은 보험자가 보험계약자인 채무자에게 별도의 보험료를 받는 독립된 채무이므로 부종성이 없고 피보험자에게 최고·검색의 항변권이 인정되지 않는다. ② 민법상의 보증의 당사자는 보증인(보증보험의 보험자)과 채권자이나, 보증보험의 당사자는 보험자와 채무자(보험계약자)이다.

◖ 대법원 1991. 4. 9. 90다카26515
보증보험의 보증성

☞ 리스이용자의 계약상 채무불이행으로 인한 손해의 보상을 목적으로 한 보증보험은 보험금액의 한도 내에서 리스이용자의 채무불이행으로 인한 손해를 담보하는 것으로서 보증에 갈음하는 기능을 가지고 있고 보험자의 보상책임은 본질적으로 보증책임과 같은 것이다.

◖ 대법원 1999. 12. 10. 97다47262
보증보험계약은 손해보험이지만 실질적으로는 보증의 성격을 가진다

☞ 보험계약자인 채무자의 계약이나 법령상 의무 불이행으로 인하여 채권자가 입게 되는 손해의 전보를 보험자가 인수하는 것을 내용으로 하는 보증보험계약은 손해보험으로서, 형식적으로는 채무자의 채무불이행을 보험사고로 하는 보험계약이고, 실질적으로는 보증의 성격을 가지고 보증계약과 같은 효과를 목적으로 하는 것이다. 동지: 대법원 1990. 5. 8. 89다카25912; 동 1992. 5. 12. 92다4345; 동 1997. 4. 11. 96다32263; 동 1997. 10. 10. 95다46265; 동 1999. 6. 8. 98다53707; 동 2000. 12. 8. 99다53483; 동 2001. 2. 9. 2000다55089; 동 2001. 2. 13. 99다13737; 동 2003. 1. 24. 2002다33496; 동 2005. 8. 25. 2004다58277 등 참조.

◖ 대법원 2025. 8. 14. 2021다220628
보증보험에서 보험사고가 구체적으로 무엇인지 결정하는 방법

☞ 보증보험에서 보험사고가 구체적으로 무엇인지는 당사자 사이의 약정으로 계약내용에 편입된 보험약관과 보험약관이 인용하고 있는 보험증권 및 주계약의 구체적인 내용 등을 종합하여 결정하여야 한다. … 당사자 사이에 계약의 해석을 둘러싸고 다툼이 있어 처분문서에 나타난 당사자의 의사해석이 문제 되는 경우에는 문언의 내용, 약정이 이루어진 동기와 경위, 약정으로 달성하려는 목적, 당사자의 진정한 의사 등을 종합적으로 고찰하여 논리와 경험칙에 따라 합리적으로 해석하여야 한다. 동지: 대법원 2002. 6. 28. 2002다23482; 동 2006. 4. 28. 2004다16976; 동 2015. 11. 26. 2013다62490; 동 2021. 3. 25. 2018다275017; 동 2025. 4. 24. 2024다297643.

Ⅲ. 보증보험계약의 종류

1) 보증보험은 피보험이익의 종류에 따라 ① 계약에 의한 채무이행과 ② 법령에 의한 의무이행 두 가지로 분류할 수 있다(보업 제2조 제3호). 전자의 예로는 각종의 이행보증보험·할부판매보증보험·리스보증보험·가계수표보증보험·어음보증보험·소액대출보증보험·주택마련보증보험·지급계약보증보험·사채보증보험 등이 있고, 후자의 예로는 납세보증보험·인허가보증보험 등이 있다.

◖ 대법원 1992. 9. 22. 92다20729
이행보증보험의 보험사고의 발생을 인정한 사례

☞ 갑이 을과 가스집진기류를 제작납품하는 도급계약을 체결하면서 보증보험회사와 이행보증보험계약을 체결하였는데, 갑이 납기일까지 납품을 하지 못하고 아무런 대책도 수립하지 못하자, 을이 갑과의 합의하에 갑이 아직 작업에 착수하지도 아니한 전체 도급물량의 38퍼센트에 해당하는 물량을 회수하여 갔다면 을은 갑의 이행지체를 이유로 위 도급계약 중 38퍼센트에 해당하는 부분을 해제하였다 할 것이고, 이는 보험사고가 발생한 경우에 해당하는 것이지 이행보증보험약관상의 "주계약의 내용에 중대한 변경이 있었을 때"에 해당한다고 볼 수 없다. … 보험약관에 "피보험자는 보험금을 청구하기 전에 주계약을 해제 또는 해지하여야 한다."고 규정되어 있으나 피보험자가 보험금을 청구한 후에 주계약을 해제하였다 하더라도, 피보험자가 보험기간에 이행지체를 이유로 주계약을 해제한 이상 보험자는 피보험자에게 보험금을 지급할 의무가 있다.

2) 이 외에 신용을 보증하는 신원보증보험과 신용카드보증보험 등이 있다. 신원보증보험은 보험계약자인 피보증인이 보험기간 중에 피보험자를 위하여 사무를 처리함에 있어서 도난·강도·사기·배임·횡령 등 피보험자에게 불이익한 행위를 하여 피보험자에게 재산상의 손해를 입혔을 경우에 그 손해를 보상하는 것을 목적으로 하는 보증보험을 말한다.

Ⅳ. 보증보험계약의 법률관계

1. 계약당사자

보증보험은 타인을 위한 보험의 성격을 가지고 있으므로(제639조) 보험계약의 당사자는 보험계약자(채무자)와 피보험자(채권자) 그리고 보험자 등 3당사자로 구성된다. 일반 손해보험계약과는 달리 보증보험은 쌍무계약의 특징상 보험계약자와 피보험자는 동일인이 될 수 없다.

2. 보증보험의 목적

보증보험의 목적은 보험계약자와 피보험자 사이에서 계약이나 법률에 의하여 발생하는 무형적인 채권이다. 이 점에서 피보험자가 제3자에 대하여 부담하는 배상책임으로 인한 손해를 담보하는 책임보험(제719조)과 구별된다.

3. 보험자의 보상책임

1) 보증보험의 보험자도 다른 일반의 보험에서와 마찬가지로 보험기간 중에 보험사고로 인하여 피보험자에게 재산상의 손해가 발생하면 책임을 진다. 이때의 보상금액은 일반의 보험과 마찬가지로 보험금액의 한도 내에서 결정되며, 정액보상특약이 있을 때에는 그 금액을 보상하여야 한다. 다만 보증보험은 보험사고가 보험계약자의 채무불이행이라는 인위적인 것이고, 보험사고가 발생하더라도 손해가 발생하지 않는 경우가 있고(예컨대, 입찰보증보험에서 입찰에 응한 보험계약자가 계약을 체결하지 않았으나 피보험자가 동일한 조건으로 제3자와 다시 계약을 체결한 경우), 또 실제로 손해가 발생하였더라도 보험계약자가 손해배상의무를 이행한 경우에는 손해가 없었던 것처럼 된다는 등의 특징이 있다. 그러므로 보험계약자(채무자)가 그 타인에게 보험사고의 발생으로 생긴 손해의 배상을 한 때에는 자신의 채무를 이행한 것뿐, 보험계약자에게 별도의 손해가 발생한 것은 아니므로 그 보험계약자는 보험자에게 보험금액의 지급을 청구할 수 없다(제639조 제2항 단서, 제726조의 6 제1항).

2) 보험사고가 발생하여 피보험자가 그 보험사고의 발생을 통지하고 보험증권이나 그 사본과 손해액을 증명하는 서류를 제출하여 보험금의 지급을 청구한 때에는 보험자는 약관 소정의 절차에 따라 지체없이 보험금을 지급하여야 한다.

3) 보증보험계약은 그 계약의 보험기간, 즉 하자담보책임기간 내에 발생한 하자에 대하여는 비록 보험기간이 종료한 후 보험사고가 발생하였다고 하더라도 보험자로서 책임을 지기로 하는 내용의 계약이라고 해석하여야 한다.[1)]

4) 보험자는 상법(제660조)과 약관에 따라 천재지변, 전쟁, 내란, 기타 이와 비슷한 변란으로 채무를 이행하지 못함으로써 생긴 손해에 대하여는 면책된다. 또한 피보험자의 책임있는 사유로 인하여 생긴 손해에 대하여도 보험자는 면책된다(제659조).[2)]

---

1) 대법원 2021. 2. 25. 2020다248698.

그러나 보증보험계약에 관하여는 보험계약자의 사기, 고의 또는 중대한 과실이 있는 경우에도 보험자는 면책되지 아니한다(제726조의 6 제2항, 제659조의 제1항). 보증보험의 보험계약자 또는 피보험자는 고의 또는 (중)과실로 채무의 불이행이 있더라도 그 경우 자체가 바로 보험사고이므로 보험자는 면책되지 않도록 한 것이다.

◖ 대법원 1995. 9. 29. 93다3417
보험계약자의 고의·과실은 보험자의 면책사유가 될 수 없다

☞ 리스이용자의 계약상 채무불이행으로 인한 손해의 보상을 목적으로 한 리스보증보험도 보험계약의 일종이므로 일반적으로 상법상 보험에 관한 통칙규정이 적용되는 것이기는 하나, 이 보증보험은 보험금액의 한도 내에서 리스이용자의 채무불이행으로 인한 손해를 담보하는 것으로서 리스이용자의 채무불이행이 고의에 의한 것이든 과실에 의한 것이든 그 손해를 보상할 책임을 지는 보증에 갈음하는 기능을 가지고 있어 보험자의 그 보상책임의 법률적 성질은 본질적으로 보증책임과 같은 것이므로, 상법 제659조 제1항은, 보험계약이 보험계약자의 사기행위에 피보험자인 리스회사가 공모하였다든지 적극적으로 가담하지는 않았더라도 그러한 사실을 알면서 묵인한 상태에서 체결되었다고 인정되는 경우를 제외하고는, 원칙적으로 그 적용이 없다. 동지: 대법원 1995. 7. 14. 94다10511; 동 1997. 1. 24. 95다12613.

◖ 대법원 2018. 3. 27. 2015다12130
퇴직 임직원은 재직시 체결한 연대보증계약을 일방적으로 해지할 수 있고, 이를 적법하게 해지한 이상 보증책임을 면하며, 보험계약자의 구상채무를 보증한 사람도 해지권을 행사할 수 있고 해지 이후 보증책임을 면한다.

☞ 회사의 임원이나 직원의 지위에 있었기 때문에 부득이 회사와 제3자 사이의 계속적 거래에서 발생하는 회사의 채무를 연대보증한 사람이 그 후 회사에서 퇴직하여 임직원의 지위에서 떠난 때에는 연대보증계약의 기초가 된 사정이 현저히 변경되어 그가 계속 연대보증인의 지위를 유지하도록 하는 것이 사회통념상 부당하다고 볼 수 있다. 이러한 경우 연대보증인은 특별한 사정이 없는 한 연대보증계약을 일방적으로 해지할 수 있다고 보아야 한다. … 보험자가 보험계약자의 채무불이행 등 보험사고 발생으로 보험금을 지급할 경우, 보험계약자가 보험자에게 부담하게 될 불확정한 구상채무를 보증한 사람도 위와 같은 사정이 있는 경우에는 마찬가지로 해지권을 행사할 수 있고, 해지 이후 보증책임을 지지 않는다.

5) 한편 피보험자는 보험자의 손해조사에 대한 협조의무가 있다. 피보험자가 정당한 이유없이 조사에 협조하지 아니하여 손해가 증가된 때에는 그 증가된 손해에 관하여 보험자는 면책된다.

---

2) 동지: 최기원(하) 782면.

4. 보험자의 대위와 구상권

1) 보험자의 대위권

(1) 보험자대위(제3자에 대한 보험대위)에 관한 상법 제682조는 청구권대위의 성립 요건으로서 손해가 제3자의 행위로 발생할 것을 요한다. 그러나 ① 보증보험에서는 보험계약자의 행위로 인하여 손해가 발생하는 것이므로 보험계약자를 제3자로 볼 수 있는지 의문이다. ② 또한 보험자가 피보험자에게 손해를 배상함으로써 피보험자의 보험계약자에 대한 채권은 소멸되었기 때문에 보험자가 피보험자의 채권을 대위할 수는 없다.[1] 다만 상법 제682조는 임의규정이라고 해석되므로 개별약관에 있어서 대위권을 규정할 수는 있다고 본다. 실제로 거래계에서는 약관에 이와 같은 대위권의 규정을 두고 있다.

(2) 이에 대하여 보증보험의 보험자대위권을 긍정하는 견해도 있다. 이 견해는 ① 보증계약 자체가 타인을 위한 보험의 형식을 취하고 있으므로 보험계약자를 보험자대위와 관련하여 제3자로 볼 수 있다고 한다. ② 또한 이중의 이득을 방지하고 책임있는 자가 책임을 면하지 못하게 한다는 보험자대위제도의 입법취지로 보아 보증보험에서도 보험자의 대위를 인정하여야 한다고 한다.[2]

2) 보험자의 구상권

보증보험의 보험자는 보험계약자에 대하여 민법 제441조의 구상권을 행사할 수 있다. ① 보증보험에서 보험자는 보험계약자로부터 보험료라는 대가를 받고 피보험자에 대하여 보증을 서는 보증인이라고 볼 수 있으므로, 보험자는 민법 제441조에 따라 보증인에 준하여 구상권을 행사할 수 있다. ② 또한 보험자의 대위권이 성립할 여지가 없다는 입장을 취하면 보험자에게 구상권이 인정되어야 할 현실적인 필요성도 있다. 즉, 보증보험에 있어서 보험사고가 대부분 보험계약자에 의하여 발생하는 인위적인 사고이므로 보험계약자의 신의성실이나 보험계약자의 선의성이 더욱 강하게 요구되기 때문에 구상권을 인정할 수 있다.[3] 약관에서도 구상권에 관한 규정을 두고 있다.

◖ 대법원 1992. 5. 12. 92다4345
구상권약정은 유효하다

☞ 보증보험은 계약상의 채무불이행 또는 법령상의 의무불이행으로 인한 손해를 보상

---

1) 동지: 양승규(보) 433면; 정찬형(하) 756면.
2) 최기원(하) 784면.
3) 동지: 정찬형(하) 756면.

할 것을 목적으로 하는 보험으로서 손해배상성과 더불어 보증성을 갖는 것이므로 보증성에 터잡은 보험자의 보험계약자 및 그 연대보증인에 대한 구상권약정이 보험의 본질에 반하거나 공정한 법률행위로서 무효라고 볼 수 없다.

5. 보증보험계약의 해지

보증보험의 경우에도 보험계약자는 보험자가 파산한 경우 보험계약을 해지할 수 있고(제654조 제1항), 보험사고 발생 전에 언제든지 계약의 전부 또는 일부를 해지할 수 있다(임의해지)(제649조). 보험자도 보험계약자의 보험료의 미지급(제650조), 기타 약관에서 정한 사유가 발생하는 등 보험계약자측의 의무위반이 있으면 보험계약을 해지할 수 있다. 그러나 보증보험계약에 관하여는 보험계약자의 사기, 고의 또는 중대한 과실이 있는 경우에도 이에 대하여 피보험자에게 책임이 있는 사유가 없으면 고지의무위반으로 인한 계약해지(제651조), 위험변경증가의 통지와 계약해지(제652조), 보험계약자 등의 고의나 중과실로 인한 위험증가와 계약해지(제653조)에 관한 각 규정을 적용하지 아니하므로(제726조의 6 제2항), 이들 경우 보험자는 보험계약을 해지할 수 없다. 그러나 위의 경우 무조건 해지할 수 없다고 할 것이 아니라, 공사도급계약에 대한 이행보증보험계약에서 고지의무를 위반한 경우와 같은 경우,[1] 고지의무위반(제651조)으로 계약을 해지할 수 있다고 하여야 할 것이다.

1) 대법원 1987. 6. 9. 86다카216 : 공사도급계약에 대한 이행보증보험계약에서 고지의무를 위반한 경우; 동 2002. 7. 26. 2001다36450.

제 4 장

인 보 험

제1절 통 칙

Ⅰ. 인보험계약의 의의

인보험계약(contract of person insurance, Personenversicherungsvertrag)이란 당사자의 일방(보험자)이 피보험자의 생명이나 신체에 관하여 보험사고가 발생할 경우에 보험계약으로 정하는 바에 따라 보험금이나 그 밖의 급여를 할 것을 약정하고, 상대방(보험계약자)이 이에 대하여 보수를 지급할 것을 약정함으로써 효력이 생기는 계약이다(제727조 제1항). 이때 보험금은 당사자 간의 약정에 따라 분할하여 지급할 수 있다(제727조 제2항).

상법은 인보험을 생명보험, 상해보험, 질병보험으로 나누고 있다. 한편 보험업법에서는 보험업의 종류를 생명보험업, 손해보험업 및 제3보험업으로 구분하고 있으며, 생명보험과 손해보험의 성격을 함께 가지고 있는 상해보험 · 질병보험 · 간병보험을 제3보험업으로 분류하고 있다(보업 제2조 제1호부터 제5호까지).

Ⅱ. 인보험의 특성

1) 인보험은 ① 보험의 목적이 사람이고, 사람의 생명 · 신체에 관한 사고를 보험사고로 하는 점, ② 보험계약을 체결하는 동기가 손해의 보상이 아닌 점에서 정액보험인 점(그러나 오늘날의 상해 · 질병보험은 반드시 정액보험인 것은 아니다.), ③ 피보험

이익의 관념을 인정할 수 없고, 따라서 초과보험 · 중복보험 · 일부보험의 문제가 없는 점 등의 특색이 있다.

2) 본래 보험계약을 체결할 때 보험자가 보험료를 받고 30일 내에 보험계약자의 청약에 대한 낙부의 통지를 발송하지 아니하면 보험계약이 성립된 것으로 보지만(제638조의 2 제1항 본문 · 제2항), 인보험에서 피보험자가 신체검사를 받아야 하는 경우(이른바 유진사보험)에는 이 30일의 기간은 신체검사를 받은 날로부터 기산한다(제638조의 2 제1항 단서). 또 보험자가 보험료를 받은 후 승낙 전에 보험사고가 발생한 때에도 보험계약자의 청약을 거절할 사유가 없는 한 보험자가 책임을 져야 하는 것이 원칙이지만, 유진사보험의 경우에 피보험자가 신체검사를 받지 않은 때에는 보험자가 책임을 지지 않는다(제638조의 2 제3항).

Ⅲ. 인보험증권의 기재사항

인보험증권에는 손해보험증권의 일반적 기재사항(제666조) 이외에 보험계약의 종류, 피보험자의 주소 · 성명[1] 및 생년월일, 보험수익자를 정한 때에는 그 주소 · 성명 및 생년월일을 기재하여야 한다(제728조).

Ⅳ. 보험자대위의 제한

1) 인보험에 있어서는 보험자는 보험사고로 인하여 생긴 보험계약자 또는 보험수익자의 제 3 자에 대한 권리(예컨대, 불법행위로 인한 손해배상청구권)를 대위하여 행사하지 못한다(제729조 본문). 청구권대위는 본래 피보험자가 실손해 이상의 보상을 받지 못하게 하고 손해를 일으키고도 책임을 지지 않는 자가 없도록 하기 위하여 정책적으로 인정한 것인데, 인보험에서는 보험계약의 목적이 손해보상에 있는 것이 아니어서 손해 자체가 문제되지 아니하고, 피보험자 또는 그 상속인에게 보험금과 손해배상금 양자가 모두 지급되어도 부당한 것이 아니므로 보험자의 청구권대위를 금지한 것이다.

---

1) 피보험자의 주소와 성명은 제666조 제7의 2호와 중복되는데, 이는 입법의 착오이므로 조문을 정리하여야 한다.

2) 다만 상해보험계약의 경우에 당사자 간에 다른 약정이 있는 때에는 보험자는 피보험자의 권리를 해하지 아니하는 범위 내에서 그 권리를 대위하여 행사할 수 있다(청구권대위)(제729조 단서).[1] 의료비 등의 지급을 목적으로 하는 상해보험의 경우에는 생명보험의 경우와는 달리 일종의 손해보험의 성질을 가지고 있으므로, 보험자대위를 인정하는 것이 타당하기 때문이다.

3) 인보험에서는 보험의 목적 및 그 멸실이 없으므로 잔존물대위는 문제되지 않는다.

제 2 절　생명보험계약

Ⅰ. 생명보험계약의 의의

1) 생명보험계약(contract of life insurance, Lebensversicherungsvertrag)이란 피보험자의 사망, 생존, 사망과 생존에 관한 보험사고가 발생할 경우에 약정한 보험금을 지급할 것을 목적으로 하는 인보험계약을 말한다(제730조). 생명보험은 보험가액의 관념이 없는 정액보험이므로 초과 · 중복 · 일부보험의 문제가 없다.

2) 생명보험은 보험 본연의 기능인 보장적 기능 외에도 축적된 보험료를 운용하여 보험가입자에게 돌려주는 저축적 기능이 있다.

Ⅱ. 생명보험계약의 특수성

1. 보험계약의 관계자

1) 생명보험계약의 당사자는 보험자와 보험료의 지급의무를 지는 보험계약자이다. 그 밖의 관계자로서 사람의 생사라는 보험사고의 대상이 되는 자연인으로는 피보험자(손해보험의 경우에는 보험사고의 발생시에 보험금의 지급을 받을 자를 피보험자라 하는 것과 차이가 있다), 보험설계사 및 보험의가 있다(제607조, 제609조). 생명보험의 경

---

1) 대법원 2003. 12. 26. 2002다61958: 당사자 사이에 약정이 있는 경우 상해담보특약의 보험자는 피보험자의 배상의무자에 대한 손해배상청구권을 대위 행사할 수 있다.

우에 피보험자는 자연인에 한하며 법인은 그 성질상 피보험자가 될 수 없다. 손해보험의 피보험자에 해당하는 자로서 보험사고가 발생한 때에 보험금의 지급을 받을 자를 보험수익자라 한다.

2) 보험계약자와 피보험자가 동일인인 때를 자기의 생명보험이라 하고, 보험계약자가 타인을 피보험자로 한 경우를 타인의 생명보험이라고 한다. 또한 보험계약자와 보험수익자가 동일인인 때를 자기를 위한 생명보험이라 하고 다른 경우는 타인을 위한 생명보험이라 한다.

2. 보험사고

생명보험계약의 경우 보험사고는 피보험자의 생존과 사망이다. 그러므로 상해와 질병을 보험사고로 하는 것은 생명보험계약이라 할 수 없다. 생명보험계약의 경우도 보험사고는 우연한 것이어야 하고 계약의 체결시 불확정한 것이어야 한다.

3. 피보험이익

생명보험계약에 있어서 피보험이익의 유무는 계약의 성립과 효력에 영향을 미치지 않는다. 생명보험의 경우에는 보험사고 발생시의 손해의 정도를 미리 예측할 수 없고 또한 사후적으로도 객관적인 평가를 위한 기준을 정한다는 것이 곤란하기 때문이다. 따라서 보험금도 당사자 간의 의사에 의하여 정하므로, 피보험자가 고의적으로 살해되는 등 보험제도가 악용될 소지와 도덕적 위험이 크다. 따라서 상법에서는 고의로 인하여 보험사고가 발생하였을 때에는 보험자는 면책되도록 하고 있다(제732조의 2 제1항). 또한 둘 이상의 보험수익자 중 일부가 고의로 피보험자를 사망하게 한 경우 보험자는 다른 보험수익자에 대한 보험금 지급 책임을 면하지 못한다(제732조의 2 제2항).

Ⅲ. 생명보험계약의 종류

1. 보험사고에 따른 분류

1) 사망보험

(1) 사망보험은 피보험자의 사망을 보험사고로 하는 보험계약이며, 이것은 다시

종신보험과 정기보험으로 나뉜다. 종신보험에서는 피보험자의 사망시까지 계약의 효력이 존속하고, 사망을 보험사고로 하여 보험금을 지급한다. 정기보험에서는 피보험자가 일정한 기간 내에 사망한 경우에 보험금을 지급한다.

(2) 사망보험계약에 있어서는 사고가 보험계약자 또는 피보험자나 보험수익자의 중대한 과실로 인하여 발생한 경우에도 보험자는 보험금지급책임을 면하지 못한다(제732조의 2 제1항). 이는 피보험자가 고의가 아닌 중과실로 사망한 경우 그 유족 등 보험수익자를 보호하기 위하여 정책적인 배려를 한 것이다.[1] 또한 둘 이상의 보험수익자 중 일부가 고의로 피보험자를 사망하게 한 경우 보험자는 다른 보험수익자에 대한 보험금 지급 책임을 면하지 못한다(제732조의 2 제2항).

2) 생존보험

생존보험은 피보험자가 일정한 연령까지 생존할 것을 보험사고로 하는 보험계약이며, 교육자금보험 · 혼인자금보험이 이에 속한다.

3) 혼합보험

혼합보험은 일정한 연령까지 생존하면 보험금을 지급하는 동시에 일정한 연령 전에 사망한 경우에도 보험금을 지급하는 보험계약이다(사망보험 + 생존보험). 상법 제730조는 생명보험계약의 보험자는 피보험자의 사망, 생존, 사망과 생존에 관한 보험사고가 발생할 경우에 약정한 보험금을 지급할 책임이 있다고 규정하여 혼합보험을 규정하고 있다.[2]

---

1) 헌법재판소 1999. 12. 23. 98헌가12, 99헌가3 · 10, 99헌바33 · 50 · 52 · 62 · 65: 상법 제732조의 2는 보험계약자측의 중과실로 인한 사고에 있어서 보험자의 면책을 인정하지 않음으로써 소비자인 인보험의 보험계약자측, 특히 생명보험의 보험수익자로 되는 유족의 생활보장을 도모하는 데에 그 입법취지가 있으므로 그 입법목적의 정당성은 인정되고, 동 법률조항은 위헌이 아니다.

2) 대법원 2013. 5. 23. 2011다45736: 하나의 보험계약에서 장해보험금과 사망보험금을 함께 규정하고 있는 경우, 동일한 재해로 인한 보험금은 그 중 하나만을 지급받을 수 있을 뿐이라고 보아야 함이 원칙이다. 따라서 재해로 인한 장해상태가 회복 또는 호전을 기대하기 어렵거나 또는 호전 가능성을 전혀 배제할 수는 없지만 기간이 매우 불확정적인 상태에 있어 증상이 고정되었다면 장해보험금의 지급을 청구할 수 있고, 그 증상이 고정되지 아니하여 사망으로의 진행단계에서 거치게 되는 일시적 장해상태에서 치료를 받던 중 재해와 인과관계가 있는 원인으로 사망한 경우에는 그 사이에 장해진단을 받았더라도 장해보험금이 아닌 사망보험금을 지급받을 수 있을 뿐이다. 동 2022. 3. 17. 2021다284462: 중복 지급 규정이 약관에 있고, 장해 상태가 고정되었다고 볼 수 있다면 두 가지 공제금을 모두 받을 수 있다. 동 2022. 10. 27. 2019다249305; 동 2023. 7. 13. 2021다283742 참조.

2. 피보험자의 수에 따른 분류

1) 단독보험

단독보험은 피보험자 1인의 생사를 보험사고로 하는 보험계약이다.

2) 연생보험 · 생잔보험

연생보험이란 피보험자 2인 중의 1인이 사망한 경우에 다른 1인이 보험금의 지급을 받는 보험을 말하고, 생잔보험이란 2인 중 특정한 1인이 사망한 경우에 다른 1인이 생존할 것을 조건으로 하여 보험금의 지급을 받는 보험을 말한다.

3) 단체보험

단체보험은 어떤 단체가 규약에 따라 구성원의 전부 또는 일부를 피보험자로 하는 생명보험계약이다(제735조의 3 제1항). 단체보험도 타인의 생명의 보험이기는 하나, 이 경우에는 보험계약자인 사업자 자신이 보험수익자가 되며, 그 구성원인 타인의 생명보험계약에 필요한 피보험자의 동의가 필요 없다(제735조의 3 제1항, 제731조). 다만, 보험계약자가 피보험자 또는 그 상속인이 아닌 자를 보험수익자로 지정할 때에는 단체의 규약에서 명시적으로 정하는 경우 외에는 그 피보험자의 서면 동의를 받아야 한다(제735조의 3 제3항)(후술).

단체보험계약이 체결된 때에는 보험자는 보험계약자에 대하여서만 보험증권을 교부한다(제735조의 3 제2항).

◖ 대법원 2007. 10. 12. 2007다42877 · 42884
단체보험 계약자 회사의 직원이 퇴사한 후에 사망하는 보험사고가 발생한 경우의 법률관계

☞ 단체가 구성원의 전부 또는 일부를 피보험자로 하고 보험계약자 자신을 보험수익자로 하여 체결하는 생명보험계약 내지 상해보험계약은 단체의 구성원에 대하여 보험사고가 발생한 경우를 부보함으로써 단체 구성원에 대한 단체의 재해보상금이나 후생복리비용의 재원을 마련하기 위한 것이므로, 피보험자가 보험사고 이외의 사고로 사망하거나 퇴직 등으로 단체의 구성원으로서의 자격을 상실하면 그에 대한 단체보험계약에 의한 보호는 종료되고, 회사가 퇴사 후에도 계속 위 직원에 대한 보험료를 납입하였더라도 퇴사와 동시에 단체보험의 해당 피보험자 부분이 종료되는 데 영향을 미치지 아니하므로, 단체보험 계약자 회사의 직원이 퇴사한 후에 사망하는 보험사고가 발생한 경우 보험보호를 받지 못한다.

3. 보험금액의 지급방법에 따른 분류

1) 자금보험

자금보험은 보험사고가 발생한 때에 보험금의 전부를 지급하는 보험계약이다.

2) 연금보험

생명보험의 특수형태로서 당사자간의 약정에 따라 보험금을 연금으로 분할하여 순차로 지급할 수 있는 연금보험이 있다(제727조 제2항). 연금보험은 종신연금보험과 정기연금보험이 있다.

3) 변액생명보험

변액생명보험(Variable life insurance)은 보험자가 보험료로 받은 자산을 다른 자산과 구분하여 주로 주식·사채 등 유가증권에 투자하여 그 실적을 보험계약자에게 배분하여 줌으로써, 생명보험의 인플레이션의 역작용을 상쇄하기 위하여 마련된 보험이다.[1] 이와 같이 투자수익을 보험계약자에게 분배한다는 장점이 있으나, 투자에 실패할 경우 오히려 보험금이 줄어들 위험이 있다.

4. 이익배당의 유무에 따른 분류

1) 이익배당부보험

이익배당부보험이란 보험료 산정시 기초가 되는 예정률(예정이율, 예정사망률, 예정사업비율)과 추후 실제율(실제이율, 실제사망률, 실제사업비율)과의 차이로 인하여 이익이 발생한 경우 그 이익을 보험계약자에게 배당하기로 약정한 보험을 말한다. 통상 예정률은 보험기간이 장기인 생명보험의 특성상 보수적으로 산출하여 역마진에 따른 보험자의 경영악화를 방지하는 기능을 하는데 그 대신 사후적으로 이익이 발생하게 되면 보험계약자에게 이를 배당금으로 분배하는 것이다.

◖ 대법원 2005. 12. 9. 2003다9742
배당부 생명보험에 있어서 계약자배당금의 법적 성질 및 계약자배당의 실시 요건

1) 양승규(보) 449~450면.

☞ 배당부 생명보험의 계약자배당금은 보험회사가 이자율과 사망률 등 각종 예정기초율에 기반한 대수의 법칙에 의하여 보험료를 산정함에 있어 예정기초율을 보수적으로 개산한 결과 실제와의 차이에 의하여 발생하는 잉여금을 보험계약자에게 정산・환원하는 것으로서 … 보험회사가 약관에서 정한 바에 따라 그 지급률을 결정하여 계약자배당준비금으로 적립한 경우에 한하여 인정되는 것이다.

2) 무이익배당보험

무이익배당보험이란 이익배당부보험과는 달리 이익을 배당하지는 않으나 예정률을 실제율에 근접하게 산출함으로써 동일한 내용을 보장하는 이익배당부보험에 비해 보험료가 저렴하다.

5. 신체검사의 유무에 따른 분류

보험계약을 체결함에 있어서 피보험자의 신체검사를 하여야 하는 경우를 유진사보험(有診査保險)이라 하고, 신체검사를 하지 않는 경우를 무진사보험(無診査保險)이라 한다. 생명보험의 경우에 보험사고는 사람의 생사이고 사람의 건강상태는 각각 다르므로 피보험자에 대한 위험의 측정을 위하여 원칙적으로 신체검사를 필요로 한다. 그러나 생명보험계약이더라도 보험가액이 낮은 수준인 것은 무진사보험에 의하여 운영되고 있다.[1]

Ⅳ. 생명보험의 보험사고

생명보험 약관에 의하면 보험자는 보험기간 중 약관이 정하는 재해로 인하여 피보험자가 사망한 경우 특약보험금을 지급하는 것으로 되어 있다.[2] 여기서 재해라 함은 "우발적인 외래의 사고" 등을 말하는데, 실무에서 '우발적인 외래사고'의 개념이 종종 문제가 된다. 이것은 피보험자의 신체 내부적 원인에 기인하지 아니하고 외부적으로 발생한 우연한 사고를 말하는데, 구체적인 경우에 따라 판단할 수밖에 없다.

---

1) 최기원(하) 794면.

2) 생명보험의 경우 질병사망이나 자연사의 경우에도 보장한다. 손해보험의 경우도 약간의 제한(예컨대 전쟁으로 인한 사망)이 있으나 질병사망이나 자연사의 경우에도 보장한다.

◖ 대법원 1991. 6. 25. 90다12373
우발적인 외래의 사고의 의미

☞ 생명보험계약상의 보험약관에 특약보험금의 지급사유인 재해를 "우발적인 외래의 사고"라고 정의하고 질병 또는 체질적 요인이 있는 자로서 경미한 외인에 의하여 발병하거나 그 증상이 더욱 악화되었을 때에는 그 경미한 외인은 우발적인 외래의 사고로 보지 아니한다고 규정하고 있는 경우에 피보험자가 방안에서 술에 취하여 선풍기를 틀어 놓고 잠을 자다가 사망한 것을 우발적인 외래의 사고로 보지 아니한 원심판결에 심리를 다하지 아니하거나 보험약관의 해석에 관한 법리를 오해한 위법이 있다 하여 파기한 사례. 그러나 대법원 2010. 9. 30. 2010다12241·12258는 에어컨을 켜놓고 잠을 자다가 사망하였고 달리 사망원인을 알 수 없는 경우에 이를 보험사고인 '급격하고도 우연한 외래의 사고로 인한 사망'에 해당하는 것으로 볼 수 없다고 한다(유족의 반대로 부검이 이루어지지 않은 경우, 그로 인한 불이익은 사망 원인을 밝히려는 증명책임을 다하지 못한 유족들이 감수하여야 한다). 참조판례: 대법원 2007. 12. 13. 2007다67920(운전 중 급성 심근경색증으로 사망한 경우, 보험계약의 재해보장특약 약관상의 교통재해로 인한 사망이라고 볼 수 없다); 동 2008. 8. 21. 2007다76696(피보험자가 음주로 인하여 심신을 상실한 상태에서 충동적으로 베란다에서 뛰어내려 사망한 것은 우발적인 외래의 사고에 해당한다).

한편 사망을 보험사고로 한 보험계약에서는 사고가 보험계약자 또는 피보험자나 보험수익자의 중대한 과실로 인하여 발생한 경우에도 보험자는 보험금지급책임을 면하지 못한다(제732조의 2 제1항). 또한 둘 이상의 보험수익자 중 일부가 고의로 피보험자를 사망하게 한 경우 보험자는 다른 보험수익자에 대한 보험금 지급 책임을 면하지 못한다(제732조의 2 제2항). 따라서 인보험의 경우에는 원칙적으로 고의로 인한 사고, 즉 자살의 경우 외에는 중과실로 인하여 보험사고가 발생하였다고 하더라도 보험자는 보험금지급책임을 면하지 못한다.[1] 한편 생명보험약관에 의하면 보험계약 체결 후 2년이 경과하면 자살의 경우도 보험금을 지급하는 것으로 되어 있다. 이는 장기간 보험계약을 유지한 경우 도덕적 위험의 가능성이 희박하다고 보기 때문이다.

◖ 대법원 1998. 4. 28. 98다4330
인보험에 있어서 음주운전면책약관의 규정이 과실(중과실 포함)로 평가되는 행위로 인한 경우까지 포함하는 취지라면 과실로 평가되는 행위로 인한 사고에 관한 한 무효이다

1) 대법원 2008. 8. 21. 2007다76696: 피보험자가 정신질환 등으로 자유로운 의사결정을 할 수 없는 상태에서 사망의 결과를 발생케 한 경우는 자살에 포함되지 아니하고 보험자는 보험금을 지급하여야 한다. 동지: 대법원 2006. 3. 10. 2005다49713; 동 2011. 4. 28. 2009다97772; 동 2014. 4. 10. 2013다18929; 동 2015. 6. 23. 2015다5378; 동 2016. 5. 12. 2015다243347; 동 2021. 2. 4. 2017다281367; 동 2022. 8. 11. 2021다270555; 동 2023. 5. 18. 2022다238800; 동 2024. 5. 9. 2021다297529; 동 2024. 7. 25. 2024다230329; 동 2024. 11. 28. 2024다265653.

☞ 음주운전이 고의적인 범죄행위이기는 하나 그 고의는 특별한 사정이 없는 한 음주운전 자체에 관한 것이고 직접적으로 사망이나 상해에 관한 것이 아니어서 그로 인한 손해보상을 해준다고 하여 그 정도가 보험계약에 있어서의 당사자의 선의성·윤리성에 반한다고는 할 수 없으므로, 자기신체사고 자동차보험(자손사고보험)과 같은 인보험에 있어서의 음주운전 면책약관이 보험사고가 전체적으로 보아 고의로 평가되는 행위로 인한 경우뿐만 아니라 과실(중과실 포함)로 평가되는 행위로 인한 경우까지 포함하는 취지라면 과실로 평가되는 행위로 인한 사고에 관한 한 무효라고 보아야 한다. 동지: 대법원 1990. 5. 25. 89다카17591; 동 1996. 4. 26. 96다4909; 동 1998. 3. 27. 97다48753; 동 1998. 3. 27. 97다27039; 동 2010. 3. 25. 2009다38438·2009다38445.

V. 타인의 생명보험계약

1. 타인의 생명보험계약의 의의

타인의 생명보험(Versicherung auf fremdes Leben)계약이란 보험계약자 이외의 제3자를 피보험자로 한 생명보험계약을 말하며, 타인보험이라고도 한다. 보험계약자와 피보험자가 동일인인 자기의 생명의 보험계약과 구별되는 개념이다. 예컨대 제3자가 타인의 동의 없이 타인을 보험계약자 및 피보험자로 하여 체결한 생명보험계약도 보험계약자의 명의에도 불구하고 실질적으로 타인의 생명보험계약에 해당한다.[1]

2. 타인의 생명보험계약의 제한

1) 타인의 생명의 보험계약을 무제한적으로 인정한다면, 도박화할 우려도 있고 피보험자의 생명에 위해를 가할 염려도 있어서, 나라마다 이를 제한하고 있다. 그 제한방법으로는, 피보험자인 타인의 생사에 관하여 어떠한 이익 또는 재산상의 이익을 가지는 자만이 이 보험계약을 체결할 수 있게 하는 이익주의(영·미·벨기에 등)와, 이익을 문제시하지 않고 단지 피보험자의 동의를 요구하는 동의주의(독·불·스위스 등)의 입법례가 있으나, 우리 상법 제731조는 동의주의를 취하고 있다.

2) 상법 제731조 제1항의 입법취지에는 도박보험의 위험성과 피보험자 살해의 위험성 외에도 피해자의 동의를 얻지 아니하고 타인의 사망을 이른바 사행계약상의 조건으로 삼는 데서 오는 공서양속의 침해의 위험성을 배제하기 위한 것도 들어 있다.[2]

---

1) 대법원 2010. 2. 11. 2009다74007.
2) 대법원 1999. 10. 8. 98다24563·24570.

3. 피보험자의 동의

1) 동의가 필요한 경우와 그 예외

(1) '타인의 사망을 보험사고로 하는 보험계약', 즉 사망보험 또는 혼합보험의 경우에는 보험계약 체결시에 그 타인의 서면에 의한 동의를 얻어야 한다(제731조 제1항).[1] 그러나 피보험자가 15세 미만자 · 심신상실자 또는 심신박약자인 경우에는 자주적인 동의를 기대할 수 없고, 법정대리인에 의한 대리동의도 동의주의의 취지에 적합하지 아니하므로, 그러한 보험계약은 무효로 하였다(제732조 본문).[2] 다만, 의사능력이 있는 심신박약자도 직접 생명보험계약을 체결하거나 단체보험에 가입하는 경우에는 무효가 아니다(제732조 단서).

◖ 대법원 1998. 11. 27. 98다23690
타인의 사망을 보험사고로 하는 보험계약에는 보험계약 체결시 피보험자인 타인의 서면에 의한 동의를 얻지 아니하면 그 보험계약은 무효가 된다

☞ 타인의 사망을 보험사고로 하는 보험계약에는 보험계약 체결시 피보험자인 타인의 서면에 의한 동의를 얻지 아니하면 강행법규인 상법 제731조 제1항의 규정에 위배되어 그 보험계약은 무효가 된다. … 타인의 사망을 보험사고로 하는 보험계약을 체결할 당시 보험모집인이 그 타인의 서면에 의한 동의를 얻어야 하는 사실을 모르고 보험계약자에게 이를 고지하지 아니한 채 피보험자의 동의를 얻었다는 보험계약자의 말만 믿고 임의로 피보험자 동의란에 서명을 대신하였으며 영업소장 역시 그 사실을 알고도 방치함으로써 위 보험계약이 무효로 된 경우, 보험회사는 보험업법 제158조(2003. 5. 29. 개정 보험업법 제102조) 제1항 소정의 손해배상책임을 진다. 동지: 대법원 1995. 11. 22. 96다37084; 동 1999. 10. 8. 98다24563 · 24570; 동 2024. 11. 14. 2024다238392(타인의 신체상해를 보험사고로 하는 보험계약의 경우도 같다).

◖ 대법원 2006. 4. 27. 2003다60259
타인의 생명보험에서 보험모집인이 설명의무를 이행하지 아니한 경우 보험자가 손해배상책임을 부담한다.

☞ 타인의 사망을 보험사고로 하는 보험계약의 체결에 있어서 보험모집인이 보험계약자에게 피보험자의 서면동의 등의 요건에 관하여 설명의무를 부담하며, 보험모집인이 그러한 설명의무를 이행하지 아니하여 보험계약이 무효로 되어 보험계약자가 보험금을 지급받지 못하게 된 경우, 보험자가 보험업법 제102조 제1항에 기한 손해배상책임을 부담한다. 동지: 대법원 2007. 9. 6. 2007다30263(우체국보험의 경우); 동 2008. 8. 21. 2007다76696.

---

1) 손주찬(하) 690면.
2) 대법원 2013. 4. 26. 2011다9068: 15세 미만자 등의 사망을 보험사고로 한 보험계약은 무효라고 정한 상법 제732조는 효력규정이다.

(2) 문제는 제3자가 타인의 허락 없이 타인을 보험계약자 및 피보험자로 하는 보험계약을 체결하는 경우인데(이 경우는 제3자가 자기를 보험계약자로 하면서 타인을 피보험자로 하는 일반적인 타인의 생명보험계약과는 다르다), 이 경우도 실질적으로는 타인의 생명보험계약에 해당한다. 따라서 이 경우에도 그 보험계약은 그 피보험자의 서면 동의가 없는 한 무효로 보아야 한다.[1] 다만, 보험계약자 및 피보험자가 동일인인 경우 제3자(예컨대 보험모집인)가 보험계약을 무권대행한 것으로 볼 수 있고, 이때 피보험자가 보험사고발생 이전에 추인하면 소급하여 유효한 보험으로 볼 여지가 있다.

(3) 보험계약으로 인하여 생긴 권리를 피보험자가 아닌 자에게 양도하는 경우에도 피보험자의 동의를 얻어야 한다(제731조 제2항).

(4) 보험계약자가 계약체결 후에 보험수익자를 지정 또는 변경함에는 피보험자의 동의를 얻어야 한다(제734조 제2항). 그러나 지정 또는 변경으로 인하여 피보험자가 보험수익자가 되는 때에는 동의가 필요 없다.[2]

(5) 예외적으로 단체가 규약에 따라 그 구성원의 전부 또는 일부를 피보험자로 하는 생명보험계약을 체결하는 경우에는 상법 제731조를 적용하지 않는다(제735조의 3 제1항). 즉, 개별적인 피보험자의 서면에 의한 동의 없이 보험계약을 체결할 수 있다. 이러한 예외적 규정은 단체보험이 일정한 규약에 따라 단체의 구성원의 이익을 위하여 체결되므로 도박이나 투기의 위험이 적기 때문이다.[3] 다만, 보험계약자가 피보험자 또는 그 상속인이 아닌 자를 보험수익자로 지정할 때에는 단체의 규약에서 명시적으로 정하는 경우 외에는 그 피보험자의 서면 동의를 받아야 한다(제735조의 3 제3항).[4] 단체보험계약이 체결된 때에는 보험자는 보험계약자에 대하여서만 보험증권을 교부한다(제735조의 3 제2항).

대법원 1999. 5. 25. 98다59613
단체보험에 있어서 보험수익자를 보험계약자(사업자) 자신으로 지정하여 보험계약을 체결할 수 있다

☞ 단체보험의 경우 보험수익자의 지정에 관하여는 상법 등 관련 법령에 별다른 규정이 없으므로 보험계약자는 단체의 구성원인 피보험자를 보험수익자로 하여 타인을 위한 보험계약으로 체결할 수도 있고, 보험계약자 자신을 보험수익자로 하여 자기를 위한 보험계약으로 체결할 수도 있을 것이며, 단체보험이라고 하여 당연히 타인을 위한 보험계약이 되어야 하는 것은 아니므로 보험수익자를 보험계약자 자신으로 지정하는 것이 단체

1) 대법원 1999. 12. 7. 99다39999; 동 2010. 2. 11. 2009다74007; 서울고등법원 2003. 1. 22. 2002나39885.
2) 최기원(하) 797면.
3) 최기원(하) 796면.
4) 대법원 2020. 2. 6. 2017다215728.

보험의 본질에 반하는 것이라고 할 수 없다.[1] 동지: 대법원 2006. 4. 27. 2003다60259; 동 2007. 12. 27. 2007다70285. ※ 저자 주 - 2014년 개정상법 제735조의 3 제3항의 신설로 피보험자의 서면동의를 받아야만 보험계약자 자신이 보험수익자로 될 수 있다.

2) 동의의 성질

피보험자의 동의는 계약의 효력발생요건이지 성립요건은 아니다. 동의의 배제특약은 무효이며(강행법규성), 동의는 계약에 대하여 이의가 없다는 의사의 표명이므로 그 법적 성질은 준법률행위이다.

3) 동의의 방식 · 시기 · 철회

(1) 동의의 방식은 각 보험계약에 대하여 개별적으로 서면에 의하여 이루어져야 하며, 포괄적인 동의 또는 묵시적이거나 추정적 동의만으로는 부족하다.[2] 다만 서면동의를 할 권한을 구체적 · 개별적으로 수여받은 사람(예컨대 보험모집인)이 타인을 대리 또는 대행하여 서면동의를 한 경우에는 그 서면동의는 효력이 있다.[3]

(2) 동의는 효력발생요건이므로 그 시기에 있어서도 제한이 없고, 계약성립 후의 동의도 유효하다. 그러나 상법 제731조 제1항의 규정에 의하면 타인의 사망을 보험사고로 하는 보험계약에 있어서 피보험자가 서면으로 동의의 의사표시를 하여야 하는 시점은 보험계약체결시까지로 되어 있다. 이는 도덕적 위험이 큰 타인의 생명보험계약을 엄격하게 규제하기 위한 것이다. 판례도 이를 인정한다. 그러나 보험계약은 본래 불요식 · 낙성계약이므로 피보험자의 서면에 의한 동의가 없어도 보험계약은 성립하고, 다만 동의가 없으면 효력이 없는 것으로 보아야 한다. 효력발생요건은 반드시 계약성립시에 갖추어야 할 필요는 없고, 계약의 효력이 발생하기 전에 갖추면 되므로, 피보험자의 서면동의는 보험계약체결 후 보험사고발생 전까지 하면 된다고 본다. 그러나 이와 같이 해석하면 상법의 규정에 정면으로 위배되므로, 법률을

---

1) 본 판결은 단체보험에 있어서 보험수익자를 보험계약자(사업자) 자신으로 지정하여 보험계약을 체결할 수 있다는 것으로, 헌법재판소에서도 다수의견과 반대의견으로 나뉘어 크게 다투어졌다. 대전고등법원의 위헌제청(98헌가6)(상사법률 1998. 10. 15. 13면 참조). 사견으로는 이 판결은 문제가 있다고 본다. 본 판례에 대한 반대평석으로 김문재, "단체보험계약의 본질", 법률신문, 1999. 9. 20. 13면에 의하면, "상법 제735조의 3을 문리적으로 해석한다면 보험계약자인 기업을 보험수익자로 볼 여지도 있지만 이는 불완전한 규정에 의존, 단체보험의 본질을 잘못 이해한 소치다. 대법원은 현행 상법규정이 불비하더라도 기업을 보험수익자로 하는 단체보험계약은 단체보험의 본질에 어긋난다는 입법선도적 해석을 했어야 마땅하다"고 한다.

2) 대법원 2003. 7. 22. 2003다24451 ; 동 2006. 9. 22. 2004다56677.

3) 대법원 2006. 12. 21. 2006다69141.

이와 같이 개정하여야 할 것이다.

◖ 대법원 1996. 11. 22. 96다37084
동의는 반드시 서면에 의하여야 하고, 동의의 시기는 보험계약체결시까지이다

☞ 타인의 사망을 보험사고로 하는 보험계약에는 보험계약체결시에 그 타인의 서면에 의한 동의를 얻어야 한다는 상법 제731조 제1항의 규정은 강행법규로서 이에 위반하여 체결된 보험계약은 무효이다. … 상법 제731조 제1항의 입법취지에는 도박보험의 위험성과 피보험자 살해의 위험성 외에도 피해자의 동의를 얻지 아니하고 타인의 사망을 이른바 사행계약상의 조건으로 삼는데서 오는 공서양속의 침해의 위험성을 배제하기 위한 것도 들어 있다고 해석되므로, 상법 제731조 제1항을 위반하여 피보험자의 서면동의 없이 타인의 사망을 보험사고로 하는 보험계약을 체결한 자 스스로가 무효를 주장함이 신의성실의 원칙 또는 금반언의 원칙에 위배되는 권리행사라는 이유로 이를 배척한다면, 그와 같은 입법취지를 완전히 몰각시키는 결과가 초래되므로 특단의 사정이 없는 한 그러한 주장이 신의성실 또는 금반언의 원칙에 반한다고 볼 수는 없다. … 상법 제731조 제1항의 규정에 의하면 타인의 사망을 보험사고로 하는 보험계약에 있어서 피보험자가 서면으로 동의의 의사표시를 하여야 하는 시점은 보험계약체결시까지이다. 동지: 대법원 2006. 9. 22. 2004다56677(피보험자가 자신의 서면동의 없이 체결된 타인의 사망을 보험사고로 하는 생명보험계약을 추인하였다고 하여 그 보험계약이 유효로 될 수는 없다); 동 2006. 4. 27. 2003다602591; 동 2010. 2. 11. 2009다74007.

(3) 동의는 계약성립 전에는 당연히 철회할 수 있다. 계약성립 후에도 보험계약의 기초가 된 사정에 중대한 변경이 있는 경우에는 철회할 수 있다.[1)]

4) 보험설계사의 설명의무해태로 인한 피보험자의 동의 결여

보험계약체결 당시 보험설계사(보험모집인)가 설명을 제대로 하지 않아 피보험자의 동의를 얻지 못한 경우 보험계약은 무효이나 보험계약자는 보험업법 제102조(2003. 5. 29. 개정전 보험업법 제158조)에 의하여 보험자에게 손해배상청구를 할 수 있다.

◖ 대법원 2001. 11. 9. 2001다55499 · 55505
타인의 생명의 보험계약 체결시 보험모집인이 피보험자의 서면동의에 대한 설명의무를 이행하지 않아 보험계약이 무효로 된 사례

☞ 보험회사의 보험모집인은 보험전문가로서 타인의 사망을 보험사고로 하는 보험계약에는 피보험자의 서면에 의한 동의를 얻어야 하는 사실을 보험계약자에게 설명하고 그 서면동의를 받아 보험계약을 체결하도록 조치를 취할 주의의무가 있음에도 불구하고, 보험계약 체결시 위 사실을 모르고 보험계약자에게 설명하여 주지 않아 보험계약자로

1) 대법원 2013. 11. 14. 2011다101520(피보험자의 퇴직의 경우).

하여금 피보험자 동의란에 피보험자의 서명을 대신하게 하여, 보험계약이 피보험자의 서면동의를 얻지 못하였다는 이유로 무효가 되어 보험계약자가 보험금을 받지 못하게 되는 손해를 입게 되었다면, 보험회사는 보험사업자로서 보험업법 제158조 제1항에 의하여 보험모집인이 보험모집을 하면서 보험계약자에게 가한 손해를 배상할 책임이 있다.

Ⅵ. 타인을 위한 생명보험계약

1. 타인을 위한 생명보험계약의 의의

타인을 위한 생명보험계약이란 보험계약자 이외의 제 3 자를 보험수익자로 한 생명보험계약을 말한다. 이 경우 보험계약자와 보험수익자가 별개인이 된다. 타인을 위한 생명보험계약은 '타인을 위한 보험계약'의 일종이다. '타인을 위한 보험계약'은 이미 설명하였으므로 여기서는 보험수익자의 지정 · 변경에 관하여서만 설명하기로 한다.

2. 보험수익자의 지정 · 변경

1) 지정 · 변경권의 행사

생명보험계약은 존속기간이 장기인 것이 보통이므로 사정변경에 따라 계약체결 후에 보험수익자를 지정하거나 변경할 수 있는 권리를 보험계약자에게 인정하였다(제733조 제1항). 이 지정 · 변경권은 형성권의 일종이므로 일방적 의사표시에 의하여 효력이 발생한다.[1] 지정된 보험수익자가 보험계약의 존속 중에 사망한 때에는 보험계약자에게 재지정권이 있으며, 이 경우에 보험계약자마저 사망하였다면 보험수익자의 상속인을 보험수익자로 한다(제733조 제3항).[2]

---

1) 대법원 2020. 2. 27. 2019다204869: 대법원 2020. 2. 27. 2019다204869: 보험계약자는 보험수익자를 변경할 권리가 있다(상법 제733조 제1항). 이러한 보험수익자 변경권은 형성권으로서 보험계약자가 보험자나 보험수익자의 동의를 받지 않고 자유로이 행사할 수 있고 그 행사에 의해 변경의 효력이 즉시 발생한다. 다만 보험계약자는 보험수익자를 변경한 후 보험자에 대하여 이를 통지하지 않으면 보험자에게 대항할 수 없다(상법 제734조 제1항). 이와 같은 보험수익자 변경권의 법적 성질과 상법 규정의 해석에 비추어 보면, 보험수익자 변경은 상대방 없는 단독행위라고 봄이 타당하므로, 보험수익자 변경의 의사표시가 객관적으로 확인되는 이상 그러한 의사표시가 보험자나 보험수익자에게 도달하지 않았다고 하더라도 보험수익자 변경의 효과는 발생한다.
※ 이 사건은 아직 보험금이 지급되기 전인데, 대법원 판결은 새로 지정된 보험수익자가 증빙서류를 갖추어 통지를 대행해 보험금을 지급받을 수 있다는 취지이다.

2) 대법원 2025. 2. 20. 2022다306048, 306055, 306062.

2) 보험계약자의 사망과 보험수익자의 지위

보험계약자가 보험수익자의 지정권을 행사하지 아니하고 사망한 때에는 피보험자를 보험수익자로 하고, 또 보험계약자가 보험수익자의 변경권을 행사하지 아니하고 사망한 때에는 보험수익자의 권리가 확정된다(제733조 제2항 본문). 다만 보험계약자가 사망한 때에는 그 승계인이 지정·변경권을 행사할 수 있다는 특약이 있는 경우에는 그러하지 아니하다(제733조 제2항 단서).

◖ 대법원 2023. 6. 29. 2019다300934
타인을 위한 생명보험계약에서 타인인 보험수익자가 갖는 보험금청구권은 그 수익자의 고유한 권리이지 상속재산이 아니다.

☞ 사망보험금청구권은 피보험자의 사망이라는 보험사고가 발생하여 보험수익자로 지정된 자가 보험계약의 효력에 따라 고유한 권리로 취득한 것이지 피보험자로부터 상속한 것이 아니므로, 보험수익자가 위 보험계약에 따라 사망보험금을 수령한 행위는 고유재산인 자신들의 보험금청구권을 추심하여 만족을 얻은 것으로 보아야 하고, 상속재산에 대한 처분행위로 평가할 수는 없다. 따라서 보험수익자가 상속한정승인 신고를 했더라도 보험금청구권 자체는 상속재산이 아니므로 한정승인의 대상이 아니다.

3) 지정권행사 전의 보험사고의 발생

보험계약자가 지정권을 행사하기 전에 보험사고가 생긴 경우에는 피보험자 또는 보험수익자의 상속인을 보험수익자로 한다(제733조 제4항). 즉, 보험사고로 피보험자가 사망하였으므로 그 상속인이, 또 본래 지정된 보험수익자가 있었으나 그도 사망한 경우에는 그 상속인이 보험수익자가 된다.[1]

3. 지정·변경의 통지

보험계약자가 계약체결 후에 보험수익자를 지정 또는 변경할 때에는 보험자에게 그 통지를 하지 아니하면 보험자에게 대항하지 못한다(제734조 제1항).[2] 또 전술한 바와 같이 '타인의 생명의 보험'의 경우에는 보험자에 대한 통지 이외에 그 타인의 서면에 의한 동의를 얻어야 한다(제734조 제2항·제731조 제1항).

1) 대법원 2025. 2. 20. 2022다306048, 306055, 306062.
2) 대법원 2020. 2. 27. 2019다204869.

Ⅶ. 보험자의 의무

1. 보험금지급의무

1) 본래 보험금은 보험사고가 발생하여야 지급하는 것이다. 그러나 피보험자의 사망을 보험사고로 하는 보험계약에서는 사고의 발생없이 보험기간이 종료한 때에도 보험금을 지급하기로 약정할 수 있다(제730조). 보험수익자가 보험금의 수령을 거부하는 때에는 보험계약자를 위한 생명보험계약이 된다.

2) 사망보험의 경우에 보험사고인 피보험자의 사망이 피보험자의 자살이나 보험수익자 또는 보험계약자의 고의로 인한 때(제659조), 전쟁 기타 변란으로 인한 때(제660조)는 보험자는 보험금을 지급할 책임이 없다. 다만 약관에 의하여 보험자의 책임개시시로부터 일정기간(2년)이 경과한 후에는 피보험자가 자살한 경우에도 보험금을 지급한다. 보험금은 당사자 간의 약정에 따라 분할하여 지급할 수 있다(제727조 제2항).

◖ 대법원 2006. 3. 10. 2005다49713
정신질환 등으로 자유로운 의사결정을 할 수 없는 상태에서 사망의 결과를 발생케 한 경우 자살이라 할 수 없다

☞ 상법 제659조 제1항 및 제732조의 2의 입법 취지에 비추어 볼 때, 사망을 보험사고로 하는 보험계약에 있어서 자살을 보험자의 면책사유로 규정하고 있는 경우, 그 자살은 사망자가 자기의 생명을 끊는다는 것을 의식하고 그것을 목적으로 의도적으로 자기의 생명을 절단하여 사망의 결과를 발생케 한 행위를 의미하고, 피보험자가 정신질환 등으로 자유로운 의사결정을 할 수 없는 상태에서 사망의 결과를 발생케 한 경우까지 포함하는 것이라고 할 수 없을 뿐만 아니라, 그러한 경우 사망의 결과를 발생케 한 직접적인 원인행위가 외래의 요인에 의한 것이라면 그 보험사고는 피보험자의 고의에 의하지 않은 우발적인 사고로서 재해에 해당한다(부부싸움 중 극도의 흥분되고 불안한 정신적 공황상태에서 베란다 밖으로 몸을 던져 사망한 경우, 위 사고는 자유로운 의사결정이 제한된 상태에서 망인이 추락함으로써 사망의 결과가 발생하게 된 우발적인 사고로서 보험약관상 보험자의 면책사유인 '고의로 자신을 해친 경우'(자살: 필자 주)에 해당하지 않는다). 동지: 대법원 2008. 8. 21. 2007다76696; 동 2011. 4. 28. 2009다97772; 동 2014. 4. 10. 2013다18929; 동 2015. 6. 23. 2015다5378; 동 2016. 5. 12. 2015다243347; 동 2021. 2. 4. 2017다281367; 동 2022. 8. 11. 2021다270555; 동 2024. 5. 9. 2021다297529; 동 2024. 7. 25. 2024다230329.

◖ 대법원 2015. 6. 23. 2015다5378
정신질환을 피보험자의 고의나 피보험자의 자살과 별도의 독립된 면책사유로 규정하고 있는 경우 피보험자가 정신질환에 의하여 자유로운 의사결정을 할 수 없는 상태에 이르렀고 이로 인하여 보험사고가 발생한 경우라면 위 면책사유에 의하여 보험자의 보험금지급의무가 면제된다.

☞ 면책약관에서 피보험자의 정신질환을 피보험자의 고의나 피보험자의 자살과 별도의 독립된 면책사유로 규정하고 있는 경우, 이러한 면책사유를 둔 취지는 피보험자의 정신질환으로 인식능력이나 판단능력이 약화되어 상해의 위험이 현저히 증대된 경우 증대된 위험이 현실화되어 발생한 손해는 보험보호의 대상으로부터 배제하려는 데에 있고 보험에서 인수하는 위험은 보험상품에 따라 달리 정해질 수 있는 것이어서 이러한 면책사유를 규정한 약관조항이 고객에게 부당하게 불리하여 공정성을 잃은 조항이라고 할 수 없으므로, 만일 피보험자가 정신질환에 의하여 자유로운 의사결정을 할 수 없는 상태에 이르렀고 이로 인하여 보험사고가 발생한 경우라면 위 면책사유에 의하여 보험자의 보험금지급의무가 면제된다.

※ 저자 주 - 대법원은 지금까지 자살은 "의도적으로 자기의 생명을 절단하여 사망의 결과를 발생케 한 행위"를 의미하고, 정신질환에 의한 자살은 의도적 자살이 아닌 "질병"에 의한 자살이므로 보험금을 지급하여야 한다고 판단하였다. 그렇다면 "질병인 정신질환 자체"를 보험자의 면책사유로 약관에 규정하면 그 약관규정은 효력이 있고, 정신질환으로 인하여 자살에 이른 경우라도 보험자는 보험금지급책임이 면제된다는 것이 대법원의 논리이다. 모든 보험자들이 "정신질환" 자체를 면책사유로 규정할 것이 뻔하고, 이제 정신질환으로 자살하더라도 보험금지급책임이 없으므로, 결국 의도적 자살의 경우에만 보험금을 지급하게 되어 장차 자살에 대하여 보험금을 지급하는 사례가 급격하게 줄어들 것으로 전망된다.

지급할 보험금의 감축

(ⅰ) 대법원 2000. 11. 24. 99다42643: 생명보험계약에서 피보험자의 직업이나 직종에 관한 사항에 대하여 고지의무 위반이 있는 경우에 자동적으로 실제 직업이나 직종에 따라 가능하였던 가입한도나 보상비율 범위 이내로 지급하여야 할 보험금을 감축한다는 취지의 약정은 무효이다. 동지: 대법원 2025. 4. 24. 2024다313941.

(ⅱ) 대법원 2003. 6. 10. 2002다63312: 피보험자의 직업이나 직종에 따라 보험금 가입한도에 차등이 있는 생명보험계약에서 피보험자가 직업이나 직종을 변경하는 경우에 그 사실을 통지하도록 하면서 그 통지의무를 해태한 경우에 직업 또는 직종이 변경되기 전에 적용된 보험요율의 직업 또는 직종이 변경된 후에 적용해야 할 보험요율에 대한 비율에 따라 보험금을 삭감하여 지급하는 것은 실질적으로 약정된 보험금 중에서 삭감한 부분에 관하여 보험계약을 해지하는 것이라 할 것이므로 그 해지에 관하여는 상법 제653조에서 규정하고 있는 해지기간 등에 관한 규정이 여전히 적용되어야 한다(이 판결은 위 (ⅰ)의 판결과는 달리 보험금 감축 또는 삭감을 정한 약관의 유효를 전제로 한 판결임).

2. 보험료 적립금 반환의무

상법 第649조, 第650조, 第651조 및 第652조부터 第655조까지의 규정에 의하여 보험사고발생 전에 보험자가 임의로 계약을 해지한 경우나, 보험료의 불지급·고지의무위반·위험의 변경 또는 증가·보험계약자 등의 고의나 중과실로 인한 위험증가로 인하여 보험자가 계약을 해지한 경우, 그리고 보험자가 파산선고를 받아서 보험계약자가 계약을 해지한 때와 第659조 및 第660조의 규정에 의하여 보험금액의 지급이 면제된 때에는, 보험자는 보험수익자를 위하여 적립한 금액(이른바 책임준비금)을 보험계약자에게 지급하여야 한다(第736조 第1항 본문). 그러나 보험사고가 보험계약자의 고의 또는 중대한 과실에 의하여 생긴 결과, 보험자가 보험금액의 지급책임을 면하는 경우에는(第659조) 다른 약정이 없으면 보험자는 보험료적립금의 지급의무를 지지 않는다(第736조 第1항 단서). 보험자의 보험료적립금반환의무는 3년의 시효로 인하여 소멸한다(第662조).[1]

3. 기타 의무

1) 보험자는 약관에 의하여 이익배당의무·해지환급금반환의무 또는 보험증권대부의무를 부담하는 경우도 있다. 보험증권대부의무란 보험계약대출 또는 보험약관대출이라고도 하며, 보험계약자가 해지환급금의 범위 내에서 보험자에 대하여 대부를 받으면 보험자가 후일 보험금액 또는 해지환급금을 지급할 경우에 지급할 금액으로부터 위의 대부금액과 일정한 이자를 공제하는 것을 말한다. 보험증권대부의 법적 성질에 관하여는 해지환급금의 일부선급으로 보는 견해와,[2] 특수한 금전소비대차로 보는 견해가 있으나,[3] 이자의 계산 및 보험기간 중에 이자가 변제되는 점 등으로 미루어 후설이 타당하다고 본다.

2) 생명보험계약자의 채권자는 생명보험계약상 해지환급금을 압류하고, 이에 기하여 생명보험계약을 해지할 수 있다는 것이 일본 최고재판소의 태도이다.[4] 우리 판례도 같다.[5]

---

1) 무효인 보험계약에 따라 납부한 보험료에 대한 반환청구권의 소멸시효는 특별한 사정이 없는 한 각 보험료를 납부한 때부터 진행한다고 볼 것이다.: 대법원 2011. 3. 24. 2010다92612.

2) 정찬형(하) 778면.

3) 양승규(보) 474면; 손주찬(하) 698면; 최기원(하) 805면.

4) 日最判 1999. 9. 9. 平 10(受) 456.

5) 대법원 2009. 6. 23. 2007다26165: 보험계약자의 해약환급금청구권에 대하여 압류 및 추심명령을 받은 채권자가 추심권에 기하여 자기의 이름으로 보험계약을 해지할 수 있다(원칙).

제 3 절 상해보험계약

Ⅰ. 상해보험계약의 의의

상해보험계약(contract of personal accident insurance, Unfallversicherungs- vertrag)이란 피보험자의 신체의 상해에 관한 보험사고가 생길 경우에 보험금액 기타의 급여를 할 것을 목적으로 하는 인보험계약을 말한다(제737조). 그러나 보험사고를 기준으로 본다면 상해보험은 단순한 신체상해사고의 담보를 의미하는 것이 아니라, 외부적인 급격한 원인에 의한 사고로 인하여 인체가 상해를 입을 수 있는 위험을 담보하는 것이다.[1]

Ⅱ. 상해보험의 성질

생명보험은 어느 경우에나 정액보험이지만, 상해보험은 정액보험(상해의 태양에 따라 일정한 보험금액을 지급하는 경우)일 수도 있고, 부정액보험(치료비를 지급하는 경우)일 수도 있다.

◖ 대법원 2013. 5. 23. 2011다45736
사망보험과 장해보험의 구별

☞ 하나의 보험계약에서 장해보험금과 사망보험금을 함께 규정하고 있는 경우, 특별한 사정이 없는 한, 그 중 하나만을 지급받을 수 있을 뿐이라고 보아야 한다. 따라서 재해로 인한 장해상태가 회복 또는 호전을 기대하기 어렵거나 또는 호전가능성을 전혀 배제할 수는 없지만 기간이 매우 불확정적인 상태에 있어 증상이 고정되었다면 장해보험금의 지급을 청구할 수 있고, 그 증상이 고정되지 아니하여 사망으로의 진행단계에서 거치게 되는 일시적 장해상태에서 치료를 받던 중 재해와 인과관계가 있는 원인으로 사망한 경우에는 그 사이에 장해진단을 받았더라도 장해보험금이 아닌 사망보험금을 지급받을 수 있을 뿐이다. 대법원 2022. 3. 17. 2021다284462: 중복 지급 규정이 약관에 있고, 장해 상태가 고정되었다고 볼 수 있다면 두 가지 공제금을 모두 받을 수 있다. 동 2022. 10. 27. 2019다249305 참조.

---

1) 대법원 1980. 11. 25. 80다1109.

Ⅲ. 상해보험증권의 기재사항

상해보험증권의 기재사항은 인보험증권의 기재사항(제728조)과 같다. 그러나 피보험자와 보험계약자가 동일인이 아닐 때에는 '피보험자의 주소 · 성명' 및 생년월일에 갈음하여 피보험자의 직무 또는 직위만을 기재할 수 있다(제738조).

Ⅳ. 상해보험의 보험사고

1. 보험사고

1) 상해보험의 보험사고는 신체에 가하여진 ① 외부로부터 생긴, ② 급격하고도, ③ 우연한 사고이어야 한다. 신체의 개념에는 인공심장 · 관절 · 힘줄, 의안, 의수 · 의족, 의치 · 치아보철 등도 포함하는지 의문이나, 이들 인공적인 부착물이 급격 · 우연 · 외래적 사고로 손상된 경우에도 신체상해로 보아야 할 것이다.[1] 다만 인체로부터 분리되어 있던 상태에서 손상을 입은 경우는 그러하지 않다고 본다.

2) 외부로부터 생긴 사고인 점에서 같은 인보험에 속하는 질병보험과 다르다. 질병보험은 상해보험과는 달리 그 원인이 외부로부터의 급격한 사고에 있는 것이 아니고, 오로지 피보험자의 내부적인 원인에 의하여 발생한 것인 점에서 상해보험과 구별된다. 판례를 보면, 외부로부터 생긴 사고란 구토물이 호흡장애를 일으켜 사망한 사고,[2] 익사한 경우, 어린아이가 떨어뜨린 대리석을 주으려고 구부렸다가 무릎뼈를 삔 경우 그 상해 자체는 내부적인 것이어도 상해의 원인이 외래적이면 보험사고가 된다고 한다. 그리고 신체외부에 흔적이 있으면 외부로부터 생긴 사고로 인정할 수 있지만, 내부적인 것만에 의하여도 안면이 창백해 보이거나 아파보인다거나 구토를 일으키거나 유혈하는 등 가시적인 것이면 보험사고를 인정할 수 있다고 한다.[3] 그러나 고도근시인 사람이 무리한 역기운동을 하여 망막박리현상이 생긴 경우, 고도근시라는 신체적 결함이 원인이 되어 사망한 사고는 외래적인 사고가 아니라고 한다.[4]

---

1) 김성태(보) 866면.
2) 서울민사지방법원 1993. 3. 26. 92가합65079.
3) 김영선, "상해보험사고에 관한 고찰", 양승규교수화갑기념, 현대상사법의 과제와 전망, 1994, 413면 이하.
4) 서울고등법원 1985. 11. 13. 85나1676.

3) 급격한 사고란, 달려가는 말을 세우려다 고삐를 잡아당김으로써 심장 부근의 혈관이 파열되어 사망한 사고, 무거운 것을 들어 올리려다 입은 상해 등이 있다. 그러나 놀이시설을 강제로 급격하게 회전시키다 사망하였다고 하더라도 피보험자가 본래부터 기관지천식이 있어서 경미한 외인에 의하여 그 증상이 더욱 악화되어 사망한 것이라면 그 경미한 외인은 불측의 사고라고 할 수 없다고 한다.[1]

4) 우연한 사고란, 수술 중 동맥의 위치를 정확하게 파악하지 못하여 상해를 입은 경우, 머리카락을 뽑거나 여드름짜기 등으로 인하여 세균에 감염되어 사망에 이른 경우 등을 말한다.[2] 그러나 외과적 수술을 받다가 사망한 경우에는 우연한 사고가 아니지만, 보험자가 설명의무를 이행하여야 할 경우가 있다.

◖ 대법원 1980. 11. 25. 80다1109
급격한 외부적인 우연의 사고가 아니라고 본 사례

☞ 상해보험은 피보험자가 급격한 외부적인 우연의 사고로 인하여 신체에 손상을 입는 것을 보험사고로 하는 것이므로 피보험자가 겨드랑 밑의 악취제거를 위한 수술중에 급성심부전증으로 사망한 경우에는 상해보험사고에 해당하지 아니한다.

◖ 대법원 2013. 6. 28. 2012다107051
외과적 수술 등의 과정에서 의료과실이 개입되어 발생한 손해를 보상하지 않는다는 약관의 내용은 보험자에게 설명의무가 면제되지 아니하는 사항이다

☞ 일반적으로 "외과적 수술, 그 밖의 의료처치로 인한 손해를 보상하지 아니한다."는 면책약관이 널리 이용되고 있는데, 이러한 면책약관은 유효하다. 다만, 특정 질병 등을 치료하기 위한 외과적 수술 등의 과정에서 의료과실이 개입되어 발생한 손해를 보상하지 않는다는 것은 일반인이 쉽게 예상하기 어려우므로, 약관에 정하여진 사항이 '거래상 일반적이고 공통된 것이어서 보험계약자가 별도의 설명 없이 충분히 예상할 수 있었던 사항'이 아니어서 보험자에게 설명의무가 면제되지 아니하며, 명시・설명의무를 게을리 한 경우에 보험자는 면책약관의 내용을 주장할 수 없다. ※ 참고판례: 대법원 2014. 4. 30. 2012다76553(건강검진 목적의 수면내시경 검사는 '그 밖의 의료처치'에 해당하지 아니하므로 보험자는 면책될 수 없다).

◖ 대법원 1998. 10. 27. 98다16043
우발적인 외래의 사고의 의미

☞ 평소 주벽이 심한 피공제자가 술에 취한 상태에서 다리 아래로 뛰어 내려 익사한 경우, 공제약관상의 재해사고인 '우발적인 외래의 사고'에 해당하여 피공제자에게 과음을 한 중과실이 있더라도 사망공제금의 지급대상이 된다.

---

1) 김영선, 전게논문, 408면 이하.
2) 김영선, 전게논문, 411면 이하.

◖ 대법원 2000. 3. 28. 99다67147
보험약관상의 '상해의 직접 결과로 사망하였을 때'에서 '직접결과'의 의미

☞ 민사분쟁에 있어서의 인과관계는 의학적·자연과학적 인과관계가 아니라 사회적·법적 인과관계이고, 그 인과관계는 반드시 의학적·자연과학적으로 명백히 증명되어야 하는 것은 아닌 바, 보험약관상의 '상해의 직접 결과로 사망하였을 때'의 의미도 이와 같은 견지에서 이해되어야 한다. … 좌측 대퇴부에 산탄총알을 맞아 심한 연부조직 결손과 출혈 등의 증상이 있었고 사고 발생일로부터 20일 사이에 응급수술과 두 차례의 수술을 받았으며 마지막 수술일로부터 5일 만에 심근경색으로 갑자기 사망한 경우, 위 사고로 인한 상해의 직접 결과로 사망한 것으로 볼 수 있다.

5) 실무에서는 상해보험의 보험금은 보통 보통보험약관의 보험금지급기준에 의하여 산출한 금액을 기초로 필요 유익한 비용을 합하고 소정의 금액을 공제한 액수 또는 소송이 제기되었을 경우에는 대한민국 법원의 확정판결에 의하여 피보험자가 손해배상청구권자에게 배상하여야 할 금액(지연배상금 포함)을 기준으로 산정한다.[1]

6) 태아를 피보험자로 하는 상해보험계약은 유효하고, 그 보험계약이 정한 바에 따라 보험기간이 개시된 이상 출생 전이라도 태아가 보험계약에서 정한 우연한 사고로 상해를 입었다면 이는 보험기간 중에 발생한 보험사고에 해당한다.[2]

2. 면책사유

보험자는 약관에 의하여 다음에 열거한 사유로 인하여 피보험자의 신체에 상해가 생긴 때에는 급여의 책임을 지지 않는다.

1) 보험계약자나 피보험자의 고의가 있는 경우. 다만 중대한 과실로 인하여 보험사고가 발생하여 상해를 입은 경우에는 보험자는 급여책임을 진다(제739조, 제732조의 2 제1항).

2) 보험수익자의 고의. 그러나 사망보험수익자가 두 사람 이상일 때 다른 사람이 수취할 금액에 대하여는 책임을 진다(제732조의 2 제2항).

3) 피보험자의 자해, 자살, 자살미수, 범죄행위 또는 폭력행위(정당방위가 인정되는 경우는 제외함)로 인한 상해.

4) 피보험자의 무면허운전 또는 음주운전으로 인한 상해(이에 관하여는 자동차 보험 참조).

1) 대법원 1996. 10. 11. 96다19307 참조.
2) 대법원 2019. 3. 28. 2016다211224.

5) 피보험자의 뇌질환, 질병 또는 심신상실에 의한 손해.

6) 피보험자의 임신, 출산, 유산 또는 외과적 수술 그 밖의 의료처치로 인한 상해. 외과적 수술 등으로 인한 손해를 보상하지 않는다는 상해보험약관의 면책조항의 취지는 의료과실이 게재되었는지 여부와 관계 없이 보험금지급 대상이 되지 않는다.[1] 그러나 상해를 입고 이를 치료하기 위하여 수술을 받다가 사망한 경우에는 보험자는 면책되지 않는다.

7) 피보험자의 형의 십행.

8) 지진, 분화, 해일 또는 이와 비슷한 천재지변에 의한 손해.

9) 군인으로서 군업무수행 중 또는 군인이 아닌 자로서 군사작전을 수행하거나 입영하여 군사훈련을 받는 중에 입은 손해.

10) 전쟁, 외국의 무력행사, 혁명, 내란, 사변, 폭동, 소요 기타 이와 유사한 사태로 인한 손해.

11) 핵연료물질 또는 이에 의하여 오염된 물질(원자핵분열 생성물 포함)의 방사성, 폭발성 또는 그 밖의 유사한 특성에 의한 사고로 인한 상해.

12) 위 (11)호 이외에 방사성조사 또는 방사성오염으로 인한 손해

상해보험의 약관에 피보험자의 기왕증의 영향으로 상해가 중하게 된 때에는 보험금을 감액한다는 규정이 있는 경우, 보험자가 그 약관에 따라 보험금을 감액하여 지급할 수 있다.[2]

3. 보험금의 지급

1) 보험금의 종류

상해보험에 있어서 보험사고가 발생하면 보험자는 사망보험금과 후유장해보험금 및 의료보험금 등을 지급한다.

2) 보험금의 한도

(1) 보험자는 사망보험금 및 후유장해보험금의 경우에는 보험기간을 통하여 증

---

1) 대법원 2010. 8. 19. 2008다78491·78507; 동 2013. 6. 28. 2012다107051; 동 2019. 10. 31. 2016다258063.

2) 대법원 2007. 10. 11. 2006다42610; 동 2015. 3. 26. 2014다229917, 229924: 정액보험인 상해보험에 있어서 보험약관에 감액규정이 있는 경우 보험금을 감액할 수 있으나, 감액규정은 예외적인 것으로 보험자의 책임범위를 제한하는 것으로서 보험계약의 중요한 사항이므로 명시, 설명의무의 대상이 된다.

권에 기재된 사망·후유장해보험가입금액을 한도로 하고, 의료보험금의 경우에도 사고마다 증권에 기재된 의료보험가입금액을 한도로 지급한다.

(2) 상해보험약관에서 계약체결 전에 이미 존재한 신체상해 또는 질병의 영향으로 상해가 중하게 된 때에는 보험자가 그 영향이 없었을 때에 상당하는 금액을 결정하여 지급하기로 하는 약관의 내용이 있는 경우에 한하여 그 약관에 따라 보험금을 감액하여 지급할 수 있다.[1)]

V. 생명보험계약규정의 준용

생명보험에 관한 규정을 상해보험에 준용하되, 15세 미만자 등을 피보험자로 하는 계약을 금지하는 상법 제732조의 규정은 제외한다(제739조). 사망을 보험사고로 한 보험계약에서는 사고가 보험계약자 또는 피보험자나 보험수익자의 중대한 과실로 인하여 발생한 경우에도 보험자는 보험금지급책임을 면하지 못하고(제732조의 2 제1항), 둘 이상의 보험수익자 중 일부가 고의로 피보험자를 사망하게 한 경우 보험자는 다른 보험수익자에 대한 보험금 지급 책임을 면하지 못하는데(제732조의 2 제2항), 이 규정 역시 상해보험의 경우에도 준용된다. 따라서 원칙적으로 생명보험이든 상해보험이든 인보험의 경우에는 원칙적으로 고의로 인한 사고, 즉 자살의 경우 외에는 중과실로 인하여 보험사고가 발생하였다고 하더라도 보험자는 보험금지급책임을 면하지 못한다. 판례는 음주·무면허운전 그 자체는 보험사고를 일으킬 고의가 있다고 볼 수 없고, 따라서 음주·무면허운전 면책약관의 면책조항이 무효라고 한다.

◖ 대법원 1990. 5. 25. 89다카17591
상해보험의 경우 무면허운전은 직접적으로 사망이나 상해에 대한 고의가 없어서 보험자가 면책되지 아니한다

☞ 무면허운전의 경우는 면허있는 자의 운전이나 운전을 하지 아니하는 자의 경우에 비하여 보험사고 발생의 가능성이 많음을 부인할 수 없는 일이나 그 정도의 사고발생 가능성에 관한 개인차는 보험에 있어서 구성원간의 위험의 동질성을 해칠 정도는 아니라 할 것이고, 또한 무면허운전이 고의적인 범죄행위이긴 하나 그 고의는 특별한 사정이 없는 한 무면허운전 자체에 관한 것이고 직접적으로 사망이나 상해에 관한 것이 아니어서 그 정도가 결코 그로 인한 손해보상을 가지고 보험계약에 있어서의 당사자의 선의성, 윤리성에 반한다고 할 수 없을 것이므로 장기복지상해보험계약의 보통약관 중 피보

1) 대법원 1999. 8. 20. 98다40763·40770; 동 2002. 3. 29. 2000다18752·18769; 동 2002. 10. 11. 2002다564; 동 2005. 10. 27. 2004다52033.

험자의 무면허운전으로 인한 상해를 보상하지 아니하는 손해로 정한 규정은 보험사고가 전체적으로 보아 사고로 평가되는 행위로 인한 경우뿐만 아니라 과실(중과실 포함)로 평가되는 행위로 인한 경우까지 포함하는 취지라면 상법 제659조 제2항 및 제663조의 규정에 비추어 볼 때 과실로 평가되는 행위로 인한 사고에 관한 한 무효이다. 동지: 대법원 1996. 4. 26. 96다4909; 동 1998. 3. 27. 97다27039.

◖ 대법원 1999. 2. 12. 98다26910
무보헌자동차에 이한 상해특약이 경우(상해보헌이 인보헌으로서이 성질을 강조한 판례)

☞ 자동차종합보험계약상의 '무보험자동차에 의한 상해특약'은 상해보험의 일종으로서, 상법 제732조의 2, 제739조, 제663조의 규정에 의하면 사망이나 상해를 보험사고로 하는 인보험에 관하여는 보험사고가 고의로 인하여 발생한 것이 아니라면 비록 중대한 과실에 의하여 생긴 것이라 하더라도 보험금을 지급할 의무가 있다고 할 것이므로, 그 약관 중 "피보험자가 무면허운전을 하던 중 그 운전자가 상해를 입은 때에 생긴 손해는 보상하지 아니한다."고 규정한 무면허운전 면책조항이 보험사고가 전체적으로 보아 고의로 평가되는 행위로 인한 경우뿐만 아니라 과실(중과실 포함)로 평가되는 행위로 인한 경우까지 보상하지 아니한다는 취지라면 과실로 평가되는 행위로 인한 사고에 관한 한 무효라고 보아야 한다. 동지: 헌법재판소 1999. 12. 23. 98헌가12, 99헌가3 · 10, 99헌바33 · 50 · 52 · 62 · 65 병합. 인보험에 관하여 동지: 대법원 1998. 3. 27. 97다48753.

◖ 대법원 2000. 7. 4. 98다56911
상해보험약관상 음주면책약관은 상법 제663조에 위배되어 무효이다

☞ 상법 제732조의 2는 "사망을 보험사고로 한 보험계약에는 사고가 보험계약자 또는 피보험자나 보험수익자의 중대한 과실로 인하여 생긴 경우에도 보험자는 보험금액을 지급할 책임을 면치 못한다"라고 규정하고 있고, 위 규정은 상법 제739조에 의해 상해보험계약에도 준용되며, 한편 상법 제663조는 당사자 간의 특약으로 보험계약자 또는 피보험자나 보험수익자에게 불이익하게 위 각 규정을 변경하지 못하도록 규정하고 있는바, 상해 또는 사망을 보험사고로 하는 보험계약상의 음주 면책약관이 만일 보험사고가 전체적으로 보아 고의로 평가되는 행위로 인한 경우뿐만 아니라 과실(중과실 포함)로 평가되는 행위로 인한 경우까지 보상하지 아니한다는 취지라면 과실로 평가되는 행위로 인한 사고에 관한 한 위 각 규정들에 위배되어 무효라고 봄이 상당하다. 동지: 대법원 1998. 3. 27. 97다48753; 동 1998. 12. 22. 98다35730; 동 2014. 9. 4. 2012다204808(피보험자의 사망이나 상해를 보험사고로 하는 보험계약에서 피보험자의 안전띠 미착용 등 법령위반행위를 보험자의 면책사유로 정한 약관조항은 원칙적으로 무효이다).

◖ 대법원 2006. 11. 10. 2005다35516
무보험자동차에 의한 상해담보특약에도 중복보험에 관한 상법 제672조 제1항이 준용되며, 보험자들 중 일방 보험자가 다른 보험자에 대하여 가지는 중복보험에 따른 구상금채권의 소멸시효기간은 5년이다(상해보험의 손해보험으로서의 성질을 강조한 판례)

☞ 무보험자동차에 의한 상해담보특약은 상해보험으로서의 성질과 함께 손해보험으로서의 성질도 갖고 있는 손해보험형 상해보험이므로, 하나의 사고에 관하여 여러 개의 무보험자동차특약보험계약이 체결되고 그 보험금액의 총액이 피보험자가 입은 손해액을 초과하는 때에는 손해보험에 관한 상법 제672조 제1항이 준용되어 보험자는 각자의 보험금액의 한도에서 연대책임을 지고, 이 경우 각 보험자 사이에서는 각자의 보험금액의 비율에 따른 보상책임을 진다. ··· 보험자가 다른 보험자에 대하여 그 부담비율에 따른 구상권을 행사하는 경우, 각각의 보험계약은 상행위에 속하고, 보험자와 다른 보험자는 상인이므로 중복보험에 따른 구상관계는 가급적 신속하게 해결할 필요가 있는 점 등에 비추어, 그 구상금채권은 상법 제64조가 적용되어 5년의 소멸시효에 걸린다. 참조: 대법원 2016. 12. 29. 2016다217178; 동 2023. 6. 1. 2019다237586; 동 2024. 2. 15. 2023다272883.

◖ 대법원 2024. 11. 14. 2024다238392
타인의 신체 상해를 보험사고로 하는 보험계약 체결시 그 타인의 서면 동의가 없는 경우

☞ '타인의 사망을 보험사고로 하는 보험계약에는 보험계약 체결 시에 그 타인(피보험자)의 서면에 의한 동의를 얻어야 한다'는 규정(제731조 제1항)은 타인의 신체 상해를 보험사고로 하는 보험계약에도 준용되므로(상법 제739조), 타인의 신체 상해를 보험사고로 하는 보험계약을 체결하면서 보험계약 체결 시에 그 타인(피보험자)의 서면 동의를 얻지 않은 경우, 보험계약은 효력이 없으며, 및 피보험자의 서면 동의 없이 타인의 신체 상해를 보험사고로 하는 보험계약을 체결한 사람 스스로 보험계약의 무효를 주장하는 것은 신의성실의 원칙 또는 금반언의 원칙에 반하는 것도 아니다.

Ⅵ. 보험자대위의 허용

생명보험에서와는 달리 상해보험에서는 당사자간에 다른 약정이 있는 때에는, 보험자는 피보험자의 권리를 해하지 아니하는 범위 내에서 그 권리를 대위행사할 수 있다(청구권대위)(제729조 단서).[1] 또 특별법으로서 산업재해보상보험법(동법 제54조), 국민건강보험법(동법 제53조) 등에서도 청구권대위가 인정된다.

1) 대법원 2001. 9. 7. 2000다21833: 상해보험에서는 보험자대위가 인정되므로, 자기신체사고에 대하여 약관에서 정한 보험금에서 사고 상대방 차량이 가입한 자동차보험의 대인배상약관에 의하여 보상받을 수 있는 금액을 공제한 액수만을 지급하기로 하는 약정은 상법 제729조를 피보험자에게 불이익하게 변경한 것이라고 할 수 없어 유효하다; 대법원 2008. 6. 12. 2008다8430: 자기신체사고 자동차보험의 보험자가 보험약관에서 예정함이 없이 피보험자의 손해배상청구권을 대위할 수는 없다.

제 4 절 질병보험계약

Ⅰ. 질병보험계약의 의의

질병보험계약(contract of sickness insurance)이란 질병을 보험사고로 하여 치료비 또는 휴업으로 인한 소득의 상실 등을 고려한 일정한 금액의 급부를 보장하는 보험이다. 질병보험의 보험자는 피보험자의 질병에 관한 보험사고가 발생할 경우 보험금이나 그 밖의 급여를 지급할 책임이 있다(제739조의 2). 질병보험은 우리나라의 경우 국가에서 사회보험으로 부보하는 의료보험의 형태로 운영된다. 이 외에 민간보험업체가 보험계약자의 희망에 따라 암, 성인병 등의 특정 질병과 상해 및 사망의 경우 일정 금액의 범위 내에서 보험금 기타 급여를 지급하기로 하는 경우가 있는데, 상법상 질병보험규정은 이와 같은 민간보험업체가 판매하는 질병보험계약에 대하여 적용된다.

Ⅱ. 생명보험계약규정의 준용

질병보험계약은 생명보험 및 상해보험과 그 성질이 유사하므로 그 성실에 반하지 아니하는 범위에서 생명보험 및 상해보험에 관한 규정을 준용한다(제739조의 3).[1] 다만, 질병보험의 경우에는 보험자대위는 인정되지 않는다고 본다.

1) 대법원 2014. 4. 10. 2013다18929: 질병사망 특별약관에서 '보험기간 중에 발생한 질병으로 인하여 보험기간 중에 사망한 경우 질병사망보험금을 지급한다'고 정한 경우, 지속적으로 정신과치료 등을 받던 중 목을 매 경부압박질식을 직접 사인으로 사망한 사안에서, 그 사망을 위 특별약관이 보장하는 보험사고로 볼 수 없다.

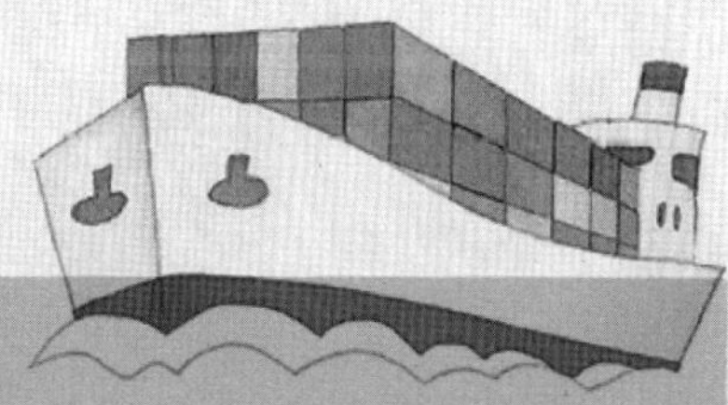

제 2 편

해 상 법

제 1 장
서 론

Ⅰ. 해상법의 의의

1. 형식적 의의의 해상법

형식적 의의의 해상법이란 '상행위나 그 밖의 영리를 목적으로 항해에 사용하는 선박'(제740조)을 적용대상으로 하고 있는 상법전 제5편 해상편을 말한다. 종래 공·사법이 혼재되어 있는 해법으로부터 해상법을 분리시켜 상법에 규정한 것은 1807년 프랑스상법이 그 효시였다. 그 후 1861년의 독일구상법이 이러한 입법례를 계수하였고, 이어서 대륙법계 제국의 상법도 해상법을 그 일부로 규정하게 되었다.

2. 실질적 의의의 해상법

실질적 의의의 해상법이란 해상기업에 관한 관계주체의 이익의 조정을 위한 법규의 전체라고 할 수 있다. 해상법은 사법이므로 주로 사법법규로 구성되어 있으나,[1] 사법법규의 시행을 위한 공법법규도 포함한다. 따라서 실질적 의의의 해상법은 주로 상법 제5편에 규정되어 있으나, 그 밖에 조약·특별법령·관습법 등의 형식으로도 존재한다.

1) 세계적으로 볼 때 오늘날에는 해상법이 변질하여 공·사법을 다 포함하는 일반해법으로 발전해 가는 경향이 있다(네덜란드·중국·스칸디나비아 제국). 독일해상법은 해운과 어업 양자를 포함하는 일반영리항해법으로 되어 있다.

Ⅱ. 해상법의 지위

해상법은 상법의 일부문으로서, 해상기업생활관계를 규제하는 법이다. 기업일반을 그 규제대상으로 하는 상법에 대하여는 특별법으로서의 지위를 차지한다. 따라서 해상기업에 관한 법률사실에 관하여는 해상편의 규정 외에 상법총칙편·상행위편·민법 등의 규정이 보충적으로 적용된다(제1조 참조).

Ⅲ. 해상법의 특이성

1. 특이성과 자주성의 구별

1) 해상법의 자주성(독립성)이란 해상법이 민법이나 (육)상법에 대해서 어느 정도 독립된 법분야로서 연구될 수 있는 실질적인 가치를 말하며, 해상법의 특이성(특수성)이란 해상법의 자주성을 인정하는 원인이 되는 특질을 말한다.

2) 생각건대, 해상법의 특이성은 곧 그 규제대상인 해상기업의 특이성이 법적 규제의 면에 반영된 것이라고 할 수 있으므로, 해상기업의 특이성으로부터 해상법의 특수한 법적 규제가 요청되고, 해상법이 그 특이성을 지니므로 해상법의 자주성이 인정된다.

2. 해상기업의 특수한 기술적 성격

1) 해상기업이란 직접 해양을 무대로 하여 선박에 의하여 영위되는 기업을 말한다. 그 대표적인 것은 해상운송기업이지만, 해난구조기업·어업·해상예선기업같은 것도 해상기업에 속한다. 해사에 관련된 기업으로서 해상보험업·해상매매업·해상금융업같은 것도 있으나, 이런 것은 해상기업을 전제로 하거나 혹은 해상기업에 부수되는 것이므로 해상기업은 아니고, 다만 해상기업적 특색을 나타내는 데 불과할 뿐이다.

2) 해상기업의 특이성은 기업 자체의 물리적·경제적·사회적 성질, 즉 해상기업의 기술적 성격에서 오는 것이나, 해상기업 특유의 절대적인 것은 아니며(상대적 의미에서의 특이성), 전체적·포괄적 경향으로 나타나는 것으로서(구체적으로 열거할 수는 없으나) 막연하게 '바다(해양)의 색채'라고 표현할 수 있는 것이다(해양의 광대성·위험성,

선박의 대자본성·위험단체성 등이 중요한 특색이기는 하나, 이것만으로 표현하기에 충분한 것은 아니다.).

3. 특이성의 내용

해상법의 특이성은 해상기업의 여러 가지 측면에서 찾아볼 수 있다. 즉, ① 기업조직면에서 보면 공동기업의 소박한 형태인 선박공유제도(제756조~제768조), 선박소유자 및 해난구조자의 유한책임제도(제769조~제776조), 법정된 선장의 대리권(제749조~제753조) 등을 들 수 있고, ② 기업거래면에서 보면 운송물의 선적·적부·보관·양륙에 관한 기술적 배려(제794조 이하), 여객의 안전을 도모하기 위한 특수한 규제(제817조 이하) 등을 들 수 있으며, ③ 해상항행면에서 보면 해상항행의 기술성이나 선박의 고립성이 반영된 선박충돌(제876조~제881조), 공동해손(제865조~제875조), 해난구조(제882조~제895조)에 관한 특수한 규제 등을 들 수 있다.

4. 해상법의 경향

해상법은 특히 그 통일적 경향이 상법의 다른 부분보다도 더 뚜렷한 것이 특색이라고 할 수 있으나, 통일성 이외에도 관습적 기원성, (정치적으로 영향을 받지 않는다는 의미의) 부동성(不動性)의 경향을 들 수 있다.

Ⅳ. 해상법의 통일운동

1. 해상법 통일운동의 배경

운송도구인 선박과 그 조종방법, 선원의 조직같은 것은 대개 각국이 동일하며, 선박은 다같이 공통된 해상위험에 놓여져 있는데, 각국의 해상법이 서로 내용이 다르면 각 이해관계인에게 많은 불편을 주게 된다. 따라서 해상법은 한 국가·민족의 풍속·전통 기타의 사정과 밀접한 관계를 가지는 민법에 비하여 국제적 통일성이 강하며, 이러한 경향은 상법의 다른 분야보다도 더 적극적이다. 만약에 해상법이 세계적 흐름에 따라가지 못하는 낡은 것일 때에는 실무가들은 자국의 해상법을 외면할 수밖에 없게 되며, 선하증권을 통하여 현실에 맞는, 즉 해운선진국에서 사용하고 있는 법규 또는 조약을 수용하게 되고 동시에 자국의 해상법을 사문화시키게 된다. 따라서 해상법 분야에 있어서의 국제적 흐름을 파악한다는 것은 매우 중요하다. 그리고 이러한 법규의 통일은 주로 조약에 의하여 이루어지고 있다. 여기서는 지금까지 성립된 해상운송관계 조약 중 중요한 것들을 살펴보고, 구체적인 것은 해당되는 각 부분에서 설명하기로 한다.

2. 해상법 통일운동의 전개

1) 해상법의 통일운동은 1860년 영국의 사회과학진흥협회(The National Asso- ciation for the Promotion of Social Science)에 의하여 소집된 그라스고회의에서 공동해손법의 통일에 관한 이른바 그라스고규칙(Glasgow Resolutions)을 정한 것이 그 시초이다. 그 후 국제법협회(International Law Association, ILA), 국제해사위원회 (만국해법회)(Comité Maritime International, CMI), 정부간 해사협의기구(International Maritime Consultative Organization, IMCO), 국제연합 무역개발회의(UN Conference on Trade and Development, UNCTAD) 및 국제연합 국제거래법위원회(UN Commission on International Trade Law, UNCITRAL) 등의 노력에 의하여 각종의 통일조약과 규칙이 성립되었다.

2) 현재까지 성립된 해상운송관계 주요 규칙으로는 공동해손에 관한 요크-앤트워프규칙(York-Antwerp Rules)(그라스고규칙을 기초로 하여, 1864년에 제정된 이후 1877년, 1924년, 1950년, 1974년, 1990년, 1994년, 2004년에 개정되었음)과 바르샤바・옥스퍼드규칙(Warsaw Oxford Rules)(C.I.F. 약관의 통일을 목적으로 하는 규칙으로서 1928년의 바르샤바규칙을 기초로 하여 1932년에 옥스퍼드 회의에서 수정작성되었음) 등이 있다. 이들 규칙들은 조약이 아니고 당사자의 합의에 의한 원용이 있을 때만 효력이 있는 통일규칙에 불과하지만, 현재 세계 각국의 해운・보험업자들이 약관으로 이 규칙을 적용하고 있다.

3) 한편 주요 국제조약으로는 ① 1910년의 선박충돌에 관한 통일조약(Inter- national Convention for the Unification of Certain Rules of Law with respect to Collisions between Vessels, Brussels, Sep. 23, 1910. 1913년 발효), ② 해상에 있어서의 구원구조에 관한 통일협약(Convention for the Unification of Certain Rules of Law respecting Assistance and Salvage at Sea, Brussels, Sep. 23, 1910. 1913년 발효)(1967. 5. 27. 개정. 1977년 발효) 및 그에 대한 대체협약인 해난구조에 관한 국제협약(International Convention on Salvage, London, Apr. 28, 1989. 1996년 발효), ③ 1924년의 선박소유자의 책임제한에 관한 통일조약(International Convention for the Unification of Certain Rules relating to the Limitation

of the Liability of Owners of Sea-going Vessels, Brussels, Aug. 25, 1924. 1931년 발효)(일명 해사채권책임제한조약. 1957년에 1차 개정되어 1968년에 발효. 1976년에 2차 개정되어 1986년에 발효. 1996년에 3차 개정되어 2004년에 발효), ④ 1924년의 선하증권에 관한 통일협약(Inter-national Convention for the Unification of Certain Rules of Law relating to Bills of Lading, Brussels on Aug. 25, 1924 : The Hague Rules, 1931년 발효)(1968. 2. 23. 개정 : The Hague-Visby Rules, 1977년 발효) (1978. 3. 31. 개정 : 국제연합 해상물건운송조약) (Hamburg Rules, 1992. 11. 발효), ⑤ 1926년의 해상우선특권 및 저당권에 관한 통일협약(International Convention for the Unification of Certain Rules of Law relating to Maritime Liens and Mortgages, Brussels, Apr. 10, 1926. 1931년 발효)(1967. 5. 27. 개정, 1987년 발효, 1993. 5. 6. 신협약), ⑥ 1926년의 국유선박의 면책에 관한 통일협약(International Convention for the Unification of Certain Rules concerning the Immunity of Stateowned Ships, signed at Brussels, Apr. 10, 1926. 1937년 발효), ⑦ 1952년의 선박충돌민사재판관할협약(International Convention on Certain Rules Concerning Civil Jurisdiction in Matters of Collision, Brussels, May 10, 1952. 1955년 발효), ⑧ 1952년의 선박충돌형사재판관할협약(International Convention for the Unification of Certain Rules relating to Penal Jurisdiction in Matters of Collision or Other Incidents of Navigation, Brussels, May 10, 1952. 1955년 발효), ⑨ 1952년의 선박가압류협약(International Convention relating to the Arrest of Sea-going Ships, signed at Brussels, May 10, 1952. 1956년 발효), ⑩ 1957년의 밀항자협약(International Convention relating to Stowaways, Brussels, Oct. 10, 1957), ⑪ 1961년의 해상여객운송협약(International Convention for the Unification of Certain Rules relating to the Carriage of Passengers by Sea, Apr. 29, 1961. 1965년 발효) [1974년 개정: 해상여객·수하물운송조약(아테네조약), 1987년 발효, 1990년, 2002년 개정], ⑫ 1962년의 원자력선운항자책임협약(Convention on the Liability of Operation of Nuclear Ships, May 25, 1962), ⑬ 1967년의 해상여객수하물운송협약(International Convention for the Unification of Certain Rules relating to Carriage of Passenger Luggage by Sea, Brussels, May 27, 1963)[1974년 개정: 해상여객·수하물운송조약(아테네조약), 1987년 발효], ⑭ 1967년의 건조중의 선박에 관한 권리의 등기에 관한 협약(International Convention relating to Registration of Rights in Respect of Vessels under Construction, Brussels, May 27, 1967), ⑮ 1969년의 유류오염손해에 대한 민사책임에 관한 국제협약(International Convention on Civil Liability for Oil Pollution Damage, Nov. 29, 1969. 1975년 발효)(1984년, 1992년 개정), ⑯ 1971년의 핵물질해상운송분야에 있어서의 민사책임에 관한 협약(Convention relating to Civil Liability in the Field of Maritime Carriage of Nuclear-Material, Brussels, Dec. 17, 1971. 1975년 발효), ⑰

1971년의 유류오염손해배상을 위한 국제기금설치에 관한 국제협약(International Convention on the Establishment of an International Fund for Compensation for Oil Pollution Damage, 18 Dec. 1971. 1978년 발효)(1992년 Protocol은 1996년 발효, 2000년 Protocol은 2001년 발효, 2003년 Protocol은 2005년 발효) 및 ⑱ 1980년의 UN국제복합물건운송협약(UN Convention on International Multimodal Transport of Goods, 1980) 등이 있다. 한편, UNCITRAL은 해상운송을 포함하는 'door to door' 운송에 기반한 새로운 국제운송법 협약인 "전부 또는 일부가 해상운송인 국제물품운송계약에 관한 유엔 협약"(United Nations Convention on Contracts for International Carriage of Goods Wholly or Partly by Sea, 2009)을 성립시켰다. 이 협약은 2008년 12월 유엔총회에서 공식적으로 채택되고 2009년 9월 네덜란드 로테르담에서 서명되어 '로테르담규칙'(The Rotterdam Rules)으로 불린다.

4) 위의 각 조약 중 우리 상법이 그 내용을 수용하고 있는 조약은 ① 1910년의 선박충돌조약, ② 1910년의 해난구조조약, ③ 1976년의 해사채권책임제한조약,[1] ④ 국제연합 해상물건운송조약(함부르그규칙)[2] 및 ⑤ 1926년 해상우선특권·저당권조약 등이다.

5) 우리나라가 가입한 조약은 ① 1954년 유유에 의한 해양의 오염방지에 관한 국제조약(International Convention for the Prevention of Pollution of the Sea by Oil, 1954)(1954. 5. 12. 성립, 1958. 7. 26. 발효, 1978. 10. 30. 한국발효), ② 1966년 만재흘수선(滿載吃水線)에 관한 국제협약(International Convention on Load Lines, 1966)(1966. 4. 5. 성립, 1968. 7. 21. 발효, 1969. 10. 10. 한국발효), ③ 위 ⑮에서 언급한 1969년 유유오염손해에 대한 민사책임에 관한 국제협약(1969. 11. 29. 성립, 1975. 6. 19. 발효, 1979. 3. 18. 한국발효, 1984년 개정), ④ 1969년 선박톤수측정에 관한 국제협약(International Convention on Tonnage Measurement of Ship, 1969) [1969. 6. 23. 성립, 1982. 7. 18. 발효(한국 포함)], ⑤ 위 ⑰에서 언급한 1971년 유류오염손해배상을 위한 국제기금설치에 관한 국제협약(1971. 12. 18. 성립, 1978. 10. 16. 발효, 1993. 3. 8. 한국발효), ⑥ 1972년 국제해상충돌예방규칙협약(Convention on the International Regulations for Preventing Collisions at Sea, 1972) (1972. 10. 20. 성립, 1977. 7. 15. 발효, 1977. 7. 29. 한국발효), ⑦ 1972년 안전한 컨테이너를 위한 국제협약(International Convention for the Safe Containers)(1972년.

1) 구상법에서는 1924년의 선주책임제한조약을 수용하였으나, 1991. 12. 31. 개정상법에서 변경되었다.

2) 구상법에서는 1924년의 선하증권조약(헤이그규칙)을 수용하였으나, 1991. 12. 31. 개정상법에서 변경되었다.

12. 2. 성립, 1977. 9. 6. 발효, 1979. 12. 18. 한국발효), ⑧ 1974년 해상에서의 인명안전에 관한 국제협약(International Convention for the Safety of Life at Sea, 1974) (1974. 11. 1. 성립, 1980. 5. 25. 발효, 1981. 3. 31. 한국발효) 등이다.

우리나라는 주로 조약의 내용을 국내법에 수용하는 입장을 취한다. 그러나 전술한 바와 같이 해법의 국제적인 성격에 비추어 우리나라도 가급적이면 세계적으로 효력이 인정되는 각 조약에의 직접적인 가입에 인색해서는 안될 것이다.

해상법의 역사와 각국의 해상법

I. 해상법의 역사

1. 초기의 해상법

1) 고대의 장거리 운송은 육상운송보다는 주로 해상운송에 의하여 이루어졌다. 그것은 육상운송의 경우, 도로가 아직 개설되지 아니하였고 안전이 확보되지 아니하였기 때문이다.

2) 고대 중동지역에서는 기원전 1800년경 바빌론의 함무라비법전이 선박충돌 및 선박임대차에 대한 규정을 두고 있었다. 이 법전 자체가 고대의 관습법을 집대성한 것이었으므로, 이 법전에 포함된 해상관계 규정은 해상에 관한 관습법을 반영하였을 것이다. 당시 이집트인들도 활발한 해상교역활동을 하였던 것으로 미루어 해상에 관한 법제도를 가지고 있었을 것으로 추정된다.

3) 고대 지중해지역에도 해상법 체계가 형성, 발전되고 있었던 것으로 짐작된다. 이미 기원전 3000년 경에 이집트의 선단이 지중해의 동부지역을 누볐으므로, 이집트인들도 해상법 발전에 공헌한 것으로 보인다. 크레타문명권에서는 미노아와 크레타가 그리스와 근동과의 무역을 중개하였다. 페니키아인들도 기원전 1200년 이후 항구도시 시돈(Sidon)과 티레(Tyre)를 중심으로 크게 번성하였다. 페니키아인들은 바빌론과 앗시리아의 해상법 체계를 발전시켜 적용한 것으로 보인다.

4) 기원전 800년 이후에는 그리스의 폴리스들이 지중해무역의 주도권을 잡았다. 당시에는 특히 해상에 관한 법률관계를 규율하기 위한 특별법원이 있었다고 하는데, 이것은 그리스에서는 해상법분야가 매우 발달하였음을 보여주는 예가 된다. 이후 알렉산더 대왕을 통하여 동서문화의 융합이 이루어진 헬레니즘 시대에는 동서간의 해상법 체계에 있어서도 통일적 발전이 가능하였다. 특히 로오드(Rhodos)섬과 알렉산드리아시는 해상기업관계의 중심역할을 수행한 교역지였고, 해상법 역시도 이곳을 중심으로 크게 발전하였다.

2. 고대의 해상법

1) 지중해를 사이에 둔 카르타고와 로마 사이의 전쟁인 포에니전쟁을 통하여 로마인들도 비로소 해상활동의 중요성을 깨닫게 되었다. 로마인들은 주로 그리스의 해상법을 계수・발전시켰으나, 그리스인들과는 달리 해상법의 독자성에 대한 인식이 미흡하여 해상법을 민법체계와 독립하여 다루지는 않았다. 그러므로 로마의 해상법은 동로마 시대의 유스티니아누스 대제에 의해 편찬된 학설휘찬(學說彙纂, Digest)의 일부로서 민법체계 속에 편제되어 있었다. 다만 해상법상의 소권이 인정되어 있었다. 학설휘찬은 해상

기업 당사자들(선박소유자 · 운항자 · 선장 · 선원 · 송하인 · 여객), 선박소유권, 선박충돌, 공동해손, 운임지급의무, 용선계약, 해난구조, 선박임대차 등을 규정하였다.

2) 오늘날까지 영향을 미치는 고대의 해상법은 로오드해법(Lex Rhodia de jactu)이다. 그러나 이 법전의 존재는 문헌상으로는 직접 확인되지 않고 있다. 따라서 실제로 이 해법이 로오드에 존재하였는가에 대하여 의문을 갖는 학자도 있으나, 다수의 견해는 로오드해법의 존재를 긍정하고 있다. 로마의 학설휘찬에 "투하에 관한 로오드관습"이라는 장이 들어 있는 것이 그 유력한 근거이다. 또 키에르케고르 등의 고대학자들이 로오드인의 항해능력과 해상법에 대하여 언급하고 있는 것도 로오드해법이 존재하였다는 근거라고 한다.

로오드해법은 사실 로오드섬에서 만들어진 것이 아니라 8세기경 비잔틴제국에서 제정되었다. 이 법전은 3편 47장으로 구성된 종합적이고도 조직적인 해상법으로서 현존하는 최고의 해상법전이다. 그런데 이 비잔틴시대의 로오드해법은 로오드인이 사용한 해법에서 직접 유래하였다기 보다는 동로마제국에서 유래한 해상법에 권위를 부여하기 위하여 로오드해법으로 명명되었지 않은가 생각되고 있다. 그리하여 이 비잔틴시대의 로오드해법을 "의사(擬似)로오드해법"(Psudorhodisches Seerecht)이라고 한다.

3. 중세의 해상법

1) 로마제국 붕괴 이후 중세 초기에서 10세기경에 이르기까지는 지중해에서의 해상운송은 침체되었으나, 10세기경에는 다시 활기를 찾게 되었다. 이후 지중해에서 발달하기 시작한 해상관습법은 현대 해상법의 근저를 이루었다. 중세 각 도시에서는 도시법과 도시재판권이 형성되었고, 해상기업자들의 조합인 길드(guild)는 자체의 관습법을 가졌다. 이 관습법이 해상법에 미친 영향은 매우 크다. 또한 당시에는 해사문제에 대하여 숙련된 행정관료나 특별 재판관이 해사관습법을 다루었다. 그러나 구전에 의하여 법을 적용한다는 것은 불편하였으므로 11세기부터는 해법의 성문화가 시작되었다. 이 시기에 만들어진 해상법으로는 1063년의 이탈리아의 트라니해법(Ordinance of Trani)과 1274년 이탈리아 나폴리의 아말피해법(Tablets of Amalfi), 십자군전쟁의 산물인 1187년 예루살렘조례(Assizes of Jerusalem), 비잔틴시대에 만들어져 그리스 주민간에 계속 사용되어 온 비잔틴해상법 등이 있다.

2) 해상무역도시를 중심으로 발전한 중세의 해법 중 대표적인 것은 올레롱해법(Rôles ou Judgment d'Oleron)이다. 올레롱해법은 중세의 해법 중 가장 중요한 해법이다. 이 해법의 제정시기는 1266년 또는 그 이전으로 추정되는데, 그 기원은 로마법과 이탈리아법으로서 북해와 대서양까지 적용되는 대서양 각국의 공통법이었다.

이 법은 프랑스 서부해안의 작은 섬에서 시원하여 발달하였는데, 영국과 플랑드르 지방간의 당시 활발한 포도주 운송에 자극받아 이루어진 법이다. 그 원문은 최초 24개조로 구성되었으나, 후에 추가되었다. 리처드 사자왕 시대에 영국에 도입된 이래, 보통법(common law)상의 해상분야에도 큰 영향을 미쳤다. 따라서 올레롱해법은 특히 영 · 미해법의 모태가 되어, 영 · 미에서는 여전히 이 법에 특별한 의미를 부여한다. 또한 플랑드르의 초기 해상법인 담해법(Judgments of Damme), 비스비해법 또는 한자(Hansa)동맹해법 등의 기초가 되었다. 올레롱해법의 기본정신은 오늘날에 이르기까지도 면면히 이어오고 있다.

3) 13~14세기경 스페인의 바르셀로나를 중심으로 형성된 해사관습을 정리한 해상법으로 콘솔라토 델 마레(Consolato del Mare)가 있다. 중세 해상법의 특징 중 하나는 특

별 해사법원이 분쟁해결을 위임받아 처리하는 관행이 있다는 것이다. 그 해사법원 중 가장 유명하였던 것이 바르셀로나시의 해사법원이었다. 이 법원은 1200년 피사(Pisa)의 해사법원에서 유래된 것이다. 바르셀로나의 해사법원은 후에 영국의 해사법원과 대륙의 해사법원의 모델이 되기도 하였다. 해사법관(Sea Consuls)에 의하여 운영되고 있었던 이 법원의 판결내용을 집대성한 것이 바로 콘솔라토 델 마레이다.

콘솔라토 델 마레는 올레롱해법의 영향을 받았다고 평가되고 있지만, 전편 297조로 구성되어 있으며, 이탈리아어로 번역되어 서지중해 연안지방을 지배하였다. 그 내용은 근대 해상법과 가까운 것으로 해사에 관한 새로운 현상을 총망라하여 조직적으로 편성하였다. 특히 선장·선원의 권리·의무, 운송계약, 선박 Commenda 등에 관한 규정 등은 이후의 해상법에 많은 영향을 미쳤다.

4) 14~15세기경의 발틱(Baltic)해상의 고틀란드의 비스비(Wisby)시를 중심으로 형성된 해사관습을 정리한 해상법으로서 비스비해법(Wisbyches Seerecht)이 있다. 그 내용은 올레롱, 뤼벡(Lübeck)해법과 유사한 점이 많다.

4. 근대의 해상법

1) 중세의 해상법은 각 항구도시의 지방적 관습을 모체로 발전하였다. 근대 유럽대륙에는 강력한 국가조직이 형성되었고, 각 국가별로 해상법이 편찬, 성문화되기 시작하였다. 그 중 1566년의 프랑스 루앙(Rouen)에서 편찬된 기동 드 라 메르(Guidon de la Mer)와 1681년의 해사칙령은 주목할만한 것이다. 전자는 해상운송계약, 모험대차, 해상보험, 공동해손 등에 관한 규정을 담고 있다. 후자는 루이 14세 당시의 재상 콜베르가 임명한 위원회가 유럽전체에서의 보편적 해법을 제정할 목적으로 만든 해사에 대한 공·사법을 포괄하는 대법전이다. 후자는 1807년의 나폴레옹법전의 기초가 되었다.

2) 독일에서도 1861년 독일 구상법이 제정되었고, 영미법은 판례를 중심으로 발전하였다. 이로써 근대 해상법은 프랑스법계, 독일법계, 영미법계의 세 개의 법계로 정립되었다.

Ⅱ. 각국의 해상법

1. 프랑스의 해상법

1) 프랑스의 현행법이기도 한 1807년의 프랑스 상법전 중의 제2편 해상편은 1681년 해사칙령 중 사법적 부분을 공법적 부분으로부터 분리하여 편찬한 것이다. 이 해상법은 이후 유럽 각국의 해상법의 모델이 되었다.

2) 19세기 이후의 사회·경제적인 급격한 변동으로 해상활동에 관한 법의 개정과 특별법이 필요하였다. 이에 따라 1885년 선주의 책임과 보험에 관한 규정이 개정되었고, "해상저당권에 관한 법률"이 제정되었다. 1915년에는 1910년의 "선박충돌 및 해난구조에 관한 통일조약"에 의거한 상법개정이 있었다. 1926년에는 해상노동법, 1928년에는 "해사금융에 관한 특별법"이 제정되었다. 또 1936년에는 선하증권통일조약에 따라 프랑스 국내운송에 적용되는 해상물건운송법이 제정됨으로써 해상법 중 이 법에 저촉되는 부분이 폐지되었다. 1949년에는 상법전 중의 선박우선특권에 관한 부분을 통일조약에 따라 개정하였다. 1966년의 운송계약법, 1967년의 "선박 기타 해상건조물에 관한 법"은 선박의 법률관계와 선박소유자의 책임제한에 대한 규율을 그 내용으로 하고 있다. 1968년에는 "선박의 법률관계와 해상기업인의 유한책임 및 해상보험에 관한 법률"이 제정되어 상법 중 선박충돌, 해난구조, 공동해손에 관한 규정이 개정되었다. 1969년에는 "해상

매매에 관한 법률"이 개정되었다. 각종 특별법의 제정과 누차의 상법개정을 통하여 1807년의 프랑스 상법의 해상법 규정은 점차 진보하여 현재 프랑스 해상기업관계는 통일조약의 처지와 가깝게 되었다.

3) 1807년의 해상법전은 네덜란드에서는 1838년까지, 벨기에에서는 1879년까지 적용되었고 이후에도 큰 영향을 끼쳤다. 프랑스 상법전은 이 외에도 스페인, 포르투갈, 멕시코, 아르헨티나, 우루과이, 불가리아 해법에도 많은 영향을 주었다. 아이티와 도미니카에서는 1807년의 해상법 규정이 여전히 효력을 가지고 있다.

2. 독일의 해상법

1) 독일의 해상법은 1856년 프로이센 상법초안을 기초로 하면서 고유한 독일의 법제를 가미하여 형성된 1861년 독일보통상법(구상법) 제5편 해상부분으로 출발하였다. 현행법인 1897년 상법 제4편 해상은 1900년부터 시행되었다. 1902년과 1927년에는 선원규정을 개정하였고, 1908년에는 해상보험법의 개정, 1913년에는 선박충돌조약, 해난구조조약에 따른 개정이 있었다. 1937년에는 새로운 기술을 도입한 선박의 출현을 규제하기 위하여 "상법 중 해상운송에 관한 규정을 변경하는 법률"에 의하여 선하증권통일조약에 따라 해상물건운송에 관한 부분이 전면적으로 개정되었다. 1940년에는 "등기선박과 건조중의 선박상의 권리에 관한 법"이 제정되었고, 1943년에는 선박저당권은행법, 1951년에는 선박국적법, 1957년에는 선원법이 제정되었다. 1971년에는 선박소유자 책임제한에 관한 규정의 개정이 있었다.

2) 독일의 해상법은 스칸디나비아 제국인 덴마크, 스웨덴, 노르웨이와 더불어 일본, 터키, 한국의 해상법에 많은 영향을 주었고, 이탈리아, 스페인, 포르투갈 법에도 다소의 영향을 미쳤으며, 프랑스 법과 함께 벨기에와 그리스의 해상법 형성에 이바지하였다.

3. 영국의 해상법

1) 불문법국가인 영국에서는 대륙법계 국가의 경우처럼 해상법의 법전화는 빠른 진척을 보지는 못하였다. 그러나 19세기에 해상운송이 급속히 발전하여 성문법전이 필요함에 따라 1854년 해사관습 및 판례법을 기초로 한 상선법(Commercial Shipping Act)이 제정되었다. 이 법은 1894년 대개정 이후 수차 개정되었다. 1894년의 대개정에서 상선법은 공·사법을 포괄하는 해상에 관한 단일 법전이 되었다. 1958년에는 1924년 선주책임제한조약 및 1957년의 개정조약에 따른 개정이 있었고, 1979년에는 1976년의 해사채권책임제한조약에 따르기 위한 개정이 있었다. 상선법은 공법적 성격이 주가 되기 때문에, 영국해상법 분야에 대한 연구는 오랜 기간 집적되어 온 판례에 대한 분석이 필요하다.

2) 상선법 이외의 해상관계에 대한 영국의 제정법으로는 1885의 선하증권법(The Bills of Lading Act, 1885)이 있다. 1885년법은 1992년 해상물건운송법(The Carriage of Goods by Sea Act, 1992-COGSA)으로 대체되었다. 영국은 그 후 헤이그규칙을 수용하여 1924년 해상물건운송법(The Carriage of Goods by Sea Act, 1924)을 , 헤이그-비스비규칙을 수용하여 1971년 해상물건운송법(The Carriage of Goods by Sea Act, 1971-COGSA)으로 국내법화 하였다. 따라서 영국은 현재 COGSA, 1971과 COGSA, 1992 두 개의 COGSA를 가지고 있다. 이 밖에 1906년의 해상보험법(Marine Insurance Act), 1910년의 "선박충돌에 관한 통일조약" 및 "해상에 있어서의 구원구조에 관한 통일조약"을 국내법화한 해상조약법(Maritime Conventions Act), 선박가압류조약과 충돌민사재판권조약을 국내입법화한 1956년의 법원법(Administration Justice Act) 등이 있다.

4. 미국의 해상법

미국은 영국의 관습법적 전통을 이어받아, 관습법과 판례법이 해상법의 중심이 되고 있다. 그러나 각 주와 연방의 제정법도 해사사건에 적용될 중요한 법원이다. 주요 제정법으로는 1851년의 책임제한법, 1893년의 해상운송인의 책임에 관한 하아터법(Harter Act), 1910년의 해상우선특권법, 1912년의 해난구조법, 1915년의 선원법, 1916년의 선하증권법, 1920년의 선박저당 및 자국민 보호를 위한 상선법, 1936년의 선하증권 통일조약에 의거한 해상물건운송법(Carriage of Goods by Sea Act : Cogsa), 1946년의 상선매매법, 1952년의 외국선박저당법 등이 있다. 1936년의 해상물건운송법의 제정에도 불구하고 하아터법은 미국 국내해상운송과 같이 해상물건운송법이 적용되지 않는 영역에 대해서는 여전히 존재의의를 가지고 있다.

5. 구소련의 해상법

구소련 해상법전은 1968년에 제정되었는데, 19장 309조로 구성되어 있다. 이 법전의 특징은 해상운송 및 선박의 국가관리를 기본원칙으로 한다는 점이다. 이에 따라 해양선박성 산하의 해상선박공단이 해상기업의 운영관리를 맡았다. 선박의 소유관계는 국·공유가 원칙이고, 국가의 계획에 따라 이루어지는 물건운송계약에 관한 규정은 대부분 강행규정이었다. 그러나 여객운송에 관한 규정은 임의규정이 원칙이었다. 또한 해상법전의 기술적 규정은 서방 자유세계의 그것과 큰 차이가 없었는데, 이는 해상법의 통일성이 나타난 것이라고 할 수 있다.

6. 우리나라의 해상법

1962년에 공포되어, 1963년 1월 1일부터 시행된 상법전은 이전까지 사용되어 오던 의용상법이 해상보험규정을 해상편에 편제하던 것과는 달리 이를 보험편으로 옮겼다. 당시 해상편은 1924년의 선주유한책임조약과 선하증권통일조약(헤이그규칙), "선박충돌에 관한 규칙" 등 통일조약을 수용하여, 의용상법에 비해 진취적인 모습을 보였다. 그러나 이 법률은 해상운송계약을 용선계약을 중심으로 규율하였고, 정기용선계약에 대한 규정이 미비하였으며, 근래의 국제조약을 반영하지 못하였다. 이에 따라 해상물건운송에 관한 1968년 헤이그-비스비규칙과 1978년 함부르그규칙, 선박소유자의 책임제한에 관한 1976년의 런던 해사채권책임제한조약 등을 수용한 개정법이 1991년 국회를 통과하여 1993년 1월 1일부터 시행되었다. 1991년 개정 해상법은 이밖에도 해상운송관계인간의 합리적인 이해관계의 조정 및 해운실무에 적합하지 아니한 규정의 정비 등 손질을 가하였다. 1999. 2. 5., 법률 제5809호로 공포된 '해난심판법 중 개정법률'은 종래의 '해난심판법'의 명칭을 '해양사고의 조사 및 심판에 관한 법률'로 개정하면서 그 부칙 제6조 제7항에서 상법 중 '해난구조'라는 용어를 '해양사고 구조'로 변경하였다.

나아가 2008년 시행된 개정해상법은 세계 주요 해운국의 해상법 체계를 참조하여 해상법의 전반적인 체계를 근대화하였다. 즉, 상법 제5편 해상편을 제1장 해상기업 관련 규정(총칙적 규정 및 선박 물권에 관한 규정),[1] 제2장 운송과 용선에 관한 규정(상행위법적 규정으로서 운송계약 관련 규정), 제3장 공동해손 등 해상 고유의 위험에 관한 규

1) 상법을 기업법이라고 보는 것이 오늘날 한국의 통설이나, 상법 자체에서는 "기업"이라는 용어를 사용하지 아니하였는데, 2007년 상법은 "해상기업"이라는 용어를 직접 사용하고 있다. 상법에 "기업"이라는 용어를 직접 사용할 것인가에 대한 학계의 진지한 고민이 없이 도입된 것이 아닌가 의문이다.

정(불법행위 등 비계약적 규정)으로 분류하였다. 제2장에서도 현대 해운업의 영업형식을 고려하여 기업활동을 운송과 용선으로 구분하고, 운송은 개품운송과 여객운송으로 구분하였는데, 개품운송의 말미에 복합운송인의 책임에 관한 한 개의 조문을 신설하였다. 용선은 항해용선, 정기용선 및 선체용선으로 각각 분리하여 규정하였다. '선체용선'(船體傭船)이라는 용어는 과거 '나용선'(裸傭船)을 변경한 것이다. 운송증서에 관한 절을 새로이 창설하여, 선하증권, 전자선하증권 및 해상화물운송장을 규정하였다. 무엇보다도 해상운송인의 책임제한규정을 보완하여, 선주책임제한제도를 유지하는 바탕 위에, 포장단위당 책임제한의 한도액을 헤이그-비스비규칙에 따라 소폭 인상하였고(현행 500 SDR에서 666.67 SDR로), 중량에 따른 책임제한제도(중량당 2 SDR)를 새로이 도입하였다. 해상위험과 관련하여 특기할 것은 '해양사고 구조'라는 용어가 다시 '해난구조'로 변경된 것이다.

제 2 장
해상기업

제1절 선 박

I. 서 설

해상법은 해상기업에 관한 법이다. 그리고 해상기업에서는 선박이 필요불가결의 물적 설비이며, 선박의 운항을 전제로 하여 여러 가지 법률관계가 생긴다. 따라서 선박개념은 해상법상의 모든 문제의 법적 기초가 된다. 즉, 선박개념을 확정함으로써 해상법의 적용범위가 한정되고(제740조 · 제741조), 선박소유자 · 선박공유자 · 선박임차인 등 주요 개념도 선박개념에 의하여 밝혀지며, 여러 가지 법률관계(해산 · 선박채권 · 선박소유자의 책임제한 · 선박충돌 · 공동해손 · 해난구조 등에 관련된 법률관계)도 선박개념을 떠나서는 해결될 수 없다. 반면에, 예컨대 해상매매업이나 해상보험업 등은 해상기업과 관련된 영업이기는 하지만, 직접 선박에 의하여 영위되는 기업이 아니므로 고유의 의미에서 해상기업이 아니다. 그러므로 해상매매법이나 해상보험법은 해상법에 속하지 않는다. 상법은 "이 법에서 선박이라 함은 상행위 그 밖의 영리를 목적으로 항해에 사용하는 선박을 이른다."(제740조)라고 규정하고 있으나, 이것은 해상법이 적용될 선박의 범위를 밝혔을 뿐 선박개념 자체에 대해서 해명한 것은 아니다. 그러므로 넓은 의미의 선박개념은 사회통념에 의하여 결정하는 수밖에 없다.

Ⅱ. 선박의 의의

1. 선박의 개념

선박의 개념에 관하여는 여러 법률에 규정되어 있다. ① 해상법은 항해용 선박을 규정하고 있어 가장 좁게 정의하고 있고(제740조 · 제741조 본문), ② 선박법상의 선박은 수상 또는 수중에서 항행용으로 사용하거나 할 수 있는 배를 규정하여 약간 범위가 넓다(후술). ③ 해사안전법상의 선박은 물에서 항행수단으로 사용하거나 사용할 수 있는 모든 종류의 배를 말하여 수상항공기를 포함하므로 가장 넓다(해사안전법 제2조 제2호). 선박의 종류에 관한 선박법의 규정은 예시규정이 아니라 한정적 · 열거적 규정으로 보아야 하므로,[1] 기선, 범선, 부선을 제외한 나머지 선박(예를 들면, 뗏목, 카누, 카약, 조정 등)은 선박법상 선박으로 볼 수 없다. 그러나 새로운 기술의 발달로 위에서 열거한 이외의 선박이 출현할 수 있으므로 선박의 종류를 한정적으로 열거하는 것은 바람직하지 않다.[2]

2. 광의의 선박

광의의 선박이란 '수상항행에 사용되는 구조물'을 말한다. 따라서 사회통념상 선박으로 인정되려면, 부양성 · 적재성 · 이동성이 있어야 한다.

1) 수상항행용

수상이란 수면과 수중(잠수상선)을 포함하나, 수상비행기나 비행선은 선박이 아니다. 항행성이 있어야 하므로, 장소의 이동을 전제로 한다. 따라서 특정 장소에 고정되어 있는 것(예컨대, 부표(浮標) · 등대선 · 수상호텔 · 수상창고 · 부욕장(浮浴場) · 부선거(浮船渠)), 또는 특정 장소에서 준설작업을 하는 준설선(준설물의 운반도 하면 제외된다.)은

---

1) 대법원 1998. 5. 18. 97마1788.

2) 미연방법의 규정이나 영국 판례는 선박(vessel)을 '수상운송수단으로 사용되거나 사용될 수 있는 모든 배 기타 인공장치'로 규정하고 있어 상당히 넓게 규정한다. 1 U.S.C. §3; 선박충돌방지국제규칙(International Regulations for Preventing Collisions at Sea, 33 U.S.C. §801)에서는 이동불가능한 장치(nondisplacement craft)와 수상비행기도 선박의 개념에 포함시키고 있다. Steedman v. Scofield [1992] 2 Lloyd's Rep. 163.; 영국법은 추진력에 관계없이 항해에 사용될 수 있는 모든 구조물을 선박의 범주에 포함하나, 오직 평수구역에서만 사용되는 배는 선박에 포함되지 아니한다. Christopher Hill, Maritime Law, 4th Edition, Lloyd's of London Press Ltd.(1994), 383-384면. 이상 권창영, "선원의 근로관계", 「사법논집」 제33집, 2001, 432-439면.

선박이 아니다. 또 항행용이더라도 사용을 폐지하면 선박이 아니다.

2) 항행능력

선박은 항행에 사용하는 것이므로 항행할 수 없는 선박, 즉 구조불능의 난파선, 인양불능의 침몰선은 특별한 경우(제710조)를 제외하고는 선박으로 취급되지 않는다. 또 건조중인 선박도 특별한 경우(제790조)를 제외하고는 선박으로 취급되지 않으며,[1] 진수 후 항행할 수 있는 정도가 될 때에 (완성 전이라도) 선박이 된다. 항행할 수 있는 한 독항능력(獨航能力)을 필요로 하지는 않는다. 그러나 난파 · 소실 · 구조불능의 침몰 · 좌초 등에 이르면 선박의 개념을 잃게 된다.

3) 구조물

사람 또는 물건을 적재하여 운반하기에 적합한 구조물이어야 한다. 그러므로 그 자체를 운반하기 위한 떼(筏)는 선박이 아니다.[2]

3. 해상법상의 선박

해상법이 적용될 수 있는 해상법상의 선박, 즉 협의의 선박이란 '상행위 그 밖의 영리를 목적으로 항해에 사용되는 선박으로서, 단정(短艇) 또는 주로 노(櫓) 또는 상앗대로 운전하는 선박이 아닌 것'을 말한다(제740조 · 제741조 제 2 항). 이를 분설하면 다음과 같다.

1) 상행위 기타 영리를 목적으로 하는 선박(영리선요건)

상행위 그 밖의 영리목적이라 함은 선박의 운항에 의하여 상법 제46조에 속하는 행위를 함으로써 해상기업을 영위하는 것을 말한다. 상행위를 목적으로 하는 상선(예컨대, 운송선 · 공작선 · 구조작업선 · 도선선(導船船) · 상인용선박)뿐만 아니라 기타의 영리를 위하여 사용하는 선박(예컨대, 어선)에 대하여도 상법이 적용된다.

---

1) 그러나 건조 중인 선박은 선박금융에 한하여 선박으로 인정되고(제790조), 어선법 2조 1호 다목은 어선건조허가를 받아 건조 중인 선박도 어선에 포함시키고 있다.

2) 뗏목은 뗏목을 구성하는 목재 자체의 운반을 목적으로 하므로 선박으로 볼 수 없다. 이순동, "선박의 소유권", 「재판자료」 52집, 30면. 미국판례는 뗏목도 선박으로 본다[Muntz v. A Raft of Timber, 15 Fed. 555(C.C.La. 1883); Seabrook v. Raft of R.R. Cross-Ties, 40 Fed. 596(D.S.C. 1889)].

2) 항해에 사용하는 선박(해선요건)

(1) 항해란 해상의 항행이고, 해상이란 호천·항만 이외의 수면을 말한다. 호천·항만의 범위는 평수구역(平水區域)에 의하여 정하고(상시규 제3조), 평수구역은 선박안전법시행령 제2조에 의하면 호수·하천 및 항내의 수역(항만법에 의하여 항만구역이 지정된 항만에 있어서는 그 구역)과 해양수산부령이 정하는 수역을 말한다(항행구역은 ① 평수구역(內水), ② 연해구역, ③ 근해구역, ④ 원양구역으로 나누고, 원양·근해·연해를 항행하는 것을 항해라 한다.]. 따라서 평수구역, 즉 내수를 항행하는 선박(내수선)에는 해상법이 적용되지 않는다(제125조).[1)]

(2) 그러나 항해선과 내수항행선 간의 선박충돌(제876조)·해난구조(제882조)의 경우에 있어서는 내수항행선에도 해상법을 적용한다. 운항장치(추진기)가 있는 준설선(浚渫船)은 광의의 선박이긴 하나 항해가 목적이 아니므로 해상법상의 선박은 아니다. 내수와 항해 양쪽 모두에 사용되는 선박의 경우에는 평소의 항해구역에 따라 결정되어야 할 것이다.

3) 사회통념상의 선박(선박요건)

사회통념상 선박이란, 광의의 선박을 말하는 것으로서 수상 또는 수중을 항행하는 데 사용하는 구조물이다. 광의의 선박인 한 그 구조·형태·동력같은 것은 문제되지 않는다. 또 독항능력, 즉 자력으로 항행할 수 있는 능력이 필요한 것도 아니다.[2)]

4) 특정선박의 예외

(1) 항해선이라도 노도선(櫓櫂船)과 공용선에 대해서는 해상법이 적용 또는 준용되지 않는다. 노도선, 즉 단정 또는 주로 노(櫓) 또는 상앗대로 운전하는 소규모의 선박(제741조 제2항)에 대해서 기술적인 해상법을 적용하는 것은 오히려 그 소유자에

---

1) 대법원 1991. 1. 15. 90다5641.

2) 대법원 1973. 5. 30. 73다142·143 및 동 1987. 11. 24. 87누593은, "항진기관이나 항진추진기가 없이 다른 선박에 의하여 예인되는 부선(艀船)은 그 톤수여하에 불구하고, 또 상행위 기타 영리를 목적으로 항해에 사용된다고 하더라도 이를 등기할 선박이 아니라고 해석함이 상당하다."고 하여 총톤수 298톤의 대형부선이 독항능력이 없으므로 선박이 아니라고 판단하였다. 대법원 1998. 5. 18. 97마1788: 예인부선은 압항부선, 해저조망부선을 제외하고는 그 톤수 여하에 관계없이 등기할 선박에 해당하지 아니한다. 대법원 1999. 6. 22. 99다7602: 준설선은 빠지라고 부르는 철판(이를 통상 부선이라고 한다) 위에 엔진, 윈치, 발전기, 파이프, 커터 등 준설장비를 부착한 것으로 해안이나 하천에서 모래를 퍼 올리는 장비(준설선)로서 통상의 선박에 있는 자체 추진기관이 없는 사실을 인정하고, 그와 같은 사실에 터잡아 이 사건 준설선은 그 명칭에 불구하고 선박법이 정하는 선박이 아니라 건설기계관리법이 정하는 건설기계에 해당한다.

게 가혹하기 때문이다. 그러나 노도선과 항해선 간의 선박충돌·해난구조의 경우에 있어서는 노도선에도 해상법을 적용하여야 할 것이다.

(2) 선박법 제29조는 공용선, 즉 국유 또는 공유의 선박(공선, 예컨대 군함·경비선·측량선)에 대하여는 해상법을 준용하지 않는다는 뜻을 규정하고 있으나, 이것은 '공용'에 제공된 국유 또는 공유의 선박으로 해석하여야 할 것이다.[1] 그러나 공용선에 대하여도 해난구조·선박충돌의 경우에는 해상법을 적용한다(제876조·제882조).

5) 준해상선

선박법 제29조는 국유 또는 공유의 선박을 제외한 일반 항행선(사선, 예컨대 탐험선·유람선·학술연구선)에 대하여도 영리선은 아니지만 상법 해상편을 준용하도록 하였다. 따라서 해상법 중 특히 일반 항행법적 규정(선박·선장·해원·충돌·구조)이 준용될 것이다.

6) 선박법상의 선박

선박법상 선박이라 함은 수상 또는 수중에서 항행용으로 사용하거나 사용될 수 있는 배의 종류를 말하며, 기선[기관을 사용하여 추진하는 선박(기관과 돛을 모두 사용하는 경우로서 주로 기관을 사용하는 것을 포함한다)], 범선[돛을 사용하여 추진하는 선박(기관과 돛을 모두 사용하는 경우로서 주로 돛을 사용하는 것을 포함한다)] 및 부선(艀船)[자력항행능력이 없어 다른 선박에 의하여 끌리거나 밀려서 항행되는 선박]으로 구분한다(선 제1조의 2).

Ⅲ. 선박의 성질

1. 부동산유사성

1) 동산으로서의 선박

민법상 토지 및 정착물 이외의 물건은 동산이다(민 제99조). 그러므로 해상을 항행이동하고 소유권 기타 권리의 객체가 되는 선박은 동산임이 명백하다.

---

1) 그러므로 국유선이라도 민간에 대부되어 사용으로 사용하는 경우는 사선으로서 해상법의 준용을 받을 것이며, 민유선이라도 임대차계약 또는 정기용선계약 등으로 국가가 공용으로 사용하는 경우에는 준용이 배제될 것이다.

2) 부동산적 취급

(1) 선박은 동산이지만 경제적으로는 그 가격이 고가이고, 또한 운송용구로서 이용하면서 담보화할 필요가 있으며, 법률기술적으로도 선박은 명칭・국적・선적항・자격・등급・톤수 등에 의하여 개별화됨으로써 등기부상 동일성의 인지가 용이하다는 특수성이 있기 때문에 대체로 부동산과 같이 취급된다.[1]

(2) 총톤수 20톤 이상의 선박에 관해서는 상법상 선박등기제도(제743조), 선박저당권제도(제787조・제790조)・선체용선에 대한 등기제도(제849조)가 인정되고, 또한 절차법상 강제집행과 경매는 대체로 부동산의 경우와 같다(민집 제172조). 따라서 등기선박에 관한 한 선박을 동산으로 보는 실익이 적다. 또 형법상 선박을 저택・건조물과 같이 취급하는 경우도 있다(형 제319조).

(3) 한편 선박의 소유자는 선박을 등기한 후 선적항을 관할하는 해운관청에 그 선박의 등록을 신청하여 선박원부에 등재하고 선박국적증서를 교부받아야 한다(선 제8조).

2. 합성물로서의 선박

1) 선 박

선박은 선체・갑판・범장(帆檣)・기관(汽罐)・객실・선창 등 각 부분으로 구성되어 있으나, 단순한 집합물(예컨대, 거래의 편의상 일괄하여 다루는 공장 안의 기계, 장고 안의 상품 등)은 아니고, 통합된 한 개의 물건, 즉 합성물이다.

2) 속 구

(1) 속구란 선박의 상용에 제공된 부속물이다. 따라서 선박 자체와는 별개의 물건이다. 예컨대, 나침반・측정기(測程器)・구명대・해도・단정・돛(帆)・닻(錨)・기중기 등은 선박의 구성부분이 아닌 독립물이면서 선박에 부속된 속구이다[일반적 소모품인 양식・석탄・탄약・저하(Ballast)와 같은 것은 속구가 아니다].[2] 특히 닻이나 기중기같이 선체에 부착된 것은 선박의 구성부분이냐 별개의 물건이냐의 구별이 문제된

1) 선박의 개별화를 이유로 선박의 성질로서 인격자유사성을 들기도 하나[서돈각・정완용(하) 511면], 이것은 부동산유사성의 내용 내지 그로 인한 제2차적 특성으로 보는 것이 타당하지 않을까 생각한다.

2) 울산지방법원 1998. 9. 3. 98가단16905 판결: 오징어 채낚이 어선에 설치된 자동조상기 등 어구(漁具)는 종물이다.

다. 선체와의 결합도 여하와 선박의 목적에 비추어 본 필수성 여하의 두 점을 중심으로 결정되어야 할 것이다.

(2) 속구는 선박 내에 비치하는 속구목록(선원법시행규칙 제13조 제2항 제4호 · 제14조 제4호)에 기재된 것에 한하여 선박의 종물로 추정된다(제742조). 따라서 속구는 민법상의 종물(민 제100조)과는 다르나, 속구목록에 기재되면 그것이 선박소유자의 소유물이 아니라는 반증이나 다른 특약이 없는 한 선박과 법률적 운명을 같이 한다.

Ⅳ. 선박의 개성

1. 의　의

선박은 권리주체적 성질이 있기 때문에 공법상의 통제관계 및 사법상의 거래목적을 위하여 그 개성을 식별할 필요가 있다. 선박의 개성은 선명 · 국적 · 선적항 · 선급 · 톤수 등에 의하여 식별된다.

2. 선　명

선박은 등기선이든 비등기선이든, 선명을 붙여야 한다(선 제11조). 다만 총톤수 20톤 미만의 선박 · 단주(端舟) 또는 노도(櫓櫂)만으로 운전하는 선박은 그러하지 아니하다(선 제26조). 선명의 선정은 자유이나, 해상운송계약 및 용선계약에 있어서 선명을 특정하여야 하고, 선하증권 및 해상보험증권에서 선명의 기재는 중요한 의의를 갖는다.

3. 선박의 국적

1) 선박의 국적(nationality of ships, nationalité du navire)은 국제해상법상의 주요 준거법으로서 기국법이 적용되고, 또 각국법은 대개 자국선과 외국선을 차별대우하고 있으므로 중요한 의미가 있다. 특히 한국국적선박에 대하여는 ① 대한민국 국기를 게양할 수 있고(선 제5조), ② 불개항장에의 기항과 국내 각 항구 사이에서의 운송이 허용되며(선 제6조), ③ 등록 및 국적증서교부청구자격이 주어지고(선 제8조), ④ 선박장려금을 받을 수 있는 등의 특권이 인정된다.

2) 선박의 국적에 대한 입법주의는 대체로 그 나라의 국방・해운업・조선업 등에 따라 정책적으로 결정된다. 선박의 국적취득의 기준으로서 영국이 1651년의 항해조례에서 origin(선박의 제조지 또는 재료의 생산지), property(선박소유권) 및 seamen(선원) 등 세 가지를 기준으로 한 이래, 각국에서 이를 답습하였으나, 현재는 선박소유자에게 비중을 두는 경향이 있다.

선박의 국적에 관한 입법주의

1) 선박의 국적에 관한 입법주의는 대체로 다섯 가지가 있다. 첫째는 선박소유권 전부가 자국민에게 속할 것을 요건으로 하는 주의(독・영・노르웨이・일본), 둘째는 선박소유권의 일부만은 자국민에게 속하되, 그 비율에 있어 2분의 1 이상(프랑스) 또는 3분의 2 이상(이탈리아)을 요건으로 하는 주의, 셋째 선박소유권 전부가 자국민에 속하고 동시에 (고급)선원 전부(미국) 또는 일부가 자국민일 것을 요건으로 하는 주의(스페인, 포르투갈, 브라질, 핀란드 등), 넷째 선박소유권의 일부가 자국민에 속하고 동시에 선원의 일정수가 자국민일 것을 요건으로 하는 주의(그리스, 폴란드), 다섯째 선박소유권을 전혀 문제삼지 않는 입법주의(아르헨티나, 우루과이, 도미니카, 코스타리카, 파나마 등 외국자본의 도입을 필요로 하는 신생국가들) 등이 있다.

2) 우리 선박법에 의하면 ① 국유 또는 공유의 선박(선 제2조 제1호), ② 대한민국 국민이 소유하는 선박(선 제2조 제2호), ③ 대한민국의 법률에 의하여 설립된 상사법인이 소유하는 선박(선 제2조 제3호) 및 ④ 대한민국에 주된 사무소를 둔 법인으로서 그 대표자(공동대표인 경우에는 그 전원)가 대한민국 국민인 경우 그 법인이 소유하는 선박(선 제2조 제4호)을 한국선박이라 한다. 이들 규정을 종합해 보면, 우리나라는 대체로 소유자국적주의를 취하고 있다고 볼 수 있다.

4. 선적항

선박은 사람의 본적・주소 또는 상인의 영업소와 같은 선적항을 갖는다. 총톤수 20톤 이상의 한국선박의 소유자는 대한민국에 선적항을 정하여야 한다(선 제7조 제1항). 선적항은 법률상 두 가지 의미가 있다. 하나는 항행법상의 등기 또는 등록항(Registerhafen, port of registry)이고, 다른 하나는 상법상 해상기업의 본거항(Heimathafen, home port)이라는 뜻이다. 양자는 일치하는 것이 보통이지만, 반드시 일치하여야 할 필요는 없다. 등록항(선 제8조)은 주로 선박을 통제하기 위한 것이지만, 민사소송법상 관할의 기준이 된다(민소 제13조). 본거항은 당해선박에 의한 기업경영의 중심지인 항으로서 마치 상인의 주소인 영업소와 같은 것이지만, 선박이 상시 발항 또는 귀항하는 항해기지와는 다른 개념이다.[1] 상법에서 선적항이라 할 때에는

1) 竹田 廉, 海商法, 1937, 77면.

본거항의 뜻으로 사용하는 경우가 많다(제749조 · 제753조).

◖ 대법원 1991. 12. 24. 91다30880
선적항은 선박의 등기 또는 등록을 한 등록항의 뜻 외에 해상기업의 본거항의 뜻도 갖는다

☞ 상법 제749조 소정의 '선적항'은 선박의 등기 또는 등록을 한 등록항의 뜻 외에 해상기업의 본거항의 뜻도 갖는 것이므로 선박소유자인 건조업자가 발주자에게 인도하기 위하여 계선(繫船)관리 중인 미등록 선박은 계선관리하고 있는 항구를 본거항으로 보아야 할 것이다.

5. 선박의 자격 · 선급

1) 선박의 안전운항을 위하여 해양수산부는 정기검사를 통하여 선박의 구조 · 재료 · 공사 및 현황에 따라 일정한 길이 및 속력을 표준으로 하여 항행능력을 측정하고, 그 능력에 따라 등급을 분류하는데 이 등급을 선박의 자격이라 한다. 선박의 자격에 따라 항행구역이 제한된다. 선박의 자격은 항행의 안전을 목적으로 한 선박의 분류이다.

2) 한편 공인된 선급협회가 선박을 검사하여 그 선박의 감항능력에 따라 등급을 정한 것을 선급(Klasse, ship's class)이라 한다. 선급의 명칭은 각 선급협회에 따라 복잡하게 나뉜다. 선급협회로서 세계적인 권위가 있는 것으로는 영국의 Lloyd's Register와 British Corporation, 프랑스의 Bureau Veritas, 독일의 Deutscher Lloyd, 이탈리아의 Registro Italiano, 미국의 American Bureau of Shipping 등이 있다. 선급은 해상보험계약상 중요한 의의가 있으며, 또 공법상으로도 한국선급협회의 검사를 받아 선급을 등록한 선박은 선체 · 기관 기타의 선박시설 및 만재흘수선에 관하여 해운행정청의 검사에 합격한 것으로 간주된다(선안 제8조의 2).

6. 선박의 톤수 · 흘수 · 속력

1) 톤수는 선박의 용적을 나타내는 것과 화물적재능력을 나타내는 것 두 가지가 있다. 전자에는 총톤수(gross tonnage : G.T.)와 순톤수(net tonnage : N.T.)가 있다. 총톤수는 선박 내부의 총용적을 말하고, 순톤수는 여객이나 화물의 운송용으로 제공되는 선내용적을 말한다(선 제3조 제1항 제2호 · 제3호). 화물적재능력을 나타내는 것은 재화중량톤수라고 하는데, 이것은 항행의 안전을 확보할 수 있는 한도 내에서 선박의

최대적재량을 나타낸다(선 제3조 제1항 제4호). 한국선박의 소유자는 선적항을 관할하는 해운관청에 선박의 총톤수의 측정을 신청하여야 한다(선 제7조 제1항).

2) 이 외에도 주로 국제항해에 종사하는 선박에 대하여는 "1969년 선박톤수측정에 관한 협약" 및 동협약의 부속서에 의거하여 측정한 국제총톤수가 있다(선 제3조 제1항 제1호). 길이 24미터 이상의 한국선박의 소유자는 해양수산부장관으로부터 국제톤수증서를 교부받아 선박에 비치하여야 당해 선박을 국제항해에 종사시킬 수 있다(선 제13조 제1항).

3) 흘수(draught, draft)란 배의 아랫 부분이 물에 잠기는 깊이나 정도를 말하고, 흘수선이란 선복(船腹)이 물에 잠기는 한계선을 말한다. 흘수는 만재평균흘수와 공선평균흘수가 있고, 항행할 곳의 수심과 밀접한 관계가 있다. 속력은 보통 평온한 해상에서 만재한 선박의 1시간의 속력을 말한다.

V. 선박의 공시

1) 선박에 관하여는 선적을 확인하고 항해 및 선박의 관리를 쉽게 하려는 공법상의 필요에서 선박등록제도를 채택하고, 권리관계를 명확하게 하려는 사법상의 필요에서 소유권(제743조)·선체용선권(제849조) 및 저당권(제787조·제790조) 등의 선박등기제도를 채택하고 있다. 즉, 선박소유자는 선박등기법의 정하는 바에 따라 선적항을 관할하는 지방법원, 동 지원 또는 등기소에서 일정한 사항을 등기하여야 하고(선등 제4조~제6조), 선적항을 관리하는 해무관청에 비치한 선박원부에 등록을 하고 선박국적증서의 교부를 받아야 한다(선 제8조·제18조 이하)(외국에서 선박을 취득한 경우에는 임시선박국적증서, 선 제9조 제2항). 다만, 군함이나 경찰용 선박, 총톤수 5톤 미만으로 기관을 설치하지 아니한 범선, 총톤수 20톤 미만인 부선, 총톤수 20톤 이상이나 선박계류용·저장용 등으로 사용하기 위하여 수상에 고정하여 설치하는 부선, 노와 상앗대만으로 운전하는 선박 등에 대해서는 선박법상 등기와 등록이 인정되지 아니한다(선 제26조).

◖ 대법원 1975. 11. 11. 74다112
총톤수 20톤 미만의 선박이나 단주 또는 노도만으로 운전하는 선박 및 항진기관이나 항진추진기가 없이 다른 선박에 의하여 예인되는 부선은 등기할 선박이 아니다

☞ 선박법 제6조, 제20조의 규정에 의하면 총톤수 20톤 미만의 선박이나 단주 또는 노도만으로 운전하는 선박은 등기할 선박이 아니라 할 것이며 항진기관이나 항진추진기가 없이 다른 선박에 의하여 예인되는 부선은 그 자체로서는 항진능력이 없는 것이어서 그 톤수 여하에 불구하고 또 비록 그 선박이 상법 740조에서 말하는 상행위 기타 영리를 목적으로 항해에 사용된다고 하더라도 이는 등기할 선박이 아니다.[1)]

2) 한국선박은 법령에 따로 정한 경우를 제외하고, 선박국적증서 또는 임시선박국적증서를 교부받아 이를 선내에 비치하지 아니하면 대한민국 국기를 게양하거나 또는 항행할 수 없다(선 제10조).

3) 선박등기가 부동산등기와 다른 점은 ① 선박소유권등기가 강제적인 점(선 제8조), ② 비등기선의 예외가 인정되고(선 제26조), ③ 선박관리인의 등기가 요구되며(제764조 제2항), ④ 등기와 선박국적증서에의 기재가 없으면 제 3 자에 대하여 선박에 관한 권리의 대항력이 생기지 않는 점(제743조 단서) 등이다.

Ⅵ. 선박소유권

1. 선박소유권의 득상

1) 선박소유권의 취득원인

(1) 선박소유권의 취득원인은 일반 동산과 대체로 같다. 따라서 증여·교환·매매·대물변제·상속·합병·시효 등으로 취득하게 되나(선박의 선의취득은 성질상 등기선박에는 인정할 수 없다.), 다음과 같은 특수원인에 의한 경우도 있다.

(2) 공법상의 취득원인으로 국제법상의 포획, 선박법 위반으로 인한 몰수(선 제32조 제3항) 및 수용 등이 있다. 사법상의 취득원인으로 조선 외에 상법상 특유한 것으로 보험위부(제710조), 이의 있는 선박공유자의 지분의 매수청구(제761조 제1항), 선박의 국적상실로 인한 선박공유자의 지분매수 또는 경매처분(제760조), 선장이 하는 매각(제753조)이 있다.

---

1) 대법원 1998. 5. 18. 97마1788: 그 자체로서 항진능력이 없는 부선은 선박법시행규칙 제2조 제1항 제3호, 제4호에 규정된 압항부선, 해저조망부선을 제외하고는 그 톤수 여하에 관계없이 등기할 선박에 해당하지 아니하고, 선박법시행규칙 제2조 제1항의 규정을 선박의 종류에 관한 예시적 규정이라고 볼 수 없다.

2) 선박소유권의 상실원인

선박소유권의 상실원인은 대개 취득원인의 반면이나, 그 밖에 침몰·해살(海撒, 해체)을 들 수 있다.

2. 선박소유권의 양도

1) 선박소유권양도의 방법

(1) 비등기선의 경우

총톤수 20톤 미만의 비등기선(선 제26조)에는 상법 제743조가 적용되지 않으므로(제744조 제2항),[1] 그 권리이전에는 민법상의 동산물권변동의 일반원칙에 따라서 '인도'를 하여야 한다(민 제188조 제1항).[2] 인도는 사회관념상 목적물에 대한 양도인의 사실상 지배인 점유가 동일성을 유지하면서 양수인의 지배로 이전되어 양수인은 목적물에 대한 지배를 계속적으로 확고하게 취득하여야 하고, 양도인은 물건에 대한 점유를 완전히 종결하여야 한다.[3]

(2) 등기선의 경우

등기선은 당사자간에 무방식의 합의(의사표시)만 있으면 양도할 수 있으며(제743조 본문), 보통 매도증서를 작성하나, 이것은 거래관행에 불과한 것이고 법률상의 효력발생요건은 아니다. 따라서 양도에 따른 이전등기와 선박국적증서의 명의개서는 이전의 대항요건이다(제743조 단서). 형식주의를 취한 민법의 일반원칙(민 제186조)을 등기선박에 적용한다면, 항해 중의 선박은(등기선은 대체로 규모가 크고 장기간 원양항해를 하는 것이 보통인데) 양도할 수 없는 불편이 생길 우려가 있으므로 이 불편을 덜기 위하여 의사표시라는 중대한 예외를 인정한 것이다.

---

1) 대법원 1967. 12. 19. 67다1591: 총톤수 20톤 미만의 소형선박은 등기능력이 없다.

2) 대법원 1966. 12. 20. 66다1554: 총톤수 20톤 미만의 소형선박에 관한 권리의 이전은 당사자 간의 합의만으로써는 그 효력을 발생할 수 없는 것이고 일반 동산의 예에 따라 그 인도를 받지 아니하면 그 소유권을 취득할 수 없는 것이다. 동지: 대법원 1969. 7. 29. 68다2236; 동 1999. 6. 22. 99다7602(항진추진기가 없어서 선박등기의 대상이 되지 아니하는 부선에 대한 물권의 양도는 인도하여야 효력이 발생한다).

3) 대법원 2003. 2. 11. 2000다66454: 선박의 경우에는 그 규모, 선체의 구조와 기능 등을 종합하여, 그 선박이 소재하는 장소를 점유함으로써 그 선체 전부를 점유하는 것으로 보아야 할 경우가 있는 반면, 선박이 소재하는 장소 또는 드라이독(dry dock, 건선거) 등의 시설을 점유한다는 것만으로 당연히 그 선박도 함께 점유하는 것으로는 볼 수 없고, 그 선박의 소재와는 무관하게 선박의 점유관계가 성립하는 경우도 있을 수 있으므로, 이러한 경우에는 선박 자체에 대한 사실적 지배 등을 기초로 하여 선체의 전부 또는 일부에 대한 점유 여부를 판단하여야 한다.

2) 선박소유권양도의 효과

(1) 선박소유권의 이전

양도행위의 효과로 다른 특별한 의사표시가 없는 한 선박소유권의 이전과 함께 그 속구의 소유권도 이전한다.

(2) 항해손익의 귀속

항해 중인 선박이나 그 지분을 양도한 경우에는 당사자 사이에 다른 약정이 없으면 그 항해로부터 생긴 손익은 양수인에게 귀속된다(제763조). 항해에서 생긴 손익이란 그 항해를 마치는 동안의 총수입과 총지출의 차액을 말하며, 항해란 기업으로서의 1항해라는 뜻이지, 1항해 중의 각 구간의 항해를 말하는 것은 아니다. 이러한 손익의 귀속관계는 당사자간의 대내적 효과이므로 제3자에 대한 관계에서는 매도인이 권리의무의 주체가 된다.

(3) 기존운송계약의 이행의무

양도인이 이미 제3자와 체결한 운송계약이 양수인에 대하여 구속력이 있는 것은 아니지만, 매매 당시 이미 선적을 종료하였거나 또는 선적작업이 진행중인 경우에는 특약이 없는 한 양수인이 기존의 운송계약을 이행할 의무를 진다고 볼 것이다.

3. 건조 중의 선박

건조 중의 선박은 선박저당권의 목적이 될 수는 있으나(제787조 · 제790조), 저당권의 설정 이외의 경우에는 동산에 관한 일반원칙에 따른다.

제2절 선 장

Ⅰ. 총 설

1. 해상기업의 보조자

1) 해상기업보조자에는 육상보조자(상업사용인 · 선박대리점 · 선박중개인)와 해상보조자가 있다.

2) 육상보조자는 상사에 관한 보조자로서 본점·지점 등의 영업조직(지배인 기타의 상업사용인)과 선박대리점·운송주선인·선박중개인 등이 있다.

3) 해상보조자는 선박의 운항에 관한 보조자로서 선장·선원 기타의 해원 및 선박사용인이 있다. 선원법상 선원이란 "임금을 받을 목적으로 선박[1] 안에서 근로를 제공하기 위하여 고용된 자로서, 선장·해원 및 예비원(승무 중이 아닌 자를 말한다)"을 말한다(선원 제2조 제1호).[2] 선장이란 "해원을 지휘·감독하며 선박의 운항관리에 관하여 책임을 지는 선원"을 말한다(선원 제2조 제2호). 그리고 해원이란 "선박 안에서 근무하는 선장이 아닌 선원"을 말한다(선원 제2조 제4호). 선장과 해원을 예비원에 대응하여 승무원(crews)이라 한다.

4) 해상법은 육상보조자에 대하여는 상법총칙·상행위법의 규정에 미루고, 해상보조자 가운데 선원, 특히 선장의 대리권에 관한 규정만을 두고 있다. 선원에 대하여는 선장의 직무·권한에 관한 규정 외에 주로 선원에 관한 행정법 및 노동법적 규정을 내용으로 한 선원법이 있다.

해원·도선사·선박사용인

1. 해 원

해원이란 선박소유자의 피용자로서 특정 선박에 승선하여 선장의 지휘·감독하에 항해상의 업무에 종사하는 자로서 선장 이외의 자를 말한다. 해원으로는 항해사, 기관사, 통신사, 기타 노무에 종사하는 선원이 있다. 해원은 선박소유자의 대리인이 아니므로 기업보조자가 아니다. 다만 선원법 및 선박직원법에서 주로 노동관계 및 행정적 감독에 관하여 규정한다.

2. 도선사

도선사란 일정한 구역(도선구)에서 도선업무를 할 수 있는 도선사 면허를 받은 자를 말한다(도선 제2조 제2호). 도선이란 도선구에서 도선사가 선박을 안전한 수로로 안내하는 것을 말한다(도선 제2조 제1호). 도선은 도선박을 사용하여 하는 수도 있고 선박에 탑승하여 하는 수도 있다. 항구에 따라서는 도선사에 의한 도선이 강제되는 수도 있고(강제도선구) 그렇지 않은 경우도 있다(임의도선구). 도선은 해당면허를 취득한 자격자가 수행하여야 하는데, 도선사는 해양수산청 소속 직원일 수도 있고 도선업의 영업자인 경우도 있다. 도선사는 선장의 보조자이므로 도선사의 과실에 대하여는 선박소유자가 사용자책임을 지나(예컨대, 선박충돌 : 제880조), 이 책임은 제한할 수 있다(제774조 제1항 제3호).

3. 선박사용인

선박사용인이란 임시로 선박상의 노무에 종사하기 위하여 고용된 자를 말한다. 광의

---

1) 선원의 정의내용인 배의 범위는 모든 선박을 총칭하는 것이 아니라 선원법의 적용대상이 되는 선박에 한한다. 노정 91557-67, 1995. 2. 7.

2) 광주고법(전주부) 2015. 1. 8. 2014나1671.

로는 해원을 포함하나, 상법에서 말하는 선박사용인은 해원은 포함하지 아니한다(제774조·제795조 참조). 예선업자(tug operator)·도선사(pilot)·적하감독인·검수인(檢收人, tally man) 등이 있다. 선박사용인도 선박소유자의 경우와 동일하게 책임을 제한할 수 있으며(제774조 제1항 제3호), 이 자의 운송계약상의 운송물에 관한 고의·과실로 인하여 운송인이 손해배상책임을 지는 경우가 있다(제795조 제1항).

2. 선장의 의의

1) 광의의 선장

광의의 선장(master, Kapiän, Schiffer)이란 특히 선박의 항해지휘자를 말한다. 따라서 광의의 선장에는 선박소유자 또는 선박공유자로서 동시에 선장인 자(동시선장, 자선선장)도 포함한다.

2) 협의의 선장

협의의 선장(상법상의 선장)이란 선박소유자의 피용자로서 특정 선박의 항해를 지휘하고, 그 대리인으로서 사법상·공법상의 직무권한을 가진 자를 말한다.

3. 선장의 지위의 특수성

1) 선장은 기업거래조직상 선박소유자의 기업대리인으로서의 지위에 있을 뿐만 아니라, 항해조직상 생활공동체 내지 위험공동체인 선박의 운항지휘자로서의 지위에 있으므로(복합적 지위), 사법상·공법상의 특수한 규제를 받게 된다.

2) 선장은 기업거래조직상 선박소유자의 피용자로서 법률상 정형적·포괄적이며(제733조 제1항) 함부로 제한할 수 없는 대리권한을 가지는 점에서, 지배인·이사·선박관리인 등과 비슷하다. 그러나 ① 특정선박의 지휘자이고, ② 그 지위에 있어서 선원법상의 선박권력(船舶勸力, Schiffsgewalt)이 부여되어 있으며, ③ 그 대리권의 범위가 항해단위로 정하여지는 등의 점에서 그들과 다르다.

3) 상법상의 선장(협의)은 다른 법률상의 선장과 반드시 일치하는 것은 아니다. 예컨대, 선원법상의 선장은 광의의 선장이어서 선박소유자의 피용자로서 대리권을 가짐을 요건으로 하지 않으므로 선박의 지휘자는 모두 선장이다. 상법 제748조의 대선장(代船長)은 상법상의 선장이다.

4) 선장의 지위는 15세기 이후에 선박소유자로부터 분화되기는 하였으나, 선박소유자와 함께 해상기업의 공동경영자로서 강력한 권한을 행사할 수 있었고, 그 책임

또한 매우 엄격하였다. 한편 선박의 운항지휘자로서의 선장의 권한, 즉 선박권력은 해원에 대한 형벌권까지 포함하는 강대한 것이었다. 그러나 18세기에 와서 모든 형벌권은 국가에 귀속되게 됨에 따라 선장은 해원의 지휘명령권과 징계권만 보유하게 되었고, 20세기에 와서는 이 징계권도 민주화되었다. 현대에 와서는 교통・통신의 발달과 지점・대리점의 발달로 선장에게 그와 같은 강력한 권한과 책임을 부여할 필요가 없어진 결과, 권한과 책임이 축소되어 선장은 선박소유자의 단순한 상업사용인의 지위로 전락하였다. 1991년의 개정상법은 이 점을 고려하여 선장의 직무상의 주의의무에 관한 규정과 해원의 선임감독책임에 관한 규정(1991년 개정전 상법 제770조 및 제771조)을 삭제하였다.

Ⅱ. 선장의 선임・종임

1. 선장의 선임

선장은 선박소유자(제745조)・선박관리인(제765조 제1항) 또는 선체용선자(제850조 제1항 참조)가 선임한다. 선장이 불가항력으로 인하여 그 직무를 집행하기가 불능한 때에는 법령에 다른 규정이 없으면 타인을 선정하여 선장의 직무를 집행하게 할 수 있는데, 이를 대선장(代位船長)이라 하고, 대선장은 선장이 자기책임하에 선임한다(제748조). 선장의 자격에 관하여는 상법에 정함이 없으나 선박직원법상 해당선박과 항행구역에 맞는 해기사 면허를 가진 자이어야 한다(동법 제4조・제11조). 선장 선임계약의 법적 성질은 고용과 위임의 혼합계약인 경우가 대부분이다.[1]

2. 선장의 종임

1) 선장의 지위는 고용 또는 위임기간의 만료, 선장의 사임・사망・파산・피성년후견인 선고 등에 의하여 종료되나, 해상법의 특이성 때문에 선박의 멸실・침몰・수선불능・운항불능・포획・1개월 이상의 존부불명의 경우에도 종임된다. 또 선박소유자는 언제든지 선장을 해임할 수도 있다(제745조). 다만 정당한 사유없이 해임한 경우에는 선장의 손해배상청구권이 인정된다(제746조).

2) 선장이 선박공유자인 경우에(동시선장), 그 의사에 반하여 해임된 때에는 다른

1) 손주찬(하) 774면.

공유자에 대하여 상당한 가액으로 그 지분을 매수할 것을 청구할 수 있으며(제762조 제1항), 이 경우에는 선장은 지체없이 다른 공유자 또는 선박관리인에 대하여 그 통지를 발송하여야 한다(제762조 제2항). 선장이 항해 중에 해임 또는 임기가 만료된 경우에도 다른 선장이 그 업무를 처리할 수 있을 때 또는 그 선박이 선적항에 도착할 때까지 그 직무를 집행할 책임이 있다(제747조).

Ⅲ. 선장의 기업거래조직상의 지위

1. 기업대리인으로서의 대리권

1) 선장의 대리권

(1) 기업대리인으로서의 선장은 선박소유자의 수권행위에 의하여 대리권을 갖게 되나, 그 대리권의 범위는 한정되어 있고, 그 대리권에 가한 제한은 선의의 제3자에게 대항하지 못하는 것이 특색이다(제751조).

(2) 선장의 대리권의 법정범위에 관한 입법주의로는 ① 선박이 선박소유자 또는 그 대리인의 소재지에 있느냐 없느냐를 구별하여, 그 소재지에 있으면 특별한 수권을 요한다고 하는 선주소재지주의(불법주의, 불상 제232조), ② 행위의 종류에 따라 구별하여, 중요행위 이외의 선박이용에 관한 모든 행위에 대리권이 미친다고 하는 선장행위주의(영법주의), ③ 선박의 선적항의 내외에 따라 구별하여, 선적항 내에서는 그 권한을 축소하는 반면에 선적항 외에서는 그 권한을 확대하고, 특정한 경우에는 선박소유자의 소재지를 불문한다고 하는 선적항주의(독법주의, 독상 제526조 · 제527조) 등이 있으나, 우리 상법은 선적항주의를 채택하였다.

(3) 선주소재지주의는 선박소유자가 변동할 때마다 선장의 권한도 변동하므로 거래의 안전을 기할 수 없고, 선장행위주의는 어떤 행위가 중요행위인지 식별이 어려운 경우가 많으므로 선적항주의가 가장 합리적이다.

2) 선적항내에서의 대리권

선적항에서는 선장은 특히 위임을 받은 경우 이외에는 해원의 고용과 해고를 할 권한만을 가진다(제749조 제2항).

◖ 대법원 1968. 5. 28. 67다2422
선박에 승무하는 해원의 고용은 선장 고유의 대리권에 속한다

☞ 선박에 승무하는 해원의 고용은 선장 고유의 대리권에 속하는 것이므로 선원이 선장과 승선계약을 한 날짜에 피고 공사에 입사한 것으로 볼 것이지 그 후 총재에 의하여 정식으로 발령된 날에 입사한 것으로 볼 것이 아니다.

◖ 대법원 1991. 12. 24. 91다30880
본거항에서 선장이 체결한 구조계약은 선장에게 계약체결 대리권이 없어서 효력이 없다

☞ 〈사 실〉

부산에 소재하는 대한조선공사는 노르웨이 회사가 건조의뢰한 31,000톤급 선박을 건조하였으나 조타기의 성능 등의 문제가 있어서 선박의 인도가 지연되는 가운데 미등록 상태에서 당분간 세웅선박이 이를 관리하기로 하였다. 세웅선박은 노재흥을 관리선장으로 임명하고, 노재흥은 부산 송도 앞 바다 5mile 해상에서 동 선박을 관리하고 있었다. 동 선박은 1987. 7. 16. 03 : 45경 태풍 셀마의 영향으로 부산 서구 해양고 앞 송도방파제 앞 10m 해안에 좌초하였다. 선장은 전일산업과 선박구조계약을 체결하였다.

〈판결요지〉

상법 제749조 소정의 '선적항'은 선박의 등기 또는 등록을 한 등록항의 뜻 외에 해상기업의 본거항의 뜻도 갖는 것이므로 선박소유자인 건조업자가 발주자에게 인도하기 위하여 계선관리 중인 미등록 선박은 계선관리하고 있는 항구를 본거항으로 보아야 할 것이다. … 위 미등록 선박이 계선관리 중에 좌초된 경우에 있어 선장이 체결한 구조계약은 선장에게 계약체결 대리권이 없어서 효력이 없다.

3) 선적항내외에서의 대리권

선장은 선박소유자의 위임이 있으면 선하증권의 발행(제852조 제3항) · 적하의 인도 · 운임 기타 체당금의 수령 · 운송물의 유치(제807조 제2항) · 운송물의 공탁(제803조) 등을 선적항의 내외를 불문하고 할 수 있다. 그러나 선장의 이와 같은 적하취급에 관한 권한은 육상기업보조자에 의하여 대부분 처리되므로 실제로는 선장이 이러한 권한을 행사할 수 있는 여지는 거의 없고, 오직 연혁적인 유물로 남아 있을 뿐이다.

4) 선적항외에서의 대리권

(1) 통상대리권

선적항 외에서는 선장은 자기가 지휘하는 선박의 항해를 위해서 필요한 재판상 또는 재판 외의 모든 행위를 할 수 있다(포괄 · 정형적)(제749조 제1항). 이 대리권에 대한 제한은 선의의 제 3 자에게 대항하지 못한다(제751조). 선장의 대리권은 특정 선박

의 특정 항해, 즉 선적항을 출발하여 그곳에 복귀할 때까지의 전항해에 필요한 행위에 한정된다. 재판상의 행위란 소송행위이며, 재판외의 행위란 다음과 같은 것이 있다.

(가) 운항행위 : 해원의 고용 · 해고 · 도선사의 사용 · 선박의 의장(艤裝) · 항해 필수품의 조달 · 선박의 수선 · 구원구조계약의 체결 등 운항에 필요한 행위이다.

(나) 운송행위 : 선장은 선적과 양륙을 지시하고 운송물을 선적하며, 운임을 지급받기 위하여 유치권을 행사하고, 운송물을 수하인에게 인도하며, 인도불능시에 운송물을 공탁하는 등 운송행위를 할 권한이 있다. 또한 위법 또는 위험한 운송물을 처분할 권한이 있다(제800조, 제801조).

(다) 영리행위 : 선장의 선적항 외에서의 운송계약을 체결하는 등 영리행위를 할 권한이 있는가에 관하여는 견해가 나뉜다. 부정설은 영리행위는 통상 육상에서 대리인을 통하여 이루어지는데다가, 본래 선장의 운송에 관한 권한은 항해에 관련된 것에 한정되기 때문에 이를 부정하여야 한다고 한다.[1] 그러나 다수설과 판례는 거래의 안전을 고려하고, 선장의 해상기업의 보조자라는 지위에서 볼 때 그 권한을 인정하는 것이 타당하다고 한다.[2]

◖ 대법원 1975. 12. 23. 75다83
선장의 대리권에는 개품운송계약체결권도 포함한다

☞ 상법 제749조 제1항 소정 선적항 외에서의 선장의 항해에 필요한 재판상 또는 재판외의 모든 행위를 할 권한 가운데에는 개품운송계약에 관한 권한도 포함되고 운송도중의 사고발생으로 인한 화물의 피해변상책임에 관한 특약도 운송계약내용의 일부라 할 것이다.

(2) 비상대리권

선장의 광범한 법정대리권은 선박소유자의 경제적 이익을 고려하여 다음과 같이 제한 또는 확장되기도 한다.

(가) 신용행위의 대리권은 제한된다. 즉, 선장은 선박수선료 · 해난구조료 기타 항해의 계속에 필요한 비용(예컨대, 양식이나 식료품의 구입비 · 예선료 · 도선료 등)을 지급하여야 할 경우 이외에는 ① 선박 또는 속구(屬具)를 담보에 제공하는 일, 차재하는 일, ② 적하의 전부나 일부를 처분하는 일은 하지 못한다(제744조 제1항). 적하의 처분이란 법률행위에 의한 처분행위(예컨대, 적하의 매각 · 입질)이든 사실상의 처분행

1) 최기원(하) 876면; 손주찬(하) 781면.
2) 채이식(Ⅳ) 261면; 서돈각 · 정완용 571면; 정찬형(하) 825면; 정동윤(하) 773면; 이기수(보 · 해) 363면.

위(예컨대, 적하인 석탄을 연료로, 양식을 식료로 사용하는 것)이든 불문하나, 이것은 선박소유자의 대리인으로서 처분하는 것이므로 [이것은 적하의 이해관계인을 위한 적하처분의무(제752조)와는 구별된다.], 선박소유자는 적하의 이해관계인에게 손해배상책임을 진다. 그 손해배상액은 정형화되어 적하가 도달할 시기의 양륙항의 가격에 의하여 정하되(제750조 제2항 본문), 그 배상액 중에서 수하인이 지급을 요하지 아니하는 비용(예컨대, 관세 · 양륙비용)은 공제하여야 한다(제750조 제2항 단서).

(나) 선박의 긴급매각권이 인정된다. 즉, 선적항 외에서 선박이 수선불능이 된 때에는 선장은 해무관청의 인가를 얻어 선박을 경매할 수 있다(제753조). 수선불능에 관하여 상법은 의제규정을 두고 있다. 즉, 사실상의 수선불능인 경우, 그것이 절대적 불능이라면 문제가 없으나, 상대적 불능이라면 의문이 생기므로, '선박이 그 현재지에서 수선을 받을 수 없으며, 또 그 수선을 할 수 있는 곳에 도달하기 불가능한 때'에는 수선불능으로 보고(제754조 제1항 제1호)(지리적 불능), 수선비가 선박의 가액 [항해중 훼손된 경우에는 발항시의 가액, 기타의 경우에는 훼손 전의 가액(제754조 제2항)]의 4분의 3을 초과하는 경제적 불능도 수선불능으로 보고 있다. 지리적 불능에는 사실상의 불능과 시간적 불능을 포함하며, 경제적 불능에는 수선에 관한 직접 · 간접의 비용과 회항비를 포함한다.

2. 기업대리인으로서의 의무

선장은 항해에 관한 중요사항을 지체없이 선박소유자에게 보고하여야 하고(보고의무)(제755조 제1항), 매 항해를 종료한 때에는 그 항해에 관한 계산서를 지체없이 선박소유자에게 제출하여 그 승인을 얻어야 한다(계산의무)(제755조 제2항). 또 선박소유자가 청구하면 언제든지 항해에 관한 사항과 계산의 보고를 하여야 한다(제755조 제3항).

Ⅳ. 선장의 항행조직상의 지위

1. 선박운항책임자로서의 직무권한의 특색

선박운항책임자로서의 선장은 선박 내의 질서유지와 안전확보를 위하여 강대한 권한을 행사할 뿐만 아니라 특수한 의무를 부담하도록 법정되어 있는 것이 특색인데, 주로 선원법에서 규정하고 있다. 이 권한은 선박소유자의 기업거래적 이익의 보호와는 관계없이 선박운명공동체의 안전이란 공동의 이익을 위하여 선장 자신의 합리적인 판단과 책임하에 행사된다.

2. 선원법상의 직무권한

선장은 선박이라는 고립된 생활공동체・위험공동체의 책임자이기 때문에 선박소유자에 대하여 가지는 ① 급식청구권(선원 제76조), ② 비용・수당지급청구권(선원 제62조・제77조), ③ 송환 또는 송환수당청구권(선원 제38조~제39조, 제41조~제42조) 및 ④ 강대한 선박권력(Schiffsgewalt)(선원 제6조・제23조~제25조, 사직 제7조)을 행사한다.[1] 뿐만 아니라, 특수한 의무로서, ① 해원감독의무(선원 제6조), ② 감항능력검사의무(선원 제7조), ③ 항해성취의무(선원 제8조), ④ 직접지휘의무(선원 제9조), ⑤ 재선의무(선원 제10조), ⑥ 선박위험시의 조치의무(선원 제11조), ⑦ 구조의무(선원 제12조~제13조), ⑧ 이상기상 등의 통보의무(선원 제14조), ⑨ 비상배치표의 게시 및 비상훈련실시의무(선원 제15조), ⑩ 사망시의 조치의무(사체의 수장 및 유류품 보관 등)(선원 제17조~제18조), ⑪ 재외국민의 송환의무(선원 제19조), ⑫ 선박서류비치의무(선원 제20조), ⑬ 항해에 관한 보고의무(선원 제21조), ⑭ 승무원명부의 공인신청의무(선원 제44조), ⑮ 항해중의 출생에 관한 기재・통지의무(가족관계의 등록 등에 관한 법률 제51조) 등이 있다.

3. 선장의 적하・수하물처분의무

1) 적하처분의무

(1) 의무의 내용

(가) 선장은 상술한 공법상의 의무 외에, 상법 제752조 제1항에 의하여 "항해 중에 적하를 처분하는 경우에는 이해관계인의 이익을 위하여 가장 적당한 방법으로 하여야 한다."는 적하처분의무를 부담하고 있다. 이것은 항해상의 위험이나 적하의 위험 [예컨대, 해난으로 인한 유하(濡荷), 항해의 지연으로 인한 적하의 부패・기타 전시 중 적하가 전시금제품이 된 경우 등] 등이 생겨서 임기응변의 조치를 요하는 경우에 그 적하의 매각 또는 양륙・보관 등의 처분을 할 수 있는 권한을 선장에게 인정한 것이

---

1) 선박권력(Schiffsgewalt)이란, ① 선박 및 선상의 적하 기타 모든 물건에 미치는 가택권적 지배권(선원 제11조), ② 해원・여객 기타 선박에 있는 사람에 대한 명령권(선원 제6조, 제23조 제3항・제24조 제1항・제25조), ③ 선박을 영토의 연장으로 하여 선장에게 부여된 일부 국권의 행사(사법경찰관리의 직무를 행할 자와 그 직무범위에 관한 법률 제7조) 등을 내용으로 한다.

다. 처분은 사실상의 처분이든 법률상의 처분이든 불문한다. 무엇이 '이익을 위하여 적당한 방법'인가는 사실문제이다.

(나) 선장이 적하처분을 한 결과 적하의 가격 이상의 채무를 적하이해관계인에게 부담시키는 것은 부당하므로, 그 이해관계인은 적하의 가액을 한도로 하여 채권자에게 책임을 진다(제752조 제2항 본문). 즉, 인적 유한책임을 인정한 것이다. 다만 선장의 그 처분이 적하이해관계인의 과실로 인하여 발생한 경우에는 적하이해관계인은 채권자에 대하여 책임제한을 주장하지 못한다(제752조 제2항 단서). 따라서 적하의 가액과는 상관없이 완전배상책임을 진다.

(2) 의무의 성격

선장의 적하처분은 해상위험에 대해서 보호하려는 소극적 의무가 있는 것(예컨대, 훼손의 염려가 있는 경우의 조치)이지 적극적으로 이해관계인의 이익을 도모하는 것(예컨대, 유리한 매각)은 아니다. 따라서 일반적으로 이것을 선장의 적하이해관계인을 위한 대리권으로 이해하고 있으나,[1] 이것은 "그 실질이 대립하는 거래적 이익의 조정이라는 기업법상의 요청에 의하는 것이 아니라는 것"[2]을 생각할 때 선박운항책임자로서의 선장의 의무라고 보는 것이 타당할 것이다.

2) 휴대수하물처분의무

(1) 의무의 내용

선장은 여객이 사망한 때에는 선내에 있는 유류품에 대하여 보관 기타 필요한 조치를 취하여야 하나(선원 제18조), 사망자의 휴대수하물은 그 상속인에게 가장 이익이 되는 방법으로 처분하여야 한다(제824조).

(2) 의무의 성질

사망한 여객의 휴대수하물처분의무도 선장이 선박운항책임자이기 때문에 특수한 의무로 볼 것이지, 여객의 대리인으로서 행사하는 법정대리권으로 볼 것은 아니다.

---

1) 서돈각 · 정완용(하) 572면; 정찬형(하) 826면. 손주찬 교수는 "선장의 이 적하처분권은 이해관계인의 법정대리인으로서의 권한인 동시에 의무이기도 하다."고 한다: 손주찬(하) 774면.

2) 石井照久, 해상법, 1964, 186면.

4. 선장의 공동해손 · 해난구조 · 위법적하물에 관한 권한

1) 선장의 공동해손처분권

선장은 선박과 적하의 공동위험을 면하기 위하여 선박 또는 적하에 대한 처분을 하고, 이 처분행위로 인하여 생긴 손해와 비용을 이해관계인에게 분담시킬 수 있다(제865조 · 제866조). 이러한 공동해손처분권을 선장에게 부여한 것은, 고립된 위험공동체인 선박의 운항책임자라는 지위로 보아 임기응변의 신속한 조치를 취함으로써 해상위험을 극복하도록 하기 위한 것이다.

2) 선장의 구조료지급에 관한 권한

선장은 해난구조가 있는 경우에는 구조료채무자를 대신하여 그 지급에 관한 재판상 또는 재판 외의 모든 행위를 할 권한이 있다(제894조 제1항). 선장이 선박의 운항책임자란 점에서 법정대리권을 인정하여 구조료채권자로 하여금 채무자(선박 및 적하의 소유자)를 상대로 따로따로 권리를 행사하게 하는 데서 오는 불편을 덜어준 것이다. 선장이 소송행위를 한 경우에, 그 확정판결의 효력은 구조료채무자에게도 미친다(제894조 제2항).

3) 선장의 위법적하물 · 위험물처분권

(1) 선장은 법령 또는 계약에 위반하여 선적한 운송물 또는 수하물을 언제든지 양륙할 수 있고, 그 운송물 또는 수하물이 선박이나 다른 운송물에 위해를 미칠 염려가 있는 때에는 언제든지 이를 포기할 수 있다(제800조 제1항 · 제826조 제2항). 선장은 위법적하물이라도 이를 운송하는 때에는 선적한 곳에서의 동종운송물의 최고운임의 지급을 청구할 수 있다(제800조 제2항). 이와 같은 운송물 · 수하물에 대한 처분권의 행사와 운임의 청구는 운송인, 그 밖의 이해관계인의 손해배상청구에 영향을 미치지 않는다(제800조 제3항).

(2) 또 인화성, 폭발성, 그 밖의 위험성이 있는 운송물 또는 위탁수하물은 운송인이 그 성질을 알고 선적한 경우에도 그 운송물이 다른 운송물에 위해를 미칠 위험이 있는 때에는 선장이 언제든지 이를 양륙, 파괴 또는 무해처분할 수 있다(제801조 제1항, 제826조 제2항). 이때 그 운송물에 발생한 손해에 대하여는 공동해손분담금을 제외하고 그 배상책임이 없다(제801조 제2항 · 제826조 제2항).

Ⅴ. 선장의 책임

1. 임무해태로 인한 책임

선장은 선박소유자에 대하여 위임관계에 있으므로 선량한 관리자의 주의로써 그 업무를 처리하여야 할 의무가 있고, 선장이 이 의무에 위반하여 선박소유자에게 손해를 가한 때에는 채무불이행으로 인한 손해배상책임을 져야 한다(민 제390조).

2. 해원의 감독책임

선장은 사용자인 선주에 갈음하여 사무를 감독하는 자이므로 피감독자인 해원이 직무집행 중 타인에게 가한 손해를 배상하여야 할 책임이 있다(민 제756조 제2항). 해원은 선장 자신이 고용한 경우이든(제749조 제2항), 선박소유자가 고용한 경우이든 불문한다.

3. 계속직무집행의 책임

선장은 항해 중에 해임되거나 임기가 만료되더라도 다른 선장이 그 업무를 처리할 수 있는 때, 또는 그 선박이 선적항에 도착할 때까지는 그 직무를 계속 집행할 책임이 있다(제747조).

4. 대선장의 선임책임

선장이 불가항력으로 인하여 그 직무를 집행할 수 없는 때에는 법령에 다른 규정이 있는 경우를 제외하고 자기의 책임하에 타인을 선정하여 선장의 직무를 집행하게 할 수 있다(제748조). 대선장은 민법상의 복대리인과 비슷하지만, 선장은 대선장의 선임에 관하여만 책임을 지는 점에서 다르다(민 제121조 제1항 참조).

제3절 선박공유

Ⅰ. 총 설

1. 선박공유제도

선박공유제도는 해운업이 과거 거대한 자본이 요구되고, 고도의 위험이 수반되던 모험사업이었던 때 널리 이용되던 제도이었으나, 오늘날에는 회사제도를 이용하면 마찬가지의 유한책임의 이익을 향수할 수 있고, 선박의 운항도 매우 안전하여졌으므로 이 제도가 잘 이용되지 않는 실정이다.

2. 선박공유자의 의의

선박공유자(Mitreeder)란 광의로는 선박을 공유하는 자를 말하고, 협의로는 공동의 해상기업활동을 목적으로 공유하는 선박을 항해에 사용하는 자(해상법상의 선박공유자)를 말한다. 전자에 대하여는 민법의 공유에 관한 규정(민 제262조 이하)을 따르면 되므로, 상법은 후자에 대하여만 특별한 규정을 두고 있다. 상법은 1척의 선박의 공유를 전제로 하므로 수인이 2척 이상의 선박을 공유하여 해상기업을 경영하는 경우에도 상법규정의 적용에 있어서는 각 선박마다 별개의 공유관계가 생기게 된다.

Ⅱ. 선박공유의 성질

선박공유는 조합관계를 수반하나, 민법의 조합제도와는 관계없이 발달한 것이며, 인적 요소가 경시되어 있으므로 조합이나 인적 회사보다는 물적 회사에 가깝다고 할 수 있다. 그와 같이 보는 이유는 선박공유가 ① 공유자의 탈퇴·제명의 불인정, ② 지분다수결에 의한 의사결정(제756조 제1항), ③ 지분가격에 비례한 비용 및 손익분담(제757조·제758조), ④ 지분양도의 자유(제759조), ⑤ 소수지분권자의 지분매수청구권 인정(제761조), ⑥ 선박관리인의 선임·등기(제764조) 등에서 물적 회사의 경우와 유사하기 때문이다.

Ⅲ. 선박공유의 법률관계

1. 선박공유의 내부관계

선박공유는 일종의 조합이므로 그 내부관계에 관한 상법의 규정은 원칙적으로 임의규정이다. 따라서 선박공유의 내부관계에 관하여 먼저 정관이 적용되고, 다음으로 상법이 적용되며, 상법에 규정이 없으면 민법의 조합에 관한 규정이 적용된다.

1) 업무집행

(1) 공유선박의 이용에 관한 사항은 공유자의 지분의 가격에 따라 그 과반수로 결정한다(제756조 제1항). 이것은 선박의 이용, 즉 선박을 상행위 기타의 영리목적으로 항해에 사용하는 것에 한하며, 선박공유에 관한 계약을 변경하는 사항(목적변경 · 양도 등)은 공유자의 전원일치로 결정한다(제756조 제2항).

(2) 선박공유는 일종의 기업조직이므로 그 업무집행기관으로서 선박관리인을 선임하여야 하는데(제764조), 선박관리인은 특별한 내부적인 제한이 없으면(제766조), 선박의 이용에 관한 재판상 또는 재판외의 모든 행위를 할 권한이 있다(제765조 제1항).

2) 비용분담 · 손익분배

선박공유자는 그 지분의 가격에 따라 선박의 이용에 관한 비용을 분담하고(제757조), 매 항해의 종료 후에 그 손익을 분배한다(제758조).

3) 소수지분권자의 지분매수청구

(1) 신항해의 개시 또는 선박의 대수선을 결의한 경우 이의가 있는 소수지분권자는 일정한 기간 내에 다른 공유자에 대하여 상당한 가액으로 자기의 지분을 매수할 것을 청구할 수 있다(제761조 제1항). 지분매수의 청구를 하고자 하는 자 중 결의에 참가한 공유자는 그 결의가 있은 날로부터 3일 내에, 또 결의에 참가하지 아니한 공유자는 그 결의의 통지를 받은 날로부터 3일 내에, 다른 공유자 또는 선박관리인에 대하여 그 통지를 발송하여야 한다(제761조 제2항). 이 지분매수청구권은 상대방의 승낙의 여부를 불문하고 당연히 상당한 가액으로 그 지분을 매수할 의무를 부담시키는 것이므로, 그 성질은 형성권의 일종이다.

(2) 또 선박공유자인 선장이 그 의사에 반하여 해임된 때에도 다른 공유자에 대

하여 상당한 가액으로 그 지분을 매수할 것을 청구할 수 있다(제762조 제1항). 이 경우에는 지체없이 다른 공유자 또는 선박관리인에게 통지를 발송하여야 한다(제762조 제2항).

4) 지분의 양도와 잔류공유자의 지분매수청구

지분의 양도는 선박관리인의 경우를 제외하고는 자유로이 할 수 있다(제759조). 또 선박공유자의 지분이전 또는 국적상실로 인하여 선박이 대한민국의 국적을 상실하게 될 때에는 다른 공유자는 상당한 대가로 그 지분을 매수청구하거나 그 경매를 법원에 청구할 수 있다(제760조).

2. 선박공유의 외부관계

1) 선박공유자의 책임

선박공유자는 선박의 이용에 관하여 생긴 채무에 대하여는 그 지분의 가격에 따라 변제책임을 진다(지분책임주의)(제757조, 민법 제712조는 균일분담주의이다).[1] 선박공유자도 선박소유자의 책임제한에 관한 규정(제769조 이하)에 따라 유한책임을 질 수 있다. 이와 같이 상법이 선박공유자에게 연대책임(제57조 제1항)을 지우는 등 책임을 엄격하게 묻지 아니하고 주주유한책임의 경우(제331조)와 마찬가지로 소유지분에 따른 지분책임주의를 취한 것은 해상기업의 특수성을 고려하여 선박공유자의 책임을 경감함으로써 해상기업을 보호·육성하기 위한 것이다.

2) 선박관리인

(1) 선임·해임

선박공유자는 지분의 가격의 과반수에 의하여 선박관리인(ship's husband, managing owner, Korrespondentreeder)을 선임할 수 있으나, 공유자 아닌 자를 선박관리인으로 선임하는 경우에는 공유자 전원의 동의가 있어야 한다(제764조 제1항). 선박관리인은 선박이용에 관한 대리인으로서, 국가의 감독권 행사를 용이하게 하고 거래의 편의를 위하여 인정된 것이다. 선박관리인의 해임에 관하여는 규정이 없으나 역시 지분의 가격의 과반수에 의한다. 공유자 아닌 선박관리인의 경우에도 같다. 선박관리인의 선임과 대리권의 소멸은 등기하여야 한다(제764조 제2항).

---

1) 이 지분책임주의에 대하여 외부에서 선박공유자의 지분비율을 알 수 없다는 점을 이유로 상법의 일반원칙인 연대책임주의로 새기는 것이 타당하다는 비판이 있다: 채이식(하) 690면.

(2) 법적 지위

(가) 선박관리인은 법정권한을 가지는 임의대리인이다. 따라서 선박이용에 관한 재판상 또는 재판외의 모든 행위를 할 권한이 있으며(정형화)(제765조 제1항), 그 대리권에 대한 제한은 선의의 제3자에 대항하지 못한다(제765조 제2항). 다만 선박관리인이라도 ① 선박을 양도 · 임대 또는 담보에 제공하는 일, ② 신항해를 개시하는 일, ③ 선박을 보험에 붙이는 일, ④ 선박을 대수선하는 일, ⑤ 차재하는 일은 선박공유자의 서면위임이 없으면 하지 못한다(제766조).

(나) 선박관리인은 선박공유자를 위하여 선박의 이용에 관한 업무를 집행하는 대리인이므로 위임에 관한 민법의 규정이 적용되는 한편, 업무집행에 관한 장부의 비치 · 기재의무(제767조)와, 매 항해의 경과상황과 계산에 관한 서면보고의무(제768조)를 부담한다.

3. 선박공유의 해산 · 청산

선박공유자는 선박의 침몰 · 멸실 · 양도 또는 이용의 폐지 등 독특한 사유로써 해산하나, 상법에는 선박공유의 해산과 청산에 관한 규정이 없으므로 민법의 조합에 관한 규정(민 제719조 이하)에 따라 청산을 한다.

제 4 절 선박소유자 등의 책임제한

Ⅰ. 총 설

1. 해상기업주체로서의 선박소유자

해상기업의 주체에 관하여 해상법은 해상운송인을 중심으로 규정하고 있으나, 이밖에 선박소유자, 선박공유자, 선박임차인 및 정기용선자가 있다. 선박소유자와 선박공유자는 자기 소유의 선박을 이용하여 기업활동을 하는 자선의장자이며, 선박임차인과 정기용선자는 타인의 선박을 이용하여 자기 명의로 기업활동을 하는 타선의장자이다.

2. 선박소유자의 의의

선박소유자란 광의로는 선박의 소유권자를 말하고, 협의로는 자기가 소유하는 선박을 해상기업활동의 목적으로 항해에 사용하는 자(상법상의 선박소유자), 즉 선박의 장자를 말한다.

Ⅱ. 해상기업의 책임제한제도

1. 서 설

해상기업의 주체 또는 그 보조자는 기업활동과 관련하여 다양한 원인으로 제3자에게 손해를 가하게 되는데, 이 경우 해상기업의 주체와 그 보조자, 즉 선박소유자 등이 일정한 손해에 관한 채권에 대해서는 일정한 한도로 그 책임을 제한할 수 있다. 이를 선박소유자의 책임제한 또는 유한책임이라고 한다. 선박소유자의 책임제한제도는 배상책임액을 포괄적으로 일정한 범위로 제한한다는 점에서 이를 총체적 책임제한제도(global limitation of liability)라고 한다. 해상법상 책임제한제도로는 이 외에도 해상물건운송인의 책임(제797조), 적하이해관계인의 책임(제752조 제2항), 공동해손분담의무자의 책임(제868조), 해난구조료 채무자의 책임(제884조 제1항) 등과 같이 해상기업관계자와 그 상대방과의 개별적인 채권·채무를 제한하는 책임제한제도도 있으니, 이를 개별적 책임제한제도라고 한다. 개별적 책임제한제도는 개별적인 운송계약에서 운송물의 단위 또는 포장을 기준으로 운송인의 책임을 일정액으로 제한하는 제도이다. 선박소유자의 책임제한제도는 세계각국이 오래 전부터 이를 인정하고 있다. 다만 그 제한방법과 범위에는 다소 차이가 있었으나 오늘날에는 거의 통일되어 가고 있다.

2. 책임제한의 근거

선박소유자의 유한책임제도는 중세 지중해 연안에서 발생한 기업형태인 콤멘다(commenda)계약, 선박공유의 유한책임 또는 게르만법의 가해물책임부담의 사상에서 유래한 것으로 이해되고 있다. 그러나 현대에도 거의 모든 나라의 해상법이 이 제도를 채택하고 있는데, 책임을 제한하는 이론적 근거에 관하여는 여러 가지로 설명하고 있다. 즉, ① 선박은 독립된 유기체이기 때문에 선박의 운항과 관련하여 발생하는 채권에 대하여는 선박이 책임을 져야 하고 그 결과 법적인 책임주체인 선박소유자도 선박을 한도로 책임을 져야 한다는 견해(선박유기체설)가 있다. 이 학설은 선박자체를 하나의 유기체 내지 인격체(법인)로 본 낡은 이론의 잔재로서, 교통·통신이 발달한 현대에는 부적절한 이론이고, 선박이라고 하여 다른 운송용구와 구별할 분명한 이유도 없다. ② 선장의 대리권의 광범성과 선원 감독의 곤란성을 이유로 선박소유자에게 무한책임을 지우는 것이 너무 가혹하다 하여 부당하다는 견해가 있다. 그러나 현대의 통신기관의 발달, 금융기관의 완비, 지점·대리점제도의 보급으로 선장의 지휘·감독이 쉬워지고, 사실상 선장의 권한도 축소된 오늘날에 있어서는 그 타당성을 찾을 수 없다. ③ 해상기업의 위험성을 들기도 하나, 이 논거 역시 현대의 대기업에 있어서는 공통된 것이고, 책임보험제도의 활용으로 책임의 전가도 가능하며, 선박으로 주식회사 또는 유한회사를 설립하면 책임제한의 효과를 거둘 수 있을 뿐만 아니라 운송계약상 면책약관이 관용되고 있다는 점에서 타당성이 없다. ④ 따라서 어느 나라이든지 오래 전부터 선박소유자의 책임을 제한하여 왔다는 연혁적인 사실을 배경으로 하여, 오늘날에 있어서도 여전히 해상기업을 정책적으로 보호하고 육성할 필요가 있다는 점에서 그 근거를 찾아야 할 것이다(정책설).

선주유한책임제도의 연혁

1) 해상법에서 역사가 깊은 선박소유자의 책임제한제도는 로마법시대에도 있었다고 하지만 오늘날의 제도와 역사적 관련성이 있는지는 의문이고, 통설은 중세의 콤멘다계약을 그 기원으로 보고 있다. 당시의 조합적 기업형태 하에서 선박소유자는 조합재산인 해산의 범위 내에서 책임을 부담하였다. 이 형태는 근세 라틴계해법까지 이어졌다. 18세기에 들어와 라틴계 해법은 1681년 해사조례의 영향을 받아 선박소유자의 책임에 관하여 무한책임과 더불어 위부주의를 인정하였고, 게르만계해법에서는 가해물책임사상의 영향을 받아 물적 유한책임으로서 집행주의가 채택되었다.

2) 영국에서는 일찍이 보통법상의 무한책임의 원칙이 확립되었으나, 자국의 해운업을 발전시키기 위하여 1764년 보통법상의 무한책임의 원칙을 변경하여 선박소유자의 책임을 선박의 가액과 운임에 한정하였다. 그 후 1858년 상선법에서 영국에 특유한 금액주의를 확립하였다. 미국은 1851년에 선가책임주의와 위부주의를 병용하는 책임제한법을 제정하였다.

3) 20세기에 들어오면서 선박소유자의 책임제한제도를 국제적으로 통일시키려는 노력이 본격화되어 1924년에 선박소유자의 책임제한에 관한 조약이 성립되었다. 그러나 이 조약은 선가책임주의와 금액책임주의를 병용한 것으로 그 복잡성 때문에 다수의 국가가 이를 채택하지 아니하였으므로 조약으로서는 성공적인 것이 못되었다. 1957년 금액책임주의에 입각한 새로운 책임제한조약이 성립하였다. 세계 각국은 양조약을 수용하거나 부분적으로 채택하여 책임제한제도에 관한 국내법을 마련하였다. 1976년 해사채권

책임제한조약의 성립으로 세계 주요 해운국이 이 조약을 받아들이고 있다. 우리나라도 1991년 상법 개정시에 이 조약을 대폭 수용하였다.

3. 책임제한의 방법(입법주의)과 그 비판

1) 서 설

선박소유자의 책임제한에 관하여는 세계 주요 해운국이 1976년의 해사채권책임제한조약을 채택하거나 이를 국내법화하여 사용하고 있으므로 종래의 입법주의는 연혁적인 의미밖에 없다.

2) 위부주의(불법주의 : Abandonsystem)

(1) 선박소유자는 원칙으로 인적 무한책임을 부담하나, 채권자에 대하여 해산(그 항해종말에 있어서의 선박 · 운임 · 손해배상청구권 · 보수청구권 등 선주의 해상의 영업재산)(Seevermögen)을 위부하여 책임을 면할 수 있다(일종의 임의채무). 여기서 위부라 함은 선박소유자의 일방적 의사표시에 의한 소유권의 이전을 의미한다. 선박소유자의 책임을 매 항해의 종말에 있어서의 해산에 한정하므로 항해주의라고도 한다.

(2) 위부주의는 결과적으로 선박소유자에게 인적 무한책임과 물적 유한책임 중에서 선택권을 갖도록 한 것이다. 프랑스법계(개정전 불상 제216조 제2항), 일본상법(개정전 일상 제690조) 및 우리나라의 의용상법(의상 제690조)이 이에 속한다.

(3) 그러나 위부주의는 ① 위부재산의 가액이 채권액을 초과하는 경우에도 그 초과액을 반환받을 수 없으므로 채권총액과 책임재산액을 조사해야 하는 불편이 있으며, 선박소유자가 위부권의 행사를 신중히 함으로써 채권자의 구제가 지연될 수 있고, ② 해산이 영 또는 부채로 남는 경우에는 선박소유자가 전혀 책임을 지지 않는 결과가 되고, ③ 위부의 효력이 유효한가 아니한가에 관하여 분쟁이 일어나기 쉬우며, ④ 선박소유자가 채권자의 동의없이 다시 항해를 한 때에는 위부권을 상실하므로 위부권의 상실을 꺼려 선박을 오랫동안 놀리는 폐단이 있다. 따라서 위부주의는 집행주의와 더불어 과거의 조합적 기업 내지 한 항해를 모험적 기업으로 본 시대에는 적합하였으나 오늘날에는 불합리한 제도이다. 그리하여 프랑스는 1967년의 "선박 및 해상건조물의 지위에 관한 법률" 및 동년의 데크레(décret)에 의하여 1957년 브뤼셀 외교회의에서 성립한 "선박소유자의 책임제한에 관한 통일협약"에 의거한 금액책임주의를 입법화하였고, 일본도 1975년 "선박소유자 등의 책임의 제한에 관한 법률"을 제정하여 1957년조약에 따른 금액책임주의를 취함과 동시에 상법을 개정하여

위부주의를 폐지한 후 다시 1976년의 통일조약에 따른 개정을 하였다. 그러나 멕시코를 비롯한 남미의 많은 국가가 아직도 위부주의를 유지하고 있는 것으로 알려져 있다.

3) 집행주의(독법주의 : Exekutionssystem)

(1) 집행주의 아래서는 선박소유자는 원칙적으로 무한책임을 지지만, 선박소유자의 책임은 특별한 의사표시 없이 '당연히' 해산에 한정되고(물적 유한책임), 채권자는 당해 해산에 대해서만 강제집행을 할 수 있다(위부주의는 위부권행사로 해산의 소유권이 채권자에게 이전되지만, 집행주의는 위부행위와 소유권의 이전은 없어도 처음부터 당연히 채권자가 해산을 경매할 권리만을 취득한다.). 그 결과는 자연히 항해주의로 된다. 독일(개정전 독상 제486조) 및 스칸디나비아 여러 나라가 취한 입법주의이다.

(2) 집행주의는 책임이 해산에 제한되기는 하지만 선박소유자가 여전히 선박을 사용할 수 있다는 점에서 편리하다. 그러나 ① 선박소유자가 집행의 대상인 선박의 관리를 소홀히 하거나 방치함으로써 선박의 가액이 감소할 가능성이 크고, 채권발생 후의 해산의 위험을 채권자가 부담하여야 하는 점에서 채권자에게 가혹하며, ② 해산이 적을 때에는 (위부주의와 같이) 채권자에게 지나치게 불리하고, ③ 강제집행의 절차가 번잡하여 실용적 가치가 적으므로 독일에서도 잘 이용되지 않았다고 한다. 그리하여 독일은 1972년에 상법을 개정하고 해사배당절차법을 제정하여 1957년조약을 국내법화함으로써 금액책임주의를 취하였으며, 1986년에는 다시 1976년의 통일조약에 따른 개정을 하였다. 다만 내수선에 대하여는 집행주의에 의한다.

4) 선가책임주의(개정전의 미국법주의 : Werthaftungssystem)

(1) 선가책임주의 아래서는 선박소유자도 원칙으로 항해말에 있어서의 선박의 가액 및 그 선박에 의하여 생긴 채권액, 즉 해산의 가액을 한도로 하는 인적 유한책임을 진다. 따라서 항해주의이다. 이 입법주의 하에서는 해산은 책임한도액을 정하는 기준이 될 뿐, 위부주의나 집행주의처럼 선박 자체가 책임제한과 직접적인 관련이 있는 것은 아니다.

(2) 종래 미국법은 선박소유자의 책임을 해산에 제한하면서도 예외적으로 선가에 의한 책임을 면하고자 하는 때에는 해산을 위부할 수 있도록 하였다(선가책임주의와 위부주의의 병용). 그런데 1935년에 인명 사상(死傷)의 경우에는 위부주의의 선택권을 폐지하고 금액책임주의에 따르도록 함으로써 1924년의 조약에 접근하는 결과가 되

었다. 그럼에도 미국법은 여전히 위부주의와 선가책임주의 및 금액책임주의가 혼용된 입법이라고 할 수 있다.

(3) 선가책임주의는 ① 선가에 관하여 분쟁이 생기기 쉽고, 선가의 급격한 하락으로 채권자의 이익이 침해될 소지가 크다는 결함이 있고, ② 개정 전의 미국법에서는 위부권을 행사할 수 있으므로 위부주의의 결함이 남게 된다. 그러나 ① 인적 유한책임을 지므로 채권자에게 유리하고, ② 선박소유자는 선가를 공탁하고 자유로이 선박을 이용할 수 있다는 장점이 있다.

항해주의와 사고주의

선박소유자가 책임을 제한할 수 있는 채권의 범위에 관한 기준을 설명하는 방법으로 항해주의와 사고주의가 있다.

1) 위에서 본 위부주의, 집행주의, 선가책임주의는 모두 항해를 표준으로 하는 것으로서 항해주의라고 할 수 있다. 항해주의란 선박소유자의 책임을 항해 종료시의 해산 또는 그 가액으로 제한함으로써 책임제한절차가 하나의 항해를 기준으로 하여 이루어지는 입법주의를 말한다. 이 방식은 항해의 시작과 끝을 결정하기가 어렵고 또 선적항이나 양륙항이 다른 여러 화물이 혼적되어 있는 경우에는 그 책임한도액을 산정하기가 곤란하다는 비판이 있다.

2) 이에 대하여 금액채권주의는 사고주의이다. 사고주의란 사고시마다 책임한도액을 정하여 동일한 사고 또는 원인으로 인하여 발생하는 모든 가액에 대하여 그 책임한도액으로 선박소유자가 책임을 제한하는 입법주의이다. 이 방식은 사고 또는 원인의 개념을 확정하기가 어렵고, 사고가 누적될수록 책임한도액도 커져서 책임제한을 인정한 취지를 살리지 못한다는 비판이 있다.

5) 금액책임주의(영국법주의 : Summenhaftungssystem)

(1) 금액책임주의는 선박소유자의 책임액을 사고마다 정하고(사고주의), 손해는 물적 손해와 인적 손해로 구별하여 당해 선박의 적량톤수에 따라 산출된 일정한 금액(책임최고한도액)의 범위 내로 책임을 한정한다. 금액책임주의는 선박 자체와는 무관하게 선박소유자의 인적 책임을 일정 한도로 제한하고 있다는 점에서 선가책임주의와 마찬가지로 인적 유한책임제도라고 할 수 있다.

(2) 금액책임주의의 단점으로는 ① 사고주의를 취하므로 사고가 생길 때마다 계산하게 되어 선박기업경영상 계산의 기초가 확실하지 못할 뿐만 아니라, ② 항해 중 여러 번 사고가 발생하면 책임제한의 보람이 없는 결과가 될 수도 있다는 점이다.

(3) 그러나 위의 세 입법주의에 의하면 선박의 상태, 성능, 가액 등에 따라서 책임한도액이 다르지만 금액책임주의에 의하면 ① 선박의 톤수에 따라서만 책임한도액이 정해지기 때문에 항상 책임한도액이 일정하여 선가결정에 분쟁이 없어 책임의

범위가 명백하고, ② 해산의 멸실로 선주의 책임이 영(零)이 되는 일이 없으며(채권자와 선주간의 이익의 조화), ③ 금액책임주의는 선가책임주의보다도 우수선의 소유자에게 유리하므로 책임의 경감을 위하여 의식적으로 사용하는 '악선'(惡船)을 구축할 수 있다는 장점이 있어 합리적이라 할 수 있다. 1924년의 네덜란드 상법과 1957년조약이 이 주의를 채택하였다. 따라서 1957년조약을 국내법화한 영국의 1958년 개정상선법, 프랑스의 1967년법, 독일의 1972년법 및 일본의 1975년법 등이 모두 이 입법주의를 채택하고 있다. 1976년 책임제한조약은 책임한도금액단위를 종래 포앙카레프랑에서 국제통화기금(IMF)의 특별인출권(SDR)에 의하여 산정하도록 하고, 1957년조약의 미비점을 개선・보완하였다.

6) 선택주의

(1) 선박소유자의 책임을 원칙적으로 무한책임으로 하되, 위부주의・선가책임주의 또는 금액책임주의(당해 선박의 적량 매 톤당 200프랑의 비율로 산정한 액)를 병행하여 선박소유자에게 그 선택권을 준다. 그러나 어느 경우이든 전부 항해주의이다.

(2) 1907년의 만국해법회의(베니스) 결의안에 따라 벨기에 해상법과 그리스법이 이 주의를 채용하였다. 선택주의는 위부주의・선가책임주의 또는 금액책임주의를 병용하여 절충할 수 있는 장점이 있으나, 특히 위부주의를 선택할 수 있다는 점에서 위부주의의 결함이 그대로 남게 된다.

7) 통일조약주의

(1) **병용주의**(1924년 조약)

1924년 브뤼셀외교회의에서 성립한 "선박소유자의 책임제한에 관한 통일협약"이 채택한 주의로서 선가책임주의를 원칙으로 하고, 금액책임주의를 병용한 것이다. 즉, 선박소유자의 물적 손해에 대한 배상책임은 해산을 한도로 하고(선가책임), 구조료・공동해손 등을 제외한 다른 채권에 관해서는 선박의 적량(積量) 매 톤당 영국돈 8파운드의 비율로 산출한 금액으로 제한한다(금액책임의 가미)(동조약 제1조). 1928년의 벨기에 개정해상법, 1935년의 미국 개정법이 이 주의에 따라 국내법화하였고, 1939년의 이탈리아 선주유한책임법도 대체로 이에 따르고 있으며, 1936년에는 프랑스도 이를 비준하였다. 우리나라의 1961년 구상법도 이 조약의 입장을 수용한 것이었다.

(2) **금액책임주의**(1957년 조약)

1957년 브뤼셀외교회의에서 성립한 선주유한책임통일협약이 채택한 주의로서, 선박소유자의 책임액을 사고마다 정하고(사고주의), 그 책임액을 당해 선박의 적량톤수(300톤 미만의 선박은 300톤으로 간주된다.)에 따라서 산출한 일정한 금액(책임최고한도액)으로 제한하는 금액책임주의이다. 즉, 법정사고가 물적 손해만을 발생시킨 경우에는 매 톤당 1,000프랑(여기서 프랑이란 이른바 포앙카레 프랑(Poincaré franc)을 말하는 것으로서, 1포앙카레 프랑은 순도 1000분의 900의 금 65.5mg을 말한다.)의 비율로 산출한 금액, 또 인적 손해만을 발생시킨 경우에는 매 톤당 3,100프랑의 비율로 산출한 금액으로 책임을 제한한다. 그러나 동일사고에 의하여 인적 손해와 물적 손해가 동시에 발생한 경우에는 선박 매 톤당 3,100프랑의 비율로 산출한 책임기금으로 책임액을 한정하되, 인적 손해에 대하여는 매 톤당 2,100프랑의 비율로 산출한 금액을 우선적으로 배정하고, 물적 손해에 대하여는 매 톤당 1,000프랑의 비율로 산출한 금액을 배정하며, 만약 인적 손해에 대한 채권을 완전히 변제받지 못한 경우에는 그 부족액의 채권은 물적 손해에 대한 채권과 경합하여 물적 손해에 대한 책임기금액에서 변제받게 된다(동협약 제3조 제1항 a · b · c).

이 조약의 다른 특징은 선주책임제한의 절차로서 제한기금의 형성 및 분배에 관한 규정을 두었다는 점이다.

전술한 바와 같이 영국의 1958년의 개정상선법, 프랑스의 1967년법, 독일의 1972년법 및 일본의 1975년 및 1982년법 등이 이를 채택하고 있다.

(3) 1976년 해사채권책임제한협약

(가) 이 조약은 1976년 11월 런던에서의 전권외교회의에서 정부간해사협의기구(IMCO)의 주관 아래 성립한 조약으로서 1957년조약을 개정하기 위한 것이다. 그 내용은 ① 각국의 물가상승으로 책임한도액을 인상한다는 것, ② 책임한도액의 기준이 되는 화폐단위로서 이미 폐화된 포앙카레 프랑 대신에 가치의 변동이 적은 국제통화기금(IMF)의 특별인출권(SDR)을 도입하며, ③ 구조선을 떠나서 구조작업에 종사하는 해난구조자에게도 책임제한을 인정하는 것 등이다.

(나) 이 조약은 1986년 12월 1일에 국제조약으로서 발효하였는데, 세계의 주요 해운국은 이 조약을 채택하였다. 영국은 1979년 이 조약을 수용하여 1986. 12. 1.부터 시행하고 있고, 일본도 1982년에 선주책임제한법을 개정, 1984. 5. 20.부터 시행하고 있으며, 독일도 1986년의 제2 해상법개정법률에서 이 조약을 채택하였다. 우리나라는 이 조약을 비준하지 않았으나 1991년의 개정 상법에서는 동조약의 내용을 수용하였다.

(4) 해사채권책임제한협약의 1996년 의정서

1982년 정부간해사협의기구(IMCO)에서 이름을 바꾼 국제해사기구(IMO: International Maritime Organization)는 1976년 해사채권책임제한협약의 책임한도액을 현실에 맞게 증액할 목적으로 개정을 추진하였고, 그 결과 개정 의정서가 1996년 5월 3일 채택되어 2004년 5월 13일에 발효되었다. 주요내용을 살펴보면 다음과 같다.

(가) 책임한도액: 여객의 사망 또는 신체상해로 인한 손해는 선박검사증서에 기재된 여객정원에 17만5천 SDR을 곱한 금액을 한도로 하면서 배상액의 상한에 관한 제한을 철폐하였다(1976년 협약은 2천5백만 SDR을 초과할 수 없도록 규정). 여객 이외 사람의 사망 또는 신체상해로 인한 손해는 2천톤 이하의 선박의 경우에는 2백만 SDR에 상당하는 금액, 2천톤 초과 3만톤 이하는 매 톤당 800SDR을, 3만톤 초과 7만톤 이하는 매 톤당 600SDR을, 7만톤 초과는 매 톤당 400SDR을 각 곱하여 얻은 금액을 순차로 가산한 금액을 한도로 한다. 그 밖의 손해(예컨대 화물멸실에 따른 재산상 손해)에 대해서는 2천톤 이하의 선박의 경우에는 1백만 SDR에 상당하는 금액, 2천톤 초과 3만톤 이하는 매 톤당 400SDR을, 3만톤 초과 7만톤 이하는 매 톤당 300SDR을, 7만톤 초과는 매 톤당 200SDR을 각 곱하여 얻은 금액을 순차로 가산한 금액을 한도로 한다(의정서 제3조 및 제4조).

(나) 향후 협약상 책임한도액의 증액과 관련하여, 회원국 과반수의 출석과 출석 회원국 2/3의 찬성으로 총회에서 승인된 증액안은 회원국에 통지된 날로부터 18개월이 지나면 각 회원국이 채택한 것으로 의제된다(이른바 "tacit acceptance"). 다만, 동 기간 중 회원국 1/4이 증액안에 대한 이의를 제기한 경우에는 그러하지 아니하다(의정서 제8조 제7항).

(다) 1996년 위험물과 독극물의 운송에 관한 손해배상책임에 관한 국제협약(International Convention on Liability and Compensation for Damage in Connection with the Carriage of Hazardous and Noxious Substances by Sea, 1996)과 같이 손해배상청구권을 다루는 다른 국제협약이 적용되는 경우에는 1996년 개정의정서의 적용을 배제할 수 있도록 하였다(의정서 제7조).

2015년 7월 현재 동 의정서는 영국, 프랑스, 독일, 일본, 네덜란드 등 52개국이 가입하거나 비준하고 있다.

(5) 해사채권책임제한협약의 1996년 의정서의 개정

위의 1996년 의정서에 의한 책임한도액을 다시 증액하였다. 이 개정 의정서는 2012년 4월 19일 채택되어 2015년 6월 8일에 발효되었다. 증액된 책임한도액은 여객

이외의 자의 사망이나 신체상해로 인한 손해는 선박의 톤수를 기준으로 2천톤 이하의 경우에는 302만 SDR에 상당하는 금액, 2천톤 초과 3만톤 이하는 매 톤당 1,208 SDR을, 3만톤 초과 7만톤 이하는 매 톤당 906 SDR을, 7만톤 초과는 매 톤당 604 SDR을 각 곱하여 얻은 금액을 순차로 가산한 금액을 한도로 책임이 제한된다. 한편, 재산상 손해에 대해서는 2천톤 이하의 선박의 경우에는 151만 SDR에 상당하는 금액, 2천톤 초과 3만톤 이하는 매 톤당 604 SDR을, 3만톤 초과 7만톤 이하는 매 톤당 453 SDR을, 7만톤 초과는 매 톤당 302 SDR을 각 곱하여 얻은 금액을 순차로 가산한 금액이 책임한도액이 된다.

(6) 원자력선운항자와 해수 유탁(油濁)에 관한 선주책임제한

원자력을 이용한 선박에 의한 방사능 누출사고와 대형유조선에 의한 유류오염사고(oil pollution)의 경우에는 그 피해가 엄청나게 큰 것이 일반적이므로 그 선박의 운항자의 책임을 가중시킬 필요가 있다. 그리하여 1962년 브뤼셀의 해사법외교회의에서 "원자력선운항자의 책임에 관한 협약"이 성립되었는데, 이 협약은 운항자의 책임을 1사고당 15억 포앙카레 프랑으로 제한하였다. 또한 1969년에는 정부간해사협의기구(IMCO)의 주관 아래 브뤼셀에서 "유류오염손해에 대한 민사책임에 관한 국제조약"이 성립되었다. 이 협약은 유조선주의 책임을 엄격하게 정하고, 책임한도액은 톤당 2,000 포앙카레 프랑으로 하되 최고한도액은 2억 1,000만 포앙카레 프랑을 한도로 하면서, 책임보험의 가입을 강제하였다.

4. 상법상의 금액책임주의

우리나라는 위에서 말한 조약 그 자체를 국회의 비준·동의를 얻어 국내법으로 공포하는 방식을 쓰지 아니하고 조약의 내용을 상법전에 수용하는 방법을 쓰고 있다. 1991년 12월 31일 개정 전의 우리 상법은 의용상법의 위부주의(의상 제890조)를 버리고, 1924년 통일조약에 따라 선가책임주의와 금액책임주의를 병용하는 입법주의를 채택하였다. 그 이유는 금액책임주의는 이를 국내법화한 나라가 얼마 되지 않아(모로코 비준, 영국은 1958년 개정 상선법으로 국내법화) 우리나라만 앞질러 이를 국내법화한다는 것이 법률기술상 어려울 뿐 아니라 시기적으로도 너무 빠른 느낌이 있는 까닭이다. 다만 금액책임주의에 관한 규정에서 그 금액과 책임원인을 정함에 있어서 1957년 통일조약의 내용을 참작하였었다. 그러나 구상법의 선가주의하에서는 선박의 가격을 평가하기가 쉽지 아니하였고, 금액책임주의를 병용한다고 하나, 이에

따른 책임한도액도 지나치게 소액이라는 등의 비판을 받아 왔다. 개정법에서는 순서대로 한다면 먼저 1957년 조약에 따라 규정하여야 할 것이나, 국제적 추세에 따라 1957년 조약을 뛰어 넘어 이미 1986년부터 발효되고 있는 1976년 조약을 수용하였다. 다만 파손선박 및 적하제거의무 등은 책임제한채권에서 제외하는 등 약간의 수정을 가하였다. 그리고 원자력운항자의 책임에 관한 조약에는 가입하지 않았고, 국내법으로 수용하고 있지도 아니하다.

Ⅲ. 책임제한의 주체

1. 선박소유자 등

책임제한을 주장할 수 있는 자는 ① 선박소유자(제769조), ② 선체용선자, 용선자, 선박관리인, 선박운항자(제850조, 제774조 제1항 제1호), ③ 위 ①과 ②에 규정된 자가 법인(합명 · 합자회사)인 때 그 무한책임사원(제774조 제1항 제2호), ④ 자기의 행위로 인하여 위 ①과 ②에 규정된 자가 책임을 지는 경우에 그 행위자인 선장, 해원, 도선사 및 ①과 ②에 규정된 자의 사용인 또는 대리인(제774조 제1항 제3호) 등이다.

항해과실 면책과 선주책임제한은 당사자가 합의로 배제할 수 있다.[1)]

1) 선박소유자 등

선박소유자란 소유선박을 해상기업에 이용하는 자선의장자만을 의미한다. 용선자는 해상기업의 주체로서의 정기용선자와 해상기업의 주체는 아니나 재운송계약의 운송용선자(기간용선자 및 항해용선자) 등 자기명의로 재운송 등을 하는 자를 포함한다. 선박관리자는 해상기업의 주체는 아니지만 감독자로서 손해배상책임을 제한받을 필요가 있다. 그리고 선박운항자는 해상기업주체로서 선박임차인, 사용대차 · 사무관리 등에 의하여 타인선박의 점유를 취득하여 운항하는 선박운항의 수탁자 및 어선운항자 등을 포함한다. 다른 선박에 의하여 끌리거나 밀려서 항행되는 국유 또는 공유 아닌 부선도 선박소유자 책임제한 대상이 되는 선박에 해당하므로, 그 소유자는 책임제한의 주체가 된다.[2)]

1) 대법원 1975. 12. 23. 75다83; 동 2015. 11. 17. 2013다61343.
2) 대법원 2012. 4. 17. 2010마222.

2) 무한책임사원

선박소유자가 인적 회사인 때 그 무한책임사원이 회사에 대하여 무한책임을 부담하는 경우 그 무한책임사원도 책임제한을 주장할 수 있다.

3) 선장 · 해원 · 도선사 기타 선박사용인

선장 · 해원 · 도선사 기타 선박사용인 등의 행위로 인하여 선박소유자 등이 책임을 지고 선장 등도 책임을 지는 경우, 선박소유자보다 자력이 약한 선장 등도 책임제한을 주장할 수 있게 하였다.

4) 동일한 사고로 인한 책임의 경합

동일한 사고에서 발생한 선박소유자의 책임과 용선자, 선박관리인 및 선박운항자의 책임이 경합하는 경우에 그 책임의 총액은 선박마다 법정책임한도액(제770조)을 초과하지 못한다. 무한책임사원과 그가 속한 법인 또는 인적 회사의 책임이 경합하는 경우 및 선박소유자 등의 책임과 선장 등의 책임이 경합하는 경우에도 같다(제774조 제2항).

2. 해난구조자

해난구조자 또는 그 피용자의 ① 구조활동과 직접 관련하여 발생한 사람의 사망 · 신체의 상해, 재산의 멸실이나 훼손으로 인하여 생긴 손해에 관한 채권(다만 구조선 자체에 대한 손해는 제외), ② 구조계약상 권리 외의 타인의 권리의 침해로 인하여 생긴 손해에 관한 채권 및 ③ 위 ①과 ②에서 말한 손해를 방지 혹은 경감하기 위한 조치에 관한 채권 또는 그 조치의 결과로 인하여 생긴 손해에 관한 채권에 대하여는 구조자도 책임을 제한할 수 있다(제775조 제1항). 구조활동은 구조선에서 하든 피구조선에서 하든 또는 선박을 사용하지 아니하고 하든 상관이 없다. 특히 구조선에서 하는 경우에는 상법 제769조 제1호(선박 내에서 또는 운항과 관련하여 생긴 인적 · 물적 손해에 관한 채권 : 후술)에도 해당된다. 구조자의 이행보조자나 피용자 등 사용자도 책임제한을 주장할 수 있다고 본다(제774조 제1항 제3호의 유추적용).

3. 기 타

1) 선박소유자 등 책임제한권자를 피보험자로 하는 책임보험의 보험자도 피보험

자와 같이 책임제한을 주장할 수 있다.[1] 책임보험에서는 제3자(채권이 제한되는 사)는 보험자에 대한 직접청구권이 있고(제724조 제2항 본문), 이때 보험자는 피보험자가 그 사고에 관하여 가지는 항변으로써 그 제3자에게 대항할 수 있으므로(제724조 제2항 단서), 보험자는 피보험자의 책임제한 역시 주장할 수 있다. 따라서 보험자는 제한채권자로부터 청구를 받은 때에는 지체없이 피보험자에게 이를 통지하여야 하며(제724조 제3항), 피보험자는 보험자의 요구가 있으면 책임제한절차의 개시에 필요한 서류·증거의 제출·증언 또는 증인의 출석에 협조하여야 한다(제724조 제4항).

2) 한편 운송주선인은 책임제한을 주장할 수 없으나, 운송주선약관에서 선박소유자 등과 동일한 책임을 지는 것으로 정하는 것이 대부분이다.

Ⅳ. 책임이 제한되는 채권

1. 서 설

선박소유자 등은 다음에 열거하는 채권에 대해서는 청구원인의 여하에 불구하고 상법 제770조에 규정한 금액을 한도로 책임을 진다(제769조 본문). 여기서 '청구원인의 여하에 불구하고'(however founded)란 책임제한채권은 채무불이행으로 인한 것이든 불법행위로 인한 것이든 묻지 아니하고 제한된다는 의미로서 종래의 청구권경합론의 논쟁의 여지를 없앴다.[2] 선박소유자 등은 사고를 단위로 모든 제한대상채권에 대한 책임을 책임한도액으로 제한할 수 있으므로 각 채권은 책임한도액에 대하여 각 채권액의 비율로 경합한다(제770조 제3항).

---

1) 대법원 2009. 11. 26. 2009다58470; 최기원(해) 73면; 정찬형(하) 834면. 1976년 조약 제1조 제6항에서는 명문으로 보험자도 책임제한의 주체에 포함시키고 있으나, 우리 상법에는 명문의 규정이 없다.

2) 1991. 12. 31. 상법개정전의 판례에 의하면 선주책임제한은 채권자가 선박소유자에게 계약상의 책임을 묻는 경우에만 적용되었고, 불법행위책임을 묻는 경우에는 적용되지 않았다: 대법원 1987. 6. 9. 87다카34; 동 1989. 11. 24. 88다카16294; 동 1990. 5. 8. 88다카7641; 동 1990. 8. 28. 88다카30085. 이와 같은 견해는 상법의 선주책임제한제도 자체를 유명무실하게 만드는 결과가 되었다. 이를 시정하고자 학설은 법조경합설 및 그 발전이론을 전개하였으나, 개정법에서 이를 입법적으로 해결하였다.

◖ 대법원 1995. 6. 5. 95마325
선박충돌 사고로 인한 손해배상채권은 불법행위를 원인으로 하는 것이라 하여도 '청구원인의 여하에 불구하고' 책임을 제한할 수 있다

☞ 선박충돌 사고로 인한 손해배상채권은 상법 제769조 제1호가 규정하는 "선박의 운항에 직접 관련하여 발생한 그 선박 이외의 물건의 멸실 또는 훼손으로 인하여 생긴 손해에 관한 채권"에 해당하고, 그러한 채권은 불법행위를 원인으로 하는 것이라 하여도 "청구원인의 여하에 불구하고" 책임을 제한할 수 있는 것으로 규정하고 있는 같은 법 제769조 본문의 해석상 책임제한의 대상이 된다.

2. 일반제한채권

1) 선박내에서 또는 운항과 관련하여 생긴 인적 · 물적 손해에 관한 채권

(1) 선박 내에서 또는 선박의 운항과 직접 관련하여 발생한 사람의 사망, 신체의 상해 또는 (그 선박 이외의) 물건의 멸실이나 훼손으로 인하여 생긴 손해에 관한 채권은 제한된다(제769조 제1호). 선박 내에서 생긴 손해란, 예컨대 승객이나 전송하기 위하여 나온 사람, 하역인부의 사상 또는 적하, 수하물, 하역시설의 멸실 · 훼손 등으로 인한 손해를 말한다. 그러나 운항과 직접 관련이 없는 손해, 예컨대 어선상에서 어로작업에 의하여 생긴 손해는 선박 내의 손해라도 책임이 제한되지 않는다. 또한 선박의 운항이 종료된 후에 발생한 선박소유자의 단순한 채무불이행은 상법 제769조 제1호에서 정한 '선박의 운항에 직접 관련'된 것이라고 할 수 없다.[1)]

(2) 한편 선박 외에서의 손해라도 운항과 직접 관련된 것이면 책임이 제한된다. 선박 외에서의 손해란 그 선박 자체에 대한 손해를 제외하고,[2)] 예컨대 선박의 충돌의 경우 상대방 선박의 승객, 선원, 선체, 적하, 어업시설 등에 대한 손해를 말한다. 항의 축조물, 정박시설, 수로 또는 항로시설 등에 대한 손해도 운항과 직접 관련된 것이면 이에 포함된다고 본다.[3)] 그러나 침몰선박 제거비용채권은 제한되지 않는다. 운항도중 수리 혹은 검사 중인 선박도 운항중인 선박으로 본다.[4)]

---

1) 대법원 2014. 5. 9. 2014마223.
2) 이를 제외하는 이유는 선박임차인, 선장 등의 선박소유자에 대한 손해배상채권을 책임제한의 대상에서 제외하기 위한 것이다.
3) 동지: 채이식(하) 711면; 정찬형(하) 836면.
4) 채이식(하) 712면.

◖ 대법원 1998. 3. 25. 97마2758
리스로 임차된 부선(barge)이 예인선과 예선열을 이루어 운항하던 중 타 선박과 충돌한 경우, 그로 인하여 상대방이 가지는 손해배상채권은 상법 제769조 제1호 소정의 책임제한 대상 채권에 해당한다

☞ 예인선의 선장 및 선원들이 예인선과 일체로서 영리 목적으로 사용되는 리스 임차 피예인선인 부선(barge)을 그 안전수칙에 위반하여 안개로 인한 시계제한 상태에서 운행하던 중 무선 연락 등으로 선행 선박의 항해 방향, 시속 등을 확인하지 않은 채 너무 근접하여 그 선박을 추월하나가 피예인선이 그 선박과 충돌한 경우, 예인선의 선박소유자는 그 피용인인 선장이나 선원들의 위와 같은 항해상의 잘못으로 인하여 발생한 사고로 인한 손해를 상대방 선박소유자에게 배상책임이 있으며, 그 손해배상채권은 상법 제769조 제1호가 정하는 '선박의 운항에 직접 관련하여 발생한 그 선박 이외의 물건의 멸실 또는 훼손으로 인하여 생긴 채권'으로서 선박소유자의 책임제한 대상 채권에 해당한다.

2) 운송물·여객 등의 운송지연에 관한 채권

운송물, 여객 또는 수하물의 운송의 지연으로 인하여 생긴 손해에 관한 채권도 책임이 제한된다(제769조 제2호). 운송지연으로 인하여 생긴 손해에 관한 책임을 제한하지 않는다면 운송물 멸실의 경우보다 책임이 무거워질 우려가 있어 마련된 규정이다. 물건운송의 경우 운송지연에 관하여는 상법 제797조(책임의 한도)도 동시에 적용되므로, 선박소유자 등은 두 가지의 책임제한 중 유리한 것을 주장할 수 있다.

3) 기타 타인의 권리침해로 인하여 생긴 채권

상법 제769조 제1호 및 제2호 이외에 선박의 운항과 직접 관련하여 발생한 계약상의 권리 외의 타인의 권리의 침해로 인하여 생긴 손해에 관한 채권에 대하여도 책임이 제한된다(제769조 제3호). 예컨대, 선박의 운항과 관련하여 어업권 침해, 타선박내의 매점의 영업권 침해나 타선박의 입출항 방해로 인한 손해배상채권 등 불법행위로 인한 채권, 또는 개항질서법 등 법률의 규정에 의한 행위로 인한 채권이 이에 해당된다. 그러나 그 타인과의 계약상의 채무불이행책임은 제한되지 않는다. 또 선박의 운항과 관련이 없는 채권은, 예컨대 선하증권과 관련된 채권도 그것이 불법행위에 기한 것일지라도 책임제한이 되지 않는다.[1]

◖ 대법원 2000. 8. 22. 99다9646·9653·9660·9677
피해선박소유자의 가해선박소유자에 대한 구상채권은 책임이 제한되는 채권이다

1) 채이식(하) 713면.

☞ 법령상의 그 제거 등의 의무를 부담하는 선박소유자가 자신에게 부과된 의무나 책임을 이행함으로써 입은 손해에 관하여 그 손해발생에 원인을 제공한 가해선박 소유자에 대하여 그 손해배상을 구하는 채권은 상법 제773조 제4호에 규정된 "침몰, 난파, 좌초, 유기 기타의 해양사고를 당한 선박 및 그 선박 안에 있거나 있었던 적하 기타의 물건의 인양, 제거, 파괴 또는 무해조치에 관한 채권"(난파물 제거채권)에 해당한다고 할 수 없으며, 오히려 이와 같은 구상채권은 구체적인 사정에 따라 선박소유자의 유한책임을 규정하고 있는 상법 제769조 제1호 혹은 제3호나 제4호에 해당한다.

4) 손해방지조치에 관한 채권 및 조치의 결과 생긴 손해에 관한 채권

상법 제769조 제1호부터 제3호까지에서 규정한 책임제한채권의 원인이 된 손해를 방지 또는 경감하기 위한 조치에 관한 채권 또는 그 조치의 결과로 인하여 생긴 손해에 관한 채권도 책임제한의 대상이 된다(제769조 제4호). 그런데 상법 제773조 제4호는 책임제한 배제채권으로 "선박 안에 있거나 적하와 그 밖의 물건의 인양, 제거, 파괴 또는 무해조치에 관한 채권"을 열거하고 있다. 이것은 상법 제769조 제4호 책임제한채권인 "손해를 방지 또는 경감하기 위한 조치에 관한 채권"과 모순된다. 그러므로 상법 제769조 제4호는 삭제되어야 한다.

손해방지조치란 사고선박에서 기름이 유출된 경우 그 제거비용 등을 말하며, 조치의 결과로 생긴 손해란 그 기름을 제거하는 과정에서 어장이나 적하에 미친 손해를 말한다.

3. 해난구조자 등의 제한채권

해난구조자 또는 그 피용자의 구조활동과 직접 관련하여 발생한 채권에 대한 책임도 제한된다함은 전술하였다(제775조 제1항, 제774조 제1항 제3호). 책임이 제한되는 채권, 즉 구조활동과 직접 관련하여 발생한 채권이란, ① 구조활동과 직접 관련하여 발생한 사람의 사망·신체의 상해, 재산의 멸실이나 훼손으로 인하여 생긴 손해에 관한 채권(다만 구조선 자체에 대한 손해는 제외), ② 구조계약상 권리 외의 타인의 권리의 침해로 인하여 생긴 손해에 관한 채권 및 ③ 위 ①과 ②에서 말한 손해를 방지 혹은 경감하기 위한 조치에 관한 채권 또는 그 조치의 결과로 인하여 생긴 손해에 관한 채권 등을 말한다. 다만 운송물, 여객 또는 수하물의 운송의 지연으로 인하여 생긴 손해에 관한 채권(제769조 제2호) 및 여객의 사망 또는 신체의 상해로 인한 손해에 관한 채권에 대한 책임(제770조 제1항 제2호)에 대하여는 책임제한규정이 적용되지 아니한다(제775조 제1항). 그리고 후술하는 바와 같이 구조료채권은 책임제한의 대상이 아니다(제773조 제2호).

4. 동일한 사고로 인한 반대채권액의 공제

선박소유자 등이 책임의 제한을 받는 채권자에 대하여 동일한 사고로 인하여 생긴 손해에 관한 채권을 가지는 경우에는 그 채권액을 공제한 잔액에 한하여 책임의 제한을 받는다(제771조). 이로써 선박소유자 등의 책임이 반대채권만큼 축소하여 제한되므로 결과적으로 책임이 확대된다. 이로써 다른 채권자의 배당비율이 낮아지는 것이 방지되는 효과가 있다.

V. 책임을 제한할 수 없는 채권

1. 고의 등으로 인한 손해배상채권

1) 선박소유자 자신의 "고의 또는 손해발생의 염려가 있음을 인식하면서 무모하게 한 작위 또는 부작위"(act or omission … done … recklessly and with knowledge that damage would probably result)로 인하여 생긴 손해에 관한 채권은 제한되지 않는다(제769조 단서). 선박소유자 이외의 사용인의 무모한 작위·부작위로 인한 손해에 관하여는 책임제한을 주장할 수 있다. 여기서 "무모하게 한 작위 또는 부작위"란 일정결과(손해)의 발생가능성을 인식하면서도 이를 개의치 아니하고 무모하게 한 작위 또는 부작위로서 고의에 가까운 작위·부작위를 말한다.

2) 책임제한이 배제되는 경우는 어디까지나 선박소유자나 용선자 등 그 자신이 무모하게 작위·부작위를 하였어야 하며, 선박소유자가 아닌 그 사용인 등이 무모하게 작위·부작위를 행한 경우에는 책임이 제한된다. 책임제한 주체가 법인인 경우 내부적 업무분장에 따라 법인의 관리 업무 전부 또는 특정 부분에 관하여 대표기관에 갈음하여 사실상 회사의 의사결정 등 권한을 행사하는 사람의 행위를 책임제한 주체의 행위로 볼 수 있다.[1)]

---

1) 대법원 2012. 4. 17. 2010마222.

◖ 대법원 1995. 6. 5. 95마325
책임제한이 배제되는 경우는 선박소유자나 자신이 무모하게 작위·부작위를 한 경우에 한한다

☞ 상법 제769조 단서에 의하여 책임제한이 배제되기 위하여는, 책임제한의 주체가 선박소유자인 경우에는 선박소유자 본인의 고의 또는 손해발생의 염려가 있음을 인식하면서 무모하게 한 작위 또는 부작위가 있어야 하는 것이고, 선장 등과 같은 선박소유자의 피용자에게 고의 또는 무모한 행위가 있었다는 이유만으로는 선박소유자가 상법 제769조 본문에 의하여 책임을 제한할 수 없다고는 할 수 없으며, 상법 제774조 제1항 제1호에 의하여 용선자가 책임제한의 주체인 경우에도 용선자 자신에게 고의 또는 무모한 행위가 없는 한 피용자에게 고의 또는 무모한 행위가 있다는 이유만으로 책임을 제한할 수 없다고 볼 것은 아니다. 동지: 대법원 1995. 3. 24. 94마2431; 동 2012. 4. 17. 2010마222.

무모하게 행한 작위·부작위의 개념

1) 상법 제769조 단서의 "손해발생의 염려가 있음을 인식하면서 무모하게"란 본래 1976년 통일조약 제4조에서 유래한 것으로서 본래 원문은 "act or omission … done with intent to cause damage or recklessly and with knowledge that damage would probably result"(가해할 의사로써 또는 무모하게 또는 손해가 아마 발생할 것이라는 인식으로써 행하여진 작위나 부작위)로 되어 있다. 우리 상법은 이를 도입하면서 "done with intent to cause damage"는 의역을 하여 '고의'로 번역하고, 뒷 부분은 '중과실'로 번역하지 아니하고 "손해발생의 염려가 있음을 인식하면서 무모하게"라고 원문에 충실하게 번역하여 번역상 균형을 상실하였다. 그런데 "손해발생의 염려가 있음을 인식하면서 무모하게"란 해석상 중과실보다는 강하고 고의보다는 약한 개념으로 생각되는데, 우리 사법에서는 결과적 손해가 중요한 것이지 고의·중과실을 묻는 예가 흔치 아니하므로 고의와 중과실조차도 잘 구별하지 아니하는데, 그 중간개념인 인식·무모라는 개념을 구태여 도입하여야 할는지 의문이다.

2) "손해발생의 염려가 있음을 인식하면서 무모하게"의 개념에 대하여도 중과실보다는 고의에 가까운 개념이라고 보는 견해,[1] 고의에 준하는 중대한 과실이라고 보는 견해,[2] 고의에 준하는 과실 혹은 인식있는 중과실을 의미하는 것으로 보는 견해,[3] '소극적(미필적) 고의'라고 하거나,[4] "손해의 발생을 인용하고 한 행위뿐만 아니라 중대한 과실로 손해가 발생하지 않을 것으로 믿거나 혹은 중대한 과실로 손해발생가능성에 대한 인식이 미치지 못하고 행한 모든 행위를 의미한다."고 하는[5] 등 의견이 분분하다. 필자의 견해로는 고의에 가까운 작위·부작위로서 구태여 말한다면 형사법에서 인정되는 개념인 '미필적 고의'에 해당한다고 본다. "손해발생의 염려가 있음을 인식하면서 무모하게 한 작위·부작위"의 예로는 노후화한 선박 또는 자격이 없는 선원의 승선 등으로

---

1) 손주찬(하) 756면.
2) 최기원(하) 860면.
3) 김동훈, "개정상법상 선주책임제한권의 상실사유", 한국해법학회지 제15권 제1호(1993.3), 121면.
4) 이균성, "개정해상법과 해상기업관계자의 총체적 책임제한", 현대상사법의 과제와 전망(양승규 교수 화갑기념논문집), 438면 참조; 임동철, 해상법·국제운송법연구, 1999, 107~108면.
5) 채이식(하) 713면; 이기수(보·해) 399면.

인하여 감항능력이 없는 선박을 항해에 사용하거나, 그와 같은 선박으로 태풍이 심한 야간에 출항하는 것은 위험하다는 것이 명백함에도 불구하고 감히 출항시키는 경우, 또는 선장이 충돌의 염려가 있음을 인식하면서도 자신의 조종기술로써 충분히 그것을 피할 수 있다고 판단하고 선박의 왕래가 빈번한 좁은 수로를 전속력으로 항진하여 충돌한 경우 등이다.[1)]

◖ 대법원 2004. 7. 22. 2001다58269
무모하게 행한 작위 또는 부작위의 의미

☞ "손해가 생길 개연성이 있음을 인식하면서도 무모하게 한 작위 또는 부작위"라 함은 자신의 행동이 손해를 발생시킬 개연성이 있다는 것을 알면서도 그 결과를 무모하게 무시하면서 하는 의도적인 행위를 말하는 것으로서, 그에 대한 증명책임은 책임제한조항의 적용배제를 구하는 자에게 있고 그에 대한 증명은 정황증거로써도 가능하다 할 것이나, 손해발생의 개연성에 대한 인식이 없는 한 아무리 과실이 무겁더라도 무모한 행위로 평가될 수는 없다고 할 것이다. 동지: 선박소유자 책임제한이 배제되는 사유로 정한 "손해발생의 염려가 있음을 인식하면서 무모하게 한 작위 또는 부작위"라 함은, 손해발생의 개연성이 있다는 것을 알면서도 이를 무시하거나 손해가 발생하지 않을 수도 있다고 판단하였지만 그 판단 자체가 무모한 경우를 의미하는 것이므로 단지 그 선박소유자 등의 과실이 무겁다는 정도만으로는 무모한 행위로 평가할 수는 없다 할 것이다(대법원 2012. 4. 17. 2010마222); 동 2006. 10. 26. 2004다27082(해상운송인의 고의 또는 손해발생의 염려가 있음을 인식하면서 무모하게 한 작위 또는 부작위가 인정된 판결).

2. 사용인 등에 대한 직무와 관련된 채권

선장, 해원 기타의 사용인으로서 그 직무가 선박의 업무에 관련된 자 또는 그 상속인, 피부양자 기타의 이해관계인에 대한 채권에 대하여도 책임이 제한되지 않는다(제773조 제1호). 이는 사용자 등에 대한 사회보장적 측면을 고려한 것이다.

◖ 대법원 1987. 6. 23. 86다카2228
선박소유자의 사용인에 대한 채권에 대하여는 책임이 제한되지 않는다

☞ 상법 제770조의 규정에 의한 선박소유자의 책임한도에 관한 규정은 상법 제773조 제1호의 규정에 따라 피해자가 선장, 해원 기타의 선박사용인일 때는 적용이 없으므로 선주는 피해자인 선원에 대하여는 무제한의 책임을 진다.

3. 공동해손분담채권 또는 해난구조로 인한 구조료 채권

공동해손분담에 관하여는 상법 제5편 제3장 제1절에, 그리고 해난구조에 관하여

1) 이균성, 전게논문, 438면.

는 제5편 제3장 제3절에 각각 독자적으로 책임한도를 정하는 규정을 두고 있으므로 이들 채권에 대한 책임은 제한대상에서 제외되었다(제773조 제2호). 공동해손분담채권의 경우는 선박소유자와 각 적하이해관계인이 동등한 취급을 받아야 할 것이며, 선박소유자만이 책임제한의 특혜를 받아서는 아니되기 때문이다. 또 구조료채권이 제한된다고 하면 구조활동이 위축될 우려가 있기 때문이다.

4. 유류오염손해에 관한 채권

1969년 11월 29일 성립한 유류오염손해에 대한 민사책임에 관한 국제조약(International Convention on Civil Liability for Oil Pollution Damage)(1979. 3. 18. 한국발효) 또는 그 조약의 개정조항(1984년과 1992년 개정)이 적용되는 유류오염손해에 관한 채권은 책임이 제한되지 않는다(제773조 제3호). 이 조약의 책임제한 규정이 상법의 특별법이기 때문이다. 1971년에 성립하여 1984년, 1992년 및 2003년에 개정된 "유류에 의한 오염손해의 보상을 위한 국제기금의 설립에 관한 국제조약"(International Convention on the Establishment of an International Fund for Compensation for Oil Pollution Damage)(1993. 3. 8. 한국발효)의 발효와 함께 우리나라는 "유류오염손해배상보장법"을 제정하여 선박소유자의 책임을 제한한다.

5. 파손물 제거 등에 관한 채권

침몰, 난파, 좌초, 유기, 그 밖의 해양사고를 당한 선박 및 그 선박 안에 있거나 있었던 적하 그 밖의 물건의 인양·제거·파괴 또는 무해조치에 관한 채권에 대한 책임은 제한되지 않는다(제773조 제4호)(1979년 통일조약 제2조 제1항 d호 및 제18조 참조). 본래 이러한 조치는 개항질서법, 행정대집행법(行政代執行法), 해상교통안전법 등에 의거하여 선주 등이 하여야 한다. 선주 등이 이를 할 수 없으면 국가가 대집행한 후 그 비용을 구상청구하게 된다. 이때 국가의 구상권은 법률에 기한 채권이지 손해배상채권이 아니므로 제한될 수 없다.

◖ 대법원 2000. 8. 22. 99다9646·9653·9660·9677
난파물제거채권에 대하여는 선박소유자의 책임을 제한하지 못한다

☞ 상법 제773조 제4호에서 "침몰, 난파, 좌초, 유기 기타의 해양사고를 당한 선박 및 그 선박 안에 있거나 있었던 적하 기타의 물건의 인양, 제거, 파괴 또는 무해조치에 관한 채권"(난파물 제거채권)에 대하여 선박소유자가 그 책임을 제한하지 못하는 것으로 규

성하고 있는 바, 이 조항의 문언내용 및 입법의 취지와 연혁에 비추어 볼 때, 이 규정의 의미는 선박소유자에게 해상에서의 안전, 위생, 환경보전 등의 공익적인 목적으로 관계 법령에 의하여 그 제거 등의 의무가 부과된 경우에 그러한 법령상의 의무를 부담하는 선박소유자에 한하여 난파물 제거채권에 대하여 책임제한을 주장할 수 없는 것으로 봄이 상당하다.

◖ 대법원 2012. 3. 26. 2011마2284
예선계약 하에 운반 중이던 부선에 실린 물건의 인양에 따른 채권은 비제한채권인 난파물제거채권에 해당하지 않는다

☞ 운송계약이 아닌 예선계약에 따라 화물이 선적된 이 사건 무동력 부선이 사고 당시 채무자(선박소유자) 소유의 예인선들에 의해 예인되는 목적물에 해당하기는 하지만, 그 화물 자체가 채무자 소유 예인선들의 적하라고 볼 수는 없다. 따라서 채권자(정기용선자)가 그 화물을 인양하는데 들인 비용 중 채무자의 과실비율에 상당하는 금액의 손해배상채권이 난파물제거 채권에 해당한다는 채권자의 주장은 이유 없다.

그런데 전술한 바와 같이 상법 제773조 제4호는 책임제한 배제채권으로 "선박 안에 있거나 적하와 그 밖의 물건의 인양, 제거, 파괴 또는 무해조치에 관한 채권"을 열거하고 있다. 이것은 상법 제769조 제4호 책임제한채권인 "손해를 방지 또는 경감하기 위한 조치에 관한 채권"과 모순된다. 그러므로 상법 제769조 제4호는 삭제되어야 한다.

6. 원자력손해에 관한 채권

원자력손해에 관하여는 1962년 원자력선운항자의 책임에 관한 조약이 성립되어 있고, 이 조약에 의하여 책임이 제한된다. 우리나라는 아직 이에 가입하지 아니하였으나, 가입에 대비하여 책임제한채권에서 제외하였다(제773조 제5호). 이 밖에 원자력손해에 관하여는 "원자력손해배상법"의 규제를 받는다.

Ⅵ. 책임의 한도

1. 서 설

상법은 책임제한방식에 관하여 전술한 바와 같이 1976년 조약상의 체감(遞減)적 톤수비례(sliding scale)의 금액주의와 사고주의로 1원화하여 그 구체적인 책임한도액을 규정한다(제770조 제1항부터 제4항까지). 따라서 선박소유자 등의 책임한도액은 조약의 그것과 같고, 그 책임은 선박마다, 또 사고마다 금액으로 제한된다(제774조 제2항). 이와 관련된 기준톤수는 외항선의 경우는 선박법상의 국제총톤수이며, 내항선의 경우에는 총톤수이다(제772조). 해난구조자의 책임의 한도액도 사고마다 구조선 단위로 정하나, 다만 구조활동을 선박에 의하지 않거나 피구조선에서만 한 경우에는 구조자 단위로 정한다(제775조 제3항). 금액은 계산단위로 표시하고, 계산단위란 국제통화기금(IMF)의 특별인출권(SDR : Special Drawing Rights)에 상당하는 금액을 말한다(제770조 제1항 제1호).[1] 상법은 ① 여객사상손해, ② 비여객사상손해, ③ 기타의 물적 손해로 나누어 규정한다.

2. 여객사상손해

여객이란 해상여객운송계약에 따라 운송되는 자를 말하겠으나, 1976년 통일조약에 의하면 운송인의 동의를 얻어 물건운송계약에 따라 운송되는 차량 또는 생동물을 호송하는 자도 여객에 포함된다(동조약 제7조 제2항 제a호 및 제b호 참조.). 여객의 사망 또는 신체의 상해로 인한 손해에 관한 채권에 대한 책임의 한도액은 그 선박의 선박검사증서에 기재된 여객의 정원에 17만 5천 계산단위를 곱하여 얻은 금액으로 한다(제770조 제1항 제1호).[2] 선박검사증서는 해무관청이 발행한다(선박안전법 제8조).

3. 비여객사상손해

1) 여객 외의 사람이란 여객을 제외한 모든 사람으로서, 예컨대 여객을 전송하기 위하여 나온 사람, 하역인부 등을 말한다. 여객 이외의 사람의 사망 또는 신체의 상해로 인한 손해에 관한 채권에 대한 책임의 한도액은 그 선박의 톤수에 따라서, ① 3백톤 미만의 선박의 경우에는 16만 7천 계산단위에 상당하는 금액, ② 5백톤 이하의 경우에는 33만 3천 계산단위에 상당하는 금액, ③ 5백톤을 초과하는 선박의 경우에는 ②의 5백톤에 해당하는 금액에 5백톤을 초과하여 3천톤까지의 부분에 대하여는 매 톤당 5백 계산단위, 3천톤을 초과하여 3만톤까지의 부분에 대하여는 매 톤당 333 계산단위, 3만톤을 초과하여 7만톤까지의 부분에 대하여는 매 톤당 250 계산단위 및 7만톤을 초과한 부분에 대하여는 매 톤당 167 계산단위를 각각 곱하여 얻은

---

1) 대법원 2001. 4. 27. 99다71528: 국제통화기금의 1 특별인출권(SDR)에 상당하는 금액인 계산단위를 국내통화로 환산하는 시점은 사실심 변론종결일이다.

2) 이 책임한도액은 해사채권책임제한협약의 1996년 개정 의정서상의 책임한도액과 동일하다.

금액을 순차로 가산한 금액으로 한다(제770조 제1항 제2호)(제1차적 책임한도액). 이와 같이 선박의 톤수가 증가할수록 계산단위는 체감된다. 이는 대형선박의 경우 책임한도액이 거액이 되어 실제로 책임이 제한되지 아니하는 결과가 되는 것을 피하기 위한 것이다.

2) 선박의 톤수는 국내항해에 종사하는 선박의 경우에는 선박법이 정한 국제총톤수(선박법 제3조 제1항 제1호)로 하고, 그 밖의 선박에 대하여는 동법이 정하는 총톤수(선박법 제3조 제1항 제2호)로 한다(제772조).[1)]

비여객의 사상손해에 대한 책임한도액(제770조 제1항 제2호)이 실제 발생한 인적 손해로 인한 채권의 변제에 부족한 때에는 물적 손해에 대한 한도액(제770조 제1항 제3호)을 그 잔액변제에 충당한다(제770조 제4항 제1문)(제2차적 책임한도액). 이는 인적 손해만 발생한 경우에도 같다. 비여객에 대한 사상을 일으킨 사고에서 물적 손해에 의한 채권도 동시에 발생한 경우에는 이 채권과 비여객의 인적 손해의 잔액채권은 물적 손해의 책임한도액(제770조 제1항 제3호)에 대하여 각 채권액의 비율로 경합한다(제770조 제4항 제2문).

《상법상 선박소유자 · 구조자의 책임한도》 (단위 : SDR)

여객의 인적손해	선박검사증서에 기재된 여객 정원×175,000

선박의 톤수	비여객 인적 손해에 대한 한도액	물적 손해에 대한 한도액	인적손해와 물적 손해가 동시에 발생한 경우에 대한 한도액
300톤 미만	167,000	83,000	250,000
300 ~ 500톤	333,000	167,000	500,000
501 ~ 3,000톤	333,000+ (초과톤수×500)	167,000+(초과톤수× 167)	500,000+(초과톤수×667)
3,001 ~ 30,000톤	3,000톤 한도액+ (초과톤수×333)		3,000톤 한도액+ (초과톤수×500)
30,001 ~ 70,000톤	30,000톤 한도액+ (초과톤수×250)	30,000톤 한도액+ (초과톤수×125)	30,000톤 한도액+ (초과톤수×375)
70,000톤 초과	70,000톤 한도액+ (초과톤수×167)	70,000톤 한도액+ (초과톤수×83)	70,000톤 한도액+ (초과톤수×250)
구조선에 의하지 않은 구조자	333,000+(1,000×500) =833,000	167,000+(1,000×167) =334,000	500,000+(1,000×667) =1,167,000

1) 대법원 1998. 3. 25. 97마2758: 예인선과 피예인선이 예선열을 이루어 운항하던 중 선박소유자의 책임제한 대상이 되는 채권이 발생한 경우, 책임한도액 결정시 항상 양 선박을 단일한 선박으로 간주하는 것은 타당하지 않다. 또한, 예인선 선박 소유자의 책임한도액은 예인선과 피예인선에 대하여 각각 상법에 따라 산정한 금액을 합한 금액이 된다. 대법원 2010. 7. 30. 2010마660: 피예인선이 무동력 부선으로서 단순히 예인선의 예인 목적물에 불과한 경우에는 예인선 소유자에게 피예인선인 선박의 책임한도액에 상응하는 금전까지 공탁할 의무가 있다고 볼 수 없다.

4. 기타의 물적 손해

인적 손해 이외의 물적 손해에 대하여는 선박의 톤수에 따라, ① 3백톤 미만의 선박의 경우에는 8만 3천 계산단위에 상당하는 금액, ② 5백톤 이하의 선박의 경우에는 16만 7천 계산단위에 상당하는 금액, ③ 5백톤을 초과하는 선박의 경우에는 ②의 5백톤의 해당금액에, 5백톤을 초과하여 3만톤까지의 부분에 대하여는 매 톤당 167 계산단위, 3만톤을 초과하여 7만톤까지의 부분에 대하여는 매 톤당 125 계산단위, 7만톤을 초과하는 부분에 대하여는 매 톤당 83 계산단위로 각각 곱하여 얻은 금액을 순차로 가산한 금액으로 한다(제770조 제1항 제3호).[1]

5. 구조자의 책임한도

1) 구조선에 의한 구조자는 선박톤수를 기준으로 산출한 금액의 책임을 진다(제775조 제1항 · 제770조 제1항). 구조선에 의하지 않은 구조자 및 피구조선에서 구조활동을 한 구조자는 기준이 될 선박이 존재하지 아니하므로 일반적인 구조선의 크기인 1,500톤의 선박에 의한 구조자로 보아 금액을 산출한다(제775조 제2항). 비여객에 대한 인적 손해에 관한 변제가 부족한 잔액채권에 대하여는 물적 손해의 책임한도액으로써 충당하는 점 및 인적 손해와 물적 손해가 병존하는 경우 변제충당비율 등에 관하여는 위의 비여객 사상손해에서 설명한 것과 같다.

2) 복수의 구조선이 책임을 지는 경우에는 구조선마다 한도액을 산출하고, 구조선에 의하지 아니한 경우에는 1,500톤의 선박을 기준으로 산출하며, 이 한도액들은 동일한 사고로 인하여 생긴 모든 채권에 미친다(제775조 제3항).

3) 구조선에 의한 구조와 구조선이 아닌 선박에 의한 구조가 경합하는 경우에는 실제로 주도적인 구조활동을 한 선박에 의하여 책임한도액을 정하고, 주도적 역할을 한 선박을 구별하기 어려운 때에는 구조선에 의하여 구조한 것으로 보아야 할 것으로 본다.[2]

---

1) 대법원 1998. 3. 25. 97마2758: 예인선 선박 소유자의 책임한도액은 예인선과 피예인선에 대하여 각각 상법 제747조 제1항 제3호에 따라 산정한 금액을 합한 금액이다.

2) 동지: 손주찬(하) 738면.

Ⅶ. 책임제한의 절차

1. 책임제한절차의 의의

1) 책임제한절차개시의 신청, 책임제한의 기금의 형성, 공고, 참가, 배당 기타 필요한 사항은 선박소유자 등의 책임제한절차에 관한 법률(2009. 12. 29. 일부개정, 법률 제9833호)에[1] 정하여져 있다.

2) 책임제한절차법의 제정 이전에는 선주가 책임제한을 받으려면 통상의 소송에서 항변으로써만 이를 주장하여야 하였다.[2] 따라서 선박소유자가 제한채권의 총액과 책임제한액을 주장, 증명하여야 하고, 또 어느 채권자에 대하여 그 책임제한에 성공한다고 해도 기판력이 다른 채권자에게 미치지는 않았다. 동일한 사고에서 발생한 다수의 채권이 경합하는 경우에 채권자들의 선택에 따라 각기 다른 법원에 소송이 제기되어 법원마다 그 판결이 다를 수 있었고, 여러 소송이 동시 다발적으로 제기되어 비용과 시간을 낭비하는 요인이 되었다. 또한 선박소유자 등이 스스로 기금을 형성하여 선박의 압류로부터 벗어날 수도 없었다.[3] 이러한 문제는 1991년 선박소유자 등의 책임제한절차에 관한 법률을 제정함으로써 해결되었다. 책임제한절차에 관하여는 위의 절차법 외에도 민사소송법에 규정되어 있다.

2. 관할법원

1) 책임제한사건은 책임을 제한할 수 있는 채권이 발생한 선박의 선적소재지, 신청인의 보통재판적소재지, 사고발생지, 사고 후에 사고선박이 최초로 도달한 곳 또는 제한채권에 기하여 신청인의 재산에 대한 압류 또는 가압류가 집행된 곳을 관할하는 지방법원의 관할에 전속한다(제한절차법 제2조). ① 선박의 선적소재지(선적항)는 선박소유자 등의 영업중심지인 경우가 대부분이고 당해 선박과 밀접한 관계가 있는 곳이므로 책임제한절차진행에 적합하다. ② '신청인의 보통재판적소재지'는 민사소송법 제2조부터 제5조까지에 따라 정한다. ③ '사고발생지'란 행위지의 법원을 말하고, 손해의 결과발생지를 포함하지 않는다. ④ 사고 후에 '사고선박이 최초로 도달한 곳'이란 사고선박이 사고발생 후에 최초로 도달한 우리나라의 육상의 지점을 말

1) 1976년 조약에서는 책임제한에 관한 실체법과 절차법이 모두 규정되어 있는 반면, 우리 법체계는 실체법과 절차법 규정을 따로 두고 있기 때문에 이와 같은 법률이 필요하게 된 것이다.

2) 이기수(보·해) 433면.

3) 송상현·김현, 해상법원론, 1999, 198면.

하나, 선박이 외국의 일정한 곳에 도착한 후에 우리나라의 도달된 곳은 여기에 포함되지 않는다.

2) 법원은 현저한 손해 또는 지연을 피하기 위해 필요하다고 인정하는 때에는 직권으로 책임제한사건을 다른 관할법원이나 제한채권자의 보통재판적소재지의 관할법원 또는 동일한 사고로 인해 생긴 유류오염손해에 관한 책임제한사건이 계속(繫屬)하는 법원에 이송할 수 있다. 이송을 받은 법원은 다시 사건을 역이송할 수 없다.

3. 절차개시의 신청과 결정

1) 책임을 제한하고자 하는 자는 채권자로부터 청구금액을 명시한 서면에 의한 청구를 받은 날로부터 1년 내에 소정의 사항을 기재한 서면으로 법원에 책임제한절차개시의 신청을 하여야 한다(제776조). 선박소유자 책임제한절차개시 신청인에게 책임제한 배제사유의 부존재에 관한 소명책임이 있다.[1] 신청의 남용을 방지하기 위하여 신청인은 신청의 원인사실 및 이로 인하여 발생한 상법 제770조 제1항 각호의 구별에 의한 제한채권의 각 총액이 이에 대응하는 각 책임한도액을 초과함을 소명(疏明)해야 한다.[2] 법원은 절차개시의 신청이 상당하다고 인정하는 때에는 신청인에 대해 14일을 넘지 아니하는 일정한 기일에 상법 제770조 제1항 각호와 제4항의 규정에 의한 책임한도액에 상당하는 금전 및 이에 대한 사고발생일 기타 법원이 정하는 기산일로부터 공탁지정일까지 연 6분의 비율에 의한 이자를 가산하여 법원에 공탁할[3] 것을 명하여야 한다.[4] 이 경우에 책임제한액에 상당하는 금액은 공탁지정일에 가장 가까운 날에 공표되어 있는 SDR에 대한 한화표시금액에 의하여 산정한다. 이에 따라 공탁된 금전과 이에 대한 이자가 책임제한기금으로 되고, 이 기금에서 채권자가 배당을 받는다.

2) 이에 대하여 책임제한기금이 형성되어야만 책임제한을 주장할 수 있게 한 우리 해상법의 태도는 기금의 형성 없이도 책임제한을 할 수 있게 하고 있는 1976년 해사채권책임제한조약 등에 비추어 시대에 역행하는 입법이라는 비판이 있다.[5]

---

1) 대법원 2012. 4. 17. 2010마222.

2) 대법원 1998. 4. 9. 97마832: 선박소유자 등의 책임제한절차개시 신청사건은 소가를 산출할 수 없는 재산권상의 신청에 해당한다.

3) 1976년의 조약 제11조 제2항에서는 기금의 형성은 그 금액의 공탁이나 담보의 제공으로도 가능하도록 하였으나 우리나라에서는 공탁만을 인정하고 있다.

4) 이기수(보·해) 434면. 이에 따라 공탁된 금전과 이에 대한 이자가 책임제한기금으로 되고 이 기금에서 채권자가 배당을 받을 수 있다. 정찬형(하) 848면 참조.

5) 최기원(해)(하) 870면.

3) 책임제한절차를 위하여 필요한 비용 및 관리인의 보수는 신청인의 부담으로 한다(제한절차법 제88조).

4) 법원은 공탁이 확인되면 절차개시의 신청을 각하 또는 기각하여야 할 사유가 없는 한 책임제한절차개시의 결정을 한다. 책임제한절차는 그 개시결정이 있는 때로부터 그 효력이 생긴다(제한절차법 제19조). 법원은 개시결정과 동시에 관리인을 선임하고 제한채권의 신고기일, 제한채권의 조사기일을 정하고 기타 일정한 사항을 공고하고 알고 있는 제한채권자 등에게 송달하여야 한다(제한절차법 제21조).

5) 책임제한절차에 관한 재판에 대하여 이해관계인은[1] 재판의 고지를 받은 날부터 7일 내, 재판의 고지를 받지 아니한 경우에는 재판의 공고일부터 30일 내에 즉시항고를 할 수 있고, 이 기간은 불변기간이다(제한절차법 제6조).

6) 선박소유자 책임제한절차가 개시되어 조사절차에서 제한채권으로 확정되더라도 채권자가 책임제한절차와 상관없이 채무자를 상대로 한도액 제한 없이 책임을 추급하는 개별소송을 제기할 수 있다.[2]

4. 관리인

1) 관리인은 책임제한절차의 개시결정과 동시에 법원에 의하여 선임되는 필요적 기관으로서 법원의 감독을 받는다. 관리인은 제한채권의 조사기일에 있어서의 의견의 진술, 배당 기타 책임제한절차법이 규정한 직무를 수행할 권한이 있다(제한절차법 제34조). 관리인은 직무의 수행을 위하여 신청인 또는 수익채무자에 대하여 필요한 사항의 보고 또는 장부 기타의 서류의 제출을 요구할 수 있다.

2) 관리인의 임무가 종료된 때에는 관리인 또는 그 승계인은 지체없이 법원에 계산의 보고를 해야 한다. 관리인은 정당한 사유가 있는 때에는 법원의 허가를 얻어 사임할 수 있다(제한절차법 제40조). 관리인의 직무수행이 곤란하거나 공정한 직무수행이 의심스러운 경우에는 법원은 직권 또는 이해관계인의 신청에 의하여 관리인을 해임할 수 있다. 이들 경우에는 법원은 지체없이 새 관리인을 선임하여야 한다.

---

1) 「허베이 스피리트호 유류오염사고 피해주민의 지원 및 해양환경의 복원 등에 관한 특별법」 제7조 제1항에 따라 조직된 '피해대책위원회' 등은 '이해관계인'에 해당하지 않는다: 대법원 2012. 4. 17. 2010마222.

2) 대법원 2012. 4. 17. 2010마222.

5. 절차에의 참가 및 제한채권의 조사·확정

1) 제한채권자는 신청인에 대하여 가지는 제한채권으로 책임제한절차에 참가할 수 있다(제한절차법 제42조 이하). 제한채권을 변제한 신청인 또는 수익채무자도 그 변제의 한도에서 변제받은 제한채권자를 대위하여 책임제한절차에 참가할 수 있다. 이 경우에 피보험자의 채무를 변제한 보험자도 책임제한절차에 참가할 수 있다고 본다.

2) 제한채권의 조사기일에 신고된 채권에 관해 제한채권인지의 여부와 제한채권인 경우에는 그 내용 및 상법 제770조 제1항 각호의 구별에 의한 제한채권의 분류를 법원이 그 직권으로 조사한다(제한절차법 제53조 이하).[1] 신청인, 수익채무자 및 책임제한절차에 참가한 자 또는 그 대리인은 제한채권의 조사기일에 출석하여 신고된 채권에 대하여 이의를 진술할 수 있고 이의가 없는 때에는 신고된 채권이 제한채권인 것 및 그 내용과 상법 제770조 제1항 각호의 구별에 의한 제한채권의 분류가 확정된다. 그러나 이의가 있는 때에는 법원은 그 채권에 대해 조정의 재판을 해야 한다. 조정의 재판에서는 그 채권이 제한채권인 경우에는 그 내용 및 상법 제770조 제1항 각호의 구별에 의한 제한채권의 분류를 정한다.

6. 배 당

1) 기금은 법정비용 등을 제외하고 배당에 충당한다(제한절차법 제65조 참조). 즉, 기금은 책임제한을 주장할 수 있는 청구권에 대한 배당을 위해서만 사용할 수 있다. 관리인은 배당을 함에 있어서 배당표를 작성하여 법원의 인가를 받아야 한다. 그리고 법원이 배당표를 인가한 때에는 지체없이 그 뜻을 공고하여야 한다. 배당표의 불복이 있는 자는 책임제한절차법 제67조의 규정에 의한 공고일 또는 배당표 등본의 송달을 받은 날로부터 14일의 불변기간 내에 법원에 이의를 신청할 수 있다. 또한 책임제한절차에 참가한 자는 배당유보의 신청을 할 수 있다. 그리고 법원은 비용 등의 유보명령을 할 수 있다.

2) 배당이 완료된 때에는 관리인은 지체없이 이를 법원에 보고해야 하고 보고가 있는 때에는 법원은 책임제한절차의 종결을 결정하고 그 뜻을 공고하여야 한다.

---

1) 송상현·김현, 전게서, 199면.

7. 절차의 폐지

책임제한절차는 기금이 충족되지 않은 경우, 절차개시 후 비용 등이 예납되지 않은 경우, 신청인이 파산선고를 받은 경우에 책임제한절차를 속행하는 것이 파산채권자를 현저히 해할 염려가 있다고 인정되는 때에는 법원은 결정으로 이를 폐지한다(제한절차법 제80조).

8. 책임제한의 효과

선박소유자 등 책임제한의 주체의 책임은 동일한 사고에서 발생한 모든 책임제한채권에 대해 책임한도액으로 제한된다. 동일한 사고에서 발생한 채권은 그 금액의 비율로 경합하기 때문에 각 채권자는 책임제한절차 관련 비용을 공제한 책임제한기금의 채권총액에 대한 비율로 감액된 금액의 배당을 받는다. 동일사고에서 발생한 모든 채권에 대한 선박소유자, 용선자 기타 책임제한주체의 책임제한의 총액은 선박마다 정한 책임한도액을 초과하지 못한다. 따라서 제한채권자가 다수의 책임제한주체를 상대로 그 채권을 행사하더라도 그 이상으로 변제를 받지는 못한다.

제5절 선박담보

Ⅰ. 서 설

1) 해상기업은 조선비용·운항자금이 방대하고 불의의 위험에 직면하게 되므로 제3자로부터 자금의 공급을 받을 필요성은 더욱 절실하다. 선박금융의 법률형태로서 가장 많이 이용된 것은 이른바 모험대차(해산을 담보로 한 금전소비대차로서, 선박의 안전한 항해의 종료를 변제의 조건으로 하되 이율이 높다)인데, 19세기 후반 이래 이에 갈음하여 나타난 것이 선박우선특권과 선박저당권이다.

2) 선박우선특권은 선박의 건조·의장(艤裝) 또는 수선 혹은 항해의 계속을 위하여 발생한 채권, 즉 선박채권에 관하여 그 채권자에게 선박·속구·부속물로부터 다른 채권자보다 우선변제를 받을 특권을 인정함으로써 그 채권자를 보호하기 위한 것이나, 결국은 해상기업금융의 원활화를 도모하는 것이므로 해상운송인의 반사적

이익에도 기여하게 된다.

선박채권에 관한 통일조약

선박채권자의 우선권을 인정하는 범위와 그 공시방법 등에 관하여 각국의 입법이 서로 달라 섭외적 관계에서 불편이 적지 않았다. 그리하여 1885년 이래 통일법 제정을 위한 수차례의 국제회의 결과, 1926년의 브뤼셀 외교회의에서 통일조약이 성립되었다. 이것이 '해상우선특권 및 저당권에 대한 규정의 통일에 관한 협약'이고, 우리나라 상법도 이 조약의 영향을 받았다. 이 통일법조약은 1967년 브뤼셀 해사법외교회의에서 개정되어 "해상우선특권 및 저당권에 관한 통일협약"(International Convention for the Unification of Certain Rules relating to Maritime Liens and Mortgages)이 되었고, 1993. 5. 6.에는 재개정되었다. 우리 상법도 1991. 12. 31. 개정에서 선박저당권의 보호를 위하여 피담보채권의 범위를 제한함으로써 1967년 협약의 취지를 반영하였다.

Ⅱ. 선박우선특권

1. 선박우선특권의 의의

선박우선특권(maritime lien, Schiffsgläubigerrecht, gesetzliches Pfandrecht)이란 일정한 법정채권에 대하여 그 채권자가 선박과 그 부속물로부터 우선변제를 받을 수 있는 해상법상의 특수한 담보물권이다(제777조). 선박우선특권에 대하여는 그 성질에 반하지 않는 한 민법의 저당권에 관한 규정이 준용된다(제777조 제2항). 선박우선특권은 특수한 채권자에게 법률상 당연히 부여되는 법정담보물권인 점에서 당사자간의 저당권설정계약에 의해 성립하는 저당권과 다르지만, 목적물에 대하여 우선변제권을 갖는 타물권이며, 부종성·불가분성을 갖는 점 등에서 양자의 성질이 같다.

2. 선박우선특권의 피담보채권

1) 한정성

선박우선특권은 그 공시방법은 없어도 선박저당권에 우선하므로(제788조), 상법은 선박저당권자를 보호하기 위하여 선박우선특권을 발생하게 하는 채권의 범위를 한정적으로 열거하고 있다.[1)]

---

1) 대법원 2005. 10. 13. 2004다26799: 선박우선특권은 근로기준법상의 임금우선특권에 우선하지 않는다.

2) 종 류

피담보채권의 예로는 ① 채권자의 공동이익을 위한 소송비용, 항해에 관하여 선박에 과한 제세금, 도선료와 예선료, 최후 입항 후의[1] 선박과 그 속구의 보존비와 검사비(제777조 제1항 제1호), ② 선원[2] 기타 선박사용인의 고용계약으로 인한 채권(제777조 제1항 제2호), ③ 선박에 대한 해난구조로 인한 구조료채권과 공동해손의 분담에 관한 채권(제777조 제1항 제3호), ④ 선박의 충돌 그 밖의 항해사고로 인한 손해, 항해시설·항만시설 및 항로에 대한 손해와 선원이나 여객의 생명·신체에 대한 손해배상채권(제777조 제1항 제4호)이 있다.[3]

◖ 대법원 1996. 5. 14. 96다3609
상법 제777조 제1항 제1호가 최후 입항이라 함은 항해를 폐지한 시기에 있어서 선박이 존재하는 항도 포함하는 것으로 해석하여야 한다

☞ 상법 제777조 제1항 제1호가 최후 입항 후의 선박보존비 등에 대하여 선박우선특권을 부여하는 것은, 이러한 채권이 없으면 다른 채권자들도 선박경매대금으로부터 변제를 받기가 불가능하게 될 것이라는 점에서 이러한 비용은 경매에 관한 비용에 준하는 성질을 가지기 때문이고, 따라서 최후 입항 후라는 의미는 목적하는 항해가 종료되어 돌아온 항뿐만 아니라 선박이 항해 도중에 경매 또는 양도처분으로 항해가 중지되어 경매되는 경우의 선박보존비용도 달리 보아야 할 필요가 없으므로, 항해를 폐지한 시기에 있어서 선박이 존재하는 항도 포함하는 것으로 해석함이 상당하다.

◖ 창원지법 2013. 4. 10. 2012나5173
임금채권을 근거로 하는 선박우선특권의 준거법은 선원근로계약의 체결 경위 및 내용, 국제사법 제8조와 사회·경제적 약자인 근로자를 보호하기 위해 규정한 국제사법 제28조의 취지 등을 고려하여 결정하여야 한다

☞ 편의치적된 선박의 실질적 소유자가 대한민국 법인이고 그 회사의 대표이사와 임원진도 모두 대한민국 사람인 점, 당사자가 준거법을 대한민국 법으로 선택한 특별한 사정이 있는 점 등 여러 사정에 비추어 위 선박과 관련된 법률관계와 가장 밀접한 관련이 있는 법은 대한민국 상법이므로, 국제사법 제8조 제1항에 따라 선박우선특권의 성립 및 선박우선특권과 근저당권의 우선순위는 상법을 적용하여 판단하여야 한다.

---

1) 대법원 1998. 2. 9. 97마2525·2526: 선박우선특권에 관한 상법 제777조 제1항 제1호 소정의 '최후 입항 후'의 의미는 목적하는 항해가 종료되어 돌아온 항뿐만 아니라 선박이 항해 도중 경매 또는 양도처분으로 항해가 중지되어 경매되는 경우의 선박보존비용도 이에 포함된다.
2) 선박우선특권을 행사할 수 있는 선원이란 선박우선특권의 취지상 특정 선박과 관련성이 있는 선원을 말한다.: 대법원 2012. 4. 13. 2011다42188.
3) 대법원 1998. 2. 10. 97다10468: 선박경매 과정에서 발생한 정박료 채권은 선박우선특권에 해당하지 않는다.

◖ 대법원 2012. 7. 16. 2009마461
선박대리점이 선박소유자 등을 대신하여 자신의 재산을 출연하여 변제한 경우 채권자를 대위하여 선박우선특권을 행사할 수 있다

☞ 국내에서 선박대리점업을 영위하는 갑 주식회사가 선박 용선사인 미국 법인 을 회사와 체결한 선박대리점계약에서 선박의 입·출항시 발생하는 항비 등 비용을 을 회사가 부담하되 갑 회사가 을 회사를 대신하여 채권자에게 우선 지급하기로 약정한 사안에서, 위 약정은 이행인수약정으로 보아야 하고, 나아가 갑 회사가 이러한 이행인수약정에 따라 자신의 출연으로 항비 등을 변제한 것은 특별한 사정이 없는 한 민법 제481조에서 정한 '변제할 정당한 이익이 있는 자'의 변제에 해당하여 항비 등 채권을 당연히 대위할 수 있다.

3. 선박우선특권의 목적물

1) 선박 및 그 속구

그 선박의 이용에 관하여 상법 제777조에 열거한 채권이 발생한 선박 자체와 그 속구(屬具)를 말한다(제777조 제1항 본문). 여기서 선박이란 건조 중인 선박도 포함하고(제790조 참조), 난파된 경우에는 그 난파물에도 우선특권이 미친다. 속구는 속구목록에 기재된 것을 말한다.

2) 운 임

운임에 대한 우선특권의 행사는 그 우선특권이 생긴 항해의 운임, 즉 지급을 받지 아니한 운임(미수운임, 즉 운임청구권), 지급을 받은 운임이라도 선박소유자나 그 대리인이 소지하고 있는 금액에 한한다. 그러나 선원 기타의 선박사용인의 고용계약으로 인한 채권(제777조 제1항 제2호)은[1] 사회정책적 견지에서 고용계약 존속 중의 모든 항해로 인한 운임의 전부에 대하여 우선특권을 행사하도록 규정하였다(제781조).

3) 부수채권

부수채권이란 선박과 운임에 부수한 채권으로서, ① 선박 또는 속구가 멸실·훼손된 경우 또는 운임이 손실된 경우, 그로 인하여 선박소유자 등이 제3자에 대하여 가지는 손해배상청구권 [예컨대, 선박충돌로 인한 손해배상청구권(제878조·제879조)], ② 공동해손으로 인한 선박 또는 운임의 손실에 대하여 선박소유자가 가지고 있는 보

1) 대법원 2008. 4. 24. 2008다10006: 어선의 책임선장이 선주와의 약정에 따라 지급받기로 한 특별상여금채권은 '선원 기타의 선박사용인의 고용계약으로 인한 채권'으로서 선박우선특권 있는 채권에 해당한다.

상청구권(공동해손분담청구권 등), ③ 해난구조로 인하여 선박소유자가 갖는 보수청구권 등이다(제778조).

그러나 선박소유자 등이 수령할 보험금·장려금·보조금 등에 대하여서는 위의 우선특권을 행사할 수 없다(제780조).

4. 선박우선특권의 순위

1) 선박우선특권 상호간의 순위

(1) 동일항해로 인한 채권의 우선특권이 경합하는 때에는 상법 제777조 제1항 각 호의 순서에 따라서 그 순위를 결정한다(제782조 제1항). 그러나 상법 제777조 제1항 제3호(구조료채권과 공동해손분담채권)의 채권이 경합하는 때에는 후에 생긴 채권이 전에 생긴 채권에 우선한다(제782조 제2항 제1문). 그리고 동일한 사고로 인한 채권은 동시에 생긴 것으로 본다(제782조 제2항 제2문).

(2) 수회의 항해에 관한 채권의 우선특권이 경합하는 때에는 후의 항해에 관한 채권이 전의 항해에 관한 채권에 우선한다(제783조 제1항)(후발우선주의). 그러나 선원 등의 고용계약으로 인한 채권에 대한 우선특권은 최후의 항해에 관한 다른 채권과 동일한 순위로 한다(제783조 제2항).

(3) 동일순위의 우선특권이 경합하는 때에는 각 채권액의 비율에 따라 변제를 받는다(제784조).

2) 선박우선특권과 다른 담보물권의 순위

선박우선특권은 선박에 관한 질권과 저당권에 우선한다(제788조). 이것은 저당권이나 질권은 당사자의 임의로 설정할 수 있는 약정담보물권이어서 이들을 우선시키면 선박우선특권의 실익이 없어지기 때문이다. 유치권에 대하여도 당연히 우선하지만, 유치권자는 사실상 선박을 유치할 수 있으므로 선박우선특권자는 이것을 먼저 변제하고 그 유치권을 소멸시키는 수밖에 없고, 따라서 실제에 있어서는 유치권이 우선하게 된다.

5. 선박우선특권의 효력

1) 우선변제권·경매권

선박우선특권자는 목적물에 대한 경매권(민집 제269조)과 우선변제권(제777조 제2항·민 제363조)이 있다. 이 경우에는 그 성질에 반하지 아니하는 한 민법의 저당권에 관한 규정이 준용된다(제777조 제2항 제2문). 따라서 우선특권자는 집행권원이 없이도 당해 선박을 압류하여 환가할 수 있다. 그러므로 선박을 가압류할 이익도 없다.[1)]

2) 추급권

선박우선특권자는 선박소유권의 이전으로 영향을 받지 않고 권리를 행사할 수 있다(제785조). 따라서 선박의 양수인은 선의·무과실인 경우에도 선박우선특권자에게 대항할 수 없다.

◖ 대법원 1976. 6. 24. 76마195
선박우선특권 있는 채권자는 추급권이 있으므로 채권을 보전하기 위하여 그 선박에 대한 가압류를 할 필요가 없다

☞ 선박우선특권 있는 채권자는 선박소유자의 변동에 관계없이 그 선박에 대하여 채무명의 없이 경매청구권을 행사할 수 있으므로 동 채권자는 채권을 보전하기 위하여 그 선박에 대한 가압류의 필요가 없다. 동지: 대법원 1982. 7. 13. 80다2318.

◖ 대법원 1974. 12. 10. 74다176
선박우선특권을 가진 선박채권자라 하더라도 선박을 양수한 사람에게 채무의 변제를 청구할 수는 없다

☞ 상법 제777조 소정의 선박우선특권을 가진 선박채권자는 선박을 양수한 사람에게 채무의 변제를 청구할 수 없고 다만 선박우선특권의 추급성에 의하여 선박이 우선특권의 목적물이 될 뿐이다.

6. 선박우선특권의 소멸

1) 단기의 제척기간

선박채권자의 우선특권은 그 채권이 생긴 날로부터 1년 이내에 실행하지 아니하면 소멸한다(제786조 제1항)(제척기간). 이 기간은 당사자간의 합의로 연장할 수도 없다. 이 점에서 정기용선계약상의 채권(제846조), 운송인의 채권·채무(제814조), 공동해손채권(제875조), 선박충돌채권(제881조), 해난구조료채권(제895조) 등과 다르다. 이것은 항해마다 우선특권이 발생할 수 있으므로 조속히 해결하는 것이 바람직하기 때문이다.

---

1) 대법원 1988. 11. 22. 87다카1671; 동 1982. 7. 13. 80다2318.

2) 지당권소멸원인에 의한 소멸

선박우선특권에 관하여는 그 성질에 반하지 아니하는 한 민법의 저당권에 관한 규정이 준용되므로(제777조 제2항 제2문) 선박우선특권은 저당권의 소멸원인에 의하여서도 소멸한다. 예컨대, 저당권은 피담보채권이 소멸하면 소멸하므로, 이때 선박우선특권도 소멸한다.

7. 건조 중의 선박

건조 중의 선박은 완성된 선박이 아니고, 따라서 해상법상의 선박으로 취급할 수 없기 때문에 선박우선특권에 관한 규정을 준용하도록 하고 있다(제790조).

Ⅲ. 선박저당권

1. 선박저당권의 의의

1) 선박저당권(ship mortgage, Schiffshypothek)이란 등기선박을 목적으로 계약에 의하여 설정되는 해상법상의 특수한 저당권이다(제787조 제1항). 선박은 동산이지만 그 부동산유사성으로 인하여 인정된 담보물권이므로, 민법의 부동산저당권의 규정이 선박저당권에 준용된다(제787조 제3항).

2) 선박우선특권은 공시의 방법이 없고, 법률에 규정되어 있는 채권에 대하여서만 인정되는 것인 데 대하여(제777조부터 제781조까지), 선박저당권은 선박등기법에 의하여 등기할 수 있고 또 당사자의 계약에 의하여 임의로 설정할 수 있는 것이므로, 선박금융의 법률형태로서 가장 적합한 것이며, 그 경제성에 있어서 선박우선특권보다 오히려 우수한 것이다. 그러나 선박저당권이 우선특권과 경합하는 경우에 우선특권보다 후순위에 서게 된다는 것(제788조)이 단점이라 하겠다.

2. 선박저당권의 목적물

1) 선 박

선박저당권의 목적물은 등기선에 한하며(제787조 제1항), 총톤수 20톤 미만의 비등기선은 질권의 목적이 될 수 있을 뿐이다. 그러나 등기선은 질권의 목적으로 하지 못한다(제789조).

2) 속 구

선박저당권은 그 속구에도 미친다(제787조 제2항). 속구목록에 기재된 것이든 아니든, 종물이든 아니든 불문한다. 속구의 범위를 결정하는 시기는 실제상의 편의로 인하여 저당권 실행시로 본다.

3) 공유지분

선박공유자의 지분은 선박관리인의 지분이 아닌 한 각각 저당권의 목적으로 할 수 있다(제759조).

3. 선박저당권의 순위

1) 선박저당권 상호간의 순위

선박저당권 상호간의 순위는 등기의 전후에 의하여 결정한다(제787조 제3항, 민 제370조 · 제333조).

2) 선박저당권과 선박우선특권 간의 순위

선박저당권과 선박우선특권 간의 순위는 선박우선특권이 선박저당권에 우선한다(제788조).

3) 선박저당권과 유치권 간의 순위

선박저당권과 유치권 간의 순위는 법률상 선박저당권이 유치권에 우선하나, 사실상은 유치권이 우선한다.

4) 선박저당권과 선체용선권 간의 순위

선박저당권과 선체용선권 간의 순위는 등기의 전후에 의하여 결정한다(제849조).

4. 선박저당권의 효력

선박저당권의 효력은 부동산의 저당권에서와 같이 선박과 속구에 대한 경매권과 우선변제권이다(제787조 제3항, 민 제356조 · 제363조).

5. 건조 중의 선박

건조 중에 있는 선박에 대하여도 금융의 편의와 채권자 보호를 위하여 선박저당권의 규정이 준용된다(제790조). 다만 이때에는 선박이 미완성 상태이므로 특별등기부에 소유권등기 없이 저당권등기만 하였다가 선박이 완성된 후 선박저당권 등기의 무자가 소유권보존등기와 함께 선박등기부로 옮겨야 한다.

Ⅳ. 선박질권

선박은 비등기선(20톤 미만)과 미등기선에 한하여 질권의 목적으로 할 수 있다(제787조 제3항 · 제789조 참조). 선박질권은 동산질권에 관한 민법의 규정(민 제 329조 이하)에 의한다.

Ⅴ. 선박에 대한 강제집행

1. 선박에 대한 강제집행절차

선박에 대한 강제집행은 ① 일반채권의 실현을 위한 경우와, ② 선박우선특권, 선박저당권 및 선박유치권 등의 선박담보권을 실행하는 경우로 나눌 수 있다. 보통 전자의 경우 압류할 수 있는 선박은 채무자소유의 선박으로 채무의 발생과 관련이 있을 필요가 없는 반면 후자의 경우는 압류의 대상이 되는 선박은 특정한 선박, 예컨대 선박우선특권이나 유치권을 발생시킨 선박 또는 선박저당권이 설정된 선박에 한한다. 양자에 대하여 상법 외에도 민사집행법(민집 제172조부터 제173조까지)이 규정하고 있다.[1)]

---

1) 울산지방법원 1998. 9. 3. 98가단16905: 선박의 매수인이 소유권이전등록을 하지는 않았으나 어구를 포함한 선박을 인도받아 점유 · 사용하고 있는 경우, 위 어구에 대한 강제집행에 대하여 점유권의 침해를 이유로 제3자이의의 소를 제기할 수 있다.

2. 선박에 대한 압류와 가압류

1) 선박에 대한 강제집행은 우선 채권자가 강제경매를 신청하고 법원의 강제경매 개시결정에 의하여 선박을 압류함으로써 개시한다. 선박은 동산이지만 저당권을 실정할 수 있는 바와 같이 부동산유사성을 띠므로 선박에 대한 강제집행에 관하여는 일반의 동산집행과는 달리 법원이 집행기관이 되고 부동산의 강제경매절차와 유사한 절차에 따라 경매절차를 진행한다(민집 제269조). 그러나 선박은 동산임에 틀림이 없고 이동성을 가지므로 선박에 대하여 부동산과 같이 등기부상 압류의 취지를 기재하는 것만으로는 집행절차에서 압류채권자의 지위가 불완전하다. 따라서 선박집행의 개시결정을 함에 있어서 선박의 출항을 금지함과 동시에 집행관에게 선박국적증서 그 밖에 선박의 운행에 필요한 문서를 선장으로부터 받아 집행법원에 제출하도록 하고(민집 제174조 제1항), 당해 선박을 관할구역 내에 정박시키도록 하고 있다(민집 제176조). 법원은 채권자의 신청에 의하여 선박의 감수와 보존을 위하여 필요한 처분을 할 수 있는데(민집 제178조 제1항 · 제295조), 법원의 이러한 처분은 개시결정의 송달 전에도 압류의 효력이 있다(민집 제178조 제2항).

2) 그런데 선박은 운행에 의하여 비로소 수익을 얻을 수 있는데 선박경매가 개시되어 출항을 금지당하면 채무자 또는 소유자는 막대한 손해를 입게된다. 따라서 선박소유자의 정상적인 영업활동을 보장하기 위하여 선박의 운행허가제도 및 보증의 제공에 의한 경매절차의 취소제도를 인정하여 쌍방의 이해관계를 조정하고 있다(민집 제181조 · 제268조).

3. 항해준비를 완료한 선박 · 속구에 대한 압류 또는 가압류 금지

1) 원 칙

선박채권자라 하더라도 항해준비를 완료한 선박과 그 속구에 대하여는 압류 또는 가압류를 하지 못한다(제744조 제1항 본문). 등기선이든 미등기선이든 불문한다. 압류 또는 가압류를 금지하는 이유는 ① 선박의 항해는 일반공중의 이해에 중대한 영향이 있는데, 소수의 채권자의 이익을 위하여 공중의 이익을 희생할 수 없으며(다수의 이해관계인 보호), ② 많은 시간과 비용을 요하며 또 공시되는 발항준비의 종료 전에 채권자가 충분히 자기의 채권담보를 위하여 선박을 압류할 수 있었음에도 불구하고 이를 해태한 경우에 그러한 채권자까지 보호할 필요는 없다는 것(채권자측의 권이행사의 해태)이다.[1] 여기서 항해준비의 완료라 함은 의장·선원의 승선·필요서류의 비치·화물의 선적·여객의 승선 등이 완료된 상태, 즉 선박소유자·선장·해원이 사실상 및 법률상 선박이 발항하는 데 필요한 모든 준비를 완료한 것을 말한다(선원 제7조 참조).[2] 항해준비를 완료한 선박에 대하여는 '항해의 종료시까지' 압류 또는 가압류를 하지 못하므로, 이러한 선박이 중간항 또는 피난항에 기항하여도 압류 또는 가압류를 할 수 없다.[3]

2) 예 외

(1) 항해를 준비하기 위하여 생긴 채무(예컨대, 연료·식료품 대금, 수선비 등)에 대하여는 채권자가 그 선박 및 속구를 압류 또는 가압류할 수 있다(제744조 제1항 단서). 이와 같은 예외를 인정하는 이유는, ① 그 채무에 의하여 선박이 비로소 발항할 수 있게 되었고, ② 선박소유자에게 발항준비를 위한 금융의 편의를 제공할 필요가 있으며, ③ 그러한 채무는 발항준비의 종료시가 보통 변제기이므로 그 이전에는 압류할 수 없다는 점 등이다.[4]

(2) 또한 총톤수 20톤 미만의 소형선박에 대해서도 압류금지규정은 적용되지 않는다(제744조 제2항). 따라서 아무런 제한 없이 이러한 선박을 압류 또는 가압류 할 수 있다. 소규모선박의 발항에 관하여는 이해관계인이 그다지 많지 아니할 것이기 때문이다.

---

1) 그러나 이와 같은 논리가 정당한지는 의문이다. ① 채권자가 과실없이 발항준비를 몰랐거나 채권의 존부와 압류·가압류의 결정 여부를 알 수 없었던 경우도 있고, ② 선박금융의 편의를 위해서도 압류를 금지하는 것이 바람직하지 않으며, ③ 압류를 인정하더라도 발항준비를 완료한 선박의 경우에는 일정액을 공탁하고 압류를 해제하는 방법도 있기 때문이다.

2) 손주찬(하) 898면; 이기수(보·해) 573면; 정찬형(하) 989면.

3) 이기수(보·해) 573면; 정찬형(하) 989면.

4) 손주찬(하) 899면; 정찬형(하) 989~990면.

제 3 장 운 송

제1절 총 설

Ⅰ. 해상운송의 의의

해상운송(carriage by sea, Seebeförderung)이란 해상에서 선박에 의하여 물건 또는 여객의 장소적 이동을 하는 것을 말한다. 해상이란 호천·항만 이외의 수면을 말한다.

해상운송기업의 주체는 선박소유자·선박임차인·정기용선자·항해용선자·운송용선자·재운송인·운송주선인 등이다.

Ⅱ. 해상운송계약의 성질

해상운송인은 운송의 인수를 영업으로 하므로 해상운송계약은 기본적 상행위이다(제46조 제13호). 해상운송계약은 당사자의 일방이 운송이라는 일의 완성을 목적으로 하고, 이에 대하여 상대방이 보수를 지급하기로 약속하는 것이므로 민법상의 도급계약(민 제664조)에 속한다. 그러나 해상운송에 관하여는 상법의 규정이 자세하고, 상관습법과 각종 약관이 발달하고 있어 민법의 도급규정이 적용될 여지는 적다. 또 해상운송계약은 약관에 의하여 체결되는 경우가 일반적이므로 부합계약이며, 불요식의 낙성계약이 원칙이고, 유상·쌍무계약이다.

Ⅲ. 해상운송계약의 종류

1. 개품운송계약

1) 개품운송계약(carriage in general ship, Stückgütervertrag)이란 운송인이 개개의 물건을 해상에서 선박으로 운송할 것을 인수하고, 송하인이 이에 대하여 운임을 지급하기로 약정하는 운송계약이다(제791조). 개품운송계약은 용선계약과는 달리 선박 또는 선복(船腹)에 중점이 있는 것이 아니라 각 운송물과 운송의 결과에 중점이 있고, 그 성질은 역시 도급계약이다.

2) 용선계약과 개품운송계약을 비교하면, ① 전자는 불특정항로에서 임시적으로 이용되는 것이 보통인데 대하여, 후자는 특정 선박으로 정기적으로 운송하게 되는 것이 보통이며, ② 전자의 경우는 대개 소형선박이 이용되지만, 후자의 경우에는 대형선박이 주로 이용되고, ③ 전자에 있어서는 그 계약내용이 각 계약마다 정하여지는데 대하여, 후자는 선하증권약관에 의하여 계약내용이 정하여지므로 부합계약성을 띠며, ④ 전자는 재운송계약을 허용하는데 대하여, 후자는 이를 허용하지 않는다는 등의 차이가 있다.

2. 여객운송계약

해상여객운송계약은 운송인이 특정한 여객을 출발지에서 도착지까지 해상에서 선박으로 운송할 것을 인수하고, 이에 대하여 상대방이 운임을 지급하기로 약정함으로써 그 효력이 생기는 일종의 도급계약이다(제817조).

3. 기타의 운송계약

1) 복합운송

(1) 복합운송의 의의

연락운송 중 육·해 또는 육·해·공운송과 같이 두 개 이상의 운송수단의 협동에 의하여 실행되는 운송을 복합운송(combined transport, transport combiné) 또는 협동일관운송(intermodal transport)이라고 한다. 복합운송에서는 이종의 운송수단이 이용되는 점에서 단순히 복수의 운송수단이 이용되는 통운송계약과 다르나, 1 매의 운송증권이 발행되고 송하인은 운송구간마다 운송계약을 체결할 필요가 없는 점은 통운송계약과 같다. 오늘날 컨테이너(container)의 개발과 함께 그 이용이 크게 증가하고 있으며, 1980년에는 복합운송의 법률관계를 해결하기 위하여 국제연합(U.N.)의 국제복합운송조약이 성립되었으나 발효되지 못하고 있다.[1)]

(2) 복합운송인의 책임

2007년 개정 해상법은 최근 복합운송의 발달을 배경으로 복합운송에 관한 1개의 조문(제816조)을 신설하였다.[2)] 운송인이 인수한 운송에 해상 외의 운송구간이 포함된 경우 운송인은 손해가 발생한 운송구간에 적용될 법에 따라 책임을 진다(제816조 제1항). 따라서 육상운송구간에서 손해가 발생한 경우에는 육상운송인의 책임에 관한 상법의 규정이 적용되고,[3)] 항공운송구간에서 발생한 손해에 대하여는 항공운송에 관한 법률(국내항공운송의 경우에는 상법 항공운송편, 국제항공운송의 경우에는 1999년 몬트리올협약)이 적용된다.

어느 운송구간에서 손해가 발생하였는지 불분명한 경우 또는 손해의 발생이 성질상 특정한 지역으로 한정되지 아니하는 경우에는 운송인은 운송거리가 가장 긴 구간에 적용되는 법에 따라 책임을 진다(제816조 제2항 본문).[4)] 따라서 해상운송이 포함된 경우에는 대체로 상법의 해상편이 적용될 것이다. 다만 운송거리가 같거나 가장 긴 구간을 정할 수 없는 경우에는 운임이 가장 비싼 구간에 적용되는 법에 따라 책임을 진다(제816조 제2항 단서). 상법 제816조의 규정은 강행규정이므로 운송인의 책임을 경감 또는 면제하기로 하는 당사자 사이의 특약은 효력이 없다고 본다(제799조 제1항 유추적용).

2) 재운송계약

(1) 재운송계약의 의의

(가) 용선자가 다시 제3자와 운송계약을 체결하는 경우에 최초의 용선계약을 주

---

1) U.N.국제복합운송조약에 관하여는 최준선, 국제거래법, 2004, 353면 이하 참조.
2) 법무부는 상법 내 복합운송에 관한 규정의 개정을 추진, 2010년 11월 3일 입법예고를 하였다. 그 주요 내용은 복합운송규정의 정의 규정 신설, 복합운송증권제도의 도입, 복합운송인의 책임체계 정립, 복합운송규정의 적용범위(비계약적 청구, 복합운송인의 사용인 또는 대리인)를 명확화, 운송물의 일부 멸실, 훼손에 관한 통지제도 도입, 단기제척기간 도입 등이다.
3) 복합운송에서 손해발생구간이 육상운송구간임이 명백한 경우, 육상운송의 경우에는 상법 제147조, 제121조에 따라 운송인의 책임은 수하인이 운송물을 수령한 날로부터 1년을 경과하면 소멸시효가 완성하고 이는 당사자의 합의에 의하여 연장하거나 단축할 수 있으므로, 복합운송증권에서 정한 9개월의 제소기간은 유효하다: 대법원 2009. 8. 20. 2008다58978; 동 2025. 11. 13. 2025다211111.
4) 대법원 2019. 7. 10. 2019다213009.

(운송)계약(original charter, Hauptfrachtvertrag)이라 하고, 용선자와 제 3 자와의 계약을 재운송계약(sub-charter, Unterfrachtvertrag)이라 한다. 재운송계약은 개품운송계약인 경우가 많으나 용선계약(재용선계약)일 수도 있다.

(나) 재운송계약은 주운송계약과 독립한 제이의 운송계약이며, 이것에 의하여 용선자는 선박소유자 등에게 지급할 용선료와 자기가 재운송계약에 의하여 취득할 운임과의 차액을 이득하게 된다. 실제에 있어서는 재운송계약과 운송주선인에 의한 운송계약을 구별하기 어려운 경우가 많으나, 재운송계약에서 용선자는 화물의 운송 자체를 인수하는 자이지만 운송주선인은 단지 주선행위만을 하는 점에서 양자는 구별된다.

◖ 대법원 2004. 10. 27. 2004다7040
재용선계약 등에 의하여 복수의 해상운송 주체가 있는 경우, 운송인의 확정방법

☞ 재용선계약의 경우, 선주와 용선자 사이의 주된 용선계약과 용선자와 재용선자 사이의 재용선계약은 각각 독립된 운송계약으로서 선주와 재용선계약의 재용선자와는 아무런 직접적인 관계가 없다 할 것인 바, 재용선계약 등에 의하여 복수의 해상운송 주체가 있는 경우 운송의 최종 수요자인 운송의뢰인에 대한 관계에서는, 용선계약에 의하여 그로부터 운송을 인수한 자가 누구인지에 따라 운송인이 확정되는 것이고, 선하증권의 발행자가 운송인으로 인정될 개연성이 높다 하겠지만, 그렇다고 하여 선하증권의 발행사실만으로 당연히 운송인의 지위가 인정되는 것은 아니다.

◖ 서울민사지방법원 1990. 8. 23. 89가합48654
해상기업주체로서의 정기용선자는 상법 제809조 소정의 용선자에 포함되지 않는다

☞ 상법 제809조는 선박의 전부 또는 일부에 대하여 운송계약인 용선계약을 체결하여 선장 및 선원에 대하여는 지휘감독권을 가지지 아니한 용선자가 선복의 전부 또는 일부를 이용하여 제3자와 재용선계약을 체결한 경우의 구상관계를 간이화하기 위한 규정으로서 정기용선자는 위 법조 소정의 용선자에 포함되지 아니하고 선박임차인과 함께 해상기업 주체로서 선박소유자에 포함된다.

(2) 재운송계약의 효력

(가) 선박소유자 등과 용선자(항해용선자이든 정기용선자이든 불문한다.)와의 관계는 용선계약이 정하는 바에 따르며, 용선자는 반대의 특약이 없고, 선박소유자 등의 이익에 반하지 않는 한 재운송계약을 체결할 때 선박소유자 등의 승낙을 필요로 하지 않는다.

(나) 용선자와 그 상대방(다른 용선자 또는 송하인)과의 관계는 재운송계약에 의하여 정하여지며, 용선자는 그 상대방에 대하여 운임청구권 등 운송계약상의 권리를

갖는다. 따라서 재운송계약의 상대방에 대한 용선자의 운송계약상의 의무에 관하여는 용선자가 그 책임을 져야 할 것이다. 그러나 운송계약의 이행이 선장의 직무범위 내의 것인 경우에는 선박소유자도 그 제3자에 대하여 감항능력주의의무(제794조)와 운송물에 관한 주의의무(제795조)에 의한 책임을 진다(제809조). 이때 선박소유자와 용선자는 부진정연대책임을 진다. 이 규정에 의하여 선박소유자가 책임을 지는 경우에도 그 책임은 상법 제769조의 규정에 의하여 제한된다. 이때 용선자도 운송인으로서 책임제한을 주장할 수 있고(제797조), 선박소유자의 유한책임의 경우와 동일하게 자기의 책임제한을 주장할 수 있다(제774조 제1항 제1호).

이와 같이 선박소유자와 용선자가 유한책임을 주장하는 경우 동일한 사고에서 발생한 선박소유자 및 용선자의 책임제한의 총액은 선박마다 법정한도액(제770조)을 초과할 수 없다(제774조 제2항).

◖ 대법원 2004. 10. 27. 2004다7040
선박임차인은 재용선자인 제3자에게 상법 제809조에 의한 책임을 부담하여야 한다

☞ 선박임차인과 항해용선계약을 체결한 항해용선자가 재용선계약에 의하여 재용선자에게 선복을 항해용선하여 준 경우, 선장과 선원에 대한 임면·지휘권을 가지고 선박을 점유·관리하는 자(=선박임차인) 및 선박임차인이 재용선자인 제3자에게 상법 제809조에 의한 책임을 부담한다 … 선박이 선박임차인으로부터 순차 재재재항해용선되었다고 하더라도, 선박임차인은 자신의 지휘·감독하에 있는 위 선박에 의하여 운송계약을 실제로 이행한 자이므로 화물이 자신의 관리하에 있는 동안 자기 또는 선박사용인의 고의·과실로 인하여 손해가 발생하였다면 불법행위로 인한 손해배상책임을 져야 한다.

(다) 선박소유자 등과 재용선자 또는 송하인과의 관계에 관하여는 선박소유자 등이 상법 제809조에 의하여 책임을 지는 것 외에는 선박소유자 등은 송하인에 대하여 직접적인 관계를 갖지 않는다. 따라서 선박소유자 등은 재운송계약의 송하인에 대하여 운임의 청구를 할 수 없다.[1] 그러나 재운송계약의 송하인이 용선자에게 운임을 지급한 경우에도 선박소유자 등은 운송계약에 있어서의 용선료의 지급을 받을 때까지 운송물을 유치할 수 있다(제807조 제2항).

◖ 대법원 1998. 1. 23. 97다31441
선박이 재용선된 경우 선주는 직접 재용선자 또는 수하인에 대하여 주된 운송계약의 운임을 청구할 수 없다

1) 대법원 1998. 1. 23. 97다31441.

☞ 재용선계약의 경우에는 선주와 용선자 사이의 주된 운송계약과 용선자와 재용선자 사이의 재운송계약은 각각 독립된 운송계약으로서 선주와 재운송계약의 운송의뢰인(재용선자)과의 관계에서는 아무런 직접적인 관계가 없으므로 선주가 직접 재용선자에 대하여 주된 운송계약상의 운임 등을 청구할 수는 없고, 수하인에 대한 관계에서도 수하인이 화물을 수취하여도 수하인은 재용선계약의 운송인인 용선자에 대하여 운임지불의무를 부담하는 것일 뿐 선주가 수하인에 대하여 주된 운송계약의 운임 등을 직접 청구할 수는 없다.

3) 연락운송계약(통운송계약)

(1) 연락운송계약의 의의

(가) 연락운송계약(contract of through carriage, Durchfrachtvertrag)이란 해상운송인이 자기 담당구간뿐만 아니라 연결된 다른 운송인의 운송수단(선박 · 철도 · 자동차 · 항공기 등)에 의하여 목적지에 이르기까지의 전운송구간의 운송을 인수하는 계약을 말한다. 이는 법전상의 개념은 아니나 복수운송인의 연락운송이라는 점에서 상법의 순차운송(제138조)과 비슷하고, 복수의 운송수단에 의하여 운송하는 점에서 적체(積滯)약관(transshipment clause)부 단순운송과 비슷하지만, 연락운송계약은 하나의 계약에 의하여 처음부터 사람과 운송수단의 복수가 예정되어 있는 점에 그 특이성이 있다.

(나) 연락운송계약은 ① 운송구간마다 운송계약을 변경함으로써 생기는 적하의 손상과 시간의 낭비를 피할 수 있고, ② 중간운송주선인의 운송주선의 수고와 비용을 절약할 수 있으며, ③ 전운송과정에 소요되는 유임 기타의 비용을 미리 정확하게 알 수 있으므로, C.I.F. 매매계약의 경우에 편리하고, ④ 또 송하인은 통선하증권(through bill of lading, Durchkonnossement, connaissement direct)으로서 하(화)환을 이용하여 적하의 발송과 동시에 자금을 회수하는 한편, 수하인도 적하의 도착 전에 그 증권에 의하여 운송물을 처분할 수 있다는 장점이 있다.

(2) 연락운송계약의 종류

연락운송계약에는 제일운송인만이 송하인에 대하여 당사자로서 계약하는 단독(단순)연락운송계약(einfacher Durchvertrag)(하청운송)과 제일운송인뿐만 아니라 전운송인이 공동으로 송하인에 대하여 당사자로서 계약하는 공동연락운송계약(gemeinschaftlicher Durchfrachtvertrag)(동일운송)이 있다. 선하증권이 발행되지 않은 경우에는 그 효력이 대체로 육상의 경우와 다름이 없으나(제815조 · 제138조), 선하증권이 발행된 경우에는 대개 책임한도약관이나 분할책임약관이 삽입되어 있어서 실제로는 각 운송인은 그 담당운송구간에서 생긴 손해에 대해서만 책임을 지게 된다.

4) 계속운송계약

계속운송계약(Dauerfrachtvertrag)이란 해상운송인이 송하인에 대하여 일정한 장기간, 일정한 운임율로써 일정한 종류의 적하의 불특정 다수량을 수시 부분적으로 계속하여 운송할 것을 약속하고, 그 매회의 적하의 수량, 선적의 때와 곳, 양륙항의 결정같은 것을 보통 송하인에게 유보하기로 하는 계약을 말한다. 이것은 주로 정기운송인이 저율의 운임으로 운송을 독점하고, 동시에 송하인으로서도 장기간 안정된 운송을 할 수 있다는 장점이 있다.

5) 혼합선적계약

혼합선적계약(Meng- od. Bulkladungsvertrag)이란 해상운송에서 서로 다른 용선자 또는 송하인이 자기의 적하를 동종·동질의 다른 운송물과 혼합하는 것을 승인하고 체결하는 물건운송계약을 말한다. 산화적계약이라고 하며, 곡물 또는 석유를 운송할 경우에 많이 쓰인다. 선박소유자 등은 이로써 선복을 완전히 이용할 수 있고, 보관·관리를 단일화할 수 있으며, 용선자나 송하인도 저렴한 운임으로 운송할 수 있다는 장점이 있다.

6) 예선계약

예선계약(曳船契約)이란 선박소유자가 보수(예선료)를 받고 선박(예선)에 의하여 타인의 선박(피예선)을 일정한 지점까지 예항하기로 하는 계약이다. 피예선에 대한 예선의 지휘감독권이 있는 경우는 운송계약의 일종이라 할 수 있으나, 예선이 단순히 피예선에 대하여 동력을 공급하거나 그 운항을 보조하는 데 그치는 경우에는, 그것은 민법의 도급계약 또는 고용계약에 지나지 않는다.

제2절 개품운송

Ⅰ. 개품운송계약의 의의

개품운송계약(carriage in general ship, Stückgütervertrag)이란 운송인이 개개의 물건을

해상에서 선박으로 운송할 것을 인수하고, 송하인이 이에 대하여 운임을 지급하기로 약정하는 운송계약이다(제791조). 개품운송계약은 용선계약과는 달리 선박 또는 선복에 중점이 있는 것이 아니라 각 운송물과 운송의 결과에 중점이 있고, 그 성질은 역시 도급계약이다.

해상물건운송에 관한 통일조약

해상물건운송과 관련하여 1924년의 선하증권통일협약(International Convention for the Unification of Certain Rules of Law relating to Bills of Lading, Brussels, Aug. 25, 1924 : Hague Rules)이 1931년부터 발효되었고, 이 1924년 조약은 그 후 1968년의 선하증권통일조약 개정의정서(Protocol done at Brussels on Feb. 23, 1968 to amend the International Convention for the Unification of Certain Rules of Law relating to Bills of Lading, Brussels, Aug. 25, 1924 : Hague -Visby Rules)에 의하여 개정되어 1977년부터 발효되었다. 1978년에는 위의 1924년 조약을 대체할 "국제연합 해상물건운송협약"(United Nations Convention on the Carriage of Goods by Sea, 1978 : Hamburg Rules)이 제정되어 1992년 11월부터 발효되었다. 그 밖에 해상운송에 관한 최신 협약으로는 2008년 UN총회에서 채택된 "전부 또는 일부가 해상운송인 국제물품운송계약에 관한 유엔협약"(United Nations Convention on Contracts for International Carriage of Goods Wholly or Partly by Sea, 2009: Rotterdam Rules)이 있다. 우리나라는 위의 어느 조약에도 가입하지 아니하였다. 다만 우리 상법은 1991. 12. 31. 개정전에는 위 1924년 조약의 내용 중 책임원인에 관한 조항만 수용한 바 있으나, 개정법에서는 1968년의 비스비규칙 및 1978년의 함부르그규칙 중 특히 해상운송인의 책임에 관한 규정을 대폭 수용하였다. 2007년의 개정에서는 해상화물운송인의 손해배상책임한도액을 1968년 비스비규칙의 그것과 일치시켰다.

Ⅱ. 개품운송계약의 성립

1. 개품운송계약의 당사자

1) 개품운송계약의 당사자는 운송인수인과 운송위탁자이며, 전자는 선박소유자 외에도 선박임차인 · 정기용선자 · 용선자(재운송인) 등이고, 후자는 송하인이다. 그리고 계약관계자로는 운송주선인 · 선적인(shipper, Ablader) · 수하인(consignee, Empfänger)이 있다. 선적인이란 운송인과 송하인 사이의 운송계약에 의하여 자기의 명의로 물건을 선적하는 자이다.

2) 실무에서는 운송인이 운송물 도착을 알려야 할 통지처 또는 통지수령인(notify party)을 정하는 것이 보통이다. 이는 상업신용장을 발행한 은행이 미리 지급한 물품

대금의 상환을 확보하기 위하여 자신을 수하인으로 정하고, 실수입업자는 통지수령인으로 정하는 상관습에 따른 것이다. 이 통지수령인은 운송계약의 당사자는 아니나, 상법은 위와 같은 실무계의 요청에 부응하여 운송인이 선하증권에 기재된 통지수령인에게 운송물에 관한 통지를 한 때에는 송하인 및 선하증권소지인 기타 수하인에게 통지한 것으로 보도록 하였다(제853조 제4항).

◖ 대법원 2000. 3. 10. 99다55052
선하증권의 송하인이 반드시 운송계약의 상대방인지 여부

☞ 선하증권의 송하인란을 기재함에 있어서는 반드시 운송계약의 당사자만을 송하인으로 기재하여야 하는 것은 아니고, 넓은 의미의 하주(하주)를 송하인으로 기재할 수도 있으므로 선하증권상에 송하인으로 기재되어 있다는 것만으로 그 선하증권에 의한 운송계약의 상대방이라고 단정할 수는 없다.

◖ 대법원 1974. 9. 10. 74다457
실질적인 당사자가 계약상의 당사자이다

☞ 물건을 실제로 수출하는 업자가 무역등록업자가 아닌 까닭에 무역등록업자에게 수수료를 지급하기로 하고 무역등록업자 이름으로 해상운송업자와 화물운송계약을 체결한 경우에 해상운송업자의 선하증권발행으로 인한 손해배상책임자는 실제로 물건을 수출하는 업자이다.

2. 개품운송계약의 체결

1) 낙성 · 불요식계약

(1) 본래 해상물건운송계약은 범선(帆船)시대에는 주로 선장이 체결하였으나(의상 제767조 참조), 오늘날에는 해상운송인의 본점 · 지점 · 대리점 또는 선박중개인 등을 통하여 체결한다.

(2) 개품운송계약은 낙성계약이므로 청약과 승낙의 합치로써 성립하며, 그 내용 · 방식은 원칙적으로 자유이다. 그러나 실무에서 대부분의 개품운송계약은 부합계약이다. 당사자는 운송계약에서 약관을 특정하고, 그것을 계약의 내용으로 편입하는 취지의 합의를 한다.

(3) 해상운송인은 운송물을 수령한 후 송하인의 청구에 따라 1통 또는 수통의 선하증권을 교부하여야 한다(제852조 제1항). 선하증권은 유가증권이다.

2) 상법규정의 상대적 강행규정성

(1) 개품운송계약을 체결함에 있어 상법 제794조(감항능력주의의무), 제795조와 제796조(운송물에 관한 주의의무와 그 면책사유), 제797조(책임의 한도), 제798조(비계약적 청구에 대한 적용) 등의 규정에 위반하여 운송인의 의무 또는 책임을 경감 또는 면제하는 당사자 사이의 특약은 효력이 없다(제799조 제1항 제1문). 즉, 상법 제794조부터 제798조까지의 규정은 상대적 강행규정이다. 그러나 운송인이 이행할 용역의무의 범위를 한정하여 운송을 인수하는 내용의 선하증권 이면약관의 조항은 무효가 아니다.[1] 판례는 운송물의 선적·적부·양륙작업에 관하여 화주가 위험과 책임을 부담하기로 하는 약정(F I O조건: Free In and Out의 약자로서 운송인에게 부담을 지우지 않고(free) 화물이 선적되고(in) 양륙하는(out) 조건)도 무효가 아니라고 한다.[2] 또한 하역비용을 수하인이 부담하기로 하는 'C&F, FO(Cost and Freight, Free Out)조건'도 유효라는 취지로 판시하고 있다.[3] 이에 대하여 위와 같은 행위는 운송인의 기본적인 의무이므로 이를 화주에게 이양하는 것은 무효라는 견해가 있다.[4] 사견으로는 운송인이 그러한 행위를 인수한 경우에는 그에 따른 책임도 져야 할 것이지만, 그러한 행위 자체를 인수하지 않기로 하는 것은 책임의 경감과는 관계가 없다고 본다(유효).

◖ 대법원 2010. 4. 15. 2007다50649
운송계약상 F.I.O.조건은 운송물의 선적·양륙작업뿐만 아니라 적부작업에 관한 비용, 위험 및 책임까지 화주가 부담하기로 약정한 것으로 볼 수 있는지 여부

☞ 선적·양륙비용 화주 부담(Free In and Out, F.I.O.) 조건은 화주가 운송물의 선적과 양륙비용을 부담하는 조건으로서, 달리 특별한 사정이 없는 한, 화주가 비용뿐 아니라 자신의 위험과 책임 부담 아래 선적·양륙작업을 하기로 약정하였다고 해석함이 상당하다. 다만 동 조건을 두었다고 하여 그 조항으로써 화주가 당연히 선적·양륙작업뿐만 아니라 적부작업에 관한 비용과 책임까지 부담할 것을 약정하였다고 볼 것은 아니고, 운송물 또는 선박의 종류, 선박의 운항 형태에 따라서는 선적작업과 적부작업이 일련의 행위로서 연속하여 이루어지는 경우가 있을 수 있고, 그 경우에 화주가 하역인부를 수배·고용하고 그 보수를 지불하며, 나아가 선적뿐만 아니라 적부작업에 이르기까지 그 전 과정을 통제하였다면, 운송계약 당사자의 의사해석상 선적·양륙작업뿐만 아니라 적부작업에 관한 비용, 위험 및 책임까지 화주가 부담하기로 약정하였다고 봄이 상당하다.

---

1) 대법원 2009. 8. 20. 2007다82530; 동 2004. 10. 15. 2004다2137; 동 2003. 1. 10. 2000다70064.
2) 대법원 2010. 4. 15. 2007다50649.
3) 대법원 2004. 10. 15. 2004다2137.
4) 송상현·김현, 해상법원론, 2005, 309면.

(2) 운송물에 관한 보험의 이익을 운송인에게 양도하는 약정 또는 이와 유사한 약정도 역시 효력이 없다(제799조 제1항 제2문). 다만 위험성이 아주 높은 산 동물의 운송 및 선하증권 기타 운송계약을 증명하는 문서의 표면에 갑판적으로 운송할 취지를 기재하여 갑판적으로 행하는 운송에 대하여는 상법 제799조 제1항의 규정을 적용하지 아니한다(제799조 제2항).

Ⅲ. 개품운송계약의 효력

1. 개품운송인의 의무

1) 개품운송인의 운송준비의무

(1) 선박제공의무

해상운송인은 운송계약의 취지에 따라 특정 선박을 송하인에게 제공하여야 한다. 개품운송계약에서는 일반적으로 대선약관(代船約款)·적체약관(積滯約款)이 이용되고 있다.

(2) 감항능력주의의무

(가) 감항능력주의의무의 의의

개품운송인은 송하인에 대하여 발항 당시 선박이 안전하게 항해를 감당할 수 있는 능력, 즉 감항능력(seaworthiness, See-und Ladungstüchtigkeit)에 관한 주의의무를 부담한다(제794조). 해상운송은 육상운송과는 달리 고도의 위험성을 수반하기 때문에 상법이 개품운송인에게 특별한 주의의무를 부과한 것이다. 이 의무는 운송물에 관한 직접적인 주의의무와는 달리 운송설비인 선박의 안전운항과 관련된 주의의무라는 점에 특색이 있다.

(나) 감항능력주의의무의 법적 성질

ⓐ 강행규정: 개품운송인의 감항능력주의의무를 감경하는 특약은 효력이 없으므로(제799조 1항) 감항능력주의의무에 관한 상법의 규정은 편면적 강행규정이다.

ⓑ 상대적 의무·과실책임주의: 상법은 상대적 감항능력주의의무를 규정하여 과실책임주의로 하고 있다.

ⓒ 상위의 의무: 운송물에 관한 개품운송인의 주의의무는 책임면제사유가

된다고 하더라도(예컨대, 화재) 감항능력주의의무 위반은 운송인의 면책사유가 되지 않는다는 점에서 운송인의 운송물에 관한 주의의무로부터 독립된 상위의 의무이다.[1])

연혁 및 입법례

1) 감항능력에 관한 이론은 1681년 루이 14세의 해사칙령에 대한 Valin의 주해서에서 최초로 등장하였다. Valin은 "출범 전에 검사를 하고 감항력이 있다고 판단한 때라도 숨은 하자로 인하여 감항력이 없는 것으로 증명된 때에는 선박소유자의 담보는 존재한다."라고 하였다.[2])

2) 1807년 제정된 프랑스상법 제279조 제1항에는 "선장은 용선자가 선장의 발항시 불감항임을 증명하면 그 운송임을 잃고 용선자에 대하여 손해배상할 의무를 부담한다."고 규정하였다. 그러나 운송인의 책임의 성격이 불분명하여 학설은 무과실결과책임주의로 해석하는 것이 다수의 견해였고, 판례는 소수의 하급심판례를 제외하고는 과실책임주의를 취하였다. 그 후 1936년의 해상운송계약에 관한 특별법에서는 감항의무에 관한 규정이 없다가, 1966년 해상운송계약법을 전면 개정하면서 과실책임주의를 취하였다.

3) 독일 구상법 제560조 제2항은 과실책임주의를 취함을 규정하였지만 달리 해석될 여지도 있어서, 1937년 개정 상법 제559조 제2항 단서에서 "그 하자가 통상의 해상운송의 주의로서 발항시까지 발견할 수 없는 경우에는 책임을 지지 아니한다."라고 규정하여 과실책임주의를 명백히 규정하였다.

4) 영국 common law에서는 보편적이고 기본적인 개념은 당사자들이 계약조항으로 넣지 않더라도 묵시적으로 담보되는데, 감항능력담보도 그와 같은 기본개념 중의 하나이다. 영국에서는 1876년과 1877년 판례에서 절대적 담보책임이 확립된 이래 1924년 해상물품운송법이 제정되기까지 보편적인 통상의 관행이 되었다. 1924년법은 헤이그규칙을 수용한 것으로서 묵시적인 절대적 담보를 폐지하고 과실책임주의를 취하였다. 영국은 1968년 개정의정서도 수용하였다.

5) 미국은 common law상의 묵시적 담보에 관한 점은 영국과 동일하다. 1893년 Harter법은 항해상의 과실에 대하여 운송인이 면책되기 위하여는 감항능력에 관한 상당한 주의를 요한다고 규정하였고, 1936년 미국해상물건운송법(COGSA)이 제정되어 과실책임주의를 취하였다(제3조).

6) 캐나다는 1985년의 수상운송법(제3조)에서 과실책임주의를 취한다.

7) 일본은 내항선에 의한 운송에 적용되는 상법 제758조의 감항능력주의의무의 성격에 관하여 무과실책임설(판례·통설)과 과실책임설이 나누어져 있으나, 외항선에 적용되는 1957년의 국제해상물품운송법은 과실책임주의를 취한다.

8) 우리나라의 경우는 의용상법 제378조에서 절대적 감항능력주의의무를 규정하여 통설은 이를 무과실책임주의를 취한 것으로 보았고, 이에 따라 선박소유자에게 너무 무거운 책임을 지운다는 비판이 있었다. 현행 상법은 대부분의 입법례와 선하증권에 관한 통일조약 및 헤이그규칙을 모범으로 하여 과실책임주의를 취하였다.

9) 결국 각국의 입법이 과실책임주의로 통일되고 있는 것은 1924년 제정된 선하증권에 관한 통일조약 제3조 제1호의 취지를 그대로 받아들인 것이다. 1978년 함부르그규칙

1) 채이식(하) 750면.

2) 이주홍, 해상운송법, 1992, 135면 이하 참조.

은 감항능력주의의무에 관한 규정을 두지 아니하였으나, 2009년 로테르담규칙은 감항능력주의의무에 관한 규정을 다시 두고 있다.

(다) 감항능력주의의무의 내용

선박의 감항능력은 상대적인 것이므로 그 유무는 구체적으로 항로와 운송물 등과 관련시켜 결정하여야 한다. 감항능력주의의무의 내용은 ① 선박 자체가 안전하게 항해를 할 수 있을 것(船體能力, 협의의 감항능력)(제794조 제1호), ② 필요한 선원의 승선, 선박의장과 필요품의 보급에 부족함이 없을 것(運航能力)(제794조 제2호), ③ 선창·냉장실 기타 운송물을 적재할 선박의 부분을 운송물의 수령·운송과 보존을 위하여 적합한 상태에 둘 것(堪荷能力)(제794조 제3호)을 말한다. 운송인은 이에 관한 주의를 해태하지 아니하였음을 증명하지 아니하면 운송물의 멸실, 훼손 또는 연착으로 인한 손해를 배상할 책임이 있다(제794조 본문). 이를 분설하면 다음과 같다.

(a) 선체능력(협의의 감항능력): 선체능력은 선박 자체의 양호한 상태, 즉 물리적 감항능력을 뜻한다. 선박은 항행구역에 관한 규정에 따른 자격을 가져야 하고 또한 선령·구조 등이 사실상 항해를 하기 위해 적합하여야 한다. 다만 선체의 결함이 항해 중 선내에 준비된 수단으로 신속·간편하게 보정할 수 있는 경우에는 감항능력이 있다고 하여야 한다.

(b) 운항능력: (i) 운항능력은 선박이 특정 항해를 수행하는 데 필요한 모든 인적·물적 설비를 갖추어야 한다는 것이다. 즉, 필요한 선원이 승선하여야 하고, 선박의 의장 및 필요품이 충분히 보급되어야 한다. 필요한 선원의 승선이란 당해 항해에 필요한 인원수의 선원을 승선시킴과 동시에 그 선원은 선로와 선박 및 물건의 운송에 경험이 있고 적합한 자격을 가져야 한다. 선원에는 도선사도 포함된다. 다만 도선사의 필요 여부는 도선사가 선장의 조언자에 지나지 않기 때문에 선장의 사실상의 능력과 항해상의 필요 정도를 고려하여 결정하여야 한다.

◖ 대법원 1975. 12. 23. 75다83
약 2개월의 경험밖에 없는 항해사는 감항능력이 부족하다

☞ 약 2개월의 경험밖에 없는 항해사는 안전항해 능력이 부족하므로 그의 항해과실로 인한 사고에 대하여 선박소유자는 상법 제794조 소정의 손해배상책임을 면할 수 없다.

◖ 대법원 1989. 11. 24. 88다카16294
취직공인을 받지 못한 어로장이 선박의 항해를 지휘하다가 그 항해상의 과실로 사고를 일으킴은 감항능력주의의무 위반이다

☞ 〈사　실〉

어선 '한성호'는 시계 30m의 농무(濃霧) 속에서 우현 선수로 역시 어선 '동원호'의 좌현 기관실부분을 충격하여 동원호가 침몰하였다. '한성호'의 선장 갑은 본인의 결혼관계로 취직공인을 받지 못한 어로장 을에게 선장의 직무를 대행하게 하였는데, 당시 선주는 이와 같은 사실을 알지 못하였다.

〈판결요지〉

선박소유자에게는 자기소유의 선박이 발항할 당시 안전하게 항해를 감당할 수 있도록 필요한 인적, 물적 준비를 하여 감항능력을 확보하여야 할 주의의무가 있는 것이고, 이러한 감항능력주의의무의 내용에는 선박이 안전하게 항해를 하는 데 필요한 자격을 갖춘 인원수의 선장과 선원을 승선시켜야 할 주의의무가 포함되어 있는 것이므로 선박의 출항당시 관할 항만당국으로부터 취직공인을 받은 선장이 승선하지 아니하였고, 이러한 사실을 위 선박의 소유자가 알지 못하였으며, 보수교육을 받지 아니하여 어로장으로서의 취직공인마저 받지 못한 어로장이 위 선박의 항해를 지휘하다가 그 항해상의 과실로 사고를 일으켰다면, 비록 그 어로장이 선장과 동종의 해기면장을 보유하고 있었더라도 위 선박은 출항당시 인적 감항능력을 충분히 갖추지 못한 상태에 있었다고 할 것이고, 따라서 이러한 사실을 알지 못한 선박의 소유자에게도 특별한 사정이 없는 한 감항능력주의의무를 다하지 아니한 과실이 있다고 할 것이다.

◖ 대법원 1995. 8. 22. 94다61113

해당 면허가 없는 선원이라도 사실상 특정 항해를 안전하게 수행할 수 있는 우수한 능력을 갖춘 선원이 승선하였다면 선박이 인적 감항능력을 결여하였다고 할 수는 없다

☞ 원칙적으로 선박직원법에 따른 해기사면허가 없는 선원이 승선한 선박은 소위 인적 감항능력을 결여한 것으로 추정되나, 선원이 그 면허를 소지하였는지 여부만이 선박의 인적 감항능력의 유무를 결정하는 절대적인 기준이 되는 것은 아니고, 비록 그 면허가 없다고 하더라도 사실상 특정 항해를 안전하게 수행할 수 있는 우수한 능력을 갖춘 선원이 승선하였다면 이러한 경우까지 선박이 인적 감항능력을 결여하였다고 할 수는 없다. [참고판례] 서울민사지방법원 1997. 10. 23. 97가합7408[확정]: 해양수산부장관의 허가를 받은바 없이 단지 선박이 예인되고 있다는 사유만으로 피예인선에 해기사를 승선시키지 아니한 경우, 인적 감항능력이 구비되었다고 보기 어렵다.

(ii) 선박의장(船舶艤裝)이라 함은 그 항해에 필요한 서류와 속구를 비치하는 것을 말한다. 해도・나침반・항해일지 등이 이에 해당된다. 한편 자동위치측정기 등 최신의 과학장비를 구비하지 아니한 경우, 영국법원은 이를 불감항이라고 보나, 미국법원은 이것이 불감항을 야기시킬만큼 기본적인 것이 아니라고 한다. 우리나라의 경우에는 현재의 해운의 실정을 고려해 볼 때, 이를 비치하지 않았다고 해서 불감항이라고는 할 수 없을 것이다.

(iii) 필요품이란 선박이 항해를 수행하는 데 필요한 연료・식량・의료품 등을

말하며 수량 및 품질도 적당하여야 한다.

(c) 감하능력: 선박은 안전하게 항해할 수 있도록 화물을 적재하고 화물운송에 적절한 설비를 갖추어야 한다. 특별한 물건을 운송하는 때에는 그에 필요한 시설과 장비를 갖추어야 한다. 상법은 선창·냉장실 기타 운송물을 적재할 선박의 부분을 운송물의 수령, 운송과 보존을 위하여 적합한 상태에 두어야 한다고 규정하고 있다(제794조 제3호). 그러나 이와 같은 장치는 이를 요하는 운송물의 운송의 경우에만 요구되는 것이지, 모든 운송물에 대하여 동일한 장치가 필요한 것은 아니다.

◖ 대법원 1976. 10. 29. 76다1237
검량관의 노후 여부를 조사하지 아니한 것은 감항능력주의의무의 위반이다.

☞ 선박의 선창밑에 설치된 유조탱크와 갑판 사이에 직립으로 부착하여 시설한 유류검량관에 생긴 틈과 구멍으로 새어나온 기름에 운송물이 오염되어 훼손된 경우에 있어서 선박이 선적항을 발항하기 이전부터 검량관의 파손부위가 이미 낡아 있었고 항해중의 강풍과 풍랑에 의한 선박의 동요로 인하여 위의 틈으로부터 기름이 새어나왔다면 선박소유자는 상당한 주의로서 세밀히 검량관의 노후 여부를 조사하였더라면 이를 발견, 예방할 수 있었을 것이므로 선박소유자는 감항능력담보의무를 다하였다고 할 수 없고 위와 같은 사고는 항해상의 과실이나 불가항력으로 인한 것이라고 할 수 없다. 동지: 대판 1985. 5. 28. 84다카966; 동 1998. 2. 10. 96다45054.

◖ 부산지방법원 1995. 7. 25. 94가합8870
선저탱크에 주입된 해수가 부식된 공기통풍관을 통하여 화물창으로 누출되어 화물이 훼손된 경우, 해상운송인은 감항능력주의의무를 다하지 못하였으므로 손해배상책임이 있다.

☞ 선박의 측심작업은 선박의 항해를 위하여 해수를 주입할 때에도 필요하지만 운송물의 보호를 위하여도 필요한 작업인데도 해상운송인의 피용자들인 선박의 선원들이 해수를 주입할 때에는 물론 그 후 항해시에도 전혀 측심을 행하지 아니하여 화물창의 50㎝ 높이까지 해수가 유입되어 일부 화물이 수침되었음에도 이를 양륙시까지 발견하지 못한 경우, 이를 상법 제795조 제2항 소정의 항해 내지 선박관리 과실이라고는 할 수 없고, 같은 조 제1항 소정의 운송물의 운송, 보관 등에 관한 주의의무 위반이라고 하여야 하고, 더욱이 발항 당시 해상운송인이 상당한 주의로서 세밀히 공기통풍관의 노후 여부를 조사하였더라면 부식된 것을 사전에 발견하여 사고를 예방할 수 있었을 것인데 그러한 주의의무를 다하지 아니하여 적재한 운송물을 훼손한 것이므로, 이는 해상운송인이 감항능력 주의의무를 다하지 아니한 것으로서 손해배상책임을 면할 수 없다.

(라) 주의의 정도

감항능력을 구비함에 있어 어느 정도의 주의를 요하는가에 대하여 명문의 규정이 없으나, 상법이 본래 헤이그규칙을 수용하였으므로 이는 '상당한 주의'(due diligence)

로 해석하여야 한다.[1] 이는 각 경우에 따라 객관적으로 성하여야 하고, 민법상의 선관주의의무와 같은 것으로 이해하여야 한다.

독립적인 이행보조자라고 할 수 있는 선급협회나 조선회사 등 독립적인 계약자의 과실로 인하여 선박이 감항능력을 상실한 경우에는 해상운송인은 그 선임이나 감독에 과실이 없으면 면책되어야 할 것이다.

(마) 주의의 시기

감항능력에 관한 주의시기는 발항당시인데(제794조 본문), 발항 '당시'란 선적을 개시한 때로부터 발항할 때까지로 넓게 해석해야 하며, '발항'이란 선적항의 발항으로 해석하여야 한다. 이는 헤이그규칙을 입법화한 것이다. 1978년의 함부르그규칙은 감항능력주의의무에 관한 규정을 두지 않는다. 이것은 운송인의 이러한 의무를 인정하지 않는 것이 아니라, 오히려 발항당시에 한하지 않고 항해 중에도 이 의무를 부담시키는 취지로 해석하여야 한다. 이러한 취지에서 2009년 로테르담규칙은 감항능력주의의무에 관한 규정을 두면서 그 시기를 항해 전, 항해 개시시, 항해 중으로 확대하고 있다.

(바) 감항능력주의의무위반의 효과

(a) 손해배상책임: 개품운송인이 감항능력에 관한 주의를 해태하여 운송물에 손해가 발생한 경우에는 손해배상책임을 진다. 다만 그 책임은 운송물의 멸실·훼손·연착으로 인한 손해에 한한다(제794조 본문).

(b) 책임경감금지: 개품운송인의 감항능력 주의의무위반으로 인한 손해배상책임을 경감하는 당사자 사이의 면책특약은 그 효력이 없다. 또한 운송물에 관한 보험의 이익을 운송인에게 양도하는 약정 또는 이와 유사한 약정도 같다(제799조 제1항). 다만 산 동물의 운송 및 선하증권 기타 운송계약을 증명하는 문서의 표면에 갑판적으로 운송할 취지를 기재하여 갑판적으로 행하는 운송에 대하여는 이 의무 또는 책임을 면제·경감하는 당사자 사이의 특약은 유효하다(제799조 제2항).

(c) 보험자의 면책: 개품운송인의 감항능력 주의의무위반으로 인한 손해에 대하여는 해상보험자도 그 보상책임을 면한다(제706조 제1호).[2]

(d) 증명책임: 개품운송인은 면책사유에 해당하는 사실이 있었다는 것과 운송물에 관한 손해가 그 사실로 인하여 보통 생길 수 있는 것임을 증명하면 그 손해를 배상할 책임을 면한다(제796조 제1항 본문). 다만 개품운송인이 감항능력주의의무(제

1) 대법원 1998. 2. 10. 96다45054.
2) 대법원 2020. 6. 4. 2020다204049: 영국법을 준거법으로 하는 해상보험계약에서 부적절한 예인방법은 감항능력 결여로 볼 수 있고, 이 경우 보험자는 그로 인한 손해에 대하여 면책될 수 있다.

794조) 및 운송물에 관한 주의의무(제795조 제1항)를 다하였더라면 그 손해를 피할 수 있었음에도 불구하고 그 주의를 다하지 아니하였음을 송하인이 증명한 때에는 개품운송인은 책임을 면하지 못한다(제796조 제1항 단서). 따라서 감항능력 주의의무위반은 송하인이 이를 증명하여야 한다.

(e) 계약의 해제: 감항능력주의의무 위반으로 계약의 목적을 달성할 수 없는 경우에는 운송계약을 해제할 수 있다. 다만 항해가 시작된 후에는 감항능력주의의무 위반이 있더라도 계약을 해제할 위치에 있지 않으므로 손해배상청구만 가능할 것이다.

(3) 적하의 수령 · 적부의무

(가) 송하인은 당사자 사이의 합의 또는 선적항의 관습에 의한 때와 곳에서 개품운송인에게 운송물을 제공하여야 한다(제792조 제1항). 송하인이 이와 같은 합의 또는 관습에 따른 때와 곳에서 운송물을 제공하지 아니한 경우에는 계약을 해제한 것으로 본다(제792조 제2항 제1문). 이 경우 선장은 즉시 발항할 수 있고, 송하인은 운임의 전액을 지급하여야 한다(제792조 제2항 제2문). 송하인은 선적기간 내에 운송에 필요한 서류를 선장에게 교부하여야 한다(제793조).

(나) 송하인이 위에서 말한 대로 운송물을 제공하면 개품운송인은 그 운송물을 수령하여야 하고, 수령한 운송물을 선내의 적당한 장소에 적부(積付)하여야 한다. 운송물의 수령은 선측(alongside)에서 하고, 적부는 특약이나 다른 관습이 없는 한 갑판적을 할 수 없고 선창(船艙)에 하여야 한다.

◖ 대법원 2003. 1. 10. 2000다70064
해상운송계약상 화물의 적부(적부)에 있어서 운송인의 주의의무

☞ 운송계약이 성립한 때 운송인은 일정한 장소에서 운송물을 수령하여 이를 목적지로 운송한 다음 약정한 시기에 운송물을 수하인에게 인도할 의무를 지는데, 운송인은 그 운송을 위한 화물의 적부에 있어 선장 · 선원 내지 하역업자로 하여금 화물이 서로 부딪치거나, 혼합되지 않도록 그리고 선박의 동요 등으로부터 손해를 입지 않도록 하는 적절한 조치와 함께 운송물을 적당하게 선창 내에 배치하여야 하고, 가사 적부가 독립된 하역업자나 송하인의 지시에 의하여 이루어졌다고 하더라도 운송인은 그러한 적부가 운송에 적합한지의 여부를 살펴보고, 운송을 위하여 인도 받은 화물의 성질을 알고 그 화물의 성격이 요구하는 바에 따라 적부를 하여야 하는 등의 방법으로 손해를 방지하기 위한 적절한 예방조치를 강구하여야 할 주의의무가 있다. 동지: 대법원 2017. 6. 8. 2016다13109.

(다) 선장은 법령 또는 계약에 위반하여 선적한 운송물은 언제든지 이를 양륙할 수 있고, 그 운송물이 선박 또는 다른 운송물에 위해를 미칠 염려가 있는 때에는 이

를 포기할 수 있다(제800조 제1항). 그러나 만약 선장이 그 물건을 운송하는 때에는 선적한 때와 곳에서의 동종 운송물의 최고운임의 지급을 청구할 수 있다(제800조 제2항). 이때 송하인측에 과실이 있는지는 불문한다. 그러나 송하인측에 과실이 있으면 개품운송인 그 밖의 이해관계인은 계약불이행 또는 불법행위를 원인으로 한 손해배상을 청구할 수 있다(제800조 제3항).

(라) 한편 인화성·폭발성 그 밖의 위험성이 있는 운송물은 운송인이 그 성질을 알고 선적한 경우에도 그 운송물이 선박이나 다른 운송물에 위해를 미칠 위험이 있는 때에는 선장은 언제든지 이를 양륙, 파괴 또는 무해조치를 할 수 있다(제801조 제1항). 이로 인하여 그 운송물에 발생한 손해에 대하여는 공동해손분담책임을 제외하고 그 배상책임을 면한다(제801조 제2항). 이때에도 송하인측에 과실이 있으면 운송인은 그로 인한 손해배상을 청구할 수 있다고 본다.

(4) 선하증권교부의무

(가) 해상운송인은 운송물을 수령한 후 송하인의 청구에 따라 1통 또는 수통의 선하증권을 교부하여야 한다(제852조 제1항). 선하증권에는 운송물의 수령 후에 발행하는 수령선하증권과 선적 후에 발행하는 선적선하증권이 있는데, 운송인은 운송물을 선적한 후 송하인의 청구가 있으면 1통 또는 수통의 선적선하증권을 교부하거나 수령선하증권에 선적의 뜻을 표시하여야 한다(제852조 제2항).

(나) 선하증권의 교부는 선장 기타의 사용인에게 위임할 수 있다(제852조 제3항). 선하증권의 교부를 받은 송하인은 증거보전을 위하여 발행자(운송인)가 등본의 교부를 청구한 때에는 선하증권의 등본에 기명날인 또는 서명하여 교부하여야 한다(제856조).

2) 개품운송인의 운송실행의무

(1) 발항의무

(가) 개품운송인은 운송물의 선적이 완료된 때에는 지체없이 발항하여야 한다(선원 제8조 참조). 발항시기는 공시된 발착시간표에 따른다.

(나) 송하인이 운송물의 제공을 해태한 때에는 선장이 즉시 발항할 수 있으며, 송하인은 운임 전액을 지급하여야 한다(제792조 제2항).

(2) 직항의무

개품운송인은 필요한 경우(예컨대, 공동위험의 회피, 인명 또는 재산의 구조, 감항능력의 회복) 외에는 발항항에서 도착항까지 예정항로를 변경하지 않고 항행하여야 한다

(제796조 제2항 제8호, 선원 제8조 참조).

(3) 운송물의 보관·처분의무

개품운송인은 운송물의 수령시부터 인도시까지 선량한 관리자의 주의로써 운송물을 보관하여야 하고(제795조 제1항), 위급한 때에는 적당한 방법으로 운송물을 처분할 의무가 있다(제752조). 또 개품운송인은 송하인 또는 선하증권소지인이 운송의 중지·운송물의 반환 기타의 처분을 청구할 때에는 그 지시에 따라야 한다(제815조·제139조 제1항 제1문).

3) 개품운송인의 운송종료 후의 의무

(1) 양륙에 관한 의무

(가) 양륙항입항의무

개품운송인은 운송계약상 예정된 양륙항 또는 발항 후 송하인이 지정하는 양륙항에 입항하고, 일정한 양륙장소에 선박을 정박하여야 한다.

(나) 양륙의무

운송물이 목적지에 도착한 때에는 개품운송인은 운송물을 양륙하여야 한다.

(2) 운송물인도의무

(가) 운송물인도의무의 내용

(a) 운송물이 목적지에 도착한 때에는 개품운송인은 수하인에게 운송물의 도착통지를 하여야 하며, 운송물의 도착통지를 받은 수하인은 당사자 사이의 합의 또는 양륙항의 관습에 의한 때와 곳에서 지체 없이 운송물을 수령하여야 한다(제802조). 운송물의 인도는 보통 적하의 양륙과 동시에 하는 것이나, 반드시 일치하는 것은 아니다. 운송인은 수하인이 운임·부수비용·체당금·체선료, 운송물의 가액에 따른 공동해손 또는 해난구조로 인한 부담액 등의 지급과 상환하지 아니하면 운송물을 인도할 의무가 없고(제807조 제2항), 이들 금액을 지급받기 위하여 법원의 허가를 얻어 운송물을 경매할 수도 있다(제808조 제1항).

(b) 정기개품운송에서는 대량의 운송물을 단시간 내에 양륙하기 위하여 운송물은 먼저 양륙되고, 인도는 해상운송인의 육상의 사용인 또는 대리인(예컨대, 부두경영자, 창고업자, 운송주선인 등)에 의하여 행하여지는 경우가 많다.

(c) 운송물의 인도란 운송물에 대한 사실상의 지배상태인 점유가 운송인으로부터 벗어나는 것을 말하므로, 수하인뿐만 아니라 운송물이 세관당국의 관장하에 들

어간 것도 인도에 해당한다(제803조, 함부르그규칙 제4조 제2항 (b); 로테르담 규칙 제12조 제2항 (b) 참조).

(나) 인도방법

(a) 선하증권이 발행되지 않은 경우

운송물을 수령할 자는 운송계약에서 수하인으로 지정된 자이다. 운송물이 양륙항에 도착하면 수하인은 운송물인도청구권을 취득하므로(제815조 · 제140조) 송하인이 운송물의 처분을 청구하지 않는 한 운송인은 수하인에게 인도하여야 한다(제815조, 제139조).

◖ 대법원 2003. 10. 24. 2001다72296
목적지에서 수하인이 운송물의 인도를 청구한 후 선하증권이 발행된 경우

☞ 선하증권이 발행되지 아니한 해상운송에 있어 운송물의 목적지에서 수하인이 도착한 화물에 대하여 운송인에게 인도 청구를 한 다음에는 비록 그 운송계약에 기한 선하증권이 뒤늦게 발행되었다고 하더라도 그 선하증권의 소지인이 운송인에 대하여 새로이 운송물에 대한 인도청구권 등의 권리를 갖게 된다고 할 수는 없다.

(b) 선하증권이 발행된 경우

(i) 수하인은 선하증권의 정당한 소지인이다. 따라서 해상운송인은 선하증권과 상환하여 증권소지인에게 운송물을 인도하여야 한다(제861조, 제129조). 해상운송인이 선하증권 소지인이 아닌 자에게 운송물을 인도하면 고의 또는 중과실로 인한 불법행위[1] 또는 선하증권소지인의 선하증권에 의한 운송물인도청구권의 이행불능으로[2] 인한 손해를 배상할 책임이 있다. 이때에는 운송인의 책임이 제한되지 않는다. 물론 해상운송인이 선하증권 소지인의 인도지시[3] 내지 승낙에 따라 운송물을 제3자에게 인도한 경우, 그 선하증권 소지인에 대한 손해배상책임을 지지 않는다.[4]

---

1) 대법원 1991. 8. 27. 91다8012; 동 1991. 12. 10. 91다14123; 동 2001. 4. 10. 2000다46795; 동 2004. 10. 15. 2004다2137; 동 2007. 6. 28. 2007다16113; 동 2023. 8. 31. 2018다289825.

2) 대법원 1990. 2. 13. 88다카23735.

3) 대법원 2005. 2. 18. 2002다2256: 수하인이 보세장치장 설영자에게 운송물 전체에 대한 화물인도지시서를 제시하여 그 운송물 중 일부만을 출고하고 나머지는 자신의 사정으로 후에 출고할 의사로 그대로 둔 경우, 그 시점에서 운송인은 운송물 전체의 인도의무를 다하였다고 볼 수 있다.

4) 대법원 1997. 6. 24. 95다40953: 해상운송인이 선하증권 소지인의 인도 지시 내지 승낙에 따라 운송물을 제3자에게 인도한 경우에는 그 제3자가 선하증권을 제시하지 않았다 하더라도 해상운송인이 그와 같은 인도 지시 내지 승낙을 한 선하증권 소지인에 대하여 운송물인도의무 불이행이나 불법행위로 인한 손해배상책임을 진다고 할 수 없다. 동지: 대법원 1974. 12. 10. 74다376.

◖ 대법원 2010. 9. 30. 2010다41386
운송취급인이 선하증권을 제시받지 않은 채 화물인도지시서를 발행한 것은 그 자체로 위법한 행위이고, 수입업자가 수입물에 대한 정당한 처분권한이 있는 것처럼 타인을 기망하여 이를 양도담보로 제공하고 대출을 받은 불법행위에 대하여 공모하거나 적어도 방조한 행위로서 공동불법행위에 해당한다

☞ 국제운송업자의 국내 운송취급인 갑 회사의 피용자 을이 수입업자로부터 선하증권을 회수하지 않은 채 수입물에 대한 화물인도지시서를 발행하여 줌으로써 수입업자가 그 화물인도지시서를 창고업자에게 제시하여 물품보관증을 발급받은 다음 이를 금융기관인 병 금고에게 교부하여 점유개정의 방법으로 수입물에 대한 양도담보계약을 체결하고 대출을 받았으나, 선하증권을 소지한 신용장개설은행(선하증권상의 수하인)의 권이행사로 병 금고가 양도담보권을 상실하는 손해를 입은 사안에서, 을이 선하증권을 제시받지 않은 채 화물인도지시서를 발행한 것은 그 자체로 위법한 행위이고, 수입업자가 수입물에 대한 정당한 처분권한이 있는 것처럼 병 금고를 기망하여 이를 양도담보로 제공하고 대출을 받은 불법행위에 대하여 공모하거나 적어도 방조한 행위로서 공동불법행위에 해당한다. 갑 회사가 을에 대한 선임 및 그 사무감독에 상당한 주의를 하였거나 상당한 주의를 하였어도 손해가 발생하였으리라고 볼 증거가 없으므로, 을은 수입업자의 공동불법행위자로서, 갑 회사는 을의 사용자로서, 각자 병 금고가 입은 손해를 배상할 책임이 있다.

한편 보세장치장에 운송물이 입고된 후 보세장치장 설영자가 선하증권과 상환없이 운송물을 인도한 경우, 대법원은 과거에는 운송인에게 책임을 물었었다.[1] 근래에는 이와 같은 경우에는 해상운송인이 아닌 보세장치장 설영자에게 책임을 묻고 있다. 그 이유는 보세창고와 실수하인 사이에 명시적 임치계약이 이미 존재하는 것으로 볼 수 있고, 동시에 창고업자와 운송인 사이에도 묵시적으로 임치관계가 있다고 본다는 것이다. 이를 묵시적 임치계약설 또는 이중적 임치계약설, 중첩적 임치계약설이라 한다.[2] 이에 대하여 실수입업자와 보세창고업자간에는 제3자(운송인)를 위한 계약이 존재한다는 제3자를 위한 계약설이[3] 있다.

◖ 대법원 2004. 5. 14. 2001다33918
보세장치장 설영자가 화물인도지시서나 운송인의 동의 없이 화물을 인도함으로써 선하증권의 소지인이 손해를 입은 경우, 불법행위에 기한 손해배상책임을 진다.

---

1) 대법원 1991. 8. 27. 91다8012; 동 2000. 11. 14. 2000다30950.
2) 대법원 2004. 1. 27. 2000다63639; 서울지방법원 1999. 5. 21. 98가합60120.
3) 최종현, "보세창고업자의 화물불법인도에 대한 운송인의 채무불이행책임", 한국해법학회지 제27권 제2호, 2005. 11, 282면 이하 참조.

☞ 해상운송화물은 선하증권과 상환으로 그 소지인에게 인도되어야 하는 것이고 선하증권 없이 화물이 적법하게 반출될 수는 없는 것이므로, 선하증권을 제출하지 못하여 운송인으로부터 화물인도지시서를 발급받지 못한 통지처의 요구에 따라 운송물을 인도하면 이 화물이 무단반출되어 선하증권의 소지인이 운송물을 인도받지 못하게 될 수 있음을 예견할 수 있음에도 불구하고, 보세장치장 설영자가 화물인도지시서나 운송인의 동의를 받지 않고 화물을 인도한 경우 그로 말미암아 선하증권의 소지인이 입은 손해에 대하여 보세장치장 설영자는 불법행위에 기한 손해배상책임을 진다. 동지: 대법원 2004. 1. 27. 2000다63639; 동 2004. 5. 14. 2001다33918; 동 2004. 7. 9. 2002다16729; 동 2004. 7. 22. 2001다67164; 동 2006. 12. 21. 2003다47362; 동 2007. 6. 28. 2005다22404.

◖ 대법원 2009. 10. 15. 2009다39820
운송인과 보세창고업자 사이의 법률관계 및 운송인 등에 대한 보세창고업자의 법률상 지위

☞ [1] 해상운송화물이 통관을 위하여 보세창고에 입고된 경우에는 운송인과 보세창고업자 사이에 해상운송화물에 관하여 묵시적 임치계약이 성립한다. 따라서 보세창고업자가 화물을 인도함에 있어서 운송인의 지시 없이 수하인이 아닌 사람에게 인도함으로써 수하인의 화물인도청구권을 침해한 경우에는 그로 인한 손해를 배상할 책임이 있다.

[2] 보세창고업자는 해상운송화물에 대한 통관절차가 끝날 때까지 화물을 보관하고 적법한 수령인에게 화물을 인도하여야 하는 운송인 또는 그 국내 선박대리점의 의무이행을 보조하는 지위에 있다.

[3] 보세창고업자가 선하증권과 상환하지 아니하고 운송인 등의 지시 없이 운송선사 발행의 마스터 화물인도지시서(Master D/O)만을 확인한 채 해상운송화물을 수입업자에 인도한 행위는, 하우스 선하증권(House B/L) 소지인의 화물인도청구권을 위법하게 침해한 것으로 불법행위를 구성한다.

[4] 대법원 2023. 12. 14. 2022다208649: 보세창고업자는 '운송인의 이행보조자'로서 주의의무가 인정되고, 인도지시서의 적법성 여부를 확인할 의무까지 인정되나, 다만 신용장개설은행은 당시 유효한 선하증권을 보유하지 못한 상태였기 때문에 단순히 신용장 조건에 따른 잠재적 권리자일 뿐 보세창고업자의 주의의무 보호 대상이 아니다.

◖ 대법원 2005. 1. 27. 2004다12394
선하증권의 소지인의 운송물에 대한 소유권이 침해된 것이 아니라고 한 사례

☞ [1] 운송인의 국내 선박대리점이 실수입자의 요청에 의하여 그가 지정하는 영업용 보세창고에 화물을 입고시킨 경우, 영업용 보세창고업자가 실수입자와 공모하여 보세창고에 입고된 화물을 무단반출함으로써 화물이 멸실되었다고 하더라도 선박대리점의 중대한 과실에 의하여 선하증권 소지인의 운송물에 대한 소유권이 침해된 것이라고는 할 수 없다.

[2] 운송인 및 그 국내선박대리점은 영업용 보세창고업자에 대하여 민법상 사용자의 지위에 있다고 볼 수는 없다.

FIOS 조건에서의 화물인도

FIOS(free in and out, stowed)란 출발지에서 화물을 선박 내에 탑재(in)하고, 탑재된 화물을 적재(stow)하고, 도착지에서 화물을 선박에서 양륙(out)하는 업무를 운송인이 아닌 화주가 책임진다는 의미이다.

특히 FO(free out) 규정에 관하여는 이를 (i) 단순히 양륙의무에 관한 것으로 양륙비용을 누가 지급할 것인가에 관한 규정으로 보는 견해와, (ii) 양륙의무와 함께 화물인도의무까지 확대하는 견해가 있다. (i)에 따르면 운송인은 FO에 따라 양륙된 화물에 대해서도 여전히 화물인도의무를 부담하게 된다. 이때 하역업자와 보세창고업자는 우리 대법원이 취하는 묵시적 임치계약설(중첩적 임치계약설)에 따라 운송인의 이행보조자로 의제되고, 따라서 보세창고업자가 선하증권과 상환없이 운송물을 반출한 경우에는 당연히 불법행위가 성립하게 된다. 우리 판례는 (ii)의 견해를 취하는데, 이에 따르면 운송인의 화물 인도의무는 양륙과 동시에 종료되는 것으로 해석한다. 이는 이른바 선상도로서 수하인이 선박에서 화물을 양륙할 때 운송인의 화물인도의무는 종료된다. 그런데 이러한 해석은 강행규정인 우리 상법 제799조(운송인의 책임경감금지)가 정한 바, "운송인의 의무 또는 책임을 경감 또는 면제하는 당사자 사이의 특약은 효력이 없다"라는 규정에 위반될 여지가 있고, 미국 판례는 이를 무효로 보고 있으나,[1] 우리 판례는 이를 무효로 보지 아니한다.[2] 최신 협약인 로테르담 규칙도 제13조 제2항에서 운송인과 송하인 측의 합의로 화물의 탑재, 취급, 적재, 양륙을 화주가 담당할 수 있다는 명문규정을 두고 있다. 한편, 우리 판례의 견해에 따르면, 선상에서 화물을 인도하는 때에 운송인이 선하증권과 상환 없이 화물을 인도하였다면, 그 당시에 이미 운송인의 계약 혹은 불법행위에 따른 손해배상책임이 성립하게 된다. 그리고 이후 수입업자(주로 선하증권상 통지처로 기재)의 의뢰를 받은 하역업자 혹은 보세창고업자가 해당 화물을 선하증권과 상환 없이 인도하였다고 하더라도 별도의 불법행위가 다시 성립되지는 아니한다.

따라서 선하증권에 FO조건이 기재되어 있는 경우는 FO 계약의 특수성을 인정하여, 보세창고 입고를 이유로 화물인도가 완료되어 운송인의 주의의무가 종료된다고 볼 수 없다는 종래의 판결과는 달리, 화물인도 시점은 선상이며 그때 선하증권과 상환되어야 한다는 결론이 된다. 이때 선하증권과 상환하지 아니하고 화물을 인도하였다면 그 시점에서 이미 불법행위는 성립하였고, 나중에 창고(보통은 수하인이 운영하는 창고이거나 수하인이 계약한 창고인 경우가 많다)에서 선하증권을 상환받지 않았다고 해서 새삼 불법행위가 성립되는 것은 아니라는 것이다.

'선상도'(FO)방식의 인도 약정

◖ 대법원 2004. 10. 15. 2004다2137
이른바 '선상도'(FO)의 방식으로 인도 약정을 한 경우 운송물의 인도의무 이행 시점

☞ 해상운송에 있어서 선하증권이 발행된 경우 운송인은 수하인, 즉 선하증권의 정당한

1) United States Court of Appeals, Second Circuit, Associated Metals & Minerals Corp. v. M/V Arktis Sky et al., 978 F.2d 47, 1993 A.M.C. 509.

2) 대법원 2004. 10. 15. 2004다2137.

소지인에게 운송물을 인도함으로써 그 계약상의 의무이행을 다하는 것이 되고, 만약 수하인이 스스로의 비용으로 하역업자를 고용한 다음 운송물을 수령하여 양륙하는 방식(이른바 '선상도')에 따라 인도하기로 약정한 경우에는 수하인의 의뢰를 받은 하역업자가 운송물을 수령하는 때에 그 인도의무의 이행을 다하는 것이 되고, 이때 운송인이 선하증권 또는 그에 갈음하는 수하인의 화물선취보증서 등(이하 '선하증권 등'이라고 한다)과 상환으로 인도하지 아니하고 임의로 선하증권상의 통지처에 불과한 실수입업자의 의뢰를 받은 하역업자로 하여금 양하작업을 하도록 하여 운송물을 인도하였다면 이로써 선하증권의 정당한 소지인에 대한 불법행위는 이미 성립하는 것이고, 달리 특별한 사정이 없는 한 위 하역업자가 운송인의 이행보조자 내지 피용자가 된다거나 그 이후 하역업자가 실수입업자에게 운송물을 전달함에 있어서 선하증권 등을 교부받지 아니하였다 할지라도 별도로 선하증권의 정당한 소지인에 대한 불법행위가 성립하는 것은 아니다. 동지: 대법원 2014. 3. 27. 2011다221.

◖ 대법원 2014. 5. 16. 2012다23320
영업용 보세창고업자가 화물인도지시서에 의하여 화물을 인도하는 관행이 존재하는 양하항의 경우

☞ 다만, 'FO 조건'에 따라 선상도가 이루어졌더라도 영업용 보세창고업자가 화물인도지시서에 의하여 화물을 인도하는 관행이 존재하는 양하항에서는 화물이 양하 후 영업용 보세창고에 입고되었다면 추후 창고업자에 의해 화물이 인도되는 시점에서 운송인의 화물인도의무가 종료되는 바, 이때 선하증권과의 상환이 없이 운송물의 인도가 이루어졌다면 이때 비로소 불법행위가 성립하고, 창고업자가 손해배상책임을 진다.

보증도 · 가인도

1) 해상운송인은 선하증권과 상환하여 증권소지인에게 운송물을 인도하여야 하지만(제861조 · 제129조), 실제로는 가인도 또는 보증도를 하거나, 하도지시서(荷渡指示書)에 의하여 선하증권과 상환하지 않고 운송물을 인도하는 예외의 경우가 있다. 하도지시서(delivery order, Konnosse-mentsteilschein)란 선하증권이 발행되어 있는 운송물에 대하여 운송인 또는 선하증권소지인이 선하증권을 분할 또는 대용하기 위하여 발행하는 일종의 유가증권이다.

2) 보증도(保證渡) 또는 가도(假渡)에 의하여 수하인이 선하증권 없이 운송물을 수령하고 제 3 자가 수하인으로부터 그 운송물을 선의취득한 경우에는 운송인은 선하증권의 정당한 소지인에 대하여 상법상 채무불이행으로 인한 손해배상책임을 진다. 그러나 판례는 한걸음 더 나아가 민법상 불법행위책임을 지고, 경우에 따라서는 형법상 횡령죄 또는 배임죄의 책임을 져야 할 경우도 있다고 보고 있다.

3) 이에 대하여 보증도는 국제적인 관행인데, 선하증권 사본에 수하인으로 기재된 신용장발행은행으로부터 보증을 받은 경우에도 선하증권과 상환하지 아니하고 물품을 인도한 것을 불법행위라고 보는 것은 의문이라는 견해가 있다.[1] 그러나 선하증권 소지인의 입장에서 보면 보증도나 가도는 불법행위가 된다는 점에는 의문의 여지가 없다. 그

1) 동지: 최기원(하) 904면.

리고 보증도 또는 가도가 운송인의 고의 또는 무모한 행위에 의한 불법행위를 구성하는 것으로 보는 이상 운송인의 책임제한규정(제797조)도 원용할 수 없게 된다.

◖ 대법원 1991. 12. 10. 91다14123
이른바 '보증도'에 의하여 선하증권 소지인의 운송물에 대한 권리를 침해하였을 때에는 고의 또는 중대한 과실에 의한 불법행위가 성립된다.

☞ 은행의 신용장개설에 따라 이루어진 격지간의 상품매매에 따른 상품운송에 있어서 선하증권상의 수하인으로 되어 있어 장래 그 선하증권의 취득이 확실시되는 신용장개설은행의 보증하에 그 명의의 화물선취보증장과 상환으로 선하증권과 상환함이 없이 그 선하증권상에 통지처로 되어 있는 실수요자에게 운송물을 인도하는 형태의 이른바 '보증도'가 국제해운업계에서 일반적으로 행하여지는 세계적인 상관습이나 이러한 '보증도'의 상관습은 운송인 또는 선박대리점의 정당한 선하증권 소지인에 대한 책임을 면제함을 직접목적으로 하는 것이 아니고 오히려 '보증도'로 인하여 정당한 선하증권 소지인이 손해를 입게 되는 경우 해상운송인 또는 선박대리점 등이 그 손해를 배상하는 것을 전제로 하고 있는 것으로서, 운송인 또는 운송취급인은 진정한 선하증권 소지인이 아닌 자에게 운송물을 인도하게 되면 선하증권 소지인의 운송물에 대한 권리를 침해하는 결과가 발생될 수 있음을 인식하고 있었다고 보아야 할 것이고 만약 그 결과의 발생을 인식하지 못하였다면 그와 같이 인식하지 못하게 된 점에 대하여 운송인 또는 운송취급인으로서의 주의의무를 현저히 결여한 중대한 과실이 있다고 볼 것이다. 동지: 대법원 1992. 2. 14. 91다4249; 동 1992. 1. 21. 91다14994; 동 1992. 2. 25. 91다30026; 동 1989. 3. 14. 87다카1791; 동 1995. 9. 15. 94다61120; 동 2023. 8. 31. 2018다289825.

◖ 대법원 1991. 4. 26. 90다카8098
불법행위로 인한 손해배상청구권도 선하증권에 화체되어 선하증권이 양도됨에 따라 선하증권 소지인에게 이전한다.

☞ 보증도 등으로 운송물이 멸실된 경우 채무불이행으로 인한 손해배상청구권은 물론 불법행위로 인한 손해배상청구권도 선하증권에 화체되어 선하증권이 양도됨에 따라 선하증권 소지인에게 이전되고, 가사 선하증권의 취득자가 운송물이 선하증권과 상환하지 아니하고 인도된(보증도) 사실을 알고 있었다고 하더라도 손해배상청구권의 취득에는 소장이 없다. 동지: 대법원 1992. 2. 14. 91다13571; 동 1992. 2. 25. 91다30026; 동 2003. 1. 10. 2000다70064; 동 2023. 8. 31. 2018다289825.

◖ 대법원 1993. 10. 8. 92다12674
보증도에 의한 운송물 멸실 이후에 선하증권을 취득한 자가 입은 손해의 범위

☞ 보증도 등의 방법에 의하여 운송물의 회수가 사회통념상 불가능하게 됨으로써 그것이 멸실된 후에 선하증권을 소지하게 된 자가 입은 손해는 그 운송물의 멸실 당시의 가액(운송물의 가액을 한도로 한 신용장대금) 및 이에 대한 지연손해금 상당의 금액이다. 동지: 대법원 2009. 5. 28. 2007다24008(화물선취보증서에 기한 보증책임의 범위는 그 보증서에 기재된 상업송장 가액으로 제한되는 것은 아니며, 보증도의 방법에 의하여 운

송물의 회수가 사회통념상 불가능하게 됨으로써 그것이 멸실된 후에 운송인이 송하인에 대하여 배상하여야 할 손해액은 그 운송물의 멸실 당시의 가액 및 이에 대한 지연손해금 상당의 금액이다).

(ii) 수통의 선하증권이 발행된 경우에는 2인 이상의 소지인이 경합할 수 있는데, 양륙항에서는 어느 한 통의 증권소지인이 운송물의 인도청구를 하더라도 선장은 인도를 거부하지 못하며(제857조 제1항), 또한 그 소지인이 운송물을 수령한 때에는 다른 선하증권은 그 효력을 잃는다(제857조 제2항). 만약 2인 이상의 선하증권소지인이 운송물의 인도청구를 한 때에는, 선장은 지체없이 운송물을 공탁하고, 각 청구자에게 통지를 하여야 한다(제859조 제1항). 양륙항에서 1통의 소지인에게 운송물의 일부를 인도한 후(제857조 제1항), 다른 소지인이 운송물의 인도를 청구한 경우에는 그 잔여운송물에 대하여서도 동일하다(제859조 제2항).

(iii) 운송물이 공탁된 경우의 선하증권소지인 간의 권리에 있어서는 수인의 소지인에게 공통되는 전 소지인으로부터 먼저 교부를 받은 증권의 소지인이 다른 소지인에 우선하여 그 권리를 행사한다(제860조 제1항). 격지자에 대하여 발송한 선하증권은 그 발송한 때를 교부받은 때로 본다(제860조 제2항).

(iv) 한편, 양륙항 외에서는 선장은 선하증권의 각 통의 반환을 받지 아니하면 운송물을 인도하지 못한다(제858조).

화물운송이 종료된 시점에 관한 판례 추이

대법원 1992. 2. 14. 91다4249

운송인은 화물을 선하증권 소지인에게 선하증권과 상환하여 인도함으로써 그 의무의 이행을 다하는 것이므로 선하증권 소지인이 아닌 선하증권상의 통지처의 의뢰를 받은 하역회사가 양하작업을 완료하고 화물을 하역회사의 일반보세창고에 입고시킨 사실만으로는 화물이 수하인에게 인도된 것으로 볼 수 없다.

☞ 선하증권이 발행된 경우 해상운송물의 하역작업이 반드시 선하증권 소지인에 의하여 수행되어야 하는 것이 아니고 선하증권의 제시가 있어야만 양하작업이 이루어지는 것도 아닌 바, 운송인은 화물을 선하증권 소지인에게 선하증권과 상환하여 인도함으로써 그 의무의 이행을 다하는 것이므로 선하증권 소지인이 아닌 선하증권상의 통지처의 의뢰를 받은 하역회사가 양하작업을 완료하고 화물을 하역회사의 일반보세창고에 입고시킨 사실만으로는 화물이 운송인의 지배를 떠난 것이라고 볼 수 없고, 이러한 경우 화물의 인도시점은 운송인 등의 화물인도지시서에 의하여 화물이 하역회사의 보세장치장에서 출고된 때라고 보아야 한다.

◖ 대법원 1996. 3. 12. 94다55057
운송물의 인도시점은 수하인에게 화물에 대한 실질적 지배가 넘어간 때이다.

☞ 화물이 컨테이너 전용장치장에서 반출되어 보세운송된 다음 선하증권상 통지처인 갑회사의 사가보세장치장으로 입고된 것이 갑회사에 대한 화물의 인도라고 볼 것인지 여부는 그 화물에 대한 사실상의 지배가 운송인으로부터 갑회사로 이전되었는가 하는 사실관계에 터잡아 판단되어야 하고, 갑회사의 자가보세장치장에의 입고가 관계 법규에 의해 강제되어 있다거나(만일 강제되어 있다면 운송인이 선하증권과 상환하지 않고 화물을 인도하였다 하더라도 그 책임을 면한다고 볼 여지가 있다.), 그 단계에서 인도가 이루어진 것으로 볼 경우 무역거래에 혼란이 초래되거나 자가보세장치장의 효용이 떨어지게 된다는 사유가 있다고 하여 인도의 시기를 달리 볼 것은 아니며, 또 운송계약상의 인도 목적지에 이르기 전이라도 화물에 대한 사실상의 지배가 갑회사에게 넘어갔다면 그 순간에 인도가 이루어진 것으로 보아야 한다. … 보세운송은 화주 또는 화주의 위임을 받은 보세운송업자가 그 명의로 세관장에게 신고하여 세관장의 면허를 받아야 할 수 있도록 규정되어 있어, 화물에 대한 보세운송 신고를 할 수 있는 자는 화주 또는 화주의 위임을 받은 보세운송업자뿐이므로, 다른 사정이 없는 한 보세운송과정 중의 화물은 화주의 사실상의 지배 아래 있다고 봄이 상당하다. 동지: 대법원 1990. 2. 13. 88다카23735.

◖ 대법원 2009. 10. 15. 2008다33818
유류화물의 인도시점은 운송인이 수입업자가 정한 창고업자에게 유류화물을 인도하는 때이다

☞ 가스오일과 같은 유류화물에 관하여 선하증권을 발행한 경우에 수입업자의 요청에 따라 운송인이 수입업자로부터 면책각서(Letter of Indemnity)만을 교부받은 채 선하증권과 상환하지 아니하고 수입업자가 정한 창고업자에게 유류화물을 인도하는 경우가 있다. 이 경우 수입업자에 대한 인도가 종료되어 운송인은 유류화물에 대한 점유를 비롯한 사실상의 지배를 상실하게 되고, 운송인을 통하여 간접적으로 유류화물에 대한 점유를 하고 있던 선하증권 소지인 역시 유류화물에 관한 사실상의 지배를 잃게 되어 운송물에 대한 권리가 침해되어 선하증권 소지인에 대한 불법행위가 성립한다고 할 것이고, 그 이후 창고업자가 임치물인 유류화물을 수입업자에게 출고하면서 선하증권 등을 교부받지 아니하였다고 하더라도 이는 임치인인 수입업자와의 사이에 이루어진 임치약정에 따른 것이므로 그 사정만으로는 선하증권의 정당한 소지인에 대한 새로운 불법행위가 성립한다고 할 수 없다.

(3) 공탁의무

개품운송계약의 경우 운송물의 도착통지를 받은 수하인은 당사자간의 합의 또는 양륙항의 관습에 의한 때와 곳에서 지체없이 운송물을 수령하여야 한다(제802조). 그러나 수하인이 운송물의 수령을 게을리한 때에는 선장은 이를 공탁하거나 세관 그 밖에 법령으로 정한 관청의 허가를 받은 곳에 인도할 수 있다(제803조 제1항 제1문). 이 경우에는 지체없이 수하인에게 그 통지를 발송하여야 한다(제803조 제1항 제2문). 수하인을 확실히 알 수 없거나 수하인이 운송물의 수령을 거부한 때에는 선장은 운송물을 공탁하거나 세관 그 밖에 법령으로 정한 관청의 허가를 받은 곳에 인도하고 지체없이 용선자 또는 송하인 및 알고 있는 수하인에게 그 통지를 발송하여야 한다(제803조 제2항). 공탁하거나 세관 그 밖에 법령으로 정한 관청의 허가를 받은 곳에 인도한 때에는 선하증권소지인 그 밖의 수하인에게 운송물을 인도한 것으로 본다(제803조 제3항).

2. 개품운송인의 권리

1) 개품운송인의 운임청구권

(1) 원 칙

개품운송인은 자기가 인수한 운송을 완성한 때에는 그 보수인 운임을 청구할 수 있다. 운임지급의무자는 송하인이지만, 운송물수령 후에는 수하인도 운임지급의무를 부담한다(제807조 제1항).[1]

운송물이 목적지에 도착하지 아니한 때에는 운임청구권은 발생하지 아니한다. 운송물의 전부 또는 일부가 송하인의 책임없는 사유로 인하여 멸실한 때에도 운송인은 그 운임을 청구하지 못하고, 이때 운송인이 이미 그 운임의 전부 또는 일부를 받은 때에는 이를 반환하여야 한다(제815조, 제134조 제1항).

◖ 대법원 1977. 7. 26. 76다2914
운임지급에 대한 악의의 선하증권소지인에게는 선하증권의 문언증권성이 배제된다고 본 사례

☞ 선하증권상 송하인의 운임전불 기재가 있는 경우 위 기재대로 송하인에 의하여 운임이 지급결제된 것으로 알고 화물을 수령한 선의의 선하증권소지인이면 그 증권의 문언증권성에 의하여 운임지급의무를 면한다 할 것이나 운임이 결재되지 아니하였음을 알고 하물을 수령한 악의의 선하증권소지인은 상법 제807조 제1항 소정의 운임지급의무를 면할 수 없는 것이고 이 법리는 선하증권과 상환없는 이른바 공도의 방법으로 화물을 수령한 실질적 수하인에게도 적용된다 할 것이고 선하증권소지인의 선의・악의의 판단시기는 선하증권취득당시이나 위 실질적 수하인의 선의・악의의 판단시기는 하물수령당시이다.

1) 대법원 1998. 1. 23. 97다31441: 선박이 재용선된 경우 선주는 직접 재용선자 또는 수하인에 대하여 주된 운송계약의 운임을 청구할 수 없다.

◖ 대법원 1996. 2. 9. 94다27144
수하인 또는 선하증권의 소지인은 운송물을 수령하지 않는 한 운임 등을 지급하여야 할 의무가 없다.

☞ 상법 제807조 제1항에는 "수하인은 운송물을 수령하는 때에는 운송계약 또는 선하증권의 취지에 따라 운임, 부수비용, 체당금, 정박료, 운송물의 가액에 따른 공동해손 또는 해난구조로 인한 부담액을 지급하여야 한다."고 규정하고 있으므로, 수하인 또는 선하증권의 소지인은 운송물을 수령하지 않는 한 운임 등을 지급하여야 할 의무가 없다고 보아야 할 것이고, 따라서 수하인이 운송인으로부터 화물의 도착을 통지받고 이를 수령하지 아니한 것만으로 바로 운송물을 수령한 수하인으로 취급할 수는 없으며, 상법 제807조 제1항 소정의 운임 등을 지급할 의무도 없다.

(2) 예 외

개품운송인은 예외적으로 다음의 경우에는 운송물이 목적지에 도착하지 아니한 때라도 운임청구권을 행사할 수 있다.

(가) 송하인 등의 과실

운송물의 전부 또는 일부가 그 성질이나 하자 또는 송하인의 과실로 인하여 멸실된 때에는 개품운송인은 운임의 전액을 청구할 수 있다(제815조 · 제134조 제2항). 송하인에게 과실이 있는 경우, 운송인은 그 밖의 손해가 있으면 그 손해의 배상도 청구할 수 있다.

(나) 적하의 처분

선장이 항해의 계속에 필요한 비용을 지급하기 위하여 운송물을 처분한 경우(제750조 제1항), 또는 운송물에 대하여 공동해손처분을 한 경우(제865조)에는 개품운송인은 운임의 전액을 청구할 수 있다(제813조). 이들 경우에는 송하인이 선박소유자나 공동해손분담채무자에 대하여 배상을 청구할 수 있으며, 이 배상액 중에는 운임도 가산되어 있기 때문이다.

(다) 선적의 지체

송하인이 선적을 해태하여 선장이 발항한 때에는 송하인은 운임의 전액을 지급하여야 한다(제792조).

(라) 운송불능

(a) 항해 중에 선박의 침몰 · 멸실 · 수선불능 · 포획이 발생하여 운송계약이 종료되거나(제810조 제1항 제1호부터 제3호까지), 항해 또는 운송이 법령을 위반하게 되거나, 그 밖에 불가항력으로 인하여 계약의 목적을 달성할 수 없게 되어 계약을 해지한 때에는(제811조 제1항), 개품운송인은 운송의 비율에 따라 운송물의 가액의 한도에서 운

임을 청구할 수 있다(제810조 제2항·제811조 제2항). 이 비율은 단지 운송거리의 비율에 한하지 않고 항해의 난이도·비용·시간·노력 등을 참작하여 정한다.

(b) 운송물의 일부가 선적 전에 불가항력으로 인하여 멸실하거나, 운송물의 일부에 대하여 항해 또는 운송이 법령을 위반하게 되거나 기타 불가항력으로 인하여 계약의 목적을 달성할 수 없게 된 때에는 송하인은 운송인의 책임이 가중되지 아니하는 범위 안에서 다른 운송물을 선적할 수도 있다(대하선적권 : 제812조 제1항). 이때 송하인은 지체 없이 운송물의 양륙 또는 선적을 하여야 하며, 그 양륙 또는 선적을 게을리한 때에는 운임의 전액을 지급하여야 한다(제812조 제2항).

(3) 운임액의 계산

운임은 당사자간의 계약에 의하여 정하나, 상법은 운임계산에 관한 보충규정을 두고 있다. 즉, 운송물의 중량 또는 용적으로 운임을 정한 때에는 운임액은 운송물을 인도하는 때의 중량 또는 용적에 의하여 정한다(제805조). 기간으로 운임을 정한 때에는 운임액은 원칙으로 운송물의 선적을 개시한 날로부터 양륙을 종료한 날까지의 기간에 의하여 정한다(제806조 제1항). 그러나 불가항력으로 인하여 선박이 선적항이나 항해 도중에 정박한 기간 또는 항해 도중 선박수선에 소요된 기간은 이에 산입하지 아니한다(제806조 제2항).

2) 개품운송인의 기타 권리

개품운송인의 그 밖의 권리로는 ① 운송물제공청구권(제792조 제1항 참조)이 있다. ② 개품운송계약과 용선계약에 공통적인 것으로서 발항권(제831조 제2항, 제792조 제2항), 운송에 필요한 서류교부청구권(제793조, 제841조 제1항), 위법선적물[1] 또는 위험물에 대한 조치권(제800조, 제801조, 제841조 제1항), 송하인이나 용선자가 운송물의 전부 또는 일부를 선적하고 운송계약을 해제 또는 해지한 경우 선적과 양륙비용의 청구권(제835조), 송하인 또는 용선자에 대한 선하증권등본 교부청구권(제856조) 등이 있으나, 이에 관하여는 대부분 기술하였다. 이곳에서는 그 밖의 권리로서 대박료(待泊料)청구권, 체당금 기타 비용청구권, 유치권·경매권·공탁권에 관하여만 보기로 한다.

---

1) 대법원 1996. 6. 14. 95다46036: 약관상 '화물이 불법한 것으로 드러난 경우'란, 해상화물운송계약상의 법률관계에 비추어 화물 자체가 수입금지품목 등에 해당되는 경우만을 예정한 것이 아니라 화주 또는 수하인이 화물의 적법한 통관절차를 거치지 않고 밀수입하는 경우도 포함되는 것으로 해석함이 상당하다.

(1) 대박료청구권

선적기간 또는 양륙기간을 경과한 후에 선적 또는 양륙을 위하여 선박을 정박시킨 경우(초과정박기간)에는 개품운송인은 수하인에 대하여 체선료(대박료·징박료)를 청구할 수 있나. 제선료의 법적 성질은 손실을 전보하기 위한 법정의 특별보수이며,[1] 따라서 선박소유자의 과실상계의 대상이 되지 아니한다.[2] 수하인이 운송물을 수령한 때에는 수하인은 체선료를 지급하여야 할 의무가 있다(제807조 제1항).

(2) 체당금 기타 비용청구권

개품운송인은 당해 운송에 부수하여 발생한 부수비용(예컨대, 창고의 보관료·적환(積換)비용·공탁비용) 또는 체당금(예컨대, 관세·과태료·검역검사비용·구조료·공동해손분담금 등)을 양륙항에서 수하인에게 청구할 수 있다(제807조 제1항).

(3) 유치권

개품운송인은 운임 기타 부수채권의 지급을 받기 위하여 운송물에 대하여 유치권을 행사할 수 있다(제807조 제2항). 개품운송인의 유치권은 피담보채권과 유치의 목적물인 운송물과의 견연관계를 요하며, 유치의 목적물은 운송물로 제한되고 그 운송물의 소유자는 누구인지 묻지 아니하는 점 등에서 민사유치권(민 제320조)과 같고 일반상사유치권(제53조)과는 다르다.

(4) 경매권

개품운송인은 운임 기타 부수채권의 지급을 받기 위하여 법원의 허가를 얻어 운송물을 경매하여 우선변제를 받을 수 있으며(제808조 제1항), 선장이 수하인에게 운송물을 인도한 후에도 그 인도일로부터 30일을 경과하지 않았거나 제3자가 그 운송물의 점유를 취득하지 않은 동안은 그 운송물을 경매하여 우선변제를 받을 수 있다(제808조 제2항). 개품운송인의 경매권은 법원의 허가를 반드시 필요로 하는 점 그리고 운송물의 인도 전후를 불문하는 점에서 민법상 유치권자의 경매권(민 제332조 제1항)과 구별된다. 물론 개품운송인이 이 경매권을 행사하여도 운임 기타 채권의 충당에 부족한 때에는 그 부족액을 송하인에게 청구할 수 있다.

(5) 공탁권

개품운송인은 수하인이 운송물의 수령을 게을리하는 경우 운송물을 공탁하거나 세관 그 밖에 법령이 정하는 관청의 허가를 받은 곳에 인도할 수 있으며, 이때에는

1) 대법원 1994. 11. 25. 93도3274; 동 2005. 7. 28. 2003다12083.
2) 대법원 1994. 6. 14. 93다58547; 동 2005. 7. 28. 2003다12083.

지체 없이 수하인에게 그 통지를 하여야 한다(제803조 제1항).

3) 개품운송인의 채권 · 채무의 소멸

(1) 채권 · 채무의 제척기간

개품운송인의 송하인 또는 수하인에 대한 채권 및 채무는 그 청구원인의 여하에 불구하고 운송인이 수하인에게 운송물을 인도한 날 또는 인도할 날부터 1년 이내에 재판상 청구가 없으면 소멸한다(제814조 제1항 본문).[1] 이 기간은 제척기간이다.[2] 다만 이 기간은 당사자의 합의에 의하여 연장할 수 있다(제814조 제1항 단서). 재판상 청구에는 채권자의 가압류 신청 및 결정도 포함되며,[3] 중재의 제기도 재판상의 청구와 동일한 효력이 있다. 청구원인의 여하를 불문하기 때문에, 운송인 등의 불법행위책임을 묻는 경우에도 같다. 다만 운송인이 제3자에 대하여 부진정 연대채무자로서 구상청구를 하는 경우에는 1년의 제척기간이 적용되지 아니한다.[4]

◖ 서울고등법원 2012. 4. 3. 2011나37553
상법 제814조 제1항에서 정한 '재판상 청구'에 '채권자의 가압류 신청 및 결정'이 포함된다

☞ 상법 제814조 제1항에서 정한 '재판상 청구'는 좁은 의미의 소송만을 의미하는 것이 아니라 넓은 의미의 재판상 신청 내지 청구까지 포함하는 것으로 해석되므로, 소송, 중재, 지급명령 신청, 중재인 선정 통지, 민사조정 신청, 파산선고 신청, 민사집행법에 의한 배당요구, 소송고지, 선박소유자책임제한절차 참가 등이 모두 상법 제814조 제1항에서 정한 재판상 청구에 해당한다고 보아야 한다.

제척기간의 기산점은 '운송인이 수하인에게 운송물을 인도한 날 또는 인도할 날'이다.[5] 운송물을 인도할 날은 단순히 인도가 예정된 일자 그 자체가 아니라 운송계약 내용이 이행되었다면 실제로 인도가 이뤄졌어야 할 날을 의미하며, '인도할 날'을 지나서도 손해가 계속 발생하는 경우(예컨대 컨테이너 초과사용료 및 터미널 보관료가 계속 발생하는 경우)에는 '인도할 날'이 아니라, 각 손해가 실제로 발생한 날을 제척기간의 기산점으로 보아야 하고, 제척기간은 단순 계약채권뿐 아니라 불법행위에 기한 채권에

---

1) 대법원 2007. 4. 26. 2005다5058; 동 2007. 6. 28, 2007다16113.
2) 대법원 1997. 11. 28. 97다28490; 동 2019. 4. 23. 2015다60689; 동 2019. 6. 13. 2019다205947; 동 2022. 6. 9. 2017다247848; 동 2022. 12. 1. 2020다280685.
3) 서울고등법원 2012. 4. 3. 2011나37553. 이때 제척기간의 기산점은 가압류 신청일을 기준으로 한다.
4) 대법원 2001. 10. 30. 2000다62490: 재운송계약이 체결된 해상물건운송계약에서 원수운송인의 구상권은 상법 제814조 소정의 단기제척기간이 적용되지 않는다. 공동불법행위자 사이의 구상채권의 소멸시효는 10년이다: 대법원 1979. 5. 15. 78다528.
5) 대법원 1997. 11. 28. 97다28490; 동 2019. 7. 10. 2019다213009.

도 적용된다.[1)] 보세창고업자에게 인도하는 것만으로 운송물이 수하인에게 인도된 것으로 볼 수 없다. 보세창고에 입고되었으나 결국 수하인에게 인도되지 못한 경우는 '인도할 날'이 제척기간의 기산점이 된다.[2)]

(2) 제3자에게 운송을 재위탁한 경우의 제척기간

운송인이 인수한 운송을 다시 제3자에게 위탁한 경우 그 제3자에 대한 운송인의 채권 · 채무는 송하인 또는 수하인이 운송인과 배상 합의를 하거나 운송인에게 재판상 청구를 한 날(운송인이 제3자에게 재판상 청구를 받은 날로부터 3개월 이내에 소송고지를 한 경우에는 그 재판이 확정되거나 그 밖에 종료된 날)로부터 3개월이 경과하기 이전에는 소멸하지 아니한다(제814조 제2항 · 제3항).[3)] 이는 1년의 제척기간 내에 배상 합의를 하거나 재판상 청구가 있는 경우는 물론이고, 운송인과 그 제3자 사이에 기간연장의 약정이(제814조 제1항 단서) 있는 경우에도 또한 같다(제814조 제2항 제2문). 운송인이 송하인으로부터 인수한 운송을 제3자에게 재위탁한 경우에 운송인과 제3자 사이의 채권 · 채무에 운송인과 송하인 또는 수하인 사이에 적용되는 제척기간과 동일한 제척기간이 적용되면 운송인이 불측의 손해를 입을 우려가 있다. 왜냐하면 이와 같은 경우 운송이 제3자에 의하여 실행되기 때문에 운송인은 자기와 운송계약을 체결한 하주가 손해배상을 해 오기 전에는 운송물의 멸실 · 훼손 또는 지연이 있었는지를 알 수 없는 경우가 많은데, 만약 하주가 제척기간이 만료될 무렵 운송인에게 손해배상청구를 해 온 경우 운송인으로서는 제3자에 대한 구상소송을 할 시간적 여유가 없기 때문이다. 2007년 개정해상법은 헤이그-비스비규칙 및 함부르그규칙의 입법례에 따라 상법 제814조 제2항 및 제3항을 신설하여 이와 같은 경우에 3개월의 시간적 여유를 두도록 정하였다.[4)] 다만 전술한 바와 같이 운송인이 제3자에 대하여 부진정연대채무자로서 구상청구를 하는 경우에는 1년의 제척기간이 적용되지 아니한다.

(3) 소송고지의 허용

운송이 재위탁된 경우에 있어서 재판상 청구를 받은 운송인이 그로부터 3개월 이

1) 대법원 2022. 12. 1. 2020다280685.
2) 대법원 2019. 6. 13. 2019다205947.
3) 대법원 2018. 12. 13. 2018다244761.
4) 헤이그-비스비규칙 제3조 제6항의 2 및 함부르그규칙 제20조 제5항, 로테르담규칙 제64조는 운송인의 제3자에 대하여 가지는 채권의 제척기간은 법정지법에 의하여 결정되는 기간 동안 연장되는 것을 원칙으로 하면서, 그 연장기간이 운송인이 하주측에게 손해배상금을 지급한 날 또는 하주측이 운송인에게 재판을 청구한 날로부터 최소한 3개월(헤이그-비스비규칙) 또는 90일(함부르그규칙, 로테르담규칙) 이상이 되어야 한다고 규정하고 있다.

내에 그 제3자에 대하여 소송고지를 하면 3개월의 기간은 그 재판이 확정되거나 그 밖에 종료된 때부터 기산한다(제814조 제3항). 이는 제소시 인지대 등 막대한 비용이 소요되는 점을 고려하여 제소 대신에 소송고지를 하는 방안을 강구한 것이다.

Ⅳ. 개품운송인의 손해배상책임

1. 서 설

상법은 개품운송인의 손해배상책임에 관하여 육상물건운송인의 책임규정을 준용하고 있으므로(제815조 · 제134조 · 제136조부터 제140조까지) 개품운송인의 책임은 육상물건운송인의 책임과 대체로 같다. 그러나 해상운송의 특수성에 비추어 약간의 특별규정을 두고 있다. 즉, 상법은 과실책임주의를 원칙으로 하면서 과실을 항해과실과 상사과실로 나누어 항해과실 및 선박화재에 대하여는 운송인의 책임을 면제하고(제795조 제2항), 일정한 사항에 대하여는 증명책임을 경감하며(제796조), 손해배상책임을 제한하는가 하면(제797조), 면책약관의 제한에 관한 규정을 두어(제799조) 해상기업의 보호와 이해관계인의 이익의 조화를 도모하고 있다.

2. 책임부담의 주체

손해배상책임을 지는 주체가 되는 개품운송인이라 함은 개품운송인 스스로는 물론 그 사용인 또는 대리인, 책임보험자 및 실제운송인과 그 사용인 또는 대리인 등을 가리킨다. 다만 독립적인 계약자는 운송인의 '사용인 또는 대리인'이 아니다. 이 밖에 상법상의 선박소유자(즉, 이용선주), 선박공유자, 선박임차인, 정기용선자로서 자기명의로 개품운송을 하는 자를 포함한다. 책임부담의 주체인 개품운송인은 후술하는 책임제한의 주체가 될 수 있는 자이기도 하다(제797조 제1항).

◖ 대법원 2002. 5. 28. 2001다12621
선박의 운행 중 사고로 인한 손해배상에 대하여 그 선박의 이용자가 손해배상을 부담하기 위한 요건

☞ 선박의 운행 중 사고로 인한 손해배상에 대하여 그 선박의 이용자가 손해배상을 부담하기 위하여는 그 이용자가 사고 선박의 선장 · 선원에 대한 실질적인 지휘 · 감독권이 있어야 하고, 그와 같은 권한이 있는지 여부는 그 선박의 이용계약이 선박임대차계약인

지, 정기용선계약인지 아니면 이와 유사한 성격을 가진 제3의 특수한 계약인지 여부 및 그 계약의 취지·내용에 선박의 선장·선원에 대한 실질적인 지휘·감독권이 이용권자에게 부여되어 있는지 여부 등을 구체적으로 검토하여 결정하여야 한다. 참조 : 대법원 2001. 7. 10. 99다58327(정기용선자로부터 선복을 용선받은 재용선자가 송하인과 운송계약을 체결한 사안에서, 정기용선자는 운송계약상 책임을 지는 운송인의 지위에 있지 않다): 동 1992. 9. 8. 92다23292(선박의 설치관리상의 하자로 그 선박에 실려 있던 장비가 바다에 가라앉아 유실되는 등의 사고가 발생하였다면 그 선장은 불법행위자로서, 선박소유자는 위 선장 등의 사용자 겸 소유자로서 각자 손해배상책임이 있다).

대법원 2004. 2. 13. 2001다75318
독립적인 계약자는 운송인의 '사용인 또는 대리인'의 범위에 포함되지 않는다.

☞ 상법 제798조 제2항 소정의 '사용인 또는 대리인'이란 고용계약 또는 위임계약 등에 따라 운송인의 지휘감독을 받아 그 업무를 수행하는 자를 말하고 그러한 지휘감독 관계 없이 스스로의 판단에 따라 자기 고유의 사업을 영위하는 독립적인 계약자는 포함되지 아니한다. 따라서 독립적인 계약자는 상법 제798조 제2항 소정의 '사용인 또는 대리인'에 해당하지 아니하므로 같은 법 제814조에 기한 항변을 원용할 수 없다.

3. 상사과실로 인한 손해배상책임

1) 손해배상책임의 원인

(1) 과실책임주의

상법은 개품운송인은 "… 주의를 해태하지 아니하였음을 증명하지 아니하면 운송물의 멸실·훼손 또는 연착으로 인한 손해를 배상할 책임이 있다."(제794조 본문, 제795조 제1항)라고 규정하여, 육상운송인(제135조)의 경우와 같이 과실책임주의를 기본원칙으로 하고 있다.

(2) 감항능력주의의무 위반

전술한 바와 같이 개품운송인은 자기 또는 선원 기타의 선박사용인이 발항당시 ① 선박이 안전하게 항해를 할 수 있게 하여야 하고(협의의 감항능력), ② 필요한 선원의 승선·선박의장과 필요품을 보급하여야 하며(운항능력), ③ 선창, 냉장실 기타 운송물을 적재할 선박의 부분을 운송물의 수령, 운송과 보존을 위하여 적합한 상태에 두어야 한다(감하능력). 개품운송인은 이에 관하여 주의를 해태하지 아니하였음을 증명하지 아니하면 운송물의 멸실, 훼손 또는 연착으로 인한 손해를 배상할 책임이 있다(제794조).

(3) 상사과실

(가) 개품운송인의 고의·과실로 인하여 운송물의 멸실·훼손 또는 연착이 일어나야 하는데, 과실책임자의 범위는 '운송인 … 또는 선원 기타 선박사용인'이다. 즉, 해상운송인 자신뿐만 아니라 운송채무를 이행하기 위하여 사용한 모든 사용인을 말한다. 보세창고업자는 운송인의 사용인이 아니다.[1)]

(나) 상법은 개품운송인의 과실을 항해과실(해기과실)과 상사과실(상업과실)로 구분한다. 항해과실에 대하여는 운송인은 면책된다.

상사과실은 운송수단에 대한 주의해태와 운송물 자체에 대한 주의해태를 따로 규정하고 있다. 운송수단에 대한 주의해태는 발항당시 선박의 감항능력, 즉 협의의 감항능력·운항능력에 관한 법정사항에 대한 주의해태를 말한다(제794조). 운송물 자체에 대한 주의해태의 경우 주의사항의 범위는 '운송물의 수령·선적·적부·운송·보관·양륙과 인도'에 미치나(제795조 제1항), 이것은 예시적이다.

대법원 1983. 3. 22. 82다카1533
운송인의 과실책임을 인정한 사례

☞ 해상운송에 있어서 운송물의 선박적부시에 고박·고정장치를 시행하였으나 이를 튼튼히 하지 아니하였기 때문에 항해중 그 고박·고정장치가 풀어져서 운송물이 동요되어 파손되었다면 특단의 사정이 없는 한 불법행위의 책임조건인 선박사용인의 과실을 확정할 수 있고, 불법행위로 인한 손해배상청구에 대하여 운송인이 불가항력에 의한 사고라는 이유로 그 불법행위책임을 면하려면 그 풍랑이 선적당시 예견불가능한 정도의 천재지변에 속하고 사전에 이로 인한 손해발생의 예방조치가 불가능하였음이 인정되어야 한다.

(4) 증명책임

개품운송인은 자기 또는 이행보조자가 선박의 감항능력이나 운송물에 관하여 '상당한 주의'를 다하였음을 증명하여야 한다(제794조·제795조 제1항). 이행보조자의 선임·감독에 대한 무과실의 증명만으로는 책임을 면할 수 없다.

2) 손해배상책임의 범위

(1) 일반원칙

개품운송인의 손해배상의 범위는 육상운송인의 그것과 같다. 즉, 해상운송인도

1) 대법원 1997. 9. 9. 96다20093: 운송인의 의뢰로 운송물을 보관한 보세창고업자와 운송인 사이에는 지휘·감독관계가 없으므로 운송인은 보세창고업자에 대해 민법상의 사용자 배상책임을 지지 않는다. 동지: 서울고등법원 2001. 7. 24. 2001나11385[확정].

정액배상주의원칙에 따라 도착지가격에 의한 배상을 하고, 손해가 운송인의 고의·중과실로 인한 때에는 모든 손해를 배상하여야 하며, 운송물의 멸실 또는 훼손으로 인하여 지급을 요하지 아니하는 운임 기타 비용은 배상액에서 공제한다(제815조에 의한 제137조 준용). 그러나 상법 제137조는 임의규정으로, 운송계약 당사자들의 약정에 따라 손해배상의 범위를 달리 정할 수 있다.[1] 상법은 이 밖에 1968년의 헤이그-비스비규칙(Hague-Visby Rules) 및 1978년의 함부르그규칙(Hamburg Rules)을 참조하여 해상운송인의 책임제한규정을 두고 있다.

(2) 책임의 개별적 제한

(가) 개품운송인은 운송물에 관한 손해가 운송인 자신의 고의 또는 그 손해가 생길 염려가 있음을 인식하면서 무모하게 한 작위 또는 부작위로 인하여 생긴 것인 경우를 제외하고 그 운송물의 매포장당 또는 선적단위당 666과 100분의 67 계산단위의 금액과 중량 1 킬로그램당 2 계산단위의 금액 중 큰 금액을 한도로 제한할 수 있다(제797조 제1항). 따라서 운송인은 ① 물건의 도착지가격과 ② 운송물의 매포장당 또는 선적단위당 666과 100분의 67 계산단위의 금액과 중량 1 킬로그램당 2 계산단위의 금액 중 큰 금액을 비교하여(즉, ①의 금액과 ②의 금액을 비교) 그 중 적은 금액으로 손해배상을 하면 된다. 만약 물건의 도착지가격이 운송물의 매 포장당 또는 선적단위당 666과 100분의 67 계산단위의 금액과 중량 1 킬로그램당 2 계산단위의 금액 중 큰 금액보다 저액일 때는 도착지가격에 의하여 배상한다.[2]

(나) 운송물의 포장 또는 선적단위는 컨테이너 그 밖에 이와 유사한 운송용기가 운송물을 통합하기 위하여 사용하는 경우에 그러한 운송용기에 내장된 운송물의 포장 또는 선적단위의 수를 선하증권 그 밖에 운송계약을 증명하는 문서에 기재한 때에는 그 각 포장 또는 선적단위를 하나의 포장 또는 선적단위로 보고, 그 기재가 없는 때에는 이러한 운송용기 내의 운송물 전부를 하나의 포장 또는 선적단위로 본다(제797조 제2항 제1호). 또 운송인이 아닌 자가 공급한 운송용기 자체가 멸실 또는 훼손된 경우에는 그 용기를 별개의 포장 또는 선적단위로 본다(제797조 제2항 제2호).

◖ 대법원 2004. 7. 22. 2002다44267
해상운송인의 손해배상 책임제한의 기준이 되는 포장의 의미 및 포장의 수에 대한 판단 기준

1) 서울중앙지방법원 2021. 5. 28. 2020가합540450.
2) 대법원 2014. 6. 12. 2012다106058: 헤이그규칙 제4조 제5항에서 해상운송인의 포장당 책임제한액으로 정하고 있는 '100파운드(100 pounds sterling)'는 금화 100파운드의 가치를 의미하는 것으로 봄이 타당하다.

☞ 〈사　실〉

컴퓨터 2,496대를 24대씩 104개의 pallet에 적재한 다음 1개의 container에 26개의 pallet를 적재하였는데, 운송 도중 1개의 컨테이너 안에 든 화물 전체(26 팰리트 = 624 상자)가 침수되었다. 운송인의 손해배상책임은 SDR 500/unit로 제한되는데, 이때의 unit란 container를 말하는가, pallet를 말하는가, 아니면 컴퓨터 1대를 말하는가가 논점이 된다. 다만 선하증권을 작성함에 있어 송하인이 제시한 선적의뢰서에 따라 '컨테이너 또는 포장의 수'(Number of Containers or Package)란에 '40 × 4(104 plts)', '포장의 종류 및 화물의 내역'(Kind of Package : Description of Goods)란에 'Shipper Load Stowage & Count, Said to be : 104plts(2,496units) of micro pc station 400B 1,872units, 433ID 624units'라고 기재되어 있고, 송하인은 모니터, 키보드를 포함하여 컴퓨터 한 세트마다 1개의 종이상자(1 unit/carton)로 포장하였다.

〈판결요지〉

상법 제797조에 의한 해상운송인의 손해배상 책임제한의 기준이 되는 '포장'이란 운송물의 보호 내지는 취급을 용이하게 하기 위하여 고안된 것으로서 반드시 운송물을 완전히 감싸고 있어야 하는 것도 아니며 구체적으로 무엇이 포장에 해당하는지 여부는 운송업계의 관습 내지는 사회 통념에 비추어 판단하여야 할 것이고, 선하증권의 해석상 무엇이 책임제한의 계산단위가 되는 포장인지의 여부를 판단함에 있어서는 선하증권에 표시된 당사자의 의사를 최우선적인 기준으로 삼아야 할 것이며, 그러한 관점에서 선하증권에 대포장과 그 속의 소포장이 모두 기재된 경우에는 달리 특별한 사정이 없는 한 최소포장단위에 해당하는 소포장을 책임제한의 계산단위가 되는 포장으로 보아야 할 것인바, 비록 '포장의 수'란에 최소포장단위가 기재되어 있지 아니하는 경우라 할지라도 거기에 기재된 숫자를 결정적인 것으로 본다는 명시적인 의사표시가 없는 한 선하증권의 다른 난(欄)의 기재까지 모두 살펴 그 중 최소포장단위에 해당하는 것을 당사자가 합의한 책임제한의 계산단위라고 봄이 상당하고, 포장의 수와 관련하여 선하증권에 'Said to Contain' 또는 'Said to Be'와 같은 유보문구가 기재되어 있다는 사정은 포장당 책임제한조항의 해석에 있어서 아무런 영향이 없다. ··· 손상된 유니트(unit)의 숫자를 기준으로 포장당 책임제한액을 계산하여야 함에도, 손상된 팰리트(pallet)의 숫자를 계산단위로 하여 해상운송인의 책임을 제한한 원심판결을 파기한 사례.

(다) 그리고 운송물에 관한 손해배상청구가 운송인의 사용인 또는 대리인에 대하여 제기된 경우에는 그 손해가 그 사용인 또는 대리인의 직무집행에 관하여 생긴 것인 때에는 그 사용인 또는 대리인도 운송인이 주장할 수 있는 항변과 책임제한을 원용할 수 있다(제798조 제2항 본문).[1] 그러나 자기 고유의 사업을 영위하는 독립적인 계약자는 운송인의 사용인 또는 대리인에 포함되지 않으며, 그러한 독립적인 계약자는 운송인의 책임제한 항변을 원용할 수 없다.[2] 또한 그 손해가 그 사용인 또는

1) 부산지방법원 2006. 3. 27. 2005가단42886[항소]: 히말라야 약관(Himalaya Clause)은 해상운송인의 책임을 경감하는 결과를 가져오는 것은 아니므로 상법 제790조 제1항에 반하지 아니하여 유효하다.

2) 대법원 2009. 8. 20. 2007다82530; 동 2014. 5. 16. 2012다23320.

대리인의 고의 또는 운송물의 멸실, 훼손 또는 연착이 생길 염려가 있음을 인식하면서 무모하게 한 작위 또는 부작위로 인하여 생긴 것인 때에는 그러하지 아니하다(제798조 제2항 단서). 운송물에 관한 손해배상청구가 운송인 이외의 실세운송인 또는 그 사용인이나 대리인에 대하여 제기된 경우에도 같다(제798조 제4항).

(라) 또한 책임보험에서 피보험자가 책임을 질 사고로 입은 손해에 대하여 제 3 자가 보험자에게 직접 보상을 청구하는 경우에 보험자는 피보험자가 그 사고에 관하여 가지는 항변으로써 그 제 3 자에게 대항할 수 있으므로(제724조), 책임보험자도 운송인의 면책사유나 책임제한을 주장할 수 있다.[1]

(마) 이와 같은 개품운송인의 책임제한은 예외적으로 송하인이 개품운송인에게 운송물을 인도할 때에 그 종류와 가액을 고지하고 선하증권 기타 운송계약을 증명하는 문서에 이를 기재한 경우에는 적용하지 아니한다. 그러나 송하인이 운송물의 종류 또는 가액을 고의로 현저하게 부실한 고지를 한 때에는 운송인은 자기 또는 그 사용인이 악의인 경우를 제외하고 운송물의 손해에 대하여 책임을 면한다(제797조 제3항).

(3) 책임제한의 배제

개품운송인은 운송물에 관한 손해가 운송인 자신의 고의 또는 손해발생의 염려가 있음을 인식하면서 무모하게 한 작위 또는 부작위(act or omission … done … recklessly and with knowledge that damage would probably result)로 인하여 생긴 경우에는 책임의 제한을 주장할 수 없고, 모든 손해를 배상하여야 한다(제797조 제1항 단서). "손해발생의 염려가 있음을 인식하면서 무모하게 한 작위 또는 부작위"란 선주책임제한에 관하여 설명한 것과 같이 일정결과(손해)의 발생가능성을 인식하면서도 이를 개의치 아니하고 무모하게 한 작위 또는 부작위로서 고의에 가까운 작위·부작위를 말한다. 여기서 개품운송인 자신의 고의 또는 그 손해발생의 염려가 있음을 인식하면서 무모하게 한 작위 또는 부작위의 경우에 한하여 운송인의 책임제한이 배제되므로, 운송인 이외의 선원 기타의 선박사용인의 무모한 행위에 대하여는 여전히 운송인의 책임은 제한된다. 그러나 운송인이 법인인 경우에는 법인의 대표기관뿐만 아니라 법인의 내부적 업무분장에 따라 당해 법인의 관리업무의 전부 또는 특정 부분에 관하여 대표기관에 갈음하여 사실상 회사의 의사결정 등 모든 권한을 행사하는 사람도 그가 이사회의 구성원 또는 임원이 아니더라도 그의 행위를 운송인인 회사 자신의 행위로 봄이 상당하다는 대법원 판례가 있어 주목을 받고 있다.

---

3) 대법원 2009. 11. 26. 2009다58470.

대법원 1996. 12. 6. 96다31611
운송인의 피용자의 고의 또는 무모한 행위로 인하여 생긴 손해에 대하여도 운송인의 책임제한은 가능하다

☞ 상법 제797조 제1항 단서에 의하여 운송인의 책임이 배제되기 위하여는, 운송인 본인의 고의 또는 손해발생의 염려가 있음을 인식하면서 무모하게 한 작위 또는 부작위가 있어야 하는 것이고, 운송인의 피용자인 선원 기타 선박사용인에게 고의 또는 무모한 행위가 있었다 하더라도 운송인 본인에게 그와 같은 고의나 무모한 행위가 없는 이상 운송인은 상법 제797조 제1항 본문에 의하여 책임을 제한할 수 있다. 동지: 대법원 2001. 4. 27. 99다71528(해상운송인의 책임제한이 배제되는 상법 제789조의 2 제1항 단서 소정의 운송인 자신의 고의 또는 무모한 행위에 양륙지 창고업자의 고의 또는 무모한 행위는 포함되지 않는다).

대법원 2006. 10. 26. 2004다27082
해상운송인이 법인인 경우, 해상운송인의 책임제한의 배제에 관한 상법 제797조 제1항 단서의 '운송인 자신'의 범위에 관한 판결

☞ 해상운송인의 책임제한의 배제에 관한 상법 제797조 제1항의 문언 및 입법 연혁에 비추어, 단서에서 말하는 '운송인 자신'은 운송인 본인을 말하고 운송인의 피용자나 대리인 등의 이행보조자를 포함하지 않지만, 법인 운송인의 경우에 그 대표기관의 고의 또는 무모한 행위만을 법인의 고의 또는 무모한 행위로 한정한다면 법인의 규모가 클수록 운송에 관한 실질적 권한이 하부의 기관으로 이양된다는 점을 감안할 때 위 단서조항의 배제사유가 사실상 사문화되고 당해 법인이 책임제한의 이익을 부당하게 향유할 염려가 있다. 따라서 법인의 대표기관뿐만 아니라 적어도 법인의 내부적 업무분장에 따라 당해 법인의 관리업무의 전부 또는 특정 부분에 관하여 대표기관에 갈음하여 사실상 회사의 의사결정 등 모든 권한을 행사하는 사람은 그가 이사회의 구성원 또는 임원이 아니더라도 그의 행위를 운송인인 회사 자신의 행위로 봄이 상당하다(이 판결에서 대법원은 이외에도 해상운송인측에 "손해발생의 염려가 있음을 인식하면서 무모하게 한 작위 또는 부작위"가 존재한다는 것을 인정하였다. 또한 운송인 데인트 쉽핑 엔터프라이즈 리미티드(Dainty Shipping Ent. Ltd,)는 해상운송에서 운송인의 책임을 부당하게 회피할 목적으로 피고와 영업상 실질이 동일함에도 불구하고 피고가 형식상으로만 브리티쉬 버진 아일랜드(British Virgin Islands)에 설립한 소위 지면회사(paper company)로 피고와 동일한 법인격처럼 운영되어 왔다고 판단되므로 데인트 쉽핑의 법인격이 부인된다고 판시하였다.

(4) 선주책임제한규정과의 관계

개품운송인의 개별적 책임제한에 관한 상법 제797조 제1항부터 제3항까지의 규정은 총체적인 선주책임제한에 관한 규정(제769조부터 제776조까지)의 적용에 영향을 미치지 않는다(제797조 제4항).

3) 순차물건운송인의 연대책임

수인이 순차로 운송할 경우에는 각 운송인은 운송물의 멸실 · 훼손 · 연착으로 인한 손해를 연대하여 배상할 책임을 진다(제815소 · 제138조 제1항). 운송인 중의 1인이 손해를 배상한 때에는 그 손해의 원인이 된 행위를 한 운송인에게 구상권을 갖지만(제138조 제2항), 그 원인이 된 행위를 한 운송인을 알 수 없는 때에는 각 운송인이 운임의 비율로 손해를 분담한다. 그러나 그 손해가 자기의 운송구간에서 발생하지 않았음을 증명한 운송인은 손해분담책임이 없다(제138조 제3항).

4) 책임의 단기소멸

(1) 운송인 또는 그 사용인이 악의인 경우를 제외하고, 수하인이 운송물의 일부 멸실 또는 훼손을 발견한 때에는 수령 후 지체없이 그 개요에 관하여 운송인에게 서면에 의한 통지를 발송하여야 하고, 이 통지가 없는 경우에는 운송물이 멸실 또는 훼손 없이 수하인에게 인도된 것으로 추정한다. 그 멸실 또는 훼손이 즉시 발견할 수 없는 것인 때에는 수령한 날로부터 3일 내에 그 통지를 발송하여야 한다(제804조 제1항부터 제3항까지).

(2) 통지하지 아니하면 운송인은 선하증권에 기재된 내용대로 화물을 인도한 것으로 추정한다. 따라서 통지를 게을리하였다 하여 곧 운송인에게 지워질 운송계약상의 책임이 면제되는 것은 아니고, 통지하지 아니한 수하인은 운송물의 멸실 또는 훼손에 관하여 증명하고 운송인의 책임을 물을 수 있다.

◖ 대법원 1988. 9. 27. 87다카2131
3일 내에 하자를 통지하지 아니하면 운송인은 선하증권에 기재된 내용대로 화물을 인도한 것으로 추정된다

☞ 1936년의 미국해상물건운송법 제1편 제3조 제6항의 규정은 수하인이 화물을 인도받을 때 또는 화물의 멸실, 손상이 외부에 나타나지 않을 경우에 화물을 인도받은 날로부터 3일 이내에 서면으로 화물의 멸실 또는 손상 등을 통지하지 아니하면 운송인은 선하증권에 기재된 내용대로 화물을 인도한 것으로 추정한다는 것이어서 그 멸실 또는 손상에 관한 증명책임을 전환시킨 것에 불과하고 수하인이 위 통지를 게을리하였다 하여 곧 운송인에게 지워질 운송계약상의 책임이 면제된다고 할 수 없다.

(3) 운송물의 멸실 또는 훼손이 발생하였거나 그 의심이 있는 경우에는 개품운송인과 수하인은 서로 운송물의 검사를 위하여 필요한 편의를 제공하여야 한다(제804조 제4항). 위의 규정(제804조 제1항부터 제4항까지)에 반하여 한 수하인에게 불리한 당사자 사이의 특약은 효력이 없다(제804조 제5항).

5) 책임의 소멸

개품운송인의 송하인 또는 수하인에 대한 채권 및 채무는 그 청구원인의 여하에 불구하고 운송인이 수하인에게 운송물을 인도한 날 또는 인도할 날부터 1년 이내에 재판상 청구가 없으면 소멸한다(제814조 제1항 본문).[1] 이 기간은 제척기간이다.[2] 제척기간을 도과하였는지 여부는 법원의 직권조사사항이므로 당사자의 주장이 없더라도 법원이 이를 직권으로 조사하여 판단하여야 한다.[3] 이 기간의 기산점은 운송물을 인도한 날 또는 인도할 날이다. 이 기간은 당사자의 합의에 의하여 연장할 수 있다(제814조 제1항 단서). 제척기간이 지난 뒤에 그 기간 경과의 이익을 받는 당사자가 기간이 지난 사실을 알면서도 기간 경과로 인한 법적 이익을 받지 않겠다는 의사를 명확히 표시한 경우, 민법 제184조 제1항을 유추적용하여 제척기간 경과로 인한 권리 소멸의 이익을 포기한 것으로 인정할 수 있다.[4]

4. 법정면책사유

1) 선원의 항해과실

개품운송인은 선장·선원·도선사 기타의 선박사용인의 항해 또는 선박의 관리에 관한 행위(항해과실)로 인하여 생긴 운송물의 손해에 대하여는 배상책임을 지지 아니한다(제795조 제2항).

항해과실이란 '항행상의 과실'(errors of navigation)과 '선박관리(management of the ship)상의 과실'을 의미한다.

(1) 항행상의 과실이란 선박의 조종에 관한 일체의 항해기술상의 행위에 관한 과실, 즉 선박운항의 실행상의 과실을 말한다.

(2) 선박의 관리란 선박 자체의 안전항해를 위하여 선박에 대하여 하는 행위이다. 예컨대, 추진기·기관 등의 검사에 관한 과실, 통풍기·창·현문(舷門) 등의 관리에 관한 과실, 갑판상의 배수에 관한 과실은 선박관리에 관한 과실이다. 따라서 오로지 운송물의 안전한 수송을 위하여 선박이나 속구를 이용하는 것(예컨대, 냉장실의

1) 대법원 2007. 4. 26. 2005다5058; 동 2007. 6. 28. 2007다16113.
2) 대법원 1997. 11. 28. 97다28490; 동 2019. 4. 23. 2015다60689; 동 2019. 6. 13. 2019다205947; 동 2022. 6. 9. 2017다247848; 동 2022. 12. 1. 2020다280685.
3) 대법원 2019. 4. 23. 2015다60689.
4) 대법원 1995. 11. 10. 94다22682, 22699; 동 2020. 4. 29. 2019다226135; 동 2022. 6. 9. 2017다247848.

냉기유지, 기중기의 조종)은 선박의 관리라고 할 수 없다.

선원의 항해과실을 법정면책사유로 한 것은 항해에 관한 사항은 선박의 조종에 관한 기술적 사항으로서 운송인이 관여할 수 없을 뿐더러, 선원의 사소한 부주의로도 막대한 손실을 가져올 수 있기 때문에 운송인을 보호하기 위한 것이다. 한편 운송인이 책임을 면하더라도, 선원에 대한 처벌조치에 의하여 사고의 발생을 막을 수도 있고, 하주의 보호는 보험제도에 의해서 해결할 수 있기 때문이다.

◖ 대법원 2004. 7. 8. 2004다8494
운송인이 항해과실로 인하여 면책된 사례

☞ 해상을 운행하던 선박이 수중에 있는 물체와 충돌하여 화물이 침수되는 사고가 발생하였으나 당시 수심이 100m 정도이고 그런 수중물체가 있음을 짐작하게 하는 수면 위의 부유물도 발견할 수 없어 미리 사고를 예견하거나 방지할 수 없었던 점에 비추어, 위 사고는 상법 제796조 제2항 제1호, 제2호에 규정된 해상 고유의 위험 내지 불가항력 또는 상법 제795조 제2항 소정의 항해과실에 의한 사고이므로 운송인에게 손해배상책임을 지울 수 없다.

(3) 그러나 상법 제795조 제2항은 강행규정이 아니므로 항해과실에 대하여 운송인이 책임을 지기로 하는 당사자 사이의 특약도 유효하다.

◖ 대법원 1975. 12. 23. 75다83
운송계약 당사자간의 특약에 의하여 선박소유자의 면책규정의 적용이 배제될 수 있다

☞ 상법 제796조 제2항 제1호 소정사고에 의한 손해라도 운송계약 당사자간의 운송도중의 사고발생으로 인한 화물의 피해변상책임에 관한 특약에 의하여 상법 제795조 제2항 소정 선박소유자의 면책규정의 적용이 배제된다. 동지: 대법원 2015. 11. 17. 2013다61343.

2) 선박에서의 화재

개품운송인은 선박에서의 화재로 인하여 생긴 운송물의 손해에 대하여도 배상책임을 지지 아니한다(제795조 제2항 본문).[1] 그러나 운송인 자신의[2] 고의 또는 과실로 인하여 화재가 발생한 경우에는 면책되지 아니한다(제795조 제2항 단서). 선박에서의 화재를 법정면책사유로 한 것도 해상운송인을 보호하려는 데 있다. 왜냐하면 선박의 화

1) 대법원 2019. 8. 29. 2015다220627.
2) 상법 제788조 제2항 단서에서의 '운송인'이란 문언대로 운송인 자신 또는 이에 준하는 정도의 직책을 가진 자만을 의미할 뿐이고, 선원 기타 선박사용인 등의 고의 또는 과실은 여기서의 면책제외사유에 해당하지 아니한다: 대법원 2002. 12. 10. 2002다39364.

재는 해상위험 중 가장 전형적인 것이고, 경미한 과실로써도 막대한 손해를 가져올 수 있으므로, 이러한 위험을 해상운송인에게 부담시키는 것은 가혹한 일이기 때문이다.

◖ 대법원 2002. 12. 10. 2002다39364
상법 제795조 제2항 본문 및 단서에서의 '화재'의 의미

☞ 상법 제795조 제2항 본문 및 단서에서의 '화재'란, 운송물의 운송에 사용된 선박 안에 발화원인이 있는 화재 또는 직접 그 선박 안에서 발생한 화재에만 한정되는 것이 아니고, 육상이나 인접한 다른 선박 등 외부에서 발화하여 당해 선박으로 옮겨 붙은 화재도 포함한다고 해석된다.

◖ 인천지법 2012. 8. 8. 2011가합19740
화물의 자연발화로 인한 화재에 대해 운송인의 면책을 인정하지 않은 사례

☞ 항해 중 발생한 선박 고장으로 조선소에 정박하여 수리를 하는 동안 자연발화(Spontaneous Combustion)로 화물이 손상된 사고에서 이는 '운송 중의 화재로 인한 사고'로서 면책 대상이 되지만, 제반 사정을 고려할 때 운송인이 항해기간 동안 화물 관리상 주의의무를 다하지 못하여 사고가 발생하였으므로 운송인은 면책될 수 없다.

3) 고가물에 대한 면책

화폐, 유가증권 기타의 고가물에 대하여는 송하인이 운송을 위탁할 때에 그 종류와 가액을 명시한 경우에 한하여 운송인이 손해를 배상할 책임이 있으므로(제815조 · 제136조), 이를 명시하지 아니한 경우에는 운송인은 책임이 없다. 또한 송하인이 운송인에게 운송물을 인도할 때에 그 종류와 가액을 고지하고 선하증권 기타 운송계약을 증명하는 문서에 이를 기재한 경우에는 운송인의 책임이 제한되지 않는데(제797조 제3항 본문), 송하인이 운송물의 종류 또는 가액을 고의로 현저하게 부실의 고지를 한 때에는 운송인은 자기 또는 그 사용인이 악의인 경우를 제외하고 운송물의 손해에 대하여 책임을 면한다(제797조 제3항 단서). 송하인이 고가물임을 명시하지 아니하였으나 운송인이 우연히 고가물임을 안 경우에는 보통의 주의를 기울인 운송인은 보통물로서의 책임만을 부담한다. 만약 이때 고가물임이 밝혀지거나 송하인이 고가물임을 주장하면 운송인은 아무런 책임도 부담하지 않는다(제136조의 반대해석). 그러나 이때 운송인이 고의 · 중과실로 보통물로서의 주의마저도 게을리한 때(고가물임을 간파한 운송인이 고의 · 중과실로 운송물을 멸실시킨 경우 등)에는 보통물에 대한 책임이 아니라 고가물에 대한 책임을 부담하여야 한다.[1)]

---

1) 최준선, 상법총칙 · 상행위법, 2011, 352~353면.

4) 기타 면책사유

(1) 법정면책사유의 종류

개품운송인은 상법 제796조 각호의 사실이 있었다는 것과 운송물에 관한 손해가 그 사실로 인하여 보통 생길 수 있는 것임을 증명한 때에는 이를 배상할 책임을 면한다. 상법 제796조 각호의 면책사유는, ① 해상 그 밖에 항행할 수 있는 수면에서의 위험 또는 사고(예컨대, 폭풍·충돌·좌초·침몰 등)(제1호), ② 불가항력[예컨대, 락뢰·결빙 등 자연현상에 의한 재해, 즉 천재(act of God)](제2호), ③ 전쟁·폭동 또는 내란(제3호), ④ 해적행위 그 밖에 이에 준하는 행위 [이른바, 통일조약의 공적(公敵)행위(act of public enemy)](제4호),[1] ⑤ 재판상의 압류, 검역상의 제한, 그 밖에 공권에 의한 제한(제5호), ⑥ 송하인 또는 운송물의 소유자나 그 사용인의 행위(제6호), ⑦ 동맹파업 그 밖의 쟁의행위 또는 선박폐쇄(제7호), ⑧ 해상에서의 인명이나 재산의 구조행위 또는 이로 인한 항로이탈이나 그 밖의 정당한 이유로 인한 항로이탈(제8호),[2] ⑨ 운송물의 포장의 불충분 또는 기호의 표시의 불완전(제9호),[3] ⑩ 운송물의 특수한 성질 또는 숨은 하자(과실의 부패, 충해(蟲害), 액체의 누실(漏失) 등)(제10호), ⑪ 선박의 숨은 하자(제11호) 등이다.

(2) 증명책임의 경감

상법 제796조 각호의 면책사유에 관하여는 개품운송인의 증명책임을 경감하고 있다. 즉, 개품운송인은 그 면책사유에 해당하는 사실이 있었다는 것과, 운송물에 관한 손해가 그 사실로 인하여 보통 생길 수 있는 것임을 증명한 때에는 그 손해에 대한 책임을 면한다(제796조 본문). 따라서 그 손해와 사실 사이의 인과관계의 존재(또는 그 손해에 관한 자기 또는 사용인의 무과실)까지 증명할 필요는 없다. 그러나 이러한 것을 개품운송인이 주장하더라도, 개품운송인이 주장하는 면책사유와 손해발생과의 사이에 인과관계가 없다는 것, 또는 인과관계가 있다 하더라도 그 손해가 개품운송인의 감항능력 주의의무위반으로 인하여 생긴 것(제794조) 또는 상사과실로 인하여 생긴 것(제795조 제1항)임을 적하이해관계인이 증명한 때에는, 개품운송인은 손해배상책임을 면하지 못한다.

---

1) 대법원 1999. 12. 10. 98다9038: 육상운송 도중 강도로 인한 운송물의 멸실은 그 자체로서 불가항력으로 인한 운송인의 면책사유가 되지 않는다.
2) 대법원 1998. 2. 10. 96다45054: 레이더 장비의 노후화에 따른 성능유지를 위하여 필요한 일상적인 점검을 목적으로 이로한 것이 정당한 이로에 해당하지 않는다.
3) 대법원 2006. 5. 12. 2005다21593: 운송물의 특수한 성질 또는 숨은 하자에 의하여 해상운송인의 책임이 면책된다고 한 사례.

5. 책임경감의 금지

감항능력주의의무(제794조)나 운송물에 관한 주의의무(제795조)를 경감하거나, 법정 면책사유(제796조)를 확장하여 개품운송인의 책임을 면하는 당사자 사이의 특약(면책특약)은 그 효력이 없고, 책임의 한도(제797조) 및 비계약적 청구에 대한 적용(제798조)을 배제하는 당사자간의 특약도 효력이 없다(제799조 제1항 제1문). 또 운송물에 관한 보험의 이익을 운송인에게 양도하는 약정 또는 이와 유사한 약정도 또한 같다(제799조 제1항 제2문). 이것은 개품운송인과 적하이해관계인과의 이해의 조화와 균형을 도모하기 위하여, 개품운송인의 책임을 경감하는 한편, 부당한 감면을 방지하는 것이다. 그러나 당사자가 손해배상액을 예정하는 것은 허용된다. 전술한 바와 같이 이러한 제한은 항해상 위험이 큰 산 동물운송 및 갑판적운송에는 원칙적으로 적용되지 않는다(제799조 제2항).

◖ 대법원 1974. 8. 30. 74다353
손해배상액의 예정은 상법 제799조에 해당하지 아니하므로 유효이다

☞ 선하증권의 이면에 기재된 약관의 내용이 운송물건이 운송도중 멸실된 경우 그 배상금액은 원선적지 및 그 당시의 상품가격과 실제 이에 지불된 제비용의 합계액으로 한정할 것이라고 된 경우는 상법 제794조, 제795조, 제796조들의 규정에 반하여 선박소유자의 손해배상책임을 경감하는 특약이라고는 볼 수 없어 결국 상법 제799조에 해당하는 것은 아니다: 동지 대법원 1975. 12. 30. 75다1349.

◖ 대법원 1990. 11. 27. 89다카21149
거래계에서 관행에 비추어 배상책임을 면제하는 것과 다름없다고 할 정도로 적은 액수를 책임한도액으로 정한 배상액제한약관은 무효이다

☞ 해상운송인의 책임결과의 일부를 감경하는 배상액제한약관은 원칙적으로 상법 제799조에 저촉되지 않는다고 할 것이지만 배상책임을 면제하는 것과 다름없다고 할 정도로 적은 액수를 책임한도액으로 정한 배상액제한약관은 실질적으로는 책임제외약관과 다를 바 없는 것이므로 상법 제799조에 저촉되어 무효라고 할 것이나, 배상액제한약관에서 정한 책임한도액이 배상책임을 면제하는 것과 다름없는 정도의 소액인가의 여부는 그 책임한도액이 해상운송의 거래계에서 관행으로 정하여지고 있는 책임한도액 및 운송인이 받은 운임 등과 비교하여 볼 때 실질적으로 운송인의 배상책임을 면제하는 정도의 명목상의 금액에 불과한 것인가의 여부에 따라 결정하여야 한다. … 대한민국과 외국 사이의 물품운송에 관한 사건에 있어서 위에서 말하는 "해상운송의 거래계에서 관행으로 정하여지고 있는 책임한도액"이라 함은 국제해상운송의 거래관행상 정하여지고 있는 책임한도액을 의미하는 것이다. 동지: 대법원 1988. 9. 27. 86다카2377; 동 1995. 4. 25. 94다47919; 동 1987. 10. 13. 83다카1046.

6. 운송계약상의 책임과 불법행위책임의 경합

1) 개품운송인이 고의·과실로 운송계약을 불이행하였고 동시에 그 운송인의 행위가 민법상의 불법행위의 요건도 함께 충족하는 경우, 운송인은 계약불이행책임만 지면 충분한 것인지, 아니면 불법행위책임도 경합하여 져야 하는 것인지 구법하에서는 크게 다투어졌었다. 만약에 양 책임의 경합을 인정하여 개품운송인의 불법행위책임을 묻는다면 계약책임에서 인정되는 책임제한, 면책약관, 단기시효 등에 의한 책임의 면제 또는 경감을 인정한 상법의 규정은 무의미해진다. 청구권경합설은 양 책임의 요건과 효과가 다르다는 것과 피해자를 두터이 보호한다는 점에서 양 책임의 경합을 인정한다. 이에 대하여 법조경합설은 위에서 말한 상법의 특별규정을 무의미하게 만든다는 것을 이유로 양 책임의 경합을 부정한다. 다만 그 이론구성에 있어 신실체법설, 청구권이중구조설, 청구권규범경합설, 청구권규범통합설 등으로 학설이 발전해 왔다.[1] 구법하에서 판례는 일관성 있게 청구권경합설을 취하여 왔으나,[2] 대법원 1983. 3. 22. 82다카1533 판결부터는 "선하증권 기재 면책약관은 운송계약상의 채무불이행책임뿐 아니라 그 운송물의 소유권침해로 인한 불법행위책임에 적용키로 한 당사자의 숨은 합의도 포함되어 있다고 보는 것이 타당하다."고 판시하여,[3] 운송인에게 고의·중과실이 있는 경우[4] 외에는 종래의 청구권경합설을 유지하면서도 결과적으로는 법조경합설과 같은 취지의 결론을 내림으로써 구체적 사건에서 합리적인 처리를 하였다.

2) 1991년의 개정상법은 이와 같은 왜곡된 해석을 바로잡기 위하여 상법 제5편 제4장(2007년 개정상법 제5편 제2장 제1절 개품운송) 운송인의 책임에 관한 규정은 운송인의 불법행위로 인한 손해배상책임에도 적용하도록 정하였다(개정전 제789조의 3 제1항, 개정후 제798조 제1항). 이는 함부르크규칙 제7조 제1항을 수용한 것이다. 이는 전술한 바와 같이 선주책임제한에 관한 규정이 청구원인의 여하에 불구하고 적용되도록 한 것(제769조 본문)과도 균형이 맞는다. 또한 여객의 수하물운송의 경우(제826조 제2항·제3항) 및 항해용선계약의 경우(제841조 제1항)에도 본조가 준용된다.

---

1) 김주수, 《채권총론》, 1984, 181면 이하 참조.

2) 대법원 1962. 6. 21. 62다102; 동 1977. 12. 13. 75다107; 동 1980. 11. 11. 80다1812; 동 1985. 5. 28. 84다카966; 동 1989. 4. 11. 88다카11428; 동 1987. 6. 9. 87다34; 동 1989. 2. 14. 87다카124; 동 1989. 11. 24. 88다카16294; 동 1990. 5. 8. 88다카7641; 동 1992. 1. 21. 91다14994; 동 1992. 2. 14. 91다4249; 동 1992. 2. 25. 91다30026.

3) 동지의 판결로서 대법원 1983. 10. 25. 83다258; 동 1990. 4. 26. 90다카8098; 동 1991. 8. 27. 91다8012 참조.

4) 대법원 1991. 4. 26. 90다카8098; 동 1991. 8. 27. 91다8012.

3) 운송인의 책임의 제척기간과 관련하여서도 '운송인의 … 채권 및 채무는 청구원인의 여하에 불구하고' 1년 이내에 재판상 청구가 없으면 소멸하되, 이 기간은 당사자의 합의에 의하여 연장할 수 있다고 정하여(제814조 제1항), 민법의 불법행위법상의 손해배상청구권의 소멸시효(3년 또는 10년 : 민 제766조)를 적용시킬 여지가 없어졌다.

◖ 대법원 1997. 4. 11. 96다42246
상법 제814조는 운송인의 악의로 인한 불법행위채무에도 적용된다

☞ 상법 제798조 제1항은 운송인의 책임에 관한 상법의 규정은 운송인의 불법행위로 인한 손해배상의 책임에도 적용하도록 되어 있고, 같은 법 제814조는 '그 청구원인의 여하에 불구하고' 운송인의 수하인 등에 대한 채권 및 채무에 대하여 적용하도록 되어 있으므로, 운송인의 악의로 인한 불법행위채무 역시 운송인이 수하인에게 운송물을 인도한 날 또는 인도할 날부터 1년 이내에 재판상 청구가 없으면 소멸한다. 동지: 대법원 1997. 9. 30. 96다54850; 동 서울민사지방법원 1997. 9. 11. 96가합44704[확정].

◖ 대법원 2000. 5. 30. 2000다8748
상법 제814조(운송인의 채권·채무의 소멸)는 청구원인이 채무불이행책임이든 불법행위책임이든 관계없이 적용된다

☞ 상법 제814조는 운송인의 용선자, 송하인 또는 수하인에 대한 채권 및 채무는 그 청구원인의 여하에 불구하고 운송인이 수하인에게 운송물을 인도한 날 또는 인도할 날부터 1년 이내에 재판상 청구가 없으면 소멸한다고 규정하고 있으므로, 청구원인이 채무불이행책임이든 불법행위책임이든 관계없이 그리고 운송인의 악의나 고의 여부 등을 묻지 아니하고 위 규정이 적용된다 할 것이다(대법원 1997. 4. 11 96다42246 참조). 동지: 대법원 1999. 10. 26. 99다41329(상법 제811조는 선하증권의 소지인이 운송인에 대하여 운송물에 대한 양도담보권을 침해한 불법행위에 따른 손해배상책임을 묻는 경우에도 적용된다).

4) 제798조 제1항의 규정은 운송물에 관한 손해배상청구가 운송인 이외의 실제운송인 또는 그 사용인이나 대리인에 대하여 제기된 경우에도 이를 적용한다(제798조 제4항).

7. 운송인의 사용인 또는 대리인

1) 운송기업이 그 대리인 및 사용인을 두지 아니하고는 운송업 자체를 영위할 수 없다. 그럼에도 만약 법률이 운송인 자체의 책임면제 및 경감을 규정하고 여러 가지 항변사유까지 마련하면서 그 대리인 및 사용인에 대하여는 방치하여 둔다면 피해자는 직접 손해를 가한 운송인의 대리인 및 사용인에게 직접 손해배상을 청구하는 사태가 벌어질 것이다. 운송인의 대리인 및 사용인이 운송인보다 자력이나 변제능력

이 더 낫다는 것은 기대하기 어렵다면 결국 피해의 보상도 충분히 되지 않으면서 운송인의 대리인 및 사용인이 크게 궁박한 처지에 몰리게 된다. 이와 같은 문제는 해상법에서도 똑같이 발생하여 해상법의 영역에서는 일찍이 히말라야약관(Himalaya clause)을 허용하고 있다.

히말라야약관(Himalaya Clause)

히말라야 약관은 영국의 Adler v. Dickson 사건의 판결에서[1] 비롯되었다. 이 사건을 보면, 지중해를 항해하던 여객선 히말라야 호(the S.S. Himalaya)의 승객이었던 Adler 부인이 선원의 과실로 선박의 현문에서 추락하여 중상을 입었다. Adler 부인은 선박소유자가 아닌 선장 Dickson과 갑판장을 상대로 불법행위책임을 묻는 소를 제기하였다. 선박소유자는 승선권에 면책조항을 삽입하고 있었기 때문이다. 이에 선장과 갑판장이 선박소유자의 면책조항을 원용하여 자신들도 면책될 수 있다고 주장하였다. 영국의 항소심에서는 선장과 갑판장은 계약의 당사자가 아니라는 이유에서 이들의 항변을 배척하고, 원고 승소판결을 내렸다. 승선권에 운송인의 사용인 또는 대리인에게도 운송인의 면책약관이 적용된다는 사실이 명시되어 있지 않는 한 운송인의 사용인 등은 이를 주장할 수 없다는 것이다. 결과적으로는 운송인보다 이행보조자가 더 큰 책임을 부담하는 불합리한 경우가 발생하였다. 이 판결 이후, 해운회사들과 선주상호보험조합(Protection and Indemnity Insurance Club: P&I Club)은 선주의 면책과 책임제한의 이익을 그들의 고용인 또는 대리인 등 이행보조자에게도 원용할 수 있다는 취지의 약관을 새롭게 작성하여 선하증권에 삽입하게 되었다. 이 약관을 히말라야 약관이라 한다. 헤이그-비스비규칙 및 함부르그규칙에서도 독립계약자를 제외한 이행보조자의 책임제한을 규정하고 있다.

◖ 대법원 2007. 4. 27. 2007다4943
히말라야 약관의 유효성을 인정한 판례

☞ [1] 선하증권 뒷면에 "운송물에 대한 손해배상 청구가 운송인 이외의 운송관련자(anyone participating in the performance of the Carriage other than the Carrier)에 대하여 제기된 경우, 그 운송관련자들은 운송인이 주장할 수 있는 책임제한 등의 항변을 원용할 수 있고, 이와 같이 보호받는 운송관련자들에 하수급인(Subcontractors), 하역인부, 터미널 운영업자(terminals), 검수업자, 운송과 관련된 육상·해상·항공 운송인 및 직간접적인 하청업자가 포함되며, 여기에 열거된 자들에 한정되지 아니한다."는 취지의 이른바 '히말라야 약관'(Himalaya Clause)이 기재되어 있다면, 그 손해가 고의 또는 운송물의 멸실, 훼손 또는 연착이 생길 염려가 있음을 인식하면서 무모하게 한 작위 또는 부작위로 인하여 생긴 것인 때에 해당하지 않는 한, 독립적인 계약자인 터미널 운영업자도 위 약관조항에 따라 운송인이 주장할 수 있는 책임제한을 원용할 수 있다. 동지: 부산지방법원 2006. 3. 27. 2005가단42886; 부산고등법원 2008. 4. 29. 2007나22453.

[2] 당사자 사이에서 운송인의 사용인 또는 대리인 이외의 운송관련자의 경우에도 운송인이 주장할 수 있는 책임제한을 원용할 수 있다고 약정하더라도 이를 가리켜 상법

---

1) [1954] 2 Lloyd's Rep. 267, [1955] 1 Q.B. 158 (C.A.), [1954] 3 W.L.R. 696, [1954] 3 All E.R. 397.

제798조의 규정에 반하여 운송인의 의무 또는 책임을 경감하는 특약이라고는 할 수 없고, 따라서 상법 제799조 제1항에 따라 그 효력이 없다고는 할 수 없다.

[3] 이른바 '히말라야 약관'(Himalaya Clause)은 운송인의 항변이나 책임제한을 원용할 수 있는 운송관련자의 범위나 책임제한의 한도 등에 관하여 그 구체적인 내용을 달리하는 경우가 있으나, 해상운송의 위험이나 특수성과 관련하여 선하증권의 뒷면에 일반적으로 기재되어 국제적으로 통용되고 있을 뿐만 아니라, 간접적으로는 운송의뢰인이 부담할 운임과도 관련이 있는 점에 비추어 볼 때, 약관의 규제에 관한 법률 제6조 제1항에서 정하는 '신의성실의 원칙에 반하여 공정을 잃은 조항'이라거나 같은 법 제6조 제2항의 각 호에 해당하는 조항이라고 할 수 없다.

[4] 상법 제798조 제2항에서 정한 운송인의 "사용인 또는 대리인"이란 고용계약 또는 위임계약 등에 따라 운송인의 지휘·감독을 받아 그 업무를 수행하는 자를 말하고 그러한 지휘·감독과 관계없이 스스로의 판단에 따라 자기 고유의 사업을 영위하는 독립적인 계약자는 포함되지 아니하므로, 그러한 독립적인 계약자는 같은 법 제814조 제1항에 기한 항변을 원용할 수 없다(결국 독립적인 계약자가 문제된 이 사건에서는 히말라야약관의 적용이 부정되었다). 동지: 대법원 2009. 8. 20. 2007다82530; 동 2012. 12. 27. 2011다103564; 동 2014. 5. 16. 2012다23320.

2) 1991년 개정 상법은 함부르그규칙 제7조 제2항 및 제3항도 수용하였다. 즉, 운송물에 관한 손해배상청구가 운송인의 사용인 또는 대리인에 대하여 제기된 경우에 그 손해가 그 사용인 또는 대리인의 직무집행에 관하여 생긴 것인 때에는 그 사용인 또는 대리인도 운송인이 주장할 수 있는 항변과 책임제한을 원용할 수 있다(제798조 제2항 본문). 그러나 그 손해가 그 사용인 또는 대리인의 고의 또는 운송물의 멸실, 훼손 또는 연착이 생길 염려가 있음을 인식하면서 무모하게 한 작위 또는 부작위로 인하여 생긴 것인 때에는 그러하지 아니하다(제798조 제2항 단서).

3) 운송인과 그 사용인 또는 대리인의 운송물에 대한 책임제한금액의 총액은 상법상 운송인의 책임한도액(제797조 제1항)을 초과하지 못한다(제798조 제3항).

4) 위의 각 규정은 운송물에 관한 손해배상청구가 운송인 이외의 실제운송인 또는 그 사용인이나 대리인에 대하여 제기된 경우에도 이를 적용한다(제798조 제4항).

V. 개품운송계약의 종료

개품운송계약은 운송의 완료 또는 계약의 해제 등에 의하여 당연히 종료되지만 해상운송의 특성에 따라 그 밖의 종료원인으로서 다음과 같은 것이 있다.

1. 운송위탁자의 임의해제 또는 해지

개품운송계약의 경우 운송위탁자의 운송계약의 임의해제 또는 임의해지에 관하여는 상법에 규정이 없다. 따라서 육상운송의 경우와 같이 민법상 계약의 일반이론에 따라 운송위탁자의 임의해제 또는 해지로 인하여 운송인에게 손해를 미쳤다면 그 손해를 배상하여야 한다.

2. 불가항력으로 인한 당사자의 임의해제 또는 해지

(1) 발항 전의 임의해제

항해 또는 운송이 법령에 위반되거나 기타 불가항력으로 인하여 운송계약의 목적을 달성할 수 없게 된 때에는 각 당사자는 계약을 해제할 수 있다(제811조 제1항). 위의 법정사유가 운송물의 일부에만 발생한 경우에는 송하인은 개품운송인의 책임이 가중되지 아니하는 범위 내에서 다른 운송물을 선적할 수 있다(代荷船積權)(제812조 제1항). 이 경우에는 지체없이 운송물의 양륙 또는 선적을 하여야 하고, 이것을 해태한 때에는 운임 전액을 지급하여야 한다(제812조 제2항).

(2) 발항 후의 해지

발항 후 항해 도중에 불가항력으로 인하여 계약의 목적을 달성할 수 없는 사유가 발생한 경우에는 각 당사자는 계약을 해지할 수 있으나, 송하인은 비율운임을 지급하여야 한다(제811조 제2항).

3. 불가항력으로 인한 계약의 당연종료

개품운송계약은 ① 선박의 침몰 또는 멸실, ② 선박의 수선불능, ③ 선박의 포획, ④ 운송물의 불가항력으로 인한 멸실 등의 경우에는 법률상 당연히 종료한다(제810조 제1항). 이상은 모두 불가항력으로 인한 것이어야 한다.

① 내지 ③의 사유가 항해 중에 발생한 때에는 송하인은 비율운임을 지급하여야 하나(제810조 제2항), ④의 사유가 발생한 때에는 운임을 지급할 필요가 없다(제815조·제134조 제1항). ④의 사유가 발생한 때에도 송하인은 대하선적권(代荷船積權)이 있고, 그 권리를 해태한 때에는 운임 전액을 지급하여야 한다(제812조 제2항).

제 3 절 여객운송

Ⅰ. 해상여객운송계약의 의의

1) 해상여객운송계약이란 운송인이 특정한 여객을 출발지에서 도착지까지 해상에서 선박으로 운송할 것을 인수하고, 이에 대하여 상대방이 운임을 지급하기로 약정함으로써 그 효력이 생기는 일종의 도급계약이다(제817조). 해상여객운송계약에도 물건운송의 경우와 같이 용선계약의 경우와 개별운송계약의 경우가 있으나, 주로 후자가 많이 이용된다. 용선계약은 이민운송을 하거나(이민선) 단체유람 등을 위하여 이용된다.

2) 해상여객운송에 관하여는 육상여객운송규정 및 개품운송에 관한 많은 규정이 준용되며(제826조), 여객운송을 목적으로 하는 항해용선계약에 관하여는 그 성질에 반하지 아니하는 한 물건운송을 목적으로 하는 항해용선계약에 관한 규정을 준용한다(제827조 제2항).

해상여객운송에 대한 통일조약

국제해상여객운송에 관하여는 1961년 브뤼셀(Brussels) 해사법외교회의에서 "해상여객운송에 관한 규칙의 통일을 위한 국제조약"(International Convention for the Unification of Certain Rules relating to the Carriage of Passengers by Sea)이 성립되었고(1965년 발효), 1967년에는 "해상여객수하물운송에 관한 규칙의 통일을 위한 국제조약"(International Convention for the Unification of Certain Rules relating to Carriage of Passenger Luggage by Sea, done at Brussels)이 성립하였다(미발효). 그 후 1974년 12월 정부간해사협의기구(IMCO)의 주관 아래 아테네에서 열린 해사법외교회의에서 위의 양 협약을 수정 · 통합하는 새로운 협약(Athens Convention relating to the Carriage of Passengers and their Luggage by Sea, Dec. 13, 1974)이 성립되었다(1987년 발효). 이 협약에 따르면 국제해상여객운송인은 여객의 사상에 대하여 여객 1인당 70만 포앙카레 프랑을 한도로 책임을 지고, 여객의 휴대수하물의 멸실 · 훼손에 대하여도 여객 1인당 12,500 포앙카레 프랑을 한도로 책임을 진다(동협약 제7조 · 제8조). 그러나 이 협약에서 사용된 계산단위인 포앙카레 프랑은 1976년의 London 추가의정서에 의하여 국제통화기금(IMF)의 특별인출권(SDR)으로 전환되었다. 2002년 채택된 아테네협약 개정의정서(2014년 4월 23일 발효)에 따라 해상여객운송인의 책임은 (1) 여객의 사망이나 상해에 대한 운송인의 책임은 250,000 SDR, (2) 휴대수하물(cabin luggage)에 대해서는, 승객당 당해 항해당 2,250 SDR, (3) 선박에 선적된 자동차에 대해서는, 대당 당해 항해당 12,700 SDR, (4) 그 밖의 수하물에 대해서는, 승객당 항해당 3,375 SDR로 제한된다.

Ⅱ. 해상여객운송계약의 성립

1. 계약당사자

해상여객운송계약의 당사자는 해상운송인(선박소유자 · 선박임차인 · 용선자 등)과 운송계약의 객체인 여객 자신이며, 때로는 용선자가 운송계약자인 경우도 있다(제827조 제2항 참조).

2. 계약의 체결

1) 해상여객운송계약도 개품운송계약의 경우와 같이 낙성 · 불요식의 계약이다. 따라서 일반적으로 사용되는 선표(승선표, passage ticket, Überfahrtbillet)의 발행이나 용선계약서의 작성(제827조 제2항 · 제828조)은 계약의 성립요건은 아니다. 선표는 여객운송계약의 성립을 증명하는 것으로서 기명식으로 발행한 경우에는 타인에게 양도하지 못하고(제818조), 무기명식으로 발행한 경우에는 발항 전에는 양도 가능한 유가증권이지만 발항 후에는 단순한 증거증권이다. 여객운송을 위하여 용선계약이 체결된 경우에는 당사자 일방은 상대방에 대하여 용선계약서의 교부를 청구할 수 있다(제827조 제2항 · 제828조).

2) 해상여객운송도 보통거래약관에 의한 정형적이고 부합계약성을 띤다. 그러나 여객운송의 경우 여객은 상인이 아니어서 면책약관을 제한할 필요성은 물건운송의 경우보다 크다. 따라서 상법의 규정에 반하여 운송인의 의무 또는 책임을 경감 또는 면제하는 당사자 사이의 특약은 효력이 없다(제827조 제2항 · 제799조 제1항 제1문).

Ⅲ. 해상여객운송계약의 효력

1. 서 설

해상여객운송계약은 운송의 객체가 운송인이 점유할 수 없는 여객이라는 점 외에는 운송계약이라는 공통성 때문에 개품운송계약이나 육상여객운송계약과 같은 점이 많으므로, 양자에 관한 규정을 해상여객운송인에게도 준용하고 있다(제826조 · 제827조 제2항). 이 밖에 해상여객운송인은 개품운송인의 경우와 마찬가지로 감항능력주의의무를 진다(제826조 제1항 · 제794조). 이는 용선계약에 의한 여객운송의 경우에도 같다(제

827조 제2항·제794조).

개별적 여객운송계약에 있어 위탁수하물에 관하여도 운송인은 감항능력주의의무를 지고(제826조 제2항·제794조), 운송물에 관한 주의의무를 부담한다(제826조 제2항·제795조). 이 밖에도 위탁수하물에 관하여는 물건운송에 있어서의 면책사유(제796조), 책임의 한도(제797조), 비계약적 청구(운송인의 불법행위책임)에 대한 적용(제798조) 등이 준용된다(제826조 제2항). 여객의 휴대수하물에 관하여는 개품운송인의 책임의 한도(제797조), 비계약적 청구에 대한 적용(제798조) 등이 준용된다(제826조 제3항).

위의 해상여객운송인의 각 의무와 책임에 관한 규정은 상대적 강행규정이므로 당사자는 특약으로 이를 경감할 수 없다(제826조·제827조 제2항·제799조). 감항능력주의의무(제794조)와 탁송수하물에 관한 주의의무(제795조)는 재운송계약의 경우에는 주운송인이 공동으로 부담한다(제809조·제826조 제1항·제2항).

2. 해상여객운송인의 의무

운송인은 자기 또는 사용인이 운송에 관한 주의를 해태하지 아니하였음을 증명하지 아니하면 여객의 운송으로 인하여 받은 손해를 배상할 책임이 있다. 이때 법원은 손해배상액을 정함에 있어 피해자와 그 가족의 정상을 참작하여야 한다(제826조·제148조). 해상운송인의 여객의 손해에 대한 책임은 5년의 소멸시효에 걸린다. 수하물에 대한 책임은 1년 내에 재판상의 청구가 없으면 소멸하되, 이 기간은 당사자의 합의에 의하여 연장할 수 있다(제826조 제2항·제814조). 그 밖에 해상여객운송에 관한 특별규정을 보면 다음과 같다.

◖ 대법원 1987. 10. 28. 87다카1191
해상여객운송인의 책임은 과실책임이다.

☞ 해상여객운송에 있어서 운송인이 승선자의 수와 하선자의 수를 확인하지 아니하였다고 하여 그것이 인명사고의 원인이 될 운송에 관한 주의의무의 범위에 속한다고 할 수 없다. … 상법 제826조에 의하여 준용되는 동법 제148조의 규정은 여객이 해상운송 도중 그 운송으로 인하여 손해를 입었고 또 그 손해가 운송인이나 그 사용인의 운송에 관한 주의의무의 범위에 속하는 사항으로 인하였을 경우에 한하여 운송인은 자기 또는 사용인이 운송에 관한 주의를 게을리 하지 아니하였음을 증명하지 아니하는 한 이를 배상할 책임을 면할 수 없다는 것이지 여객이 피해를 입기만 하면 그 원인을 묻지 않고 그 책임을 지우는 취지는 아니라 할 것이므로 여객이 입은 손해라도 그것이 운송인 또는 그 사용인의 운송에 관한 주의의무의 범위에 속하지 아니하는 한 운송인은 그로 인한 손해를 배상할 책임이 없다.

1) 식사제공의무

해상운송인은 다른 약정이 없으면 항해 중 여객의 식사를 제공하여야 한다(제819조 제1항).

2) 선박수선 중의 거처 · 식사제공의무

항해의 중도에서 선박을 수선하는 경우에는, 해상운송인은 그 수선 중 여객에게 상당한 거처와 식사를 제공하여야 한다. 그러나 여객의 권리를 해하지 아니하는 범위 내에서 상륙항까지의 운송의 편의를 제공한 때에는 그러하지 아니하다(제819조 제2항). 이 경우 여객은 항해의 비율에 따른 운임을 지급하고 계약을 해지할 수 있다(제819조 제3항).

3) 수하물무임운송의무

여객이 계약에 의하여 선내에 휴대할 수 있는 수하물에 대하여는 해상운송인은 다른 약정이 없으면 별도로 운임을 청구하지 못한다(제820조).

4) 수하물처분의무

여객이 사망한 때에는 선장은 그 상속인에게 가장 이익이 되는 방법으로 사망자가 휴대한 수하물을 처분하여야 한다(제824조).

3. 해상여객운송인의 권리

해상여객운송인의 권리로서 가장 중요한 것은 운임청구권 및 발항권이다. 이 외에도 수하물에 대한 공탁권 · 경매권이 있고(제826조 제2항 · 제149조 제2항), 여객이 위법한 휴대품을 반입한 경우 손해배상청구권도 갖는다(제826조 제2항 · 제801조 참조). 운송인의 권리도 1년 내에 재판상의 청구가 없으면 소멸한다(제826조 제2항 · 제3항, 제814조).

1) 운임청구권

해상운송인은 여객에 대하여 운임을 청구할 수 있다. 운임은 운임표에 따라 선표와 상환으로 선급하는 것이 보통이다.

2) 발항권

여객이 승선시기까지 승선하지 아니한 때에는 선장은 즉시 발항할 수 있다. 항해 도중의 정박항에서도 또한 같다(제821조 제1항 제1문). 이 경우에는 해상운송인은 여객에 대하여 운임전액을 청구할 수 있다(제821조 제2항).

Ⅳ. 해상여객운송계약의 종료

1. 여객의 임의해제 또는 해지

여객은 발항 전에는 운임의 반액을, 발항 후에는 운임의 전액을 지급하고 계약을 해제할 수 있다(제822조). 또 항해의 중도에서 선박을 수선하는 경우에는 비율운임을 지급하고 계약을 해지할 수 있다(제819조 제3항).

2. 불가항력으로 인한 당사자의 임의해제 또는 해지

항해 또는 운송이 법령에 위반하게 되거나 기타 불가항력으로 인하여 해상물건운송계약의 목적을 달성할 수 없게 된 때에는 각 당사자는 계약을 해제할 수 있고, 운송 도중에 그러한 사유가 생긴 때에는 비율운임을 지급하여야 한다는 규정(제811조)은 위탁수하물에 관하여만 준용된다(제826조 제2항). 그러나 여객운송에 있어서도 마찬가지로 해석하여야 할 것이다. 그 밖에 해상여객운송 특유의 규정으로서, 여객이 발항 전에 사망 · 질병 기타의 불가항력으로 인하여 항해를 할 수 없게 된 때에는 운임의 10분의 3을, 발항 후에 그 사유가 생긴 때에는 운송인의 선택으로 운임의 10분의 3 또는 비율운임을 지급하고 각각 계약을 해지할 수 있다(제823조).

3. 불가항력으로 인한 계약의 당연종료

해상여객운송계약도 개품운송의 경우와 같이 선박의 침몰 또는 멸실, 수선불능, 포획 등 법정사유로 인하여 종료한다. 항해 도중에 이러한 사유가 생긴 때에는 여객은 비율운임을 지급하여야 한다(제825조).

제 4 장
용 선

제1절 총 설

Ⅰ. 용선계약의 의의

1) 용선계약(charter party, Chartervertrag)이란 해상운송인이 선박의 일부 또는 전부의 선복(船腹)을 운송에 제공하여 이것에 적재된 물건을 운송할 것을 약속하고, 상대방인 용선자(charterer, Charterer)가 이에 대하여 보수를 지급할 것을 약속하는, 이른바 선복운송계약(Raumfrachtvertrag)을 말한다.

2) 용선계약에 있어서는 상대방의 청구에 의하여 용선계약서를 교부하여야 하고(제828조), 운송인은 송하인의 청구에 의하여 선하증권을 교부하여야 하나(제852조), 이것이 계약의 성립요건은 아니다.

Ⅱ. 용선계약의 종류

1) 용선계약은 항해를 단위로 계약을 체결하는가, 기간을 단위로 계약을 체결하는가에 따라 항해용선계약과 기간용선계약(정기용선계약 포함)으로 나눈다. 항해용선계약과 정기용선계약의 경우는 용선자가 선박의 점유를 취득하지 못하는 점에서 후술하는 선체용선계약과 다르다.

2) 선복의 범위에 따라 전부용선과 일부용선으로 나누기도 한다.[1)]

---

1) 전부용선계약과 일부용선계약을 상법상 달리 취급하는 예로는 제832조(전부용선의 발항전의 계

3) 용선자가 다시 제3자와 용선계약을 체결하는 경우, 기본이 되는 용선계약을 주용선계약이라 하고, 용선자와 제3자의 용선계약을 재용선계약이라고 한다.

4) 그리고 (선박소유자가 아니라) 용선자가 선박을 관리・지배하기로 하고 용선자가 선박소유자로부터 운항을 목적으로 선박을 임차하는 것을 선체용선(나용선)이라 한다.

제 2 절 항해용선

Ⅰ. 항해용선계약의 성립

1. 항해용선계약의 의의

1) 항해용선계약은 특정한 항해를 할 목적으로 선박소유자가 용선자에게 선원이 승무하고 항해장비를 갖춘 선박의 전부 또는 일부를 물건의 운송에 제공하기로 약정하고 용선자가 이에 대하여 운임을 지급하기로 약정하는 계약이다(제827조). 선박소유자 등이 선장을 점유보조자로 하여 선박을 점유・감독하며, 항해의 지휘는 물론 영업도 하므로 도급계약의 성질을 갖는다.

2) 항해용선은 개품운송계약과 구조가 같기 때문에 종래 이를 따라 설명하지 아니하고 개품운송계약과 함께 설명하여 왔다. 그러나 2007년 개정상법에서 운송과 용선을 분리한 입법취지에 따라 본서에서는 이를 분리하여 설명하기로 한다.

2. 항해용선계약의 당사자

항해용선계약의 당사자는 운송인수인과 운송위탁자이며, 전자는 선박소유자 외에도 선박임차인・정기용선자・용선자(재운송인) 등이고, 후자는 용선자이다. 그리고 계약관계자로는 운송주선인・선적인(shipper, Ablader)・수하인(consignee, Empfänger)이 있다. 선적인이란 운송인과 용선자 사이의 운송계약에 의하여 자기의 명의로 물건을 선적하는 자이다.

약해제 등)와 제833조(일부용선과 발항전의 계약해제 등)가 있다.

3. 항해용선계약의 체결

1) 낙성·불요식계약

개품운송계약과 마찬가지로 항해용선계약도 낙성계약이므로 청약과 승낙의 합치로써 성립하며, 그 내용·방식은 원칙적으로 자유이나, 실무에서 대부분의 항해용선계약은 부합계약이다. 선박소유자는 용선자의 청구에 따라 용선계약서를 교부하여야 하고(제828조), 선박소유자는 용선자의 청구에 의하여 선하증권을 교부하여야 하나(제852조), 이들 증서의 작성·교부가 계약의 성립요건은 아니며, 이것은 하나의 증거증서에 불과하다.

2) 상법규정의 상대적 강행규정성

(1) 항해용선계약을 체결함에 있어 상법 제794조(감항능력주의의무)에 반하여 선박소유자의 의무 또는 책임을 경감 또는 면제하는 당사자 사이의 특약은 효력이 없다(제839조 제1항 제1문). 즉, 상법 제794조의 규정은 상대적 강행규정이다.

(2) 운송물에 관한 보험의 이익을 선박소유자에게 양도하는 약정 또는 이와 유사한 약정도 역시 효력이 없다(제839조 제1항 제2문). 다만 위험성이 아주 높은 산 동물의 운송 및 선하증권 기타 운송계약을 증명하는 문서의 표면에 갑판적으로 운송할 취지를 기재하여 갑판적으로 행하는 운송에 대하여는 상법 제799조 제1항의 규정을 적용하지 아니한다(제839조 제2항).

Ⅱ. 항해용선계약의 효력

1. 선박소유자의 의무

1) 선박소유자의 운송준비의무

(1) 선박제공의무

선박소유자는 운송계약의 취지에 따라 특정 선박을 용선자에게 제공하여야 한다. 개품운송계약에서는 일반적으로 대선(代船)약관·적체(積替)약관이 이용되고 있으나, 선박의 개성이 중요시되는 용선계약에서는 선박을 특정한 후에는 선박소유자는 용선자의 동의 또는 급박한 위험이 있는 경우를 제외하고는 선박의 변경 또는 적환을 하지 못한다(독상 제566조 제1항 참조).

(2) 감항능력주의의무

(가) 선박소유자는 용선자에 대하여 발항 당시 선박이 안전하게 항해를 감당할 수 있는 능력, 즉 감항능력(seaworthiness, See-und Ladungstüchtigkeit)에 관한 주의의무를 부담한다(제841조 제1항, 제794조). 그리고 운송인의 감항능력주의의무에 관한 제794조에 반하여 선박소유자의 의무 또는 책임을 경감 또는 면제하는 당사자 사이의 특약은 효력이 없으므로(제839조 제1항 제1문) 감항능력주의의무에 관한 상법의 규정은 편면적 강행규정이다. 운송물에 관한 보험의 이익을 선박소유자에게 양도하는 약정 또는 이와 유사한 약정도 효력이 없다(제839조 제1항 제2문). 용선계약의 경우 선박소유자의 다른 의무에 관한 상법 규정은 임의규정으로 정하였으나, 선박소유자의 감항능력주의의무에 관하여는 용선자를 위하여 강행규정으로 정하였다.

(나) 감항능력주의의무의 내용은 개품운송계약에서 설명한 것과 같다. 즉, ① 선박 자체가 안전하게 항해를 할 수 있을 것(선체능력, 협의의 감항능력)(제794조 제1호), ② 필요한 선원의 승선, 선박의장과 필요품의 보급에 부족함이 없을 것(운항능력)(제794조 제2호), ③ 선창·냉장실 기타 운송물을 적재할 선박의 부분을 운송물의 수령·운송과 보존을 위하여 적합한 상태에 둘 것(감하능력)(제794조 제3호)을 말한다. 선박소유자는 이에 관한 주의를 해태하지 아니하였음을 증명하지 아니하면 운송물의 멸실, 훼손 또는 연착으로 인한 손해를 배상할 책임이 있다(제841조 제1항, 제794조 본문).

(다) 그 밖에 주의의 정도, 주의의 시기, 감항능력주의의무 위반의 효과 등은 개품운송계약에서 설명한 것과 같다.

(3) 선적에 관한 의무

(가) 선박회항의무

선박소유자는 운송물의 선적을 위하여 약정한 선적항(선적지)으로 선박을 정박시켜야 한다. 선적항을 약정하지 않은 경우에는 용선자에게 그 선정권이 있는 것이 보통이다.

(나) 선적준비완료통지의무

선박소유자는 운송물을 선적함에 필요한 준비가 완료된 때에는 지체없이 용선자에게 그 통지를 발송하여야 한다(제829조 제1항). 용선자가 제3자를 선적인으로 지정하였을 때에는 선적인에게 통지하여야 하고, 선장이 그 자를 확인할 수 없거나 그 자가 운송물을 선적하지 아니한 때에는 선장은 곧 용선자에 대하여 그 통지를 발송하여야 한다(제830조 제1문). 이 경우에는 선적기간 내에 한하여 용선자가 운송물을 선적할 수 있다(제830조 제2문).

(4) 대박의무

(가) 선박소유자는 선적준비완료통지를 발송한 때로부터 일정한 선적기간 중 선박을 정박하여 용선자의 선적을 기다릴 의무(Wartepflicht)가 있다. 이 선적기간은 보통 계약에 의하여 정하여지지만, 약정이 없으면 관습에 따라 정한다. 운송물을 선적할 기간의 약정이 있는 경우에는 그 기간은 선적준비완료통지가 오전에 있은 때에는 그 날의 오후 1시부터, 오후에 있은 때에는 다음날 오전 6시부터 기산한다(제829조 제2항 제1문). 이 기간에는 불가항력으로 인하여 선적할 수 없는 날과 그 항의 관습상 선적작업을 하지 아니하는 날을 산입하지 아니한다(제829조 제2항 제2문).

(나) 용선자가 선적기간 내에 운송물 전부를 선적하지 않을 때에는 선박소유자는 초과정박기간에 대한 상당한 정박료를 청구할 수 있고 손해배상을 청구할 수도 있으며, 상당한 보수를 청구할 수도 있다(제829조 제3항, 제831조 제3항). 이 경우 용선자는 선박소유자의 청구가 있으면 상당한 담보를 제공하여야 하고(제831조 제3항), 선장은 즉시 발항할 수도 있다(제831조 제2항). 또한 용선자가 선적기간 내에 선적을 하지 않을 때에는 계약을 해제 또는 해지한 것으로 본다(제836조).

(5) 적하의 수령·적부의무

(가) 선박소유자는 계약에 따라 인도된 운송물을 수령하여야 하고, 수령한 운송물을 선내의 적당한 장소에 적부하여야 한다. 운송물의 수령은 선측(alongside)에서 하고, 적부는 특약이나 다른 관습이 없는 한 갑판적을 할 수 없고 선창에 하여야 한다. 용선자는 선적기간 내에 운송에 필요한 서류를 선장에게 교부하여야 한다(제841조 제1항, 제793조).

(나) 그 밖에 위법선적물의 처분 및 위험물의 처분에 관하여는 개품운송계약에서 설명한 것과 같다(제841조 제1항, 제800조, 제801조).

(6) 선하증권교부의무

(가) 용선자의 청구가 있는 경우 선박소유자는 운송물을 수령한 후에 1통 또는 수통의 선하증권을 교부하여야 한다(제855조 제1항, 제852조 제1항). 선하증권에는 운송물의 수령 후에 발행하는 수령선하증권과 선적 후에 발행하는 선적선하증권이 있는데, 선박소유자는 운송물을 선적한 후 용선자의 청구가 있으면 1통 또는 수통의 선적선하증권을 교부하거나 수령선하증권에 선적의 뜻을 표시하여야 한다(제855조 제1항, 제

852조 제2항).

(나) 선하증권의 교부는 선장 기타의 사용인에게 위임할 수 있다(제855조 제1항, 제852조 제3항). 선하증권의 교부를 받은 용선자는 증거보전을 위하여 발행자(선박소유자)가 등본의 교부를 청구한 때에는 선하증권의 등본에 기명날인 또는 서명하여 교부하여야 한다(제856조).

(다) 선하증권이 발행된 경우 선박소유자는 선하증권에 기재된 대로 운송물을 수령 또는 선적한 것으로 추정한다(제855조 제2항).

(라) 제3자가 선의로 선하증권을 취득한 경우 선박소유자는 선하증권에 기재된 바에 따라 운송인으로서 권리와 의무가 있다(제855조 제3항 제1문, 제854조 제2항). 용선자의 청구에 따라 선박소유자가 제3자에게 선하증권을 발행한 경우에도 또한 같다(제855조 제3항 제2문). 이 경우 그 제3자는 일부용선과 발항 전의 계약해제 등(제833조), 부수비용・체당금 등의 지급의무(제834조), 선적・양륙비용의 부담(제835조), 발항 후의 계약해지(제837조) 등과 관련하여서는 송하인으로 본다(제855조 제4항). 또한 이 경우 선박소유자는 운송인의 책임경감금지에 관한 제799조를 위반하여 운송인으로서의 의무와 책임을 감경 또는 면제하는 특약을 하지 못한다(제855조 제5항).

2) 선박소유자의 운송실행의무

(1) 발항의무

(가) 선박소유자는 운송물의 선적이 완료된 때에는 지체없이 발항하여야 한다(선원 제8조 참조). 발항시기는 보통 용선계약의 경우에는 계약에서 정한다.

(나) 용선자는 운송물의 전부를 선적하지 않은 경우에도 선장에게 발항을 청구할 수 있다(제831조 제1항). 또 선장은 선적기간경과 후에는 운송물 전부의 선적이 완료하기 전이라도 즉시 발항할 수 있다(제831조 제2항). 다만 이 두 경우에 용선자는 운임의 전액과 운송물의 전부를 선적하지 아니함으로 인하여 생긴 비용(예컨대, 초과정박기간에 대한 상당한 정박료, 저하(底荷))의 적입(積入)비용 등)을 지급하고, 선박소유자의 청구가 있으면 상당한 담보를 제공하여야 한다(제831조 제3항).

(2) 직항의무

선박소유자는 개품운송인과 같은 직항의무를 부담한다(제841조 제1항, 제796조 제2항 제8호, 선원 제8조 참조).

(3) 운송물의 보관·처분의무

선박소유자는 운송물의 수령시부터 인도시까지 선량한 관리자의 주의로써 운송물을 보관하여야 하고(제841조 제1항, 제795조 제1항), 위급한 때에는 적당한 방법으로 운송물을 처분할 의무가 있다(제752조).

3) 선박소유자의 운송종료 후의 의무

(1) 양륙에 관한 의무

(가) 양륙항입항의무

해상운송인은 운송계약상 예정된 양륙항 또는 발항 후 용선자가 지정하는 양륙항에 입항하고, 일정한 양륙장소에 선박을 정박하여야 한다.

(나) 양륙준비완료통지의무

선장은 운송물의 양륙준비가 완료된 때에는 지체없이 용선자 또는 수하인에게 그 통지를 발송하여야 한다(제838조 제1항).

(다) 양륙의무

선박소유자는 원칙적으로 선측에서 운송물을 용선자 또는 수하인에게 인도하여야 하므로, 자기의 위험과 비용으로 선창에서 선측까지 운송물을 반출하여야 한다.

(라) 대박의무

용선계약의 경우 해상운송인은 양륙준비완료통지를 발송한 때로부터 일정한 양륙기간 중 특별한 보수없이 양륙을 위하여 정박하여야 한다. 양륙기간은 선적시와 마찬가지로, 양륙준비완료통지가 오전에 있은 때에는 그 날의 오후 1시부터 기산하고, 오후에 있은 때에는 다음날 오전 6시부터 기산한다(제838조 제2항, 제829조 제2항). 양륙기간을 초과한 정박기간에 대하여는 선박소유자는 상당한 보수를 청구할 수 있다(제838조 제3항).

(2) 운송물인도의무

(가) 운송물인도의무의 내용

(a) 선박소유자는 용선자 또는 수하인에게 운송물을 인도하여야 한다. 인도는 보통 적하의 양륙과 동시에 하는 것이나, 반드시 일치하는 것은 아니다. 선박소유자는 용선자 또는 수하인이 운임 · 부수비용 · 체당금 · 체선료, 운송물의 가액에 따른 공동해손 또는 해난구조로 인한 부담액 등의 지급과 상환하지 아니하면 운송물을 인도할 의무가 없고(제841조 제1항, 제807조 제2항), 이들 금액을 지급받기 위하여 법원의

허가를 얻어 운송물을 경매할 수도 있다(제841조 제1항, 제808조 제1항).

(b) 운송물의 인도란 운송물에 대한 사실상의 지배상태인 점유가 운송인으로부터 벗어나는 것을 말하므로, 용선자 또는 수하인뿐만 아니라 운송물이 세관당국의 관장 하에 들어간 것도 인도에 해당한다 [제841조 제1항, 제803조, 함부르그규칙 제4조 제2항 (b) 참조].

(나) 인도방법

선박소유자의 운송물 인도방법은 개품운송계약에 설명한 것과 같다(제841조 제1항, 제140조, 제861조, 제129조).

(3) 공탁의무

(가) 선박소유자의 공탁의무 역시 개품운송인의 공탁의무와 같다(제841조 제1항, 제803조).

(나) 선박소유자가 용선자에게 수통의 선하증권을 발행한 경우 2인 이상의 선하증권 소지인이 운송물의 인도를 청구한 때에는 선박소유자(선장)는 지체없이 운송물을 공탁하고 각 청구자에게 통지를 발송하여야 한다(제859조 제1항).

2. 선박소유자의 권리

1) 선박소유자의 운임청구권

(1) 원 칙

선박소유자는 개품운송인의 경우와 같이 자기가 인수한 운송을 완성한 때에는 용선자 또는 수하인에게 그 보수인 운임을 청구할 수 있다(제841조 제1항, 제807조 제1항, 제134조 제1항).

(2) 예 외

(가) 선박소유자는 예외적으로 용선자 등의 과실(제841조 제1항, 제134조 제2항), 적하의 처분(제750조 제1항), 공동해손처분(제865조)(후 2자의 경우에는 선박소유자는 운임의 전액을 청구할 수 있다: 제841조 제1항, 제813조). 선적의 지체(제831조), 운송불능(제841조 제1항, 제810조 제1항 제1호~제3호 · 제2항, 제811조, 제841조 제1항, 제812조) 등의 사유가 있는 경우에는 운송물이 목적지에 도착하지 아니한 때라도 운임청구권을 행사할 수 있다.

(나) 이 외에 용선계약에 관한 특칙으로서 전부용선자가 발항 전에 용선계약을 해제한 때에는 운임의 반액을 지급하여야 하고(제832조 제1항), 왕복항해의 용선계약인

경우 전부용선자가 그 회항 전에 계약을 해지한 때 및 선박이 타항에서 선적항에 항행하여야 할 경우에 선적항에서 발항하기 전에 계약을 해지하는 때에는 운임의 3분의 2를 지급하여야 한다(제832조 제2항 · 제3항). 일부용선자나 송하인이 발항 전에 계약을 해제 또는 해지를 한 때에도 운임의 전액을 지급하여야 한다(제833조 제2항).

(3) 운임액의 계산

(가) 운임액의 계산에 관하여도 개품운송계약에서 설명한 것과 같다(제841조 제1항, 제805조, 제806조).

(나) 특히 항해용선과 관련하여, 제806조의 운임을 계산함에 있어서 제829조 제2항이 정한 선적기간 또는 제838조 제2항이 정한 양륙기간이 경과한 후에 운송물을 선적 또는 양륙한 경우에는 그 기간경과 후의 선적 또는 양륙기간은 선적 또는 양륙기간에 산입하지 아니하고 제829조 제3항 및 제838조 제3항의 규정에 따라 별도로 보수를 정한다(제841조 제2항).

2) 선박소유자의 기타 권리

(1) 선박소유자의 그 밖의 권리로는 용선자에 대한 용선계약서의 교부청구권(제828조)과 선적청구권(제829조 제1항 참조)이 있다. 그 밖에 용선계약과 개품운송계약에 공통적인 것에 관하여는 개품운송계약에서 설명하였다.

(2) 특히 용선계약과 관련하여서는 상법은 대박료청구권에 관하여 상세히 규정하고 있다. 즉, 선적기간 또는 양륙기간을 경과한 후에 선적 또는 양륙을 위하여 선박을 정박시킨 경우(초과정박기간)에는 선박소유자는 용선자에 대하여 체선료(대박료 · 정박료)를 청구할 수 있다(제829조 제3항, 제838조 제3항). 체선료의 법적 성질은 손실을 전보하기 위한 법정의 특별보수이며,[1] 따라서 선박소유자의 과실상계의 대상이 되지 아니한다.[2] 수하인이 운송물을 수령한 때에는 수하인도 체선료를 지급하여야 할 의무가 있다(제841조 제1항, 제807조 제1항).

(3) 체당금 기타 비용청구권(제841조 제1항, 제807조 제1항), 유치권(제841조 제1항, 제807조 제2항), 경매권(제841조 제1항, 제808조), 공탁권(제841조 제1항, 제803조 제1항) 등은 개품운송계약에서 설명한 것과 같다.

1) 대법원 1994. 11. 25. 93도3274; 동 2005. 7. 28. 2003다12083.
2) 대법원 1994. 6. 14. 93다58547; 동 2005. 7. 28. 2003다12083.

3) 선박소유자의 채권 · 채무의 제척기간

선박소유자의 용선자 또는 수하인에 대한 채권 및 채무는 그 청구원인의 여하에 불구하고 선박소유자가 운송물을 인도한 날 또는 인도할 날부터 2년 이내에 재판상 청구가 없으면 소멸한다(제840조 제1항 제1문). 이 기간은 제척기간이다. 다만 이 기간은 당사자의 합의에 의하여 연장할 수 있다(제840조 제1항 제2문, 814조 제1항 단서). 이 기간을 단축하는 선박소유자와 용선자의 약정은 이를 운송계약에 명시적으로 기재하지 아니하면 그 효력이 없다(제840조 제2항).

중재의 제기도 재판상의 청구와 동일한 효력이 있다. 청구원인의 여하를 불문하기 때문에, 선박소유자 등의 불법행위책임을 묻는 경우에도 같다. 다만 선박소유자가 제3자에 대하여 부진정 연대채무자로서 구상청구를 하는 경우에는 2년의 제척기간이 적용되지 아니한다.[1)]

Ⅲ. 선박소유자의 손해배상책임

1. 서 설

상법은 선박소유자의 용선자에 대한 손해배상책임에 관하여 육상물건운송인의 책임규정을 준용하고 있으므로(제841조 제1항, 제136조, 제137조, 제140조) 선박소유자의 책임은 육상물건운송인의 책임과 대체로 같다. 그러나 해상운송의 특수성에 비추어 약간의 특별규정을 두고 있다. 즉, 상법은 과실책임주의를 원칙으로 하면서 과실을 항해과실과 상사과실로 나누어 항해과실 및 선박화재에 대하여는 선박소유자의 책임을 면제하고(제841조 제1항, 제795조), 일정한 사항에 대하여는 증명책임을 경감하며(제841조 제1항, 제796조), 손해배상책임을 제한하는가 하면(제841조 제1항, 제797조), 면책약관의 제한에 관한 규정을 두어(제839조), 해상기업의 보호와 이해관계인의 이익의 조화를 도모하고 있다.

---

1) 대법원 2001. 10. 30. 2000다62490: 재운송계약이 체결된 해상물건운송계약에서 원수운송인의 구상권은 상법 제814조 소정의 단기제척기간이 적용되지 않는다. 공동불법행위자 사이의 구상채권의 소멸시효는 10년이다: 대법원 1979. 5. 15. 78다528.

2. 책임부담의 주체

손해배상책임을 지는 주체가 되는 선박소유자라 함은 선박소유자 스스로는 물론 그 사용인 또는 대리인 및 책임보험사 등을 가리킨다. 다만 독립적인 계약자는 운송인의 '사용인 또는 대리인'이 아니다. 이 밖에 선박공유자, 선박임차인, 정기용선자로서 자기명의로 항해용선계약을 체결한 자를 포함한다. 책임부담의 주체인 선박소유자는 후술하는 책임제한의 주체가 될 수 있는 자이기도 하다(제841조 제1항, 제797조 제1항).

3. 상사과실로 인한 손해배상책임

1) 손해배상책임의 원인

손해배상책임의 원인으로서 과실책임주의(제841조 제1항, 제794조 본문, 제795조 제1항)를 취하며, 선박소유자는 감항능력주의의무를 부담하고(제841조 제1항, 제794조), 선박소유자의 과실을 항해과실(해기과실)과 상사과실(상업과실)로 구분하여 항해과실에 대하여는 선박소유자는 면책된다(제841조 제1항, 제794조, 제795조 제1항)는 것, 그리고 증명책임은 선박소유자에게 있다는 것(제841조 제1항, 제794조 · 제795조 제1항) 등은 개품운송계약에서 설명한 것과 같다.

2) 손해배상책임의 범위

선박소유자의 손해배상의 범위는 육상운송인의 그것과 같은 점(제841조 제1항, 제137조), 책임의 개별적 제한(제841조 제1항, 제797조, 제798조 제2항) 등은 개품운송계약에서 설명한 것과 같다. 다만 항해용선의 경우에는 실제운송인에 대한 규정은 준용되지 않는다(제841조 제1항에서 제798조 제4항이 준용되지 않음).

3) 책임의 단기소멸

책임의 단기소멸에 관하여도 개품운송계약에서 설명한 것과 같으나(제841조 제1항, 제804조 제1항부터 제4항까지), 다만 항해용선계약의 경우에는 위의 규정(제804조 제1항부터 제4항까지)에 반하여 한 용선자 또는 수하인에게 불리한 당사자 사이의 특약도 효력이 있다(제841조 제1항은 제804조 제5항을 준용하지 않음).

4) 책임의 소멸

선박소유자의 용선자 또는 수하인에 대한 채권 및 채무는 그 청구원인의 여하에 불구하고 신박소유자가 운송물을 인도한 날 또는 인도할 날부터 2년 이내에 재판상 청구가 없으면 소멸한다(제840조 제1항 제1문). 이 기간은 제척기간이다. 이 기간의 기산점은 운송물을 인도한 날 또는 인도할 날이다. 이 기간은 당사자의 합의에 의하여 연장할 수 있다(제840조 제1항 제2문, 제814조 제1항 단서).

4. 법정면책사유

1) 선원의 항해과실

선박소유자는 개품운송인의 경우와 마찬가지로 선장・선원・도선사 기타의 선박사용인의 항해 또는 선박의 관리에 관한 행위(항해과실)로 인하여 생긴 운송물의 손해에 대하여는 배상책임을 지지 아니한다(제841조 제1항, 제795조 제2항). 항해과실이란 '항행상의 과실'(errors of navigation)과 '선박관리(management of the ship)상의 과실'을 의미한다는 점도 개품운송에 관하여 설명한 것과 같다. 또한 상법 제795조 제2항은 강행규정이 아니므로 항해과실에 대하여 선박소유자가 책임을 지기로 하는 당사자 사이의 특약도 유효하다.

2) 선박에서의 화재

선박소유자는 개품운송인의 경우와 마찬가지로, 선박에서의 화재로 인하여 생긴 운송물의 손해에 대하여도 배상책임을 지지 아니한다(제841조 제1항, 제795조 제2항 본문). 그러나 선박소유자 자신의 고의 또는 과실로 인하여 화재가 발생한 경우에는 면책되지 아니한다(제841조 제1항, 제795조 제2항 단서).

3) 고가물에 대한 면책

선박소유자의 고가물에 대한 면책은 개품운송계약의 경우와 같다(제841조 제1항, 제136조, 제797조 제3항).

4) 기타 면책사유

선박소유자의 법정면책사유의 종류 및 증명책임의 경감은 개품운송인의 그것과 같다(제841조 제1항, 제796조).

5. 책임경감의 금지

1) 감항능력주의의무(제794조)에 반하여 선박소유자의 의무 또는 책임을 경감 또는 면제하는 당사자 사이의 특약(면책특약)은 효력이 없다(제839조 제1항 제1문). 운송물에 관한 보험의 이익을 선박소유자에게 양도하는 약정 또는 이와 유사한 약정도 또한 같다(제839조 제1항 제2문). 다만 이와 같은 제한은 항해상 위험이 큰 산 동물운송 및 갑판적운송에는 원칙적으로 적용되지 않는다(제839조 제2항, 제799조 제2항).

2) 선박소유자가 용선자의 청구에 따라 용선자에게 선하증권을 발행하고, 제3자가 선의로 그 선하증권을 취득하거나 선박소유자가 용선자의 청구에 의하여 제3자에게 선하증권을 발행한 경우에도 제799조(운송인의 책임경감금지)를 위반하여 운송인으로서의 의무와 책임을 감경 또는 면제하는 특약을 하지 못한다(제855조 제5항).

6. 운송계약상의 책임과 불법행위책임의 경합

선박소유자가 고의·과실로 용선계약을 불이행하였고 동시에 그 선박소유자의 행위가 민법상의 불법행위의 요건도 함께 충족하는 경우, 선박소유자는 계약불이행 책임만 지면 충분한 것인지, 아니면 불법행위책임도 경합하여 져야 하는 것인지의 문제, 즉 청구권경합문제가 있다. 이 문제는 이미 개품운송계약에서 충분히 설명하였는데, 그 설명은 항해용선계약에도 똑같이 적용된다. 즉, 운송인의 책임에 관한 규정은 운송인의 불법행위로 인한 손해배상책임에도 적용하도록 정하였다(제841조 제1항, 제798조 제1항). 선박소유자의 책임의 제척기간과 관련하여서도 '선박소유자의 … 채권 및 채무는 청구원인의 여하에 불구하고' 2년 이내에 재판상 청구가 없으면 소멸하되, 이 기간은 당사자의 합의에 의하여 연장할 수 있으며(제840조 제1항, 제814조 제1항 단서), 이 기간을 단축하는 선박소유자와 용선자의 약정은 이를 운송계약에 명시적으로 기재하지 아니하면 그 효력이 없다고 정하여(제840조 제2항), 민법의 불법행위법상의 손해배상청구권의 소멸시효(3년 또는 10년 : 민 제766조)를 적용시킬 여지가 없어졌다.

7. 선박소유자의 사용인 또는 대리인

개품운송계약에서 설명한 바와 같이 이른바 히말라야 약관은 항해용선의 경우에도 똑같이 인정된다. 즉, 운송물에 관한 손해배상청구가 선박소유자의 사용인 또는 대리인에 대하여 제기된 경우에 그 손해가 그 사용인 또는 대리인의 직무집행에 관하여 생긴 것인 때에는 그 사용인 또는 대리인도 운송인이 주장할 수 있는 항변과 책임제한을 원용할 수 있다(제841조 제1항, 제798조 제2항 본문). 그러나 그 손해가 그 사용인 또는 대리인의 고의 또는 운송물의 멸실, 훼손 또는 연착이 생길 염려가 있음을 인식하면서 무모하게 한 작위 또는 부작위로 인하여 생긴 것인 때에는 그러하지 아니하다(제841조 제1항, 제798조 제2항 단서). 선박소유자와 그 사용인 또는 대리인의 운송물에 대한 책임제한금액의 총액은 상법상 선박소유자의 책임한도액(제797조 제1항)을 초과하지 못한다(제841조 제1항, 제798조 제3항).

Ⅳ. 항해용선계약의 종료

항해용선계약은 운송의 완료 또는 계약의 해제 등에 의하여 당연히 종료되지만 해상운송의 특성에 따라 그 밖의 종료원인으로서 다음과 같은 것이 있다.

1. 운송위탁자의 임의해제 또는 해지

1) 발항 전의 임의해제 또는 해지

(1) 전부용선계약의 경우

(가) 용선자는 발항 전에는 운임・양륙비용・부수비용・체당금 등을 지급하고 계약을 해제할 수 있으며, 그 운임은 반액의 지급이 원칙이다. 그러나 ① 왕복항해의 경우 그 회항 전에 계약을 해지하거나, ② 선박이 타항에서 선적항에 항행하여야 할 경우 선적항에서 발항하기 전에 계약을 해지하는 때에는 운임의 3분의 2를 지급하여야 한다(제832조・제834조・제835조). 또 ①과 ②의 경우에는 운송물의 가액에 따라 공동해손 또는 해난구조로 인하여 부담할 금액을 지급하여야 한다(제834조 제2항).

(나) 용선자가 선적기간 내에 운송물을 선적하지 아니한 때에는 계약을 해제 또는 해지한 것으로 본다(제836조). 송하인이 합의 또는 관습에 의한 때와 곳에서 운송물을 제공하지 아니한 경우에도 계약을 해제한 것으로 본다(제792조 제2항 제1문).

(2) 일부용선계약의 경우

일부용선자 또는 송하인(여기서 송하인은 제855조 제4항에서 말하는 송하인, 즉 선박소유자가 발행한 선하증권을 선의로 취득한 제3자를 포함한다)은 다른 용선자와 송하인 전원과 공동으로 하는 경우에 한하여 전부용선의 경우와 같은 효과로써 계약의 해제나 해지를 할 수 있다(제833조 제1항). 만일 그렇지 않으면 발항 전에 계약을 해제 또는 해지한 때에도 운임의 전액을 지급하여야 한다(제833조 제2항). 이와 같이 계약을 해제 또는 해지하는 경우에 지급하는 운임을 공적운임 또는 공선운임이라 하는데, 그 법적 성질은 법정해약금의 일종이다.[1] 또 발항 전이라도 일부용선자나 송하인이 운송물의 전부 또는 일부를 이미 선적한 경우에는 다른 용선자와 송하인의 동의를 얻지 않으면 계약을 해제 또는 해지하지 못한다(제833조 제3항). 이상의 어느 경우이든 운송물의 선적과 양륙의 비용은 용선자나 송하인이 부담한다(제835조).

2) 발항 후의 임의해지

발항 후에는 용선자나 송하인은 운임의 전액·체당금·체선료·공동해손 또는 해난구조의 부담액을 지급하고, 양륙을 위하여 발생하는 손해를 배상하거나 또는 이에 상당하는 담보를 제공하지 아니하면 계약을 해지하지 못한다(제837조).

2. 불가항력으로 인한 당사자의 임의해제 또는 해지

1) 발항 전의 임의해제

항해 또는 운송이 법령에 위반되거나 기타 불가항력으로 인하여 운송계약의 목적을 달성할 수 없게 된 때에는 각 당사자는 계약을 해제할 수 있다(제841조 제1항, 제811조 제1항). 항해용선의 경우에 이와 같은 사정이 생기면 공적운임(제832조·제833조 참조)을 부담할 필요가 없으며, 당사자는 임의로 운송계약을 해제할 수 있다.

위의 법정사유가 운송물의 일부에만 발생한 경우에는 용선자는 선박소유자의 책임이 가중되지 아니하는 범위 내에서 다른 운송물을 선적할 수 있다(대하선적권)(제841조 제1항, 제812조 제1항). 이 경우에는 지체없이 운송물의 양륙 또는 선적을 하여야 하고, 이것을 해태한 때에는 운임 전액을 지급하여야 한다(제841조 제1항, 제812조 제2항).

2) 발항 후의 해지

발항 후 항해 도중에 불가항력으로 인하여 계약의 목적을 달성할 수 없는 사유가 발생한 경우에는 각 당사자는 계약을 해지할 수 있으나, 용선자는 비율운임을 지급하여야 한다(제841조 제1항, 제811조 제2항).

---

1) 서돈각·정완용(하) 629면; 최기원(하) 923면.

3. 불가항력으로 인한 계약의 당연종료

항해용선계약은 불가항력으로 인하여 당연히 종료하는데, 그 사유는 개품운송계약에 설명한 것과 같다(제841조 제1항, 제810조, 제812조 제2항).

제3절 정기용선

Ⅰ. 정기용선자의 의의

1) 정기용선자(time charterer)란 일정기간 타인소유의 선원부선박을 임차하여 해상기업활동의 목적으로 항해에 사용하는 자를 말한다. 그리고 정기용선계약이란 선박소유자가 용선자에게 선원이 승무하고 항해장비를 갖춘 선박을 일정한 기간동안 항해에 사용하게 할 것을 약정하고 용선자가 이에 대하여 기간을 정한 용선료를 지급하기로 약정함으로써 그 효력이 생기는 계약이다(제842조).

2) 정기용선계약에 의하면 ① 정기용선자는 기업조직을 확대하지 않고 선박수요의 증감에 따라 손쉽게 경영할 수 있으며(기업규모의 신축성), 선박의 자유사용과 항해지휘권을 얻어 자신이 해상기업주체의 지위에서 선박의 운용을 할 수 있고, 선원의 선임 및 선박관리에 따르는 위험 및 비용의 부담을 선주에게 전가할 수 있다. ② 한편, 선박소유자에게도 자기가 육성한 선장・해원을 선박과 함께 보유함으로써 종래의 기업조직을 해체하지 않고 후일 자기가 경영할 때에 대비할 수 있고, 자기가 임용한 선원을 통하여 선박관리를 보다 잘 할 수 있으며, 자본이자인 용선료도 취득할 수 있다는 이점이 있다. 정기용선은 기간용선의 일종이다.

정기용선계약의 실무

1) 정기용선계약은 해상기업의 거래관행으로서 많이 이용되고 있는 특수계약이다. 실제거래에서는 정기용선계약은 국제적 약관인 Baltime Charter와 1921년에 제정되고 1946년 및 1993년에 개정된 미국의 용선계약서(New York Produce Exchange Form)에 의거하고 있다. Baltime Charter란 The Baltic and White Sea Conference Uniform Time-Charter(발틱백해통일정기용선계약서)의 약칭으로서 1905년에 제정되어 1913년, 1939년, 1950년 및 2001년에 개정된 것이 널리 이용되고 있다.

2) 이들 약관의 주요 항목을 들어보면, ① 총괄적 약관으로서의 선박의 대차약관(let and hire clause), ② 선박을 용선자의 사용에 맡긴다는 처분약관(disposal clause), ③ 선장 · 해원은 선박의 사용 및 대리에 관하여 용선자의 지시와 명령에 복종하게 한다는 사용약관(employment clause), ④ 선원의 행위에 불만이 있을 때에는 그 교체를 요구할 수 있는 불만약관(misconduct clause), ⑤ 선원의 급료 · 선박의 보험료 · 수선비 등은 선박소유자가 부담하고, 연료 · 기관용수 · 항해에 관한 각종의 세금 · 도선료 등은 용선자가 부담하는 순용선약관(net charter clause) 등이다.

Ⅱ. 정기용선계약의 법적 성질

정기용선계약의 법적 성질에 관하여는 종래 여러 가지로 설명하여 왔는데, 어느 학설을 취하느냐에 따라 정기용선자가 제3자에 대하여 상법 제850조 제1항(선체용선과 제3자에 대한 법률관계)의 책임을 지느냐 그렇지 않느냐의 차이가 있다.

1) 혼합계약설

(1) 다수설인[1] 혼합계약설은 정기용선계약을 선체용선과 노무공급이라는 두 계약의 혼합이라고 하고, 그 결과 정기용선자는 제3자에 대하여 상법 제850조 제1항의 책임을 진다고 한다.

(2) 이 학설은 정기용선계약에 있어서는 선박의 점유는 선주에게 있고, 정기용선자는 선박의 사용권만을 행사한다는 점에서 상법상의 선체용선 그 자체와는 구별되는 것이라는 비판을 받는다.

2) 특수계약설

특수계약설은 정기용선계약을 운송계약인 용선계약 또는 선체용선의 어느 쪽에도 속하지 않는 특수한 계약이라고 보는 견해이다. 이 학설은 여러 의미로 설명이 되는데, 중요한 것은 '점유이전 없는 특수한 계약으로 보는 견해' 및 '일종의 기업 임대차로 보는 견해' 등이 있다. 전자는 선박의 점유이전은 없으나 용선자는 용선기간 동안 자유롭게 사용 · 수익할 권리는 가지는 점에서 선체용선계약과 매우 유사하고, 여기에 선장과 선원의 노무공급을 받게 되는 특수한 계약이라는 견해이다. 한편 후자는 정기용선계약은 선박과 선원이 유기적인 일체로서의 관계를 이루는데 '움직이

1) 최기원(하) 847면; 손주찬(하) 760면; 서돈각 · 정완용(하) 562면.

는 기업'을 형태 그대로 임대하고자 하는 것이며, 실정법의 적용상으로는 상법상의 선체용선에 준하여 취급할 수밖에 없다고 한다. 이 견해에 의하면 선원의 지위는 고용계약에 의하여 계약선박에 노무를 제공하므로 정기용선계약에 의하여 선박이 이전될 때에는 선원의 고용계약도 정기용선자에게 이전된다고 해석한다.[1]

3) 운송계약설

(1) 운송계약설은,[2] 영미의 통설적인 견해로 정기용선계약은 운송계약인 용선계약의 한 형태라는 학설이다. 정기용선계약과 선체용선과의 구별을 선박의 점유와 지배의 이전 유무에서 구하고 정기용선계약에 있어서는 선장·선원의 임면권이 선주에게 귀속하므로 선체용선과는 다르다고 한다. 이 견해에 따르면 정기용선자의 해상기업주체성은 부인되고 선박소유자가 해상기업의 주체로서 대외적 책임을 지게 된다. 즉, 정기용선자는 해상기업의 주체인 선박소유자에게 운송을 청구할 수 있는 운송의뢰인에 불과하고, 따라서 정기용선자는 제3자에 대하여 상법 제850조 제1항의 책임을 지지않는다고 한다.

(2) 그러나 정기용선계약은 화물의 운송을 약정하는 것이 아니라 선박의 공간을 이용하도록 하여 주는 것이라는 점에서 운송계약에서 볼 수 있는 도급계약으로서의 성질이 희박하고, 특히 기업형 정기용선계약의 경우 용선자가 선체용선자처럼 선박을 장기간 자유롭게 이용하므로 오히려 선체용선에 더 가깝다는 비판이 있다.[3]

4) 해기·상사 구별설

(1) 해기·상사 구별설은 선박이용의 내용을 해기사항과 상사사항으로 구분하여 해기사항은 선박소유자의 부담으로 남기고 상사사항에 관하여는 이를 정기용선자가 관리하는 것으로 보는 견해이다. 정기용선자는 상사사항에 관해서만 제3자에 대하여 선주와 동일한 책임을 지고 해기사항에 관하여는 선박소유자가 책임을 진다고 한다.

(2) 이 견해에 대해서는 정기용선계약의 보통거래약관을 중심으로 하여 이론적으로 해기사항과 상사사항을 구별할 수 있다고 하더라도 실제로 이를 구별하기가 어렵고 불명확한 경우가 많다는 비판이 있다.[4]

---

1) 이승호, 전게논문, 203면 참조,
2) 채이식(하) 680면; 정찬형(하) 815면.
3) 이기수, 보험법·해상법학, 1998, 347~348면.
4) 이기수, 상게서 347~348면.

5) 판　례

우리나라의 판례 중에는 혼합계약설을 취한 듯한 사례가 있다. 폴사 도스호 사건 및 로스토치호 사건이 그 예이다.

◖ 대법원 1992. 2. 25. 91다14215
정기용선계약에 관하여 선체용선자에 관한 상법 제850조의 유추적용에 의하여 선박소유자와 동일한 책임을 진다(폴사 도스호 사건)

☞ 당사자간에 체결된 정기용선계약이 그 계약내용에 비추어 선박에 대한 점유권이 용선자에게 이전되는 것은 아니지만 선체용선과 유사하게 용선자가 선박의 자유사용권을 취득하고 그에 선원의 노무공급계약적인 요소가 수반되는 것이라면 이는 해상기업활동에서 관행적으로 형성·발전된 특수한 계약관계라 할 것으로서 이 경우 정기용선자는 그 대외적인 책임관계에 있어서 선체용선자에 관한 상법 제850조의 유추적용에 의하여 선박소유자와 동일한 책임을 지는 것이라 할 것이므로 정기용선자는 선장이 발행한 선하증권상의 운송인으로서의 책임을 부담한다 할 것이다.

◖ 대법원 1994. 1. 28. 93다18167
정기용선계약에 관하여 선체용선자에 관한 상법 제850조의 유추적용에 의하여 선박소유자와 동일한 책임을 진다(로스토치호 사건)

☞ 선박의 소유자가 아닌 정기용선자라 하여도 다른 특별한 사정이 없는 한 대외적인 책임관계에 있어서는 선체용선자에 관한 상법 제850조가 유추적용되어 선박소유자와 동일한 책임을 지는 것이므로, 가사 피고가 위 로스토치호의 소유자가 아니라 정기용선자에 불과하다 하더라도 적법한 화물운송계약을 맺은 경우에는 로스토치호의 선원 기타 선박사용인의 과실로 인하여 그 화물에 손상이 있었다면 피고는 불법행위책임을 부담하여야 할 것이다.

그런데 최근의 대법원 판례는 정기용선계약을 선박임대차계약과는 구별되는 것으로 이해하고 있다.

◖ 대법원 2010. 4. 29. 2009다99754
정기용선계약은 선주에 의해 선임된 선장 및 선원의 행위를 통하여 선주가 제공하는 서비스를 받는 것을 요소로 하는 것으로서 선박임대차계약과는 본질적으로 차이가 있다

☞ 정기용선계약은 선박소유자 또는 선박임차인(이하 통칭하여 '선주'라 한다)이 용선자에게 선원이 승무하고 항해장비를 갖춘 선박을 일정한 기간 동안 항해에 사용하게 할 것을 약정하고 용선자가 이에 대하여 기간으로 정한 용선료를 지급할 것을 약정하는 계약으로서 용선자가 선주에 의해 선임된 선장 및 선원의 행위를 통하여 선주가 제공하는 서비스를 받는 것을 요소로 하는바, 선박의 점유, 선장 및 선원에 대한 임면권, 그리고

선박에 대한 전반적인 지배관리권이 모두 선주에게 있는 점에서, 선박 자체의 이용이 계약의 목적이 되어 선주로부터 인도받은 선박에 통상 자기의 선장 및 선원을 탑승시켜 마치 그 선박을 자기 소유의 선박과 마찬가지로 이용할 수 있는 지배관리권을 가진 채 운항하는 선박임대차계약과는 본질적으로 차이가 있다. 동지: 대판 2003. 8. 22. 2001다65977; 동 2009. 6. 11. 2008도11784.

6) 사 견

세계적으로 널리 사용되고 있는 정기용선 약관 중 선박의 사용약관(emp- loyment clause)에 의하면 정기용선자에게 선박사용인에 대한 지휘감독권은 선박의 운항 및 관리에 대하여는 전혀 인정되지 아니하고, 오직 용선을 한 상업적인 목적달성에 필요한 범위 내에서 인정되는 아주 제한된 범위의 것에 불과한 것으로 되어 있다. 이와 같이 정기용선계약약관에 의하면 정기용선자에게 일반적으로 선장 및 선원에 대한 충분한 지휘·감독권이 없으므로 정기용선계약은 선체용선과는 그 법적 성질이 다르다. 따라서 정기용선자에게 선체용선자의 책임을 유추하여 적용하는 것은 부당하다. 이와 같은 유추적용은 예컨대 선박충돌의 경우에도 정기용선자가 책임을 지는 부당한 결과가 된다. 정기용선계약의 법적 성질에 관하여 우리나라와 일본 등 몇개 국가에서만 판례상 인정되는 혼합계약설보다는 영국법상 인정되는 운송계약설이 정기용선계약 약관의 내용에 더욱 부합되는 것으로 생각된다.

Ⅲ. 정기용선자의 지위

1. 내부관계

정기용선자와 선박소유자의 내부관계는 당사자간의 계약에 따라 결정된다. 이 계약의 내용은 Baltime Charter를 기초로 하여 나라마다 정형화되어 있다. 만약 계약에 특별한 정함이 없으면 상법 및 해사관습에 의하고, 해사관습도 없으면 민법의 임대차 규정에 따라 해결할 것이다. 상법을 중심으로 내부관계를 보면 다음과 같다.

1) 정기용선자의 권리·의무

(1) 선장지휘권

정기용선자는 약정한 범위 안의 선박의 사용을 위하여 선장을 지휘할 권리가 있다(제843조 제1항).

(2) 손해배상청구권

선장, 해원 기타의 선박사용인이 정기용선자의 정당한 지시에 위반하여 정기용선자에게 손해가 발생한 경우에는 정기용선자는 선박소유자에게 그 손해배상을 청구할 수 있다(제843조 제2항). 지시의 부당성에 관한 증명책임은 선박소유자 등에게 있다.

(3) 용선료지급의무

정기용선자는 선박을 일정기간 항해에 사용하는 대가로 선박소유자에게 약정한 용선료를 지급하여야 한다(제842조).

2) 선박소유자 등의 권리 · 의무

(1) 유치권·경매권

(가) 정기용선자가 용선료, 체당금 기타 이와 유사한 정기용선계약상의 채무를 이행하지 않는 경우에 선박소유자는 운송물에 대하여 유치권을 행사하거나 법원의 허가를 얻어 경매할 수 있다(제844조 제1항 · 제807조 제2항 · 제808조).

(나) 선장이 수하인에게 운송물을 인도한 후에도 운송인은 그 운송물을 경매할 수 있지만, 운송물을 인도한 날로부터 30일을 경과하거나 제3자가 그 운송물에 점유를 취득한 때에는 그러하지 아니하다(제844조 제1항 · 제808조 제2항). 그리고 선박소유자가 유치권 · 경매권을 행사할 경우, 선박소유자는 정기용선자가 발행한 선하증권을 취득한 선의의 제3자에게 대항하지 못한다(제844조 제1항 단서). 이 유치권 · 경매권은 정기용선자가 운송물에 관하여 약정한 용선료 또는 운임의 범위를 넘어서 이를 행사하지 못한다(제844조 제2항).

(2) 계약해제·해지권

정기용선자가 용선료를 약정기일에 지급하지 아니한 때에는 선박소유자는 계약을 해제 또는 해지할 수 있다(제845조 제1항). 그러나 항해중에 선박소유자가 계약을 해제 또는 해지한 때에는 선박소유자가 적하이해관계인에 대하여 정기용선자와 동일한 운송의무를 부담한다(제845조 제2항). 이는 적하이해관계인을 보호하기 위한 것이다. 이때 선박소유자가 계약의 해제 또는 해지 및 운송계속의 뜻을 적하이해관계인에게 서면에 의한 통지를 한 때에는 선박소유자의 정기용선자에 대한 용선료, 체당금 기타 이와 유사한 정기용선계약상의 채권을 담보하기 위하여 정기용선자가 적하이해관계인에 대하여 가지는 용선료 또는 운임의 채권을 목적으로 질권을 설정한 것으로 본다(질권설정의 의제 : 제845조 제3항). 이는 선박소유자 등에게 운송의무를 부담시키는 대신에 정기용선자에 대한 채권을 확보시켜 주기 위한 것이다. 선박소유자가 이와 같은 권리를 행사했다고 하더라도 자기 또는 적하이해관계인의 정기용선자에 대한 손해배상청구에 영향을 미치지 않는 것은 물론이다(제845조 제4항).

◖ 대법원 2005. 7. 28. 2003다12083
용선계약의 해지로 인하여 용선자가 배상하여야 할 손해의 범위

☞ 용선계약상 채무불이행으로 용선계약이 해지됨과 동시에 운송인은 계약의 구속력에서 해방되기 때문에 통상은 다른 곳에 선박을 용선하여 줌으로써 동일한 정도의 수입을 얻어 손해의 발생을 방지할 수 있는 것이고, 또한 다른 곳에 용선하여 줌에 있어서도 합리적인 노력을 기울여 채무불이행으로부터 발생하여야 할 손해를 최소한으로 해야 할 신의칙상의 의무가 있으므로, 용선계약이 해지됨으로 인하여 용선자가 배상하여야 할 손해의 범위는 위 선박의 최종항차 종료일부터 용선계약 종료일까지의 기간 전부에 대한 손해가 아니라 용선시장의 사정과 거래관행 등을 고려하여 용선계약에 투입이 예정된 선박을 위 선박의 최종항차 종료일 후 다른 곳에 정상적으로 용선하여 줄 수 있는 시점까지의 합리적인 기간 동안의 손해로 한정함이 상당하다. 동지: 대법원 2023. 2. 2. 2020다275311(장기 용선계약의 중도 해지 후 손해배상책임 범위).

(3) 손해배상책임

선장, 해원 기타의 선박사용인이 정기용선자의 정당한 지시에 위반하여 정기용선자에게 손해가 발생한 경우에는 선박소유자 등은 이를 배상할 책임이 있다(제843조 제2항).

3) 채권의 제척기간

정기용선계약에 관하여 발생한 당사자간의 채권은 선박이 선박소유자에게 반환된 날로부터 2년 내에 재판상 청구가 없으면 소멸한다(제846조 본문). 그러나 이 기간은 당사자간의 합의에 의하여 연장할 수 있다(제846조 단서, 제814조 제1항 단서).

2. 외부관계

1) 정기용선자는 하주 등 제 3 자와의 외부관계에 있어서는 해상기업의 주체로서 선체용선자와 같은 지위가 인정되어야 할 것이다. 따라서 선체용선자에 관한 상법 제850조를 유추적용하여 선박의 이용에 관한 사항에 있어서는 제3자에 대하여 선박소유자와 동일한 권리의무를 가지게 되고, 해상기업주체로서 상법 제769조 이하의 규정에 의한 책임제한을 주장할 수도 있다.

◖ 대법원 1994. 1. 28. 93다18167
정기용선자의 대외적인 책임관계에 관하여는 선체용선자에 관한 상법 제850조가 유추적용된다

☞ 선박의 소유자 아닌 정기용선자라 하여도 다른 특별한 사정이 없는 한 대외적인 책임관계에 있어서는 선체용선자에 관한 상법 제850조가 유추적용되어 선박소유자와 동일한 책임을 진다.

◖ 대법원 2001. 7. 10. 99다58327
정기용선자로부터 선복을 용선받은 재용선자가 송하인과 운송계약을 체결한 사안에서, 정기용선자는 운송계약상 책임을 지는 운송인의 지위에 있지 않다고 한 사례

☞ 정기용선자로부터 선복을 용선받은 재용선자가 송하인과 운송계약을 체결한 사안에서, 재용선자가 발행한 선하증권의 이면약관상 재용선자가 위 운송계약의 운송인이 됨을 명시하고 있으며, 재용선자는 정기용선자에게 일정한 선복용선료만 지급할 뿐이고 위 운송계약에 따른 운임은 모두 재용선자의 수입으로 되는 사정 등을 고려할 때, 위 정기용선자는 운송계약상 책임을 지는 운송인의 지위에 있지 않다.

2) 그러나 용선된 선박이 다른 선박과 충돌하는 등 정기용선 선장의 불법행위에 대하여는, 선주가 선장을 임명하고 항행 및 관리에 관련된 해기적인 사항에 관하여 선주에게 지휘·감독권이 있으므로, 선주가 책임을 부담하여야 한다.

◖ 대법원 2003. 8. 22. 2001다65977
정기용선된 선박의 선장이 항행 상의 과실로 충돌사고를 일으켜 제3자에게 손해를 가한 경우 손해배상책임의 귀속주체는 선주이고, 상법 제850조 제1항이 유추적용될 여지는 없다.

☞ 정기용선계약에 있어서 선박의 점유, 선장 및 선원에 대한 임면권, 그리고 선박에 대한 전반적인 지배관리권은 모두 선주에게 있고, 특히 화물의 선적, 보관 및 양하 등에 관련된 상사적인 사항과 달리 선박의 항행 및 관리에 관련된 해기적인 사항에 관한 한 선장 및 선원들에 대한 객관적인 지휘·감독권은 달리 특별한 사정이 없는 한 오로지 선주에게 있다고 할 것이므로, 정기용선된 선박의 선장이 항행 상의 과실로 충돌사고를 일으켜 제3자에게 손해를 가한 경우 용선자가 아니라 선주가 선장의 사용자로서 상법 제878조 또는 제879조에 의한 배상책임을 부담하는 것이고, 따라서 상법 제850조 제1항이 유추적용될 여지는 없으며, 다만 정기용선자에게 민법상의 일반 불법행위책임 내지는 사용자책임을 부담시킬 만한 귀책사유가 인정되는 때에는 정기용선자도 그에 따른 배상책임을 별도로 부담할 수 있다.

3) 한편 선박소유자와 제3자는 아무런 관계가 없는 것이 원칙이나, 다만 예외적으로 선박소유자 등도 일정한 경우에 적하이해관계인에 대하여 정기용선자와 동일한 운송의무를 부담하고(제845조 제2항), 정기용선자가 적하이해관계인에 대하여 가지는 운임 등의 채권에 대하여 선박소유자 등이 정기용선자에 대한 채권을 위하여 질권이 설정된 것으로 의제하는 경우(제845조 제3항)에는 선박소유자 등과 제3자인 적하이해관계인이 관계를 갖게 된다. 그리고 정기용선자에 의한 선박의 이용에 관하여 생긴 우선특권은 그 우선특권자가 그 이용이 계약에 반함을 알지 못한 경우에는 우선특권자를 보호하기 위하여 선박소유자에게도 그 효력이 미친다고 볼 수 있고(제850조 제2항의 유추적용), 이때에도 선박소유자와 제3자인 우선특권자가 관계를 가진다.

제4절 선체용선

Ⅰ. 선체용선자의 의의

1) 선체용선자(temporary owner, Ausrüster)란 광의로는 타인의 선박을 임차한 자를 말하고, 협의로는 임차한 타인의 선박을 해상기업활동을 목적으로 항해에 사용하는 자(해상법상의 선박임차인)를 말한다.[1] 그리고 선체용선계약은 용선자의 관리·지배 하에 선박을 운항할 목적으로 선박소유자가 용선자에게 선박을 제공할 것을 약정하고 용선자가 이에 따른 용선료를 지급하기로 약정함으로써 그 효력이 생긴다(제847조 제1항). 선박소유자가 선장과 그 밖의 해원을 공급할 의무를 지는 경우에도 용선자의 관리·지배 하에서 해원이 선박을 운항하는 것을 목적으로 하면 이를 선체용선계약으로 본다(제847조 제2항).

2) 선체용선자는 선박에 대한 직접적인 물권적 지배·관리권을 갖는 점에서 선복의 전부 또는 일부의 사용권만을 얻어서 적하 또는 여객을 운송하는 항해용선자(제827조), 그리고 선원부선박의 사용수익권만을 일정기간 얻어 자기의 해상기업을 경영하는 정기용선자(제842조 이하)와는 구별하여야 한다.

---

1) 대법원 1975. 3. 31. 74다847: 선박소유자가 그 소유선박을 임대하고 사용하지 않는 경우에는 임대차등기에 관계없이 선박사용인이 제3자에게 가한 손해에 대하여는 임대선주는 책임이 없고 그 선박사용인인 임차인이 책임을 져야 한다.

3) 선체를 용선한 자로서 상행위 기타의 영리 이외의 목적으로 항해에 사용하는 자에 대하여도 상법 제850조의 규정이 준용된다(선 제29조). 또 선체용선 이외의 원인, 예컨대 사용대차나 사무관리 등에 의하여 타인의 선박의 점유를 취득하여 이를 이용하는 자에 대하여도 상법 제850조를 유추적용하여야 할 것이다. 그리고 선체용선과 제3자의 법률관계를 정한 제850조의 규정은 항해선에 적용되고, 호천이나 항만을 항행하는 내수선에는 적용되지 않는다.[1)]

4) 선박의 임차는 제2차 세계대전 중 미국정부가 수용이나 징발 대신 사유선을 대량 임차하여 전략물자를 수송하였던 것이 두드러진 이용례였다. 실무에서는 선박만의 임차는 나용선(裸傭船)이라 하고, 선원부 선박임대차는 거의 정기용선으로 대체되고 있다.

◖ 대법원 1999. 2. 5. 97다19090
선박이용계약의 구분 기준

☞ 선박의 이용계약이 선박임대차계약인지, 항해용선계약인지 아니면 이와 유사한 성격을 가진 제3의 특수한 계약인지 여부 및 그 선박의 선장·선원에 대한 실질적인 지휘·감독권이 이용권자에게 부여되어 있는지 여부는 그 계약의 취지·내용, 특히 이용기간의 장단, 사용료의 고하, 점유관계의 유무 기타 임대차 조건 등을 구체적으로 검토하여 결정하여야 한다. 이러한 점에서 볼 때, 해상구난업무를 위하여 선장 및 선원이 딸린 채로 예인선을 빌린 사안에서, 그 이용기간, 이용료, 해상구난업무의 성격 및 작업 중 사고를 용선자가 책임지기로 한 점 등에 비추어 위 선박이용계약이 항해용선계약이 아니라 선박임대차와 유사하게 선박사용권과 아울러 선장과 선원들에 대한 지휘·감독권을 가지는 노무공급계약적 요소가 수반된 특수한 계약이라고 할 수 있다.

Ⅱ. 선체용선의 법적 성질

1) 선체용선은 2007년 개정 전 해상법에서는 선박임차라고 하였던 것이고, 실무에서는 나용선이라 하던 것이다. 선체용선은 본질이 선원이 공급되지 않는 선박만의 임차이다. 따라서 상법은 선체용선계약에 있어 그 성질에 반하지 아니하는 한 민법상 임대차에 관한 규정을 준용하도록 하였다(제848조 제1항).

2) 그리고 실무에서 흔히 이용되는 것으로서, 용선기간이 종료된 후에 용선자가

---

1) 대법원 1991. 1. 15. 90다5641: 선박임차인에 관한 상법 제766조의 규정은 항해에 사용하는 선박, 즉 해수를 항해하는 항해선에 한하여 적용되고 호천이나 항만을 항행하는 내수선에는 적용되지 않는다.

선박을 매수 또는 인수할 권리를 가지는 경우 및 금융의 담보를 목적으로 채권자를 선박소유자로 하여 선체용선계약을 체결한 경우에도 용선기간 중에는 당사자 사이에서는 선체용선 관련 규정에 따라 권리와 의무가 정하여 진다(제848조 제2항).

Ⅲ. 선체용선의 법률관계

1. 선체용선의 내부관계

선체용선자와 선박소유자와의 관계는 선체용선계약(제847조)에 따르나, 기본적으로 민법상 임대차계약관계이므로 선체용선자는 용선한 선박을 사용・수익할 수 있고, 선박소유자는 용선료를 청구할 수 있다(제847조, 민 제618조). 그 밖의 선체용선자와 선박소유자 간의 내부관계는 선체용선계약에 의하고, 특약이 없으면 해사관습 또는 민법의 임대차에 관한 규정에 의하여 정한다.

선체용선자는 선박소유자에 대하여 선체용선등기에 협조할 것을 청구할 수 있다(제849조 제1항, 민 제621조 제1항).

2. 선체용선의 외부관계

1) 선체용선자와 제3자의 관계

선체용선자는 '선박의 이용에 관한 사항'에는 제3자에 대하여 선박소유자와 동일한 권리의무가 있다(제850조 제1항). 그러므로 선박의 이용에 관한 사항이 아닌 것, 예컨대 선박의 양도나 저당권설정 등에 있어서는 선박소유자로 취급받지 않는다. 선박소유자로 취급받는 한 해상기업자로서 상법 제769조 이하의 규정에 의한 책임제한을 주장할 수도 있다(제850조 제1항). 또 선체용선자가 선체용선등기를 한 때에는 그 선박에 관하여 물권을 취득한 제 3 자에 대하여도 그 효력이 있다(제849조 제2항). 그러나 이 규정은 비등기선에는 적용되지 않는다.

◖ 광주고등법원 2003. 7. 16. 2002나10553 [확정]
나용선자(선체용선자)의 제3자에 대한 손해배상책임을 인정한 사례

☞ 가해선박의 선장이 특정해역의 항로지정방식에 따라 항행하지 아니하였을 뿐만 아니라 항법의 기본수칙인 경계를 소홀히 하여 멸치잡이 어선들이 어로작업 중임을 미리

발견하지 못하였고, 또한 그 멸치잡이 어선들 사이로 무리하게 통과하려다 어선들이 예망하고 있던 어망이 가해선박에 감기면서 어선을 충격 · 침몰케 한 경우, 가해선박의 나용선자는 가해선박 선장의 사용자로서의 손해배상책임을 부담한다.

2) 선박소유자와 제3자의 관계

선박소유자는 제3자와 아무런 직접적 관계는 없으나, 선박의 이용에 관하여 생긴 우선특권은 선박소유자에 대하여도 그 효력이 있다(제850조 제2항 본문). 이것은 선박소유자가 직접 선박을 이용하는 경우 그 선박이 선박채권자의 우선특권의 목적이 되는 것(제777조)과 균형을 맞춘 것으로서, 선의의 채권자를 보호하기 위한 특별규정이므로, 우선특권을 가진 채권자가 그 채무의 발생원인이 되는 선박의 이용이 선체용선계약의 취지에 반함을 알고 있는 경우에는 선박에 대한 우선특권을 취득하지 못한다(제850조 제2항 단서). 정기용선의 경우에도 선체용선에 관한 상법 제850조 제2항이 유추적용되어 정기용선된 선박의 이용에 관하여 생긴 우선특권을 가지는 채권자가 선박소유자의 선박에 대하여 경매를 청구할 수 있다.[1)]

◖ 대법원 1975. 3. 31. 74다847
단순한 선박소유자는 선박사용인이 제 3 자에게 가한 손해를 배상할 책임을 지지 아니한다.

☞ 단지 선박을 소유하는 데 그치고 그 소유선박을 임대 등 사유에 의하여 항해에 사용하지 아니하는 자는 그 임대차등기의 유무에 불구하고 선박사용인이 제 3 자에게 가한 손해를 배상할 책임을 지지 아니하며 선박임차인이 상행위 기타 영리를 목적으로 그 선박을 항해에 사용한 때에는 그가 제3자에 대한 손해배상의 책임을 진다.

---

1) 대법원 2019. 7. 24. 2017마1442.

제 5 장
운 송 증 서

제1절 총 설

Ⅰ. 운송증서의 의의

운송에 수반하는 서류로서 운송계약에 관한 내용을 기재한 증서를 운송증서라고 한다. 2007년 개정해상법은 제2장(운송과 용선) 제6절에 운송증서를 규정하였다. 종래의 종이선하증권 외에 전자선하증권을 규정하였다. 나아가 오늘날 그 사용빈도가 점차 높아지고 있는 해상화물운송장을 새로이 규정하였다. 이는 해상운송의 고속화 등 해상운송 환경의 변화에 따른 업계의 요구를 수용한 것이다. 그리고 선하증권의 기재사항에 운송인의 성명 또는 상호 및 운송인의 주된 영업소 소재지를 추가하였고, 선하증권 기재의 효력부분을 보완하였으며, 용선계약과 선하증권에 관한 규정을 신설하였다.

Ⅱ. 운송증서의 종류

상법은 운송증권의 종류로서 선하증권, 해상화물운송장을 규정하였다. 선하증권은 법무부 장관이 지정하는 등록기관에 등록함으로써 전자적(전자선하증권)으로도 발행할 수 있도록 하였다.

제2절 선하증권

Ⅰ. 선하증권의 의의

선하증권(bill of lading, Konnossement)이란 해상운송인이 운송물의 수령 또는 선적을 증명하고, 양륙항에서 이것과 상환으로 운송물을 인도할 의무를 부담하는 유가증권이다.

한편 국제해운업계에 통용되는 선하증권은 일종의 약관이다. 약관의 경우 사업자는 고객이 약관의 내용을 쉽게 알 수 있도록 한글 및 표준화 · 체계화된 용어를 사용하고, 약관의 중요한 내용을 부호 · 문자 · 색채 등으로 명확하게 표시하여 약관을 작성하여야 한다(약규 제3조 제1항). 그러나 국제해운업계에서 통용되는 선하증권은 대부분 영문으로 작성되는데, 위 약관의 규제에 관한 법률의 규정은 국제해상운송약관에는 제한적으로 적용되어야 한다고 본다(약규 제15조).

선하증권의 연혁

기록에 의하면 역사적으로 선하증권이 사용되기 시작한 것은 1063년이다.[1] 본래는 선박회사의 사무원이 화물선적을 기록하기 위하여 사용되기 시작하였는데, 말하자면 일종의 증거서류로 작성되었다. 14세기에 와서는 이것이 화물에 대한 소유권을 표창하는 권리증서로 사용되기 시작하였고, 16세기 후반부터는 그 사용이 매우 빈번하게 되었다.[2] 그 후 내용과 형식면에서 꾸준히 개량을 거듭하여, 이제는 선적화물량만이 아니라 화물의 상태까지 알려주는 보고서의 역할도 하게 되었다. 나아가 선하증권에 면책약관을 포함시킴으로써 화물사고 발생시 선주를 보호하는 기능까지도 하게 되었다.[3] 최근에 와서는 이 선하증권이 재탄생되고 있다. 대서양을 횡단하는 컨테이너 정기선의 경우 85%가 선하증권 대신 해상화물운송장에 의하여 운송되고 있다고 하며,[4] 유럽지역의 해상운송에서는 90% 이상이 해상화물운송장을 이용하고 있다고 한다.[5] 최근에는 EDI

---

1) Alan Mitchelhill, Bill of Lading, 1982, p. 1.

2) Daniel Murray, *History and Development of the Bill of Lading,* 37 U. Miami L. Rev. (1983), p. 691.

3) Stasia M. Williams, *Something Old, Something New : The Bill of Lading in the Days of EDI,* 1 Transnat'l L. & Contemp. Pros. p. 557.

4) John F. Wilson, Carriage of Goods by Sea, 4th ed., 2001, p. 167; Boris Kozolchyk, *Is Present Letter of Credit Law Up To Its Task?,* 8 Geo. Mason U. L. Rev. (1986), p. 299 n. 23.

5) 배병태, "Sea Waybill에 관한 CMI 통일규칙과 1990년대의 해상운송법 통일에 관한 문제론점 -CMI 제34차 파리 국제회의 참가보고-", 한국해법회지 제13권 제1호, 1991, 10면 주 3) 참조. 북대서양 항로에서는 대략 50%정도가 straight bill of lading을 이용한다. 북아메리카에서 동부로 가는 경우보다 스칸디나비아제국에서 서쪽으로 향하는 운송에서 더욱 많이 이용된다(Boris Kozolchyk, *The paperless letter of credit and related documents of title*, 55 Law & Contemp. Probs. 39 (Summer, 1992), Footnote 188).

Page 1

BIMCO LINER BILL OF LADING
CODE NAME: "CONLINEBILL 2000"

Amended January 1950; August 1952; January 1973; July 1974; August 1976; January 1978; November 2000.

Shipper (full style and address)	
Consignee (full style and address) or Order	B/L No. / Reference No.
	Vessel
Notify Party (full style and address)	Port of loading
	Port of discharge

PARTICULARS DECLARED BY THE SHIPPER BUT NOT ACKNOWLEDGED BY THE CARRIER

Container No./Seal No./Marks and Numbers	Number and kind of packages; description of cargo	Gross weight, kg	Measurement, m^3

Draft Copy

SHIPPED on board in apparent good order and condition (unless otherwise stated herein) the total number of Containers/Packages or Units indicated in the Box opposite entitled "Total number of Containers/Packages or Units received by the Carrier" and the cargo as specified above, weight, measure, marks, numbers, quality, contents and value unknown, for carriage to the Port of discharge or so near thereunto as the vessel may safely get and lie always afloat, to be delivered in the like good order and condition at the Port of discharge unto the lawful holder of the Bill of Lading, on payment of freight as indicated to the right plus other charges incurred in accordance with the provisions contained in this Bill of Lading. In accepting this Bill of Lading the Merchant* expressly accepts and agrees to all its stipulations on both Page 1 and Page 2, whether written, printed, stamped or otherwise incorporated, as fully as if they were all signed by the Merchant. One original Bill of Lading must be surrendered duly endorsed in exchange for the cargo or delivery order, whereupon all other Bills of Lading to be void. IN WITNESS whereof the Carrier, Master or their Agent has signed the number of original Bills of Lading stated below right, all of this tenor and date.	Total number of Containers/Packages or Units received by the Carrier Shipper's declared value / Declared value charge Freight details and charges
Carrier's name/principal place of business	Date shipped on board / Place and date of issue Number of original Bills of Lading Pre-carriage by**
Signature .... Carrier or, for the Carrier .... as Master *(Master's name/signature)* .... as Agents *(Agent's name/signature)*	Place of receipt by pre-carrier** Place of delivery by on-carrier**

*As defined hereinafter (Cl. 1)
**Applicable only when pre-/on-carriage is arranged in accordance with Clause 8

Printed and sold by Fr. G. Knudtzons Bogtrykkeri A/S, Vallensbaekvej 61, DK-2625 Vallensbaek, Fax: +45 4366 070

1. Definition.
"Merchant" includes the shipper, the receiver, the consignor, the consignee, the holder of the Bill of Lading, the owner of the cargo and any person entitled to possession of the cargo.
2. Notification.
Any mention in this Bill of Lading of parties to be notified of the arrival of the cargo is solely for the information of the Carrier and failure to give such notification shall not involve the Carrier in any liability nor relieve the Merchant of any obligation hereunder.
3. Liability for Carriage Between Port of Loading and Port of Discharge.
(a) The International Convention for the Unification of Certain Rules of Law relating to Bills of Lading signed at Brussels on 25 August 1924 ("the Hague Rules") as amended by the Protocol signed at Brussels on 23 February 1968 ("the Hague-Visby Rules") and as enacted in the country of shipment shall apply to this Contract. When the Hague-Visby Rules are not enacted in the country of shipment, the corresponding legislation of the country of destination shall apply, irrespective of whether such legislation may only regulate outbound shipments.
When there is no enactment of the Hague-Visby Rules in either the country of shipment or in the country of destination, the Hague-Visby Rules shall apply to this Contract save where the Hague Rules as enacted in the country of shipment or, if no such enactment is in place, the Hague Rules as enacted in the country of destination apply compulsorily to this Contract.
The Protocol signed at Brussels on 21 December 1979 ("the SDR Protocol 1979") shall apply where the Hague-Visby Rules apply, whether mandatorily or by this Contract.
The Carrier shall in no case be responsible for loss of or damage to cargo arising prior to loading, after discharging, or with respect to deck cargo and live animals.
(b) If the Carrier is held liable in respect of delay, consequential loss or damage other than loss of or damage to the cargo, the liability of the Carrier shall be limited to the freight for the carriage covered by this Bill of Lading, or to the limitation amount as determined in sub-clause 3(a), whichever is the lesser.
(c) The aggregate liability of the Carrier and/or any of his servants, agents or independent contractors under this Contract shall, in no circumstances, exceed the limits of liability for the total loss of the cargo under sub-clause 3(a) or, if applicable, the Additional Clause.
4. Law and Jurisdiction.
Disputes arising out of or in connection with this Bill of Lading shall be exclusively determined by the courts and in accordance with the law of the place where the Carrier has his principal place of business, as stated on Page 1, except as provided elsewhere herein.
5. The Scope of Carriage.
The intended carriage shall not be limited to the direct route but shall be deemed to include any proceeding or returning to or stopping or slowing down at or off any ports or places for any reasonable purpose connected with the carriage including bunkering, loading, discharging, or other cargo operations and maintenance of Vessel and crew.
6. Substitution of Vessel.
The Carrier shall be at liberty to carry the cargo or part thereof to the Port of discharge by the said or other vessel or vessels either belonging to the Carrier or others, or by other means of transport, proceeding either directly or indirectly to such port.
7. Transhipment.
The Carrier shall be at liberty to tranship, lighter, land and store the cargo either on shore or afloat and reship and forward the same to the Port of discharge.
8. Liability for Pre- and On-Carriage.
When the Carrier arranges pre-carriage of the cargo from a place other than the Vessel's Port of loading or on-carriage of the cargo to a place other than the Vessel's Port of discharge, the Carrier shall contract as the Merchant's Agent only and the Carrier shall not be liable for any loss or damage arising during any part of the carriage other than between the Port of loading and the Port of discharge even though the freight for the whole carriage has been collected by him.
9. Loading and Discharging.
(a) Loading and discharging of the cargo shall be arranged by the Carrier or his Agent.
(b) The Merchant shall, at his risk and expense, handle and/or store the cargo before loading and after discharging.
(c) Loading and discharging may commence without prior notice.
(d) The Merchant or his Agent shall tender the cargo when the Vessel is ready to load and as fast as the Vessel can receive including, if required by the Carrier, outside ordinary working hours notwithstanding any custom of the port. If the Merchant or his Agent fails to tender the cargo when the Vessel is ready to load or fails to load as fast as the Vessel can receive the cargo, the Carrier shall be relieved of any obligation to load such cargo, the Vessel shall be entitled to leave the port without further notice and the Merchant shall be liable to the Carrier for deadfreight and/or any overtime charges, losses, costs and expenses incurred by the Carrier.
(e) The Merchant or his Agent shall take delivery of the cargo as fast as the Vessel can discharge including, if required by the Carrier, outside ordinary working hours notwithstanding any custom of the port. If the Merchant or his Agent fails to take delivery of the cargo the Carrier's discharging of the cargo shall be deemed fulfilment of the contract of carriage. Should the cargo not be applied for within a reasonable time, the Carrier may sell the same privately or by auction. If the Merchant or his Agent fails to take delivery of the cargo as fast as the Vessel can discharge, the Merchant shall be liable to the Carrier for any overtime charges, losses, costs and expenses incurred by the Carrier.
(f) The Merchant shall accept his reasonable proportion of unidentified loose cargo.
10. Freight, Charges, Costs, Expenses, Duties, Taxes and Fines.
(a) Freight, whether paid or not, shall be considered as fully earned upon loading and non-returnable in any event. Unless otherwise specified, freight and/or charges under this Contract are payable by the Merchant to the Carrier on demand. Interest at Libor (or its successor) plus 2 per cent. shall run from fourteen days after the date when freight and charges are payable.
(b) The Merchant shall be liable for all costs and expenses of fumigation, gathering and sorting loose cargo and weighing onboard, repairing damage to and replacing packing due to excepted causes, and any extra handling of the cargo for any of the aforementioned reasons.
(c) The Merchant shall be liable for any dues, duties, taxes and charges which under any denomination may be levied, *inter alia*, on the basis of freight, weight of cargo or tonnage of the Vessel.
(d) The Merchant shall be liable for all fines, penalties, costs, expenses and losses which the Carrier, Vessel or cargo may incur through non-observance of Customs House and/or import or export regulations.
(e) The Carrier is entitled in case of incorrect declaration of contents, weights, measurements or value of the cargo to claim double the amount of freight which would have been due if such declaration had been correctly given. For the purpose of ascertaining the actual facts, the Carrier shall have the right to obtain from the Merchant the original invoice and to have the cargo inspected and its contents, weight, measurement or value verified.
11. Lien.
The Carrier shall have a lien on all cargo for any amount due under this contract and the costs of recovering the same and shall be entitled to sell the cargo privately or by auction to satisfy any such claims.
12. General Average and Salvage.
General Average shall be adjusted, stated and settled in London according to the York-Antwerp Rules 1994, or any modification thereof, in respect of all cargo, whether carried on or under deck. In the event of accident, danger, damage or disaster before or after commencement of the voyage resulting from any cause whatsoever, whether due to negligence or not, for which or for the consequence of which the Carrier is not responsible by statute, contract or otherwise, the Merchant shall contribute with the Carrier in General Average to the payment of any sacrifice, losses or expenses of a General Average nature that may be made or incurred, and shall pay salvage and special charges incurred in respect of the cargo. If a salving vessel is owned or operated by the Carrier, salvage shall be paid for as fully as if the salving vessel or vessels belonged to strangers.
13. Both-to-Blame Collision Clause.
If the Vessel comes into collision with another vessel as a result of the negligence of the other vessel and any act, negligence or default of the Master, Mariner, Pilot or the servants of the Carrier in the navigation or in the management of the Vessel, the Merchant will indemnify the Carrier against all loss or liability to the other or non-carrying vessel or her Owner in so far as such loss or liability represents loss of or damage to or any claim whatsoever of the owner of the cargo paid or payable by the other or non-carrying vessel or her Owner to the owner of the cargo and set-off, recouped or recovered by the other or non-carrying vessel or her Owner as part of his claim against the carrying vessel or Carrier. The foregoing provisions shall also apply where the Owner, operator or those in charge of any vessel or vessels or objects other than, or in addition to, the colliding vessels or objects are at fault in respect of a collision or contact.
14. Government directions, War, Epidemics, Ice, Strikes, etc.
(a) The Master and the Carrier shall have liberty to comply with any order or directions or recommendations in connection with the carriage under this Contract given by any Government or Authority, or anybody acting or purporting to act on behalf of such Government or Authority, or having under the terms of the insurance on the Vessel the right to give such orders or directions or recommendations.
(b) Should it appear that the performance of the carriage would expose the Vessel or any cargo onboard to risk of seizure, damage or delay, in consequence of war, warlike operations, blockade, riots, civil commotions or piracy, or any person onboard to risk of loss of life or freedom, or that any such risk has increased, the Master may discharge the cargo at the Port of loading or any other safe and convenient port.
(c) Should it appear that epidemics; quarantine; ice; labour troubles, labour obstructions, strikes, lockouts (whether onboard or on shore); difficulties in loading or discharging would prevent the Vessel from leaving the Port of loading or reaching or entering the Port of discharge or there discharging in the usual manner and departing therefrom, all of which safely and without unreasonable delay, the Master may discharge the cargo at the Port of loading or any other safe and convenient port.
(d) The discharge, under the provisions of this Clause, of any cargo shall be deemed due fulfilment of the contract of carriage.
(e) If in connection with the exercise of any liberty under this Clause any extra expenses are incurred they shall be paid by the Merchant in addition to the freight, together with return freight, if any, and a reasonable compensation for any extra services rendered to the cargo.
15. Defences and Limits of Liability for the Carrier, Servants and Agents.
(a) It is hereby expressly agreed that no servant or agent of the Carrier (which for the purpose of this Clause includes every independent contractor from time to time employed by the Carrier) shall in any circumstances whatsoever be under any liability whatsoever to the Merchant under this Contract of carriage for any loss, damage or delay of whatsoever kind arising or resulting directly or indirectly from any act, neglect or default on his part while acting in the course of or in connection with his employment.
(b) Without prejudice to the generality of the foregoing provisions in this Clause, every exemption from liability, limitation, condition and liberty herein contained and every right, defence and immunity of whatsoever nature applicable to the Carrier or to which the Carrier is entitled, shall also be available and shall extend to protect every such servant and agent of the Carrier acting as aforesaid.
(c) The Merchant undertakes that no claim shall be made against any servant or agent of the Carrier and, if any claim should nevertheless be made, to indemnify the Carrier against all consequences thereof.
(d) For the purpose of all the foregoing provisions of this Clause the Carrier is or shall be deemed to be acting as agent or trustee on behalf of and for the benefit of all persons who might be his servants or agents from time to time and all such persons shall to this extent be or be deemed to be parties to this Contract of carriage.
16. Stowage.
(a) The Carrier shall have the right to stow cargo by means of containers, trailers, transportable tanks, flats, pallets, or similar articles of transport used to consolidate goods.
(b) The Carrier shall have the right to carry containers, trailers, transportable tanks and covered flats, whether stowed by the Carrier or received by him in a stowed condition from the Merchant, on or under deck without notice to the Merchant.
17. Shipper-Packed Containers, trailers, transportable tanks, flats and pallets.
(a) If a container has not been filled, packed or stowed by the Carrier, the Carrier shall not be liable for any loss of or damage to its contents and the Merchant shall cover any loss or expense incurred by the Carrier, if such loss, damage or expense has been caused by:
(i) negligent filling, packing or stowing of the container;
(ii) the contents being unsuitable for carriage in container; or
(iii) the unsuitability or defective condition of the container unless the container has been supplied by the Carrier and the unsuitability or defective condition would not have been apparent upon reasonable inspection at or prior to the time when the container was filled, packed or stowed.
(b) The provisions of sub-clause (i) of this Clause also apply with respect to trailers, transportable tanks, flats and pallets which have not been filled, packed or stowed by the Carrier.
(c) The Carrier does not accept liability for damage due to the unsuitability or defective condition of reefer equipment or trailers supplied by the Merchant.
18. Return of Containers.
(a) Containers, pallets or similar articles of transport supplied by or on behalf of the Carrier shall be returned to the Carrier in the same order and condition as handed over to the Merchant, normal wear and tear excepted, with interiors clean and within the time prescribed in the Carrier's tariff or elsewhere.
(b) The Merchant shall be liable to the Carrier for any loss, damage to, or delay, including demurrage and detention incurred by or sustained to containers, pallets or similar articles of transport during the period between handing over to the Merchant and return to the Carrier.
ADDITIONAL CLAUSE
U.S. Trade. Period of Responsibility.
(i) In case the Contract evidenced by this Bill of Lading is subject to the Carriage of Goods by Sea Act of the United States of America, 1936 (U.S. COGSA), then the provisions stated in said Act shall govern before loading and after discharge and throughout the entire time the cargo is in the Carrier's custody and in which event freight shall be payable on the cargo coming into the Carrier's custody.
(ii) If the U.S. COGSA applies, and unless the nature and value of the cargo has been declared by the shipper before the cargo has been handed over to the Carrier and inserted in this Bill of Lading, the Carrier shall in no event be or become liable for any loss or damage to the cargo in an amount exceeding USD 500 per package or customary freight unit.

(electronic data exchange : 전자자료교환방식) 및 전자선하증권의 발달로 선하증권 없는 해상운송이 도래하고 있다. 2007년 개정상법은 이를 반영하여 해상화물운송장 및 전자선하증권제도를 도입하였다 함은 전술하였다.

Ⅱ. 선하증권의 기능

선하증권은 그 형식과 기능이 약간씩 변해왔지만 해운산업에서 필수불가결한 문서로 인정되어 왔다. 이와 같이 선하증권이 널리 사용되다 보니, 그 형식과 기능에 대한 표준화 작업이 필요하게 되었다. 선하증권의 표준화로 인하여 국제해운산업이 효과적으로 발전할 수 있게 되었다. 표준화된 선하증권은 ① 운송물을 수령하였다는 영수증으로서 화물수령증(receipt), ② 운송계약의 내용을 증명하는 증거증권으로서 운송계약서(contract of carriage), ③ 운송물을 대표하는 인도증권으로서의 권리증서(document of title, 권원증권) 등 세 가지의 기능을 갖는다.[1)]

1. 수령증의 기능

선하증권은 운송인의 점유하에 있는 화물에 대한 수령증(a receipt for goods in the carrier's possession)의 기능을 한다. 선하증권에는 송하인, 운송인, 수하인의 명칭, 화물의 수량, 하인(荷印), 크기, 무게, 외관상의 상태 등을 기재하도록 되어 있어서, 수령한 화물의 내용을 일목요연하게 알 수 있다. 이로써 선하증권은 운송인이 화물을 완전한 상태로 인수하였음을 나타내는 증거증권으로서의 기능도 갖게 된다. 운송인은 화물의 인수 전에 있었던 화물의 외관상의 하자를 선하증권에 기재하여야 하며, 이를 기재함으로써 운송인은 이후 수하인이 화물을 수령한 후 화물의 하자에 대하여 이의를 제기할 경우, 처음부터 하자가 존재하였음을 항변할 수 있게 된다.

2. 운송계약서로서의 기능

선하증권은 송하인과 운송인간의 운송계약서(a contract carriage between the shipper and carrier)로서의 기능을 한다. 선하증권은 운송의 당사자간에 체결한 운송계약을 증명한다. 운송계약의 내용은 보통 선하증권의 이면에 인쇄된 보통거래약관(terms and conditions)으로 되어 있다.

---

1) Williams, *op. cit.*, p. 560.

3. 권리증서로서의 기능

선하증권은 수령증으로서의 기능과 운송계약서로서의 기능 외에도 권리증서(a document of title)로서의 기능을 한다. 선하증권이 권리증서로서의 기능을 가짐으로써 운송중에도 송하인이 화물을 매도하고 소유권을 포함한 화물에 대한 권리 일체를 매수인에게 이전할 수 있게 해 준다. 이는 선하증권의 유통성(negotiability) 또는 양도성(transferability)을 이용한 것이다. 다만 양도인은 자신이 가진 권리 이상의 권리를 양수인에게 이전시킬 수 없다.[1] 따라서 선하증권 소지인이 정당한 권리를 갖지 못한 경우에는 그 소지인은 선하증권상의 권리를 이전시킬 수 없다. 상업신용장을 이용한 무역에서는 양도성 있는 선하증권의 사용이 필수불가결하다. 그러나 오늘날 신용장 거래실무에서도 EDI 및 전자선하증권의 사용은 크게 확대되고 있고, EDI 및 전자선하증권이 문서로서의 기재요건과 서명요건을 충족한다고 보아 그 정규문서성을 인정한다.[2]

Ⅲ. 선하증권의 성질

선하증권은 운송물인도청구권을 표창하는 물품증권으로서, 그 법률상의 성질로는 채권증권성 · 법률상 당연한 지시증권성[3] · 요식증권성[4] · 요인증권성[5] · 문언증권성[6] · 제시증권성 · 상환증권성 · 인도증권성 · 처분증권성 등을 갖는다.

◐ 대법원 1999. 4. 23. 98다13211
선하증권의 물권적 효력과 상환증권성

☞ 운송인 등이 선하증권과 상환하지 아니하고 운송물을 선하증권의 정당한 소지인이 아닌 자에게 인도함으로써 선하증권 소지인의 운송물에 대한 권리를 침해한 경우, 고의 또는 중대한 과실에 의한 불법행위가 성립한다. 동지: 대법원 2025. 8. 14. 2024다270860.

---

1) Paul Todd, Modern Bills of Lading, (1986), p. 14.
2) Kozolchyk, *op. cit.*, 55 Law & Contemp. Probs. 39 (Summer, 1992), Footnote 126 이하 참조.
3) 대법원 2003. 1. 10. 2000다70064: 선하증권은 법률상 당연한 지시증권이다. 동지: 대법원 2001. 3. 27. 99다17890; 동 2023. 8. 31. 2018다289825.
4) 서울고등법원 1995. 12. 12. 95나9473: 선하증권은 절대적 요식증권이 아니다.
5) 대법원 1982. 9. 14. 80다1325(운송물의 수령 없이 발행된 선하증권은 무효이다); 동 2005. 3. 24. 2003다5535; 동 2008. 2. 14. 2006다47585: 동 2015. 12. 10. 2013다3170(운송물이 인도된 다음에 발행된 선하증권은 무효이다).
6) 대법원 1972. 2. 22. 71다2500: 선하증권에 기재된 운임에 관한 특약사항은 그 증권의 소지인에 대하여도 효력이 미친다.

Ⅳ. 선하증권의 발행

1. 증권의 발행

선하증권은 운송물을 수령한 후에 송하인(또는 운송주선인) 또는 항해용선자의 청구에 따라 해상운송인[선체용선자도 동일함(제850조 제1항)](제852조 제1항) 또는 선박소유자(제855조 제1항)가 발행하는 것이나, 경우에 따라 선장 또는 그 밖의 대리인에게[1] 그 발행이나 '선적'의 표시를 위임할 수 있다(제852조 제2항)(이하 항해용선계약의 경우에는 운송인을 선박소유자로 읽어야 한다). 운송인은 수통의 선하증권을 발행할 수도 있다(제852조 제1항). 수통의 선하증권을 발행한 때에는 그 수를 선하증권에 기재하여야 한다(제853조 제10호).

2. 선하증권의 기재사항

1) 법정기재사항

(1) 선하증권에는 ① 선박의 명칭, 국적과 톤수, ② 송하인이 서면으로 통지한 운송물의 종류, 중량 또는 용적, 포장의 종별, 개수와 기호, ③ 운송물의 외관상태, ④ 용선자 또는 송하인의 성명·상호, ⑤ 수하인 또는 통지수령인의 성명·상호, ⑥ 선적항, ⑦ 양륙항, ⑧ 운임, ⑨ 발행지와 그 발행년월일, ⑩ 수통의 선하증권을 작성한 때에는 그 수, ⑪ 운송인의 성명 또는 상호, ⑫ 운송인의 주된 영업소 소재지를 기재하고, 운송인이 기명날인 또는 서명하여야 한다(제853조 제1항, 제855조 제1항). 선하증권은 어음이나 수표와 같은 엄격한 요식성을 요구하지는 않으므로 위의 기재사항이 모두 기재되어 있지 않더라도 본질적인 것이 아니면 그 선하증권도 유효하다.

(2) 선하증권의 교부를 받은 용선자 또는 송하인은 발행자의 청구가 있는 때에는 선하증권의 등본에 기명날인 또는 서명하여 교부하여야 한다(제856조). 이는 운송인이 증거를 보존하기 위한 것이다.

(3) 위의 기재요건 중 중요한 몇 가지만 부가하여 설명하면 다음과 같다.

위 ②의 기재 중 운송물의 중량, 용적, 갯수 또는 기호가 운송인이 실제로 수령한 운송물을 정확하게 표시하고 있지 아니하다고 의심할 만한 상당한 이유가 있는 때 또는 이를 확인할 적당한 방법이 없는 때에는 그 기재를 생략할 수 있다(제853조 제2

1) 대법원 1997. 6. 27. 95다7215: 선하증권은 대리인에 의하여 발행될 수 있다.

항, 제855조 제1항). 이는 해운실무관행에서 이용되고 있는 이른바 부지약관(unknown clause)의 사용을 인정한 것이다. 또한 송하인은 자신이 서면으로 통지한 위 ②의 기재사항이 정확함을 운송인에게 담보한 것으로 보므로(제853조 제3항, 제855조 제1항), 그 통지내용의 부실로 운송인에게 손해가 생긴 때에는 이를 배상하여야 한다. 그리고 운송인이 선하증권에 기재된 통지수령인에게 운송물에 관한 통지를 한 때에는 송하인 및 선하증권소지인과 그 밖의 수하인에게 통지한 것으로 본다(제853조 제4항, 제855조 제1항).

(4) 그리고 위 ③의 기재, 즉 운송물의 외관상태에 관한 기재는 운송인의 책임과 직접 관련되는 중요한 기재사항이다. 즉, 운송인은 운송물을 수령한 상태와 동일한 상태로 반환하여야 할 책임을 부담하기 때문에 운송물을 수령할 때에는 반드시 그 외관상태를 검사하여 이를 선하증권에 기재하여야 하고, 만약 아무런 기재가 없는 경우에는 양호한 상태로 수령한 것으로 추정된다. 실제로는 이와 같은 외관상태의 기재를 일일이 하지 않고 선하증권에 인쇄된 "운송물이 외관상 양호한 상태(apparant good order and condition)로 선적되었다."는 문언에 의한다.

(5) 그런데 운송인이 외관상태에 대한 하자를 발견하여 이를 선하증권에 기재하면 이는 이른바 고장선하증권(foul or dirty bill of lading)이 되어 은행이 이를 부적격선하증권으로 간주하여 접수하지 아니하므로 송하인은 운송인에게 무고장선하증권(clean bill of lading)을 발행해 줄 것을 요구하면서 그 대신 그로 인하여 운송인이 손해를 입을 경우에는 송하인이 이를 보상한다는 내용의 은행보증장 또는 보상장(letter of indemnity)을 제출하는 것이 관행이다. 이와 같은 보상장은 운송인으로 하여금 허위의 선하증권을 발행케 한다는 점에서 그 효력을 인정하여야 할지 의문이다. 우리 상법에서는 이에 관하여 아무런 규정을 두고 있지 않고 있으나, 실무계에서 널리 유통되고 있는 것을 무효화시키는 것은 비현실적이므로, 이를 인정하는 것이 옳다고 본다.[1] 다만 보상장은 운송인과 송하인 사이에서 수수되는 것이므로 그 효력이 제 3 자에게까지 미치지는 못하므로, 운송인과 선하증권 소지인 사이에서는 선하증권에 기재된 내용에 따라 운송인이 책임을 지고, 운송인은 후에 송하인에게 구상하여야 한다.

(6) 그리고 위 ⑤의 기재 중 통지수령인(notify party)이란 운송물이 목적지에 도착하였을 때 그 도착통지를 받을 자를 말하며, 이 자에게 운송물에 관한 통지를 하면 송하인 및 선하증권소지인과 그 밖의 수하인에게 통지한 것으로 본다(제853조 제4항, 제855조 제1항). 일반적으로 선하증권상의 수하인은 신용장 개설은행이 되고, 선하증권에

1) 1978년 함부르그규칙은 제17조 제2항에서, 보증장은 운송인과 선하증권 소지인, 기타 제 3 자와의 관계에서는 무효라고 정하고, 동조 제3항에서는 운송인과 송하인 사이에서는 보증장은 유효하되, 다만 운송인이 제 3 자를 기만할 목적으로 무고장선하증권을 발행한 경우에는 운송인은 송하인에 대하여 보증장에 의한 보상을 청구할 수 없다고 정하고 있다.

기재된 화물의 수입업자는 통지수령인으로 된다. 실무에서는 선하증권과 함께 화환어음을 취득한 은행은 수하인으로서 그 어음지급에 대한 담보확보에 관심이 있을 뿐 그 목적물 자체를 수령할 이익은 크지 않다. 따라서 수입업자를 통지수령인으로 지정해 두면 그 수입업자가 신속히 화물의 통관절차 등을 밟아 물건을 처분할 수 있게 된다.

2) 임의적 기재사항

실제 선하증권을 보면 위의 법정 기재사항 외에도 많은 내용의 기재가 있고, 이들은 대부분 운송인의 책임을 면제하거나 경감하는 면책약관으로서 그 내용은 상법 제797조(책임의 한도) 및 제798조(비계약적 청구에 대한 적용) 등의 내용을 담고 있다.

3. 복본의 발행

선하증권은 용선자 또는 송하인의 청구에 따라서 수통을 교부할 수 있으므로(제852조 제1항, 제855조 제1항) 그 법률관계가 다소 복잡한데, 상법은 이에 관한 특별규정을 두고 있다. 즉, 양륙항에서 수통의 선하증권 중 1통을 소지한 자는 운송물의 인도를 청구할 수 있고(제857조 제1항), 그 1통의 소지인이 운송물의 인도를 받은 때에는 다른 선하증권은 그 효력을 잃는다(제857조 제2항). 그러나 양륙항 외에서는 모든 선하증권을 제시하여야 한다(제858조). 운송물의 인도 전에 2인 이상의 선하증권소지인이 운송물의 인도를 청구한 때 또는 운송물의 일부를 인도한 후 다른 소지인이 운송물의 인도를 청구한 때에는 선장은 지체없이 운송물을 공탁하고 각 청구자에게 그 통지를 발송하여야 한다(제859조 제1항 · 제2항). 공탁한 운송물에 대하여는 수인의 선하증권소지인에게 공통되는 전 소지인으로부터 먼저 교부를 받은 증권소지인의 권리가 다른 소지인의 권리에 우선한다(제860조 제1항). 격지자에 대하여 발송한 선하증권은 그 발송한 때를 교부받은 때로 본다(제860조 제2항).

V. 선하증권의 종류

1. 선적선하증권 · 수령선하증권

선적선하증권(shipped B/L, Abladekonnossement)이란 운송물을 선적한 후에 발행한 선하증권을 말하고, 수령선하증권(received B/L, Übernahmekonnossement)이란 운송물

을 수령한 후에 발행한 선하증권으로서, 선적이 끝나면 다시 선적선하증권을 발행하거나 수령선하증권에 '선적'의 뜻을 표시한다(제852조 제2항, 제855조 제1항).[1] 운송인은 선장 또는 기타의 대리인에게 선하증권의 교부 또는 선적의 표시를 위임할 수 있다(제852조 제3항, 제855조 제1항).

◖ 대법원 1989. 12. 22. 88다카8668
수령선하증권에 선적의 뜻을 기재하여 송하인에게 교부한 이상, 운송물 중 일부를 선적하지 않았더라도 수령선하증권으로서의 유효성은 부인할 수 없다.

☞ 해상운송인의 피용자나 대리인이 운송물 전부를 인수하고 수령선하증권에 선적의 뜻을 기재하여 송하인에게 교부한 이상, 운송물 중 일부를 선적하지 않았더라도 그 선하증권의 운송물 전부에 대한 수령선하증권으로서의 유효성은 부인할 수 없는 것이며 수하인은 인도증권인 위 수령선하증권을 적법하게 취득함으로써 운송인측이 보관하고 있는 운송물 전부에 대하여 그 소유권을 취득하였다고 할 것이고 운송물 가운데 일부가 신용장에 기재된 최종 선적기일 이후에 선적되어 지연운송되었다는 사유만으로는 특약이 없는 한 수하인에게 당연히 그 수령을 거부하고 전보배상을 구할 권리가 있다고 볼 수 없는 것이다.

2. 기타 선하증권

상법은 선적선하증권에 관하여만 규정하고 있으나, 분류방법에 따라 다음과 같은 종류의 선하증권이 있다.

1) 기명식선하증권 · 지시식선하증권 · 무기명식선하증권

수하인을 표시하는 방법에 따라서 선하증권을 분류하면, 기명식선하증권(straight bill of lading)은 수하인의 성명만이 증권상에 기재된 선하증권이고, 지시식선하증권(order bill of lading)은 선하증권상의 수하인 또는 그 지시인에게 운송물을 인도할 수 있도록 한 선하증권이며, 무기명식(소지인출급식)선하증권(bearer bill of lading)은 수하인의 기재가 없거나 소지인을 수하인으로 정한 선하증권을 말한다. 그러나 기명식선하증권도 법률상 당연한 지시증권으로서(제861조 · 제130조) 배서에 의하여 양도할 수 있으므로 지시식선하증권과 구별할 실익은 없다.

---

1) 대법원 2002. 11. 26. 2001다83715 · 83722: 신용장통일규칙이 요구하는 본선적재표기가 정당하게 되었는지 여부는 신용장 관련 다른 서류의 기재를 참고하지 아니하고, 해당 선하증권의 문언만을 기준으로 하여 엄격하게 판단되어야 한다. 동지: 대법원 2003. 5. 13. 2001다58283.

◖ 대법원 2001. 3. 27. 99다17890
배서금지문구가 기재된 선하증권의 양도방법

☞ 선하증권은 기명식으로 발행된 경우에도 법률상 당연한 지시증권으로서 배서에 의하여 이를 양도할 수 있지만, 배서를 금지하는 뜻이 기재된 경우에는 배서에 의해서는 양도할 수 없고, 그러한 경우에는 일반 지명채권양도의 방법에 의하여서만 이를 양도할 수 있다 할 것이다. 동지: 대법원 2003. 1. 10. 2000다70064.

2) 연락선하증권

연락선하증권(통선하증권)(through bill of lading, Durchkonnossement)이란 연락운송에서 최초의 해상운송인이 전운송구간에 대하여 발행하는 선하증권이다. 이것은 최초의 운송인만이 기명날인 또는 서명을 하는 단독연락선하증권과 중간운송을 담당하는 전운송인이 기명날인 또는 서명을 하는 공동연락선하증권으로 나뉘는데, 특히 단독연락운송계약에서 중간의 운송인이 자기의 운송구간에 대해서 발행하는 선하증권을 중간선하증권(local bill of lading; Zwischenkonnossent Lokal- konnossement)이라고 한다.

3) 적선하증권

적선하증권(red bill of lading)이란 적색문자로 인쇄된 선하증권을 말하며, 이것에는 해상운송인이 법령 또는 약관에 의하여 면책될 손해에 대해서도 책임을 지는 특약을 하는 것과, 해상운송인이 보험자의 대리인으로서 보험계약까지 체결하는 것이 있다.

4) 무고장선하증권

무고장선하증권(무유보선하증권 : clean bill, reines Konnossement)이란 송하인의 부탁이 있을 때 부지약관(unknown clause)의 기재에 의한 유보 없이 발행된 선하증권을 말한다. 보통 선적시에 운송물이 외관상 양호한 상태(in apparent good order and condition)라는 인쇄가 되어 있고, 그 밖에 첨가하여 기재된 것이 없으면 무고장선하증권이다.[1] 이 경우에는 운송물의 수량 · 포장상태 등을 일일이 점검하지 않았기 때문에 운송인이 입은 손해를 전보하기 위하여 송하인이 보증장(letter of guarantee)을 제출하는 것이 보통이다. 부지약관이 기재된 선하증권으로서는 화(하)환어음의 할인이 용이하지 않기 때문에 화환어음의 할인을 용이하게 하고, 대량의 운송물을 일일이 점검하는 불편을 덜기 위하여 무고장선하증권이 이용되는데, 송하인이 운송물의 내용에 대하여 확신이 있을 때 사용된다.

---

1) 대법원 2017. 9. 7. 2017다234217: 무고장 선하증권에 이른바 부지문구가 기재되어 있는 경우, 운송인에게 운송물을 양호한 상태로 인도하였다는 점에 대한 증명책임은 하주에게 있다.

5) 사고선하증권

사고선하증권(foul or dirty bill of lading)이란 선적화물에 사고가 있어서 그것이 remark로 기재된 경우의 선하증권을 말한다.

6) 기타의 선하증권

이 밖에도 운송계약의 주요 내용은 별도의 약관이나 서면에 의하기로 하여 약식으로 발행된 약식선하증권(short form bill of lading), 환적조건이 기재된 환적선하증권(transshipment bill of lading), 2인 이상의 하주의 화물을 통합하여 하나의 선하증권으로 발행되는 통합선하증권(groupage bill of lading) 등이 있다.

7) 스위치 선하증권

스위치 선하증권(Switch B/L)은 원 선하증권을 대체하기 위해 발행되는 것으로, 주로 선적 이후에 수하인이나 물량 등 수출입계약의 내용을 변경하기 위한 경우, 또는 한 건의 선하증권을 분할하거나 반대로 여러 건의 선하증권을 통합할 필요가 있을 경우 등, 원 선하증권으로는 달성할 수 없는 특수한 목적을 위하여 발행된다.[1)]

Ⅵ. 선하증권의 효력

선하증권도 화물상환증과 같이 채권적 효력과 물권적 효력이 있다(제861조 · 제129조 · 제130조 · 제132조 · 제133조).[2)]

1. 채권적 효력

(1) 선하증권은 해상물건운송계약의 내용을 증명하고 운송인이 운송물수령사실을 증명하는 증거증권이며, 동시에 운송물인도청구권을 표창하는 채권증권이다.[3)] 그러

1) 대법원 2020. 6. 11. 2018다249018: 실제로 운송물을 수령하지 않았고, 운송계약 당사자가 아니었으며, 운송인으로부터 선하증권 발행에 대한 권한을 위임받지도 않은 자가 발행한 스위치 선하증권은 적법한 선하증권으로 볼 수 없고 유가증권으로서의 효력도 발생하지 않으며, 운송인이 아닌 자가 그러한 무효인 선하증권을 선의로 취득한 자에게 그 문언증권성에 따라 발행인으로서 책임을 진다고도 볼 수 없다(따라서 선의취득자는 운송물 인도청구권이 없고 보험상의 보호도 받을 수 없다).

2) 대법원 2003. 1. 10. 2000다70064.

므로 선하증권의 소지인은 그 증권과 상환으로 운송물의 인도를 청구할 수 있다(제861조 · 제129조). 또 선하증권은 법률상 당연한 지시증권이기 때문에 배서금지의 문언이 없는 한 배서양도할 수 있다(제861조 · 제130조). 선하증권이 제3자에게 양도된 때 소지인과 운송인 사이의 법률관계는 선하증권에 기재된 바에 의한다(문언증권성). 1991년 개정 전 상법에서는 화물상환증의 문언증권성에 관한 제131조를 선하증권에 준용하도록 하였기 때문에(구상 제820조), 선하증권의 요인증권성과 문언증권성의 모순을 둘러싸고 불법행위설과 채무불이행설 및 절충설이 대립하였었다.

(2) 불법행위설(요인증권성설)은 선하증권의 요인성을 강조하여 운송계약이 존재하고 운송물을 수령하여야만 비로소 운송물인도청구권이 생기고, 만약 공권(空券)이 발행되면 그 선하증권은 무효이며 이때 운송인은 불법행위책임을 진다고 한다. 채무불이행설(문언증권성설)은 선하증권의 문언증권성을 강조하여 운송인은 선하증권에 기재된 운송계약에 따라 운송물을 인도하지 아니하면 운송계약의 불이행으로 인한 손해배상책임을 져야 한다고 하며, 요인증권성은 증권발행의 원인이 된 운송관계가 기재되어 있으면 충분하다고 한다. 절충설은 운송계약이 전혀 없는 경우 선하증권은 무효이되, 선의의 제3자에 대하여는 외관에 따라 책임을 부담한다고 한다.

(3) 그런데 1991. 12. 31. 개정상법은 이 문제를 입법적으로 해결하기로 하고 선하증권의 경우에 화물상환증의 문언증권성에 관한 준용규정을 삭제하는(제861조 · 제131조 참조) 한편, "선하증권이 발행된 경우에는 운송인이 그 증권에 기재된 대로 운송물을 수령 또는 선적한 것으로 추정한다. 그러나 (반증이 있더라도) 운송인은 선하증권을 선의로 취득한 제3자에 대항하지 못한다."(구상 제814조의 2, 비스비규칙 제3조 제4항 참조)라고 규정하였다. 나아가 2007년 개정상법은 본조를 더욱 명확하게 규정하여 제854조 제1항은 "제853조 제1항에 따라 선하증권이 발행된 경우 운송인과 송하인 사이에 선하증권에 기재된 대로 개품운송계약이 체결되고 운송물을 수령 또는 선적한 것으로 추정한다."고 규정하고, 제2항에서는 "제1항의 선하증권을 선의로 취득한 소지인에 대하여 운송인은 선하증권에 기재된 대로 운송물을 수령 혹은 선적한 것으로 보고 선하증권에 기재된 바에 따라 운송인으로서 책임을 진다."고 규정하였다. 따라서 선하증권이 발행된 경우에는 운송인이 그 증권에 기재된 대로 운송물을 수령 또는 선적한 것으로 추정되므로, 증권에 기재된 물건과 실제로 수령 · 선적한 물건이 상위한 경우는 운송인은 반증이 없는 한 채무불이행책임을 져야 한다(제854조 제1항, 제855조 제2항). 또한 증권의 선의취득자에게는 운송인은 반증이 있다고 하더라도

3) 대법원 1997. 7. 25. 97다19656.

이를 허용하지 아니하고 선하증권에 기재된 대로 운송물을 수령 혹은 선적한 것으로 간주하여 선하증권에 기재된 바에 따라 운송인으로서 책임을 져야 한다(제854조 제2항, 제855조 제3항). 그러나 소지인이 원래의 운송계약과 운송물을 증명하여 권리를 행사하는 것은 상관없다.

요컨대, 상법 제854조는 선하증권 기재의 효력을 ① 운송인과 선하증권의 선의취득자 사이에서는 운송인이 책임을 지고(제854조 제2항, 제855조 제3항), ② 운송인과 선의취득자 이외의 자(악의의 취득자)에 대하여는 반증을 허용하는 추정적 효력을 인정하고 있다(제854조 제1항, 제855조 제2항). 결국 개정상법은 운송인과 선의의 소지인 사이에서만 선하증권의 문언성을 인정하는 절충설을 취한다. 다만 판례는 처음부터 선하증권발행의 기초적 사실이 없었던 공권(空券)의 경우에는 요인증권성의 지배를 받아 선하증권 자체가 무효가 된다고 해석한다.

◖ 대법원 2005. 3. 24. 2003다5535

선하증권은 유인증권이며, 공권은 무효로서 이러한 경우 선하증권의 소지인은 그 발행인인 운송인에 대하여 불법행위로 인한 손해배상을 청구할 수 있다.

☞ 선하증권은 운송물의 인도청구권을 표창하는 유가증권인바, 이는 운송계약에 기하여 작성되는 유인증권으로 상법은 운송인이 송하인으로부터 실제로 운송물을 수령 또는 선적하고 있는 것을 유효한 선하증권 성립의 전제조건으로 삼고 있으므로 운송물을 수령 또는 선적하지 아니하였는데도 발행된 선하증권은 원인과 요건을 구비하지 못하여 목적물의 흠결이 있는 것으로서 무효라고 봄이 상당하고, 이러한 경우 선하증권의 소지인은 운송물을 수령하지 않고 선하증권을 발행한 운송인에 대하여 불법행위로 인한 손해배상을 청구할 수 있다. 동지: 대법원 1982. 9. 14. 80다1325 ; 동 2008. 2. 14. 2006다47585; 동 2015. 12. 10. 2013다3170(운송물이 인도된 다음에 발행된 선하증권은 무효이다).

(4) 한편 실무에서는 대량의 운송물을 취급하는 운송인이 선하증권에 기재된 대로 책임을 지기가 곤란하기 때문에 '내용불명'(contents unknown) · '계량미제'(計量未濟) (shipper's load and count; freight purpose only) 등과 같은 부지약관이 많이 이용된다. 그런데 운송인이 이와 같은 부지약관을 남용하여 책임을 회피하는 것을 방치하면 선하증권소지인 또는 선의취득자의 이익을 해할 우려가 크다. 따라서 1991년 개정상법은 제814조에 제2항(2007년 개정상법 제853조 제2항, 제855조 제1항)을 신설하여, 선하증권의 기재사항 중 운송물의 중량, 용적, 개수 또는 기호가 운송인이 실제로 수령한 운송물을 정확하게 표시하고 있지 아니하다고 의심할만한 상당한 이유가 있는 때 또는 이를 확인할 적당한 방법이 없는 때 그 기재를 생략할 수 있다고 정함으로써 부지약관의 존재를 명문으로 인정함과 동시에 그 인정의 한계를 어느 정도 획

정하였다. 이로써 무제한적이고 막연한 부지약관의 남용을 막아 어느 정도 선하증권소지인 및 선의취득자를 보호하고 있다.

◖ 대법원 2001. 2. 9. 98다49074
선하증권 기재의 추정적 효력과 "운송물이 외관상 양호한 상태로 선적되었다"는 기재의 의미

☞ 상법 제854조의 규정에 의하면, 운송인은 선하증권에 기재된 대로 운송물을 수령 또는 선적한 것으로 추정되므로, 선하증권에 운송물이 외관상 양호한 상태로 선적되었다는 기재가 있는 무고장선하증권이 발행된 경우에는 특별한 사정이 없는 한 운송인은 그 운송물을 양호한 상태로 수령 또는 선적한 것으로 추정된다 할 것이고, 따라서 무고장선하증권의 소지인이 운송물의 훼손으로 인한 손해를 증명함에 있어서는 운송인으로부터 운송물을 수령할 당시의 화물의 손괴사실만 증명하면 되는 것이고 나아가 이러한 손해가 항해중에 발생한 것임을 증명할 필요는 없으나 선하증권에 기재되어 추정을 받는 '운송물의 외관상태'는 상당한 주의를 기울여 검사하면 발견할 수 있는 외관상의 하자에 대하여서만 적용되는 것이지 상당한 주의를 기울이더라도 발견할 수 없는 운송물의 내부상태에 대하여서는 위 추정규정이 적용될 수 없다. … 컨테이너 운송에서 그 내용물에 관한 부지약관이 기재된 무고장선하증권이 발행된 경우, 선하증권 소지인은 송하인이 운송인에게 운송물을 양호한 상태로 인도하였다는 점을 증명하여야 한다. 동지: 대법원 2008. 6. 26. 2008다10105.

2. 물권적 효력

선하증권에 의하여 운송물을 받을 수 있는 자(선하증권의 적법한 소지인)에게 선하증권을 교부한 때에는 그 교부는 운송물 위에 행사하는 권리(소유권 · 질권)의 취득에 관하여 운송물을 인도한 것과 동일한 효력을 갖는다(제861조 · 제133조)(인도증권성). 선하증권의 물권적 효력에 관한 법률적 이론구성은 화물상환증의 그것과 꼭 같다. 다만 운송인이 수통의 선하증권을 발행한 경우 누구에게 운송물을 인도하여야 할 것인가에 관하여는 특칙이 있음(제857조부터 제860조까지)은 전술하였다.

◖ 대법원 1982. 2. 23. 80다2943
매도인이 지시식 선하증권을 매수인에게 인도하지 않고 소지하고 있다면 그 운송물의 소유권은 매도인이 유보하고 있다고 볼 수 있다.

☞ 소위 스테일 비엘(Stale B/L) 조건 아래 무역매매를 함에 있어 그 운송물이 양륙항에 도착할 때까지도 신용장을 개설한 바 없고 매도인이 지시식 선하증권을 매수인에게 인도하지 않고 소지하고 있다면 그 운송물의 소유권은 매도인에게 유보되어 있다고 해석함이 상당하다.

◖ 대법원 1998. 9. 4. 96다6240
선하증권의 물권적 효력과 채권적 효력

☞ 선하증권은 해상운송인이 운송물을 수령한 것을 증명하고 양륙항에서 정당한 소지인에게 운송물을 인도할 채무를 부담하는 유가증권으로서, 운송인과 그 증권소지인 간에는 증권기재에 따라 운송계약상의 채권관계가 성립하는 채권적 효력이 발생하고, 운송물을 처분하는 당사자 간에는 운송물에 관한 처분은 증권으로서 하여야 하며 운송물을 받을 수 있는 자에게 증권을 교부한 때에는 운송물 위에 행사하는 권리의 취득에 관하여 운송물을 인도한 것과 동일한 물권적 효력이 발생하므로 운송물의 권리를 양수한 수하인 또는 그 이후의 자는 선하증권을 교부받음으로써 그 채권적 효력으로 운송계약상의 권리를 취득함과 동시에 그 물권적 효력으로 양도 목적물의 점유를 인도받은 것이 되어 그 운송물의 소유권을 취득한다.[1] 동지: 대법원 1997. 7. 25. 97다19656.

제 3 절 전자선하증권

Ⅰ. 전자선하증권의 발행

운송인은 제852조 또는 제855조에서 정한 (종이)선하증권을 발행하는 대신에 송하인 또는 용선자의 동의를 받아 법무부장관이 지정하는 등록기관에 등록을 하는 방식으로 전자선하증권(electronic bill of lading)을 발행할 수 있다(제862조 제1항 제1문). 전자선하증권에는 제853조 제1항(선하증권의 기재사항) 각 호의 정보가 포함되어야 하며, 운송인이 전자서명을 하여 송신하고 용선자 또는 송하인이 이를 수신하여야 그 효력이 생긴다(제862조 제2항).

Ⅱ. 전자선하증권의 양도

전자선하증권의 권이자는 배서의 뜻을 기재한 전자문서를 작성한 다음 전자선하증권을 첨부하여 지정된 등록기관을 통하여 상대방에게 송신하는 방식으로 그 권리를 양도할 수 있다(제862조 제3항). 제3항에서 정한 방식에 따라 배서의 뜻을 기재한

1) 본 판결에 대한 평석: 전삼현, "선하증권취득의 효력", 법률신문 1998. 10. 12. 13면 참조.

전자문서를 상대방이 수신하면 (종이)선하증권을 배서하여 교부한 것과 동일한 효력이 있고, 제862조 제2항 및 제3항이 규정한 방식으로 전자문서를 수신한 권이자는 (종이)선하증권을 교부받은 소지인과 동일한 권리를 취득한다(제862조 제4항).

Ⅲ. 전자선하증권의 효력

전자선하증권은 제852조 및 제855조가 정한 (종이)선하증권과 동일한 법적 효력을 갖는다(제862조 제1항 제2문).

Ⅳ. 세부사항의 위임

전자선하증권의 등록기관의 지정요건, 발행 및 배서의 전자적인 방식, 운송물의 구체적인 수령절차와 그 밖에 필요한 사항은 대통령령으로 정한다(제862조 제5항).

제 4 절 해상화물운송장

Ⅰ. 해상화물운송장의 의의

근래 해상화물운송이 매우 신속하게 이루어짐에 따라 종래의 선하증권을 이용하면 매우 불편한 경우가 있다. 즉, 화물이 이미 목적지에 도착하였음에도 상환증권인 선하증권이 아직 도착하지 아니하여 도착지에서 창고료를 부담하여가면서 화물을 인수할 수 없는 경우가 흔히 있다. 이와 같은 경우에는 수하인의 신분만을 확인하고 바로 운송물을 수령할 수 있게 하는 것이 편리하다. 해상화물운송장(sea waybill)이란 운송인이 송하인 또는 용선자의 청구에 의하여 운송물의 수령 또는 선적 및 운송조건을 증명하기 위하여 발행하는 서면을 말한다. 국제적으로는 CMI 해상화물운송장 통일규칙(1990년)이 성립되어 있다.

Ⅱ. 해상화물운송장의 성질

해상화물운송장은 요인증권성(제863조 제1항) · 요식증권성(제863조) · 면책증권성(제864조 제2항)이 있으나, 상환증권성(제861조, 제129조) · 문언증권성(제854조) · 법률상 당연한 지시증권성(제861조, 제130조) · 인도증권성(제861조, 제133조) · 처분증권성(제861조, 제132조)은 없으므로 유가증권이 아니다.

Ⅲ. 해상화물운송장의 발행

항해용선계약에서의 용선자 또는 개품운송계약에서의 송하인의 청구가 있으면 선박소유자(용선계약의 경우) 또는 운송인(개품운송의 경우)은 제852조 또는 제855조의 선하증권을 발행하는 대신 해상화물운송장(sea waybill)을 발행할 수 있다. 해상화물운송장은 당사자 사이의 합의에 따라 전자식으로도 발행할 수 있다(제863조 제1항). 해상화물운송장에는 해상화물운송장임을 표시하는 외에 제853조 제1항 각호 사항(선하증권의 기재사항)을 기재하고 운송인이 기명날인 또는 서명하여야 한다(제863조 제2항). 기재사항 중 운송물의 중량 · 용적 · 개수 또는 기호가 운송인이 실제로 수령한 운송물을 정확하게 표시하고 있지 아니하다고 의심할 만한 상당한 이유가 있는 때 또는 이를 확인할 적당한 방법이 없는 때에는 그 기재를 생략할 수 있다(제863조 제3항, 제853조 제2항). 운송인이 선하증권에 기재된 통지수령인에게 운송물에 관한 통지를 한 때에는 송하인 및 선하증권소지인과 그 밖의 수하인에게 통지한 것으로 본다(제863조 제3항, 제853조 제4항).

Ⅳ. 해상화물운송장의 효력

1. 추정적 효력

제863조 제1항의 규정에 따라 해상화물운송장이 발행된 경우 운송인(또는 선박소유자)이 그 운송장에 기재된 대로 운송물을 수령 또는 선적한 것으로 추정한다(제864조 제1항). 해상화물운송장은 유가증권이 아니어서 유통을 예정하고 있지 아니하므로 선의취득자 문제는 발생하지 아니한다.

2. 면책적 효력

운송인(선박소유자)은 본래 해상화물운송장에 기재된 수하인의 신분을 확인하고 그 자에게 운송물을 인도하면 운송이 종료된다. 그런데 실제로는 무권리자가 운송물의 인도를 요구한 경우에도 운송인은 합리적인 주의를 다하여 운송물을 인도하면 면책시킬 필요가 있다.[1] 따라서 상법은 운송인(선박소유자)이 인도함에 있어서 수령인이 해상화물운송장에 기재된 수하인 또는 그 대리인이라고 믿을만한 정당한 사유가 있는 때에는 수령인이 권이자가 아니라고 하더라도 운송인(선박소유자)은 그 책임을 면한다고 규정하였다(제864조 제2항).

◖ 대법원 2012. 4. 26. 2010다102755
선하증권의 기재 내용을 'SEAWAY BILL'이라고 인쇄된 용지에 출력한 사본을 송부한 행위는 그 사본의 수령자가 선하증권과 상환하지 않고 화물을 인도한 행위 사이에 상당인과관계가 인정되지 않는다

☞ 피고의 직원 소외인이 이 사건 선하증권의 기재내용을 "SEAWAY BILL"이라고 인쇄된 용지에 출력한 사본을 운송인의 선적업무 수행자에게 송부하였는데 이를 양도받은 화물인도대리인이 전신환물품에 관하여 선하증권이 아니라 상환을 요하지 않는 화물운송장이 발행된 것으로 잘못 인식하거나 선하증권이 발행되었더라도 그 선하증권이 '서렌더'(Surrender)된 것으로 잘못 인식하여 이 사건 선하증권과 상환 없이 전신환물품을 수입자에게 인도한 결과가 발생하였다고 인정하기 어렵다(당시 화물인도대리인은 이 사건 선하증권이 발행된 것으로 인식하면서, 송부받은 사본에 '☑BILL OF LADING □ SEAWAY BILL'이라고 표시됨과 아울러 '선하증권 박스에 체크된 경우에만 양도가능한 선하증권으로서, 화물이 인도되기 위하여는 선하증권이 제시되어야 한다'고 기재되어 있고, 그와 같은 선하증권의 제시를 배제할 만한 특별한 기재가 없는 상태에서 별다른 확인 없이 이 사건 선하증권이 '서렌더'된 것으로 임의 처리함으로 인하여 손해가 초래되었다고 본 사례).

※ 출발지에서 선하증권 원본을 이미 회수된 것으로 처리함으로써 선하증권의 상환증권성을 소멸시켜 수하인이 양륙항에서 선하증권 원본 없이 즉시 운송품을 인도받을 수 있도록 하는 이른바 '서렌더 선하증권(Surrender B/L)'이 발행된 경우, 도착지 선박대리점이 선하증권 원본의 회수 없이 운송인의 지시에 따라 수하인에게 화물인도지시서를 발행하여 화물을 반출하도록 할 수 있다: 대법원 2019. 4. 11. 2016다276719.

---

1) CMI 해상화물운송장통일규칙(1990년) 제7조 참조.

제 6 장 해상위험

제1절 총 설

Ⅰ. 해상항행의 법적 규제

해상기업활동은 해상항행이라는 사실적 활동을 수반하고, 해상항행에는 해상위험이 반드시 따르게 마련이다. 따라서 그 위험대책으로는 해상항행 자체의 안전확보를 목적으로 하는 공법적(행정법적) 규제(예컨대, 해상충돌예방법 · 항로표지법 등)도 있으나, 해상위험에 따른 경제적 손해의 조정을 목적으로 하는 사법적 규제가 있으며, 후자가 해상법상의 위험대책이다.

Ⅱ. 해상법상의 위험대책

상법은 해상위험을 극복하기 위한 적극적 대책으로서 공동해손 · 해난구조를, 소극적 대책으로서 선박충돌 · 해상보험에 관한 규정을 두고 있으나, 해상보험은 손해보험의 일종으로 '보험'편에서 다루고 있다.

제2절 공동해손

Ⅰ. 서 설

1. 공동해손의 의의

공동해손(general average, groβe Haverie, gemeinschaftliche Haverie)이란 선박과 적하의 공동위험을 면하기 위하여 선장이 행한 선박 또는 적하에 대한 처분행위로 인하여 생긴 손해와 비용(제865조), 혹은 이러한 손해와 비용을 이해관계인에게 분담시키는 제도를 말한다.[1] 이에 대하여 선박 또는 적하만에 대한 사고로 생기는 해손을 단독해손(particular average, besondere Haverie)이라 하고, 단독해손은 그 물건(선박 또는 적하)의 소유자가 이를 부담한다.

공동해손제도의 연혁과 요크-앤트워프규칙

공동해손제도는 서기 3세기경 그리스의 로오드해법에서 처음 인정된 것으로 전해지는데, 이에 의하면 선박과 적하의 공동위험을 면하기 위하여 선장이 돛을 절단하든가 적하를 바다에 투하하고 이로 인해 위험을 면한 선박과 적하의 소유자가 그 손해를 분담하는 제도였다고 한다. 이것은 투하법(投下法)이라고 알려졌는데, 로마법에 계수되어 해손을 부당이득반환원이에 의하여 해결하였으며, 중세에 들어서는 선박과 적하의 소유자가 위험공동체를 구성하는 조합으로 보았다. 그 후 게르만법은 위험공동체이론으로, 프랑스법은 부당이득이론으로, 영국에서는 형평이론으로, 미국에서는 대리이론으로 해결함으로써 공동해손의 요건·효력에 관하여 서로 다른 발전을 하여 왔다. 이와 같이 각국의 법률이 달라 해상기업의 실무에 있어서 불편이 많았으므로, 공동해손법의 통일운동이 전개되었다. 그리하여 1860년의 그라스고회의 이후 1864년의 요크회의(요크규칙)와, 1887년의 앤트워프회의(앤트워프규칙)를 거쳐 1890년의 리버풀국제통일회의에서 요크-앤트워프규칙이 성립하였다. 이것은 해운업자에게 널리 이용되었으나, 그 후 1903년에 추보되고, 다시 1924년 스톡홀름회의 및 1949년 암스테르담 만국해법회의에서 각각 개정되었다. 이 1950년 요크-앤트워프규칙(York-Antwerp Rules, 1950)은 국제해사위원회(Comité Maritime International : CMI)의 주관하에 1974년, 1990년, 1994년에 각각 개정되어 오늘에 이르고 있다.

---

1) 'average'라는 단어는 중세기 아랍 무역 용어로 '손해'를 뜻하는 'Al-War'에다 명사형 어미 'age'를 붙인 것이다. 손실을 다른 상인들과 공평하게 부담했다는 데에서 '평균'이라는 뜻이 되었는데, 'general average'는 선주와 모든 화주가 균등하게 나눠서 손해를 부담한다는 뜻이다.

2. 공동해손제도의 근거

1) 공동해손제도의 근거에 관하여는 형평의 이념에 의하여, 또는 형평과 공동위험단체의 두 관념에 의하여 설명하기도 하나,[1] 공동위험단체의 관념에 의하여 설명하는 것이[2] 타당하다.

2) 선박과 적하는 각각 그 소유권자가 다르므로 이해관계도 각각 다를 것이지만, 해상기업의 기술적 성격상 고립된 위험공동체를 구성한다. 따라서 해상위험에 조우하게 되면 그 운명을 같이 하고, 자력에 의하여 그 위험을 극복하게 마련이다. 이 해상위험에 대해서는 임기응변의 신속한 조치를 취할 필요가 있으므로, 이때에는 선박과 적하의 보관자인 선장으로 하여금 전체의 이익을 위하여 어느 특정인의 이익을 희생시키더라도 최선의 처분행위를 하게 하고, 그 처분행위로 인하여 발생한 손해를 공동위험단체를 구성하는 전체 이해관계인에게 공평하게 분담시키는 것이 가장 합리적이다.[3]

3. 공동해손제도의 법적 성질

공동해손제도의 법률상의 성질에 대하여는 사무관리 · 부당이득 · 공동대리 등 민법상의 기성개념을 가지고 설명하려는 학설이 있으나, '해상법상의 특수한 법률요건'으로서, 법률행위가 아니고 하나의 사건이라고 본다.[4]

공동해손에 관한 상법 규정은 공동위험단체의 내부관계를 규제하는 것이므로 임의규정이고, 실제로는 요크-앤트워프규칙(York-Antwerp Rules)이 각국의 해운업자 · 보험업자에게 보통거래약관으로 채택되어 적용되고 있다.

---

1) 서돈각 · 정완용(하) 649면.
2) 손주찬(하) 851면; 정찬형(하) 951면.
3) 형평의 이념에 의하여 설명하는 한, 손해의 분담관계는 설명이 되어도 각 이해관계인의 의사를 무시한 선장의 처분권을 설명할 수 없다. 또한 손해의 분담이 형평의 이념에 적합하다는 것도 공동위험단체라는 기본관념이 전제되기 때문임을 주의할 필요가 있다.
4) 손주찬(하) 866면; 최기원(하) 952면; 이기수(보 · 해) 514면; 채이식(하) 808면; 정찬형(하) 950면.

Ⅱ. 공동해손의 성립요건

1. 위험요건

선박과 적하의 공동위험을 면하기 위한 것이어야 한다.

1) 위험의 공동성

(1) 위험은 선박과 적하에 공통된 것이어야 한다. 즉, 인명에 대한 위험이나 선박만의 위험 또는 적하만의 위험은 해당되지 않는다. 이것은 곧 위험의 발생원인의 동일성을 의미한다. 예컨대, 선박은 포획될 위험이 있고, 적하는 부패될 위험이 있는 경우는 공동위험이 아니다. 그러나 위험의 강도나 성질의 동일성을 의미하는 것은 아니다(예컨대, 동일한 폭풍우로 인한 것이면, 선박에는 훼손, 적하에는 멸실의 위험이라도 무방하다.).

(2) 위험의 발생원인이 동일하면 되므로, 어떠한 원인에 기인했는가는 불문한다. 따라서 천재로 인한 것이든 인간의 행위로 인한 것이든, 또 제3자의 과실로 인한 것이든 불문한다. 다만 그 공동위험이 선박 또는 적하의 하자나 기타 과실있는 행위로 인하여 생긴 경우에는 공동해손의 분담자는 그 책임있는 자(과실자)에 대하여 구상권을 행사할 수 있다(제870조, 요크-앤트워프규칙 D조).

2) 위험의 현실성

위험이 현실적으로 존재하여야 하므로, 장래의 위험에 대비하여 한 처분은 포함되지 않는다. 위험이 현실적으로 존재한다는 것은 위험이 절박한 것을 의미하며, 급박한 것을 의미하는 것은 아니다.

3) 목적의 소극성

공동해손은 공동위험을 면하기 위한 것이지, 적극적으로 공동이익을 도모하기 위한 것은 아니다.

4) 위험의 객관성

위험이 '객관적'으로 존재하여야 한다. 객관적으로는 위험이 없어도 선장이 주관적으로 위험의 존재를 인식하고 합리적 판단에 의하여 처분한 경우에는 공동해손이 성립한다고 보아야 한다는 학설도 있으나,[1] 상법은 공동해손에 관하여 처분과 손해 간에 인과관계의 존재를 요하므로(제865조), 위험은 객관적인 것이어야 한다. 그러나 처분과 보존 간의 인과관계는 요하지 않는다(제866조).[2]

2. 처분요건

선박 또는 적하에 관하여 선장의 고의적 비상처분(공동해손행위)이 있어야 한다.

1) 선장의 고의

선장[대선장(제748조) 및 선장의 의뢰를 받은 자 포함]의 고의의 처분, 즉 의식적인 행위가 있어야 한다. 따라서 불가항력에 의한 것(예컨대, 폭풍에 의한 돛대의 절단), 또는 선장 아닌 자에 의한 처분은 공동해손행위가 될 수 없다.

2) 비상처분

선장의 비상처분으로 인한 손해 또는 비용이 있어야 하므로, 운송계약상의 정상적 항해비용은 공동해손이 될 수 없다. 처분의 목적물은 선박 또는 적하이나, 이것은 손해가 선박 또는 적하에 관하여 발생하는 것을 의미하지는 않는다. 처분행위는 작위이든 부작위(정선(停船)·발선연기(發船延期))이든, 사실행위(투하·입거(入渠))이든, 법률행위(적하의 매각·구조계약)이든 불문한다.

3) 정당한 처분

처분의 정당성이 인정되어야 한다. 선장은 이해관계인의 이익에 가장 적합한 방법으로 처분하여야 할 것이므로 정당성이 결여된 처분에 대해서는 선장이 책임을 져야 할 것이다. 요크-앤트워프규칙 A조는 '정당하게' 처분된 경우에 공동해손의 성립을 인정한다.

4) 주요한 처분(공동해손행위)

선장의 처분행위의 구체적 내용에 관해서는 상법상 규정한 바 없다. 그러나 공동

---

1) 서돈각·정완용(하) 650면.
2) 동지: 정찬형(하) 952면.

해손의 정산을 간단·신속하게 결요하려면 정형적인 것을 들어 규정할 필요가 있다. 요크-앤트워프규칙에 따라 주요한 것을 들어보면 다음과 같다.

(1) 손해가 생기는 처분

선박 또는 적하에 손해가 생기는 처분행위로서는, 투하(적하를 선외로 투기하는 것), 환적(적하를 부선 또는 다른 선박에 옮겨 쌓는 것), 양륙, 적하의 매각(해난에 조우하여 소요되는 선박수선비에 충당하기 위하여 매각하는 것), 소화행위, 적하 등의 사용(양식·연료의 결핍, 응급수선의 필요에 따라서 적하·속구·저장품 등을 본래의 목적과 달리 사용하는 것), 임의좌초(선박을 고의로 해안이나 암초에 좌초시키는 것), 범(帆) 등의 처분 [범·범주(帆柱)·착쇄(錯鎖, 닻줄)를 절단하여 버리는 것], 기관의 강용(기관을 무리하게 사용하는 것)을 들 수 있다.

(2) 비용이 생기는 처분

선박 또는 적하를 위난으로부터 구출하기 위하여 비용을 지출하게 하는 처분행위로는, 선박의 부양, 피난 [피난비의 중요한 것으로는, 피난지로 가는 항행비·입항비·정박중의 비용(선원의 급료·양식·거주비 등)·적하의 양륙비와 창고보관료·재선적비 등 피난행위와 상당인과관계가 있는 것을 들 수 있다.], 대체행위[공동위험을 극복하기 위하여 대체비용(예선료·환적비·전송비·가수선비 등)을 지급하게 되는 행위], 비용조달행위 [상술한 비용을 조달하는 데 소요된 비용도 공동해손이므로 그 조달행위도 처분행위에 포함된다]를 들 수 있다.

3. 손해·비용요건

손해 또는 비용이 생겨야 한다.

1) 비상적 손해 또는 비용

선장의 비상적 처분행위로 인하여 발생된 손해 또는 비용 일체를 말하며, 손해 또는 비용 자체가 비상적인 것을 의미하지는 않는다. 손해는 '선박 또는 적하'의 어느 일방 또는 그 양자에 생긴 것만을 말하는 것은 아니고, 처분행위로 인하여 사람 또는 제3자의 물건에 발생한 손해도 포함된다.

2) 처분과 손해의 인과관계

손해 또는 비용은 처분으로 인하여 발생한 것이어야 하므로, 양자 간에는 상당인과관계가 있어야 한다. 따라서 처분의 결과가 아니고 위험 자체에 의해서 생긴 물의 처분, 침수되어 무가치하게 된 적하의 투기)는 공동해손이 되지 않는다. 손해 또는 비용의 범위를 정하는 데는 세 가지 입법주의가 있다

(1) 공동안전주의(common safety system)는 공동안전을 위하여, 즉 위험에서 구출하기 위하여 생긴 손해비용만을 공동해손으로 한다. 이에 의하면 피난항입항비는 공동해손이 되나 체선료 · 출항비는 포함되지 않는다.

(2) 공동이익주의(common benefit system)는 항해의 완료를 위하여 생긴 손해 · 비용 일체를 공동해손으로 한다. 이에 의하면 피난항출입비 · 체선료뿐만 아니라 항해계속을 위한 수선비까지도 포함한다.

(3) 희생주의(Opfersystem)는 공동안전이나 공동이익과는 관계없이 선장의 처분과 상당인과관계가 있는 희생손실에 대해서만 공동해손을 인정한다. 이에 의하면 피난항출입비 · 체선료는 공동해손이 되나, 수선비는 배제된다. 상법은 중간적인 희생주의를 취하고 있다.

4. 보존요건

선박 또는 적하가 잔존하여야 한다(제866조).

1) 잔존주의

처분의 주효 여부를 불문하고 처분 후 선박이나 적하가 잔존하기만 하면 된다(독상 제703조, 요크-앤트워프규칙 A조 · C조 참조. 의용상법 제789조는 인과주의를 취하여 처분과 보존과의 사이에 인과관계가 있는 경우에만 공동해손을 인정하였다. 따라서 선장이 긴급한 경우에 적절한 처분을 하는 데 지장을 초래한다는 비판이 가해졌었다.).

2) 잔존종류불문주의

잔존목적물의 범위에 관하여는 ① 선박잔존주의 [선박의 잔존을 필요로 하는 것(불법주의)], ② 병존주의 [선박과 적하의 쌍방의 전부 또는 일부가 잔존되어야 하는 것(독법주의)], ③ 잔존종류불문주의 [선박 또는 적하의 어느 일방의 전부 또는 일부가 잔존하면 된다는 것(영미주의, 요크-앤트워프규칙주의)]가 있으나, 상법은 잔존목적물의 종류를 불문하는 입장을 취하고 있다.

Ⅲ. 공동해손의 효과

1. 공동해손채권

1) 공동해손분담청구권자(채권자)

공동해손의 재권자는 선장의 공동해손처분으로 인하여 손해를 입었거나 비용을 지출한 선박소유자(선박임차인 · 정기용선자 · 재운송인) 또는 적하의 이해관계인이다. 선박소유자나 적하의 이해관계인의 배상청구권을 '공동해손분담청구권'이라 하고 그 입은 손해와 지출한 비용을 '공동해손분담청구재단'(능동적 재단)이라고 한다. 공동해손분담청구권에는 선박우선특권이 부여된다(제777조 제1항 제3호).

2) 손해액(공동해손분담청구재단)의 범위

(1) 원 칙

선장의 처분행위로 인하여 입은 손해와 지출한 비용은 전부 공동해손분담청구재단을 이루어 분담의무자로부터 배상받을 수 있는 것이 원칙이다.

(2) 예 외

다음에 드는 특정물에 대한 손해는 예외적으로 공동해손분담청구재단으로부터 제외된다. 손해액의 범위를 명확히 하고, 일종의 제재조치를 강구하려는 정책적인 이유에서 특칙을 둔 것이다(제872조). 즉, ① 속구목록에 기재하지 아니한 속구, ② 선하증권 그 밖의 적하의 가격을 정할 수 있는 서류 없이 선적한 하물, ③ 종류와 가액을 명시하지 아니한 화폐나 유가증권 그 밖의 고가물, ④ 갑판에 적재한 하물(그러나 갑판에 선적하는 것이 관습상 허용되는 경우와 그 항해가 연안항행에 해당되는 경우 제외된다.)에 대한 손실은 배상받지 못한다. 그러나 이러한 특정물이 보존된 경우에는 공동해손분담재단에 산입된다.

3) 손해액의 산정기준

(1) 원 칙

공동해손의 손해액은 해손처분의 때와 곳에서의 가액에 의해서 산정하여야 할 것이지만, 사실상 불가능에 가까우므로 편의상 특칙을 두어 그 산정기준을 명시하고 있다. 즉, 선박의 가액은 도달의 때와 곳의 가액으로, 적하의 가액은 양륙의 때와 곳의 가액으로 산정하고(제869조 본문), 다만 적하의 가액에 관해서는 그 손실로 인하여 지급을 면하게 된 비용을 공제하여야 한다(제869조 단서). 운임은 공제하지 않는다(제813조 제2호).

(2) 예 외

선하증권 그 밖에 적하의 가격을 정할 수 있는 서류에 적하의 실가보다 저액을 기재하거나 적하의 가격에 영향을 미칠 사항을 허위기재를 하였다가 그 하물이 손실된 때에는 그 기재액을 손해액으로 한다(제873조, 요크-앤트워프규칙 제19조).

(3) 정산 중의 이자

공동해손인 손해 또는 이것에 기한 분담청구권에 대하여는 공동해손의 정산이 종료될 때까지 법정이자를 가산하여야 한다.

4) 분담청구권자의 담보물권

(1) 선박우선특권

공동해손분담청구권자는 선박소유자의 선박, 속구, 그 채권이 생긴 항해의 운임, 그 선박과 운임에 부수한 채권에 대하여 우선특권을 가진다(제777조 제1항 제3호).

(2) 유치권

공동해손분담청구권자는 적하이해관계인의 운송물에 대해서도 선장을 통하여 유치권을 행사할 수 있다(제807조). 그러나 실제로는 선장은 적하이해관계인으로부터 보증금이나 적하보험자의 보증장을 받고서 또는 공동해손맹약서에 기명날인을 시키고서 화물을 인도하는 것이 보통이다.

5) 공동해손채권의 소멸

공동해손으로 인하여 생긴 채권 및 책임있는 자에 대한 구상권은 그 계산이 종료된 날로부터 1년 내에 재판상 청구가 없으면 소멸한다(제875조)(제척기간). 그러나 이 기간은 당사자의 합의에 의하여 연장할 수 있다(제875조 단서 · 제814조 제1항 단서).

2. 공동해손채무

1) 공동해손분담의무자

공동해손분담의무자는 공동위험단체의 구성원이다. 즉, 선박소유자와 적하이해관계인이다. 공동해손을 분담하는 재산, 즉 공동해손분담의무자에게 귀속된 재산을 '공동해손분담재단'(수동적 재단)이라고 한다.

2) 공동해손분담재단의 범위

(1) 공동해손을 분담하는 재산

상법은 공동해손을 분담하는 재산으로 위험을 면한 선박·적하의 가액과 운임의 반액과 공동해손의 액과의 비율에 따라 각 이해관계인이 이를 분담한다고 규정하고 있으나(제866조), 여기서의 선박·적하·운임 등은 예시적인 것이다.

(2) 공동해손을 분담하지 않는 재산

선박에 비치한 무기, 선원의 급료, 선원과 여객의 양식과 의유는 보존된 경우에도 공익상 또는 정책상의 이유로 인해 수동적 재단으로부터 제외되어서 그 가액을 공동해손의 분담에 산입하지 않는다. 그러나 이러한 것이 손실된 경우에는 그 가액을 공동해손청구재단에 산입하여 이해관계인이 분담한다(제871조). 우편물과 그 취급에 필요한 물건은 공익상 특히 이를 보호하기 위하여 해손을 분담하지 않게 되어 있다(우 제7조 제3항).

3) 공동해손분담재산의 평가

(1) 원 칙

선박의 가액은 도달의 때와 곳의 가액으로, 적하의 가액은 양륙의 때와 곳의 가액으로 산정한다(제867조 본문). 다만 적하의 가액에 관해서는 그 가액 중에서 멸실로 인하여 지급을 면하게 된 운임 기타의 비용을 공제하여야 한다(제867조 단서). 운임은 편의상 그 반액으로 한다(제866조).

(2) 예 외

선하증권 그 밖에 적하의 가격을 정할 수 있는 서류에 적하의 실가보다 고액을 기재하거나, 적하의 가격에 영향을 미칠 사항에 허위기재를 하였다가 그 화물이 보존된 때에는 그 기재액을 적하의 가액으로 하고, 그에 따라서 공동해손을 분담한다(제873조).

4) 공동해손분담액의 산출

(1) 분담비율

공동해손의 분담청구재단과 분담재산의 범위 및 가액이 확정되면, 그 비율에 따라서 각 이해관계인의 분담액이 산출된다. 상법 제866조는 "공동해손은 그 위험을 면한 선박 또는 적하의 가액과 운임의 반액과 공동해손의 액과의 비율에 따라 각 이해관계인이 이를 분담한다."고 규정하였는데, 이 규정에 의하면 공동해손인 손해액을 분담재단에 속하는 재산의 가액과 손해액의 합산액으로 나눈 액을 분모의 각 항에 곱해서 나온 수액이 그 각 항의 이해관계인이 분담하는 액이 된다.

(2) 분담액의 산출예

선가를 S, 적하의 가액을 C, 운임을 F, 공동해손인 손해액을 GA라고 하면, 각 이해관계의 분담액은 다음과 같은 공식에 의하여 산출된다.

선박소유자(갑) …… $S \times \dfrac{GA}{S+C+\frac{F}{2}+GA}$

적하권이자(을) …… $C \times \dfrac{GA}{S+C+\frac{F}{2}+GA}$

운임권이자(병) …… $\dfrac{F}{2} \times \dfrac{GA}{S+C+\frac{F}{2}+GA}$

공동해손인 손해의 관계인(희생자, 정) …… $GA \times \dfrac{GA}{S+C+\frac{F}{2}+GA}$

S = 100억원, C = 70억원, F = 2억원, GA = 2억원이라면, 각 이해관계인의 분담액이 갑은 10억원, 을은 7억원, 병은 1,000만원, 정은 2,000만원이 된다.

5) 공동해손분담의무자의 유한책임

공동해손분담의무자는 선박이 도달하거나 적하를 인도한 때에 현존하는 가액의 한도에서 그 책임을 진다(제868조). 이는 처분으로 인한 이익의 한도에서 지는 인적 유한책임이다.

3. 공동해손의 정산

1) 정산의무자

공동해손의 계산을 정산이라 한다. 정산의무자는 별다른 특약이나 관습이 없는 한 선장이며, 선장은 항해가 종료한 후 공동해손정산서를 작성하여야 한다. 그러나 실제로는 정산사무가 전문적·기술적인 것이므로 전문적인 공동해손정산인에게 맡기는 것이 보통이다.

2) 정산지

공동해손의 정산지는 특약이 없는 한 항행종료의 지, 즉 선박과 적하가 종국적으로 분리되는 최후의 적하양륙항이다(제867조, 제869조).

3) 정산시기

상법 제807조에서 해손분담액의 지급과 상환하지 아니하면 운송물의 인도를 할 의무가 없다고 정한 것을 보면, 늦어도 최후의 양륙항에 이르기까지는 정산을 완료하여야 할 것이지만, 실제로는 장시간이 소요되므로 대개 보증금을 공탁시키거나 보증장을 제출케 하고 운송물을 미리 인도한 다음 정산은 후일에 한다.

4) 수회의 공동해손의 정산

동일항해 중 수회의 공동해손행위가 있을 때에는 후의 공동해손부터 정산하여야 한다. 상법상 명문의 규정은 없으나, 항해종료지에서의 잔존재산으로 해손을 분담하는데, 후의 공동해손을 먼저 계산하지 않으면 잔존재산의 가액을 정할 수 없기 때문이다.

5) 정산 후 손해의 회복과 분담금반환의무

선박소유자·용선자·송하인 기타의 이해관계인이 공동해손의 액을 분담한 후 선박·속구 또는 적하의 전부나 일부가 소유자에게 복귀된 때에는 그 소유자는 상금(자기의 분담액을 공제하고 실제로 배상받은 금액이 아니라 자기가 입은 손해액을 말한다.)으로 받은 금액에서 구조료와 일부손실로 인한 손해액을 공제하고 그 잔액을 반환하여야 한다(제874조). 반환된 금액은 분담률(제866조)에 따라 각 이해관계인(손해물의 소유자도 포함)에게 분배된다. 선박과 적하의 공동위험이 선박 또는 적하의 하자 기타 과실 있는 행위로 인하여 생긴 때에는 공동해손분담자는 책임있는 자에 대하여 구상할 수 있다(제870조). 이 구상권도 1년 이내에 재판상의 청구가 없으면 소멸하고, 이 기간도 당사자의 합의에 의하여 연장할 수 있다(제875조 · 제814조 제1항 단서).

제3절 선박충돌

Ⅰ. 선박충돌의 의의

선박충돌(collision, Schiffszusammenstoß)이란 2척 이상의 선박이 그 운용상 작위 또는 부작위로 선박 상호 간에 다른 선박 또는 선박 내에 있는 사람 또는 물건에 손해를 생기게 하는 것을 말하며, 직접적인 접촉의 유무를 묻지 아니한다(제876조 제2항).

1) 선박충돌은 2척 이상의 독립된 선박간의 충돌을 말하며, 적어도 일방은 항해선이어야 한다(제876조 제1항). 예선과 피예선과의 충돌은 서로 독립적인 관계가 없으므로 상법상의 선박충돌이라고 할 수 없다.

2) 충돌은 선박과 선박이 접촉하는 것이다. 따라서 선박이 부두와 같은 항만시설과 충돌하거나, 다른 선박과의 충돌을 피하려 하다 좌초한 것은 선박충돌이 아니다.

3) 수면에서의 접촉인 한 해상이든 평수구역 내이든, 수상이든 수중이든, 진행중이든 정박중이든, 접촉장소에 제한이 없다.

4) 충돌은 과실의 개념을 기초로 하므로, 과실과 충돌 간에는 인과관계가 있어야 한다.

5) 충돌과 손해 간에도 상당한 인과관계가 있어야 하고, 그 손해는 선박 또는 선박 내에 있는 물건이나 사람에 관하여 생긴 것에 한하되(제876조 제1항), 선박충돌로 인한 직접적인 손해뿐 아니라 변호사비와 같은 간접손해 및 적하소유자 · 여객 등에게 지출할 간접비용도 포함한다. 그러나 파손된 항구시설에 대한 복구비용, 유류오염손해로 인한 비용 등은 선박 또는 선박 내에 있는 물건이나 사람에 관한 손해가 아니므로 제외된다.

6) 상법은 선박충돌에 관하여 선박충돌이 불가항력으로 인한 경우(제877조), 일방의 과실로 인한 경우(제878조), 쌍방의 과실로 인한 경우(제879조), 도선사의 과실로 인한

경우(제880조) 등에 관하여만 규정하고 있으나, 상법 외에도 해상교통안전법, 선박안전법, 선원법 등에 안전항행 및 선장의 구조의무에 관한 규정이 있다.

선박충돌에 관한 통일조약

선박의 충돌은 동일국적선박 상호간 뿐만 아니라 국적이 다른 선박간에서도 자주 일어나는 것이므로, 충돌을 예방하고 그에 대처하는 해법의 국제적 통일이 필요하였다. 그리하여 19세기 말엽부터 여러 국제회의에서 국제적 통일을 위한 노력이 진행되어, 1910년 브뤼셀외교회의에서 "선박충돌에 관한 규정의 통일을 위한 협약"(International Convention for the Unification of Certain Rules of Law with respect to Collisions between Vessels, Brussels, Sept. 23, 1910)이 성립되었다. 1952년에는 "충돌 및 항해상의 기타의 사고에 대한 형사재판관할에 관한 약간의 규정의 통일을 위한 국제협약"(International Convention for the Unification of Certain Rules relating to Penal Jurisdiction in Matters of Collision or Other Incidents of Navigation, Brussels, May 10, 1952)과 "충돌에 대한 민사재판관할에 관한 약간의 규정의 통일을 위한 국제협약"(International Convention on Certain Rules concerning Civil Jurisdiction in Matters of Collision, Brussels, May 10, 1952)이 성립하였다. 선박안전법 제16조의 2 제2항은 해상충돌예방에 관한 국제조약에 따를 것을 전제로 한 규정을 두고 있다.

Ⅱ. 선박충돌로 인한 손해배상관계

상법은 선박충돌로 인한 손해 중 '선박 또는 선박 내에 있는 물건이나 사람에 관하여 생긴 손해'의 배상에 한하여 적용된다(제876조 제1항). 그 밖의 손해에 관하여는 민법의 일반원칙에 따라 해결한다.

1. 충돌선박의 소유자 간의 관계

1) 불가항력 또는 원인불명

선박의 충돌이 불가항력의 사유로 인하여 발생하거나, 그 원인이 명백하지 않은 경우에는 피해자는 각자 그 손해를 부담한다(제877조). '천재는 소유자의 부담으로 한다'(res perit domini)는 원칙상 당연한 결과이다.

2) 일방적 과실

선박의 충돌이 일방의 선원의 과실로 인하여 발생한 경우에는 과실 있는 선박의 소유자가 타선의 손해에 대한 배상책임을 진다(제878조). 여기서 선원이란 선박소유자 및 그 모든 피용자를 포함하는 넓은 개념이다. 도선사의 과실도 선박소유자의 과실로 본다(제880조). 선박소유자는 선원 기타 피용자의 선임・감독에 상당한 주의를 하였다고 하더라도(민 제756조 제1항 참조) 손해배상책임을 면할 수 없다. 다만 상법 제769조 이하의 선주책임제한에 관한 규정은 선박충돌의 경우에도 적용된다고 본다.

가해선박의 과실 및 손해의 발생은 피해선박이 증명하여야 한다. 가해선박이 국제해상충돌예방규칙 및 해상교통안전법에 위반하여 선박이 충돌한 경우에는 과실이 사실상 추정된다.

대법원 2010. 1. 28. 2008다65686・65693
선박충돌에 있어 예인선과 피예인선의 공동불법행위책임을 인정한 사례

☞ [1] 짙은 안개로 시계가 제한된 수역에서 예인선에 끌려가던 부선이 다른 선박과 충돌한 사안에서, 구 해상교통안전법상의 음향신호와 등화신호를 제대로 하지 않는 부선 측의 과실도 충돌사고 발생의 한 원인이 되었다고 본 사례

[2] 피예인선이 부선이거나 그 승무원에게 예인선의 항해를 지휘・감독할 권한 또는 의무가 없다고 하더라도 구 해상교통안전법상 음향신호와 등화신호를 할 의무는 면제되는 지 않으며, 피예인선인 부선이 다른 선박 또는 물체와 충돌한 경우 부선의 소유자나 승무원 등의 과실 유무와 상관없이 예인선 측만이 그 책임을 부담하는 것이 아니고 예인선과 피예인선이 공동으로 그 책임을 부담한다.

3) 쌍방적 과실

선박의 충돌이 쌍방의 선원의 과실로 인하여 발생한 경우에는 그 과실의 경중에 따라 각 선박의 소유자가 손해배상책임을 분담하고, 그 경중을 판정할 수 없는 때에는 각 선박의 소유자가 균분하여 손해배상책임을 진다(제879조 제1항).[1] 이때 충돌은 일개의 사실이라도 쌍방이 서로 손해배상책임을 지고 상계할 수 있는 지위에 놓인다고 본다. 이를 교차책임(cross liability)설이라고 한다. 이에 대하여 단일책임(single liability)설은 충돌이라는 불법행위를 하나로 보고 이것으로 인하여 생긴 손해도 일단으로 보아 각 피해액과 과실의 정도에 따라 계산한 결과 피해가 많은 선박소유자에게만 한 개의 손해배상청구권이 생긴다고 보는 견해이다. 충돌이라는 사실은 하나이지만 이론상 또 실제로 과실있는 쌍방에게 각자의 불법행위가 성립하므로 교차책임설이 타당하다고 본다. 실무에서도 교차책임약관이 사용되고 있다. 그러나 상법은 선주유한책임과 관련하여 상대방에 대하여 동일한 사고로 인하여 채권을 가지는 경

1) 대법원 1985. 12. 24. 84추3.

우, 그 채권액을 공제한 잔액이 책임제한의 대상이 되는 채권이 되는 것으로 정하여 단일책임주의를 취하고 있다.[1)]

2. 충돌선박의 제3자에 대한 관계

1) 일방적 과실

일방 선박의 과실로 인하여 충돌이 발생한 경우에는 과실 있는 선박의 소유자는 자기 선박상의 하주·여객에 대하여는 채무불이행으로 인한 손해배상책임을 지고, 과실 없는 선박의 하주·여객에 대하여는 불법행위로 인한 손해배상책임을 진다(제878조). 그러나 운송인은 운송물에 관한 손해에 대하여는 자신의 과실이 없는 한 선장·해원·도선사 기타 선박사용인의 항해과실에 대하여 면책되고(제795조 제2항), 이는 운송인의 불법행위책임을 묻는 경우에도 같다(제798조).

2) 쌍방적 과실

쌍방 선박의 과실로 인하여 충돌이 발생한 경우에는, 여객 등 제3자의 사상으로 인한 손해에 대하여서만은 쌍방 선박의 소유자가 연대하여 [공동불법행위; 민 제760조] 배상책임을 진다(제879조 제2항). 적하의 소유자 등 제3자의 재산상의 손해에 대하여는 그 과실의 경중에 따라 배상책임을 분담하되, 과실의 경중을 판단할 수 없을 때에는 균분하여 부담한다(제879조 제1항)(분할책임주의).[2)] 이것은 민법의 일반원칙인 연대책임주의의 예외이다. 한편 적하의 소유자는 운송인의 운송계약상의 책임을 물을 수 있고, 이때는 선박소유자는 책임의 분할을 주장할 수는 없으나 면책약관을 원용할 수는 있다.

3) 면책약관의 원용

쌍방과실로 인하여 쌍방 선박소유자가 제 3 자에 대하여 연대하여 손해배상책임을 지는 경우에, 일방 선박소유자와 제 3 자 간에 면책약관이 있는 때에는 민법 제419조의 취지에 따라 타방 선박소유자도 그 면책약관을 원용할 수 있다는 것이 다수설이다.[3)] 그러나 타방 선박소유자는 운송계약의 당사자가 아닐 뿐더러 상법이 여객의 인적 손해에 대해서만 쌍방 선박소유자의 연대배상책임을 인정한 것이라고 본

1) 채이식(하) 825면.
2) 대법원 1972. 6. 13. 70다213; 동 1975. 6. 24. 75다356.
3) 최기원(하) 960면; 서돈각·정완용(하) 662면; 박원선(하) 392면.

다면(제879조 제2항), 선박소유자와 적하소유자 간에 면책약관이 있는 때에는 그 면책약관을 원용할 수 있다고 보는 데에는 의문의 여지가 있다.[1]

Ⅲ. 도선사의 과실로 인한 선박충돌의 경우

앞에서 설명한 바와 같이 선박충돌이 도선사의 과실로 인하여 발생한 경우에도, 선박소유자의 손해배상책임의 부담관계는 선원의 과실로 인하여 발생한 경우와 같이 해결한다(제880조).

Ⅳ. 우선특권

선박의 충돌로 인한 항해시설·항만시설 및 항로에 대한 손해와 선원이나 여객의 생명·신체에 대한 배상채권에 관하여는 채권자는 그 충돌선박에 대한 선박우선특권을 갖는다(제777조 제1항 제4호).

Ⅴ. 시 효

선박의 충돌로 인하여 발생한 손해배상의 청구는 2년 내에 재판상의 청구가 없으면 소멸한다(제척기간)(제881조 본문). 그 기산점은 충돌이 있은 날이다. 이 기간은 당사자의 합의로 연장할 수 있다(제881조 제2문·제814조 제1항 단서). 선박충돌의 경우는 불법행위책임만이 문제되므로 2년의 소멸시효는 충돌로 인한 인적손해이든 물적손해이든 불문하고 적용된다.[2]

---

1) 동지: 채이식(하) 823면.
2) 서울고등법원 1990. 9. 21. 90나29359[확정].

제4절 해난구조

I. 서 설

1. 해난구조의 의의

광의의 해난구조란 해난에 조우한 선박 또는 적하를 구조하는[1] 것을 말한다. 특히 당사자간에 구조계약 없이, 즉 의무없이 구조하는 경우를 협의의 해난구조라 한다. 상법상 해난구조라 함은 협의의 해난구조를 말하는 것으로서, 항해선 또는 그 적하 그 밖의 물건이 어떠한 수면에서 위난에 조우한 경우에 의무 없이 이를 구조하는 것을 말한다(제882조).

2. 해난구조의 성질

협의의 해난구조의 법적 성질에 관하여는 준계약설·부당이득설·사무관리설 등이 있으나, 이는 해상법상의 특수한 법률요건으로서의 사건이며, 구조계약에 의한 경우에는 도급계약이다.

3. 해난구조의 연혁

고대 및 중세 유럽에서는 외국인을 적대시하는 사상 때문에 조난선박의 구조보다는 오히려 조난물의 약탈이 자행되었는데, 이에 대하여 로마법이 조난물의 소유권이 해난에 의하여 상실되지 않음을 선언하고 조난물을 점취한 자를 도인으로서 벌하였던 것이 해난구조의 기원이 되었다. 중세에 와서는 연안지의 영주는 연안권(Strandrecht, droit de coét)이라는 명목하에 조난물을 점취하여 이것을 세입재원의 하나로 삼았다고 한다. 이에 대하여 근세초기의 교회가 맹렬히 반대하여 올레론 해법과 루이 14세의 1681년 해사칙령은 조난물의 보호를 위하여 그에 대한 점유권의 행사를 금하였다. 그 후 해난구조에 관하여 선박충돌통일조약과 더불어 만국해법회의

1) 대륙법은 구원(assistance, Hilfsleistung)과 구조(salvage, Bergung)를 구별하고, 전자는 선박 또는 적하를 선원이 점유하는 경우의 구조이며, 후자는 완전히 선원의 점유를 떠난 것을 구하는 것이라고 한다. 그러나 통일조약과 우리 상법은 이를 구별하지 않는다.

통일법 의제가 되어, 1910년의 브뤼셀회의에서 "해난에 있어서의 구원구조에 관한 규정의 통일을 위한 협약"(Convention for the Unification of Certain Rules of Law respecting Assistance and Salvage at Sea, signed at Brussels, Sept. 23, 1910)이 성립하였다. 우리 상법도 대체로 통일조약을 따르고 있다. 이 해난구원구조통일협약은 1967년에 개정되었고, 1989년 4월에 런던에서 개최된 만국해법회(CMI)(국제해사위원회) 총회에서는 새로운 해난구조에 관한 국제조약이 성립되었다. 그러나 오늘날에는 현실적으로 대부분의 해난구조는 전문적인 구조회사 또는 해양경찰에 의하여 행하여진다. 구조회사는 대개 구조약관(보통 Lloyd's Open Form : LOF)에 따라, 그리고 해양경찰은 수난구호법(1961. 11. 1. 법률 제761호)에 따라 구조를 한다.

Ⅱ. 해난구조의 성립요건

협의의 해난구조가 성립하려면, 선박 또는 적하의 전부 또는 일부가 어떠한 수면에서 위난에 조우한 경우에 의무없이 이를 구조하여야 한다(제882조).

1. 해난요건

해난에 조우하여야 한다. 해난이란 항해에 관한 위난을 말한다. 위난은 선박 또는 적하의 멸실 · 훼손의 개연성이 있는 상태로서 자력만으로는 극복할 수 없는 것이어야 하며, 그 발생장소는 어떠한 수면(해상뿐만 아니라, 호천 · 항만에서도)이든 상관없다. 위난은 반드시 급박함을 요하지 아니하나 현실적으로 예견할 수 있어야 하고, 그 발생의 원인도 제한이 없으므로 인위적인 사고이더라도 상관이 없다.

2. 목적물요건

해난구조의 목적물은 선박 · 적하 기타 속구 · 여객의 수하물 등의 전부 또는 일부이다. 선박은 항해선 · 내수선을 불문하며, 동일소유자의 선박이더라도 무방하다. 그러나 내수선 상호간의 구조나 노도선 상호간의 구조 또는 공용에 제공된 국 · 공유선의 구조는 상법상의 해난구조가 아니다. 적하는 반드시 운송계약의 목적물만을 의미하지 않고, 선박장비 · 식량 · 의류 등의 구조도 포함한다. 인명만의 구조는 해난구조가 아니다. 이것은 인명구조는 인간애의 발로에 맡기는 것이 온당하고, 또 해난구조의 보수는 구조된 해산으로부터 변제되어야 한다는 낡은 이론의 잔재이다. 그러나 수인이 공동으로 선박이나 적하의 구조와 동시에 인명을 구조한 경우에는 인명구조에 대한 구조료를 청구할 수 있다(제888조 제2항).

3. 구조요건

1) 해난구조는 '구조자'가 '의무 없이' '구조활동'을 하여 해난으로부터 구조하는 것이다. 여기서 '구조자'란 구조활동에 직접 관련된 용역을 제공한 자를 말하며, '구조활동'이란 해난구조 시의 구조활동은 물론 침몰 · 난파 · 좌초 · 유기 그 밖의 해양사고를 당한 선박 및 그 선박 안에 있거나 있었던 적하와 그 밖의 물건의 인양 · 제거 · 파괴 또는 무해조치 및 이와 관련된 손해를 방지 또는 경감하기 위한 모든 조치를 말한다(제775조 제4항).

2) 또한 여기서 '의무'라 함은 사법상의 의무를 말한다. 따라서 조난선의 선원의 구조행위 · 도선사의 그 인도선박의 구조 · 예선의 피예선 구조 등은 원칙적으로 해난구조가 아니다(제890조). 다만 예선계약이나 도선계약의 이행이라고 볼 수 없는 특별한 노력을 제공한 경우에는 구조료청구권이 있다. 승객이 한 구조행위는 일반적으로 구조행위라고 할 수 없으나, 위험을 무릅쓰고 특별히 구조행위를 하였다면 해난구조로 볼 수도 있을 것이다. 그리고 사법상의 의무가 없는 한 선원법이나 수난구호법과 같은 공법상의 구호의무를 부담하는 자(예컨대, 선장)의 구조는 해난구조이다. 그러나 해상감시선의 구조는 해난구조가 될 수 없다.

3) 해난구조로서 구조료청구권이 발생하려면 구조가 주효하였어야 한다(제882조). 이것은 구조를 가장하는 폐단을 방지하기 위하여 노력주의가 아닌 결과주의를 받아들인 것이다. 그러나 불주효무보수의 원칙을 고수하면 구조의 결과가 불확실할 경우 구조를 기피하거나 주저하게 할 우려가 있으므로 입법론적으로는 재검토의 여지가 있다.

4) 구조자가 구조과정에서 오히려 피구조자에게 손해를 발생시킨 경우 구조자는 이를 배상하여야 한다. 그러나 선박소유자는 이 책임에 대하여도 책임제한을 받을 수 있다(제775조).

Ⅲ. 해난구조의 효과

1. 구조료청구권

1) 구조료청구권의 취득

(1) 해난구조의 요건을 갖추면 구조자는 구조료청구권을 취득한다(제882조). 구조료청구권자는 선박소유자 · 선장 · 해원 등 구조자이고, 구조선박소유자도 구조로 인한 선박의 손해액과 그 소요비용을 지급받는다(제889조 제1항). 동일한 소유자에 속하는 선박 상호간에 있어서도 구조에 종사한 자는 상당한 구조료를 청구할 수 있다(제891조).

(2) 구조료청구권의 상대방은 구조된 목적물의 이해관계인으로서, 예컨대 구조된 선박 또는 적하의 소유자 · 질권자 · 저당권자 · 우선특권자 및 이들과 계약상 이해관계를 가진 자 등이다.

(3) 구조료는 구조행위에 대하여 법률상 인정되는 보수이지만, 이것에는 구조자가 지출한 비용도 포함된다(제883조). 전술한 바와 같이 인명구조의 경우에는 보수청구권이 인정되지 않으나, 재산구조와 경합하는 경우에는 선주나 하주에 대하여 보수청구권을 갖는다(제888조 제2항).

2) 구조료청구권의 조각사유

다음에 열거하는 자는 구조료를 청구하지 못한다(제892조). 즉, ① 구조받은 선박에 종사하는 자, ② 고의 또는 과실로 인하여 해난사고를 야기한 자, ③ 정당한 거부에도 불구하고 구조를 강행한 자, ④ 구조된 물건을 감추거나 정당한 이유 없이 처분한 자 등이다.

3) 구조료청구권의 담보

(1) 우선특권

선박 또는 적하를 구조한 자는 그 구조료청구권을 담보하기 위하여 피구조선, 그 속구, 운임 등에 대하여 우선특권을 갖는다(제777조 제1항 제3호 · 제782조 · 제893조 제1항 본문). 다만 적하에 대한 우선특권만은 구조료채무자가 그 적하를 제삼취득자에게 인도한 후에는 그 적하에 대하여 행사하지 못한다(제893조 제1항 단서). 그 밖에 구조자의 우선특권에는 그 성질에 반하지 아니하는 한 선박채권자의 우선특권에 관한 규정을 준용한다(제893조 제2항). 따라서 이 우선특권은 그 선박소유권의 이전으로 인하여 영향을 받지 아니한다(우선특권의 추급권)(제785조). 이 우선특권은 권리발생시부터 1년 이내에 실행하지 아니하면 소멸한다(제786조).

(2) 유치권

구조료채권자가 구조의 목적물을 점유하는 때에는 구조료를 지급할 때까지 유치권을 행사할 수 있다(민 제320조).

4) 시 효

구조료청구권은 구조가 완료된 날로부터 2년 내에 재판상 청구가 없으면 소멸하는데, 이 기간은 당사자간의 합의로 연장할 수 있다(제895조 · 제814조 제1항 단서).

2. 구조료의 결정

1) 구조료액의 결정

당사자가 미리 구조계약을 하고 그 계약에 따라 구조가 이루어진 경우 구조료에 관한 특약이 있으면 그것에 따르되, 이 경우에도 그 성질에 반하지 아니하는 한 구조계약에서 정하지 아니한 사항은 상법이 정한 바에 의한다(제887조 제1항). 따라서 해난 당시에 구조료의 금액에 대해 약정을 한 경우에도 그 금액이 현저하게 부당한 때에는 (당사자의 청구에 따라) 법원은 제883조의 사정을 참작하여 그 금액을 증감할 수 있다(제887조 제2항). 구조의 보수에 관한 약정이 없는 경우에 그 금액에 대하여 당사자 사이에 합의가 성립하지 아니한 때에는 법원은 당사자의 청구에 의하여 구조된 선박 · 재산의 가액, 위난의 정도, 구조자의 노력과 비용, 구조자나 그 장비가 조우했던 위험의 정도, 구조의 효과, 환경손해방지를 위한 노력, 그 밖의 제반사정을 참작하여 그 액을 정한다(제883조). 여기서 환경손해라 함은 유류오염손해와 같은 생태계에 미치는 손해를 말한다.

2) 구조료액의 한도

구조의 보수액은 다른 약정이 없는 한 구조된 목적물의 가액을 초과하지 못한다(제884조 제1항)(구조료지급의무자의 인적 유한책임).

선순위의 우선특권이 있는 때에는 구조의 보수액은 선순위의 우선특권자의 채권액을 공제한 잔액을 초과하지 못한다(제884조 제2항).

3. 구조료의 분배

1) 공동구조의 경우

공동으로 구조활동을 한 선박간에 구조료분배의 비율에 관하여 특약이 있으면 그 것에 따르나, 구조의 보수에 관한 약정이 없는 경우에 그 액에 대하여 당사자 사이에 합의가 성립하지 아니한 때에는 법원은 당사자의 청구에 의하여 구조된 선박·재산의 가액, 위난의 정도, 구조자의 노력과 비용, 구조자나 그 장비가 조우했던 위험의 정도, 구조의 효과, 환경손해방지를 위한 노력, 그 밖의 제반사정을 참작하여 그 액을 정한다(제888조 제1항·제883조).

공동구조의 경우에는 인명구조자도 선박 또는 적하의 구조를 전제로 하여 선박 또는 적하의 소유자(피구조자)에 대하여 재산구조자와 함께 직접 구조료의 분배에 참여할 수 있다 함은 전술하였다(제888조 제2항). 이때 인명구조자가 분배받을 구조료는 피구조자가 부담하는 것이 아니라 구조된 물건의 소유자가 부담한다.

2) 단독구조의 경우

구조선 내부의 구조료 분배에 있어서는, 먼저 구조선박의 손해액과 구조비용을 구조료에서 공제하여 선박소유자에게 지급하고, 그 잔액을 절반하여 선장과 해원에 지급한다(제889조 제1항). 여기서 구조선박의 손해액이란 실제 발생된 손해 및 선박을 임차하였을 경우에 소요되었을 것으로 예상되는 임대료를 포함한다고 본다.[1)]

해원에게 지급할 구조료의 분배는 선장이 하는데, 선장은 각 해원의 노력 및 그 효과와 기타 사정을 참작하여 그 항해의 종료 전에 분배안을 작성하여 해원에게 고시하여야 한다(제889조 제2항).

4. 구조료의 지급

1) 구조료지급의무자

전술한 바와 같이 구조료의 지급의무자는 구조된 목적물의 이해관계자이다. 선박소유자는 특약이 없는 한 운송물에 관한 구조료를 지급할 필요가 없다. 재산구조와 함께 인명구조가 있은 경우에는 인명의 피구조자는 구조료지급의무를 지지 아니한다. 피구조자인 선박소유자는 구조료청구에 대하여 선주유한책임을 주장할 수 없다(제769조 참조).

---

1) 채이식(하) 836면 참조.

2) 선장의 권한

선장은 구조료채무자를 갈음하여 그 지급에 관한 재판상·재판외의 모든 행위를 할 권한이 있다(제894조 제1항). 선장은 구조료에 관한 소송에서 자신이 원고 또는 피고로 될 수 있고, 그 확정판결의 효력은 구조료채무자 전원에게 미친다(제894조 제2항). 이것은 선장이 구조에 관한 사정을 가장 잘 알고 있을 뿐만 아니라, 채무자나 채권자가 다수인 경우에 권이행사의 편의를 도모할 수 있기 때문이다.

제 3 편

항공운송법

제 1 장
서 론

Ⅰ. 항공운송법의 의의

1. 국내항공운송법의 제정

항공운송법은 항공기를 이용하여 재화 및 사람을 운송하는 공중운송을 규율하는 법이다. 항공운송은 먼 거리를 비교적 짧은 기간 내에 여객이나 운송물을 수송할 수 있다는 장점으로 20세기 초반부터 급성장하기 시작하여 오늘날 중요한 운송수단의 하나로 자리하고 있다. 이러한 항공운송을 규율하는 법규범으로는 국제항공운송에 관한 각종 협약과 협정이 있고, 이를 바탕으로 각국은 국내항공법을 제정하여 시행해 오고 있다.

국제항공운송과 관련하여서는 이른바 바르샤바체제(Warsaw System or Warsaw Regime)를 이루는 다수의 국제조약이 성립되어 있다. 1929년의 바르샤바협약(Warsaw Convention),[1] 1955년의 헤이그의정서(Hague Protocol)에 의하여 개정된 협약, 1961년의 과다라하라협약(Guadalajara Convention), 1966년의 몬트리올협정(Montreal Agreement), 1971년의 과테말라의정서(Guatemala Protocol), 1975년의 3개의 몬트리올추가의정서(Montreal Additional Protocol Nos. 1, 2, 3) 및 Montreal Protocol No. 4 등이 그것이다.[2] 이어서 1999년의 몬트리올협약이[3] 성립하여 우리나라에서도 2007년 12월 29일부터 발효되고 있다.

1) Convention for the Unification of Certain Rules Relating to International Carriage by Air Signed at Warsaw on 12 October 1929.

2) 바르샤바체제 및 이에 속하는 조약 상세에 관하여는 최준선, 국제항공운송법론, 1987, 33면 이하 참조.

3) Convention for the Unification of Certain Rules for International Carriage by Air, Montreal Convention, 1999.

종래 우리나라는 항공관련 법률로 '항공법', '항공운송사업진흥법' 등을 두고 있었으나 이는 어디까지나 안전항행, 항공시설의 효율적 설치 및 관리, 항공산업의 질서 확립 등 항공 발전과 공공복리 증진을 목적으로 하는 행정적인 법규범 이었다. 국내 항공운송의 사법적 관계에 관하여는 항공운송인의 운송약관이 존재할 뿐, 항공운송인과 승객·화주 기타 관련 당사자 사이의 법률관계를 규율하는 성문법은 없는 형편이었다. 항공운송약관은[1] 항공운송계약에 편입됨으로써 계약의 내용을 이루는 것으로서 이는 어디까지나 계약의 일부일 뿐이지 법규범은 아니다. 이와 같이 항공운송 관련 국제규범만이 존재하고 있고 국내규범은 흠결된 상황을 개선하기 위하여 2011년 5월 23일 상법 제6편에 항공운송편이 신설되게 되어 2011년 11월 24일부터 발효되었다.

개정상법은 항공운송관련 조약의 내용을 충실히 반영하고 있다. 특히 항공운송인의 책임체계부분은 국제항공운송과의 일관성을 위하여 조약의 내용을 거의 그대로 수용하였다. 여기서 수용된 주요 조약은 전술한 1999년의 몬트리올협약, 1961년의 과다라하라협약 및 항공기에 의한 지상 제3자에 대한 손해에 관한 협약(로마협약, 1952)과[2] 이에 대한 1978년의 개정의정서[3] 등이다.

주요 국제항공운송협약

1. 바르샤바협약(1929)

제1차 세계대전을 거치면서 각국은 항공의 중요성을 깊이 인식하게 되었고, 국제항공운송이 일반화되기 시작하면서 국제항공운송을 규율하는 단일화된 통일적 법체계의 필요성이 대두되었다. 이와 같은 시대적 요청에 부응하여 1929년 10월 12일 폴란드의 바르샤바에서 열린 제2회 국제항공사법회의에서 "국제항공운송인의 책임에 관한 일부 규칙을 통일하기 위한 협약"(Convention for the Unification of Certain Rules Relating to International Carriage by Air: Warsaw Convention 1929)이 성립되었다. 이 협약은 항공운송을 규율하는 최초의 통일 국제조약(원협약)으로 그 이후에 출현하게 되는 여러 가지 국제항공운송 관련 법률규정, 이른바 바르샤바체제(Warsaw System 혹은 Warsaw Regime)의 모태가 되었다. 우리나라는 이 협약에 가입하지 아니하였다.

---

1) 항공사가 상용고객 우대제도의 약관을 개정하여 장래의 마일리지에 10년의 유효기간을 도입한 것이 약관규제법이 금지하는 '고객에게 부당하게 불리한 약관조항' 또는 '신의성실의 원칙을 위반하여 공정성을 잃은 조항'이라고 보기 어렵다: 대법원 2024. 11. 28. 2021다308030.

2) Convention On Damage Caused By Foreign Aircraft To Third Parties On The Surface, Rome Convention, 1952.

3) Protocol To Amend The Convention On Damage Caused By Foreign Aircraft To Third Parties On The Surface, Signed At Rome On 7 October 1952, Signed At Montreal, On 23 September 1978, Montreal Protocol, 1978.

2. 헤이그의정서(1955)

바르샤바협약상의 운송인의 책임한도액이 지나치게 저액이라는 비판이 제기되어 이 협약을 개정할 필요가 있게 되었다. 이에 1955년 9월 12일 네덜란드 헤이그에서 개최된 항공사법국제회의에서 바르샤바협약을 개정하기 위한 의정서(Protocol to Amend the Convention for the Unification of Certain Rules Relating to International Carriage by Air signed at Warsaw on 12 October 1929: Hague Protocol 1955)가 성립되어, 1929년의 바르샤바협약이 개정되었다. 헤이그의정서는 종래의 바르샤바협약의 일부 조항을 개정하여, 특히 항공운송인의 책임한도액의 인상에 집중하였다. 우리나라는 1967년 이 의정서에 가입하였다.

3. 몬트리올협약(1999)

(1) 제정경위

1929년 바르샤바협약이 제정된 이후로 항공운송산업은 급속도로 발전하였음에도 불구하고 그에 비해 국제항공산업을 규율하는 적용 법률의 발전은 그에 보조를 맞추지 못하고 있었다. 더욱이 원협약의 결점을 보완하기 위해 지엽적으로 여러 개의 협약·의정서·협정들이 출현하게 되면서 하나의 통일법규를 이용한 국제항공운송의 통일적 규율이라는 바르샤바협약의 당초 제정목적까지 흔들리게 되었다. 이러한 상황을 타파하기 위하여 이전까지 출현한 수많은 법규범을 하나의 체제로 근대화(modernize)시키고 통합(consolidation)시키기 위한 움직임이 생겨나게 되었다. 1999년 5월 10일부터 28일까지 캐나다 몬트리올에서 개최된 국제민간항공기구(ICAO) 회의에서 ICAO 산하의 법률위원회(Legal Committee)와 바르샤바체제를 근대화시키고 통합하기 위한 특별그룹(Special Group on the Modernization and Consolidation of the Warsaw Convention of the Warsaw System)이 준비한 개정협약 초안에 대한 검토가 이루어졌다. 그 결과 5월 28일 "국제항공운송에 있어서의 일부 규칙의 통일에 관한 협약"(Convention for the Unification of Certain Rules for International Carriage by Air 1999, 이하에서는 '몬트리올협약'으로 칭함)이 서명되었다. 이 협약은 2003년 9월 5일, 미국이 30번째로 가입함에 따라 동 협약 제53조 (6)항의 규정에 따라 그 60일 후인 같은 해 11월 4일 발효되었다. 전술한 바와 같이 우리나라도 2007년 이 협약에 가입하였다.

(2) 협약의 기본정신

몬트리올협약의 기본이념과 특징은 협약의 전문(전문, preamble)에 잘 나타나 있는데 기본 원칙으로 (a) 소비자 이익의 보호(protection of the interests of consumers), (b) 원상회복의 원칙에 기초한 공평한 배상(equitable compensation based on the principle of restitution), (c) 이익의 공평한 균형(an equitable balance of interests)을 들고 있다.

기존의 바르샤바 체제가 원협약 입안 당시 유아기에 있던 항공운송산업의 발전을 위해 항공운송기업의 보호와 육성에 좀 더 치우친 상태에서 상대적으로 소홀하였던 항공운송 소비자의 보호를 협약 전문에 천명함으로써 향후 손해배상과 관련한 다툼에서 항공운송인의 이익과 함께 소비자의 이익에 대해서도 관심을 가지도록 일종의 방향을 보여주었다는 의미를 부여해 볼 수 있다. 아울러 소비자 이익보호의 수단으로써 형평법의 법리에 따른 균형있는 배상원칙을 제시함으로써 원협약 제정 이후 각종 의정서, 협정 등을 통해 추구해왔던 소비자 이익의 보호를 사실상 명문화한 것이다.

(3) 협약의 주요내용

협약은 ① 여객의 사망 또는 상해에 따른 손해액이 일정액 이하인 경우에는 운송인의 배상책임이 면제되지 않도록 하여 항공운송인의 손해배상책임을 강화하고(제21조 제1항), ② 종래 바르샤바협약에서 인정되던 4개의 관할권에 더하여 이른바 제5관할권(The Fifth Jurisdiction)으로써 여객의 주소지 또는 영구 거주지를 사법관할권으로 추가로 인정하였다(제33조 제2항). ③ 운송증권 즉, 여객항공권(Passenger Ticket)과 수하물표(Baggage Check), 항공화물운송장(Airway Bill)의 교부를 기존의 종이형식 대신에 정보나 기록을 보존할 수 있는 다른 수단으로 대체할 수 있도록 하여 전자항공권의 발급근거를 마련하면서 그 기재요건을 대폭 완화하고(제3조부터 제5조까지), 항공운송증권의 기재요건 흠결로 인한 제재를 삭제하였다(제3조 제5항 및 제9조). ④ 향후 경제의 인플레이션에 대비한 손해배상한도액이 자동조정되도록 하고(제24조), ⑤ 여객사상의 경우 운송인의 선급금(Advance Payments) 지급의무를 규정하고(제28조), ⑥ 징벌적 손해배상 등 비보상적 성격의 손해(punitive, exemplary and other non-compensatory damages)는 청구할 수 없도록 명문화(제29조) 하였다. 그 밖에 협약의 규정에 따라 책임을 부담하는 자는 타인에 대해 구상권을 가질 수 있음을 명문으로 규정하였으며(제37조), 체약국은 자국의 운송인으로 하여금 본 협약이 정한 손해배상책임을 담보하는 보험에 가입하여 이를 유지하여야 한다는 점도 명문으로 규정하였다(제50조).

항공화물의 손해에 대해서는 이전의 몬트리올 제4의정서의 내용을 그대로 계수하였는데, 가장 큰 특징은 운송물 손해의 발생원인이 항공운송인의 wilful misconduct인 경우에도 여전히 항공운송인이 책임제한액을 원용할 수 있도록 한 점을 들 수 있다.

국제항공운송계약에 몬트리올 협약이 적용되려면 출발지와 도착지가 모두 협약 당사국이어야 한다(동 협약 제1조 제2호).[1)]

2. 항공운송법의 편제

2011년에 제정된 항공운송편은 상법의 일부로 편제되었는데, 이러한 편제는 매우 독특한 입법방식으로서 유례가 없다. 일부 국가는 단행 항공운송법을 제정하여 사용하고 있는데, 독일, 중국, 러시아 등이 그 예이고, 다른 국가들은 대체로 국제항공운송조약을 국내항공에도 똑같이 적용하고 있다. 항공운송법을 상법 내에 편제하기로 한 것은 이미 우리 상법 상행위편에 육상운송에 관한 규정이 있고 제5편에 해상법 규정이 있기 때문에, 제6편에 항공운송편을 신설한다면 육상, 해상, 항공운송은 다 같이 법적 성질이 동일한 도급계약으로서의 운송계약이라는 공통점에 따라 일관성 있는 법리구성이 가능할 뿐만 아니라, 유사한 규정은 준용에 의하여[2)] 조문의 구성을 단순화시킬 수 있기 때문이다.

---

1) 대법원 2016. 3. 24. 2013다81514.

2) 예컨대 제120조[유치권], 제134조[운송물 멸실과 운임], 제141조[수하인의 의무], 제142조[수하인불명의 경우 공탁, 경매권], 제143조[운송물의 수령거부, 수령불능의 경우], 제792조[운송물의 제공], 제793조[운송에 필요한 서류의 교부], 제801조[위험물의 처분], 제802조[운송물의 수령], 제811조[법정사유로 인한 해제 등] 및 제812조[운송물의 일부에 관한 불가항력]의 규정을 항공화물운송에 준용된다.

편제는 대체로 해상운송편의 그것을 참조하여, 제1장 통칙, 제2장 운송, 제3장 지상 제3자의 손해에 대한 책임 등 총 3개의 장을 두었다. 특히 지상 제3자의 손해에 대한 책임을 상법 내에 규정한 것은 위의 로마협약체계를 수용한 것으로서, 역시 유례가 없으나, 항공운송과 관련하여 운항자의 불법행위책임도 함께 규정하였다는 점에서 의미가 있다고 본다.

제 2 장
통 칙

Ⅰ. 항공기의 의의

상법상 '항공기'란 상행위나 그 밖의 영리를 목적으로 운항에 사용하는 항공기를 말한다. 다만, 대통령령으로 정하는 초경량 비행장치(초경량 비행장치)는 제외한다(제896조). 이와 같이 상법상 항공기는 항공법상의 항공기와는[1] 달리 상행위나 그 밖의 영리를 목적으로 한다. 이는 상법 해상편의 선박에 대한 정의 규정과의 균형 및 조화를 고려한 것이다. 다만, 기구류, 행글라이더 등 초경량비행장치는[2] 제외하였는데, 이들까지 상법의 항공기 개념으로 확대하는 것은 상업용 항공기 운송에 관한 사법적 관계를 규율하려는 입법취지에 맞지 않는 것으로 보았기 때문이다.

Ⅱ. 적용범위

운항용 항공기에 대하여는 상행위나 그 밖의 영리를 목적으로 하지 아니하더라도 상법 제6편의 규정이 준용된다. 다만, 국유 또는 공유 항공기에 대하여는 운항의 목적·성질 등을 고려하여 제6편의 규정을 준용하는 것이 적합하지 아니한 경우로서 대통령령으로 정하는 경우에는 예외를 인정하였다(제897조).

1) 항공법 제2조(정의) 참조; 국제민간항공조약 제2부속서 제6조 제11항; 상법 제740조(선박의 의의) 참조.
2) 항공법 제2조(정의) 제28호에 따르면 초경량비행장치란 항공기와 경량항공기 외에 비행할 수 있는 장치로서 국토교통부령으로 정하는 동력비행장치, 인력활공기, 기구류 및 무인비행장치 등을 말한다.

Ⅲ. 운송인 등의 책임감면

제905조 제1항(운송인의 책임한도액)을 포함하여 상법 제6편에서 정한 운송인이나 항공기 운항자의 손해배상책임과 관련하여 운송인이나 항공기 운항자가 손해배상청구권자의 과실 또는 그 밖의 불법한 작위나 부작위가 손해를 발생시켰거나 손해에 기여하였다는 것을 증명한 경우에는, 그 과실 또는 그 밖의 불법한 작위나 부작위가 손해를 발생시켰거나 손해에 기여한 정도에 따라 운송인이나 항공기 운항자의 책임을 감경하거나 면제할 수 있다(제898조). 이것은 손해배상청구권자의 과실과의 상계를 규정한 것이다.[1] 여기서는 특히 "제905조 제1항을 포함하여"라는 문구를 삽입하고 있는데, 이는 후술하는 바와 같이 항공운송인이 절대책임(엄격책임)을 지는 경우에도 과실상계는 허용한다는 것을 명문으로 규정한 것으로, 오해의 소지를 없애기 위한 주의적 규정이다.

여기서 "과실 또는 그 밖의 불법한 작위나 부작위"(negligence or other wrongful act or omission)라는 표현을 사용하고 있는데, 상법 제905조 제2항, 제931조 제3호에서도 같은 표현이 사용되고 있다. 이 표현은 몬트리올협약상의 표현이지만,[2] 우리 법체계에 처음 사용되었다. "그 밖의 불법한 작위나 부작위"라는 것은 고의이든 과실이든 묻지 않는 것으로 볼 수 있고, 고의에 의한 "불법한 작위나 부작위"(wrongful act or omission)도 가능하다. 그러므로 위의 표현을 "고의 또는 과실"로 번역하여 사용하더라도 문제는 없을 것으로 본다. 그러나 항공운송인의 책임에 관한 국제적 법적용의 통일성 및 정합성을 위하여 조약 원문을 정확하게 번역·반영할 필요가 있으므로, 이 표현을 사용하였다.

Ⅳ. 비계약적 청구에 대한 적용 등

1. 비계약적 청구에 대한 적용

항공운송법에 관한 상법 제6편은 운송인이나 항공기 운항자의 불법행위의 경우에도 적용된다(제899조 제1항).[3] 이는 운송인의 행위가 운송계약의 불이행이 되는 동시에

1) 몬트리올협약 제20조; 중국 민용항공법 제127조; 바르샤바협약 제21조; 몬트리올 제4의정서 제6조 참조.
2) 몬트리올협약 제20조 면책(Exoneration).
3) 비계약적 청구에 대한 적용을 항공운송편 전체에 적용시키기 위하여 "이 편의" 규정으로 정하였다.

민법상의 불법행위의 구성요건을 충족하는 경우에 발생하는 청구권의 경합문제를 입법적으로 해결한 것이다.[1)]

2. 히말라야약관의 법정

상법은 이른바 히말라야 약관을[2)] 규정하여(제899조 제2항에서 제4항까지), 여객, 수하물 또는 운송물에 관한 손해배상청구가 운송인의 사용인이나 대리인에 대하여 제기된 경우에 그 손해가 그 사용인이나 대리인의 직무집행에 관하여 생겼을 때에는 그 사용인이나 대리인은 운송인이 주장할 수 있는 항변과 책임제한을 원용할 수 있도록 하였다(제899조 제2항). 그러나 여객 또는 수하물의 손해가 운송인의 사용인이나 대리인의 '고의로 인하여 발생하였거나 또는 여객의 사망·상해·연착(수하물의 경우 멸실·훼손·연착)이 생길 염려가 있음을 인식하면서 무모하게 한 작위 또는 부작위'(1929년 바르샤바협약 제25조에서는 이를 이른바 고의적 악행(wilful misconduct)으로 표현하고 있다.)로 인하여 발생하였을 때에는 그 사용인이나 대리인은 운송인이 주장할 수 있는 항변과 책임제한을 원용할 수 없다(제899조 제3항). 이는 사용인 측에 이른바 "고의적 악행"이 있으면 책임이 제한되지 않음을 규정한 것이다.[3)] 법문상 여객과

---

1) 입법례로서, 몬트리올협약 제29조, 제43조, 제30조; 상법 제798조(비계약적 청구에 대한 적용 등); 영국 항공운송법 1961(1961 c.27 9_and_10_Eliz_2) 제3조(치명적 사고), 제4조(책임의 제한), 독일 항공운송법 제48조(기타 다른 권리에 따른 책임), 프랑스 민간항공법 L322-3, 중국 민용항공법 제131조도 동일한 취지의 규정을 두고 있다.

2) 히말라야 조항은 영국의 Adler v. Dickson (The Himalaya) 사건([1955] 1. Q.B. 158; [1954] 2 Lloyd's Rep 122; [1954] 2 Lloyd's Rep 267)사건에서 유래하였다. 히말라야 약관의 유효성을 인정한 사례: 부산지방법원 2006. 3. 27. 2005가단42886[항소]: 히말라야 약관(Himalaya Clause)은 해상운송인의 책임을 경감하는 결과를 가져오는 것은 아니므로 상법 제790조 제1항에 반하지 아니하여 유효하다. 동지: 대법원 2007. 4. 27. 2007다4943 참조. 김진권, "해상운송계약에서 독립계약자의 권리에 관한 연구 - 히말라야약관을 중심으로", 해사법연구 제19권 제2호, 2007. 9), 233-255면 참조.

3) "무모한 작위 또는 부작위"의 의미에 관하여는 견해가 일치하고 있지 않으나, 필자는 이를 미필적 고의와 유사한 개념으로 본다: 최준선, 보험법·해상법 제6판 2011, 399~400면; 최종현, "선박에 의한 오염손해의 전보에 관한 연구", 서울대학교 법학박사학위 논문(2001. 2), 41-44면; 김창준, "운송인의 책임제한배제사유", 한국해법학회지 제29권 제2호, 2007. 11, 22-23면 참조. 이에 관한 우리 법원의 판례로서, 대법원 2004. 7. 22. 2001다58269 판결은, "바르샤바협약 제25조에 규정된 '손해가 생길 개연성이 있음을 인식하면서도 무모하게 한 작위 또는 부작위' 라 함은 자신의 행동이 손해를 발생시킬 개연성이 있다는 것을 알면서도 그 결과를 무모하게 무시하면서 하는 의도적인 행위를 말하는 것으로서, 그에 대한 증명책임은 책임제한조항의 적용배제를 구하는 자에게 있고 그에 대한 증명은 정황증거로써도 가능하다 할 것이나, 손해발생의 개연성에 대한 인식이 없는 한 아무리 과실이 무겁더라도 무모한 행위로 평가될 수는 없다고 할 것이다."고 한다. 동지: 대법원 2006. 10. 13. 2005다3724. '손해가 생길 개연성이 있음을 인식하면서도 무모하게 한 작위 또는 부작위' 의 존재는 이를 주장하는 여객 또는 하주가 증명하여야 한다: 대법원 2004. 7. 22. 2001다58269; 동 2006. 10. 13, 2005다3724.

수하물에 관하여는 언급되어 있으나 화물운송의 경우에 관하여는 언급이 없는 점을 주의하여야 한다. 상법 개정안 제899조 제3항의 초안에서는 "다만, 물건운송의 운송물인 경우에는 그러하지 아니하다."는 단서규정이 있었다. 이것은 몬트리올협약 제22조 제5항 및 제30조 제3항에 따른 것으로, 화물운송의 경우에는 사용인 측에 고의적 악행이 있다고 하더라도 책임이 제한된다는 의미이다. 몬트리올협약은 물건운송의 경우에는 손해가 운송인, 그의 사용인 또는 대리인이 손해를 야기할 의도를 가지거나 또는 손해가 야기될 것을 인지하고 무모하게 행한 작위 또는 부작위로부터 발생되었다는 것이 증명되었을 때에도 운송인의 책임은 제한된다는 취지를 정하였다.[1] 이것은 운송물의 멸실 또는 훼손으로 인한 손해에 대한 운송인의 책임을 무과실 책임으로 하면서 이와의 형평상 책임제한을 배제할 수 없도록 한 것이다.[2] 이와 같은 몬트리올협약의 태도에 대하여 운송인 측의 고의로 인한 손해에 대해서까지 운송인의 책임제한을 인정하는 것은 공서양속에 반하여 문제가 있다는 지적이 있었다.[3] 이러한 지적을 옳게 여겨 국회 법제사법위원회 소위원회에서는 위 단서부분을 삭제하였다. 법제사법위원회의 의도는 화물운송의 경우에도 사용인 측에 고의적 악행이 있으면 운송인의 책임이 제한되지 않는 것으로 규정하고자 한 것으로 볼 수 있다. 이 점은 어떤 면에서는 합리적인 수정이라 할 수 있으나, 몬트리올협약과는 규정의 내용이 달라졌다. 그런데 문제는 제2항 본문에는 '여객' 및 '수하물'에 관하여만 언급하고 있다. '화물' 또는 '운송물'에 관하여는 언급이 없는 것이다. 그러므로 본래의 초안에 단서가 있는 것과 동일한 해석을 할 수 있는 여지를 남겼다. 법제사법위원회의 어설픈 수정이 애매한 결과를 가져왔다. 즉, 몬트리올협약 제22조 제5항 및 제30조 제3항의 해석을 참고한다면 물건운송의 경우에는 손해가 운송인, 그의 사용인 또는 대리인이 손해를 야기할 의도를 가지거나 또는 손해가 야기될 것을 인지하고 무모하게 행한 작위 또는 부작위로부터 발생되었다는 것이 증명되었을 때에도 운송인의 책임은 제한된다고 해석할 수 있다. 상법 제899조 제3항에 "다만, 물건운송의 운송물인 경우에는 그러하지 아니하다."는 문구가 복원되어야 한다.

---

1) 몬트리올협약 제22조 제5항 및 제30조 제3항 참조. 최준선, "국제항공운송에 관한 1999년 Montreal Convention에 관한 일고", 저스티스 제37권 제2호(통권 제78호), 2004), 209면; 김종복, "New Warsaw Convention: Montreal Convention 1999 소개", 항공우주법학회지 제17호, 2003, 17-18면.

2) Indira Carr, International Trade, 3rd. ed., 2005, pp. 341-342; 김두환, "국제항공운송인의 책임에 관한 최신 몬트리올조약의 주요내용과 논점", 항공진흥 제29호, 2003. 1, 153-154면.

3) 김두환, 상게논문, 154쪽; 전삼현, "신 몬트리얼조약에 관한 소고", 기업법연구 제14집, 2003, 419면.

대법원 2006. 10. 13. 2005다3724
항공운송에서 고의적 악행(Wilful misconduct)의 의미와 증명책임

☞ 항공운송인의 책임제한 배제사유인 '손해가 생길 개연성이 있음을 인식하면서도 무모하게 한 작위 또는 부작위'는 자신의 행동이 손해를 발생시킬 개연성이 있다는 것을 알면서도 그 결과를 무모하게 무시하면서 하는 의도적인 행위를 말하는 것으로서, 그에 대한 증명책임은 책임제한조항의 적용배제를 구하는 사람에게 있고 그에 대한 증명은 정황증거로써도 가능하지만, 손해발생의 개연성에 내한 인식이 없는 한 아무리 과실이 무겁더라도 무모한 행위로 평가될 수는 없다. 동지: 대법원 2004. 7. 22. 2001다58269.

대법원 2005. 9. 29. 2005다26598
기계결함으로 추락한 사고 항공기의 기장 등의 고의적 악행을 부정한 사례

☞ 이 사건 항공기를 운행함에 있어서 피고 소속 기장 등의 과실은 중대하다고 할 것이나, 그렇다고 하여 인정된 사실만으로는 그들이 자신들이나 동료들의 생명까지 앗아갈 수 있는 이 사건 사고발생의 개연성에 대하여 실제적으로 인식하였다고는 볼 수 없고, 오히려 스텐스테드 현지의 정비사가 피고의 지상 정비사로부터 이 사건 항공기에 관한 문제점을 듣고 기술일지(Technical log)에 기재된 내용을 보았으며, 출항 승무원 중 한 명이 지켜보는 가운데 기장용 ADI(항공기의 위치, 진행방향, 속도 및 고도에 관한 정보를 제공하는 장치)에 대한 일련의 조치들을 한 후 테스트를 하여 기장용 ADI가 서비스 가능상태인 것을 확인하였던 점, 더욱이 이 사건 항공기가 스텐스테드 공항을 이륙할 당시 이 사건 항공기의 계기판에 어떠한 경고플래그도 나타나지 않았던 점, 이 사건 사고 당시 기장 및 부기장은 사고 직전까지 어떠한 비상조치도 시도하지 않고 일상적으로 이륙 업무를 수행하던 중 갑작스럽게 이 사건 사고를 당한 점 및 제반 사정을 고려할 때 당시 정비사들이나 승무원들은 이 사건 항공기의 결함이 교정되었다고 신뢰하였을 뿐만 아니라, 출항승무원들은 이 사건 사고 직전까지도 이 사건 사고발생의 위험에 대하여 현실적으로 인식하지 못하였다고 봄이 상당하므로 피고 소속 기장 등이 손해를 발생시킬 개연성이 있다는 것을 인식하면서도 그 결과를 무모하게 무시하면서 한 의도적인 행위에 의하여 이 사건 사고가 발생한 것으로 볼 수 없다.

3. 책임제한금액의 총액의 제한

운송인과 그 사용인이나 대리인의 여객, 수하물 또는 운송물에 대한 책임제한금액의 총액은 운송인의 여객, 수하물 및 화물의 멸실, 훼손, 지연에 따른 상법상의 책임한도를 초과하지 못한다(제899조 제4항 · 제905조 · 제907조 · 제910조 · 제915조).

V. 실제운송인

운송계약을 체결한 운송인을 '계약운송인'이라 하고, 계약운송인의 위임을 받아 운송의 전부 또는 일부를 수행한 운송인을 '실제운송인'이라 한다. 실제운송인이 수행한 운송에 관하여는 실제운송인에 대하여도 운송인의 책임에 관한 규정을 적용한다. 다만, 제901조의 순차운송에 해당하는 경우는 그러하지 아니하다(제900조 제1항). 실제운송인의 책임과 관련하여 '과다라하라협약, 1961'이 성립되어 있고, 몬트리올협약 제5장에도 "계약운송인 이외의 자에 의하여 실행되는 항공운송"(Carriage by Air Performed by a Person other than the Contracting Carrier)이라 하여 상당히 상세한 규정을 두고 있다.[1] 현재 해상법에서도 실제운송인에 관하여 매우 간략하게 규정하고 있다(제798조 제4항). 상법상 실제운송인의 청구에 관한 제900조의 규정은 과다라하라협약 제3조(c) 및 몬트리올협약 제40조를 참조하여 규정한 것이다.[2]

실제운송인이 여객·수하물 또는 운송물에 대한 손해배상책임을 지는 경우 계약운송인과 실제운송인은 연대하여 그 책임을 진다(제900조 제2항). 그리고 고의적 악행이 없는 실제운송인 및 그 사용인이나 대리인도 상법상 운송인의 책임제한 규정 원용할 수 있다(제900조 제3항). 또한 운송인의 책임과 의무 외에 운송인이 책임과 의무를 부담하기로 하는 특약 또는 운송인의 권리나 항변의 포기는 실제운송인이 동의하지 아니하는 한 실제운송인에게 영향을 미치지 아니한다고 규정하여(제900조 제4항), 손해배상청구의 총액은 더 이상 늘어나지 않도록 하였다.[3]

◖ 대법원 2006. 4. 28. 2005다30184
항공운송에서 계약운송인의 의미

☞ 혼재(혼재)항공화물운송장(House Air Waybill, 하우스 항공화물운송장)이 발행된 경우, 송하인 및 수하인에 대한 관계에서 운송계약에 따른 권리·의무를 부담하는 계약운송인(contracting carrier)이란, 송하인 또는 그 대리인으로부터 운송을 의뢰받아 실제운송인(actual carrier)에게 그 운송의 전부 또는 일부를 이행하도록 위임하고, 하우스 항공화물운송장을 작성·교부한 자이다.

◖ 대법원 2002. 10. 22. 2002다32523
계약운송인도 개정된 바르샤바협약상 운송인(carrier)에 해당한다

☞ 원고가 피고와 사이에 이 사건 화물을 김포공항에서 미국 로스앤젤레스까지 운송하는 것을 내용으로 하는 운송계약을 체결하고 항공운송장을 발행하여 준 뒤 항공사와 별도로 항공운송계약을 체결하여 이 사건 화물을 운송하도록 한 점 등에 비추어 볼 때, 이

---

1) 실제운송인에 대한 입법례로는 이 외에도 영국 항공운송법 1961(1961 c.27 9_and_10_Eliz_2)(5. 공소제기시효); 독일 항공운송법 제48조b(계약항공운송인과 실제항공운송인의 책임) 등이 있다.
2) 이 밖에 과다라하라협약 제2조, 제3조 및 제4조, 몬트리올협약 제41조 제1항, 제43조, 제44조, 독일 항공운송법 제48조b 제1항, 제2항 및 제3항.
3) 과다라하라협약 제6조, 몬트리올협약 제41조 제2항, 독일 항공운송법 제48조b 제6항 참조.

사건 화물의 운송은 개정된 바르샤바협약이 적용되는 국제항공운송이고 원고는 계약운송인이므로, 원고와 피고 사이의 이 사건 화물에 대한 운송계약에 관하여는 개정된 바르샤바협약이 적용된다.

Ⅵ. 순차운송

둘 이상이 순차(순차)로 운송할 경우에는 각 운송인의 운송구간에 관하여 그 운송인도 운송계약의 당사자로 본다(제901조 제1항). 순차운송에서 여객의 사망, 상해 또는 연착으로 인한 손해배상은 그 사실이 발생한 구간의 운송인에게만 청구할 수 있다. 다만, 최초 운송인이 명시적으로 전 구간에 대한 책임을 인수하기로 약정한 경우에는 최초 운송인과 그 사실이 발생한 구간의 운송인이 연대하여 그 손해를 배상할 책임이 있다(제901조 제2항).[1] 순차운송에서 수하물의 멸실, 훼손 또는 연착으로 인한 손해배상은 최초 운송인, 최종 운송인 및 그 사실이 발생한 구간의 운송인에게 각각 청구할 수 있고, 각 운송인은 연대하여 그 손해를 배상할 책임이 있다(제901조 제3항 · 제5항). 순차운송에서 운송물의 멸실, 훼손 또는 연착으로 인한 손해배상은 송하인이 최초 운송인 및 그 사실이 발생한 구간의 운송인에게 각각 청구할 수 있다. 다만, 제918조 제1항에 따라 수하인이 운송물의 인도를 청구할 권리를 가지는 경우에는 수하인이 최종 운송인 및 그 사실이 발생한 구산의 운송인에게 그 손해배상을 각각 청구할 수 있고, 각 운송인은 연대하여 그 손해를 배상할 책임이 있다(제901조 제4항 · 제5항). 최초 운송인 또는 최종 운송인이 위의 각 규정에 따라 손해를 배상한 경우에는 여객의 사망, 상해 또는 연착이나 수하물 · 운송물의 멸실, 훼손 또는 연착이 발생한 구간의 운송인에 대하여 구상권을 가진다(제901조 제6항).

Ⅶ. 운송인 책임의 소멸

운송인의 여객, 송하인 또는 수하인에 대한 책임은 그 청구원인에 관계없이 여객 또는 운송물이 도착지에 도착한 날, 항공기가 도착할 날 또는 운송이 중지된 날 가운데 가장 늦게 도래한 날부터 2년 이내에 재판상 청구가 없으면 소멸한다(제902조). 2년의 기간은 제척기간이라는 것이 통설이다.[2] 몬트리올협약 제35조 및 바르샤바협약

1) 몬트리올협약 제36조, 상법 제138조(순차운송인의 연대책임, 구상권) 등 참조.
2) 최준선, 국제항공운송법론, 271면; 김두환, "항공운송인의 책임과 그 입법화에 관한 연구", 경희

제29조에도 2년의 제척기간을 규정하고 있다.[1] 특히 '청구원인에 관계없이' 2년의 제척기간이 적용되므로, 비계약적청구, 즉 불법행위를 원인으로 한 청구에도 2년의 제척기간이 적용된다.

◖ 대법원 2004. 7. 22. 2001다58269
항공운송인의 고의 또는 중과실에 의하여 손해가 발생하였다고 하더라도 2년의 제소기간에 중지나 정지가 허용되지 않는다

☞ 국제항공운송에있어서의일부규칙의통일에관한협약(개정된 바르샤바협약) 제29조 제1항[상법 제902조]은 "손해에 관한 권리는 도착지에의 도착일, 항공기가 도착하여야 할 일자 또는 운송의 중지일로부터 기산하여 2년 내에 소송이 제기되지 아니한 경우에는 소멸된다."고 규정하고 있는데, 손해가 운송인의 고의 또는 중과실에 의하여 발생하였다고 하여 그 적용이 배제된다고 볼 수 없고, 또한 여기서 정하는 기간은 제소기간으로서 재판 외의 권이행사로 보전되는 기간이라거나 중지 또는 정지가 허용되는 성질의 것이라고 볼 수도 없다.

Ⅷ. 편면적 강행규정성

상법 항공운송법규에 반하여 운송인의 책임을 감면하거나 책임한도액을 낮게 정하는 특약은 효력이 없다(제903조).[2] 이것은 항공운송편의 편면적 강행규정성을 정한 것이다.[3]

대학교 박사학위 논문(1983. 12), 35면; 송상현, "국제항공운송인의 손해배상책임에 관한 몇 가지 문제점", 법률실무연구 제3집(1982), 99면.

1) 이 밖에 영국 항공운송법 1961 c.27 9_and_10_Eliz_25(출소기간), 독일 항공운송법 제49a조(제척기간), 프랑스 민간항공법 L321-5, 호주 항공법(민간 항공 운송인의 책임에 관한 법) 1959, 34(소송의 한계), 제121조(운송주선인의 책임의 시효), 제147조(준용규정), 제814조(운송인의 채권·채무의 소멸) 등 참조.

2) 본래 법안은 "제903조(계약조항의 무효) 이 장의 규정에 반하여 운송인의 책임을 면제하거나 책임한도액을 낮게 정하는 특약은 효력이 없다."라고 되어 있었으나, 법제사법위원회 소위원회에서의 논의과정에서 "면제"를 "감면"으로 변경하였다.

3) 몬트리올협약 제26조, 상법 제799조, 독일 항공운송법 제49조c(무효약정) 참조.

제 3 장
여객운송

Ⅰ. 책임원인

1. 여객의 신체상해

운송인은 여객의 사망 또는 신체의 상해로 인한 손해에 관하여는 그 손해의 원인이 된 사고가 항공기 상에서 또는 승강(승강)을 위한 작업 중에 발생한 경우에만 책임을 진다(제904조). 바르샤바협약 제17조에서도 '여객의 사망, 부상과 기타의 신체상의 상해의 경우에만'(wounding or any other bodily injury) 운송인이 책임을 진다고 규정하고 있다. 여기서 '신체상의 상해'(bodily injury)가 해식싱 '정신적 손해'(mental injury)를 포함하는지가 문제된다. 몬트리올협약 제17조 제1항에서도 '신체상의 상해'(bodily injury)라는 문구를 그대로 유지하고 있다. 상법 해상편 제770조에서도 '신체의 상해'라는 표현을 사용하고 있다. 미연방대법원 Floyd v. Eastern Airline 사건은[1] '기타 신체상의 상해'에는 순수한 정신적 손해는 포함되지 않는 것으로 보고 있다. 그 주요 근거는 바르샤바협약의 원문인 프랑스어에서 사용된 'leison corpolle'는 협약이 체결될 당시의 법률용어로서 순수한 정신적 손해를 포함하고 있었다고 말할 수 없고, 협약의 기초자가 순수한 정신적 손해를 포함한다는 공통적인 인식도 없었으며, 운송인보호의 차원에서 운송인의 책임을 제한하는 것이 기초자의 의도였다는 것이다.

---

1) Eastern Airlines, Inc. v. Floyd, 499 U.S. 530, 111 S. Ct. 1489, 113 L. Ed. 2d 569 (1991), 이 밖에 Husserl v. Swiss Air Transport Co., Ltd., 351 F. Supp. 702, 12 (S.D. N.Y. 1972), order aff'd, 485 F.2d 1240 (2d Cir. 1973); Rosman v. Trans World Airlines, Inc., 34 N.Y.2d 385, 358 N.Y.S.2d 97, 314 N.E.2d 848, 72 A.L.R.3d 1282 (1974); In re Air Crash at Little Rock Arkansas, on June 1, 1999, 291 F.3d 503 C.A.8 (Ark.), 2002; Lee v. American Airlines, Inc., 2002 WL 226347, at *2 (N.D. Tex. 2002); 김종복, "항공판례연구 - 여객운송인의 책임을 중심으로 -", 항공우주법학회지 제22권 제2호, 2007, 54면 이하 참조.

그러나 오늘날 대부분의 국가에서 정신적 손해의 배상(위자료)을 인정하고 있으며, 항공운송기업이 거대기업화 되었고, 피해자(승객)보호의 입장에서 정신적 손해에 대한 배상도 포함하는 것으로 해석하는 것이 옳다고 본다.[1)]

2. 여객에 대한 사고

운송인은 '사고가 항공기상 또는 승강을 위한 작업 중'(on board the aircraft or in the course of any of the operations of embarking or disembarking)에 발생한 경우에 책임이 있다. 이 표현은 1929년 바르샤바협약이 제정된 때부터 사용해온 것이다.

'사고'(accident)의 의미에 관하여 이미 많은 판례가 축적되어 있다.[2)] 미국의 리딩 케이스인 미 연방대법원의 판례인 Saks v. Air France 사건은[3)] 항공기가 정상적으로 작동하였으나, 승객의 귀에 이상이 생긴 경우로서 운송인의 책임이 부인되었다. 이 사건에서 법원은 사고란, 첫째, 예기치 못하였거나 비정상적인 외부적 사건(unexpected and unusual event or happening that is external to passenger)이어야 하고, 둘째, 항공여행 고유의 위험(characteristic risk of air travel or operation of aircraft)에 해당하여야 하며, 셋째, 이러한 예기치 못하였거나 비정상적인 사건이 사고의 원인으로 작용(play a causal role)하였어야 한다고 하였다. 예컨대 승객이 항공기에 탑승하기 위해 계단을 오르다가 넘어진 경우,[4)] 기내압력장치의 고장으로 객실에 공기가 희박해 진 경우,[5)] 비정상적인 기압의 변동이나 갑작스러운 기체의 하강,[6)] 비정상적인 항공기소음,[7)] 난기류(turbulence)[8)] 등과 같이 비정상적 운항 또는 절차가 있는 경우는 사고에 해당하는 것으로 본다. 그러나 공항터미널 내에서 넘어진 경우나 착륙과정이 정상적인 경우에는 사고를 인정하지 않는다. 승객과 승무원 간에 트러블이 생긴 경우에도 사고로 인정된 사례가 있다. 예컨대 천식환자의 자리이동 요구를 승무

---

1) 입법례로서도 1971년의 과테말라의정서가 바르샤바협약상의 'bodily injury'를 'personal injury'로 수정하여 피해자의 정신적 손해를 책임대상으로 포함시킨 바 있고, 2007년 개정된 독일 항공운송법이 제45조에서 건강침해(Gesundheitsverletzung)로 발생한 손해에 대하여도 항공여객운송인의 배상책임을 인정하고 있다.

2) 최준선, "국제항공운송협약상 사고의 개념", 항공우주법학회지 제20권 제1호, 2005, 45면 이하 참조.

3) 470 U.S. 392 (1985).

4) Gezzi v. British Airways PLC, 991 F.2d 603 (9th Cir. 1993).

5) Dias v. Transbrasil Airlines, Inc., 26 Av. Cas. (CCH) 16, 048 (S.D.N.Y. 1998).

6) Weintraub v. Capital Int'l Airways, Inc., 16 Av. Cas. (CCH) 18, 058 (N.Y.Sup.Ct. 1981).

7) Manion v. American Airlines, Inc., 17 F. Supp. 2d 1, 4 (D.D.C. 1997).

8) Simmons v. American Airlines Inc., No. 01-15659, 2002 WL 869930 (9th Cir., Jan. 23, 2002); Brunk v. British Airways PLC., 195 F. Supp. 2d 130 (D.D.C. 2002).

원이 3번이나 거절하여 옆 좌석의 승객이 피운 담배연기로 승객이 사망한 사건에 대해서는 사고를 인정하였다.[1] 심근경색환자를 위한 비상착륙을 하지 않은 경우,[2] 좌석을 눕히는데 승무원이 협조를 거절하여 부상을 당한 경우,[3] 뜨거운 커피에 의한 화상도[4] 사고에 해당한다고 하였다. 그러나 통로에 놓인 가방에 승객이 넘어진 것은 사고가 아니며,[5] 수치심을 일으키는 보안검색도 사고가 아니다.[6]

승객 간에 트러블이 생긴 경우, 예컨대 승객간의 주먹다짐은 사고에 해당하지 않지만[7] 그것이 기내에서의 과다한 음주에 기인하였을 때에는 사고에 해당한다.[8] 승객의 승객에 대한 성적(性的) 괴롭힘 또는 공격에 대해서도 사고로 인정된 사례가 있다.[9] 하이재킹,[10] 항공기에 대한 테러공격은 항공여행 고유의 위험이고, 예측할 수 없었던 비일상적인 외부적인 사건으로서[11] 사고에 해당한다. 그러나 공항 내에서 행해진 테러공격에 대해서는 사고가 아니다.[12] 항공기 폭파위협도 경우에 따라 사고로 볼 수 있다.[13]

---

1) Husain v. Olympic Airways, 316 F.3d 829 (9th Cir. 2002), aff'd, 540 U.S. 644, 124 S. Ct. 1221, 157 L. Ed. 2d 1146, 4 A.L.R. Fed. 2d 709 (2004). 연방대법원에서 확정: The Supreme Court, Justice Thomas, held that flight attendant's unexpected and unusual conduct in three times refusing to move asthmatic passenger to another seat further away from smoking section of airplane constituted an "accident" within meaning of Warsaw Convention.

2) Krys v. Lufthansa German Airlines, 119 F.3d 1515 (11th Cir. 1997), cert. denied, 522 U.S. 1111(1998).

3) Schneider v. Swiss Air Transport Co. Ltd., 686 F. Supp. 15 (D. Me. 1988).

4) Diaz Lugo v. American Airlines, Inc., 686 F. Supp. 373 (D.P.R. 1988).

5) Sethy v. Maleu-Hungarian Airlines, Inc., 2000 WL 1234660 (S.D.N.Y. Aug. 30, 2000).

6) El Al Israel Airlines v. Tseng, 525 U.S. 155 (1999).

7) Price v. British Airways, 1992 WL 170679 (S.D. N.Y. 1992).

8) Tsevas v. Delta Airlines, 1997 WL 767278 (N.D. Ill. 1997); Langadinos v. American Airlines, Inc. 199 F.3d 68 (1st Cir. 2000).

9) Wallace v. Korean Airlines, 214 F.3d 293 (2d Cir. 2000), cert. denied, 531 U.S. 1144 (2001). 이 사건에서 1심에서는 사고를 부인하였으나 항소심에서는 사고를 인정하였다. 피고가 연방대법원에 상소하였으나 소송도중 화해하였다: 김종복, "국내항공사고관련 미국판례 분석", 「항공우주법학회지」제13호(항공우주법학회, 2001), 286면 이하 참조.

10) Day v. Trans World Airlines, Inc., 528 F.2d 31, 33 (2d Cir. 1975); Pflug v. Egypt Aircorp, 961 F.2d 26, 30 (2d Cir. 1992); Krystal v. British Overseas Airways Corp., 403 F. Supp. 1322, 1324 (C.D. Cal. 1975); Stanford v. Kuwait Airways Corp., 648 F. Supp. 657, 660 n.4 (S.D.N.Y. 1986); Karfunkel v. Compagnie Nationale Air France, 427 F. Supp. 971, 976 (S.D.N.Y. 1977).

11) Husserl v. Swiss Air Transp. Co. Ltd., 351 F. Supp. 702, 706 (S.D.N.Y. 1972); Sweis v. Trans World Airlines, Inc., 681 F. Supp. 501 (N.D. Ill. 1988); Evangelinos v. Trans World Airlines, Inc., 550 F.2d 152, 156 (3d Cir. 1977); Benjamins v. British European Airways, 572 F.2d 913, 917 (2d Cir. 1978).

12) Martinez Hernandez v. Air France, 545 F.2d 279, 284 (1st Cir. 1976).

13) Salerno v. Pan Am. World Airways, Inc., 606 F. Supp. 656, 657 (S.D.N.Y. 1985).

3. 항공기상 또는 승강을 위한 작업 중

운송인은 사고가 '항공기상 또는 승강을 위한 작업 중'에 발생한 경우에 책임이 있다. 판례에 따르면 항공기 내에서는 물론이고 예를 들어 운송인이 스텝카[1] 또는 램프(lamp)버스를[2] 운행하던 중 발생한 여객 사고라든지 여객이 탑승을 위해 공항에서 걷다가 승강과 관련 없는 운송인의 다른 차량으로 사고를 당하는 경우도 승강을 위한 작업 중에 해당한다.[3] 그러나 항공사의 카운터에서 check-in 하기 전 이란 여권(Iranian passport)을 소지한 승객이 수하물검색 과정에서 겪은 심한 모욕은 승강을 위한 작업 중의 사고가 아니다.[4] 미국의 판례는 대체로 행위기준(activity test), 관리기준(control test) 및 장소기준(location test)을 적용하여 '승강을 위한 작업 중'인지 여부를 판단한다.[5]

4. 여객의 연착

운송인은 여객의 연착으로 인한 손해에 대하여 책임을 진다. 다만, 운송인이 자신과 그 사용인 및 대리인이 손해를 방지하기 위하여 합리적으로 요구되는 모든 조치를 하였다는 것 또는 그 조치를 하는 것이 불가능하였다는 것을 증명한 경우에는 그 책임을 면한다(제907조 제1항).

5. 수하물의 멸실 · 훼손

운송인은 위탁수하물의 멸실 또는 훼손으로 인한 손해에 대하여는 그 손해의 원인이 된 사실이 항공기상에서 또는 위탁수하물이 운송인의 관리하에 있는 기간 중에 발생한 경우에만 책임을 진다. 다만, 그 손해가 위탁수하물의 고유한 결함, 특수한 성질 또는 숨은 하자로 인하여 발생한 경우에는 그 범위에서 책임을 지지 아니한다(제908조 제1항). 운송인은 휴대수하물의 멸실 또는 훼손으로 인한 손해에 대하여는

---

1) 여객이 항공기에 오르내릴 수 있도록 사다리(계단)를 차량 윗면에 부착한 차량을 말한다.

2) In Ricotta v. Iberia Lineas Aereas De Espana, 482 F. Supp. 497, 15 (E.D. N.Y. 1979), aff'd, 633 F.2d 206 (2d Cir. 1980), 램프버스란 공항여객청사에서 계류장에 있는 항공기까지 여객을 실어 나르는 버스를 말한다.

3) 그 밖에 독일 항공운송법 제33조, 러시아 항공법 제17조, 중국 민용항공법 제124조 참조.

4) Kalantar v. Lufthansa German Airlines, 272 F. Supp. 2d 5 (D. D.C. 2003), 402 F. Supp. 2d 130 (D.D.C. 2005).

5) Day v. TWA, 528 F.2d 31, 36 (2d Cir. 1975), cert. denied, 429 U.S. 890 (1976): a tripartite test based on activity (what the plaintiffs were doing), control (at whose direction) and location.

그 손해가 자신 또는 그 사용인이나 대리인의 고의 또는 과실에 의하여 발생한 경우에만 책임을 진다(제908조 제2항). 또한 운송인은 수하물의 연착으로 인한 손해에 대하여 책임을 진다. 다만, 운송인이 자신과 그 사용인 및 대리인이 손해를 방지하기 위하여 합리적으로 요구되는 모든 조치를 하였다는 것 또는 그 조치를 하는 것이 불가능하였다는 것을 증명한 경우에는 그 책임을 면한다(제909조).

Ⅱ. 책임한도액

1. 여객의 사망 및 신체상해

항공운송인의 여객에 대한 손해배상책임은 1999년의 몬트리올협약 제21조가 정한 2단계 책임제도(two-tier liability system)에 따라 다음과 같이 정하였다.[1] 즉, 운송인은 여객 1명당 11만 3천 100 계산단위의 금액까지는 운송인의 배상책임을 면제하거나 제한할 수 없다(제905조 제1항). 여객 1명당 11만 3천 100 계산단위의 금액을 초과하는 부분에 대하여는, (ⅰ) 그 손해가 운송인 또는 그 사용인이나 대리인의 과실 또는 그 밖의 불법한 작위나 부작위에 의하여 발생하지 아니하였다는 것, (ⅱ) 그 손해가 오로지 제3자의 과실 또는 그 밖의 불법한 작위나 부작위에 의해서만 발생하였다는 것" 중 어느 하나를 증명하면 운송인은 배상책임을 지지 아니한다(제905조 제1항). 항공기사고로 인한 여객의 사망, 신체의 상해의 경우에 항공여객운송인의 책임한도액은 11만 3천 100 계산단위까지는 절대책임(엄격책임)과 유한책임주의를 채택하였고, 11만 3천 100 계산단위를 초과하는 배상액은 피해자보호를 위하여 과실추정책임주의와 무한책임주의를 채택한 것이다.[2]

여객의 사망 또는 신체의 상해가 발생한 항공기사고의 경우에 운송인은 손해배상청구권자가 청구하면 지체 없이 선급금을 지급하여야 한다. 이 경우 선급금의 지급만으로 운송인의 책임이 있는 것으로 보지 아니한다(제906조 제1항). 지급한 선급금은 운송인이 손해배상으로 지급하여야 할 금액에 충당할 수 있다(제906조 제2항). 선급금의 지급액, 지급 절차 및 방법 등에 관하여는 대통령령으로 정한다(제906조 제3항).

1) 국내항공사들은 몬트리올협약이 우리나라에서 발효되기 전부터 운송약관에 이 제도를 도입하고 있었다. 대한항공 국제선여객운송약관 제17조 참조.
2) 독일 항공운송법 제45조, 중국 민용항공법 제128조, 제129조 참조.

2. 여객의 연착

운송인의 여객의 연착으로 인한 손해에 대하여 책임은 여객 1명당 4,694 계산단위의 금액을 한도로 한다.[1] 다만, 여객과의 운송계약상 그 출발지, 도착지 및 중간 착륙지가 대한민국 영토 내에 있는 운송의 경우에는 여객 1명당 1,000 계산단위의 금액을 한도로 한다(제907조 제2항). 제907조 제2항 단서는 법제사법위원회 소위원회에서의 논의과정에서 신설된 것이다. 이로써 순수한 국내여객운송의 경우 연착으로 인한 운송인의 책임한도액은 여객 1명당 1,000 계산단위의 금액을 한도로 제한된다. 그러나 국제선과 연결된 국내항공운송의 경우에는 여전히 여객 1명당 최고 4,694 계산단위의 금액으로 제한된다.

물론 연착이 있기만 하면 무조건 위의 금액을 제공한다는 것은 아니고, 이 금액 내에서 실손해를 배상한다. 다만 운송인이 자신과 그 사용인 및 대리인이 손해를 방지하기 위하여 합리적으로 요구되는 모든 조치를 하였다는 것 또는 그 조치를 하는 것이 불가능하였다는 것을 증명한 경우에는 운송인이 면책된다(제907조 제1항 단서). 또한 운송인 또는 그 사용인이나 대리인의 고의로 또는 연착이 생길 염려가 있음을 인식하면서 무모하게 한 작위 또는 부작위에 의하여 손해가 발생한 것이 증명된 경우에는 운송인의 책임은 제한되지 않는다(제907조 제3항).

몬트리올 협약이 적용되는 구간에서 여객의 연착으로 인한 손해를 규정한 협약 제19조는 물적 손해에 대한 책임을 의미하며, 원칙적으로 '정신적 손해'는 포함되지 않는다. 이처럼 국제항공운송에서 항공편 지연으로 인한 정신적 손해는 몬트리올 협약 자체로는 배상 대상이 아니지만, 협약이 규율하지 않는 손해에 대해서는 국내법을 보충 적용하여 위자료 배상을 인정할 수 있다는 것이 판례의 태도이다.[2]

3. 수하물에 대한 책임

운송인의 수하물에 대한 책임은 여객 1명당 1,131 계산단위의 금액을 한도로 한다. 다만, 여객이 운송인에게 위탁수하물을 인도할 때에 도착지에서 인도받을 때의 예정가액을 미리 신고한 경우에는 운송인은 신고 가액이 위탁수하물을 도착지에서 인도할 때의 실제가액을 초과한다는 것을 증명하지 아니하는 한 신고 가액을 한도

1) 이것은 몬트리올협약 제19조 및 제22조 제1항에 정한 국제적 기준을 수용한 것이다. 독일 항공운송법 제46조, 중국 민용항공법 제126조, 바르샤바협약 제19조 참조.

2) 대법원 2023. 10. 26. 2021다259510.

로 책임을 진다(제910조 제1항).

운송인 또는 그 사용인이나 대리인의 고의로 또는 수하물의 멸실, 훼손 또는 연착이 생길 염려가 있음을 인식하면서 무모하게 한 작위 또는 부작위에 의하여 손해가 발생한 것이 증명된 경우에는 책임은 제한되지 않는다(제910조 제2항).

여객이 위탁수하물의 일부 멸실 또는 훼손을 발견하였을 때에는 위탁수하물을 수령한 후 지체 없이 그 개요에 관하여 운송인에게 서면 또는 전자문서로 통지를 발송하여야 한다. 다만, 그 멸실 또는 훼손이 즉시 발견할 수 없는 것일 경우에는 위탁수하물을 수령한 날부터 7일 이내에 그 통지를 발송하여야 한다(제911조 제1항). 그리고 위탁수하물이 연착된 경우 여객은 위탁수하물을 처분할 수 있는 날부터 21일 이내에 이의를 제기하여야 한다(제911조 제2항). 위탁수하물이 일부 멸실, 훼손 또는 연착된 경우에는 화물의 일부 멸실 · 훼손 등에 관한 통지를 게을리한 경우와 같이 처리된다(제911조 제3항, 제916조제3항부터 제6항까지). 운송인은 휴대수하물에 대하여는 다른 약정이 없으면 별도로 운임을 청구하지 못한다(제912조).

항목별 책임제한액	SDR
여객 사상	113,100/인
여객 연착	4,694/인(국제선 연계) - 1,000/인(순수 국내선)
수하물의 파괴, 분실, 훼손, 연착	1,131/인
화물의 파괴, 분실, 훼손, 연착	19/kg(국제선 연계) - 15/kg(순수 국내선)

제 4 장 물건운송

Ⅰ. 책임원인

1. 운송물의 멸실 또는 훼손

운송인은 운송물의 멸실 또는 훼손으로 인한 손해에 대하여 그 손해가 항공운송 중(운송인이 운송물을 관리하고 있는 기간을 포함한다.)에 발생한 경우에만 책임을 진다(제913조 제1항 본문). 다만, 운송인이 운송물의 멸실 또는 훼손이 ① 운송물의 고유한 결함, 특수한 성질 또는 숨은 하자, ② 운송인 또는 그 사용인이나 대리인 외의 자가 수행한 운송물의 부적절한 포장 또는 불완전한 기호 표시, ③ 전쟁, 폭동, 내란 또는 무력충돌, ④ 운송물의 출입국, 검역 또는 통관과 관련된 공공기관의 행위,[1] ⑤ 불가항력 등의 사유로 인하여 발생하였음을 증명하였을 경우에는 그 책임을 면한다(제913조 제1항 단서). 제5호의 불가항력은 상법개정안 초안에는 없었던 것인데, 국회 법제사법위원회 소위원회가 추가한 것이다.

여기서 '항공운송 중'에는 공항 외부에서 한 육상, 해상 운송 또는 내륙 수로운송은 포함되지 아니한다. 다만, 그러한 운송이 운송계약을 이행하면서 운송물의 적재, 인도 또는 환적할 목적으로 이루어졌을 경우에는 항공운송 중인 것으로 추정한다(제913조 제2항). 그리고 운송인이 송하인과의 합의에 따라 항공운송하기로 예정된 운송의 전부 또는 일부를 송하인의 동의 없이 다른 운송수단에 의한 운송으로 대체하였을 경우에는 그 다른 운송수단에 의한 운송은 항공운송으로 본다(제913조 제3항).

---

1) 운송물이 공공기관(세관 등)의 행위로 인해 멸실・훼손된 경우에는 책임을 면할 수 있다(상법 제913조 제1항 제4호): 대법원 2019. 10. 17. 2019다14998.

2. 운송물의 연착

운송인은 운송물의 연착으로 인한 손해에 대하여 책임을 진다. 다만, 운송인이 자신과 그 사용인 및 대리인이 손해를 방지하기 위하여 합리적으로 요구되는 모든 조치를 하였다는 것 또는 그 조치를 하는 것이 불가능하였다는 것을 증명한 경우에는 그 책임을 면한다(제914조).[1]

◖ 대법원 2002. 10. 22. 2002다32523
연착으로 인하여 발생하는 손해의 의미

☞ 개정된 바르샤바협약 제19조에 따라 운송인은 승객, 수하물 또는 화물의 항공운송에 있어서의 연착으로 인하여 발생하는 손해(damage occasioned by delay in the carriage by air of passengers, luggage or goods)에 대하여 책임을 지며, 이 때 연착으로 인하여 발생하는 손해는 개정된 바르샤바협약 제18조 제2항의 항공운송 중에 발생하는 손해만을 뜻하는 것이 아니고 수하물 또는 화물의 경우 그 탑재 자체가 늦어져 발생하는 손해도 포함한다.

Ⅱ. 책임한도액

운송인의 운송물에 대한 손해배상책임은 손해가 발생한 해당 운송물의 1킬로그램당 19 계산단위의 금액을 한도로 하되,[2] 송하인과의 운송계약상 그 출발지, 도착지 및 중간 착륙지가 대한민국 영토 내에 있는 운송의 경우에는 손해가 발생한 해당 운송물의 1킬로그램당 15 계산단위의 금액을 한도로 한다. 다만, 송하인이 운송물을 운송인에게 인도할 때에 도착지에서 인도받을 때의 예정가액을 미리 신고한 경우에는 운송인은 신고 가액이 도착지에서 인도할 때의 실제가액을 초과한다는 것을 증명하지 아니하는 한 신고 가액을 한도로 책임을 진다(제915조 제1항).[3]

항공운송인의 책임한도를 결정할 때 고려하여야 할 중량은 해당 손해가 발생된 운송물의 중량을 말한다. 다만, 운송물의 일부 또는 운송물에 포함된 물건의 멸실, 훼손 또는 연착이 동일한 항공화물운송장(제924조에 따라 항공화물운송장의 교부에 대체되는 경우를 포함한다) 또는 화물수령증에 적힌 다른 운송물의 가치에 영향을 미칠 때에는 운송인의 책임한도를 결정할 때 그 다른 운송물의 중량도 고려하여야 한다(제915조 제2항).[4]

---

1) 몬트리올협약 제19조 참조.
2) 대법원 2014. 11. 27. 2012다14562: (중국에서 수입하던 귀금속이 항공 및 육상운송 중 분실된 사건에서) 운송계약 당시 송하인에게 교부한 항공화물운송장에 기재된 운송인의 책임제한에 관한 계약조건은 육상운송구간을 포함한 운송계약 전반에 적용된다.
3) 몬트리올협약 제22조 제3항 참조.
4) 몬트리올협약 제22조 제4항 참조.

Ⅲ. 운송물의 일부 멸실·훼손 등에 관한 통지

수하인은 운송물의 일부 멸실 또는 훼손을 발견하면 운송물을 수령한 후 지체 없이 그 개요에 관하여 운송인에게 서면 또는 전자문서로 통지를 발송하여야 한다. 다만, 그 멸실 또는 훼손이 즉시 발견할 수 없는 것일 경우에는 수령일부터 14일 이내에 그 통지를 발송하여야 한다(제916조 제1항). 통지가 없는 경우에는 운송물이 멸실 또는 훼손 없이 수하인에게 인도된 것으로 추정한다(제916조 제3항). 운송물이 연착된 경우 수하인은 운송물을 처분할 수 있는 날부터 21일 이내에 이의를 제기하여야 한다(제916조 제2항). 위의 14일 또는 21일의 기간 내에 통지나 이의제기가 없을 경우에는 수하인은 운송인에 대하여 제소할 수 없다. 다만, 운송인 또는 그 사용인이나 '대리인이 악의인 경우'에는[1] 기간을 준수하지 않았더라도 제소할 수 있다(제916조 제5항).[2]

그리고 운송물에 멸실 또는 훼손이 발생하였거나 그런 것으로 의심되는 경우에는 운송인과 수하인은 서로 운송물의 검사를 위하여 필요한 편의를 제공하여야 한다(제916조 제4항). 위의 각 규정에 반하여 수하인에게 불리한 당사자 사이의 특약은 효력이 없다(제916조 제6항).

Ⅳ. 운송물의 처분청구권

송하인은 운송인에게 운송의 중지, 운송물의 반환, 그 밖의 처분을 청구할 수 있는데, 이를 송하인의 처분청구권이라 한다. 송하인이 처분청구권을 행사할 경우에 운송인은 운송계약에서 정한 바에 따라 운임, 체당금과 처분으로 인한 비용의 지급을 청구할 수 있다(제917조 제1항). 항공화물운송장은 상환증권이 아니라는 점에 착안하여 처분권의 주체는 송하인으로 제한하였다. 다만, 송하인은 운송인 또는 다른 송하인의 권리를 침해하는 방법으로 처분청구권을 행사하여서는 아니 되며, 운송인이 송하인의 청구에 따르지 못할 경우에는 지체 없이 그 뜻을 송하인에게 통지하여야 한다(제917조 제2항). 만약 운송인이 송하인에게 교부한 항공화물운송장 또는 화물수령증을 확인하지 아니하고 송하인의 처분청구에 따른 경우, 운송인은 그로 인하여 항

---

1) 초안에는 국내운송의 경우에도 국제운송과 동일한 법리의 적용을 위하여 몬트리올협약상의 표현인 "대리인에게 사기(사기)가 있는 경우"라는 표현을 사용하였다. 그러나 국회 법제사법위원회 소위원회에서의 논의과정에서 "대리인이 악의인 경우"로 변경되었다.

2) 몬트리올협약 제31조 참조.

공화물운송장 또는 화물수령증의 소지인이 입은 손해를 배상할 책임을 진다(제917조 제3항). 송하인의 처분청구권은 수하인이 운송물의 인도를 청구할 권리를 취득하였을 때(제918조 제1항), 즉 운송물이 도착지에 도착한 때 소멸한다(제917조 제4항 본문). 이 점은 육상 및 해상운송의 경우와는 크게 다르다. 육상운송과 해상운송의 경우에는 수하인의 발전적 지위에[1] 따라 수하인이 운송물의 인도를 청구할 때까지는 송하인이 여전히 처분권을 행사할 수 있는데 비하여,[2] 항공운송의 경우에는 운송물이 도착지에 도착하면, 즉시 송하인의 처분권은 소멸한다. 다만, 수하인이 운송물의 수령을 거부하거나 수하인을 알 수 없는 때에는 송하인의 처분권은 소멸하지 않는다(제917조 제4항 단서).

◖ 대법원 2006. 4. 28. 2005다30184

국내 운송취급인이 운송인으로부터 아무런 지시도 받지 않고 수하인에게는 화물도착의 통지도 하지 아니한 채 수입회사의 청구에 따라 수출회사에 화물을 반송한 경우, 수하인의 화물인도청구권의 침해로 인한 손해배상책임을 인정된다

☞ 바르샤바 협약 제12조, 제13조[현행 상법 제917조 및 제918조]에 의하면, 송하인이 운송인에 대하여 화물처분권을 적법하게 행사하지 않은 이상, 수하인은 화물이 도착지에 도착한 때에는 화물도착의 통지를 받고 수하인용 항공화물운송장의 교부와 화물의 인도를 청구할 권리를 가진다. 그런데 이 사건에서 화물운송계약의 국내 운송취급인인 피고가 운송인으로부터 아무런 지시도 받지 않고 수하인인 원고에게는 화물도착의 통지를 하지 아니한 채 수입회사의 청구에 따라 수출회사에 화물을 반송함으로써 바르샤바 협약 제13조에 의하여 인정되는 수하인인 원고의 화물인도청구권을 침해하였으므로 그로 인하여 원고가 입은 손해를 배상할 책임이 있다.

Ⅴ. 운송물의 인도

운송물이 도착지에 도착한 때에는 수하인은 운송인에게 운송물의 인도를 청구할 수 있다. 다만, 송하인이 처분청구권(제917조 제1항)을 행사한 경우에는 그러하지 아니하다(제918조 제1항). 운송물이 도착지에 도착하면 다른 약정이 없는 한 운송인은 지체 없이 수하인에게 통지하여야 한다(제918조 제2항).

1) 최준선, 상법총칙·상행위법 제7판, 2011, 355면.
2) 최준선, 상게서, 335면.

◖ 대법원 2004. 7. 9. 2002다16729
통지의무를 이행한 것으로 본 사례

☞ 운송인은 화물이 도착한 경우 수하인 또는 항공화물운송장에 지정된 자에게 통지하도록 되어 있는바, 따라서 이 사건의 경우에는 개정된 바르샤바 협약 제13조 제2항의 '달리 합의된 경우'에 해당하므로, 국내 운송주선대리인이 통지처로 지정되어 있는 자에게 화물의 도착사실을 통지한 이상 개정된 바르샤바 협약상의 통지의무는 모두 이행하였다고 할 수 있다.

◖ 대법원 2004. 1. 27. 2000다63639
수하인에게 운송물을 인도하지 아니한 것으로 본 사례

☞ 항공화물의 운송에 있어서 운송인이 공항에 도착한 수입항공화물을 통관을 위하여 보세창고업자에게 인도하는 것만으로 항공화물이 운송인이나 운송주선인의 지배를 떠나 수하인에게 인도된 것으로 볼 수는 없다.

◖ 대법원 2003. 1. 10. 2000다31045
운송 종료 후에 발생한 손해의 경우

☞ 항공운송을 포함한 운송계약을 체결한 운송업자가 항공운송을 종료한 후 운송물을 인도하는 과정에서 손해를 발생케 한 경우, 그 손해의 발생은 항공운송이 종료된 후에 발생된 것이어서 국제항공운송에 있어서의 일부규칙의 통일에 관한 협약상의 책임제한 조항이 적용될 여지가 없으므로 상업서류 송달업 운송약관의 정함에 따라야 한다.

Ⅵ. 운송인의 채권의 시효

운송인의 송하인 또는 수하인에 대한 채권은 2년간 행사하지 아니하면 소멸시효가 완성한다(제919조).[1] 운송인의 채권의 시효에 관하여는 몬트리올협약에 규정이 없으나, 국내 육상운송의 경우와 해상운송의 경우 등과의 균형을 유지하기 위하여 이를 규정하였다. 다만, 상법 제814조와는 달리 이 기간은 당사자의 합의에 의하여 연장할 수 있다는 규정이 없어서 연장이 가능한가 의문이나, 소멸시효에 관한 연장합의는 불가능한 만큼(민법 제184조 제2항) 무의미한 논의라 할 것이다.

1) 대법원 2015. 5. 28. 2013다216389: 상법 항공운송편이 신설·시행되기 전 항공운송인의 채권에 상법 제814조 제1항(해상운송인의 채권의 소멸시효인 1년)이 유추적용된다고 할 수 없다.

Ⅶ. 육상 및 해상운송 규정의 준용

항공화물 운송에 관하여는 운송주선업 육상운송업에 관한 제120조(유치권), 제134조(운송물 멸실과 운임), 제141조부터 제143조까지(수하인의 의무, 수하인 불명의 경우의 공탁·경매권, 운송물의 수령거부·수령불능의 경우), 해상운송에 관한 제792조(운송물의 제공), 제793조(운송에 필요한 서류의 교부), 제801조(위험물의 처분), 제802조(운송물의 수령), 제811조(법정사유로 인한 해제 등) 및 제812조(운송물의 일부에 관한 불가항력)를 준용한다. 이 경우 '선적항'은 '출발지 공항'으로, '선장'은 '운송인'으로, '양륙항'은 '도착지 공항'으로 본다(제920조).

제 5 장
운송증서

Ⅰ. 운송증서의 종류

운송증서는 여객항공권, 수하물표 및 항공화물운송장 등 3종을 규정하였다.

Ⅱ. 운송증서의 기재사항

1. 여객항공권

운송인이 여객운송을 인수하면 여객에게 ① 여객의 성명 또는 단체의 명칭, ② 출발지와 도착지, ③ 출발일시, ④ 운항할 항공편, ⑤ 발행지와 발행연월일, ⑥ 운송인의 성명 또는 상호를 기재한 개인용 또는 단체용 여객항공권을 교부하여야 한다(제921조 제1항). 운송인은 전산정보처리조직에 의하여 전자적 형태로 저장하거나 그 밖의 다른 방식으로 보존함으로써 여객항공권 교부를 갈음할 수 있다. 이것은 전자여객항공권의 발행을 허용한 것이다. 다만 운송인은 여객이 청구하면 서면으로 된 여객항공권을 교부하여야 한다(제921조 제2항).

2. 수하물표

운송인은 여객에게 개개의 위탁수하물마다 수하물표를 교부하여야 한다(제922조).

3. 항공화물운송장

1) 항공화물운송장의 발행

송하인은 운송인의 청구를 받아 ① 송하인의 성명 또는 상호, ② 수하인의 성명 또는 상호, ③ 출발지와 도착지, ④ 운송물의 종류, 중량, 포장의 종별·개수와 기호, ⑤ 출발일시, ⑥ 운송할 항공편, ⑦ 발행지와 발행연월일, ⑧ 운송인의 성명 또는 상호를 적은 항공화물운송장 3부를 작성하여 운송인에게 교부하여야 한다(제923조 제1항). 운송인이 송하인의 청구에 따라 항공화물운송장을 작성한 경우에는 송하인을 대신하여 작성한 것으로 추정한다(제923조 제2항). 그런데 1원본에는 "운송인용"이라고 적고 송하인이 기명날인 또는 서명하여야 하고, 제2원본에는 "수하인용"이라고 적고 송하인과 운송인이 기명날인 또는 서명하여야 하며, 제3원본에는 "송하인용"이라고 적고 운송인이 기명날인 또는 서명하여야 한다(제923조 제3항). 이와 같이 서명주체가 각각 달라 항공화물운송장의 발행인이 누구냐에 관하여 논란이 있다.[1] 발행은 작성(인쇄)하여 유통시킨다는 의미이니,[2] 작성은 송하인이 하였더라도 발행은 다른 사람이 할 수 있다. 서명은 인쇄 또는 그 밖의 다른 적절한 방법으로 할 수 있다(제923조 제4항). 운송인은 송하인으로부터 운송물을 수령한 후 송하인에게 항공화물운송장 제3원본을 교부하여야 한다(제923조 제5항).

송하인은 항공운송증서의 기재사항에 관하여 책임을 진다. 즉, 송하인은 항공화물운송장에 적었거나 운송인에게 통지한 운송물의 명세 또는 운송물에 관한 진술이 정확하고 충분함을 운송인에게 담보한 것으로 본다(제928조 제1항).[3] 송하인은 운송물의 명세 또는 운송물에 관한 진술이 정확하지 아니하거나 불충분하여 운송인이 손해를 입은 경우에는 운송인에게 배상할 책임이 있다(제928조 제2항). 운송인은 전자항공화물운송장의 기록이나 화물수령증에 적은 운송물의 명세 또는 운송물에 관한 진술이 정확하지 아니하거나 불충분하여 송하인이 손해를 입은 경우 송하인에게 배상할 책임이 있다. 다만, 송하인이 그 정확하고 충분함을 담보한 것으로 보는 경우(제928조 제1항)에는 배상할 책임이 없다(제928조 제3항).

그런데 현실적으로는 송하인이 아닌, 운송에 관한 전문업체인 운송주선인(항공화물대리점) 또는 운송인이 항공화물운송장을 작성하는 경우가 대부분이다. 만약 운송

1) 이 점에 관한 상세는 김창준, "복합운송주선업자의 법적 지위에 관한 연구", 경희대학교대학원 박사학위논문(2004. 2.), 131-134면 참조.
2) 최준선, 어음·수표법 제7판, 2010, 100면.
3) 몬트리올협약 제10조 참조.

인이 항공화물운송장 원본의 내용(예컨대 수하인명)을 원본마다 서로 다르게 작성·발행하여 그로 인하여 신용장 개설은행이 손해를 입었다면 운송주선인 등이 그 손해를 배상할 책임이 있다.[1)]

항공운송증서 기재는 추정적 효력이 있다.[2)] 즉, 항공화물운송장 또는 화물수령증이 교부된 경우 그 운송증서에 적힌 대로 운송계약이 체결된 것으로 추정한다(제929조 제1항). 운송인은 항공화물운송장 또는 화물수령증에 적힌 운송물의 중량, 크기, 포장의 종별·개수·기호 및 외관상태대로 운송물을 수령한 것으로 추정한다(제929조 제2항). 운송물의 종류, 외관상태 외의 상태, 포장 내부의 수량 및 부피에 관한 항공화물운송장 또는 화물수령증의 기재 내용은 송하인이 참여한 가운데 운송인이 그 기재 내용의 정확함을 확인하고 그 사실을 항공화물운송장이나 화물수령증에 적은 경우에만 그 기재 내용대로 운송물을 수령한 것으로 추정한다(제929조 제3항).

항공화물운송장 이면약관에 관행적으로 포함되는 부제소특약(不提訴特約)이 개별 운송계약이나 국내 강행규범과 충돌하는 한도에서는 제한적으로만 효력이 인정된다.[3)]

2) 전자항공화물운송장

항공운송인은 전자항공화물운송장을 발행할 수 있다. 즉, 운송인은 항공화물운송장의 기재사항(제923조 제1항)을 전산정보처리조직에 의하여 전자적 형태로 저장하거나 그 밖의 다른 방식으로 보존함으로써 항공화물운송장의 교부에 대체할 수 있다(제924조 제1항). 이 경우 운송인은 송하인의 청구에 따라 송하인에게 화물수령증을 교부하여야 한다(제924조 제2항).

3) 복수의 운송물

2개 이상의 운송물이 있는 경우에는 운송인은 송하인에 대하여 각 운송물마다 항공화물운송장의 교부를 청구할 수 있다(제925조 제1항). 전자항공화물운송장을 발행하는 경우에는 송하인은 운송인에게 각 운송물마다 화물수령증의 교부를 청구할 수 있다(제925조 제2항).

4) 운송물의 성질에 관한 서류

송하인은 세관, 경찰 등 행정기관이나 그 밖의 공공기관의 절차를 이행하기 위하

---

1) 대법원 2015. 1. 29. 2014다40237.
2) 상법 제864조 제1항, 몬트리올협약 제11조 참조.
3) 대법원 2018. 3. 15. 2017다240496.

여 필요한 경우 운송인의 요청을 받아 운송물의 성질을 명시한 서류를 운송인에게 교부하여야 한다(제926조 제1항). 이와 관련하여 운송인은 어떠한 의무나 책임을 부담하지 아니한다(제926조 제2항).

5) 항공운송증서에 관한 규정 위반의 효과

운송인 또는 송하인이 항공운송증서에 관한 규정(제921조부터 제926조까지)을 위반하는 경우에도 운송계약의 효력 및 이 법의 다른 규정의 적용에 영향을 미치지 아니한다(제927조). 육상운송이나 해상운송과는 달리 이러한 규정을 둔 데에는 연혁적인 이유가 있다. 즉, 바르샤바협약은 여객항공권, 수하물표, 혹은 항공화물운송장이 발행되지 아니하거나 특정 기재 사항이 기재되지 아니한 경우 운송인이 책임제한을 원용하지 못한다고 규정하고 있었다(동 협약 제3조 제2항, 제4조 제4항 및 제9조 참조). 그 입법취지는 운송인이 여객에게 책임제한사실을 알게 하여 사전에 보험에 가입하게 하는 등의 조치를 취할 기회를 주기 위한 것이다. 따라서 실제로 여객항공권이 교부되었다고 하더라도 거의 읽어볼 수 없을 정도의 활자크기인 4 point 활자로 인쇄되는 등 이를 교부하지 아니한 것과 다름 없는 경우에는 운송인은 협약상 운송인의 책임제한규정을 원용할 수 없다는 판결이 나와,[1] 큰 반향을 일으켰다. 이를 반영하여 1966년의 몬트리올협정은 여객항공권의 운송인의 책임에 관한 기재는 반드시 10 point 이상의 활자로 기본과 대비되는 색깔의 잉크로 인쇄되어야 한다고 규정하였다. 그러나 미국 연방대법원이 Chan v. Korean Air Line 사건에서 협약이 요구하는 것은 책임제한에 관한 기재일 뿐이므로 항공권이 교부되었으면 충분하고 활자의 크기는 상관없다는 판결을 내림으로서 이 문제는 종말을 고하였다.[2] Chan 사건에서는 8 point의 활자로 인쇄되어 있었다.

몬트리올협약은 운송증서에 관한 규정의 위반이 운송계약의 효력이나 동 협약의 적용에 아무런 영향을 미치지 아니한다고 규정하고 있다.[3] 항공운송의 경우에 발행되는 여객항공권, 항공화물운송장, 화물수령증 등 운송증서의 법적 성질은 증거증권에 불과하다. 운송인 혹은 송하인이 이러한 운송증서에 관한 규정을 위반하는 경우, 그러한 위반은 상법 항공운송편의 적용에 아무런 영향을 미치지 아니하는 것이 원칙이므로 상법 제927조의 규정은 주의적 규정에 불과하다.

1) Lisi v. Alitalia-Linee Aeree Italiane, S. p. A., 370 F.2d 508, 9 (2d Cir. 1966), judgment aff'd, 390 U.S. 455, 88 S. Ct. 1193, 20 L. Ed. 2d 27 (1968) 785.
2) Chan v. Korean Air Lines, Ltd., 490 U.S. 122, 109 S. Ct. 1676, 104 L. Ed. 2d 113 (1989).
3) 몬트리올협약 제3조 제5항, 제9조 참조.

제 6 장

지상 제3자에 대한 책임

Ⅰ. 지상 제3자에 대한 책임의 의의

항공기의 돌연한 추락 등으로 승객이나 하주가 아닌 제3자가 손해를 입는 경우가 있다. 이 경우에 운항자가 엄격책임을 지는 대신 책임을 제한하는 조약으로서 항공기에 의한 지상 제3자에 대한 손해에 관한 협약(로마협약, 1952)[1] 및 이에 대한 1978년의 개정의정서가[2] 각각 성립하여 발효되었다. 이를 로마조약체계라고 한다. 로마조약체계는 2009년 5월 2일 2개의 협약인 불법방해(unlawful interference)로 인한 제3자의 손해배상협약(불법방해배상협약)과[3] 일반적인 위험으로 인한 제3자의 손해배상협약(일반 위험배상협약)이[4] 성립되어 현실에 맞게 수정되었다. 신조약에서는 "지상"이라는 용어가 삭제되었다. 그러나 이 두 조약은 발효되는 데 상당한 시일이 소요될 전망이다. 상법은 로마협약체계를 수용하여 항공기 운항자의 책임을 규정하였다.[5]

---

1) Convention On Damage Caused By Foreign Aircraft To Third Parties On The Surface, Rome Convention, 1952. 이하 '로마협약'이라 한다.

2) Protocol To Amend The Convention On Damage Caused By Foreign Aircraft To Third Parties On The Surface, Signed At Rome On 7 October 1952, Signed At Montreal, On 23 September 1978, Montreal Protocol, 1978.

3) 항공기에 의한 불법방해로 인한 제3자의 손해배상협약(불법방해배상협약)(Convention on Compensation for Damage to Third Parties, Resulting from Acts of Unlawful Interference Involving Aircraft)은 2009년 5월 2일 성립하여, 콩고, 코트디부아르, 가나, 세르비아, 우간다, 잠비아, 파나마 7개국이 서명하였다. 이 협약은 35개국이 가입서를 ICAO에 기탁한 후 180일 후에 발효되는데, 가입국들의 전년도 자국공항출발 항공여객 숫자가 도합 7억5천만명이 넘어야 한다. 아직 가입서를 기탁한 나라는 하나도 없다.

4) 항공기에 의하여 발생된 제3자의 손해배상협약(일반위험배상협약)(Convention on Compensation for Damage Caused by Aircraft to Third Parties)은 2009년 5월 2일 성립하여 칠레, 콩고, 코트디부아르, 가나, 나이지리아, 파나마, 세르비아, 우간다, 잠비아 등 9개국이 서명하였다. 이 협약은 35개국이 가입서를 기탁하여 60일째부터 발효된다. 아직 가입한 나라는 한 나라도 없다.

5) 2001년 9월 11일 항공기 납치 동시다발 자살 테러인 '9 · 11 테러'(September 11 attacks)로 인하여 뉴욕 세계무역센터건물이 붕괴되었다. '9 · 11 테러'사건 이후 미국 주도로 테러행위로 인한

Ⅱ. 책임의 주체

지상 제3자에 대한 책임의 주체는 항공기 운항자이다. 항공기 운항자는 비행 중인 항공기 또는 항공기로부터 떨어진 사람이나 물건으로 인하여 사망하거나 상해 또는 재산상 손해를 입은 지상(지하, 수면 또는 수중을 포함한다)의 제3자에 대하여 손해배상책임을 진다(제930조 제1항). '항공기 운항자'란 사고 발생 당시 항공기를 사용하는 자를 말한다. 다만, 항공기의 운항을 지배하는 자(운항지배자)가 타인에게 항공기를 사용하게 한 경우에는 운항지배자를 항공기 운항자로 본다(제930조 제2항). 항공기 등록원부에 기재된 항공기 소유자는 항공기 운항자로 추정한다(제930조 제3항). '비행 중'이란 이륙을 목적으로 항공기에 동력이 켜지는 때부터 착륙이 끝나는 때까지를 말한다(제930조 제4항). 2대 이상의 항공기가 관여하여 사고가 발생한 경우 각 항공기 운항자는 연대하여 책임을 진다(제930조 제5항). 운항지배자의 승낙 없이 항공기가 사용된 경우 운항지배자는 이를 막기 위하여 상당한 주의를 하였음을 증명하지 못하는 한 승낙 없이 항공기를 사용한 자와 연대하여 책임을 진다(제930조 제6항).

Ⅲ. 책임의 성격

항공기 운항자의 책임의 성격은 항공기 운항자의 과실을 요하지 않는 엄격책임이다. 다만, 운송인 등의 책임감면(제898조)에서 논의한 바와 같이 사고발생에 손해배상청구권자의 고의나 과실이 기여한 경우에는 그 정도에 따라 운송인의 책임은 감면할 수 있다. 만약 항공기 운항자의 지상 제3자의 손해에 대한 책임의 성질을 기본적으로 불법행위책임으로 본다면 해석상 민법 제396조(과실상계) 및 민법 제763조(불법행위에의 준용규정)가 적용될 것이다. 그러나 항공기 운항자의 과실을 요하지 않는 엄격책임이라는 점에서 책임의 성질을 법정책임으로 볼 여지도 있으므로 논란의 여지를 없애기 위하여 전술한 바와 같이 상법 제898조 책임감면 규정에서 함께 논의하였다.

엄격책임의 적용이 배제되는 경우(면책사유)로서 ① 전쟁, 폭동, 내란(civil dis-

손해의 경우 책임제한금액을 대폭 증액하고, 협약 가입국이 추가 보상기금을 형성하여 손해를 보상하는 위에서 말한 새로운 내용의 협약이 성립되었으나 이 협약의 발효여부가 불분명하고, 발효된다고 해도 상당한 시일이 걸릴 것으로 판단되어 상법은 종전의 로마협약의 내용만을 받아들였다.

turbance) 또는 무력충돌의 직접적인 결과로 발생하였다는 것, ② 항공기 운항자가 공권력에 의하여 항공기 사용권을 박탈당한 중에 발생하였다는 것, ③ 오로지 피해자 또는 피해자의 사용인이나 대리인의 과실 또는 그 밖의 불법한 작위나 부작위에 의하여서만 발생하였다는 것, ④ 불가항력 중의 어느 하나의 사유로 사망, 상해 또는 재산상 손해가 발생하였음을 증명하면 항공기 운항자는 책임을 지지 아니한다(제931조). '불가항력'(제931조 제4호)은 초안에는 없던 것이었지만 국회 법제사법위원회 소위원회가 추가하였다.

2009년 신조약상의 '불법적인 간섭'(unlawful interference, 즉 테러행위)으로 인한 경우와 일반적인 위험의 구분은 수용하지 아니하였다. 따라서 '불법적인 간섭'으로 인한 경우는 면책사유에 이르지 못한 것으로 보아, 엄격책임의 대상이 되며, 책임은 제한된다.

Ⅳ. 항공기 운항자의 유한책임

1. 운항자의 책임제한

항공기 운항자의 책임은 하나의 항공기가 관련된 하나의 사고에 대하여 항공기의 이륙을 위하여 법으로 허용된 최대중량에 따라, ① 최대중량이 2천킬로그램 이하의 항공기의 경우 30만 계산단위의 금액, ② 최대중량이 2천킬로그램을 초과하는 항공기의 경우 2천킬로그램까지는 30만 계산단위, 2천킬로그램 초과 6천킬로그램까지는 매 킬로그램당 175 계산단위, 6천킬로그램 초과 3만킬로그램까지는 매 킬로그램당 62.5 계산단위, 3만킬로그램을 초과하는 부분에는 매 킬로그램당 65 계산단위를 각각 곱하여 얻은 금액을 순차로 더한 금액을 한도로 제한된다(제932조 제1항).[1]

1) 상법 제932조의 항공기 최대 중량에 의한 분류는 1978년 로마협약 제정 당시의 분류로서 현실과 맞지 않다. 예컨대 B747의 경우는 보통 최대이륙중량이 40만 킬로그램이고 A380은 50만 킬로그램을 초과한다. 국내선을 주로 운항하는 B737의 경우도 7만 킬로그램 이상이다. 그리고 배상액도 B747의 경우를 계산하면 2,655만 SDR로서 이를 달러로 환산할 경우 최대 약 4,000만 달러가 된다. 보통 항공사가 제3자 배상책임 포함 항공보험으로 담보되는 단일보상한도액(combined single limit)이 15억불 수준임을 감안 할 때 이 금액은 지나치게 낮은 금액이다. 따라서 이를 조속히 개정하여야 한다. 2009년 로마협약(일반위험배상협약과 불법방해배상협약)은 항공기의 발달에 따른 현실을 반영하여 A380까지 카버하는 10단계로 분류하고 있는데, 중량에 따른 책임한도액을 최대 7억 SDR로 대폭 상향하고 있다. 이 협약이 발효는 되지 않았지만 국내 항공운송법에 도입하여 규정한 예로는 독일이 있다.

〈항공기 운항자의 책임한도〉

항공기 최대 중량(단위: 킬로그램, kg)	책임한도액(단위: 계산단위, SDR)
2,000 이하	300,000
2,000 ~ 6,000	300,000 + (초과kg × 175)
6,000 ~ 30,000	6,000kg 한도액 + (초과kg × 62.5)
30,000 초과	30,000kg 한도액 + (초과kg × 65)

하나의 항공기가 관련된 하나의 사고로 인하여 사망 또는 상해가 발생한 경우 항공기 운항자의 책임은 최대중량에 따라 정하여진 위의 금액범위에서 사망하거나 상해를 입은 사람 1명당 12만5천 계산단위의 금액을 한도로 한다(제932조 제2항). 하나의 항공기가 관련된 하나의 사고로 인하여 여러 사람에게 생긴 손해의 합계가 최대중량에 따라 정하여진 위의 한도액을 초과하는 경우, 각각의 손해는 위의 한도액에 대한 비율에 따라 배상한다(제932조 제3항). 하나의 항공기가 관련된 하나의 사고로 인하여 사망, 상해 또는 재산상의 손해가 발생한 경우 제1항에서 정한 금액의 한도에서 사망 또는 상해로 인한 손해를 먼저 배상하고, 남는 금액이 있으면 재산상의 손해를 배상한다(제932조 제4항).

2. 유한책임의 배제

항공기 운항자 또는 그 사용인이나 대리인이 손해를 발생시킬 의도로 사고를 발생시킨 경우에는 운항자의 책임제한에 관한 제932조를 적용하지 아니한다. 이 경우 항공기 운항자의 사용인이나 대리인의 행위로 인하여 사고가 발생한 경우에는 그가 권한 범위에서 행위하고 있었다는 사실이 증명되어야 한다(제933조 제1항). 항공기를 사용할 권한을 가진 자의 동의 없이 불법으로 항공기를 탈취하여 사용하는 중 사고를 발생시킨 자에 대하여도 운항자의 책임제한에 관한 제932조를 적용하지 아니한다(제933조 제2항).

Ⅴ. 항공기 운항자의 책임의 소멸

항공기 운항자의 책임은 사고가 발생한 날부터 3년 이내에 재판상 청구가 없으면 소멸한다(제934조).[1]

1) 로마협약 제21조 참조.

Ⅵ. 책임제한의 절차

책임을 제한하려는 자는 채권자로부터 책임한도액을 초과하는 청구금액을 명시한 서면에 의한 청구를 받은 날부터 1년 이내에 법원에 책임제한절차 개시의 신청을 하여야 한다(제935조 제1항). 책임제한절차 개시의 신청, 책임제한 기금의 형성·공고·참가·배당, 그 밖에 필요한 사항에 관하여는 성질에 반하지 아니하는 범위에서 「선박소유자 등의 책임제한절차에 관한 법률」의 예를 따른다(제935조 제2항).

판례 색인

조문 색인

사항 색인

ㅂ

ㅅ

ㅊ

ㅌ

ㅍ

ㅎ

□ 저자 약력 □

최 준 선

성균관대학교 법과대학 졸업
성균관대학교 대학원 수료(법학박사)
Stipendiat der Alexander von Humboldt-Stiftung
법무부 해상법개정 특별위원회 위원
법무부 회사법개정 특별위원회 위원
사법시험·행정고등고시 시험위원
변호사시험 출제위원
현, 성균관대학교 법학전문대학원 명예교수

보험 · 해상 · 항공운송법 [제13판]

2005년 8월 25일 1판 1쇄 발행
2007년 2월 20일 2판 1쇄 발행
2008년 7월 5일 3판 1쇄 발행
2009년 7월 30일 4판 1쇄 발행
2010년 8월 30일 5판 1쇄 발행
2012년 2월 20일 6판 1쇄 발행
2013년 2월 15일 7판 1쇄 발행
2014년 2월 20일 8판 1쇄 발행
2015년 2월 25일 9판 1쇄 발행
2016년 8월 29일 10판 1쇄 발행
2018년 2월 28일 11판 1쇄 발행
2020년 8월 27일 12판 1쇄 발행
2026년 2월 11일 13판 1쇄 인쇄
2026년 2월 25일 13판 1쇄 발행

저 자 최 준 선
발행인 고 성 익
조 판 해 인 기 획

05027
발행처 서울특별시 광진구 아차산로 335 삼영빌딩
도서출판 三 英 社
등 록 제 1972년 4월 27일 제2013-21 호
전 화 737-1052 · 734-8979 FAX 739-2386

정가 39,000 원

ISBN 978-89-445-0607-9-93360